宁海年鉴

（2021）

宁海县地方志编纂委员会　编

方志出版社
Publishing House of Local Records

图书在版编目（CIP）数据

宁海年鉴. 2021 / 宁海县地方志编纂委员会编. —
北京：方志出版社，2021.10
ISBN 978-7-5144-4871-9

Ⅰ.①宁… Ⅱ.①宁… Ⅲ.①宁海县—2021—年鉴
Ⅳ.①Z525.54

中国版本图书馆 CIP 数据核字（2021）第 256616 号

宁海年鉴（2021）

编　者：宁海县地方志编纂委员会
责任编辑：罗　滔

出 版 者：方志出版社
地址　北京市朝阳区潘家园东里 9 号（国家方志馆 4 层）
邮编　100021
网址　http://www.zgfzcb.cn
发　行：方志出版社图书经销中心
电话（010）67110500
经　销：各地新华书店
印　刷：福州印团网印刷有限公司

开　本：889×1194　1/16
印　张：28.5
字　数：938 千字
版　次：2021 年 10 月第 1 版　2021 年 10 月第 1 次印刷
印　数：001～330 册

ISBN 978-7-5144-4871-9　定价：200.00 元

宁海县地方志编纂委员会

主　　任：滕安达

副 主 任：汪　志　沈纾丹

成员单位：

县委办公室	县政府办公室	县委组织部
县委宣传部	县委统战部	县委政法委
县人武部	县发改局	县经信局
县教育局	县民政局	县财政局
县自然资源规划局	县住建局	县交通局
县农业农村局	县商务局	县文广旅游局
县统计局	市生态环境局宁海分局	
县档案局	人民银行县支行	跃龙街道
桃源街道	梅林街道	桥头胡街道

县地方志编纂委员会下设办公室，与县委党史研究室合署办公。

《宁海年鉴》编辑部

主　编：叶静霞

副主编：胡志汉

编　辑：刘学海　王增邦

编辑说明

一、《宁海年鉴（2021）》（以下简称本年鉴）以马克思列宁主义、毛泽东思想、邓小平理论、“三个代表”重要思想、科学发展观、习近平新时代中国特色社会主义思想为指导，坚持辩证唯物主义和历史唯物主义的立场、观点和方法，努力把握时代脉搏，突出地方特色，立足于当前，服务于发展，借鉴前人、谋划未来，真实、全面、准确地反映2020年度宁海的自然风貌和经济社会发展状况。

二、本年鉴收录范围以宁海行政区划为界，力求如实记载县域自然、政治、经济、文化、社会等方面情况，以资各级党政机关、研究机构和社会各界人士及中外投资者了解、研究宁海之用。

三、本年鉴起讫时限为2020年1月1日至12月31日，个别条目适当上延。凡文中直书月日的，均指2020年内的日期。“上年”均指“2019年”。主语无疑异时省略，均指本章节主体单位。

四、本年鉴体例采用分类编辑法，设置类目、分目、条目三个基本层次，除特载等类目采用综合性文章外，主体均用条目体，全书注重图、表、文并茂，力求体现时代特点，突出地方特色。因机构改革，本年鉴类目与往年相比略有变动。

五、本年鉴所载内容由宁海县各有关部门、单位专人负责撰写，经供稿单位审核后，由《宁海年鉴》编辑部定稿刊印。

六、本年鉴采录的数据，原则依据《宁海县统计年鉴（2020）》，因数据统计来源、统计方法或使用角度不同，不同部门提供的数据或有出入，引用时请注意。

七、本年鉴语言文字、标点符号、数字、地名、计量单位等使用，按国家有关规定执行；考虑到社会使用习惯，“亩”与“公顷”并用。文中文件等名称，首次出现时用全称，必要时加括注简称。文中未标明党派的“省委”“市委”“县委”，分别指“中共浙江省委”“中共宁波市委”“中共宁海县委”，“党员”均为“中共党员”（各民主党派内容除外）。

城市名片

☆ 中国古戏台文化之乡
☆ 中国婚嫁文化之乡
☆ 中国旅游日发祥地
☆ 宁波市首个国家生态县
☆ 国家级生态示范区
☆ 国家可持续发展实验区
☆ 首批国家全域旅游示范区
☆ 第三批全国“绿水青山就是金山银山”实践创新基地
☆ 全国县城新型城镇化建设示范县
☆ 长三角最佳文旅融合城市
☆ 全国休闲农业与乡村旅游示范县
☆ 中国天然氧吧
☆ 全国十佳生态旅游城市
☆ 国家水土保持生态文明县
☆ 国家级妇幼健康优质服务示范县
☆ 全国重点产茶县
☆ 国家卫生县城
☆ 国家园林县城
☆ 中国模具产业基地
☆ 国家外贸转型升级宁海模具基地
☆ 中国文具产业基地
☆ 国家外贸转型升级专业型示范基地
☆ 中国十佳运动休闲城市
☆ 全国文明城市提名城市
☆ 全国综合实力百强县
☆ 全国综合竞争力百强县（市）
☆ 全国县域高质量发展百强县第 8 位
☆ 全国“两山”百强县第 2 位
☆ 中国工业百强县（市）第 86 位
☆ 中国创新百强县（市）第 30 位
☆ 全国制造业百强县（市）
☆ 中国营商环境百佳示范县（市）
☆ 投资潜力百强县（市）
☆ 中国县域电商竞争力百强县

5月8—9日，县十八届人大四次会议在宁海国际会展中心召开

5月7—9日，中国人民政治协商会议第十届宁海县委员会第四次会议在宁海国际会展中心召开

1月，宁海县成功跻身首批省AAA级景区城

2月20日，香港宁海同乡会助力宁海小微企业复工复产测温枪捐赠仪式在县党外人士服务中心举行

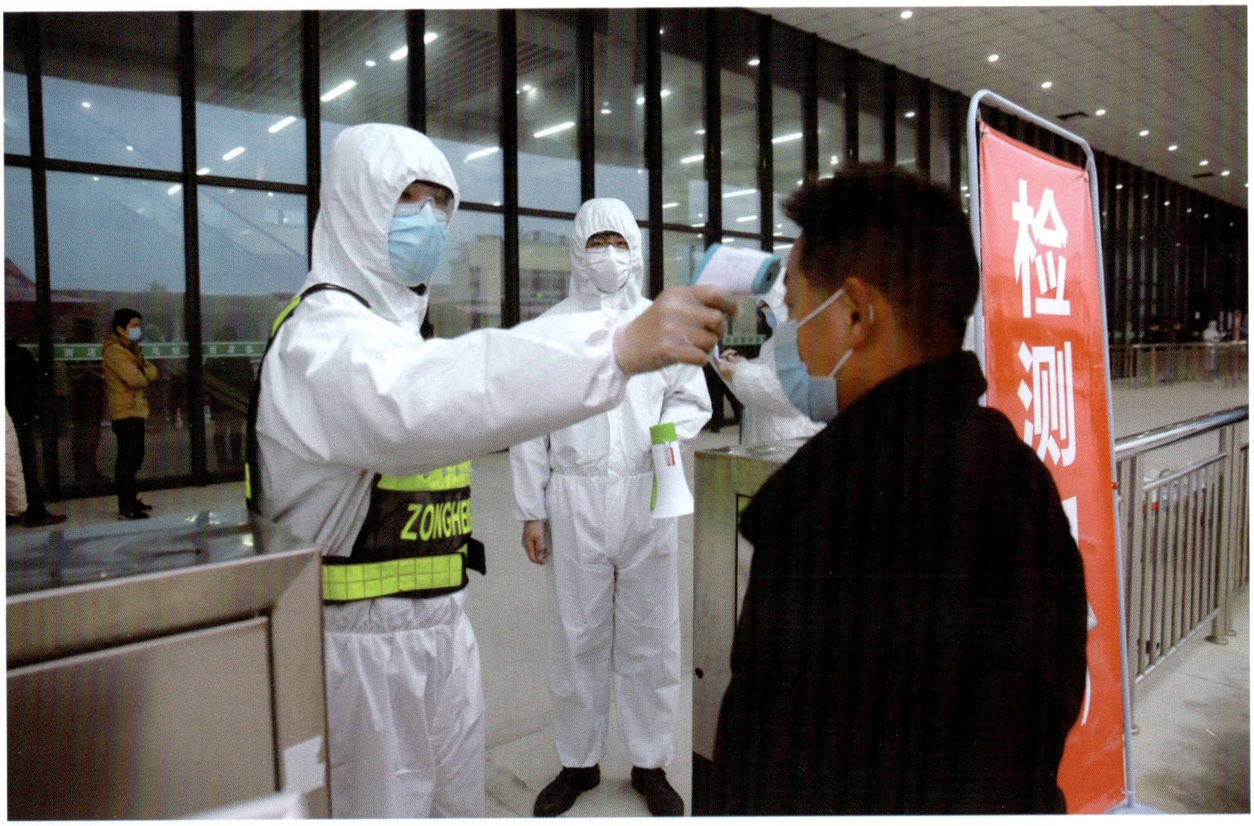

2 月 26 日，志愿者在出口为返岗员工测量体温并登记核查轨迹

2 月 27 日，宁海县在县第一注塑模具有限公司举行复工企业新冠肺炎疫情应急处置演练

3 月 10 日，浙江省文化和旅游重大项目集中开工仪式活动在宁海大庄温泉乡根小镇项目现场举行，并同时作为全省文化和旅游重大项目集中开工宁波分会场

3 月，桃源街道兴海家园小区门口，党员志愿者正与小区物业一起严格做好小区封闭式管理工作

11 月，洋溪滨水广场完成亮化调试工作

12 月 3 日，宁海通用航空机场在宁波南湾新区下洋涂区块开工

疫情防控 …… 234
改革创新 …… 234
品牌培育 …… 235
安全监督 …… 236
宁海县二〇二〇年度内资企业市场主体分析 …… 236
安全生产监督管理 …… 239
概况 …… 239
安全生产责任体系建设 …… 239
安全风险管控能力提升 …… 239
重点行业领域专项整治 …… 239
安全生产综合治理三年行动 …… 240
“利剑”专项执法行动 …… 240
数字赋能安全生产监管 …… 240
安全生产社会共治 …… 240
安全生产宣传教育 …… 240
安全生产应急管理体系建设 …… 241
自然灾害防范防治 …… 241
概况 …… 241
完善防汛防台责任体系 …… 241
直升机备勤基地建设 …… 241
防汛防台物资和力量配备 …… 241
防汛“浙江安全码”赋码 …… 242
森林防灭火体系建设 …… 242
防灾减灾宣传周 …… 242
国资管理 …… 242
概况 …… 242
改革举措 …… 242
业务提升 …… 243
党建工作 …… 243
统计 …… 243
概况 …… 243
疫情防控 …… 243
统计服务 …… 244
织密数据防控体系 …… 244
提升源头数据质量 …… 244
人口普查 …… 245
国家统计局宁海调查队 …… 245
审计 …… 246
概况 …… 246
疫情防控 …… 246
聚焦审计主战场 …… 246
聚力队伍总引擎 …… 247
海关 …… 247
概况 …… 247
监管效能 …… 247
促进发展 …… 248
综合治理 …… 249

城乡建设和管理

城乡建设 …… 250
概况 …… 250
疫情防控 …… 250
建筑业 …… 251
房地产业 …… 251
住房保障与棚户区改造 …… 251
房屋征收 …… 251
概况 …… 251
政策指引 …… 251
征迁项目 …… 251
改革创新 …… 252
公共建设管理 …… 252
概况 …… 252
项目建设 …… 252
项目管理 …… 253
公建铁军建设 …… 254
清廉公建打造 …… 255
综合管理 …… 256
城市管理 …… 257
概况 …… 257
政治引领 …… 257
整改落实 …… 257
专项行动 …… 257
智慧城管 …… 257
市政园林 …… 258
市容管理 …… 258

效化解和网电高效率高标准办理，以顶格力度、多措并举集中治理重复信访、化解信访积案，扎实开展信访“四无村”创建。三要健全“5+X”舆情应对机制。深入研究舆情传播的新特点，完善舆情应对智治体系，深化网络生态“望海岗哨”工程，提升新媒体网上斗争、话题设置、“引关圈粉”的能力，确保简单问题不发酵成为复杂问题、一般问题不传导成为政治问题。

6. 着力以数字化改革撬动各领域各方面改革，在整体智治、协同高效上革新争优。一要推进“县乡一体、条抓块统”改革。完善矛调中心工作机制，确保“基层治理四平台”与县级指挥机制联通，厘清乡镇（街道）与部门、部门与部门之间的权责清单，从源头上解决“多头管”“没人管”等问题。二要深化“一件事”集成改革。把人才创业创新、工程项目建设、社会矛盾纠纷化解、民生实事等需要跨部门协同的事项，作为“一件事”来攻坚，持续深化机关内部“一件事”集成改革，加快实现从跑部门到跑政府的系统变革。三要拓展应用场景。党政机构运行上，要依托浙政钉、项目钉、招商信息管理系统等平台，加强数据获取、共享和集成，提高决策、执行、督查、反馈的科学性和精准性。经济社会治理上，要完善企业服务、国土调查、生态监控、综合执法、精密智控等数字化智能化平台，做到即时感知、迅速反应，构建跨层级、跨区域、跨部门、跨业务的城市数字化治理体系。数字生活服务上，要加快推进“数字乡村”建设，推广应用“健康码”“企业码”“乡村码”，推动现代数字技术与城乡生产生活全面融合。营商环境塑造上，要围绕企业注册、生产、经营、退出全生命周期，切实减事项、减环节、减材料、减时间，整治“门好进事难办”“红顶中介”垄断经营等问题，深化构建亲清政商关系，使活力成为最鲜明特征、法治成为最优环境。

7. 着力建设高素质专业化干部队伍，在提升推进现代化建设的新能力上革新争优。一要增强战斗力。深化推进“两个担当”良性互动，完善容错纠错、信访澄清、职级激励机制，有计划地安排干部特别是年轻干部到基层等吃劲负重岗位历练成长，激励干部发扬斗争精神、增强斗争本领，形成层层负责、层层干事的良好氛围。要强化改革破题、争先创优机制，推行专班化攻坚，确保说一件、干一件、成一件。二要增强执行力。进一步深化“三服务”活动，持续开展“双强”行动。下硬茬纠治形式主义、官僚主义，以案促改、专项整治、建章立制三管齐下，严肃查处表态多调门高、行动少落实差、重包装不重实效的行为，解决贯彻落实中的“中梗阻”“断头路”问题。要大力营造唯实惟先、善作善成的团队文化，掌握综合集成、迭代升级、久久为功的方法，综合运用经济手段、行政手段、法治手段和现代科技手段，做到科学精准抓执行、高效闭环抓落实。三要增强创新力。着力打造学习型干部队伍，坚持生成性学习、保持创造性张力，破除只有给人给钱才能办好事情的懒政思维，强化用系统观念分析和解决问题的能力。要构建完善政治统领、知识先导、学以致用、注重绩效的干部培训体系，持续提升引领现代化的专业知识、专业能力、专业素养、专业精神。用人干事，重在导向。要坚持以德为先、德才兼备，事业为上、注重实绩，以事择人、人岗相适等选拔任用原则，建立整体智治、综合集成、横向衔接、纵向贯通的选人用人工作闭环体系。

8. 着力深化锋领宁海和清廉宁海建设，在营造良好政治生态上革新争优。一要坚决做到“两个维护”。坚持以习近平新时代中国特色社会主义思想武装头脑，巩固深化“不忘初心、牢记使命”主题教育成果，深入实施铸魂、溯源、走心工程，常态化开展领导干部政治素质考察，推动政治建设走深走实。二要坚持和加强中共领导。完善落实党委总揽全局、协调各方的工作机制和工作制度，支持人大、政府、政协、监委、法院、检察院和群团组织依法依章程履行职能、开展工作，严格落实党管武装制度，用好统一战线重要法宝，形成推动发展的强大合力。三要提高基层党建绩效水平。聚焦增强政治功能和提升组织力，在高质量完成村社组织换届的基础上全新开局，狠抓干事创业和纪律约束，抓紧抓实教育培训、监督管理、激励保障，持续加强基层党组织带头人队伍建设，提升村社干部素质能力，优化农村党员队伍结构。要积极探索主要负责人“一肩挑”后的村社治理机制，构建干部联村、党员联户责任落实的闭环机制，迭代升级村级小微权力清单制度，重塑基层治理“宁海经验”优势。围绕“全领域建强、全区域提升”，积极推动机关党建走在前、做表率，两新组织“争双强、当先锋”，全面提升国企、学校、医院等各领域党建功能，争取社会组织、互联网、物业等新领域党建取得新突破。四要持之以恒正风肃纪、反腐倡廉。始终坚持“严”的主基调，坚决查处重点领域和群众身边腐败问题，一体推进不敢腐、不想腐、不能腐。健全党统一领导、全面覆盖、权威高

宁海市场监管5周年

2015年，宁海县原工商局、食药局、质监局整合完毕，组建成宁海县市场监督管理局。五年来，努力当好“放管服”改革的先行者、市场公平竞争的维护者、安全底线的守护者、消费者权益的保护者、高质量发展的推动者，创造一系列全国领先、全省领跑的佳绩，成就市场监管的“宁海样本”。连续4年被评为全市市场监管系统考核先进单位；连续3年被评为全县目标管理考核优秀单位；质量强市年度考核首次获得全市第一，先后获评全国个私协会系统先进单位、全国青年文明号等荣誉称号；宁海县获评“浙江省食品安全县”。

【优化营商环境，激发市场活力】 从“证照分离”“照后减证”到“28证合一”“全城通办”，一连串改革举措减少投资兴企的时间成本，为创业创新“松了绑”。“放管服”改革各项任务的深化落实从另一个侧面印证市场监管机构整合、部门融合、职能化合的效力。

五年来，县市场监管局全面释放改革红利，倾心打造营商环境新高地，搅动宁海发展的一池春水。将“最多跑一次”作为全局的一号工程，围绕商事登记领域痛点难点和堵点，大刀阔斧减材料、减环节、减层级，全市率先推行住所申报承诺制，以“一纸承诺”代替“一叠证明”，大大激发社会创业热情和市场活力。2018年，该局探索基于分类管理的食品经营许可“告知承诺制+最多核一次”审批新机制，群众满意率从62%提高到99%，相关做法在全省推广。银行代办、审批二维码、远程视频工作站成为全城点赞的新亮点，助推宁海“最多跑一次”改革公众满意度跃居全省第一。

千方百计增渠道、增服务、增效能，以“三服务”“五问五帮”等为抓手，出台打造区域一流营商环境的“30条”清单、“22条”新政，精准服务企业发展。2019年综合运用动产抵押、商标质押等政策工具，新增贷款24.95亿元，动产抵押融资同比猛增350%，商标、发明专利质押融资实现“零的突破”。

在各类改革红利的激发下，新业态、新模式大量涌现，市场活力、创新动力澎湃激昂，营商环境更加优化。五年来，全县市场主体保持大幅增长态势，新增42662户，总量突破7万户大关。

【聚焦发展主题，助推高质量发展】 充分发挥质量强县建设牵头优势，坚持标准引领和品牌培育双轮驱动，质量提升迈入快车道。2017年，宁海县获批创建全市首个“全国质量强县示范县”。

近两年认定3个驰名商标，注册4件国家地理标志证明商标，总数均实现翻番。该局将具有发展潜力、有较强市场竞争力、在同行业中处于领先地位的企业，集成建立三级品牌培育数据库，形成“政府推动、部门扶持、企业努力”的良好工作氛围，培育出一批知名企业和知名品牌，“小商标”进一步迸发出“大品牌”的效应。

标准是一个地区或单位的综合“软实力”体现，能够有效弥补企业创新的短板，增强企业竞争力。该局深入实施“标准化+”工程，引领宁海县产业升级。重点推动汽车及汽车零部件、模具、文化办公用品、数控机床等特色优势产业制修订国家标准37项、“浙江制造”标准19项，全国文具行业中“宁海标准”的国内影响力和贡献力大幅提升。在数控机械行业，主持制量发展的缩影，也让工业产业发展动能澎湃。而工业产业作为区域经济和城市发展的骨骼，发挥着“一业兴，百业兴”的乘数效益。

2019年，宁海地区生产总值相比2015年提高了60%以上，年均增长7.09%，人均生产总值达到1.5万美元左右，财政总收入突破100亿元，民间投资占比突破50%，三次产业比重为6.6∶51.9∶41.5，经济结构实现了由农业主导向工业、服务业双轮驱动的重大改变，工业经济跻身全省第二方阵上游位次。

与此同时，现代服务业阔步前进，商贸零售蓬勃发展。2019年社会消费品零售总额达到251.2亿元，同比增长10%，位列全市榜首，商品销售总额达到586亿元，同比增长9.7%。电商产业加快集聚，挂牌成立宁海县优势集群跨境电商产业园，引进落户全球贸易通，培育电商企业近120家，2019年网络零售额达到92亿元，同比增长29.6%，居全市第一。现代金融不断壮大，2019年年末金融机构人民币存贷款余额分别达到790亿元和957亿元。

【纵横通衢畅八方　交通运输业】“一环八射三纵七连”公路网不断织密，国省道、县乡道加快建设，人们的出行更加便捷。从公路到水路、铁路，再到谋划推进、即将建设的通航机场，宁海交通体系不断完善，迎来“海陆空”立体交通时代。宁海交通运输事业蓬勃发展，印证着城市的日新月异，改变着人们的生产生活，为全县的经济社会发展提供强大支撑。

“十三五”期间，宁海立足于打造宁波南部桥头堡和毗邻甬台绍区域重要交通节点的发展要求，重点围绕打造“一环八射三纵七连”公路网，加快推进交通重点工程建设，交通基础设施建设不断取得新突破，交通运输服务能力不断改进提升，交通发展水平迈上了新台阶。

“十三五”期间宁海交通投资超过100亿元，是“十二五”的1.6倍，“十一五”的4倍。通过高起点规划、大手笔建设，十年前确定的“一环八射三纵七连”公路网基本建成，国省道总里程翻番，道路密度从92公里/百平方公里提高到107公里/百平方公里。形成从城区辐射各乡镇、横连东西、纵贯南北的二十分钟交通圈，实现镇镇通国省道、镇镇通一级公路、村村通等级公路的目标。截至年底，宁海公路通车总里程1672.96公里，其中“十三五”新增公路里程101.3公里。其间，三门湾大桥及接线工程宁海段（G1523甬莞高速）建成通车，建成G228国道南门至下陈段、象西线桥头胡至深甽段、甬临线梅林至山河岭段、盛宁线城区至胡陈段等，有力推进G228国道西店至桃源段、旗门港大桥、甬临线桐洲至麻岙岭（一期）等一批事关宁海长远发展的重大交通项目。

交通巨变，不仅改变了缑城大地的时空格局，也装点了宁海人民的精彩人生。

宁海火车站是全省第五个、全市第一个拥有始发列车的县级火车站，已开通宁海至上海、贵阳以及亳州的始发列车，开通宁海至黄山往返旅游专列高铁。宁海站全天开行办客列车59趟，可到达近200个城市。2019年，进出客流总数439万人次，日均1.2万人，位居甬台温客专沿线县级站点第二。动车存车场一期工程通过验收，于2020年11月10日投入使用，意味着宁海站有了开行更多始发列车的基础条件，为宁海打造“三市六县通衢之地”提供有力支撑。

从火车站出站，经站前广场风雨长廊、地下通道，就能抵达客运中心。在这里，市民可以“一站式”换乘，乘坐公交抵达城区以及西店、梅林等乡镇（街道）。五年来，共对15条公交线路进行了30次优化调整，新增105、113、135和136四条公交线路，市民在家门口就能轻松出行。“定制公交”是宁海打造动态公交、智慧交通的一项惠民举措，具有站点少、车型小、速度快、距离短、服务精准的特点。

宁海基本形成了集铁路、公路、水路、公交、出租车和社会车辆运输于一体的综合客运体系。

宁海以创建“四好”农村路省级示范县和美丽经济交通走廊达标县为契机，建成“美丽走廊”精品示范线9条226.2公里，实施公路景观提升工程12个约100公里。

盛宁线一期、二期先后通车，拉近了城区与园区的距离，双核联动效应更加凸显。2019年年初，三门湾大桥及接线工程宁海段（G1523甬莞高速）建成通车，为企业节约了物流成本，助力园区以及周边乡镇招商引资、招才引智。

随着高铁的开通，进一步缩短了“北上广”等地区来宁海旅游的心理距离，尤其是近几年线路逐渐加密，“高铁+旅游”正成为主流。同时，宁海站和客运站组成的综合客运枢纽，像一块磁铁，吸引着商贸、地产等产业在这里集聚。高铁区块已布局尚都城奥特莱斯、宁海家具产业总部、得力电商园、现代家居广场等重大项目。

快递业末端共配整合中心投入运行，实现资源共享、高效配送。宁海物流业快速发展，率先成立邮管局，村邮合作入选了交通强国建大会召开，来自全县各条战线的归侨侨眷代表齐聚一堂，共商侨务发展大计，为助力宁海争当“重要窗口”模范生团队的双优生注入强大侨力。

17日，宁波市县级融媒体中心建设推进会在宁海传媒集团举行。

同日，宁海县举行2020年基层文化重点工作推进会。会议表彰通报2020年宁海县文化优才以及2019年度宁海县优秀文艺作品。20人获评2020年宁海县文化优才。同时，4件作品获2019年度政府常设性文艺奖、5件作品获柔石文学奖、66件作品获潘天寿艺术奖、25件作品获优秀文艺作品奖。

同日，市新联会联合县新联会、县文广旅游局举办“百队百项”之“宁海静是美——跟着西门町游宁海”活动。

20日，由浙江省司法厅、浙江省水利厅联合县水利局、浙水院信艺学院，在宁海县洋溪亲水平台开展“历山川河湖 普兴国之法”民法典及水法规宣传。

21日，县委办、县人大常委会机关、县府办、县政协机关利用“周二夜学”契机，专题传达学习县委十四届七次全会精神，部署贯彻落实相关工作。

22日，浙江省文化和旅游厅公布第二批浙江省优秀“非遗”旅游商品名单，宁波东方艺术品有限公司的清刀木雕榜上有名。

21日，市委副书记宋越舜一行到宁海调研农业农村工作。

同日，市委常委、公安局局长黎伟挺到宁海，实地调研村社组织换届工作。

23日，省委第九巡视组向宁海县反馈巡视情况。省纪委副书记、省监委副主任胡志权出席向宁海县委书记林坚的反馈会议，并传达省委书记车俊关于巡视工作讲话和指示精神，省委第九巡视组组长施利民主持会议并向林坚反馈巡视情况。之后，胡志权对抓好巡视整改工作提出要求，施利民代表省委巡视组向宁海县领导班子进行反馈。宁波市委常委、市纪委书记、市监委主任傅祖民参加相关反馈会议并就抓好宁海县巡视整改工作提出要求。林坚主持会议并作表态讲话。

同日，全市争当“重要窗口”巾帼模范生交流活动在宁海举行。

24日，省委副秘书长、省档案局局长刘芸一行，到宁海就档案事业发展情况进行调研。

同日，宁海首个快递行业工会联合会——宁海县快递行业工会联合会成立。

同日，宁海县首个公用型保税仓库正式启用。

29日，省委副书记、市委书记郑栅洁在宁海调研时强调，各级各部门要深入学习贯彻习近平总书记考察浙江、宁波重要讲话精神，准确识变、科学应变、主动求变，全力抓好“六稳”工作，全面落实“六保”任务，乘势而进干好下半年、实现全年红，充分展现“重要窗口”模范生的担当作为。

同日，省委副书记、市委书记郑栅洁到宁海走访慰问驻宁海部队官兵和优抚对象，感谢他们的贡献和付出，向他们送上节日的祝福和问候。

30日，县政府召开第75次常务会议。

是月，全市首个校级防范经济犯罪教育基地在县第一职业中学成立。

是月，“兰盈”牌、“望海峰”牌、“铜岭岗”牌望海茶及望府茶等共4个茶叶品牌获得第十届“中绿杯”名优茶评比特别金奖，白叶类“兰盈”牌、黄叶类“裕竺”牌等2个获金奖。

是月，全县首家街道居民议事会在跃龙街道成立。

是月，宁波市委、市政府印发《关于表扬在社会管理工作中成绩突出集体和个人的通报》，岔路阳光公益服务社受市委、市政府通报表扬。

是月，省发改委和省建设厅发布《关于下达保障性安居工程2020年第一批中央预算内投资计划的通知》，下达约11亿元中央预算内资金用于支持棚户区改造配套基础设施建设。宁海县两项目争取到补助资金共5400余万元，其中梅林九顷区块改造工程A1地块配套基础设施建设工程2220万元、桃源中心幼儿园工程3195万元。

是月，万里学院宁海海洋生物种业研究院获批设立博士后工作站，成为宁海县农业领域首家获批设立的博士后工作站。

是月，跃龙街道溪南许村、汪家村、坦坑村、前张村、白岩山村、项家村、凌塘村、大桥李、溪南刘等12个行政村撤村并居第二阶段的组织实施工作完成。

是月，宁海县通过评审首例单岛保护和利用规划《宁海县铁沙屿保护和利用规划》。

是月，2020年浙江省高考成绩揭晓，宁海县宁海中学一段线上线率达84%，5名学子考分进入全省前100名，其中1名学子考分位列全省第9名。

是月，宁海县成立全市首个县级快递行业工会联合会。

8月

5日，全市首个离网光储系统式“虚拟电网”梅林街道兰丁村一家高山蔬菜基地内投运。

5—6日，省委组织部宣传信息调研组到宁海进行工作调研，并开下半年降水总量比历年平均偏少58.6%。冬季降水总量比常年平均偏多55.7%；春季降水总量比常年平均偏多21.4%；夏季降水总量比常年平均偏多10.5%；秋季降水总量比常年平均偏少14.5%。

光照 年光照总时数1494.1小时，较常年偏少9.3%。上半年光照总时数比历年平均偏少0.8%；下半年光照总时数比常年平均偏少15.6%。冬季光照总时数比常年平均偏少2.3%；春季光照总时数比常年平均偏少61.8%；夏季光照总时数比常年偏少45.2%；秋季光照总时数比常年平均偏少25.5%。

梅雨 5月29日入梅，7月18日出梅，梅期50天，为宁海建站（1956年）以来最长梅期，梅雨量569.4毫米，位列历史第三位。2020年梅雨总体呈三个特点：一是入梅偏早（常年入梅6月13日）、出梅明显偏迟（常年出梅7月7日），梅期长（常年平均24天）；二是梅雨量大，宁海县出现6轮强降水过程，城区梅雨量569.4毫米，较常年平均（268.4毫米）偏多112%；三是梅雨量分布不均，呈北多南少分布，局地性短时强降水天气多发。

主要气象灾害 有低温雨雪冰冻、气象干旱、台风和强对流天气（包括梅汛期、强雷电和短时强降水过程）等，其中台风“黑格比”对宁海县造成较严重的风雨影响。

强对流天气。2020年春夏季，由于副高东西进退频繁，宁海县处于副高边缘，对流条件较好，短时强降水、雷雨大风等强对流天气频发。其中5月15日，宁海南部地区自西向东遭受冰雹袭击，过程伴随短时强降水、雷电和8—10级雷雨大风等现象，岔路、前童等地降雹持续约2分钟，观测到冰雹最大直径为7毫米。影响范围较广，对农业生产、人民财产造成严重破坏。

台风。自有气象记录以来，2020年7月首次出现西北太平洋和南海没有台风生成的现象，成为历史上首个7月“空台”期。2004号台风“黑格比”对宁海县的主要影响时段为8月3—4日，受其影响，3日8时到5日7时，宁海县面雨量60.7毫米，8个站超过100毫米，最大蓝田庵171.9毫米、下洋陈137.9毫米、百鸟岩133.3毫米，城区47.5毫米。沿海及高海拔地区普遍出现8—10级大风，最大杨染31.1米/秒（11级）。

气象干旱。10—12月降水持续偏少，累计降水量41.2毫米，较常年同期（206.5毫米）偏少8成，为有气象记录以来第二少，仅次于1988年（36.8毫米）。其中10月23日至11月19日连续无明显降水长达28天，全县出现中到重度气象干旱且长时间持续。至年底，全县7座供水的大中型水库蓄水量占控制蓄水量的48.7%。

寒潮。12月29—31日，受全国性寒潮影响，宁海县气温“跳水”并伴有大风雨雪冰冻。日平均气温过程降幅达14℃，31日最低气温城区－5.2℃，山区－7℃—－12℃，其中望海岗－13.2℃。30日凌晨平原地区有雨夹雪，山区有雪并有积雪1—2厘米。沿海地区及高海拔山区出现9—11级大风，内陆6—8级。

【政区、人口】 2020年年末，辖跃龙、桃源、梅林、桥头胡4个街道，长街、力洋、一市、前童、桑洲、黄坛、强蛟、西店、深甽、岔路、大佳何11个镇，胡陈、茶院、越溪3个乡，共18个乡级政区。

年末全县总户数242772户，户籍人口633255人，其中：男性人口326102人，女性人口307153人，分别占总人口51.5%和48.5%。出生人口5003人，出生率为7.02‰，死亡人口3928人，死亡率为5.71‰，人口自然增长率为1.3‰。有汉族、苗族、土家族、布依族、侗族、彝族、回族等33个民族；超过200人的有苗族、土家族、布依族、侗族、彝族、回族等7个少数民族。

2020年宁海县国民经济和社会发展综述

【国民经济主要指标】 2020年，面对复杂严峻的国内外形势，特别是新冠肺炎疫情的严重冲击，全县上下坚持以习近平新时代中国特色社会主义思想为指导，深入贯彻习近平总书记考察浙江重要讲话精神，在县委、县政府的坚强领导下，大力推进“四大革新”，扎实做好“六稳”工作，全面落实“六保”任务，统筹疫情防控和经济社会发展成效明显，经济运行回升向好，质量效益持续改善，社会事业健康发展，民生福祉保障有力，跻身全国县域高质量发展百强县第八位。

地区生产总值。2020年全年实现地区生产总值722.55亿元，按可比价格计算，比上年增长3.4%。分产业看，第一产业增加值48.2亿元，同比增长2.5%；第二产业增加值354.75亿元，同比增长2.4%；第三产业增加值319.6亿元，同比增长4.6%。三次产业结构6.7∶49.1∶44.2，第三产业增加值比重比上年提高1.7个百分点。

工作，时刻摸清和掌握疫情、社情、舆情的动态动向，强化各条线的信息对接和应急处置。要想方设法，共同努力来强化口罩等防疫物资的保障。

要全力以赴抓好复工复产工作。要紧盯复工电力指数等重要衡量指标，对照“三色图”，加快复工尤其是复产的进度。要有效抓好“六稳”工作，特别是稳企业、稳投资、稳外贸，同时抓好刺激内需和消费工作。要准确把握宏观政策动向，积极对接和争取有利宁海县的政策红利、释放叠加效应。要切实抓好东西部结对扶贫工作，打好三大攻坚战，圆满完成全面小康的政治任务。要抢时间、赶进度，全力完成经济社会发展目标任务，实现“十三五”圆满收官。要结合“双优”宁海建设，深化“双强”行动，统筹抓好转型升级、招商引资、产业发展、平台建设等重点工作，力争尽快恢复正常的生产秩序。

要切实加强中共领导，夯实责任，坚决打赢“两大战”。要把“敢担当、要积极、抓具体”的工作导向落到实处，把思想先进、能力先进、作风先进展现出来。要争当先锋冲在前，敢于接烫手山芋，善于处置急难险要的紧急情况，坚决杜绝等要靠等现象。要夯实责任干在前，切忌官僚主义和形式主义。要统筹兼顾谋在前，把防疫与复工复产统筹好，把复工复产与完成年度目标任务统筹好，齐心协力打赢“两大战”。

滕安达在主持会议时指出，要加强村（社区）管控，落实封闭式管理，守牢守好小门，对进出人员做好“扫码（亮证）+身份核实+测温”等工作，严防集聚、不戴口罩等行为。同时抓好新入宁海人员这一群体的排查登记工作，对检测合格符合入住条件的外来人员不得限制其入住村（社区）。各乡镇（街道）要一手抓防控，指导村（社区）做好疫情防控工作，严格发热人员专车送诊，加强本辖区外来人员动态排摸，落实好硬隔离等举措；要一手抓复工复产，抓重点、重点抓，全力推动复工企业早日充分释放产能、经济社会运行早日恢复正常秩序。

【宁海县大抓“自我革新”暨提升战斗力、决胜关键年动员大会】 3月26日下午，宁海县委副书记李贵军主持召开。县委书记林坚在会上强调，非常之年要用非常之力，决胜关键年先需“自我革新”，全县上下要以更加饱满的精神状态、更加优良的能力作风，奋力吹响干事创业“集结号”、发力“双优”宁海新征程。

林坚指出，年初县委全会提出建设“双优”宁海的目标，明确产业、城市、制度、自我“四大革新”的路径，“自我革新”是其他三个革新的引领和保障，必须时刻紧抓不放。全县广大干部要拿出战斗姿态干工作，敢担当、要积极、抓具体，把既定的全年目标任务出色地完成好。

提升干部队伍战斗力，尤其要做到“五个不能”“五个要”。一是不能动摇，要坚定干事。切实做到信心不能动摇、方向不能动摇、目标不能动摇，坚定政治方向、发展方向、工作方向，逆势而上、逆流而进，锚定目标坚定执着地向前赶。二是不能迟钝，要敏锐干事。务必要闻风而动、主动出击、主动出招，紧紧抓住机遇，把一切有利的因素争过来抢回来，着力激发新的发展动能。三是不能推拖，要比拼干事。着力防范和整治“推”与“拖”的问题，真正拿出比拼的精神，在各个领域都比一比、赛一赛，横向比、纵向拼，比拼出发展的好势头，比拼出干事创业的精气神。四是不能粗放，要专业干事。抓具体、具体抓，主动对着事业发展要求深入钻研，同时增强培训的绩效，培育专业型干部、促进专业干事。五是不能松软，要严肃干事。进一步鲜明严管就是厚爱的导向，不断强化法治思维、规矩意识，大力整治形式主义、官僚主义之风，全面改进工作作风，提升工作能力。

聚焦使命任务，干部要争做“五个人”。要争做高分的答卷人，压实责任、补齐短板、精准发力，全力以赴交出决胜全面小康、收官“十三五”、扶贫协作、完成年度目标任务的高质量答卷。要争做发展的栽树人，深入调研、掌握实情，提高目标、做实抓手，加强开放、加大统筹，深谋远虑地抓好各项工作。要争做改革的探路人，进一步解放思想、深化改革，着力抢占经济转型升级风口、争取利好政策窗口、突破瓶颈制约关口，通过改革倒逼推动产业、城市、制度、干部作风有一个大变样，同时结合实际创造更多的宁海经验。要争做服务群众的摆渡人，大力落实省委“三服务”、深化“双强”活动，树立群众视角，争做大脚板，深入群众、服务群众，想方设法地帮群众解决生产生活中遇到的各种问题和困难。要争做平安稳定的守门人，坚决守好疫情防控门、安全生产门、信访维稳门、重大风险防范门，切实把矛盾问题风险消化在萌芽状态，摁灭在未燃之时。

会上，县领导叶秀高、娄黛敏、方勤分别部署2020年宣传思想文化、统战、组织工作及机关党建工作。

优势，深入思考进一步放大宁海美丽优势，兑现美丽价值的改革创新方法、路径和载体。

改革是硬任务，全县上下都要敢担当、要积极、抓具体。县领导要协调推动改革；各单位“一把手”要亲抓、深抓、会抓改革；县委改革办要牵头抓总，理顺工作机制，形成工作合力，并积极向上汇报、争取支持；各专项小组要管好小组内的“一亩三分地”，拿出高质量报表；牵头单位和配合单位要各担其责、各尽其能，步调一致地推动各项改革实现新突破。

【中共宁海县委十四届八次全体（扩大）会议】 12月31日县委常委会主持召开。全会的主要任务是：高举习近平新时代中国特色社会主义思想伟大旗帜，全面贯彻中共十九大，十九届二中、三中、四中、五中全会和中央、省委经济工作会议精神，深入贯彻习近平总书记考察浙江、宁波重要讲话精神，按照省委十四届八次全会、市委十三届九次全会的部署，听取县委常委会报告，审议通过《中共宁海县委关于制定宁海县国民经济和社会发展第十四个五年规划和二〇三五年远景目标的建议》，动员全县上下积极开拓“革新”路径，加快建设“双优”宁海，聚力奋进高水平社会主义现代化建设新征程。县委书记林坚代表县委常委会作工作报告。县领导滕安达、王军海、叶秀高、张伟标、娄黛敏、方勤、王辅橡、周初波在主席台就座。

全会指出，“十四五”时期宁海经济社会发展总体要求是：高举习近平新时代中国特色社会主义思想伟大旗帜，深入贯彻中共十九大和十九届二中、三中、四中、五中全会精神，坚持中共全面领导，坚持以人民为中心，坚持新发展理念，坚持深化改革开放，坚持系统观念，坚持稳中求进工作总基调，以推动高质量发展为主题，以深化供给侧结构性改革为主线，以改革创新为根本动力，以满足人民群众日益增长的美好生活需要为根本目的，围绕忠实践行“八八战略”、奋力打造“重要窗口”，统筹发展和安全，着力融入新发展格局，着力构建现代化产业体系，着力增强城镇能级和综合竞争力，着力提升县域治理现代化水平，着力推动全县人民走向共同富裕，全面建设发展优质、治理优越的“双优”宁海，争创社会主义现代化先行县。主要目标是：努力打造全国县域经济高质量发展示范县、高水平创新型强县、美丽中国建设样板县、区域融合开放发展新高地、县域现代治理示范地、幸福和美家园，形成建设“重要窗口”双优生的标志性硬核成果。到2035年，宁海将基本实现高水平社会主义现代化，成为浙江建设新时代全面展示中国特色社会主义制度优越性重要窗口的双优生。

全会强调，要牢牢把握新发展阶段、新发展理念、新发展格局，明确“双优”宁海建设的新要求。在新发展阶段加快建设“双优”宁海，必须突出五方面的新要求：一是扛起争做“重要窗口”双优生的使命担当。把争做“重要窗口”双优生作为宁海践行“两个维护”的实际行动，不断提升目标要求的精细度、硬核成果的辨识度、实践范例的集成度、追赶跨越的加速度，努力干出为一域争光、为全局添彩的新业绩。二是抢抓构建新发展格局的战略机遇。找准宁海在新发展格局中的位置和比较优势，打通开拓内外贸市场的堵点、筑强扩大有效投资这个支撑点、激发扩大消费这个增长点、找准融入区域发展的切入点，加快打开发展新空间。三是把准深化“四大革新”的路径方向。明确新阶段新形势下的革新重点，着力在推动“四大革新”中实现“四个转向”，即产业革新要实现从资源拉动向创新驱动跃迁、城市革新要实现从城乡统筹向整体能级提升转变、制度革新要实现从重点突破向系统集成升级、自我革新要实现从集中抓党员干部队伍建设向统筹抓人才队伍、企业家队伍建设拓展。四是守牢安全发展的基本底线。深化认识安全、维护安全、保障安全，从更广领域抓平安建设，使这项工作更富成效、更可持续，让群众更加满意。五是坚持以满足人民日益增长的美好生活需要为根本目的。对标现代化的要求，用好政府有形之手、市场无形之手、社会帮扶之手、群众勤劳之手，加快基本民生向品质民生转变，努力打造幸福和美家园。

全会强调，要着眼长远、紧抓当前，找准着力点和突破口，推动“双优”宁海建设取得更为明显的实质性成效。要高标落实省委提出的改革突破争先、服务提质争先、风险防控争先的要求，着重从八个着力点突破，实现八个方面革新争优：一是着力推进产业转型赋能，在推进高质量发展上革新争优。加快推进数字赋能、科技赋能、人才赋能、品牌赋能、服务赋能、治理赋能，发挥“六个赋能”的叠加效应，推动宁海产业整体向头部攀升。二是着力拓展对内对外开放空间，在融入“双循环”新发展格局上革新争优。积极抢占大市场、打造大平台、发展大湾区、建设大交通、深化大合作，争创开放发展新优势。三是着力打好以创带建组合拳，在高品质城乡建设上革新争优。主动衔接规建管，全力彰显绿富美，统筹抓好县镇村，推进城乡各司其职、齐抓共管的工作格局。强化专业化履责，选优配强机关党委专职副书记，把好审核关，注重把政治素质好、文化层次高、群众威信高、发展潜力大、工作表现好的党员干部选拔到专职副书记岗位上来，建立起21人的专职副书记队伍，成为宁海县机关党务干部中的骨干力量。深化逐级化考责，持续组织实施机关党建工作年度述评，强化“书记抓、抓书记”，确保党建工作责任传导力度不减。用好考核“指挥棒”，结合述评结果与日常工作落实情况，考准考实党建工作主体责任。

6月28日，举办庆祝中国共产党成立99周年“党建争强 展现重要窗口担当”锋领服务月活动

强化理论武装。组织开展机关《习近平谈治国理政》第三卷读书活动，持续推动以习近平新时代中国特色社会主义思想为主要内容的政治理论学习走实走深。将政治理论学习纳入党务干部、入党积极分子、新发展党员等各类专题培训班课程，5期375名党员干部参加专题学习。全面推行“周二夜学”制度，积极发挥各县直单位职能作用，以集体备课方式共同推出“夜学”必修和选修课38余期，推动形成50多个特色鲜明的机关学堂品牌，建立常态化督查通报制度，进一步整肃学风学纪，形成分众化、多领域、全员型、广覆盖的“周二夜学超市”格局，成为宁海县干部政治理论素养和业务能力提升的重要平台。依托“红动宁海”智慧化党建平台，实现对党忠诚教育常态化。“红动宁海”案例获全国“互联网+党建”典型创新案例评选活动三等奖及省市机关党建工作最佳创新成果等多项荣誉，在第四届全省基层党建论坛交流，为全省工委系统中唯一参加现场交流的单位。

12月30日，《企业服务“线上淘”助企业复工“零距离”案例》获全市机关争当模范生“十佳实践范例”，县直机关工委书记方勤上台领奖

【筑牢“双建”基层基础】 在“实”字上求突破。

提升基层支部牢固度。指导全县21家机关党委建立机关纪委，督促58家党组织做好换届选举、增补委员工作，完成375名党员组织关系转接，新发展党员140名，转正209名。举办全县党务干部素质能力培训，创新建立以党组成员联系到支部、党员教育管理到支部、组织关心激励到支部、质量评价督查到支部等“九个到支部”工作法，抓实“先锋”支部创建，在社会发展计划、2020年本级预算；会议审议县人民政府关于2019年县政府民生实事项目完成情况报告，以投票表决方式确定2020年县政府民生实事项目10项。

会议共收到代表10人以上联名提出的议案2件，大会主席团决定本次会议收到的议案不列入会议议程，全部作为建议、批评和意见，连同大会收到的168件建议、批评和意见，一并授权县人大常委会整理归类后交有关机关、组织研究处理并负责答复代表。

【县十八届人大常委会第二十四次会议】 会议于1月7日举行。县人大常委会主任徐真民主持，副主任王能迭、赵秀萍、潘红月、柳正维及委员共25人出席会议。

会议听取和审议县人大常委会副主任柳正维受主任会议委托所作的关于提请王照栈辞去宁波市第十五届人民代表大会代表职务请求的议案草案和县人大常委会关于接受王照栈请求辞去宁波市第十五届人民代表大会代表职务的决定草案，表决通过《宁海县人民代表大会常务委员会关于接受王照栈请求辞去宁波市第十五届人民代表大会代表职务的决定》。

会议听取和审议代表资格审查委员会副主任委员张群力所作的关于宁海县第十八届人民代表大会第三次会议以来代表变动情况的报告草案，表决通过《宁海县第十八届人民代表大会第三次会议以来代表变动情况的报告》。

会议听取和审议县人大常委会副主任潘红月受主任会议委托所作的关于召开县十八届人大四次会议的决定草案，表决通过《宁海县人民代表大会常务委员会关于召开宁海县第十八届人民代表大会第四次会议的决定》。

会议听取和审议县人大常委会监察和司法工作委员会主任邬开娟所作的县人大常委会关于进一步加强人民法院执行工作的决定草案，表决通过《宁海县人大常委会关于进一步加强人民法院执行工作的决定》。

会议听取和审议县人大常委会办公室主任胡家标所作的县人大常委会关于改进常委会审议工作提高审议质量的若干规定草案，表决通过《宁海县人大常委会关于改进常委会审议工作提高审议质量的若干规定》。

会议听取和审议县人大常委会副主任王能迭受主任会议委托所作的关于补选滕安达为宁波市第十五届人民代表大会代表的议案草案，表决通过《宁海县人大常委会关于补选滕安达为宁波市第十五届人民代表大会代表的议案》，补选滕安达为宁波市第十五届人民代表大会代表，报宁波市第十五届人民代表大会常务委员会代表资格审查委员会审查。

【县十八届人大常委会举行第二十五次会议】 会议于1月21日举行，县人大常委会主任徐真民主持，副主任王能迭、赵秀萍、潘红月、王兴兵、柳正维及委员共22人出席。

会议听取和审议县政府副县长沈纾丹受滕安达代县长委托所作的《关于提请免去李红伟职务的议案》和《关于提请免去陈海燕职务的议案》。会议以无记名投票表决的方式表决通过人事免职事项，决定免去李红伟的宁海县人民政府副县长职务；决定免去陈海燕的宁海县司法局局长职务。

会议听取和审议县监委副主任王小平受徐震宇主任委托所作的《关于周初波职务任免的报告》，县法院院长石坚强所作的《关于刘巧丽职务任免的报告》，县检察院检察长练节晁所作的《关于季胜洪等同志职务任免的报告》，并相应介绍拟任命人员基本情况。会议以无记名投票表决的方式表决通过人事免职事项，任命周初波为宁海县监察委员会副主任，刘巧丽为宁海县人民法院副院长，季胜洪为宁海县人民检察院副检察长、检察委员会委员、检察员，邵增辉为宁海县人民检察院副检察长；免去刘巧丽的宁海县人民法院民事审判一庭（综合审判庭）庭长职务，王宁芳的宁海县人民检察院副检察长、检察委员会委员、检察员职务，王俊平的宁海县人民检察院检察员职务。

会议听取和审议县人大常委会副主任王能迭受主任会议委托所作的县人大常委会关于接受徐震宇辞去县监察委员会主任职务的决定草案，表决通过《宁海县人大常委会关于接受徐震宇辞去县监察委员会主任职务的决定》。

会议听取和审议县委组织部副部长叶亦金所作的关于县十八届人大四次会议主席团和秘书长、代表团召集人、列席人员名单草案的报告，依次表决通过县十八届人大四次会议主席团和秘书长名单、县十八届人大四次会议各代表团召集人名单、县十八届人大四次会议列席人员名单。

会议听取和审议县发改局局长项汉明受县政府委托所作的关于宁海县2019年国民经济和社会发展计划执行情况与2020年国民经济和社会发展计划草案的报告、2020年重点实事工程安排情况报告，关于2019年宁海县民生实事票决确定项目完成情况及2020年民生实事候选项目形成情况的报告；县财政局局长庞建宏受县政府委托作关于2019年预算执行情况和2020年与从业人员的素质。计划近日举办大数据专题的县委中心组扩大会议学习课题。

闭环监管，提升建设实效。全程参与信息化项目建设，基本完成2020年度74个项目跟踪评估，完成年度投资1.78亿元。2020年，围绕“保续建、保重点、保运转”原则，确定新实施信息化项目建设68项，总投资1.05亿元，5个项目列入标前评估。更加规范有序、更加高效科学的信息化项目建设管理体系逐步成熟。

细致防护，保障数据安全。宁海县政务数据中心入驻单位73个，使用404台虚拟机，vCPU资源1780核，SAN存储空间166TB。修订完成《宁海县政务数据中心安全保障应急预案》，落实24小时值守，妥善处置“勒索病毒”事件。投资190万元的安全扩容建设完成，投资512万元的政务外网核心网络安全设备升级改造也已完成，重要节点接入设备及互联网出口防护设备均已升级换代。加强攻防演练，配合落实全省政务外网“护网”专项安全检查。全面清查网络安全防护，杜绝私建互联网出口和私开互联网端口。

9月，2020浙江数据开放创新应用大赛暨宁波分赛区决赛

【改革成果】 首问负责工作获得省长郑栅洁、副省长冯飞批示肯定，实时数据展示提升数据监督力量。

开发“夜市码”平台，促进月光经济与城市管理双赢。

定制公交平台——霞客行，促成网约巴士诞生，成为城市出行新风景。城乡公交客货联运项目以其独特“标准引领+信息助推”模式入选交通运输部首批农村物流服务品牌。

垃圾智能分类平台，让农村垃圾分类监管更加高效。

残联搭建数据“云中介”平台，实现残疾人补贴“精准施补”。

推出机动车检测“一件事”集成改革试点，依托“浙里办”网上预约，实现一次排队、一次检测、一次收费，群众满意度大幅提升。

渣土运输云图监管，实现循迹追踪无死角。

宁海—椒江政务服务实现跨市通办。亲人身后事“一次也不跑”入选浙江省改革创新优秀实践案例。

“红动宁海”主题党日智慧平台，做法经验在浙江省县市区机关党建工作交流会上作典型发言，获评2020年“互联网+党建”典型案例大赛三等奖。

活用国土空间规划“一张图”实施监督信息系统，完成“国土调查云”推广运用全国试点。

上线道路交通一体化平台2.0系统，持续优化“道路交通法庭”运行机制，受理一审道路交通案件同比下降17.37%，道路交通纠纷平均处置时间每件减少5.5天、“零次跑”案件比例提升48%。

发挥“企服淘”线上服务平台功效，累计为全县中小企业帮扶解决困难问题3.1万余件。

以“中国旅游日”系列活动为实践平台，探索出一套“云节庆”办节模式，入选2020中国县域旅游综合竞争力百强县市。

外事工作

【党管外事】 召开中共宁海县委外事工作委员会第二次会议，传达宁波市委外事工作委员会会议精神，听取2019年全县外事工作和2020年重点工作总结，研究分析外事工作形势任务，学习贯彻习近平总书记关于外事工作的指示精神，继续加强因公出国管理、友好城市交流往来、优化涉外服务环境建设等工作进行全面部署，为抓好2020年全县外事工作指明方向。

【疫情防控】 积极搭建“外办统

做好价值引领。开展“阅读悦青春”读书行动，以“导读团+读书团+观摩团”的模式建立县级青年悦读会，并成立乡镇街道、县直各单位青年悦读会分会。组织40余名团员青年开展主题微团课大赛，下乡开展体验式、互动式、沉浸式团课和队课教育，用“小故事”讲好“大道理”。

做好典型引领。开展2020年度“缑城十大最美青匠”“新时代好少年”等评选活动，挖掘培育一批青少年身边可亲、可信、可学的榜样，引导广大团员青年大力培育和践行社会主义核心价值观。

1月27日开始，志愿者们一直坚守在防疫一线

【围绕党政工作中心点】 助力疫情防控。宁海各界青年众志成城，志愿守护在防疫各线，为打赢疫情防控阻击战奉献青春力量。无数青年志愿者在火车站、高速路口协助医务工作者、交警开展体温测量、秩序维护和人员登记等工作，守护宁海第一道关；在村、社区里宣传疫情、了解居家医学隔离住户的情况，守护村社每一道门；在网络上为群众辟谣、为社会传递正能量，守护群众心理防线。宁海青年企业家全球采购紧缺防疫物资，为一线防疫人员送保障；青年创业联盟发动成员制作面包、姜茶等食品，走遍15个防疫卡点，为一线防疫人员送温暖；青年突击队协助医疗企业装配、消杀等，为一线医疗企业送服务。组建防疫志愿者队伍，设置防疫志愿服务岗位，紧密结合企业复工复产，推出“疫线有我 与企同‘战’”志愿服务活动，累计参与疫情防控4000余人次，累计服务时长3万余小时。

整合食享会、喵到良品等青年电商平台资源，组建青春主播团队，借助抖音、淘宝等直播平台，开展“团团爱心助农”“青带货”直播带货活动10余场，带动销售农产品1.5万余千克。在“宁海新青年”抖音平台编辑发布的抗“疫”一线“双警家庭”短视频播放量27.4万次，同时被新华社官方微博“新华视点”录用，引起广泛共鸣。

10月15日，团县委联合县委宣传部、县直机关工委、县教育局在宁海县国际会展中心广场发起“未来书架”集中认捐行动

助推脱贫攻坚。发起“爱暖晴隆 书送未来”图书捐赠活动，为晴隆县定汪村打造“未来书院”，并推广至晴隆县56个深度贫困村全面覆盖“未来书架”，连续3年为100名晴隆学生募集15万元生活补助。

助力乡村振兴。组织团干部化身“青春推荐官”发布本地旅游攻略18篇，并发动广大网友“寻找家乡最美景”，助推县级全域旅游和经济复苏。组织100余名“小青柠”助力“中国旅游日”十周年暨第十八届徐霞客开游节。完成“青创农场”创建工作，创建省级1家、市级2家。

激励创新创业。搭建平台鼓励青年创新，选送国网浙江宁海县供电有限公司《无电？全电！——绿色未来，电力十足》项目获第三届

【强化权力制约监督】 自觉接受县人大常委会对年度法治政府建设报告的审议，围绕意见建议，重点做好整改落实。发挥人大代表和政协委员依法监督职责，开展“代表进部门”“请你来协商”等活动，丰富监督的形式。建立行政诉讼败诉分析报告制度，加强工作整改。积极打造以网站为主平台，政务服务网、两微一端、广播电视报纸等综合一体的政务公开平台，2019年政务公开第三方评估在全省排名第一。全面推广全省标准化通用化行政执法监管平台及掌上执法系统，落实“双随机、一公开”抽查管理，加强事前事中事后监管，全县执法人员信息入库率达100%，掌上执法实施检查率100%。积极推进信用“531X”工程，聚焦企业、自然人、社会组织、事业单位和政府机构5类主体，构建公共信用指标体系、信用综合监管责任体系、公共信用评价及信用联合奖惩体系3大体系，完善全省统一的公共信用信息平台，推进信用体系在审批服务、行政监管、公共服务、公共资源交易和其他政务事务等行政领域创新应用。

【推进普法依法治理】 对“七五”普法启动以来的工作认真回顾、全面总结，高站位、高起点谋划“八五”普法规划。第一期“全国民主法治示范村（社区）”普法骨干培训班在宁海成功举办，人民网等6家中央媒体记者，到宁海开展有关法治乡村建设的采访报道活动。加强法治乡村建设，创建国家级民主法治示范村（社区）1家、省级6家、市级25家。宁海县乡村治理中心入选第三批全国法治教育基地。《深化村级小微权力清单制、提升乡村治理法治化水平》入选浙江省法治乡村实践优秀案例中的特别指导性案例。振宇叔叔普法工作室被列入省第二批社会大普法“六优”培育行动计划优秀名单。开展“法雨春风”法律服务月活动，全面推进市场主体法律顾问网格化服务工作，服务企业复工复产404家，开展民营企业法治体检175家，出具法律意见书或风险提示函16份，帮助解决法律方面问题41个。

1月8日，司法部普法与依法治理局副局长刘汉银（中）在第一期“全国民主法治示范村（社区）”普法骨干培训班结业式上讲话

公　安

【概况】 在县委、县政府和上级公安机关的坚强领导下，深入学习贯彻习近平总书记重要训词和考察浙江、宁波重要讲话精神，对标“重要窗口”双优生这一定位，牢固树立“敢担当、要积极、抓具体”工作导向，忠诚履职、务实创新，全力以赴战疫情、防风险、除隐患、扫黑恶、护平安，有力助推宁海经济社会高质量发展，在大战大考中交出了平安高分答卷。全县各类大要案件和现行命案全部告破，立刑事案件2735起，同比下降16.5%；全口径道路交通事故死亡42人，同比下降27.59%，同比前三年平均数下降44.98%，全县未发生较大以上道路交通事故，社会大局持续稳定，社会治安保持向好态势。全年共接报有效警情127243起，同比上升7.1%，其中刑事警情同比下降65.1%、治安警情况同比上升29.2%、交通警情同比下降2.1%；刑事案件发案2735起，同比下降16.5%。刑拘犯罪嫌疑人1279名，同比下降15.6%；发生命案3起，同比上升50%，破案率100%。年内，公安局获宁波市抗击新冠肺炎疫情先进集体，看守所获“全省最美警队”、全市思想宣传工作创新奖；有1名个人荣立二等功，37个集体、个人荣立三等功，136个集体、个人获县级以上荣誉称号。

【惩治违法犯罪】 严打严重刑事犯罪，全年3起现发命案全部告破，成功侦破2起20年以上和1起15年以上命案积案，破获特大“网络招嫖”诈骗案、特大销售假冒注册商标的商品案、重大成品油走私案等具有影响力的大要案件25起，偷越国边境案件打击成绩全市领先，命案积案侦破工作得到市公安局局长黎伟挺批示肯定。

9月16日，县局召开侦破“8·10”命案积案新闻通报会

扫黑除恶专项斗争圆满收官。累计打掉黑恶集团8个、团伙2个，抓获团伙成员82名，破获相关案件487起，扣押资产1.1亿元。7月31日，侦办的蒋某军等人黑社

军　事

综　述

2020年是“十三五”规划检查验收之年，是国防动员系统改革调整后的全面推进之年，部党委认真贯彻中共十九届五中全会、中央军委基层建设会议以及省市县三级党委扩大会议精神，以习近平强军思想为指引，聚焦备战打仗抓练兵，突出转型发展抓建设，人武部全面建设持续向上向好。

深化创新理论武装，坚持把学习习近平新时代中国特色社会主义思想和习近平强军思想作为经常性基础性工作贯穿全年，切实打牢高举旗帜、维护核心、看齐追随的思想根基。坚持党委中心组理论学习常态化，每个月保持不少于2天的党委中心组理论学习，将习近平总书记最新重要讲话结合党委中心组理论学习进行传达，全员按时参加省军区、军分区组织的各项理论学习。

部队建设

【提升后装保障能力】　抓好本级新冠肺炎疫情防控工作，保障工作有序开展。

结合民兵深化调整改革工作的要求，上半年为民兵分队重新签订预征预储协议共征得军民通用装备。根据上级要求，做好各类武器、车辆实力的统计、核对，制作上报通用装备图册。

规范后勤管理秩序。开展后勤重点行业领域整肃治理工作，严格遵循“党委统管，财务归口，按级负责，先批后支”的原则，按程序规范经费使用审批。结合省军区资产大清查，进一步梳理本部现有固定资产存量，做好存量老旧资产报废和车辆报废遗留问题的解决，切实做到账账相符、账物相符。

强化应急装备日常管理，坚持做到装备出入库审批手续，做到出入库有审批、登统计有账目。

积极争取协调2021年经费。随着民兵遂行参加多样化军事演习演练任务增多，保障科多次协调县财政局，合理规划经费预算，精准编报需求，为后续工作顺利开展提供扎实保障，解决后顾之忧。

【推进基层武装部建设】　完成对基层武装部的检查考评。召开大会组织基层机关双向讲评和测评，对所有专武干部进行全面考核。在已有2个“五星武装部”基础上，再增加4个“五星武装部”、8个“四星武装部”。

县消防救援大队举行挂牌仪式，县委常委、常务副县长和副县长、公安局局长出席并揭牌。之后，县消防救援大队认真贯彻落实上级各项工作部署，改制不改初心、转隶不转作风、换装不换使命、退役不褪本色，在“全灾种、大应急”实战中锤炼队伍、加快转型，实现了改革平稳过渡，始终冲锋在党和人民最需要的地方，为服务宁海县经济社会发展做出积极贡献。

【征兵工作】　完成兵员征集任务。按照上级统一部署，调整思路，坚持早筹划、早准备，紧紧围绕兵员征集任务目标，强化组织领导、压实各级责任、广泛宣传发动、深入调查摸底、严格体检程序、全程跟踪监督，以廉洁征兵为重点，以“五率”考评为出发点和落脚点，有序展开征兵工作，兵员质量逐年提升。

【党管武装】　组织武装工作及专武干部年终考核。县人武部围绕“党管武装”考核评分标准“德能勤绩廉”对全县18个乡镇（街道）武装部和专武副部长干事进行综合考评，并召开大会组织上台述职、民主测评和审核实绩要点表。召开部党委会，集体研究进行审定，使考评结果更加客观真实。

共建贫困留守妇女家门口的“创业孵化基地”》上榜第二届“全球减贫案例征集活动”首批获奖名单；4月16日，在市对口工作领导小组暨市山海协作领导小组会议上受表扬；8月4日，县专班模式被宁波市支援合作系统高度肯定并推广；11月23日，贵州省政府新闻办宣布晴隆县退出贫困县序列，成功实现脱贫摘帽。

【结对晴隆】 资金支持有力，全年落实对晴隆县财政援助资金6900万元，比上年增长近17%，实施帮扶项目17个，都已按项目计划书全面完成。募集社会帮扶资金2033万元（其中资金1460万元、物资折价573万元）。

产业合作高效，新引进7家企业（累计16家）到晴隆投资，实际到位资金3.826亿元，县内消费扶贫0.26亿元（其中晴隆0.21亿元），助力“黔货出山”1.73亿元，带动贫困人口1.127万人。建成扶贫车间20个，共带动贫困人口就业594人。

劳务协作精准，建立健全党建+劳务协作工作机制，开展“乡音”志愿网格化跟踪服务，确保到宁波宁海的501名晴隆籍贫困户稳岗就业，59名职校贫困学生安心就读，同时促成10名贫困学生实现就业。

人才支援给力，选派挂职干部2人、专业技术人才79人，接收晴隆到宁海县挂职干部6人、专业技术人才83人。

携手小康深入，两地党政主要领导带队互访4次、分管领导互访3次，召开党政联席会议4次，15个乡镇、36家单位赴晴隆开展助力挂牌督战行动，开展致富带头人培训5期共111人次，创业成功70人，带动贫困人口1.3万人。

特色亮点纷呈，宁海县扶贫工作专班远程指导复工，实施“后方跑订单+前方帮复工”模式，被10多家中央省市媒体聚焦报道。再次发起“情暖晴隆，课桌圆梦”认捐活动，开展“未来书架”募集活动，有82家单位、3569名机关党员干部参加。《东西部精准扶贫工作“云共体”的构建与实施》在宁波对口协作理论研讨和工作研讨活动中荣获一等奖，《布好产业局 打好产业牌 走好产业路》入选浙江省东西部扶贫协作案例，《宁波市宁海县振兴乡村新模式“牵手”贵州晴隆》入选国家扶贫协作案例，《甬黔携手，共建贫困留守妇女家门口的“创业孵化基地”》上榜第二届“全球减贫案例征集活动”首批获奖名单。

【山海协作】 加强互访交流。县级领导对接5次，召开党政联席会议3次，签署《山海协作工程合作协议》《“景宁600”农产品产销合作协议》，部门（乡镇）层面交流30余次，签订部门结对协议7个、乡镇结对协议6个、村企结对协议6个。落实援建景宁县资金121万元，实施项目7个，募集社会帮扶资金280万元，用于景宁县乡村振兴项目建设。

拓宽协作领域。引导企业赴景宁县开展有实质性的项目投资洽谈5次，签订“飞柜”等项目，宁海消费扶贫店助力“飞柜经济”销售835万元，新引进畲族风情康养度假综合体3.2亿元项目，持续推进祥源商贸城项目工程和景宁天寿养生养老山庄项目建设，实际到位资金1.59亿元。

增强造血功能。与景宁共建“消薄飞地”，景宁70个村集体经济薄弱村以每村50万元，入股景宁兴村富农投资发展有限公司，作为资本入股宁波裕景兴宁产业园开发有限公司，宁海科创投资建设有限公司以厂房入股，以厂房租金的方式为景宁带来350万元“消薄”收入，并逐年递增。建设景宁县乡村振兴示范点光伏项目，助力新庄村集体经济每年增收10万元。宁海用心用情用力推进山海协作工作得到省发改委高度肯定，在新一轮扶贫结对帮扶景宁工作推进会暨山海协作“五县联盟”启动仪式作典型发言。

【援助新疆库车】 宁海—库车两地有2批次20人次、多个学校、镇村进行结对交流，落实结对帮扶资金100万元，捐赠教育经费22万元，开设新疆特产店“驿疆南”旗舰店，助推“疆果东送”工程，实现消费帮扶100万元。新选派支教老师6名。根据上级要求，做好新增对口支援三峡（结对重庆万州）前期对接工作。

【扶贫攻坚】 民生保障有新进展。完成重点扶持区域村庄整治建设提升工程14个村，其中市级9个、县级5个，累计投资2780万元。稳步推进库区、山区内聚外迁移民，按照“整村推进与梯度转移”“集中安置与分散安置”相结合的方法，完成搬迁195户、551人。大力推进资源型机耕路建设，落实市、县两级补助资金228.4万元，完成修建76公里。

富民增收有新成效。认真落实省委、省政府提出的“低收入农户奔小康工程”，深入实施“低收入农户收入倍增计划”，制订出台《宁海县低收入农户精准扶持实施办法》和《关于进一步落实低收入农户“一户一策一干部”制度的通知》等政策性文件，实施片区三年摘帽攻坚行动，把提高帮扶质量、增融资金额20.332亿元（理财直融3亿、银行流贷12.332亿、公司债5亿）。不断优化调整融资结构，置换高成本融资，2020年置换高成本资金共9笔，涉及金额8亿元，总体融资成本比2019年下降1.65%。达到降低集团整体贷款成本的目标。科创集团（含物流中心）外部贷款总余额为91.8亿元（含物流中心13.3115亿元）。通过优化资产资金和负债结构，年度科创集团合并资产总额增加至184亿元（第三季度），资产负债率由上一年度50.81%降至48.36%。资产负债率水平整体趋于合理。

【资产管理】 掌握现有资产，实行信息动态管理。建立健全国有资产台账和信息化数据库，应用信息化软件进行资产管理，全面掌握资产经营和收益入账情况，做到出租资产、租金收取及资产空置实时更新，权属、出租合同、租金收益、诉讼、保险台账等各类信息一目了然，资产管理更加规范有序，确保资产安全，资产管理系统正在有序推进中。

突出优质资产，盘活资产高效利用。科创集团国有资产合计总权证建筑面积714478平方米。其中厂房251720.05平方米；办公楼95212.31平方米；宿舍51833.41平方米；综合楼4514平方米；商业121930.32平方米；住宅12901.69平方米；地下面积55469.49平方米。仓库108177.73平方米。以环球中心、汽车城综合服务中心等优质资产为吸引带动各类资产，可出租资产已出租540535.91平方米，租户数392户，出租率达到91%；应收年租金4013.9157万元，实收3466.6347万元，累计欠款871万元。疫情期间享受减租政策涉及经营性承租户共351家，减免租金15523560.51元。对于拖欠租金现象，建立“公司催缴—顾问所发函—法院起诉”三步走的租金催缴规范性操作流程，即对拖欠租金的租户，由资产管理部对其发出书面通知催缴，在期限内租户未能自行缴纳的，再将相关材料转交园区法律顾问事务所，由其发出律师函。仍然未能缴清的，则向法院提起诉讼。

2月25日，宁波市副市长李关定（左二）调研电商产业园

【企业服务】 抓好疫情防控，助力企业复工复产。开展企业复工复产资料审核企业247家，兑现5项补助共计129人，兑现资金152836.67元。做好企业返工人员管控人数1392人次，做好企业114人的核酸检测工作；做好新入宁海人员小周期滚动排摸工作，共计排摸汇总人数385人。

强化安全生产，铁腕重拳全面出击。针对火灾风险较大的物流园区电商园、宁申包装、华东机电3个区块，组织微型消防站开展火灾扑救和消防逃生演练。完成小微企业园和科技园区区域风险辨识评估工作，全面架构园区安全管控体系。全年组织企业人员完成5期安全培训，培训人数256人，送教入企培训300人。开展经营商户的消防安全“四懂三会”入户培训70余家，消防演练20余次。累计检查600余家次，发现隐患2300余条，已督促整改完成2100余条。

落实环保监管，实行清单对表销表。设立重点企业名录，建立环保项目清单，对表销表。联合市环保局宁海分局、第三方检测机构重点推进电镀城、宁海湾循环经济开发区等区块企业环保检查，及时发现现场处置。开展临港区块企业雨污分流试点建设，临港区块76家企业已有63家企业完成雨污分流工作，此外按要求完成16家企业排污许可申请及发证工作，3家企业的固废和危废申报登记工作。

提供政策支持，企业服务保质增效。代办企业工商注册12家；市“3315”等项目企业申报排摸21家，项目申报指导企业4家；提供企业技术改造备案服务9家，项目投资备案5家；县“215”项目申报4家；园区企业码申领率达97%。做好天达环保、昱源环保、照泰工业园等近10家企业的遗留问题处置和履约保证金受理工作，累计兑现各类企业款项近1300万元。

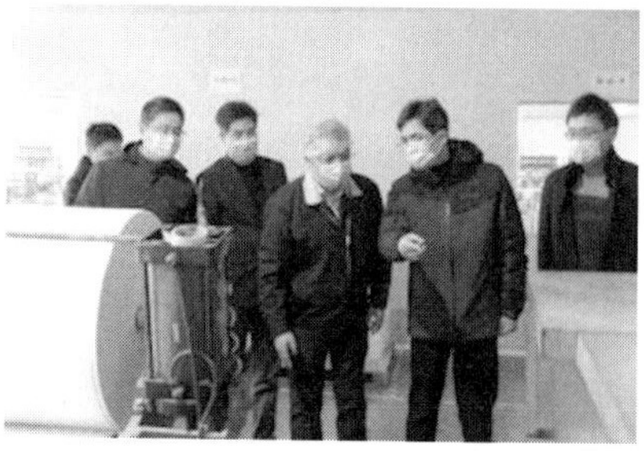

2月17日，县委书记林坚（右二）带队调研健翔包装口罩生产线

【自身建设】 政治学习持续强化。加强思想政治引领，不断提高党员干部学习力，坚持和完善党工委中心组学习制度，把学习贯彻落实中共十九届五中全会精神和学习贯彻习近平总书记最新重要讲话、重要指示批示精神作为中心组学习“第一专题”，在学懂弄通做实上下大功夫；开展党工委中心组学习20次，集中研讨3次，组织全体党员

息的汇聚、处理、发布、应用、展示，并对综合交通数据进行深度的分析、挖掘及应用。

【物流发展】 谋划物流产业园。启动编制“十四五”物流业发展专项规划，依托得力电商产业园等提档升级物流园区，划定片区谋划新的物流基地建设。

打造集士驿站。依托交邮合作快递进村城乡公交专线，联动宁海城乡客货联运平台实现快递服务与公交带货、农产品品牌推广等服务结合，运营南庄和弘杨2个集士驿站，入选交通部首批25个农村物流服务品牌项目。集士驿站是宁海农村物流生态联盟的创新实践示范点，依托城乡客车班次密、间隔短的优势，联动菜鸟驿站率先在全省开展城乡公交快递下乡智能化配送工程，为相对偏远山村的快递进村交邮合作开通公交专线，也为村民提供寄递配送、金融保险、公交带货、网上购物的“一站式”综合服务。

整合快递末端共配。投入使用宁海快递业末端共配处理中心，先期整合圆通、韵达和中通三家快递，日处理量可达40万件，相同占地面积，每小时操作人员减少30%，操作量提升80%，实现快递末端网点标准化、智能化、便捷化。4月17日，交通运输部公布首批25个农村物流服务品牌，浙江省入选2个，其中宁海“交通运输+邮政快递融合”项目成功入选，也是宁波市唯一入选的项目。该项目依托交通、商务、邮政和乡镇等部门资源优势，发挥邮政快递企业、金融机构、农村物流网点和农村电商从业青年等主体力量，通过“快递下乡电动三轮摩托车、农产品物流包装、农村物流网点建设、农村物流信息”4个标准化建设，推进社会资源整合共享和优化配置，形成“一个平台、两大基地、三级载体、多维协同共生”的农村物流生态发展模式，助推乡村经济发展。

【打造美丽经济交通走廊】 以“美丽交通+”理念，串珠成链，助力交通沿线经济发展，创成省级美丽经济交通走廊示范县。

“美丽交通+科创”。利用兴海路沿线低山缓坡，科学布局生物医药、信息数据等新兴产业，引进培育全国唯一的乌材所中国研究中心等科创平台。

“美丽交通+旅游”。依托象西线和甬临复线“一横一纵”，融合沿线古村古建、地域人文等要素，因地制宜打造温泉游、古镇游等多旅融合的休闲旅游通道。三是“美丽交通+乡愁”。以通村通景为前提，串联景区景点、古镇古村、精品民宿，谋划建设“一环八线”精品线，改造建成通景公路、漫游绿道各100公里。

【疫情防控】 3月23日，宁海动车站防疫检查卡点撤除。自疫情防控工作开始，县交通部门立即牵头制定宁海铁路场站联防联控工作方案，绘制外来人员防控流程图，明确各个操作环节，确保旅客逐一受检，做到排摸“一体化”、运输“一站式”、服务“一条龙”，统筹协调25家单位、130余人，连续奋战61个日夜，累计测温和分类引导103209人、接收企业返工人员3945人，顺利完成使命。

县交通部门严格按照“一手抓疫情防控，一手抓复工复产”“两手都要抓、两手都要硬”的工作要求，多途径联系港航和道路运输企业，全面摸清企业复工动态，及时传达疫情防控文件精神，指导企业加强疫情防控，加快复工复产，畅通物流人流商流。

【改革创新】 县交通系统组织召开全县交通运输机构改革总结会，贯彻落实上级关于综合行政执法改革的部署要求，深化机构改革，优化体制机制，新整合组建县交通运输综合行政执法队、县公路与运输管理中心、县港航管理中心，推动执法力量向基层下沉、向一线倾斜。

县交通局率先将“电子证明服务系统”应用于交通行政审批领域，办理业务时通过扫描枪或高拍仪读取办事人相关App上的电子信息，即可通过人脸识别获取相关证件信息二维码办理道路班车客运班线变更、班车（包车）客运标志牌核发、道路班车客运道路运输经营许可证补发等业务，实现“无证明（证件）办事，审批加速度”的目标。

【县交通重点工程建设指挥部】 项目建设提档升级。完成年度交通投资18.34亿元，“十三五”期间突破100亿元。重大项目有序推进，10月1日盛宁线力洋至胡陈段建成通车，4月15日甬临线桑洲岭隧道右洞贯通（2021年1月27日甬临线宁海岔路桐洲至桑洲麻岙岭段改道工程桑洲岭隧道全面通车）、G228白墙山隧道全线贯通，12月9日G228新山至三门段开工建设。铁路建设飞跃发展，11月10日杭深线宁海站动车存车场、铁路行车公寓建成投用，新开行宁海至亳州、北京南两列始发高铁，宁海站全天开行办客列车56列，日均客流达1.2万人。

政策处理有效推进。紧盯县委、县政府全年13.5亿元的交通固定资产投资考核任务不放松，指挥部在上半年度开展交通建设工程“决战半年度政策处理大会战”专项行动。并在县长应国邦召集下成抓紧抓牢国家省市战略机遇。推动宁海县成功入选全省大花园示范县创建单位、全市唯一的全国县城新型城镇化建设示范县。力促开发区（园区）整合提升，宁海经济开发区和宁波南部滨海经济开发区成功获批省级开发区。印发《宁海县推进长江三角洲区域一体化发展行动方案》。

8月18日，国家发改委综合交通研究所一行到宁海调研市综合交通“十四五”规划和中长期重大项目谋划

【项目建设】 优化服务抢“时间”。一般企业投资项目实现从赋码到竣工验收审批“最多80天”、赋码到取得施工许可证审批“最多50天”、竣工验收审批“最多30天”。印发《宁海县政府投资项目工程造价管控实施办法》，推广运用宁海县政府投资项目智慧监管系统，实现概算审核、预算审核、招标控制价备案全流程网上办结。

咬紧指标抢“投资”。以全县“四重四比”稳投资专项行动助推“项目争速”。投资结构进一步优化，民间项目投资同比增长30.9%，居全市第2位，民间投资占比为61.0%。8个省重点建设工程项目完成投资29.5亿元，占年度计划146.8%；23个市重点建设工程项目完成投资67.6亿元，占年度计划153.8%。

统筹协调抢“进度”。97个新建重点实事工程开工建设，开工率为80%以上。10个人大票决制项目全部实现开工。5个省市县长项目中4个已开工并统计入库，超过省里50%的年度考核目标。9个市重点建设工程计划新开工项目全部实现开工建设。

争取红利抢“保障”。抢抓国家政策“窗口期”，积极申报专项债和中央拨款，争取到各类项目资金约30亿元。4个项目（全宁波大市8个）被列入省重大产业预选类项目。

4月15日，宁海至象山天然气管道实现全线贯通

【提质增效】 战略性新兴产业保持增长势头。实现战略性新兴产业增加值43.2亿元，占规上工业增加值比重为18.8%，增加值增速0.3%。全年为38个战略性新兴产业项目拨付专项补助资金共计3968.68万元。中乌合作平台的高端铜合金项目、阻尼轴承项目进入产业化阶段。

换工作，使用周期为2021—2022年，涉及全县30个调查网点，2020年12月正式启用，电子记账比例明显提升。

审 计

【概况】 宁海县审计局完成审计项目117个，审计查出主要问题金额6.16亿元，管理不规范金额4.88亿元，移送案件9件，7人被处分，提出审计建议279条，促进39项制度出台，为“双优”宁海建设提供审计支撑。

【疫情防控】 县审计局建立疫情防控工作领导小组，构建三级联动的快速应急机制，组成12人宁象交界处卡点执勤小组，检查过往车辆2100余辆次；派出2个服务企业复工复产工作小组，服务小微企业180多家，全力保障企业复工复产；组织全体干部加入村（社）一线联防联控工作，参加活动超600人次，筑起一道道“防疫长城”。开展宁海县应对新冠肺炎疫情防控资金和捐赠款物专项审计，延伸审计29个政府机构、社会团体和卫生医疗单位，以及5家企业和金融机构，审计提出问题被审计署采用，为坚决打赢疫情防控总体战、阻击战提供强有力的审计保障。局党组荣膺县战“疫”先锋团队称号。

【聚焦审计主战场】 政策措施跟踪审计。重点关注“最多跑一次”改革、减税降费情况，开展促进优化营商环境政策措施落实情况专项审计，既发现工作经验，又揭示政策措施落实存在的问题，为县委、县政府决策提供意见和建议，为促进宁海县经济社会健康发展保驾护航。

公共资金绩效审计。紧紧围绕政府过“紧日子”、集中财力办大事、“三促进”“三保”重大政策落实等重点，开展全县一级预算单位部门预算执行审计，推进公共资金审计全覆盖，促进资金提质增效。在财政同级审中审计发现非税收入1.15亿元未及时上缴国库、预算绩效评价覆盖面不够广等问题，促进相关问题整改落实。

领导干部经济责任审计。对13名领导干部开展经济责任审计，审计查出主要问题金额3.31亿元，管理不规范金额3.12亿元。构建“三报告”机制，向县委审计委员会、县人大常委会汇报整改情况，向县委组织部专题汇报年度经责审计问题情况，促进权力规范运行。推进“巡审同步”机制，安排6个部门、乡镇（街道）的经责审计项目与县委巡察工作同步，在工作落实上相互支持，检查内容上互为补充，信息成果上共同享用，构建“大审计”格局。

政府投资审计。聚焦“政策、风险、绩效、管理”，揭示政府投资项目存在的管理漏洞和风险隐患，开展宁海县溪南美食广场工程预算执行情况、宁海县政府投资项目竣工财务决算情况等4个项目开展审计，依法规范开展审计工作，实行常态化监督，加快推进新时代投资审计转型和均衡全面发展。

内部审计。开展内审项目计划化、联络指导清单化、联合审计团队化工作，出台联络指导机制，各科室与全县99个部门单位、乡镇街道分类结对，实现一级预算单位全覆盖，通过“一对一”服务，精准施策，靶向发力，提高内审指导的针对性和有效性；继续探索分行业、分项目组织内审人员参与国家审计，构建内部+国家审计团队作战体系，精准发挥各行业内审组织的长处，提升审计效率。

村社集体经济审计。持续推进“百村审计”工程，审计资金13.87亿元，资产总额25.88亿元，管理不规范金额6794万元。实施挂图作战，抓进度、提质效，力争查清村干部经济箱底，摸清村社资源资产家底，助力村级换届选举。梳理、归纳2019年审计发现的5大类问题，专题发出农审发现问题通报，县委审计委员会、县人大高度重视，要求加大村级整改落实工作。开展以案释法和审帮扶活动，进一步强化村干部的法治意识和依法履职意识。

交办任务。配合省委巡视组对宁海县巡视工作，按照要求及时提供审计报告并配合咨询工作，接受省委巡视组对局党组理论学习中心组学习情况检查，肯定在学法方面成效突出。派出审计干部参加省环保厅自然资源资产审计和三门县主要领导经济责任审计工作，配合市审计局参与保障性安居工程跟踪审计。积极配合迎接国务院第七次大督察工作，成立专班，专员联络，协同推进，荣膺全县“国务院第七次大督查先进单位”称号。

审计管理创新。强化审计机关政治属性，县委出台《中共宁海县委审计委员会工作规则》，明确机构设置、主要职责及会议制度等内容，切实加强党对审计工作的领导；县委审计委员会办公室出台《中共宁海县委审计委员会办公室工作细则》。推行领导干部“一书一单一培训”预警机制，强化源头防控，对新提任的8名县管正职领导干部，送上《宁海县领导干部履行经济责任重点风险防控清单》，签领《宁海县领导干部履行经济责任重点风险防范告知书》，并进行面对面的辅导，做到告知在先、防

环境保护·自然资源和规划

环境保护

【概况】 深入践行“绿水青山就是金山银山”的发展理念，以污染防治为突破口，全力打好“蓝天保卫”“护水斩污”“清废净土”污染防治攻坚战，不断保障区域生态环境质量，各项工作成效显著。全县生态环境质量稳中有升，市控以上断面地表水环境质量优良率和达标率保持100%，饮用水水源地达标率保持100%，大气环境优良率达到93.7%，比2019年提高1.9%，PM2.5 23微克/立方米，比2019年同期下降4微克/立方米。

【工作保障】 加强组织保障。设立县生态文明建设管理中心，指导协调全县各级各部门开展“两山”实践与生态文明创建等工作。建立“两山”实践创新管理机制，印发实施《2020年度“两山”实践创新基地计划方案》。加快推进国家生态文明建设示范县创建，完成创建申报并获省级备选公示。提前谋划“十四五”生态环境工作，完成规划初稿。

强化各级联动。县委、县政府主要领导多次听取并专题研究生态环境工作。县人大每年听取审议生态环境工作报告，专题组织开展农村生活污水治理工作视察；县政协组织委员开展污染防治工作专题调研并向县政府提出许多建设性建议，10月开展“请你来协商，书记与委员面对面”活动，专题商讨污染防治工作。

强化考核保障。全市首创绿色发展考核，将绿色发展任务分解至36个县级部门，明确部门在资源利用、环境治理、环境质量、生态保护、增长质量、绿色生活等方面的工作职责。继续开展乡镇（街道）生态报表考核，将生态文明建设分为生产发展、生态环境、环境治理、群众评价、生态制度等5个方面32项指标，采用生态报表的形式对乡镇（街道）进行考核，若发生重大生态环境事件或环境保护督察问题整改不力，则取消评优资格。

强化队伍建设。出台局队合一制度，做到局队一体运行、业务优化协同、人员相互融合，促进管理和执法效能有效提升。完成机构改革后局中层干部聘任工作，6名干部提拔为中层正职，4名干部提拔为中层副职；完成事业单位机构和人员合理转隶。不断加强干部队伍的教育与管理，制定印发《年度党风廉政建设和反腐败工作组织领导与责任分工》，层层签订《党风廉政建设责任书》。统筹线上、线下学习载体和途径，广泛开展廉政教育学习；常态化开展效能督查、印发督察通报，规范干部队伍作风建设。

【项目推进】 高强度推进大气污染防治。加快能源结构调整，38台燃气锅炉低氮改造已经完成39台，建成区内5台生物质锅炉淘汰改造完成7台，260辆国三及以下标准营运柴油货车淘汰完成281辆，均超额完成任务。加强废气污染防治，出台《扬尘管理办法》，进一步明确部门管理职责；1个重点整治工业园区、13家VOCS治理、15个工业窑炉重点治理项目、5家年销售汽油大于5000吨的加油站油气回收监控设备安装均已经完成；铝压铸企业整治完成37家。有序推进大气环境自动监测站点建设，18个乡镇（街道）大气监测点位和1个重点工业园区环境大气自动监测站建设已完成，重要物流通道大气监测站建设完成选址；开展道路机动车尾气监测，建成1套遥感监测系统和2套黑烟抓拍系统，并对排放超标的车辆进行自动抓拍处罚。多部门联合出台《进一步加强餐饮业油烟污染管理处置工作的实施意见》，推进商住房餐饮禁设区划定工作，有7个小区划定为餐饮禁设区。

高标准推进污水零直排区建设。完成3个镇（岔路镇、前童难题70项。完成技术交易额8.4亿元，同比增长28.9%。

全面推广省研发项目信息管理系统，不断规范研发项目管理，2019年度科技进步统计监测报告显示，规上企业中开展研发活动的企业数占比达66.07%，居全省第9位、全市第1位。

教　育

【概况】 2020年，全县共有中小学校84所，幼儿园95所，教师进修学校和电大各1所，乡镇（街道）成人学校18所，在校中小学生86164人，在园幼儿23057人，在编教职工5269人，非在编教职工1461人。教育局党委所属基层党组织168个，其中党委3个（教育局机关党委、宁海中学党委、教育局跃龙党委）、党总支22个、党支部143个，党员2971名、预备党员69人。

县教育局党委以中共建设为统领，以落实立德树人根本任务、办好人民满意教育为目标，强力推进教育系统党建工作，努力构建区域化教育党建新格局。紧紧围绕县委、县政府中心工作，着眼“为党育人、为国育才”总目标，努力将中共政治优势和组织优势，转化为抗击疫情、复学复课的工作优势，为打赢疫情防控战，促进宁海教育事业高质量发展，提供了坚强政治保障。2020年省现代化水平监测，宁海教育满意度98%，位列全省第三、全市第一。

县教育局自主拍摄的抗疫宣传片上宁波四大电视台，前童镇中心小学“布贴画”走进央视，走出国门，浙江教育报官方微信刊发陈开南署名文章，省教育厅党委书记、厅长陈根芳到宁海调研，宁海高考再创新高，宁海教育微信荣登2019年度浙江省教育部门优秀新媒体综合力10强榜。

3月20日，县委教育工作领导小组举行第一次（扩大）会议

【县委教育工作领导小组举行第一次（扩大）会议】 3月20日，县委教育工作领导小组举行第一次（扩大）会议。县领导李贵军、方勤、励成杰出席。会上，县教育局介绍学前教育及义务教育段招生工作、教育事业改革发展和复学工作相关情况，与会人员进行研究讨论。

【林坚、滕安达为安全复学深入一线调研】 4月9日、15日，县委书记林坚分别带领各部门走访调研桃源中学、宁海中学、跃龙中学和致远外国语学校。4月15日，代县

4月18日，县委书记林坚（前左二）一行为第二批复学展开调研

领，以改革创新为动力，坚持“急党政所急、想青少年所需、尽关工委所能”的工作方针，全面深入推进“四化型”发展模式，充分发挥“五老”优势，教育引导青少年“听党话，跟党走”，积极参与社会治理，推进基层组织创新，各项工作取得新成绩。在纪念中国关心下一代工作委员会成立30周年暨全国关心下一代表彰大会上，县“五老”代表王以位被授予“全国关心下一代工作先进工作者”称号。县关工委“五老”志愿者服务团队被宁波市老干部局评为市最美团队。

【疫情防控】 广大“五老”挺身而出，主动作为，积极配合党委、政府、部门和所在村（社）居民区当好“三个员”，为打赢这场疫情防控阻击战添油助力。

当好最接地气的防控宣传员。以居住区域为中心，协助村社做好疫情防控宣传工作，帮助当地群众做到“三个清”，即疫情认知清、政策部署清、防护要点清，提前纾解因认知不当导致的矛盾纠纷，大大提升防控效率。有的自行编印防疫资料，主动上门分发宣传单子；有的走街串巷，播报防控语录。仅桃源街道社区“五老”志愿者分发的宣传防范资料就达万余份。跃龙街道的一些志愿者队伍，向辖区群众宣传防疫知识，日均步行达到一万步以上；前童镇的“五老”在居住村口设立疫情黑板报，每天通报疫情动态。还有一些“五老”以摄影、曲艺、诗词、书画等形式向广大民众宣传政策、介绍常识，致敬逆行而上奋战在一线的白衣天使，传递真情，共克时艰。据不完全统计，县“五老”创作抗疫文艺作品360余件。用老百姓喜闻乐见的表达形式吹散疫情笼罩在人们心头的“阴霾”。

勇做冲在一线的卡点守门员。为减少不必要的人员流动，“五老”们就近就便参加居住地的卡点志愿活动，协助各卡点做好人员进出登记、体温测量、通行证发放、甬行码验证等工作，有效缓解各卡点人手紧张的难题，为严防死守打赢防疫阻击战发挥极其重要的作用。还有的“五老”为满足居家隔离人员的日常物资需求，主动承担隔离人员的物资配送重任，通过微信、电话等零接触方式，收集隔离人员需求，并负责采买和送货上门。据不完全统计，全县“五老”参与卡点志愿值守达万余天（工作日）。

乐做后方保障的基层勤务员。疫情肆虐期间，县关工委领导多次致电问候一线执勤人员，并叮嘱他们做好个人防护，还专程带队到县高速路口、火车站、疫情重点防护村武岙村等地慰问卡点的一线值守人员，表达“五老”对抗疫一线人员的一份心意和敬意。各级关工委在助力疫情防控的同时，组织力量积极排摸当地受疫情影响儿童情况，根据服务需求，以“一对一”或“几对一”的帮扶模式，帮助留守儿童解决在生活、学习和心理上碰到的各种难题。如力洋镇关工委成立“儿童关爱队”，由“五老”接力照顾3名贵州籍留守儿童，为他们送去生活物资、防疫用品，元宵节的时候还让孩子与父母视频电话，在网上“团圆”。大佳何镇关工委对一援鄂医护人员家属和孩子及时进行慰问。桃源街道关工委持续开展“志愿者进社区 暖心辅导面对面”活动，主动为留守学生提供学业辅导，以实际行动向奋战一线的人员表示支持和敬意，使他们解除后顾之忧。县教育局关工委也为这些家庭孩子提供专门的学业辅导。

【关工委建立30周年纪念活动】 宁海县关心下一代工作委员会自1990年6月成立以来，已整整走过三十年的历程。为充分展示三十年来关工委的工作成果和关工人的辛勤付出，县关工委精心策划开展“五个一”的纪念活动。

编印一本关工画册，题为《关工印象》，全册28页，将县关工委成立30年来，特别是近几年来的工作情况以图片形式汇集呈现。

编写一本《宁海县关心下一代工作志》，由王以位、娄传申、袁哲飞3人担纲，全县各乡镇（街道）和县级机关有关部门关工委协作编写的80余万字的《宁海县关心下一代工作志》，为关心下一代工作立言传世做出突出贡献。此举在全国尚属首例，并于6月被宁波天一阁收藏。

组织一系列专题报道，6月底，在《今日宁海》刊发《筚路蓝缕三十年 夕阳洒满关爱路——宁海县关工委成立三十周年回眸》专版，回顾总结县关工委30年来的光辉历程；7月初，在《今日宁海》刊登《最美夕阳红 温馨又从容——宁海县关心下一代工作“最美五老”风采展示》专版，重温优秀“五老”的辛勤付出。这次“最美五老”评比，是县关工委与县文明办联合举办。

制作一部宣传片，时长约10分钟，以《爱的奉献》为题，分“爱的阳光”“爱的旋律”“爱的风采”三乐章动态呈现县关工委成立以来的工作成果。

举办一次大型会议，县关工委成立30周年大会成功召开，会议筹备、人员安排、材料准备、会议保障等各方面工作落实到位、宣传到位，其中撰写会议和宣传材料20余份，累计文字4万余字。省关工委主任徐宏俊、专职副主任林斌及

续表3

序号	单　　位	产　　值	业务收入
28	宁波金鸟服饰有限公司	5606	7997
29	宁波世纪东港机械有限公司	7764	7650
30	双一力（宁波）电池有限公司	4909	7460
31	宁波宏科汽车部件有限公司	6964	7211
32	宁波捷豹传动系统有限公司	7301	7015
33	宁波世辰汽车部件有限公司	5976	5706
34	宁波万里春橡塑有限公司	5629	5664
35	宁海县久丰纱厂	3652	5535
36	宁海永信轴承科技有限公司	110	5403
37	宁海建新白马注塑有限公司	4844	5188
38	宁海宏德模塑有限公司	5607	5108
39	宁海建新自动化设备有限公司	5638	4909
40	浙江千钧日用品有限公司	4783	4718
41	浙江优逸科汽车部件有限公司	4599	4664
42	宁波市新一元铝业有限公司	4643	4657
43	宁波斗士油压有限公司	4476	4523
44	宁波兴亚汽车零部件有限公司	4043	4519
45	宁波永信精密管业有限公司	4172	4464
46	宁海光启铝材有限公司	4260	4258
47	宁海县健牌汽车部件有限公司	4470	4257
48	宁波正霖文具有限公司	4166	3970
49	宁海县精欧铝业有限公司	4129	3944
50	宁波蓝鲸汽车模具有限公司	1057	3880
51	宁波韶翊金属制品有限公司	3348	3645
52	宁海鼎宏沥青搅拌有限公司	3478	3471
53	浙江锦柏新材料科技有限公司	3446	3446
54	宁海科发铝业有限公司	3418	3368
55	宁波市大磐精密机械有限公司	3321	3325
56	宁波吉海模具有限公司	3381	3041
57	宁波铭旭机械有限公司	2988	2991
58	宁波永成蓝鲸模具有限公司	2715	2968
59	宁海华明机械有限公司	2879	2880
60	宁海永大混凝土有限公司	2846	2849

续表6

指标名称	计量单位	数　量
3. 其他人员	人	16
财政供给人员全年工资总额	万元	1721.78
六、工业及建筑业	—	—
工业企业单位数	个	170
其中：规模以上工业	个	19
工业总产值	万元	189241
其中：规模以上工业	万元	132034
工业企业从业人员数	人	6546
七、贸易及餐饮	—	—
社会消费品零售总额	万元	19452
其中：限额以上社会消费品零售总额	万元	843
市场个数	个	2
50平方米以上的超市个数	个	4
住宿餐饮业企业个数	个	25
八、教育、文化、卫生	—	—
小学数	所	4
小学专任教师数	个	60
幼儿园、托儿所个数	个	4
图书馆、文化站个数	个	1
剧场、影剧院个数	个	0
体育场馆个数	个	0
医疗卫生机构个数	所	19
医疗卫生机构床位数	床	25
执业（助理）医师数	人	46
九、社会保障	—	—
各种社会福利收养性单位数	个	1
各种社会福利收养性单位床位数	床	150

超市、特色商品零售等多家店铺。

精心推出一批餐桌品牌，积极参与“十大碗”特色菜、夜宁海推荐打卡地、“家乡带货王”直播大赛等评选，农特产品的美誉度和知名度不断提高。

【城镇建设】 项目建设加速推进。坚持以“六争攻坚——项目争速”三年攻坚行动为抓手，全速推进19个重大项目的政策处理，不遗余力推进28个重点（实事）工程建设，总投资7.8亿元成功创建浙江省首批美丽城镇样板镇。

交通路网不断健全，累计投资4500万元完成梁书线前童穿镇段改建、城岭线前童穿村段南改道二期、竹林至上滩山公路等工程，累计投资2000万元推进梁书线至宁西粮库公路、梁书线北段路面提升、菜市场周边道路等项目。

功能区块日趋完善，累计投资2亿元完成双桥农房“两改”二期和推进鹿山安置小区建设，形成商住集聚区；投资3500万元完成前童卫生院土建、投资1.6亿元启动前童中心小学建设，打造文教卫功能区。

生态环境不断优化。以美丽宜居为导向，强力实施“三改一拆”行动，累计拆除违建3.96万平方米，拆后土地利用率达91%。

狠抓截污纳管补短板，累计投资2000万元完成城南污水大管网建设和市场周边道路雨污水管网铺设、中小学及卫生院管网铺设、镇政府污水管网改造以及镇区六小行业隔油池、沉沙池等改造工作，镇域农村生活污水运维移交达70%，省级污水零直排区通过市级验收。

持续深化开展村庄环境治理，常态化开展“厕所革命”“垃圾革命”，累计投资140万元改造提升农村公厕5座、启动建设AA级旅游厕所3座，全面推行垃圾分类3.0版，通过省级卫生镇复审，启动国家卫生乡镇创建，成功打造岭南、鹿山、塔山3个省级卫生村。

3月10日，前童镇重点项目工作小组查看童衍方艺术馆二期、开元名庭、梁书线穿镇段等项目开工进度

美丽乡村加快发展。以建设“中国美丽乡村”为目标，以艺术振兴为牵引，累计投资1260余万元，成功创建大郑省级引领型农村社区、省级美丽乡村特色精品村、市级美丽示范村、梳理式村庄，上溪和柘湖杨市“一事一议”美丽乡村，桥头杨和妙宏村庄环境提升村，官地严家梳理式村庄等，打造大郑AAA级景区村庄、梁皇AA级景区村庄、柘湖杨和桥头杨A级景区村庄，精心培育“美丽庭院”70户。

【全域旅游】 在全域旅游战略部署下，立足生态资源，深度挖掘文化资源，盘活产业资源，全面推进古镇AAAAA级旅游景区创建，成功创建全市唯一的省AAAAA级景区镇和市级全域旅游示范区，列入浙江省耀眼明珠培育对象。

规划引领目标更明。完成《乡村全域旅游示范区专项设计方案》，着力打造集山水文化、红色文化、五匠文化于一体的全域综合旅游圈。委托专家团队编制完成标识系统、游客中心广场和重要节点改造提升设计，精心编制《AAAAA景区创建总体规划》，确保景区创建的专业化。

项目驱动发展更强。以“内提外拓”为开发思路，加大项目建设力度，全力抓好18项旅游重点项目。累计投资1.74亿元，全面完成古镇亮化二期、童衍方艺术馆扩建、天水路外立面改造、梁皇山景区二期高空体验项目、梁皇山庄土建、开元名庭酒店土建等项目，5个宅院修缮、入口步行街一期搬迁、旅游厕所改造、豆腐博物馆建设等项目完成投资2000万元，总投资2亿元的历史文化街区二期、鹿山路外立面改造、民俗博物馆和逸飞影院布展提升、古镇东拓宅院收储等项目正式启动。

文旅融合品牌更响。发挥古镇

文旅大项目，打造又见音乐酒吧、海隅英式下午茶等青年潮流打卡点，做响大井映象大师工作室、山海美术写生平台等文化IP，又见音乐酒吧成为十大夜宁海推荐打卡地之一。多家滨海民宿在周边省市知名度不断攀升，节假日客房供不应求。打通小红书、抖音等全民社交平台扩大景区“游客圈”，网红、素人分享强蛟相关游记、攻略逾百篇，引发上万网友点赞、评论。主题游、自驾游、度假游等游客量持续攀升，全年吸客超12万人次。斩获浙江省AAA级景区镇、宁海“国家全域旅游示范区创建先进单位”。中央电视台《地理·中国》《传家》等节目多次走进强蛟。

3月，海螺水泥“无人化”智能生产线

【镇村建设】 强蛟镇居家养老服务中心项目、群众文体演艺公园、峡山社区老宅修复工程顺利完工，临港村体育示范提升工程持续推进。临港公路、陈桥线路灯全线改造提升，成为全县唯一一个乡村道路全亮化乡镇。结合农村人居环境整治三年行动，大力推进厕所革命，兴建AA、AAA级旅游厕所，努力补齐影响群众生活品质的“短板”。“九村百宿全景”“百宿千床”工程顺利推进，改造100个独具主题风格的精品客房。建成景观小品200多处，乡村旅游精品线5条，打造美丽庭院50个。骆家坑艺术特色村创建成功，上蒲村和胜龙村分别完成省级和市级美丽宜居示范村创建验收。持续巩固省级卫生镇创建成果，引导村民积极参与垃圾分类等村镇环境建设中。进一步完善网格化环境监管体系，7家重点企业纳入环保在线监控平台监察范围，登记排污许可证208家，组织127家企业参加企业固废集中培训教育，指导47家企业完成截污纳管工作，全镇村级生活污水工程从建设阶段转入日常运维与动态监测。建成强蛟大气监测站，谋划推动临港环保所搬迁项目，进一步强化生态环境保护工作。

11月，强蛟网红咖啡店

【社会事业】 推出“网上办”“视频办”等便民平台打通群众办事“最后一公里”，全年办理便民事务968件，聚焦群众办事堵点，逐步实现“一次也不跑”。全年募集善款近百万元，社会各类救助累计约发放260万元，同比增长近20%。发放残疾人补助132万元惠及523人次。养老保险参保率达到99.55%，全县排名第二，医保参保率达99.56%。

成功举办宁波市美丽乡村健身行环岛毅行强蛟站活动、“千里走宁海”上蒲站活动。斩获“全国足球特色幼儿园”称号、浙江省幼儿

续表16

单位名称	工业总产值	工业销售产值	出口交货值	营业收入	利润总额	本期税金	平均用工人数（人）
宁海创新旅游用品有限公司	4097.2	3779.2	3779.2	3791	122.1	141.2	81
宁波义明户外用品有限公司	1637	1529.7	1377.1	1612	20.2	8.5	43
宁波德精铝业科技有限公司	0	0	0	0	-26.1	0	12
宁波信豪铝业有限公司	7813.4	7622.3	0	7848.8	151.4	239.5	144
宁波博亿铜业有限公司	6250.6	6250	0	6250	79.7	70.6	24
宁波日谷电器有限公司	3268.3	2946.2	2873.1	2947.3	-101.2	11.7	92
宁海县银丰铝业有限公司	2765	2642.7	0	2617.7	39.9	5	26
宁波国昌有色金属有限公司	2651.1	2625.8	0	2628.5	102.2	42.5	29
宁波环球输变电设备有限公司	2251.4	2397.3	78.6	2483.5	297.7	160.8	49
宁波环球铝业科技有限公司	14558.2	14563.9	0	14200.8	685.5	279.7	86
宁海县馨源泰纸制品有限公司	14226.4	12574.6	0	12378.7	-83.9	1280.4	88
宁波双伟制药有限公司	11107.7	11107.9	10516.6	10791.7	342.5	195.4	113

越溪乡

【概况】 位于县境东南部白峤港畔，乡人民政府驻越溪，以驻地得名，距县人民政府驻地东南12公里。东临沿海，南连一市镇，西邻跃龙街道，北靠茶院乡。面积89.98平方公里，辖1个社区、15个村委会（38个自然村），人口约2万人。

自宋代起至民国初，隶属朱开乡。1934年，分属城区、长亭区。1947年年底，分属桂峰乡、茂林乡。1949年7月，隶属城关区。1951年，分属力洋区、一市区，包括越溪、亭头、信干、梅七、大林乡。1956年，越溪、亭头、信干三乡合并称越溪乡，梅七、大林乡合并称梅七乡。1958年，属一市人民公社。1961年，分立越溪公社、梅七公社、大林公社。1969年梅七、大林公社合并成梅七公社。1981年改称七市公社。1983年改越溪乡、七市乡。1992年全市进行撤区扩镇并乡，七市乡并入越溪乡。

省道盛宁线、县道亭柳线穿境而过，境内拥有1000吨的梅岙货运码头，是一个地理位置优越、交通便捷、环境优美的沿海乡。耕地2.1万亩，山林4.4万亩，村民主要从事养殖业，是名副其实的养殖大乡。

人文底蕴深厚，有巡检司城遗址。全国劳动模范应四官、医学女科学家夏海英博士、国家重点学科带头人杨肖娥教授等都出生在越溪。境内有王干山、油盐寺等风景名胜，自2008年起举办宁海（越溪）跳鱼节，2016年起推出沧海桑田节，越溪乡知名度和美誉度与日俱增。曾获国家卫生乡镇、省语言文字规范化乡镇、宁波市农村垃圾分类示范乡镇等荣誉称号。

2020年，越溪乡党委、政府主动融入“双优宁海”建设大局，紧抓基础工作不动摇，紧扣优势工作创特色，有力统筹疫情防控和经济社会发展工作，在全县争先创优专项行动中长期保持乡镇街道前四位，实现财政一般预算收入6806万元，同比增长19.42%，获评省级农业绿色发展示范区、省AAAA级景区镇、省级美丽城镇达标乡镇、市级征兵工作成绩突出单位、宁波市“四好农村路”市级示范乡镇，建成全省首个乡村集士驿站并获推广，全域土地综合整治工作列入自然资源部试点。

【经济发展】 坚持以做大做强做精产业经济为导向，推动休闲农业、工贸经济、乡村旅游同步发力、整体提质。

现代农业稳中有进。高质量推进国家级全域土地综合整治试点工作，建成系统、完善的农田排灌系统，提高水资源的利用率和灌溉、防洪能力，累计垦造耕地800亩。已完成7000亩高标准农田建设设计工作。海水养殖发展稳健，水产种苗总销售额达3000万元，占农

2006年4月担任茶院乡许民村党支部书记。曾获得省担当作为好支书、浙江省“千名好支书”、浙江省农村社区领军人才、市优秀党务工作者、市首批兴村（治社）名师等荣誉称号。叶全奖自当选许民村党支部书记以来，心怀使命担当，心系村庄发展，忘我无私奉献，许民村在他的带领下，先后荣获中国历史文化名村、中国首批休闲游基地、中华特色民俗古村、中国传统村落、中国最美村镇治理有效奖等荣誉称号。在新冠肺炎疫情防控工作中，叶全奖连续作战，组织村党员、干部守好“家门”，即使自己痛风发作疼痛难忍，仍坚持不下火线。复工复产之后，他因心脏不适就医，医生建议其住院休养，但他却放心不下村庄发展，仍回到工作岗位对接项目。2020年4月17日晚8时10分，因突发心源性疾病，叶全奖牺牲在防疫复工第一线。

4月18日，受省委副书记、市委书记郑栅洁的委托，市委组织部领导看望慰问叶全奖家属。市委常委、鄞州区委书记褚银良，杭州湾新区管委会主任杨勇送上花圈，表示哀悼。下午，受省委常委、组织部部长黄建发的委托，县委书记林坚看望慰问叶全奖家属，并专门批示，对叶全奖的不幸离世，深感沉痛，要求县委组织部、县委宣传部等相关部门总结宣传好他的先进事迹，组织全县党员干部开展学习。县委常委、组织部部长方勤一同看望。

4月20日，县委作出开展“学习叶全奖先进事迹、争当‘双优’宁海建设排头兵”活动的决定。

4月21日下午，举行叶全奖先进事迹报告会，悼念好支书、好干部、好党员叶全奖，号召全县党员干部向先进看齐争做发展标兵，与时代同行努力建功立业，切实在“双优”宁海建设中激发奋进力量、展现担当作为。省委第九巡视组副组长洪国良出席报告会，县委书记林坚讲话，县领导尤玲娟、李贵军等出席报告会。

4月25日，市委决定追授叶全奖“宁波市优秀共产党员”称号。

5月，叶全奖上榜5月“浙江好人”。

6月16日，省委追授叶全奖“浙江省优秀共产党员”称号。

7月1日，县委常委、组织部部长方勤为叶全奖学习馆揭牌。

11月，叶全奖入选2020年度“最美宁波人”候选人。

新任县级干部

【滕安达】 滕安达，男，1975年7月出生，汉族，浙江宁波人，1997年8月参加工作，2000年3月加入中国共产党，在职研究生学历。曾任宁波市北仑区（开发区）发展和改革局（经济发展局）局长、党委副书记，区发展和改革局（经济和信息化局）局长、党委书记、区重点办主任，副区长、区政府党组成员，区委常委、常务副区长，宁海县代县长、县委副书记。5月9日下午，在县十八届人大四次会议第二次全体会议选举中，滕安达以全票当选为宁海县人民政府县长。

战“疫”一线　党旗飘扬
——战“疫”先锋榜

自抗击新冠肺炎疫情以来，全县各级党组织和广大党员干部坚决贯彻习近平总书记重要指示精神和党中央决策部署，全面落实省、市、县委疫情防控工作要求，充分发挥党组织战斗堡垒和党员干部先锋模范作用，在疫情一线砥砺初心、践行使命，涌现出一大批冲锋在前、担当作为的先进团队和个人。为进一步弘扬先进、激励前行，在全县营造学习先进、争当先进的浓厚氛围，宁海县陆续推出战“疫”先锋榜系列表彰，向英雄致敬。

【市级战“疫”先锋】

第一批市级战“疫”先锋团队

县第一医院医疗健康集团党委

大事难事看担当，危难时刻显本色。作为县防疫定点医疗单位，宁海县第一医院医疗健康集团党委第一时间组建工作专班，分线开展业务培训，全员取消休假，发布战“疫”倡议，493名党员职工主动请战，13名精兵强将驰援武汉。同时，成立1个临时党支部、5个应急突击队，开设24小时发热门诊、留观病区和隔离病区，开辟专门医疗区域，选调77名业务骨干充实一线，以党员、团员为主的首批10人医疗团队进驻隔离病房，成功治愈出院1例，相关事迹在央视战“疫”特别报道中播出。

一市镇武岙村党支部　作为新冠肺炎防控重点村，他们不畏疫情威胁、不惧艰难困苦，组建红色先锋队，落实专人24小时不间断卡点值守、一天两次全村消杀，入户逐人排摸村民信息，逐户分发口罩、消毒液等物资，规劝村民不出户、不集聚，实施全县最早最严封村。同时，依托党员联户网格，成立红色代跑团，每天早中晚3次梳理异常信息，为村民疏导不良情绪、代购生活物资，坚定全体村民打赢疫情防控阻击战的信心和决心。

进集体劳动模范和先进工作者表彰大会在京举行。县物流行业协会常务副会长薛英汉获“全国物流行业先进工作者”称号。

【《中国火炬》创刊25周年突出贡献奖　王元法】 12月25日，纪念《中国火炬》创刊25周年暨通联评刊会在京召开，宁海县关工委副主任兼秘书长王元法荣获浙江省唯一一个突出贡献奖。浙江省此次被邀出席参加会议的有杭州市、宁波市、台州市、绍兴市和嘉兴市共5个地市级关工委，宁海县关工委是唯一被邀与会的县级关工委。

王元法先后在县委组织部、县规划局、县委政法委（县综治办）等单位工作。2018年5月退休，2017年9月任县关心下一代志愿者协会副会长兼秘书长，2018年年初任县关工委副主任。在部队服役期间曾4次参加中越自卫反击战，两次荣立三等功，被授予广州军区“老边防，老基层，老海岛，老山区”先进人员称号。转业地方后，先后多次荣获先进荣誉，其中，2010—2011年荣获全省平安建设先进个人，之后还获得省平安建设勋章。2019年，被宁波市关工委和宁波市文明办授予关心下一代工作“最美五老”。

【全国关心下一代工作先进工作者　王以位】 8月，王以位被中国关工委和中央文明办决定授予“全国关心下一代工作先进工作者”称号。

王以位从2007年1月开始从事关心下一代工作，现任宁海县关心下一代工作委员会副主任一职，13年来工作一直兢兢业业、尽职尽责。

工作之初，为进一步加强青少年思想道德教育，更好地让基层关工委参与其中，构思出村（社）校共建“三好四无”创建活动思路，会同县委组织部、县教育局联动开展。为促进工作落实，他提议建成巡视指导组，深入基层开展工作，并召开创建现场会，编写《创建工作指南》。经过连续8年的不懈努力，至2013年，18个乡镇（街道）通过“五好”乡镇（街道）关工委验收，创建率为100%。

随着工作的开展，他发现，建设关工委关键是选好“领头羊”，建好一支常务副主任队伍，于是在他的提议下，县关工委向组织部汇报，并争取县委组织部与县关工委在村换届选举时联合下发《关于村级组织换届后及时调整充实基层关工委领导班子等有关工作的通知》文件，使宁海县率先在全市完成村（社）班子调整工作。

在工作中，王以位提出要把工作落在实处。西店镇关工委建立关爱基金，他就大力宣传关爱基金的作用，并带动各乡镇通过各种突进建立关爱基金。同时他自己也亲力亲为，奔企业，近机关，积极筹措资金。

2019年，《宁海县关心下一代工作志》编写工作开始，王以位作为主要负责人，为了能够更加完整、系统地向世人呈现宁海县关工委30年来的面貌，他带领大家查阅资料、实地寻访，字字斟酌、反复推敲，组织撰写《宁海县关心下一代工作志》80余万字，现已交付印刷，全国尚属首创。

【宁波市五一巾帼标兵】 3月，宁海企业服务中心王海妱、山中合金（宁波）有限公司黄志贤与建新赵氏集团有限公司陈为萍等3名女职工被评为宁波市五一巾帼标兵，均为企业一线女职工，包括坚持以保姆式服务为企业排忧解难，大力整合资源助推企业转型升级和积极应用互联网信息技术，为政府和企业决策提供大数据精准分析参考的县企业服务中心主任王海妱；克服一切困难学习驾驶叉车，经过自己努力学习和刻苦钻研成为宁海县叉车界“一把好手”的山中合金（宁波）有限公司职工黄志贤；身为公司工会干部，实实在在为职工提供帮助，使职工真切感受到企业关怀和温暖的建新赵氏集团有限公司职工陈为萍。

【浙江金蓝领】 5月，建新赵氏集团有限公司陈如意、宁波如意股份有限公司郑羽锋和得力集团有限公司王青林3名职工作为2019年省级职工职业技能竞赛优胜者入选“浙江金蓝领”名单。

【宁波市首席工人】 5月，宁波永成双海汽车部件股份有限公司工会主席张燕获宁波市首席工人称号。

【港城工匠　徐剑中】 30余年来，多次电网抢险工作中身先士卒指挥作战。凭着坚持和创新，在自我技能提升的同时，将技能传授给更多的人。劳模工作室、师徒传帮带、送教进西藏，他用智慧架起山海连心桥，为构建坚强可靠的电网奉献自己的力量。

从2008年的雪灾到2012年的强台风“海葵”，再到2019年的超强台风“利奇马”,，徐剑中多次带头突击，守在一线指挥电网抢险，保障电网安全稳定运行。

他获得的成果令人瞩目：2016年，10千伏明镇968线、礁港973线延伸工程获省优质工程；2017年，宁东园区II期10千伏开关站新建工程获国网、省优质工程；2018年花山片区10千伏供电工程获省优质工程。县供电公司还为他成立徐剑中劳模工作室，共培养技

2020年宁海县入选宁波市示范性家庭农场、市示范性农业社会化服务组织

市示范性家庭农场（共54家）

宁海县茶院道合家庭农场

宁海县桑洲镇夏小玲家庭农场

市示范性农业社会化服务组织（共33家）

宁波绿邦环境治理有限公司

宁海源泰兽药有限公司

宁波山里向农业科技发展有限公司

宁海县长街柏毅农机专业合作社

宁海县2020年度县级农业龙头企业

县级（企业名称，法人代表）

宁海县绿丰生态有机肥有限公司　王新闻

宁波市海联畜牧有限公司　梁福明

宁波佳田农业科技有限公司　胡民培

宁海县长街兴海水产加工厂　陈再根

宁波永丰园林建设有限公司　张俙何

宁海县金龙浦农业开发有限公司　尤宏伟

宁波林丰种业科技有限公司

宁海七彩农业开发有限公司　王行军

宁海国元茶叶有限公司　国建伟

宁海卡依之食品有限公司　陈龙海

宁波乡亲浓食品有限公司　蒋善富

宁波绿港水产牧业有限公司

宁波建维饲料有限公司　孔建维

宁波力洋酒业有限公司（宁海县力洋粮油食品厂）　王肖峰

宁波振宁禽业有限公司（原宁波市振宁牧业有限公司）　陈律

宁海县茶院兴发茶厂　张善权

宁波美栖生物科技有限公司　陈在西

宁波点对点电子商务有限公司　陈仲

宁波华大海昌水产科技有限公司　邬时会

宁海县宏康水产养殖有限公司　张迪

宁海县闻涛水产养殖场　李林峰

宁波博丰生物科技有限公司　冯宗伊

宁波赤岩峰茶业有限公司　葛明星

宁波韵子味茶油有限公司　朱慧

宁海天河食品有限公司　童湘锋

宁海县甬联热压制品厂　王忠杰

宁波山里向农业科技发展有限公司　胡雷杰

宁海县双峰山外山农业发展有限公司　丁红星

宁海县黄坛野鹤高山蔬菜加工厂　张新土

宁波市轩峰农业发展有限公司　周彩萍

宁波七超竹业有限公司　戴良华

宁海盛宁水产有限公司　戴盛培　工

宁海县海业盛茂水产养殖有限公司　林位江

宁波跃龙水产食品有限公司　邬时会

宁波科瑞特动物药业有限公司　郭瑞忠

宁波泛华海洋生物科技有限公司　林旭峰

宁波俞氏五峰农业发展有限公司　俞志秋

宁波望海茶业发展有限公司　陈炜

宁波草湖食品有限公司　王林章

宁海县望府茶业有限公司　王茂强

浙江跃龙园林建设有限公司　朱永银

宁波东恒市政园林建设有限公司　郑春海

宁海金蔬农产品配售有限公司　李良兵

宁波百平生物科技有限公司　黄才松

宁海县蔬菜果品市场有限公司　陈美春

宁海县圣猴农产品发展有限公司　裘银芳

宁海县农佳汇食品配送有限公司　秦申仙

宁波源彬峰业发展有限公司　张宇

成长型（企业名称，法人代表）

宁海辉大食品有限公司　李伟曹

海通食品（宁海）有限公司　罗镇江

宁海县下洋涂水产开发有限公司　柳尧铭

宁海农发牧业有限公司　殷志宏

宁海县丰庆农资配送储备有限公司　俞栋

宁海县宁友农业发展有限公司　陈海建

4月15日，举行宁海县第二批援武汉医疗队员返回迎接仪式

4月21日，县首次使用无人机播种水稻

4 月 23 日，“36 条”县级地方标准发布会暨国家农村综合改革试点推进会在宁海召开

4 月 29 日，浙江宁海第五届葛洪文化节新闻发布会暨百万元消费券大礼包发放仪式在岔路镇湖头村举行

5 月 19 日，举行第十八届徐霞客开游节开幕式

5 月 29 日，西店镇召开高质量发展大会

5月，坦坑山公园展现盎然生机

6月5日，宁海旅游协会旅行社分会成立

“6·9”国际档案日，宁海县举行“战疫时刻，你我共记”档案展暨疫情档案捐赠仪式

6月12日，召开大抓“城市革新”暨争创全国文明城市动员大会

7月24日，县退役军人事务局联合县文明办在青少年宫南面广场举行“甬尚老兵·文明有我”志愿服务活动启动仪式，并为退役军人志愿服务队授旗

7月30日，“永远是个兵”——宁海县庆祝“八一”建军节活动暨“最美退役军人”发布仪式在国际会展中心举行

8 月 12 日，宁海县召开“全域旅游再出发”动员暨文旅融合推进大会

8 月 12 日，2020 浙江省群众舞蹈大赛决赛在宁海举行

8月17日，县检察院在县妇女儿童活动中心设立向日葵未检工作室，并建立"一站式"预防帮教基地

8月18日，由县"电视问政"领导小组办公室与宁海传媒集团共同打造的第三期"全媒聚焦·全民问政"电视节目完成录制

8 月 19 日，宁海县以“弘扬抗疫精神，护佑人民健康”为主题举行庆祝第三个中国医师节活动

9 月 4 日，平安“红马甲”护航“双优”宁海——平安宁海志愿者巡防启动仪式在县体育中心举行

9月23日，宁海县招商引才全球推介会召开

9月26日，宁海获评浙江省戏曲之乡。图片为宁海平调演出资料图

10 月 24 日，在叶水夫纪念馆举行“叶水夫先生百年诞辰纪念图书捐赠仪式”

10 月 27 日，宁海公安巡逻铁骑启动仪式现场

10 月 28 日，宁松线力洋段道路改造工程展现新面貌。图为施工人员在灌浇沥青

10 月 30 日，浙江万里学院宁海海洋生物种业研究院项目开工仪式在三门湾现代农业开发区举行

11 月 22 日，举办 2020“如意杯”健步走运动会

11 月 30 日，县政协召开“请你来协商·县长与委员面对面”打造品质社区专题协商会

12 月 15 日，张明养纪念馆开馆暨民进浙江省会史教育基地授牌仪式在深甽镇清潭村举行

12 月 23 日，举行宁海县新冠防控冷链物防暨大规模人群核酸检测实战演练

12 月，在 214 省道前童镇岭南村至岔路镇区域段，两排整齐的水杉形成一道靓丽风景

力洋港大桥、力洋互通及胡陈港大桥（2020 年拍摄）

宁海县中心城区图

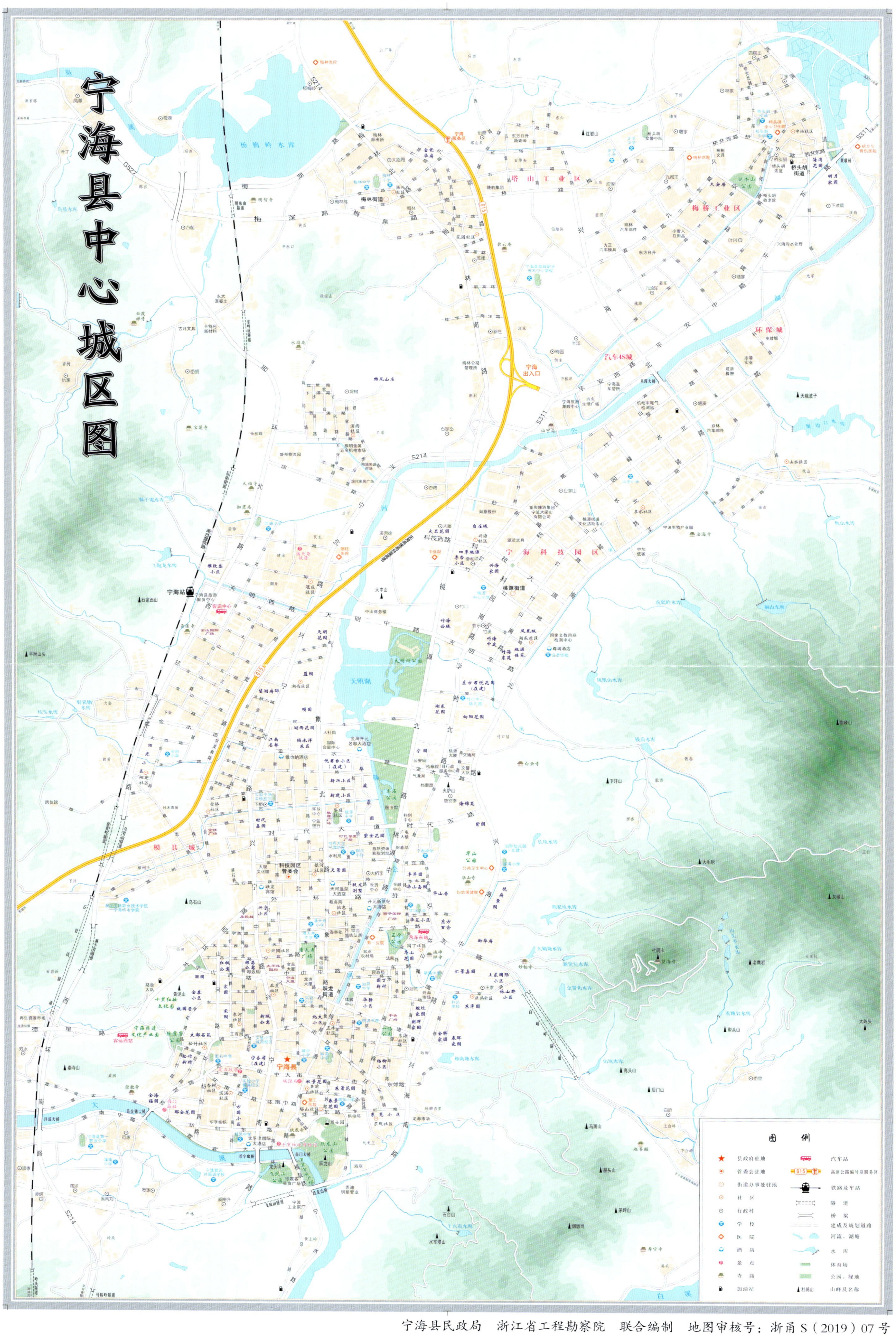

宁海县民政局　浙江省工程勘察院　联合编制　地图审核号：浙甬 S（2019）07 号

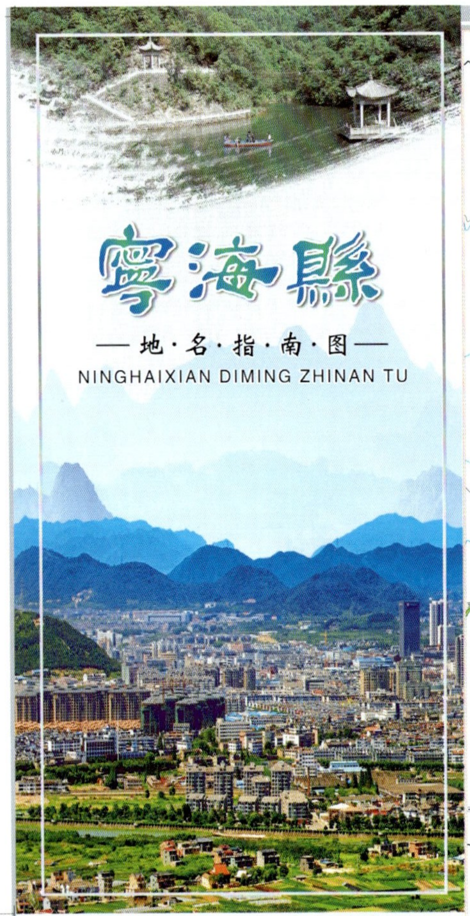

宁海县 概况

宁海县位于中国大陆海岸线中段，浙江省东部沿海，长江三角洲南翼。北连奉化区，东北濒象山港，东接象山县，东南临三门湾，南邻三门县，西邻台州市天台县和绍兴市新昌县。宁海县是计划单列市宁波市下辖县，国务院批准的第一批沿海对外开放地区之一；是宁波及至长三角连接温州、福州的重要门户。随着甬台温铁路、温福铁路、舟山跨海大桥通车，上海、苏南、闽北、浙南进入宁海3小时交通圈。

宁海县坐落在天台山山脉和四明山山脉之间，背山靠海，西高东低，属沿海低山丘陵地区。西部和西南山岭重叠，属于天台山山脉中段，华顶山、括苍山分别从西北、西南蜿蜒入境，东部以低丘和冲积平原为主。

宁海县生态环境绝佳，是宁波市第一个国家级生态示范区，为中国生态旅游百强县之一，素有“天然氧吧、人间仙境”的美称。全县森林覆盖率达62.5%，是一个“山中有城，城中有山，山连着水，城靠着海”的生态型山水特色城市。已开发的景区有集儒释道文化及皇家文化于一体的江南奇山梁皇山，有集道家文化与山水文化于一体的野趣横生的野鹤湫，有千年态海滨、深山藏石岩的伍山石窟，有原生态的石头文化村许家山，有“华东第一森林温泉”之美誉的宁海南溪森林温泉，有险峰林立、绝壁排空的浙东大峡谷，有中国历史文化名镇前童古镇，有最能集中体现宁绍地区明清婚嫁场景的十里红妆，更有千里国家登山步道和百里徐霞客古道。宁海平调、宁海十里红妆婚俗、宁波泥金彩漆、前童元宵行会等4项列入国家级非物质文化遗产保护名录。

宁海是全国海水养殖示范区，主产对虾、蛏子、青蟹、梭子蟹、泥螺等；为全国重点产茶县之一，有“望海茶”“望府银毫”等名茶；工业有模具、文具、汽车零部件、光伏产业、五金机械、电子电器等6大重点产业，为中国模具、文具产业基地。

宁海，是一片神奇的土地！游圣徐霞客将宁海当作其游记开篇之地：“癸丑三月晦，自宁海出西门，云散日朗，人意山光，俱有喜态……”仙境般的宁海让徐霞客感受到云、日、人、山“俱有喜态”，使他有激情自宁海出西门壮行天下。而今天，宁海已经成为5·19中国旅游日的发祥地。

宁海县地名指南图

宁海县民政局
浙江省工程勘察院 联合编制
统一书号：1280748·216
审图号：浙甬S（2019）07号
责任编辑：王兴华
审　校：姚远方 叶　青
编辑设计：张　舒 胡荣燕
西安地图出版社出版、发行
宁波三和印刷有限公司印刷
2019年3月　印刷
1194毫米×889毫米·1/2
印数：1－10000

（本图界线不作为划界依据）

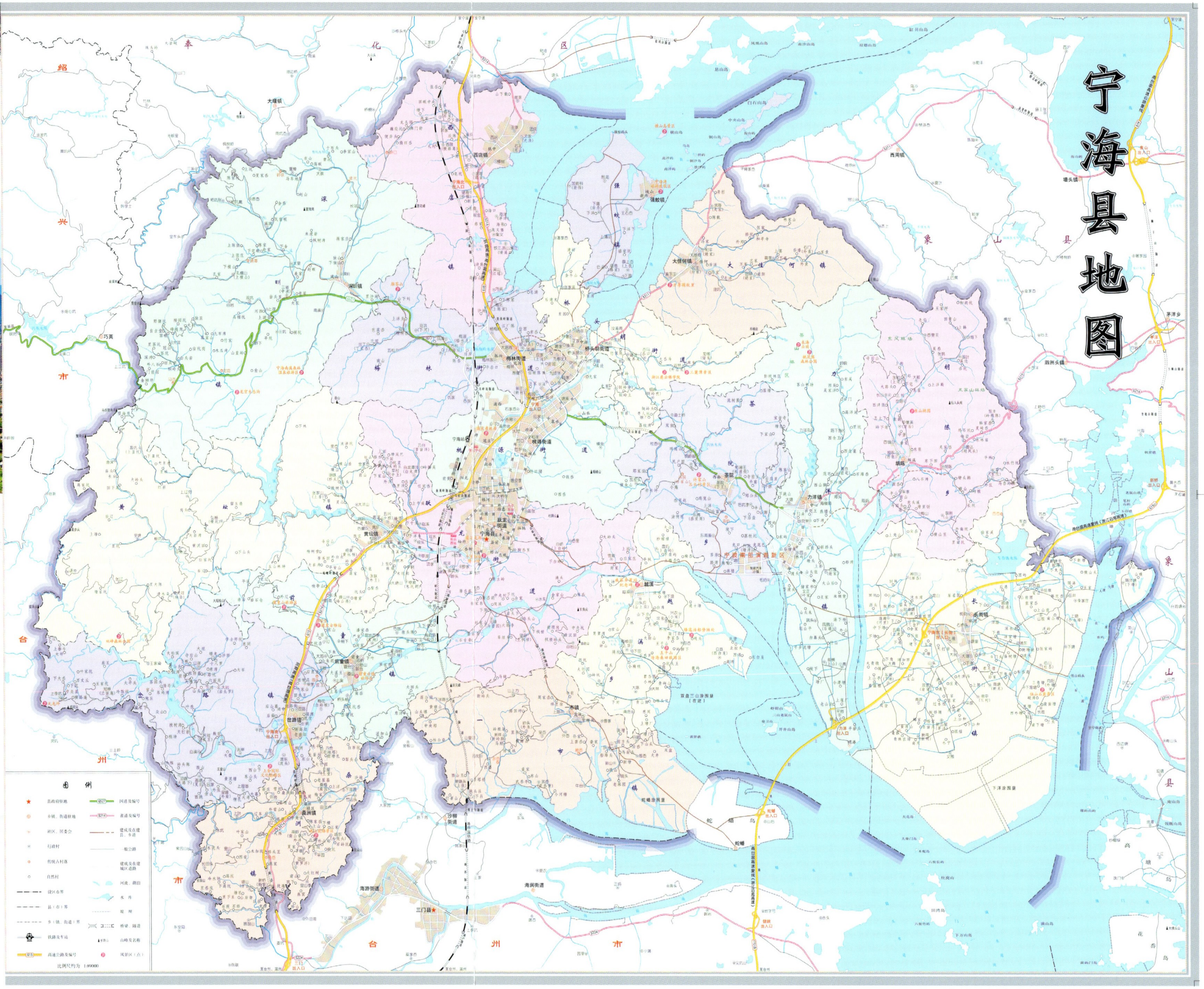

宁海县民政局　浙江省工程勘察院　联合编制　地图审核号：浙甬S（2019）07号

目　录

特　载

积极开拓“革新”路径　加快建设“双优”宁海
聚力奋进高水平社会主义现代化建设新征程
——在县委十四届八次全体（扩大）会议上的报告 …… 1
县委十四届八次全体（扩大）会议结束时的讲话 …… 10
政府工作报告
——在宁海县第十八届人民代表大会第五次会议上 …… 13

专　记

宁海市场监管5周年 …… 22
宁海县2020年第七次全国人口普查主要数据公报 …… 24
奋力谱写宁海红十字事业发展新篇章 …… 26
宁海县关工委成立三十周年回眸 …… 28
宁海“牛制造” …… 30
“十三五”看宁海 …… 35

大　事　记

1月 …… 42
2月 …… 43
3月 …… 44
4月 …… 45
5月 …… 47
6月 …… 48
7月 …… 49
8月 …… 50
9月 …… 52
10月 …… 53
11月 …… 54
12月 …… 56

宁海概貌

综述 …… 59
自然人文环境 …… 60
地域 …… 60
水文 …… 60
矿藏及其他自然资源 …… 60
土特产 …… 61
气候 …… 63
政区、人口 …… 64
2020年宁海县国民经济和社会发展综述 …… 64
国民经济主要指标 …… 64
表1　2020年宁海县生产总值分行业情况表 …… 65
农业和农村 …… 65
工业、建筑业和用电 …… 66

固定资产和房地产投资 …… 66
贸易、交通、旅游和会展 …… 66
金融和保险 …… 67
科技、教育和人才 …… 67
文化、卫生和体育 …… 67
城市建设和环境保护 …… 68
人口、人民生活和社会保障 …… 68
2020 年宁海县党政机关、群众团体与乡镇、街道负责人名录 …… 69

中国共产党宁海县委员会

综述 …… 72
县委重要会议 …… 73
县委十四届六次全体（扩大）会议 …… 73
全县“不忘初心、牢记使命”主题教育总结大会 …… 74
全县创建全国文明城市工作汇报会 …… 74
县委全面深化改革委员会第一次会议 …… 75
2019 年度全县基层党建和人才工作述职评议会 …… 75
全县安全生产（消防）工作暨“四大会战”推进会 …… 76
企业复工复产工作专题会议 …… 76
县委常委会扩大会议 …… 77
推进新冠肺炎疫情防控和经济社会发展工作部署会议 …… 77
宁海县大抓“自我革新”暨提升战斗力、决胜关键年动员大会 …… 78
全县农村工作会议 …… 79
大抓“产业革新”暨全县制造业高质量发展大会 …… 79
县委常委会扩大会议 …… 80
县委理论学习中心组专题学习会 …… 80
全县建设平安宁海、政法信访工作暨信访积案化解“百日攻坚”行动动员大会 …… 81
全县争先创优专项行动工作动员部署会 …… 81
县委人才工作领导小组（扩大）会议 …… 82
全县领导干部会议 …… 82
全县招商引资工作推进会 …… 83
宁海县第三批农村党组织“第一书记”工作总结暨第四批选派工作动员部署会 …… 83
大抓“城市革新”暨争创全国文明城市动员会议 …… 84
县委理论学习中心组举行专题学习会 …… 84
乡镇（街道）党（工）委和县级党委部门领导班子政治建设工作会议 …… 85
县委十四届七次全体（扩大）会议 …… 85
全县“两新”工委书记扩大会议暨“两新”“第一书记”选派工作会议 …… 86
全县经济社会形势分析会 …… 87
十四届县委第十轮巡察发现典型问题通报暨第十一轮巡察工作动员会 …… 87
健康宁海建设、新冠肺炎疫情防控工作领导小组（扩大）会议 …… 88
招商引才全球推介会 …… 89
县委常委会（扩大）会议暨经济社会形势分析会 …… 89
全县领导干部会议 …… 90
县委学习贯彻中共十九届五中全会精神专题学习会 …… 90
县委改革委 2020 年第二次全体会议 …… 91
中共宁海县委十四届八次全体（扩大）会议 …… 92
纪检监察 …… 93
概况 …… 93
政治监督 …… 93
清廉建设 …… 94
“四风”纠治 …… 94
巡察质效 …… 94
反腐工作 …… 94
基层建设 …… 95
自身建设 …… 95
组织工作 …… 95
概况 …… 95
疫情防控 …… 95
干部选拔培育 …… 96

组织力提升工程 …… 96
改革创新 …… 97
宣传工作 …… 97
概况 …… 97
理论学习 …… 97
疫情防控 …… 98
意识形态工作 …… 98
艺术振兴乡村 …… 98
文化事业和文化产业双提升 …… 98
文旅融合 …… 98
全国文明城市创建 …… 98
主流舆论 …… 98
管网治网 …… 98
新时代文明实践 …… 99
县社科联 …… 99
精神文明建设 …… 99
概况 …… 99
文明城市创建 …… 100
童松达事迹 …… 100
文明实践创新 …… 100
基层文明创建 …… 100
统一战线 …… 101
概况 …… 101
构建大统战工作格局 …… 101
打赢“两战” …… 101
思想政治引领 …… 102
民营经济统战 …… 102
民族宗教领域工作 …… 103
乡贤工作 …… 103
侨务及港澳台交流 …… 103
决策咨询 …… 103
概况 …… 103
重大课题研究 …… 103
咨询服务 …… 104
自身建设 …… 104
机关党建 …… 105
概况 …… 105
提振党员干部担当作为 …… 105
筑牢“双建”基层基础 …… 106
彰显党建价值引领 …… 107
涵养清廉政治生态 …… 108
机构编制管理 …… 109
概况 …… 109
体制机制改革 …… 109
机构编制管理 …… 110
机构编制监督检查 …… 110
党校工作 …… 110
概况 …… 110
干部培训 …… 110
党性理论教育 …… 110
疫情防控 …… 110
优化教学体系 …… 111
打响外训品牌 …… 111
科研工作 …… 111
思想引领 …… 111
夯实办学基础 …… 112
党史地方志工作 …… 112
概况 …… 112
政治引领 …… 112
党史编研 …… 112
方志编修 …… 112
年报年鉴编纂 …… 113
宣传阵地管理 …… 113
队伍建设 …… 113
档案工作 …… 113
概况 …… 113
服务大局 …… 113
服务民生 …… 114
档案数字化 …… 114
档案法治建设 …… 115
提升档案文化教育功能 …… 115

宁海县人民代表大会

综述 …… 116
人大监督 …… 116
概况 …… 116

经济运行监督 …… 116
财政监督 …… 116
环境保护监督 …… 117
安全风险防范监督 …… 117
民生事业监督 …… 117
司法监督 …… 117
自身建设 …… 118
理论学习 …… 118
制度建设 …… 118
服务中心大局 …… 118
深化和拓展代表工作 …… 118
能力作风建设 …… 119
县人民代表大会及常委会会议 …… 119
县第十八届人民代表大会第四次会议 …… 119
县十八届人大常委会第二十四次会议 …… 120
县十八届人大常委会举行第二十五次会议 …… 120
县十八届人大常委会第二十六次会议 …… 121
县十八届人大常委会第二十七次会议 …… 121
县十八届人大常委会第二十八次会议 …… 122
县十八届人大常委会第二十九次会议 …… 122
县十八届人大常委会第三十次会议 …… 123
县十八届人大常委会第三十一次会议 …… 123

宁海县人民政府

综述 …… 125
县政府常委会会议 …… 126
县政府第63次常务会议 …… 126
县政府第66次常务会议 …… 127
县政府召开第67次常务会议 …… 127
县政府第69次常务会议 …… 127
县政府第70次常务会议 …… 127
县政府第75次常务会议 …… 127
县政府第78次常务会议 …… 128
县政府第80次常务会 …… 128
县政府第82次常务会议 …… 128
县政府第83次常务会议 …… 128
县政府第85次常务会议 …… 128
县政府第86次常务会议 …… 129
县政府第88次常务会议 …… 129
信访工作 …… 129
概况 …… 129
越级访治理 …… 129
“无信访积案县”创建 …… 129
初次信访事项专项整改 …… 129
重复信访集中治理 …… 129
信访业务规范化建设 …… 130
矛调工作 …… 130
概况 …… 130
强化组织领导 …… 130
加强资源整合 …… 130
完善运行机制 …… 130
依靠科技支撑 …… 130
政务服务 …… 131
概况 …… 131
完成政务服务2.0行政服务中心改造 …… 131
改革创新 …… 131
政务公开 …… 131
县大数据中心 …… 132
概况 …… 132
迈向政务2.0时代 …… 132
着力于“数用”向“数治”升级 …… 133
引领县域信息化建设 …… 133
改革成果 …… 134
外事工作 …… 134
党管外事 …… 134
疫情防控 …… 134
推进城市国际化 …… 135

中国人民政治协商会议宁海县委员会

综述 …… 136
参政议政 …… 137
献计献策 …… 137
建议建言 …… 137

精准监督 …… 137
团结民主 …… 138
密切联络联谊 …… 138
优化服务活动 …… 138
做好文史宣传 …… 138
自身建设 …… 138
注重常委会自身建设 …… 138
加强委员服务管理 …… 138
深化政协机关建设 …… 139
丰富创新工作载体 …… 139
推进政协履职“互联网+” …… 139
增强提案办理实效 …… 139
委员提案工作 …… 139
概况 …… 139
为推进经济发展建净言 …… 140
为推进美丽宁海建设献良策 …… 140
为推进社会事业发展谋思路 …… 141
为推进民生福祉支实招 …… 141
会议提案 …… 141
常委会提案工作 …… 141
概况 …… 141
质量为先 …… 141
落实为要 …… 142
保障为基 …… 142
重大会议 …… 142
县政协十届三十八次主席会议 …… 142
县政协十届三十九次主席会议 …… 143
县政协十届十五次常委会会议 …… 143
县政协十届四十一次主席会议 …… 143
县政协十届四次会议 …… 143
县政协十届十七次常委会会议 …… 143
县政协十届四十四次主席会议 …… 143
县政协召开十届十八次常委会会议 …… 143
县政协十届四十六次主席会议 …… 143
县政协十届十九次常委会会议 …… 144
县政协十届五十次主席会议 …… 144
县政协十届二十次常委会会议暨“请你来协商·县长与委员面对面”打造品质社区专题协商会 …… 144
县政协十届五十一次主席会议 …… 144
县政协十届五十二次主席会议 …… 144

群众团体

宁海县总工会 …… 145
概况 …… 145
党建工作 …… 145
固本强基 …… 145
改革创新 …… 146
维权维稳 …… 146
共青团宁海县委员会 …… 147
概况 …… 147
找准思想引领结合点 …… 147
围绕党政工作中心点 …… 148
贴近青年群体关注点 …… 149
宁海县妇女联合会 …… 150
概况 …… 150
政治引领 …… 150
服务大局 …… 150
家庭文明建设 …… 151
维权服务 …… 152
改革创新 …… 152
宁海县科技协会 …… 153
概况 …… 153
服务经济发展 …… 153
交流活动 …… 153
科普工作 …… 153
宁海县工商业联合会 …… 154
概况 …… 154
政治引领 …… 154
亲清家园建设 …… 154
改革创新 …… 155
疫情防控 …… 155
宁海县文联 …… 155
概况 …… 155
文艺队伍建设 …… 156
文艺精品创作 …… 156

特色文艺活动 …… 157
艺术振兴乡村 …… 157

法　治

政法委及综治 …… 159
概况 …… 159
风险防控 …… 159
破难攻坚 …… 159
强化治理 …… 159
队伍建设 …… 159
法治政府建设 …… 159
概况 …… 159
建设保障 …… 160
职能履行 …… 160
提升行政水平 …… 161
强化权力制约监督 …… 162
推进普法依法治理 …… 162
公安 …… 162
概况 …… 162
惩治违法犯罪 …… 162
行政管理 …… 163
维护社会政治稳定 …… 163
信访专项治理 …… 163
处置涉稳事件 …… 164
县域基层治理 …… 164
服务经济社会发展 …… 164
道路交通安全管理 …… 164
安全监管 …… 164
犬类治理 …… 164
警务保障 …… 165
档案管理 …… 165
队伍建设 …… 165
案例举要 …… 166
检察 …… 166
概况 …… 166
服务大局 …… 166
平安宁海建设 …… 167
法律监督 …… 167
队伍建设 …… 168
有关用语说明 …… 169
法院 …… 169
概况 …… 169
依法行政 …… 169
化解纠纷 …… 170
服务经济 …… 170
扫黑除恶专项斗争 …… 171
构建新格局 …… 171
深化改革 …… 172
自身建设 …… 172
司法行政 …… 173
概况 …… 173
打牢依法治县“基石” …… 173
保障服务中心 …… 174
公共法律服务持续优化 …… 174
矛盾风险防范成效明显 …… 175
自身建设 …… 175

军　事

综述 …… 176
部队建设 …… 176
提升后装保障能力 …… 176
推进基层武装部建设 …… 176
征兵工作 …… 176
党管武装 …… 176
民兵预备役 …… 177
固强补弱 …… 177
深化改革 …… 177
浙江逆浪水域救援技术论坛 …… 177
双拥工作 …… 177
概况 …… 177
构建全方位退役军人服务保障体系 …… 177
军创企业培训会 …… 178
退役军人志愿队 …… 178
动员社会力量参与退役军人服务保障 …… 178

国防教育 …… 179
全民国防教育 …… 179
示范性创建 …… 179
人民防空 …… 179
氨气泄漏应急演练 …… 179
宁波市暨宁海县人民防空实战化演习举行 …… 179
县住建审批窗口为项目审批提速 …… 179

农业·农村

综述 …… 180
种植业 …… 181
概况 …… 181
农业种植业收成 …… 181
林特业收成 …… 181
畜牧业 …… 182
概况 …… 182
畜牧业收成 …… 182
畜牧业亮点 …… 182
海洋与渔业 …… 184
概况 …… 184
打击违法违规行为 …… 184
安全源头监管 …… 185
养殖设施建设 …… 185
自身建设 …… 185
农业产业化 …… 185
概况 …… 185
强化产业发展顶层设计 …… 185
扎实推进绿色都市示范区建设 …… 186
释放金融服务农业能量 …… 186
农业机械化 …… 186
概况 …… 186
农机服务 …… 186
特色农机推广 …… 186
农机购置补贴 …… 186
设施农业项目建设 …… 186
粮食全程机械化生产 …… 186
农机合作组织建设 …… 186
“机器换人”示范创建 …… 186
农机市场整治 …… 187
“最多跑一次”改革 …… 187
农机宣传 …… 187
农机执法 …… 187
平安农机建设 …… 187
农机培训 …… 187
农村经济工作管理 …… 187
概况 …… 187
清廉村居建设 …… 187
农民专业合作社规范提升行动 …… 187
农村土地承包经营权有序流转 …… 188
“亿元造血”工程 …… 188
村经济合作社换届选举工作 …… 188
新农村建设 …… 188
美丽乡村创建创新 …… 188
环境整治 …… 189
乡村振兴 …… 189
扶贫工作 …… 189
概况 …… 189
结对晴隆 …… 190
山海协作 …… 190
援助新疆库车 …… 190
扶贫攻坚 …… 190
水利 …… 191
概况 …… 191
水利建设 …… 191
水利管理 …… 191
水利改革 …… 192
水文水资源 …… 192
宁海县三门湾现代农业开发区建设指挥部 …… 193
概况 …… 193
疫情防控 …… 193
双招双引 …… 193
政策处理 …… 193
重点工程 …… 193
项目申报创建 …… 194
融资与国有资产管理 …… 194

综合管理 …… 194

工业·园区

工业 …… 195
概况 …… 195
模具产业 …… 196
文具产业 …… 196
汽车零部件产业 …… 197
灯具产业 …… 197
五金机械产业 …… 197
电子电器产业 …… 197
电力工业 …… 198
概况 …… 198
人力资源 …… 198
电网建设 …… 198
经营管理 …… 198
安全生产 …… 198
营销与优质服务 …… 199
科技与信息化 …… 199
党建与精神文明建设 …… 199
宁海抽水蓄能电站建设政策处理 …… 200
概况 …… 200
项目实施 …… 200
涉民问题 …… 200
验收工作 …… 200
项目保障 …… 200
宁波南湾新区 …… 200
概况 …… 200
疫情防控 …… 200
招商引资 …… 201
项目争速 …… 201
深化体制机制革新 …… 201
风险防范 …… 201
党建工作 …… 202
宁海经济开发区科技园区 …… 202
概况 …… 202
经济发展 …… 202
招商引才 …… 202
中乌新材料平台 …… 202
中瑞园中园 …… 203
项目建设 …… 203
要素保障 …… 203
资产管理 …… 204
企业服务 …… 204
自身建设 …… 204
宁波生物产业园 …… 205
概况 …… 205
科技创新 …… 205
招商引才 …… 206
平台搭建 …… 206

经济贸易

商贸服务 …… 207
概况 …… 207
疫情防控 …… 207
专班工作 …… 207
外贸工作 …… 207
消费市场 …… 208
电商发展 …… 208
安全保障 …… 209
商务发展 …… 210
自身建设 …… 210
供销合作 …… 210
概况 …… 210
为农服务 …… 210
抗疫保供 …… 211
自身建设 …… 212
国资经营 …… 212
概况 …… 212
疫情防控 …… 212
市场运营 …… 213
重点实事项目 …… 213
现代服务产业 …… 213
安全综治 …… 214

招商引资 …… 214
概况 …… 214
重点项目 …… 215
招商活动 …… 215
自身建设 …… 215
烟草专卖 …… 215
概况 …… 215
经济运行与网络建设 …… 215
规范市场秩序 …… 216
自身建设 …… 216

交通·电信·邮政

交通 …… 217
概况 …… 217
路网枢纽建设 …… 217
交通服务 …… 217
物流发展 …… 218
打造美丽经济交通走廊 …… 218
疫情防控 …… 218
改革创新 …… 218
县交通重点工程建设指挥部 …… 218
电信 …… 219
概况 …… 219
美丽乡村、沿街商铺点亮行动 …… 219
在政企业务上融合发力 …… 220
质态管控促高质量发展 …… 220
践行网络强国战略 …… 220
构建平安宁海电信 …… 220
精神文明建设 …… 220
服务社会 …… 221
邮政 …… 221
概况 …… 221
金融业务 …… 221
寄递业务 …… 221
农村电商 …… 221
基础性业务 …… 222
自身建设 …… 222

财税·金融

财政 …… 223
概况 …… 223
组织财政收入 …… 223
服务经济发展 …… 223
推进财政改革 …… 223
强化财政监管 …… 224
防范化解风险 …… 224
队伍建设 …… 224
税务 …… 224
概况 …… 224
组织收入 …… 225
政策落实 …… 225
征管工作 …… 225
纳税服务 …… 226
疫情防控 …… 226
金融 …… 226
概况 …… 226
金融服务 …… 227
实践创新 …… 228
优化金融生态环境 …… 228
涉外金融管理 …… 228
宁海农村商业银行 …… 229

经济管理

发展改革 …… 231
概况 …… 231
统筹谋划 …… 231
项目建设 …… 232
提质增效 …… 232
改革创新 …… 233
保障民生 …… 233
市场监督管理 …… 234
概况 …… 234

综合执法 …… 258
党建争强 …… 258
水务管理 …… 258
概况 …… 258
基础设施建设 …… 259
业务运维工作 …… 259

环境保护·自然资源和规划

环境保护 …… 260
概况 …… 260
工作保障 …… 260
项目推进 …… 260
机制创新 …… 261
提升服务 …… 261
督察整改 …… 262
自然资源和规划 …… 262
概况 …… 262
耕地保护 …… 262
宏观调控 …… 263
资源利用 …… 263
执法监管 …… 263
生态修复 …… 263
维护群众权益 …… 263

文化·旅游·体育·传媒

文化、旅游 …… 264
概况 …… 264
疫情防控 …… 264
重大项目建设 …… 264
文旅市场 …… 265
公共文化建设 …… 266
文博“非遗”工作 …… 266
市场监管 …… 266
体育 …… 266
概况 …… 266
群众体育 …… 267
体育培训 …… 267
赛事品牌建设 …… 267
传媒 …… 267
概况 …… 267
主题宣传 …… 268
民生报道 …… 268
融合报道 …… 268
栏目改版 …… 269
外宣创优 …… 269
文化产业 …… 270
网络应用 …… 270
改革创新 …… 270

科技·教育·卫生健康

科技 …… 272
概况 …… 272
高新技术企业培育 …… 272
重大科技攻关 …… 272
省市级创新综合体建设 …… 273
科技创新平台建设 …… 273
创新主体研发 …… 273
教育 …… 274
概况 …… 274
县委教育工作领导小组举行第一次（扩大）会议 …… 274
林坚、滕安达为安全复学深入一线调研 …… 274
拍摄抗疫宣传片在宁波四大电视台播出 …… 275
前童镇中心小学“布贴画”走进央视，走出国门 …… 275
浙江教育报官方微信刊发陈开南署名文章 …… 275
省教育厅党委书记、厅长陈根芳到宁海调研 …… 275
宁海县人民教育基金会 …… 275
成绩高考再创新高 …… 275
2020年得力高考奖学金颁奖仪式 …… 275

开展教师节慰问 …… 276
垃圾分类 …… 276
宁海教育微信 …… 276
“送教育、送体育”活动 …… 276
城东小学吴盈波参加长三角论坛并发言 …… 276
县职教中心在全国职业院校技能大赛中获一等奖 …… 277
学前教育补短提升工程 …… 277
名师培育 …… 277
教育科研成果 …… 277
师生心理健康教育 …… 277
卫生健康 …… 277
概况 …… 277
疫情防控 …… 278
健康宁海建设 …… 279
综合医改 …… 279
县域医共体建设 …… 279
医疗服务 …… 279
党建工作 …… 279

社会事务

人事与社会保障 …… 280
概况 …… 280
保障就业 …… 280
完善社保体系 …… 280
人才队伍建设 …… 280
人事制度改革 …… 281
维护劳动合法权益 …… 281
医疗保障 …… 281
概况 …… 281
疫情防控 …… 281
夯实医改基础 …… 281
控制基金支出 …… 282
加强审核监控 …… 282
优化便民服务 …… 282
民政 …… 282
概况 …… 282
内设机构与党组织变更 …… 282
疫情防控 …… 283
社会救助和慈善福利 …… 283
基层政权和社区建设 …… 284
社会事务和养老服务 …… 284
殡葬管理 …… 284
移民安置 …… 284
社会组织 …… 284
婚姻、收养登记 …… 285
区划地名 …… 285
福利事业 …… 285
退役军人事务管理 …… 285
概况 …… 285
思想引领 …… 285
生活关爱 …… 285
就业创业 …… 286
站点体系建设 …… 286
住房公积金管理 …… 286
概况 …… 286
惠民举措 …… 286
提升服务 …… 287
防范资金风险 …… 287
队伍建设 …… 287
关心下一代工作 …… 287
概况 …… 287
疫情防控 …… 288
关工委建立30周年纪念活动 …… 288
系列服务项目 …… 289
基层组织建设 …… 290
残疾人工作 …… 291
概况 …… 291
疫情防控 …… 291
残疾人之家星级提升 …… 291
残疾人基本生活保障 …… 291
残疾人就业创业服务 …… 291
优化残疾人社会环境 …… 292
东西部扶贫 …… 292

乡镇街道

跃龙街道 …… 293
概况 …… 293
经济建设 …… 293
重点工作 …… 294
社区建设 …… 294
生态文明 …… 294
民生保障 …… 294
自身建设 …… 294
桃源街道 …… 295
概况 …… 295
工业经济 …… 295
农业经济 …… 295
重点项目 …… 295
疫情防控 …… 295
环境治理 …… 296
社会事业 …… 296
自身建设 …… 296
梅林街道 …… 297
概况 …… 297
工业经济 …… 297
重点工程 …… 297
农业工程 …… 298
村社建设 …… 298
乡村旅游建设 …… 298
社会事业 …… 299
民生保障 …… 299
自身建设 …… 300
表 2　梅林街道 2020 年基本情况表 …… 300
表 3　梅林街道 2020 年规模以上企业基本情况表 …… 301
桥头胡街道 …… 303
概况 …… 303
疫情防控 …… 303
工业经济 …… 303
现代农业 …… 304
全域旅游 …… 304
城乡建设 …… 304
民生保障 …… 304
社会事业 …… 304
表 4　桥头胡街道 2020 年基本情况表 …… 305
表 5　桥头胡街道 2020 年骨干企业基本情况表 …… 306
长街镇 …… 307
概况 …… 307
疫情防控 …… 307
工贸经济 …… 307
农业经济 …… 308
第三产业 …… 308
村镇建设 …… 308
项目建设 …… 309
社会事业 …… 309
自身建设 …… 310
一方名人 …… 310
力洋镇 …… 310
概况 …… 310
疫情防控 …… 311
工业经济 …… 311
农业经济 …… 311
项目建设 …… 311
村镇建设 …… 312
社会事业 …… 312
自身建设 …… 313
一方名人 …… 313
表 6　力洋镇 2020 年基本情况表 …… 314
一市镇 …… 317
概况 …… 317
经济建设 …… 317
城镇建设 …… 318
社会事业 …… 318
自身建设 …… 319
一方名村 …… 319
表 7　一市镇 2020 年基本情况表 …… 320
表 8　一市镇 2020 年规模以上企业基本情况表 …… 321
岔路镇 …… 321

概况 …… 321
经济建设 …… 322
城镇建设 …… 322
社会事业 …… 323
自身建设 …… 324
表 9 岔路镇 2020 年基本情况表 …… 324
前童镇 …… 328
概况 …… 328
工业经济 …… 328
表 10 前童镇 2020 年规模以上企业基本情况表 …… 329
现代农业 …… 329
现代服务业 …… 329
城镇建设 …… 330
全域旅游 …… 330
社会事业 …… 331
自身建设 …… 331
表 11 前童镇 2020 年基本情况表 …… 332
桑洲镇 …… 333
概况 …… 333
疫情防控 …… 333
工业经济 …… 333
农业经济 …… 333
全域旅游 …… 333
新农村建设 …… 333
社会事业 …… 334
黄坛镇 …… 335
概况 …… 335
疫情防控 …… 336
工业经济 …… 336
城镇建设 …… 337
新农村建设 …… 337
社会事业 …… 338
自身建设 …… 338
大佳何镇 …… 338
概况 …… 338
工业经济 …… 338
农业经济 …… 339
城镇建设 …… 339
社会事业 …… 340
表 12 大佳何镇 2020 年基本情况表 …… 340
表 13 大佳何镇 2020 年规模以上企业情况表 …… 341
强蛟镇 …… 342
概况 …… 342
农业经济 …… 343
工业经济 …… 343
海岛旅游 …… 343
镇村建设 …… 344
社会事业 …… 344
表 14 强蛟镇 2020 年基本情况表 …… 345
西店镇 …… 349
概况 …… 349
“十三五”成就 …… 349
工业经济 …… 349
农业经济 …… 350
三产经济 …… 350
镇村建设 …… 350
社会事业 …… 350
一方名企 …… 351
表 15 西店镇 2020 年主要经济指标情况表 …… 352
深甽镇 …… 353
概况 …… 353
疫情防控 …… 353
项目建设 …… 354
工业经济 …… 354
农业经济 …… 354
镇村建设 …… 355
旅游建设 …… 356
社会事业 …… 356
自身建设 …… 356
表 16 深甽镇规模工业企业主要经济指标情况表 …… 357
越溪乡 …… 358
概况 …… 358
经济发展 …… 358
镇村建设 …… 359

社会事业 …………………………………… 359
社会治理 …………………………………… 360
表 17　越溪乡 2020 年度获得荣誉情况表 …………………………………… 360
表 18　越溪乡 2020 年规模以上企业情况表 …………………………………… 361
茶院乡 …………………………………… 361
概况 …………………………………… 361
疫情防控 …………………………………… 361
新农村建设 …………………………………… 362
旅游经济 …………………………………… 362
重大项目建设 …………………………………… 362
社会事业 …………………………………… 362
表 19　茶院乡 2020 年基本情况表 ……… 362
胡陈乡 …………………………………… 363
概况 …………………………………… 363
现代农业 …………………………………… 364
工业经济 …………………………………… 364
商旅 …………………………………… 364
镇村建设 …………………………………… 365
社会事业 …………………………………… 366
疫情防控 …………………………………… 367
自身建设 …………………………………… 367
一方名村 …………………………………… 367
表 20　胡陈乡 2020 年基本情况表 ……… 368
表 21　胡陈乡 2020 年规模以上企业情况表 …………………………………… 370

人　　物

纪念人物 …………………………………… 371
王家扬 …………………………………… 371
叶水夫 …………………………………… 371
张明养 …………………………………… 371
叶全奖 …………………………………… 371
新任县级干部 …………………………………… 372
滕安达 …………………………………… 372
战“疫”一线　党旗飘扬——战“疫”先锋榜 …………………………………… 372
市级战“疫”先锋 …………………………………… 372
战“疫”中枢 …………………………………… 373
白衣“战士” …………………………………… 374
乡镇“逆行者” …………………………………… 375
“帮复‘疫’勇军” …………………………………… 377
村社“守门人” …………………………………… 378
机关“那一抹红” …………………………………… 380
第二批市级战“疫”先锋 …………………………………… 381
金盾卫士 …………………………………… 382
最美战“疫”雷锋 …………………………………… 383
第三批市级战“疫”先锋 …………………………………… 384
省“战疫群英”优秀个人 …………………………………… 385
宁海县抗疫情专项工人先锋号 …………………………………… 385
劳动模范 …………………………………… 385
全国劳动模范　裘银芳 …………………………………… 385
全国物流行业先进工作者　薛英汉 ………… 385
《中国火炬》创刊 25 周年突出贡献奖　王元法 …………………………………… 386
全国关心下一代工作先进工作者　王以位 …………………………………… 386
宁波市五一巾帼标兵 …………………………………… 386
浙江金蓝领 …………………………………… 386
宁波市首席工人 …………………………………… 386
港城工匠　徐剑中 …………………………………… 386
港城工匠、市五一劳动奖章获得者　潘晓燕 …………………………………… 387
港城工匠、市五一劳动奖章获得者　薛鹏林 …………………………………… 387
市五一劳动奖章获得者　丁红星 ………… 387
市五一劳动奖章获得者　王玉琪 ………… 387
第三批宁波市基层名中医药师和第二批宁波市中青年名中医药师名单 ………… 387
养虾匠 …………………………………… 387
好人榜 …………………………………… 387
中国好人　童松达 …………………………………… 387
最美浙江人　赵鸿伟 …………………………………… 388
宁波市十大慈善之星 …………………………………… 388

新闻人物 ………………………………………… 388
首批驰援武汉医疗队员 ……………………… 388
县优秀基层文化工作表彰 …………………… 388
叶海峰 …………………………………… 388
章光辉 …………………………………… 388
骆武创 …………………………………… 388
王琛 ……………………………………… 388
杨维炉、杨启超 …………………………… 388
陈冬娥 …………………………………… 389
胡家艺 …………………………………… 389
汪祖军 …………………………………… 389
杨君霞 …………………………………… 389
李叶彩 …………………………………… 389
屠仙绒 …………………………………… 389
秦巧莲 …………………………………… 389
百余位教师获著书立说奖 …………………… 390
223 人获全国无偿献血奉献奖 ……………… 390
一人获浙江省“西湖友谊奖” ……………… 390

附 录

重要文件目录 ……………………………………… 391
表 22 2020 年中共宁海县委部分文件一览表 ………………………… 391
表 23 2020 年宁海县人民政府部分文件一览表 ………………………… 391
表 24 2020 年中共宁海县委办公室部分文件一览表 ………………………… 392
表 25 2020 年宁海县人民政府办公室部分文件一览表 ………………………… 392
2020 年度宁海县制造业高质量发展风云榜 ……… 394
2020 年度宁海县民营制造业企业纳税十强 ……………………………… 394
2020 年宁海县“215”工业企业培育工程入围企业 ……………………………… 394
2020 年度宁海县“215”工业企业培育工程上台阶企业 ……………………………… 395
2020 年度宁海县进出口五强、出口成长型企业 ……………………………… 395
2020 年市县质量奖获奖企业 ………………… 395
2020 年宁海县制造业“亩均效益”领跑者企业 ……………………………… 395
2020 年度新认定国家高新技术企业名单 …… 396
表 26 2020 年度宁海县进出口 100 强企业一览表 ………………………… 396
2020 年宁海县入选宁波市示范性家庭农场、市示范性农业社会化服务组织 ……………… 400
宁海县 2020 年度县级农业龙头企业 ………… 400
2020 年新增县示范性家庭农场名单（28 家） … 401
2020 年新增县示范性农民专业合作社名单（18 家） ……………………………… 401

索 引

积极开拓“革新”路径　加快建设“双优”宁海
聚力奋进高水平社会主义现代化建设新征程

——在县委十四届八次全体（扩大）会议上的报告

（2020 年 12 月 31 日）

中共宁海县委书记　林　坚

这次全会的主要任务是：高举习近平新时代中国特色社会主义思想伟大旗帜，全面贯彻中共十九大、十九届二中、三中、四中、五中全会和中央、省委经济工作会议精神，深入贯彻习近平总书记考察浙江、宁波重要讲话精神，按照省委十四届八次全会、市委十三届九次全会的部署，听取县委常委会报告，审议通过《中共宁海县委关于制定宁海县国民经济和社会发展第十四个五年规划和二〇三五年远景目标的建议》，动员全县上下积极开拓“革新”路径，加快建设“双优”宁海，聚力奋进高水平社会主义现代化建设新征程。

下面，我代表县委常委会，向全会报告三个方面内容。

一、县委十四届六次全会以来的主要工作

县委十四届六次全会以来这一年，面对大变局大事件大考验，县委常委会坚持以习近平新时代中国特色社会主义思想为指导，坚决落实中央决策、省委部署、市委要求，团结带领全县上下在非常之时立非常之志、尽非常之责、建非常之功，全县经济社会发展在“半年正、三季进”的基础上有望实现“全年赢”，“十三五”规划目标任务即将完成，高水平全面建成小康社会胜利在望。

1. 对标落实习近平总书记重要讲话和重要指示精神。始终把“两个维护”作为最高政治准则，习近平总书记发表的重要讲话、做出的重要指示，都及时传达学习、认真抓好落实。县委常委会带头建立党委（党组）“第一议题”学习制度，制定实施新时代中共创新理论走心工程，多批次多形式开展集中轮训。深入贯彻落实习近平总书记考察浙江、宁波重要讲话精神，召开县委十四届七次全会，部署推进争做“重要窗口”双优生、加快形成10 项硬核成果的宁海行动，由县领导领衔推进 22 个重点调研课题和 43 项具体任务。中共十九届五中全会闭幕后，县委相继召开常委会扩大会、专题学习会、全县领导干部会议，组织开展全员全面学习、分层分类宣讲，县领导带头授课，以上率下掀起学习宣传贯彻热潮，群策群力完成县委“十四五”规划建议起草工作。坚决有力打好三大攻坚战，不折不扣抓好中央环保督察、省委巡视、市委提级巡察反馈问题整改，清单化推进高水平全面建成小康社会补短板，帮助对口帮扶地区如期脱贫摘帽，艺术扶贫、创业孵化基地实践分别入选全国“携手奔小康”行动案例和全球减贫最佳案例。

2. 全力交出“两手硬、两战赢”高分答卷。面对突如其来的新冠肺炎疫情，我们闻令而动、相机决策、专班运作、果断处置、尽锐出战，取得了大战大考“双胜利”。坚持“源头查控+硬核隔离+精密智控”，精准落实“一图一码一指数”

管理，慎终如始抓好常态化疫情防控，3万名党员集结一线严守小门，社会各界捐款捐物超过3100万元，24名医务人员火线驰援武汉，以实际行动彰显大爱。敏锐把握疫情变化趋势，率先预拨复工复产专项资金，迅速组织党政干部“千人驻企”、医务人员“千员助企”、金融机构“百行进企”、5省8城劳动力组织返岗等行动，相继出台惠企20条、助企8条、暖心12条等一批政策举措。今年1—11月减税降费31.7亿元、增长23.7%，兑现“五减”资金7.5亿元，帮助企业迅速重启生产经营、恢复生机活力，市场主体逆势增长13.8%、总量突破8万户。

3. 系统构建“双优”宁海建设的四梁八柱。坚持谋长远抓当前、谋全局抓关键，经过深入调研、反复酝酿，形成了集目标、路径、抓手、导向、保障、成果于一体的“双优”宁海建设体系。我们突出重点、抓纲带目，有针对性地召开革新系列会议，鲜明树起“五个不能”“五个干事”“做五种人”的自我革新要求，制定实施“365”制造业体系培育、“333”服务业产业提升、“366”乡村产业振兴等产业革新工程，部署推进“三转、两提、两创”的城市革新“322”工作体系，大力推行以争先创优为引领的专班化推进、项目化实施、清单化管理工作机制。我们抓人促事、强化执行，紧盯疫情防控、“六稳六保”、安全生产、信访维稳、城市能级提升等重点，一级带一级开展“走村入企强服务、深研细抓强落实”系列行动，力行“敢担当、要积极、抓具体”的工作导向，切实加强党员干部思想先进性、能力先进性、作风先进性建设，推动形成凝心聚力、日盯夜抓建设“双优”宁海的干事氛围。

4. 破难而上坚定推进经济高质量发展。辩证长远地看待疫情冲击和经济下行压力，以保促稳、稳中求进、以进谋胜，工业、农业、服务业、消费、出口等关键指标增速均好于全市平均。工业基石作用凸显，“246”产业增速稳居全市前三。“宁海珍鲜”成为全市首个全品类农产品区域公用品牌，创成省级农业绿色发展先行县。推出“商旅文体农银”全链条系列活动，力促消费迅速回补、全面复苏。专题研究跨境电商五年发展行动，启用首个公用型保税仓库，跨境电商出口额增长37%。积聚力量壮大企业主体，相继实施215强企梯队培育、上市后备企业管理、新生代企业家培育组合拳，新增过会上市企业4家、总量实现翻番，新增“浙江制造”标准7个，上榜省级首台（套）产品5项，国家AAAA级综合物流企业实现“零的突破”。下决心、出重拳打破坛坛罐罐，全面开展铝压铸、废塑料、震抛加工等行业整治，推进实施制造业“两小”企业综合治理提升三年行动，梅林工业集聚区改造试点破局见效。坚持项目为王，专班攻坚督进度优结构、争政策强保障，争取专项债券、再融资债券、抗疫特别国债等资金75.2亿元，获批土地规划指标3184亩、保障了113个项目用地需求，浙商回归资金增长17%，工业投资增长17%，民间投资占比首次突破60%。

5. 持续提升城乡美丽宜居水平。今年是“两山论”提出15周年，宁海县作为唯一县级代表在全省高水平建设新时代美丽浙江推进大会上交流发言，全国“两山”发展百强县三次发榜三次位居第2位。我们持续深化环境整治，强力拆除违章建筑，狠抓截污纳管补短板，按时投运环保能源发电项目，启动实施颜公河治理提升三年行动，第三次捧获“大禹鼎”，通过中国天然氧吧复评。大力推进全域旅游再出发八大工程，森林温泉度假区获全省考核优秀，建立指挥部创建国家AAAAA级景区，前童成为全市唯一的浙江省AAAAA级景区镇，宁海县成为全市唯一的AAAA级景区城，入选浙东唐诗之路重要节点，获评长三角最佳文旅融合城市。加快城市有机更新，群众关注的城隍庙、水角凌、老棉纺厂等地块拆旧建新，西环线、兴海路两侧加快开发，环天明湖区域日益彰显新城气派。深化城市精细化管理十大行动，以电视问政倒逼问题整改，获省文明委推荐申报全国文明城市提名城市。示范先行大抓乡村振兴，农村文化礼堂全市率先实现全覆盖，艺术振兴乡村入选全省十大模式，“两进两回”经验在省委农村工作会议交流、写入中农办《农村要情》。打响综合交通三年大会战，开建通用航空机场，建成投用动车存车场一期，宁海至北京始发列车即将开通，“一环八射三纵七连”县域交通路网如期构建成型。完善城乡公共服务，县老年公寓、老年学堂、海亮公学、城中小学一期、中心幼儿园、妇保院保健大楼等一批民生工程基本建成或投用，提前两年完成名优师资五年倍增，高考取得近年来最佳成绩。创成省“无欠薪”县，城镇登记失业率全市最低。

6. 切实抓好各领域改革创新。充分发挥县委改革委作用，研深议透、逐个突破，推动30个重点改革项目和19个市级以上试点落地见效。在省市率先推出托育机构备案“一件事”改革、股权转让“一件事”改革，首创执行联动零次跑、司法拍卖不动产全程网上办，首问负责制工作经验获郑栅洁省长批示肯定。企服中心集成模式改革成为省市样板，工商联（商会）服务区域经济发展试点入选省级案例，金融服务综合改革试点获财政部点名肯定。完成宁波南部滨海经济开发区体制机制调整，中乌高端新材料、生物医药、海洋种业、院士之家、侨梦苑中心等人才平台建设各有突破进展，新增国家级引才计划专家等特优以上人才20人。专题研究推进国资国企改革，严控融资成本，新增AA+信用评级单位2家，盘活资产33亿元。高标准推进部省共建乡村振兴示范省先行创建县、省大花园示范县、省文旅产业融合试验区、省民宿助力乡村振兴等试点创建，成为全市唯一的全国县城新型城镇化建设示范单位。紧盯群众关键小事，探索流动人口旅馆式管理改革，试行智慧停车系统，全省首创“网约巴士”“集士驿站”，垃圾智能分类做法入选全国典型案例。

7. 纵深推进全面从严治党。突出抓好政治建设，专门召开乡镇（街道）党（工）委和县级党委部门领导班子政治建设工作会议，常态化开展政治生态评估、政治生态体检和政治监督。认真落实意识形态工作责任制，融媒体中心建设全市领先、融媒指数居全省前列，中央和省市宗教工作督查整改提前全面完成，全省宗教领域治理工作经验交流会在宁海县召开，并作为唯一县级代表介绍经验做法。出台党政领导干部选拔任用“五个办法”，推行“四比双评”，突出看实践、拿实绩来衡量和评价班子、干部，今年提拔重用的干部90%以上来自攻坚一线。制定实施进一步激励干部新时代新担当新作为的工作意见，完善落实多层次干部历练机制和教育培训机制，紧贴实践深化周末课堂、导师帮带、试岗挂职等管用办法。深入实施组织力提升工程，持续抓好“双整两全”，联片联村联企责任进一步压实，“红动宁海”组织生活模式入选全国“互联网+党建”典型案例。完成行政村社规模调整。紧紧围绕“五好两确保”目标，全面落实村社主职干部“一肩挑”要求，基本完成村社组织集中换届，党员群众参选率、新进班子成员数、党组织书记学历层次和平均年龄实现“三升一降”，相关做法获省换届办专刊推广。推动构建“四责协同”机制，持续深化“三书三查两报告”和“三交底”廉政谈话制度，组织实施县委第十轮、第十一轮、第十二轮巡察。严格落实中央八项规定精神，制定实施《正风肃纪警诫清单72条》，高压整治酒驾、赌博等行为，零容忍查处违纪违法问题，切实把纪律挺在前面。县委常委会切实加强自身建设，带头巩固“不忘初心、牢记使命”主题教育成果，增强“四个意识”、坚定“四个自信”、做到“两个维护”；带头落实巡视整改政治责任，对省委巡视反馈的4方面13项34个具体问题和三个专项检查情况反馈意见，逐条逐项抓好整改落实，标本兼治推动工作提升；带头规范党内政治生活，执行民主集中制，维护坚持党性原则基础上的团结；带头践行为民宗旨，尽心尽责为群众办实事、做好事、解难事；带头弘扬斗争精神，妥善应对各种风险挑战；带头执行中央八项规定精神和廉洁自律准则，为全县党员干部做好表率。

同志们，2020年是新中国历史上极不平凡的一年，回顾这一年的奋斗、汗水和收获，历经艰难险阻，成绩来之不易，十分鼓劲提气。我们向疫情宣战，本地确诊病例38天实现“清零”，精密智控指数长期居全市第一，经济在全市率先转正，走出“V”形坚韧反转，GDP在提前一年完成“十三五”规划目标基础上，今年预计超过目标值10%以上。我们向问题开刀，常思深刻教训，借力巡视利刃，狠抓大会战、守护大平安，兑现了军令状、打赢了翻身仗，安全生产事故起数下降39%，扫黑除恶专项斗争圆满收官，全市第二个率先创成无信访积案县，平安指数保持全省前列。我们向高处攀登，在中央部委和省直机关官方排名中，宁海跻身中国工业百强县86位、中国创新百强县30位，绿色发展指数首次跃居全省第5、连续3年全市第一，央媒报道全市最多，影响力美誉度明显提升。我们向团结要战斗力，县委总揽全局、协调各方，人大、政府、政协和“一委两院”紧扣中心、能谋善干，广大党员干部群众众志成城、攻坚破难，全县上下以一往无前的奋斗姿态、风雨无阻的精神状态，交出了令人满意的答卷。我们深切体会到，只要我们齐心协力，扎扎实实办好自己的事，就没有过不去的坎，就没有克服不了的困难。在此，我代表县委常委会，向奋战在各条战线的广大党员干部群众，向所有关心支持宁海事业发展的党内外人士、海内外乡贤和各界朋友，表示衷心感谢，并致以崇高敬意！

同时我们也清醒地认识到，工作中还有薄弱环节和短板：发展不平衡不充分的问题依然存在，重点领域关键环节改革任务仍然艰巨，科技创新支撑高质量发展的动能还不够强，产业层次与核心竞争力有待提高，城市区域地位不够凸显，城镇能级亟须增强，环境建设、社会民生、基层治理、安全生产等领域仍存在短板弱项，整体智治理念有待强化，部分干部担当精神不够足、工作作风不够实，整治形式主义、官僚主义还要往深处抓实里做。对这些问题，我们一定高度重视，认真研究，努力解决。也希望同志们对县委常委会工作提出意见建议，帮助我们把工作做得更好。

二、牢牢把握新发展阶段、新发展理念、新发展格局，明确“双优”宁海建设的新要求

中共十九届五中全会是一次具有里程碑意义的重要会议，会议审议通过的《中共中央关于制定国民经济和社会发展第十四个五年规划和二〇三五年远景目标的建议》，是开启全面建设社会主义现代化国家新征程的纲领性文件和行动指南。随后省委、市委相继召开全会，审议通过了浙江、宁波“十四五”规划和二〇三五年远景目标的建议。按照中央和省委、市委的统一部署，县委常委会坚持系统论与重点论、延续性与创新性、扬优势与补短板相统一，坚持发扬民主、开门问策、集思广益，形成了《中共宁海县委关于制定宁海县国民经济和社会发展第十四个五年规划和二〇三五年远景目标的建议》稿，提交本次全会审议。

贯彻好中共十九届五中全会精神，落实好中央和省委、市委、县委“十四五”规划建议，必须坚持正确的历史观、大局观、发展观，看清当前国内外复杂形势下的本质，做到因时而动、聚势而上、谋事在前。论“时”，2021 年是中国共产党成立 100 周年，2022 年是迎接中共二十大召开之年，2023 年是“八八战略”实施 20 周年，2024 年是新中国成立 75 周年，2025 年是“十四五”收官之年，2035 年是远景目标实现之年。我们必须立足这些重要的时间节点谋篇布局、推进工作，力争每年有突破、两年大提升、五年开新局。观“势”，我国发展仍然处于重要战略机遇期，但疫情变化和外部环境存在诸多不确定性，机遇和挑战都有新的发展变化。我们必须增强机遇意识和风险意识，努力在危机中育先机、于变局中开新局。谋“事”，“双优”宁海建设既符合上级要求、又契合宁海实际，要坚定贯穿于“十四五”时期，并与时俱进丰富新内涵展现新成效，努力打造“三县两地一家园”，争创社会主义现代化先行县。

县委常委会综合研判形势后认为，在新发展阶段加快建设“双优”宁海，必须突出五方面的新要求：

1. 扛起争做“重要窗口”双优生的使命担当。习近平总书记赋予浙江打造“重要窗口”的新目标新定位，省委明确提出要展示奋力打造“重要窗口”的新成果。我们要把争做“重要窗口”双优生作为宁海践行“两个维护”的实际行动，努力干出为一域争光、为全局添彩的新业绩。重点要提升“四个度”：一要提升目标要求的精细度，把“双优”的定性目标分解为定量目标，建立包括经济指标、平安指数、群众满意度、考核完成率等在内的评价体系，以单项对标促系统优化，以赛马比拼促争先创优。二要提升硬核成果的辨识度，在实体经济、乡村振兴、文旅融合、基层治理等领域率先探索、持续迭代、创树品牌，推动美丽中国建设样板县等 10 项硬核成果早出形象、彰显特色。三要提升实践范例的集成度，既要积极为全省“重要窗口”建设这个“总系统”输出最佳实践范例，又要积极开展各个“子系统”的差异化改革创新。四要提升追赶跨越的加速度，牢固树立“没有走在前列也是一种风险”的忧患意识，“十四五”时期力争主要经济指标高于省市平均、高于下达任务、高于追赶目标，争取 GDP 规模挺进全国县（市）前 50、全省县（市）前 10，县排名确保进入全国前 10、巩固全省第 1 的领先优势；规上工业产值力争突破 2000 亿元、再造一个宁海工业；人均 GDP 达到 14 万元以上；常住人口城镇化率达到 65%以上。

2. 抢抓构建新发展格局的战略机遇。中共十九届五中全会提出，加快构建以国内大循环为主体、国内国际双循环相互促进的新发展格局。我们要找准宁海在新发展格局中的位置和比较优势，主动融入、集聚资源，打开发展新空间。突出抓好“四个关键点”：一要打通开拓内外贸市场的堵点，既要稳外贸稳外资拓市场防脱钩，更要注重开发国内市场，尤其要加快突破外转内过程中在销售渠道、产品标准、品牌建设等方面存在的瓶颈制约，鼓励支持企业踩准节奏，勇立“双循环”潮头。二要筑强扩大有效投资这个支撑点，坚持项目为王，突出有效二字，紧扣补短板优结构强动能，深入研究解决“投什么”“怎么投”“什么代价”“怎么落地”等现实问题，大力开展“抢政策、抢项目、抢时间、增效益”行动，发挥好投资在供给侧、需求侧两端发力的关键作用。三要激发扩大消费这个增长点，把扩大消费同改善群众生活品质结合起来，充分挖掘城乡消费潜力，合理增加公共消费，提高教育、医疗、养老、育幼等公共服务支出效率。四要找准融入区域发展的切入点，在接轨大

交通、对接大平台、嵌入产业链等方面积极作为，以甬南大门户的站位全面融入国家和省市重大战略，努力打造区域融合开放发展新高地。

3. 把准深化“四大革新”的路径方向。中共十九届五中全会提出，以改革创新为根本动力，坚持创新在我国现代化建设全局中的核心地位。我们要明确新阶段新形势下的革新重点，着力在推动“四大革新”中实现“四个转向”：一是产业革新要实现从资源拉动向创新驱动跃迁，紧盯抓牢以数字科技为核心的科技革命与产业变革机遇，全方位赋能实体经济发展，努力打造高水平创新型强县、全国县域经济高质量发展示范县。二是城市革新要实现从城乡统筹向整体能级提升转变，质的提升、量的扩张和功能优化协调并进，尤其要增强城镇连接城乡的纽带作用和城区辐射周边的极核功能，加快成为宁波南翼副中心。三是制度革新要实现从重点突破向系统集成升级，以数字化改革为总抓手、撬动各领域各方面改革，更加注重改革的系统性、整体性、协同性，努力打造县域现代治理示范地。四是自我革新要实现从集中抓党员干部队伍建设向统筹抓人才队伍、企业家队伍建设拓展，放宽视野抓好“大我”的革新，完善上下贯通、执行有力的组织体系，提升党领导下的各支队伍的综合素质，为现代化建设提供强大的组织保障和人才资源供应。

4. 守牢安全发展的基本底线。中共十九届五中全会提出，统筹发展和安全，建设更高水平的平安中国。“双优”宁海核心要义就是发展和安全。安全无小事，因个案问题而被否定全局的代价是极其惨痛的。我们要深化认识安全、维护安全、保障安全，建设更高水平的平安宁海。重点要实现“四个更”：一要更广领域，统筹内部安全和外部安全、传统安全和非传统安全，善用大概率思维应对小概率事件，把平安建设工作延伸到各领域、覆盖到各环节。二要更富实效，既要坚持过去行之有效的好方法，又要探索当前适应新情况的新手段，既能迅速解决突出问题，又能从源头上有效预防。三要更可持续，坚决摒弃“搞定就是稳定、妥协就是和谐”的思想行为，防止工作失误引发的风险，坚持在法治轨道建设平安宁海，实现从被动维稳向主动创稳、一时平安向长治久安转变。四要更加满意，紧扣群众对平安建设的关切和感受，坚持专群结合、群防群治，扎实开展“八五”普法活动，创新社会多方参与平安建设的制度机制，打造人人有责、人人尽责的平安建设共同体。

5. 坚持以满足人民日益增长的美好生活需要为根本目的。中共十九届五中全会提出，改善人民生活品质，提高社会建设水平。我们要对标现代化的要求，尽力而为、量力而行，加快基本民生向品质民生转变，努力打造幸福和美家园。要统筹发挥好“四只手”的力量：一要用好政府有形之手，真金白银抓投入，真心实意办实事，真抓实干补短板。二要用好市场无形之手，以大产业的思维办好大事业、挖潜大市场，积极引导社会资本参与民生建设。三要用好社会帮扶之手，提高社会救助的精准性和有效性，加强慈善组织、志愿者和社工队伍建设，广泛开展扶贫济困关爱行动。四要用好群众勤劳之手，帮助群众增强多渠道增收本领，实现居民收入增长和经济增长同步、劳动报酬增长和劳动生产率提高同步、农村居民收入增速高于城镇居民，扎实推进共同富裕。

三、紧抓当前找准着力点和突破口，推动“双优”宁海建设取得更为明显的实质性成效

“双优”宁海是拼出来、干出来的。要着眼长远、紧抓当前，高标落实省委提出的改革突破争先、服务提质争先、风险防控争先的要求，着重从八个着力点突破，实现八个方面革新争优：

1. 着力推进产业转型赋能，在推进高质量发展上革新争优。一要推进数字赋能。把抢滩布局数字产业摆在“十四五”发展的突出位置，专题研究、科学规划，因时因地推进数字经济“一号工程”2.0版，更加注重用数字化改造传统产业，提升全要素生产率。农业要推动智能化生产、网络化经营。工业要推广新智造模式，打造一批智能工厂、未来工厂，引导企业“上云用数赋智”，加快实现数字化智能化绿色化发展。服务业要发展数字贸易、数字生活服务等新业态，培育壮大疫情催生的新型消费。二要推进科技赋能。强化科技创新在全局工作中的重要地位，大力实施创新型企业育苗造林、企业研发投入增量扩面、创新平台全链覆盖、科技合作深度对接“四个行动”，积极创建省级可持续发展创新示范区，明年研发投入强度要达到3%。强化企业在科技创新中的主体地位，加大对开发首台（套）、推进国产替代、攻关“卡脖子”问题的支持力度，鼓励领军企业组建创新联合体，带动更多宁海企业成为行业领跑者和产业链安全的维护者。三要推进人才赋能。紧扣新时代人才工作特征和宁海县实际，建立更加开放的人才观念、更加灵活的人

才机制，主要任务从增量扩张转向质量提升，竞争途径从比拼优惠转向营造生态，工作效果从为我所有转向但求所用，打破体制束缚、文化差异、户籍壁垒，持续增强“智汇宁海”的向心力。优化人才发展布局，整合资源打造兴海路双创大走廊、建好“人才之家”，以高层次人才、青年英才、企业家、金蓝领等为重点，着眼长远实施一批“栽树工程”，提高产才融合水平。四要推进品牌赋能。联动推进覆盖各行各业的质量强县、品牌强县、知识产权强县建设，力争明年创成宁波首个全国质量强县示范县。开展“品字标”优企贴标亮标行动，引导企业树立品牌意识，积极从贴牌向创牌、制造向创造转型，新增打造一批小巨人、单项冠军。“宁海文体”要创建区域品牌，打造“链主”企业，加快形成“世界级文体用品产业联盟”。要以茶产业改革振兴为突破口，水产、畜牧、水果等农业全产业链为支撑，全面提升“宁海珍鲜”内涵品质和知名度，着力打造种业强县。五要推进服务赋能。落实推进“三服务”2.0版，精准提效“五问五帮”，切实做好减税降费，深化融资畅通工程，明年力争制造业贷款增长10%以上，普惠性小微贷款增长20%以上，争创中小企业公共服务国家级标准试点。旗帜鲜明支持本土企业扎根宁海、内生式发展，实施新一轮工业投资和技术改造三年行动计划，加力助推“三转一市”，虎口夺食引进一批税源型、头部型、补链型企业，不断充实215强企梯队。系统性推进国资国企改革，以问题为导向、需求为主线、先进为标杆，切实增强国企核心业务能力和市场竞争力。六要推进治理赋能。以刮骨疗伤的决心，真刀真枪推进工业全域治理，明年完成10个以上集聚点治理，力争四年基本完成，五年全面解决“低散乱污”现象，使更多企业成为全省亩均效益领跑者。大力破解土地闲置、低效、碎片化等问题，加快存量楼宇化解和综合招商，扎实开展农村乱占耕地建房问题专项整治三年行动，坚决遏制耕地“非农化”、防止“非粮化”。要强化产业融合、工作统筹，发挥这“六个赋能”的叠加效应，做深做实产业革新系列工程，推动宁海产业整体向头部攀升。

2. 着力拓展对内对外开放空间，在融入“双循环”新发展格局上革新争优。一要抢占大市场。统筹推进“555”外贸倍增行动和出口转内贸工作，加快构建完善电商和跨境电商生态圈，支持企业通过创建自主品牌、完善营销网络、发展数字展贸、实施内外销产品同线同标同质等方式，开拓国际国内多元化市场。要敏锐把握和积极应对“疫情受益型”出口放缓、订单回流效应递减、欧美需求端修复加快，以及国际贸易摩擦变化等多重利弊因素影响，保持定力练好内功，坚持内外贸两条腿走路，力求行稳致远。二要打造大平台。宁波南部滨海经济开发区要借势借力，积极融入宁波南湾新区市级战略牵引平台建设，加快成为宁海新的增长极，提升在宁波未来产业布局中的地位。加力破局科技园区“退二优二进三”，推动中乌高端新材料产业园建设“四个高地”，加快生物产业园项目产业化进程，高质量建设海洋种业研究院，尽早创成三门湾国家级现代农业园区。要对标省市标准，全力争创制造业高质量发展示范园区，积极创建一批高星级、示范性小微企业园。三要发展大湾区。加强湾区资源统筹保护和利用，重视近岸海域生态治理，承载和植入更多海洋新经济功能，努力成为省市大湾区和甬台温临港产业带建设的重要支撑。推动建立象山港、三门湾发展共同体，加强与周边地区共建共享，清溪水库力争明年开工、“十四五”建成。四要建设大交通。以打造“三市六县”通衢之地为引领，构建完善内畅外联、水陆空一体的现代交通体系。当前重点是全面实施“1233”综合交通工程，积极接轨甬台温福高铁、争取宁波至宁海城际铁路，加快启动沈海高速宁海段改扩建，谋划推进一批畅通城乡、串联两湾、高效连接周边地区的重大交通项目，建设形成“一横三环五射”交通路网和“136”交通圈。五要深化大合作。实施更加开放的区域发展战略，东向与象山共建宁波南湾新区，南向辐射台州北部共建甬台先行合作示范区，西向与新昌、天台共建浙东唐诗之路，北向推动象山港区域区县联动发展，持续提升在甬台绍接壤区域的集聚力和辐射力。顺应宁波全域城区化趋势，扎实做好撤县建区基础性工作，深度融入宁波都市区、长三角一体化发展。

3. 着力打好以创带建组合拳，在高品质城乡建设上革新争优。一要衔接规建管。高质量完成“十四五”规划和国土空间规划编制，加强各类规划对接协调，积极培育规划专业人才、专业机构，切实做到重规划用规划、先规划后建设。要以2023年创成全国文明城市为目标，全面提升城市精细化管理水平，强化地上地下空间综合统筹和一体化开发，有序利用城中村、村留地等存量空间，保持拆违控违高压态势。二要彰显绿富美。生态环境好不代表保护工作好。我们既不能自满、更不必自馁，要以钉钉子精神打好蓝天、碧水、净土、清废保卫战，明年争取创成全国生态文明建设示范县、全国农村生活垃圾分类处理和资源化利用示范县。以绿色发展排头兵的要求推进文旅融合、发展全域旅游，做深“中国旅游日”发祥地文章，精心打造古镇古韵、森林温泉、海岛旅游等拳头产品，擦亮十里红妆、方孝孺等浙东诗路“珍珠”，推进美丽河湖向幸福河湖升级，整合“非遗”等特色资源建设若干条串珠成链、具有全国影响力的文旅风景带。明年要力争森林温泉创成国家级旅游度假区，前童古镇国家AAAAA级景区创建通过省级资源评估，争创浙江省AAAAA级景区城。三要统筹县镇村。以全国县城新型城镇化试点建设为契机，高质量推进中心城区“两城两片一环”扩容提质，科学统筹区块开发和适度留白、保留城市记忆和释放现代活力，扎实做好老城更新、新城赋能。明年城隍庙、水角凌、双水村等地块要出明显形象，加快天明湖、蒲湖等一批城市公园建设，全面贯通城市环线，推进沿线两侧空间有机拓展和功能植入，促进梅桥片区融合提升。高水平实施新时代美丽乡村“六大行动”，积极创建美丽乡村标杆县、特色精品村、美丽乡村，以“财富、赋能、友好”为主题，连点成线打造乡村艺术谷。深化“两进两回”，探索农村“三块地”改革，促进城乡要素循环、激活投资潜能。要推进以人为核心的新型城镇化，用好人口“七普”成果，精细研判人口发展趋势，科学推进城乡空间重构，适时启动撤镇设街、撤乡设镇，赋予卫星城、中心镇更多自主发展权。

4. 着力优化人的全生命周期民生服务供给，在保障和改善民生上革新争优。一要致力幼有善育。全面深化国家农村儿童早期发展试点县、省0—3岁婴幼儿照护服务示范县建设，持续提升妇幼健康服务水平，以需求为导向打造一批儿童友好型公共活动空间。二要致力学有优教。深化教育领域改革，加强校长队伍建设和以班主任为重点的主职教师队伍建设，推动义务教育均衡化、高中教育多样化、职业教育品牌化、特殊教育特色化，争创全国义务教育优质均衡发展县。健全学校家庭社会协同育人机制，主动加强对青少年身心健康问题的科学干预。积极回应社会关切，加快推进一批学校新建、改建、迁建项目。三要致力劳有厚得。实施更加积极的就业政策，统筹做好扩大优质就业岗位供给和加强职业技能培训，积极挖掘各行业就业新潜力，确保城镇失业率低位运行。深入实施村级集体经济巩固提升三年行动计划，拓展农民增收空间，落细低收入群体帮扶措施，扩大中等收入群体，加快形成“橄榄型”的社会结构。四要致力病有良医。组织开展医改破难提升年、医院运行管理年、医防融合深化年活动，持续提升合作办医和县域医共体建设水平。实施健康村镇建设三年行动计划，明年争取实现国家卫生县城“五连冠”。要加快卫生健康事业从以治病为中心向以健康为中心转变，联动推进国家健康促进县、国家全民健身模范县建设，“十四五”时期要基本建成公共体育服务体系。五要致力老有颐养。落实应对人口老龄化国家战略，完善居家社区机构相协调、医康护养融为一体的多层次养老服务体系，建设老年友好型社会。明年要市场化运作县老年公寓。六要致力住有宜居。促进房地产市场平稳健康发展，规范发展租赁市场。深入推进城镇老旧小区改造，补齐设施和服务短板，建好“未来社区”。七要致力弱有众扶。织密多层次社会保障网络，不折不扣落实规范被征地农民参保工作，用心用情做好困难群众和弱势群体兜底保障，发挥慈善在扶老、救孤、恤病、助残、扶贫、济困、优抚等方面的作用，为“双优”宁海增添爱心底色。民生工作也要革新思维，也应争优提效，要用市场化办法惠民生，在“一老一小”、大健康、文教卫体住等领域畅通社会资本进入渠道；用项目化措施办实事，高标准兑现每年办好十方面民生实事的庄严承诺；用一体化要求优布局，加快实现城与乡、老城区与新城区公共服务优质均衡发展；用多元化渠道巩固提升对口帮扶成果，扛起推进共同富裕的责任担当。

5. 着力构建风险闭环管控的大平安机制，在守牢安全底线上革新争优。一要健全风险预警监测机制。常观大势、常思忧患，精准预判、精准拆弹，建立健全决策风险评估机制和风险信息及时互通机制，加强对各领域风险因素和苗头的排查研判，提高防范和应对“灰犀牛”“黑天鹅”的能力。二要健全风险第一时间处置机制。构建完善社会治安防控体系、应急管理体制、扫黑除恶常态化机制、疫情防控常态化机制，守牢金融、债务、环境污染、食品药品安全等风险底线，确保连续创成省平安县、实现“鼎上加星”。要从严打击危害国家政治安全的渗透、颠覆、分裂活动，切实加强意识形态阵地建设和管理，持续推进第四轮宗教与民间信仰事务管理三年行动。要如履薄冰持续抓好安全生产，动真碰硬推进第二轮安全生产综合治理和全民素养提升三年行动，事故控制上要确保杜绝重大、遏制较大、减少总量。要健全“4+X”维稳信访扁平化指挥体系，狠抓初信初访及时有效的监督体系，推动纪律、监察、巡视、派驻等“四项监督”有机贯通，加强党内监督与人大、政协、审计、财会、群众、舆论等监督的统筹衔接，精准运用“四种形态”，推动监督制度化常态化数智化。锲而不舍落实中央八项规定精神，党政机关坚持过紧日子，统筹推进清廉机关、清廉村居、清廉学校、清廉医院、清廉企业、清廉交通等清廉单元建设，带动清廉宁海建设全域推进、全面共进。

同志们，美好蓝图变成美好现实，关键看行动。让我们更加紧密地团结在以习近平同志为核心的党中央周围，高举习近平新时代中国特色社会主义思想伟大旗帜，紧扣忠实践行“八八战略”、奋力打造“重要窗口”的主题主线，敢于梦想、勇于革新、勤于实干，加快建设“双优”宁海，以“十四五”开局的优异成绩献礼中国共产党成立100周年，在高水平社会主义现代化建设新征程中阔步前进！

县委十四届八次全体（扩大）会议结束时的讲话

（2020 年 12 月 31 日）

中共宁海县委书记　林　坚

下面，我作会议总结，主要讲两个方面。

一、全会取得的成果和主要特点

经过全体委员和与会同志们的共同努力，这次会议圆满完成了各项议程，开得很成功。取得了三方面重要成果：一是提升了思想认识。全会高举习近平新时代中国特色社会主义思想伟大旗帜，对落实中央和省市委决策部署提出了明确要求，体现了领会上情与把握县情的有机统一。二是理清了发展思路。全会明确了 2035 年远景目标和“十四五”发展总体要求、奋斗目标，提出要争创社会主义现代化先行县、努力打造“三县两地一家园”，强调要把“双优”宁海建设贯穿于“十四五”发展，明确了新发展阶段建设“双优”宁海的五方面新要求，十方面主要任务和当前必须抓牢的八个着力点突破口、必须推进的八个方面革新争优，“双优”宁海建设的体系进一步丰富完善。三是提振了信心、激发了干劲。大家一致认为，宁海“十三五”以及今年以来取得了巨大发展成就，更处于实现新的更大发展的关键时期，必须坚定革新争优，按照全会的部署要求，一步一个脚印踏实干，全力以赴实现各项目标任务。

本次全会节点关键、意义重大，是承前启后的一次重要会议。主要有四方面特点：一是延续性与创新性相结合。全会坚持一张蓝图绘到底，不另起炉灶，而是根据新阶段新形势新要求，对“双优”宁海建设的内涵再丰富再拓展，对四大革新的主攻方向再明确再聚焦，新提出的“三县两地一家园”，在逻辑上与十四届七次全会提出的十项硬核成果完全契合。二是系统论与重点论相结合。全会对“十四五”发展进行了全面部署，同时也明确了当前的工作重点，有助于各条战线更加准确地把握县委意图、落实县委要求。三是促发展与抓安全相结合。全会深入贯彻中央提出的办好发展安全两件大事的要求，这也是“双优”宁海的核心要义。对于发展，贯穿了高质量主题，更侧重于强调创新型、突破型、赋能型、可持续型的举措。同时也明确了争先要求，更侧重以综合实力、高质量发展指标，以及各部委、省厅、市局对各领域工作的权威排名来衡量。全会提出的“十四五”GDP 挺进全国县（市）50 强、全省县（市）前 10 强的目标，是经过对比分析、“跳一跳够得着”的目标。对于安全，全会报告从未有如此多的篇幅来阐述、这么具体地部署，明确将安全发展作为基本底线来谋划推进落实。四是体现定性阐述与蕴含定量相结合。全会对发展指标采取以定性表述为主、蕴含定量的方式，主要对 GDP、规上工业、常住人口城镇化率三个大指标作了定量要求。GDP 是综合指标，“十四五”要争取迈上 1000 亿元大台阶。工业占据宁海县经济半壁江山，很大程度上决定了宁海县经济实力的基本面，根据 365 制造业体系培育、215 强企梯队建设等部署，“十四五”规上工业产值要突破 2000 亿元、再造一个宁海工业。常住人口城镇化率是宁海县短板，也是潜力所在。目标是每年提升 1 个百分点，到“十四五”末达到 65% 以上，缩小与全市的差距，这也是为今后争取撤县建区打好基础。

二、抓好全会精神贯彻落实

各级各部门要把学习贯彻县委全会精神作为当前和今后一个时期的重要任务，推动县委全会各项部署落地见效。一要对标看齐抓落实，把学习贯彻县委全会精神与贯彻中央与省委、市委全会以及经济工作会议精神贯通起来。二要知行合一抓落实，加强教育培训、宣传宣讲、解读阐释，引导全县广大党员干部群众正确认识“十三五”发展巨大成就、“十四五”发展美好愿景，进一步把全县的思想行动统一到“双优”宁海建设上来。三要具体细化抓落实，把全会精神体现到即将召开的县两会和乡镇党代会、人代会中，体现到“十四五”规划纲要和各类专项规划的编制中，体现到各单位明年乃至“十四五”思路谋划和推进过程中。县委办公室要认真做好落实全会精神的责任分解。四要统筹兼顾抓落实，把落实全会精神与抓好当前各项工作有机结合起来，尤其是岁末年初工作头绪多任务重，要突出重点，弹好钢琴，狠抓落实。12月中旬我要求县两办专门下发了若干重点工作的通知，明确了22项岁末年初重点工作，必须对标对表狠抓落实。这里结合中央和省市的最新精神，特别是29日晚上市政府常务会议对疫情防控、强寒潮防御和市场保供稳价工作专门作了部署，县政府已做了相应安排，一定要压实责任、落实到位。这里再着重强调6项工作：

（一）坚决打赢冬春季疫情防控硬仗。当前，境外疫情仍在持续蔓延，国内多地相继发生本土疫情。截至12月29日12点，全国有21个中高风险区，分布在北京、辽宁、四川3个省份；宁波也发现1例来甬新冠病毒无症状感染者，还有1名外籍新冠肺炎可疑病例的密切接触者曾在慈溪停留。加上冬春季气温降低、呼吸道疾病多发、人员流动频繁等因素，大家一定要深刻认识当前疫情防控形势的严峻性复杂性，绝对不能有麻痹思想、松劲心态。李铭胜副县长、励成杰副县长牵头，疫情防控指挥部要加强力量、高效运作，压紧压实属地、部门、单位、个人"四方"责任，对冬春季疫情防控进行再细化、再检查、再落实。一要强化重点人群健康管理服务。对入境人员全面落实"14+7+7"健康管理措施，对国内中高风险地区来宁海的人员严格做好健康监测、核酸检测、隔离管控等工作，对感染风险较高的重点人群春节前要完成疫苗接种工作。二要严格落实精准防控举措。强化精密智控、闭环管理，完善车站、商超、菜场、宾馆、景区等节日人员密集场所的疫情防控措施，加强对冷链食品、进口物品及相关环境的全面监测管理，抓好集中隔离点科学配置和规范管理，重视医疗物资储备和应急处置准备，加强发热门诊管理、坚决防止院内感染。三要扎实做好社会面防控工作。严格控制大型集聚性活动，鼓励企业主动做好稳岗留工工作，加强学校、养老院等重点场所的疫情防控，引导群众就地过节，减少"两节"期间人员流动和聚集。四要积极营造良好防控氛围。抓好疫情常态化防控健康教育，引导群众做好个人防护，自觉保持科学佩戴口罩、保持社交距离、勤洗手、分餐制等良好习惯。近期中办、国办、省市相继下发疫情防控的相关文件，防控指挥部要牵头做好对接，加强信息互通，该通知的通知，该宣传的宣传，该强制的强制，确保干部群众应知尽知、执行到位。

（二）确保实现经济发展"全年赢、开门红"。关于"全年赢"，按照新调整的"双底线"考核方案，各经济主管部门要对标对表，全力争取各项指标完成下达任务、高于全市平均，为今年和"十三五"收好官。关于明年经济工作，省委经济工作会议提出了改革突破争先、服务提质争先、风险防控争先的要求，我们"革新争优"的要求与省里"三个争先"的要求是一致的，当前首要任务就是要做到"开门红"。重点强调三件事：一个是抓服务。按照省委部署，元旦后启动实施"三服务"2.0版，我们的抓手就是深化"双强"行动，要按照2.0版的要求提质提效，切实解决一批企业、群众、基层的难点堵点问题。比如当前困扰出口企业的出口货运问题，企业普遍担忧的春节用工荒问题，企业投资项目审批等仍然烦琐复杂问题等，县政府要统筹相关部门，政企互动制定有效应对措施。第二个是抓项目。项目为王不能动摇，春节前后要安排一批重大项目集中开工，在建项目必须紧盯不放，尤其是部分项目，包括部分债券资金项目进度缓慢，必须攻坚克难、迅速赶上，迅速形成"三抢一增"的行动热潮，全力打好投资翻身仗。第三个是抓招商。春节期间不宜搞大型活动，但要点对点、精准化地做好乡贤拜访、招商引资工作，加深感情联络，挖掘项目资源。

（三）保持社会大局平安稳定和谐。越是临近年末，越要想安全、抓安全。政法委已在牵头开展平安考核风险点专项整治行动，各级各部门要以如履薄冰的警觉、严实细致的作风抓好社会治安、扫黑除恶专项斗争、信访维稳、安全生产、食品安全等工作，严防重大事故、群体性事件等"一票否决"事项发生，确保元旦春节平安祥和，确保县两会和乡镇党代会、人代会安全有序进行，确保中央和省市两会和重大活动宁海不添乱、严防赴省进京越级访，确保创成省平安县。特别是这次强寒潮来袭，将持续到1月2日，最低到零下6摄氏度，山上有雨雪、平原有冰冻、海上有大风，一定要全面过细落实各项防御措施。县政府已作了部署，由王常务抓总，应急管理局牵头，气象、交通、电力、海洋渔业、农业农村、住建、综合执法部门各管一摊、加强协同，严格执行领导干部在岗带班、关键岗位24小时值班制度，加强监测预报和会商研判，强化水、电、气、路、危房等安全管控，抓好企业安全生产，做好低收入人群、孤寡老人、偏远山区群众等重点人群的防寒防冻，最大限度消除强寒潮天气带来的不利影响。

（四）认真办好各方面民生实事。一是抓好十方面民生实事工程查漏补缺，确保如期兑现承诺。二是稳妥有序推进企业职工基本养老保险省级统筹政策调整和被征地农民养老保障政策规范工作，不折不扣落实省市要求，确保公平公正、平稳过渡。三是深入细致地开展访贫问苦，确保“两不愁三保障”问题清零。四是做好节日市场保供稳价。这项工作中央和省市高度重视，作为一项政治任务来抓。由发改牵头，落实落细相关要求，确保“两节”期间重要民生商品供应数量充足、价格稳定、质量安全。

（五）高质量完成村社组织换届。经过全县各级各部门的共同努力，目前已基本完成了村社组织换届工作，除4个村党组织书记由机关干部下派外，“一肩挑”组织意图人选全部成功当选，相关做法得到了省换届办专刊推广和浙江日报报道。接下来要慎终如始地压茬做好村监会、股份经济合作社换届工作，确保1月10日前全面完成。同时紧扣“干”字做好换届“后半篇”文章，狠抓干事创业和纪律约束，迅速启动新一届村社干部全员上岗培训，帮助尽快理清思路、进入角色、提高能力，全力干事、全新开局、守好规矩。

（六）持之以恒抓好党风廉政建设。年关将至，“四风”问题容易出现反弹。要保持正风肃纪的高压态势，严肃查处请客送礼、相互吃请、酒驾赌博等违纪违法行为。各级干部也要稳住心神、管好身边，干干净净过好“双节”，心无旁骛干好工作。

总之，我们大家一起努力，在加快建设“双优”宁海、全力争创社会主义现代化先行县新征程中再立新功！

政府工作报告

——在宁海县第十八届人民代表大会第五次会议上

(2021 年 1 月 21 日)

宁海县人民政府县长　滕安达

2020 年和“十三五”工作回顾

2020 年是“十三五”规划收官之年。面对严峻挑战和重大困难，特别是新冠肺炎疫情的严重冲击，县政府坚持以习近平新时代中国特色社会主义思想为指导，认真学习贯彻中共十九届五中全会精神，在县委的坚强领导下，全面落实“敢担当、要积极、抓具体”的工作导向，大力开展争先创优行动，有效统筹疫情防控和经济社会发展工作，预计地区生产总值增长 3.5%左右，一般公共预算收入增长 2.9%，建设“双优”宁海、推进“四大革新”迈出了坚实步伐。

（一）狠抓产业革新，实业立县进一步夯实。以精准施策对冲疫情影响，启动“365”工业产业升级计划、“215”工业企业培育工程、“333”服务业提升工程和“366”乡村产业振兴行动，同步优化产业政策，政银企协同共克时艰，落实“五减”资金 7.4 亿元，新增减税降费 10.5 亿元，民营企业贷款增量是上年的 2.3 倍，全年企业上市 2 家，服务业增加值突破 300 亿元，创成省级农业绿色发展先行县。一是产业创新升级步伐加快。新增国家级专精特新“小巨人”企业 2 家，新获国家级单项冠军产品 1 个、市级以上单项冠军示范（培育）企业 6 家，推动个转企 199 家，规上工业增加值增长 5.5%以上。推进数字经济发展三年行动，新增上云企业 400 家，入围国家级两化融合贯标企业 1 家、省级制造业与互联网融合发展试点示范企业 4 家和省级数字化车间 4 个。荣获省级科技进步奖 5 项，上榜省级装备制造业重点领域首台（套）产品 5 项，新增“浙江制造”标准 6 项，创成首批国家级消费品（文教用品）标准化示范基地，得力集团成为首批国家先进制造业和现代服务业融合发展试点，东方日升获评宁波市政府质量奖。抢抓电商拓市、直播带货等风口，组织全民消费季、金秋购物节等活动，政商联动发放各类消费券 5400 万元，商品销售总额增长 6%，网络零售额增长 17.3%，社会消费品零售总额增速扭负为正。提升物流服务水平，全省首创乡村集士驿站，国家 AAAA 级综合物流企业实现“零的突破”。海关公用型保税仓揭牌运营，出口信保覆盖面达到 55%，货物出口总额逆势增长 8%。二是产业绿色发展更为明显。启动“全域旅游再出发”专项行动，率先与省文旅厅开展文旅融合战略协作，大庄温泉乡根小镇等 63 个文旅项目加速推进，深甽温泉省级旅游度假区通过复评，前童古镇创“AAAAA”景区、十里红妆小镇和宁海湾海岛休闲度假项目列入浙东唐诗之路建设重点，获评长三角最佳文旅融合城市，全域旅游绿色发展经验在全国交流。生态农业加速提质，“宁海珍鲜”注册成为全市首个全品类农产品区域公用品牌，青蟹苗种工厂化规模繁育实现国内“零的突破”，“望海茶 1 号”喜获国家新品种权证书，岔路黑猪省级原种场投入运行，胡陈乡获评省级特色农业强镇。三是产业集聚水平持续提升。“一湾一区一带”发展齐头并进，宁波南部滨海经济开发区新引进产业项目 11 个，布局楼宇经济项目 3 个，宁海通用机场一期开工建设。生物医药“星耀计划”启动实施，生物药 CDMO 中试共享技术服务平台等项目签约落地，抗癌一类创新药进入临床研究。科技园区标准厂房等配套设施不断完善，中乌合作平台运行机制进一步理顺，铜钛合金系列产品进入产业化阶段。西店滨海工业区邻里中心、吉德电器衣物护理机生产线扩建等项目开工建设，黄坛镇规上工业总产值突破 200 亿元。三门湾现代农业开发区创成省级现代农业园区，浙江万里学院宁波海洋生物种业研究院开工建设，引进包振民院士团队合作共建博士后工作站，高密度零排放对虾养殖创新基地建成投产。

（二）狠抓城市革新，群众生活进一步和美。以城市站位谋划推进县域发展，着眼内外兼修、全域美丽和基本民生，入选全国县城新型城镇化建设示范县、全省大花园示范县创建单位。一是城乡发展更为协调。中心城区建新改旧步伐加快，环天明湖、水角凌、城隍庙和老棉纺厂等区块加快开发，老客运站、科技园区原办公地等完成拆迁，园丁楼、正学公寓、腾达小区完成改造，新增停车位2813个。实施美丽城镇“一镇一方案”，210个小城镇项目顺利推进，前童镇成为首批省级美丽城镇样板镇，创成国家卫生乡镇5个。乡村振兴战略高标准实施，葛家村文化深耕入选浙江乡村振兴十大模式，汶溪翠谷列入全省民宿助力乡村振兴改革试点，新增全国乡村旅游重点村2个，创成省市级美丽宜居示范村6个、省级美丽乡村风景线2条。文明城市创建十大行动全面铺开，地摊经济规范发展，犬类重点管理区划定实施，智慧停车系统投入试运行，新时代文明实践中心县镇村全覆盖，长街镇创成省文明镇，胡陈中堡溪村、岔路下畈村获评全国文明村。新推荐上榜中国好人、全国劳模、全国优秀农民工和最美诚信浙江人共6名。成为全国文明城市提名城市。二是公共配套更加有力。基础设施不断健全，盛宁线力洋至胡陈段、民生东路、环南中路等建成通车，时代大道管线下地一期改造完成，甬临线桑洲岭隧道、G228白墙山隧道全线贯通，动车存车场建成投用，获评省“四好农村路”示范县、省美丽经济交通走廊示范县。深化美丽河湖创建工程，建成亲水平台22公里，海塘提标13公里，清溪水库完成实物调查，农饮水达标提标行动全面收官。公共服务日趋完善，南门邻里中心、城南消防站启动建设，综合供能服务站加快推进，机动车检测中心建成运营，妇女儿童活动中心、工人文化宫投入使用，柔石公园健康步道广受欢迎。海亮宁海公学、德翔外国语学校、前童镇中心小学迁建等工程开工建设，桃源中心幼儿园、蔚特公学幼儿园、城中小学改扩建一期和城西小学迁建等工程建成投用，培智学校创成特殊教育省标准化学校，义务教育段推行公民同招，普通高校招生考试取得较好成绩。第二医院总院启动提升改造，妇幼保健院保健楼、长街卫生院二期投入使用，全省率先实现托育机构备案“一件事”改革。三是社会民生更有保障。扎实做好“六保”工作，全力防御强寒潮，发放低保金、特困供养金、物价补贴等1.7亿元，深化“五省八城”劳务协作，创成省无欠薪县。社会保险加快扩面，养老、医疗保险参保率分别达98%和99%。基层治理水平提升，10个乡镇完成交警派出所一体化改革，刑事犯罪发案下降16.5%，县乡两级矛调中心投入运行，实现“无信访积案县”目标，平安指数位居全省前列。第七次全国人口普查、村社规模调整和组织换届顺利完成，全省宗教、药监、海防、人防等领域工作会议在宁海召开。

（三）狠抓制度革新，内生动力进一步释放。以市场有效和政府有为相统一，保持创造性张力，抢抓政策性机遇，30个重点改革项目有效实施，19个市级以上试点项目全面铺开。一是项目推进机制不断健全。全省首创“项目钉”微应用，助推“四重四比”稳投资，全年开工率80.8%，民间投资占比达到60%。完善项目招引服务管理机制，上线招商管理信息系统，引进产业类项目31个，其中内生型项目8个，实到外资1.2亿美元、内资89亿元。二是资源配置机制不断健全。深化“亩均论英雄”改革，启动工业全域治理，不断拓展用地空间，梅林南路两侧工业集聚点改造提升先行试点，30家企业进行自主改造，大佳何小微企业园、越溪亭港工业小区三期等加快建设。建立土地出让协调决策机制，全年出让地块92宗，盘活“三未”土地2269亩，为115个项目获批3228亩土地规划指标。全力以赴争取专项债券、再融资债券、抗疫特别国债等资金75.2亿元，组建国投集团、建投集团，提升3家国企主体信用评级等次，加强国企融资监管，加快低息置换，全年节约财务成本超3亿元。完善“智汇宁海”政策体系，成立新生代企业家联谊会，建成“院士之家·青英荟”，新增特优以上人才17人、省级以上创新平台26个。三是应急管理机制不断健全。成立应急管理委员会，建立应急管理研究中心，启动安全生产综合治理三年行动，开展消防安全百日攻坚，增强全民安全素养，安全事故起数和死亡人数分别下降33.3%和71.4%。四是生态环境保护机制不断健全。扎实做好中央和省级环保督察整改工作，巩固深化“两山”转化成果，全市首推绿色发展指数考核。白溪流域试行上下游横向生态补偿机制。环保能源发电项目按期投运，县域生活垃圾实现“零填埋”，农村生活垃圾“智分类”入围全国农村公共服务典型案例并在全国交流。

（四）狠抓自我革新，政府建设进一步加强。以政治建设引领政府各项工作，增强“四个意识”，坚定“四个自信”，坚决做到“两个维护”，不断提升政府治理能力和水平。一是执行能力持续增强。扎实开展“双强”主题活动，对省委巡视、争先创优、疫情防控和复工复产等工作进行专题深研、细抓落实，争先创优综合排名最好成绩达到全市第2位、全省第32位。二是协同机制持续增强。以“整体智治”理念为引领，强化跨部门跨领域跨层级联动，全省首创“司法拍卖不动产登记”“执行联动”零次跑。全面开展首问负责即问即办，破解了一批困扰多年的职能交叉、职责不清等争议事项，得到省政府主要领导批示肯定。三是服务水平持续增强。加快政府数字化转型，上线宁海政府网App，开展“全媒聚焦·全民问政”，政务服务“好差评”闭环管理全覆盖，政务服务事项网上可办率100%、掌上可办率98.4%、跑零次可办率99.4%，浙里办用户达到35万户。四是法治思维持续增强。加强法治政府建设，完成“七五”普法，运用“3+N+X”机制有力化解行政争议，行政争议发案量和败诉率实现“双下降”。自觉接受人大、政协和社会各界监督，积极落实县人大常委会、县政协的反馈意见，办理人大代表建议161件、政协提案172件。五是作风建设持续增强。把进企破难作为改进作风的重要实践，开展“企服淘”集成服务，出台帮扶中小企业共渡难关“20条”，帮助企业解决实际问题15196个。坚持过“紧日子”，打造清廉节俭务实政府，严肃财政纪律规范办事，厉行节约、反对浪费，一般性支出压减10%。

各位代表，去年初新冠肺炎疫情突如其来，我们果断采取行动，第一时间建立高效运作机制，毫不松懈抓好科学防控、精密智控和闭环管控，用13天时间实现了本地确诊病例“零新增”，用38天时间实现了本地确诊病例“清零”，做到了患者零死亡、医护零感染。我们坚持发展是永恒的，2月上旬稳步启动复工复产，3月下旬基本恢复生产生活秩序，6月全市率先实现经济正增长。受疫情持续严重影响，全年地区生产总值等指标未能达到预期目标，但回顾过去一年，我们凝聚全县人民的智慧和力量，经过广大干部群众的艰苦努力，特别是3万余名党员集结一线严守小门，相继开展千人驻企、百行进企等行动，慎终如始抓好常态化疫情防控，经受住了大战大考的检验，取得了来之不易的成绩，“十三五”规划胜利收官。

五年来，我们坚持稳增长和高质量并举，综合实力明显跃升。地区生产总值、财政总收入、规上工业总产值分别由480亿元、73亿元、636亿元，攀升至725亿元、104亿元和969亿元，人均地区生产总值突破10万元，三次产业结构调整为6.6∶49.3∶44.1，县域高质量发展排名全省第一全国第八，绿色发展指数全省第五且连续三年居全市第一，农业现代化发展水平从全省第56位进位至第13位。荣获全国“两山”实践创新基地、首批国家全域旅游示范区、中国天然氧吧、国家水土保持生态文明县等称号，国家卫生县城实现“四连冠”。

五年来，我们坚持重改革和争创新并进，发展活力不断增强。以“最多跑一次”改革为牵引，连续开展以“革新”为主题的活动，整合提效物流、生物医药、现代农渔业等园区，重构组建5大国企集团，顺利完成机构改革，“审批法庭”等机制全国首创，中国营商环境百佳县位列第30位。市场主体突破8万家，增长72.3%。人才总量、万人发明专利拥有量、国家高新技术企业数量分别是5年前的1.5倍、2.2倍和3倍，中国创新百强县位列第30位。与日本冰见等18个城市开展友好交流合作，进出口总额累计182亿美元，是前五年的1.5倍。

五年来，我们坚持抓统筹和优环境并行，城乡品质显著提升。中心城区建成区面积40.7平方公里，旧城旧村改造122万平方米，新建宜居型住宅小区32个，新增绿化面积3.1万亩，新建改建市政道路67条48公里，优化形成四大核心商圈，创成全市唯一一个国家AAAA级景区城。小城镇环境综合整治全面完成，乡村振兴走在全省前列，建成国家AAA级以上景区镇9个、景区村30个，创成省美丽乡村示范县。建成污水管网1221公里、110千伏以上输变电6座、5G基站630个，新增管道天然气用户3.1万户。坚决打好污染防治攻坚战，创成省“清三河”达标县、省基本无违建县、省清新空气示范区，三度夺得浙江治水最高荣誉“大禹鼎”，三次蝉联全国“两山”发展百强县第2位，生态环境质量公众满意度稳居全市前列。

五年来，我们坚持惠民生和促和谐并重，社会事业全面发展。民生支出406亿元，是前五年的1.6倍，51件县人大代表票决实事工程全面推进。新改扩建学校37所、医院12家、体育设施39处，农村文化礼堂、居家养老服务中心分别实现村、镇全覆盖，省“五个一工程”奖实现“零的突破”，创成省教育基本现代化县、省农村文化礼堂建设示范县。开通始发高铁班线3条，建成沿海高速三门湾大桥，每百平方公里道路密度从92公里提高到107公里，交通出行条件持续改善。坚决打好精准脱贫攻坚战，城乡居民人均可支配收入分别达到64000元和35900元，是“十二五”期末的1.4倍和1.5倍，所有村集体经济总收入超过30万元，助力贵州晴隆县如期脱贫摘帽。坚决打好防范重大风险攻坚战，切实保障百姓舌尖上的安全，创成省食品安全县，始终保持扫黑除恶高压态势，获得全省首批“平安金鼎”。

各位代表，高水平全面建成小康社会胜利在望，这是上级党委政府和县委坚强领导的结果，是县人大、县政协监督支持的结果，是各级干部辛勤付出的结果，是全县人民团结努力的结果。在此，我代表县人民政府，向全县人民，向人大代表、政协委员，向离退休老同志，向民主党派、工商联和社会各界人士，向驻宁海部队官兵，向所有关心支持宁海发展的海内外朋友们，致以崇高的敬意和诚挚的感谢！

同时，我们也清醒地看到，当前宁海县经济社会发展中还存在一些困难和问题，主要是：乡镇工业集聚点普遍散乱，创新短板依然明显；城市建管精细化有待提升，常住人口城镇化率偏低；优质公共服务供给与群众需求还不够匹配，消防和安全生产等方面仍面临很大压力；部分政府工作人员协同意识、法治思维和拼抢精神有待加强。对此，我们将高度重视，采取切实有效措施，认真加以解决。

“十四五”展望和2035年远景目标

当前和今后一个时期，世界百年未有之大变局加速演变，新一轮科技革命和产业变革深入发展，不稳定性不确定性明显增加。我国发展仍然处于重要战略机遇期，但机遇和挑战都有新的发展变化。宁海既面临外部环境复杂多变、资源要素人口瓶颈制约等诸多挑战，同时具备多年来追赶跨越发展积累的良好基础、“两山”转化的实践优势和多重战略汇聚的叠加利好，特别是长三角高质量一体化、浙江建设新时代全面展示中国特色社会主义制度优越性重要窗口、宁波全域城区化等重大机遇。为此，我们必须保持战略定力，抢抓发展机遇，努力打牢高质量之基、激活竞争力之源、走好现代化之路。

根据县委关于制定“十四五”规划和二〇三五年远景目标的建议，县政府编制了纲要（草案），提请大会审议。经本次大会批准后，县政府将认真组织实施。

奋战15年，到2035年，我们将基本实现高水平社会主义现代化，成为浙江建设“重要窗口”的双优生。奋战5年，到2025年，我们争创社会主义现代化先行县，地区生产总值挺进全国县（市）前50位、全省县（市）前10位，形成一批建设“重要窗口”双优生的标志性硬核成果。

——打造全国县域发展示范县。地区生产总值跻身“千亿”俱乐部，一般公共预算收入达到100亿元，规上工业总产值力争2000亿元，创成全国质量强县示范县，巩固全国县域高质量发展百强县领先优势。

——打造高水平创新型强县。深入实施人才和创新“栽树工程”，狠抓重要平台、重大项目和重点企业，主攻优势产业升级、未来产业培育和硬科技攻坚，研发投入每年增长15%以上，数字经济核心产业增加值占GDP比重达到7%，上市企业达到15家，国家高新技术企业突破400家，夺取省“科技创新鼎”。

——打造美丽中国建设样板县。国土空间开发保护格局持续优化，“两山”转化通道进一步拓宽，文旅融合发展走在全国前列，创成国家生态文明建设示范县、国家森林城市和省大花园示范县。

——打造区域融合开放发展新高地。高水平交通强县建设取得突破性进展，全面融入长三角高质量一体化、宁波全域城区化，在甬台温经济带中的地位进一步凸显，全力争取撤县建区，成为宁波南翼副中心和名副其实的“甬南大门户”。

——打造县域现代治理示范地。“整体智治、唯实惟先”现代政府基本建成，“四治”融合基层治理体系构建完善，“县乡一体、条抓块统”高效协同治理格局基本建成，各领域法治化水平全面提升，在制度层面形成更多可复制可推广的“宁海经验”。

——打造幸福和美家园。“一核引领、两湾支撑、全域美丽”县域空间发展格局加快构建，“两城两片一环”中心城区极核功能显著增强，掌上办事之城全面建成，营商环境保持省市领先，人口吸引力和集聚力不断增强。共同富裕扎实推进，城乡居民收入倍差持续缩小，基本实现幼有善育、学有优教、劳有厚得、病有良医、老有颐养、住有宜居、弱有众扶，举全县之力创成全国文明城市。

2021年工作

2021年是具有特殊重要性的一年，是“十四五”开局之年，也是中国共产党成立100周年，宁海县将全面开启高水平社会主义现代化建设新征程。

今年政府工作的总体要求是：高举习近平新时代中国特色社会主义思想伟大旗帜，全面贯彻中共十九大、十九届五中全会和中央经济工作会议精神，按照县委十四届八次全会部署，立足新发展阶段，贯彻新发展理念，构建新发展格局，以推动高质量发展为主题，以改革创新为根本动力，坚持稳中求进工作总基调，坚持系统观念，巩固拓展疫情防控和经济社会发展成果，更好统筹发展和安全，扎实做好“六稳”工作，全面落实“六保”任务，积极开拓“革新”路径，加快建设“双优”宁海，确保争创社会主义现代化先行县开好局，以优异成绩庆祝中国共产党成立100周年。建议今年主要预期目标为：地区生产总值增长7%以上，一般公共预算收入增长7%，城乡居民收入稳步增长，居民消费价格指数控制在103%以内，城镇登记失业率控制在3.5%以内，能源和环境指标完成省市下达任务。重点抓好以下八方面工作：

（一）致力于常态防控，推动抗疫成果更巩固

科学精准落实常态化疫情防控要求，做到人物并防、平战一体，精密智控、严防死守，毫不松懈抓好“外防输入、内防反弹”，强化重点场所日常监管，切实守牢医院门、公共场所门、社区门和海上输入关口，确保冷链物防闭环管控、不出现聚集性疫情、不发生院内感染、不发生疫情风险点失管漏管，力争不发生本土新增病例。完善疫情监测预警、快速反应、医疗救治、物资保障等机制，优化“健康码”使用管理，周密做好疫苗接种组织实施。加快公共卫生补短板，实施疾病防控机构标准化工程，创新医防融合机制。深入开展爱国卫生运动，持续抓好城乡环境卫生整治，广泛开展健康教育，引导广大群众做好个人防护工作，倡导新宁海人在宁海过春节。

（二）致力于产业升级，推动经济结构更优化

做强先进制造业。深入实施“365”工业产业升级计划，建立产业链培育机制，提升文具、汽配、模具和新能源4条产业链现代化水平，巩固壮大实体经济根基，规上工业增加值增幅高于全市平均水平。深化“215”工业企业培育工程，全年计划实施5000万元以上工业投资项目90个，扶强扶优支持企业股改上市和争做单项冠军，新增上市企业2家以上。大力发展数字经济，支持大企业自主智能改造、小企业协同并进，新增省市数字化车间和智能工厂4家。深入开展工业全域治理，全力以赴、因地制宜推动21个工业集聚点改造提升，助推企业更高质量、更有效率、更为安全发展。聚焦问题解决，建成中小企业云服务平台，推进“8718”企服平台重点乡镇（街道）全覆盖，争创中小企业公共服务国家级标准化试点。

做优现代服务业。积极融入浙东唐诗之路文化带建设，深入实施诗路元素重大项目，谋划建设大西门—徐霞客古道工程，突出规投建运一体，推进哩呀罗国际乡村休闲旅游度假区、十里红妆小镇等74个重点项目，争取列入浙江省诗路精品旅游线路2条以上。创建AAAAA级景区城和4个AAA级以上景区镇，全力争取深甽温泉创成国家级旅游度假区、前童古镇创AAAAA级景区通过省级资源评估，葛洪养生小镇创成市级特色小镇。加快发展高品质多样化的生活性服务业，提升业态配置，引进知名品牌，支持传统社区商业向标准化规范化转型，建设邻里中心4个。加大重点农贸市场“五化”改造力度，城区农贸市场实现二星级以上全覆盖。大力发展高端化专业化的生产性服务业，加快存量楼宇高质量招商，推动楼宇经济高效发展，整合打造多功能一体的数字文创产业基地。

做精高效生态农业。以三门湾现代农业开发区为龙头，以争创国家级现代农业产业园为抓手，进一步做强现代种业，加强种质资源保护提升和产业化，推进宁波海洋生物种业研究院、南美白对虾贝类苗种繁育基地建设，加快打造种业强县。进一步做稳农业基本盘，提高粮食、生猪和重要农副产品供给能力，保障“米袋子”“菜篮子”货足价稳。进一步提升“宁海珍鲜”影响力竞争力，支持望海茶等重点产业高质量发展，新增国家地理标志证明商标3个，建成农产品体验中心。进一步做深数字农业，加强农产品质量安全追溯体系建设，开工建设5G技术智慧对虾养殖、100万平方米数字化设施种植等项目，创建国家级水产健康养殖示范县。进一步做大新型农业主体，拓展乡村振兴职业教育，鼓励发展农村电商，提升农户小额普惠贷款用信率，孵化培育一批农业龙头企业，带动农业产业联合体和新型职业农民发展。

（三）致力于革新提质，推动转型动能更充足

深化重点领域改革。以数字化转型推动“最多跑一次”改革，抓好“一件事”迭代升级等工作，全年建设信息化项目72个。深化国资国企改革，加强重大事项监管，支持信用等级评定，严控投融资综合成本，提高资源资产资金效益。深入实施城乡融合改革，规范建成区土地性质管理，指导乡镇（街道）认领38项县级审批服务权限，持续开展农村乱占耕地建房问题三年整治行动，完成农村宅基地及农房确权登记改革任务。完善城建协同机制，坚持以城市发展、人口变化和群众需求为导向，规范规划、审批等环节，精准配置教育、卫生、养老、体育等公共服务设施。

提升创新驱动能力。充分发挥

企业主体作用，支持企业建立“科技飞地”、攻关关键核心技术，力争全社会研发投入23亿元以上，新增中国驰名商标2件、“浙江制造”标准7项、高新技术企业40家以上，科技型中小企业超过1500家。充分发挥平台带动作用，重点围绕两大省级经济开发区，加快推进模具产业园B地块、通用航空机场等项目，抓好中乌新材料产业研究院、生物药中试公共平台等建设，提高创新创业活动成果本土转化成效。继续抓好小微企业园建设。充分发挥人才支撑作用，推行人才政策“3.0版”，整合资源建设“人才之家”、打造兴海路双创大走廊，完善“众创空间—孵化器—加速器”全链条，大力引进一批带技术、带资金、带项目的创业创新人才团队。

推动营商环境优化。更大力度推进商事制度改革，不折不扣落实减税降费政策，深度简化产业政策兑现程序，市场主体增长10%以上。深化知识产权强企建设，成立知识产权协会，严厉打击侵权假冒违法行为，启动中介服务机构整治专项行动，营造更加规范有序、公平竞争的市场环境。建立健全信用评价、监管和惩戒体系，鼓励企业主动修复信用。推进融资畅通工程，健全政策性融资担保体系，强化普惠金融和智慧金融服务，普惠性小微贷款增长20%以上，制造业贷款增长10%以上。大力弘扬企业家精神，着力构建亲清政商关系，启动实施新生代企业家培育三年行动计划，打造坚守主业、专注创新，胸怀世界、心系家乡的优秀企业家队伍。

（四）致力于项目攻坚，推动发展势头更强劲

在内促外引上下更大功夫。优化招商工作机制，重视条块统筹联动、资源协调匹配，提高联合预审质效，实现从项目洽谈到转化落地全生命周期闭环管理。立足扬优势、补短板、强弱项，着眼招大引强，重视谋划策划，项目库动态保持100个以上、重点在谈50个以上，确保实到内外资100亿元以上。强化“留商即招商”的理念，制定“稳心留根”措施，在涉企政策、帮企机制等方面做到内外一视同仁，旗帜鲜明地支持本土企业扎根宁海做大做强。聚焦本地优势产业，联动生物医药、新材料、通用航空等新兴产业，激发异地商会、各类联谊会和在外宁海人的桑梓情怀，积极争抢补链延链强链的大项目好项目。

在项目进度上推更强举措。树立争先夺旗意识，开展有效投资“三抢一增”行动，优化考核机制，用好“项目钉”。系统抓好政策处理、行政审批、要素保障和风险评估，加快项目转化落地。全年计划实施重点工程266个、投资239亿元，其中新开工134个、社会投资152个，确保固定资产投资两位数增长。树立效益导向，做深做细财政和国企出资项目的前期工作，严肃全流程监管。

在保障机制上有更大突破。深化用地空间拓展改革，加强闲置土地清理，盘活一批存量建设用地，保障新建项目优先布局。立规矩、树标准，调整优化征收机制，规范房屋、土地征收以及青苗、地上附着物和建筑物（构筑物）补偿。科学谋划一批既利当前又利长远的重大项目，最大限度争取各类债券资金和更多项目纳入上级盘子，确保资金用好、项目见效。

（五）致力于双循环畅通，推动区域优势更明显

促进高水平开放。积极融入长三角高质量一体化发展，推动产业链供应链创新链更深层次对接。密切与浙江自贸区、周边县（市）区交流，健全区域联动协调机制，在湾区发展、诗路文化带建设、公共服务一体化等方面加强合作。立足国际国内两个市场，更加注重开发国内市场，支持企业加快从抢占市场向创造市场跃迁。培育新型外贸企业，提升跨境电商产业园，谋划出口监管仓，鼓励发展海外公共仓。用好第七次人口普查成果，研究人口发展趋势，以海纳百川的姿态、开放包容的氛围，努力培植吸引和留住高素质人才及年轻人的沃土。

促进多元化消费。把扩大消费同改善人民生活品质结合起来，实施促进双循环提振消费力行动，差异化推进特色商圈和示范街区建设，全方位改善消费环境。提档实物商品消费，建设区域性电商产业园，依托精致农产品、特色工业品等资源，以电商+、节庆+、展会+等模式，办好汽车、文具和模具等重点展会，谋划家电、家具和茶叶等专题展会，充分挖掘城乡消费潜力。提质教育、文旅、康养、家政等服务消费，扩大信息、时尚、体验、定制等新兴消费，确保社会消费品零售总额、商品销售总额均增长7%。

促进高效率流通。推进“1233”综合交通工程，谋划宁波至宁海城际轨道交通，推动G15沈海高速宁波段改扩建工程完成可研，加快宁海站至南湾新区快速通道、G527深甽至新昌段等工程前期研究，做好S314岔路至白溪改建工程开工准备，建成甬临线岔路桐洲至麻岙岭一期和旗门港大桥，打造“三市六县”通衢之地。高质量建设“四好农村路”，启动新一轮农村公路三年行动计划，完成城乡公交一体化改革。启动港口物流与交通产业园，升级快递园区功能，扩面集士驿站和货（客）运场站，建设综合交通服务站2个、综合供能服务站4个，织密便捷高效的城乡双向流通网。

（六）致力于共建共享，推动城乡环境更精致

聚力建设品质城区。以创建全国文明城市为目标，启动“四大会战”百日攻坚行动，用好新时代文明实践中心，抓好各类文明创建，倡导文明行为，弘扬文明新风，激活文明细胞。以绣花功夫雕琢城市品质，以人文积淀滋养城市内涵，启动蒲湖引水、颜公河综合治理提升等工程，建成体育公园、天明湖公园二期，让城市显山露水见活力。启动城区治堵保畅四期工程，加强停车位建设和智慧停车服务管理，推进断头路连通和瓶颈路改造，新改建市政道路25条，建成县后巷、南门大桥。实施城市更新行动，鼓励村留地规范利用、加速开发，加快水角凌、城隍庙等区块面貌大幅提升，启动冠北、老客运站、科技园区原办公地、城南小学周边等区块开发，完成大湾塘天寿西路以北等地块政策处理，改造老旧小区5个。支持梅桥片区旧村改造、设施改善和环境提升，有序推动溪南片综合开发，建设客运南站、城逐线南门大桥至前洋段二期等工程，海亮宁海公学投用招生。加强城市科学化、精细化管理，完善综合执法机制，持续加强养犬、“两违”和“脏乱差”等专项整治，推进省无违建县创建，努力使城市更加干净整洁、文明有序。

持续打造美丽镇村。突出业态升级、功能培育、配套提升，大力推进美丽城镇建设，争创4个省市样板。深入实施新时代美丽乡村建设，推广乡村振兴葛家村模式，打造石门溪乡村艺术谷，建成省市级美丽宜居示范村7个。加快水电气等基础设施向镇村延伸，推进抽水蓄能电站、防洪排涝、海塘除险加固及提标等工程，力争清溪水库年内开工，启动铁场110千伏输变电工程建设，新铺设水电气管（道）线分别为20公里、28.2公里和22公里。

不断厚植生态优势。牢固树立和践行“两山”理念，积极推广“六大模式”，持续壮大“七色美丽经济”，启动实施碳排放达峰行动，确保绿色发展走在省市前列。做深做细各项创建工作，谋划实施38个生态项目，创成国家生态文明建设示范县。提高环境服务水平，强化“三线一单”分区管控，完成县国土空间总体规划编制。狠抓环保督察问题整改，实施污染防治提升行动，开展无废城市创建、入海排口整治、涉VOC行业整治等专项工作，运行小微企业危废收集体系，整治提升铝压铸等行业。启动城镇污水处理提质增效五年行动，实施科技园区雨污水管修复改造，完成12个小区雨污分流，推进城区垃圾分类提质扩面，推广农村垃圾“智分类”，开工建设再生资源集散中心，城镇生活垃圾总量减少2%。弘扬生态文化，筹建生态环境慈善公益基金，倡导环保出行、绿色消费、低碳生活。

（七）致力于实事惠民，推动人民生活更幸福

优化公共服务供给。以优质均衡发展促进教育现代化，深化名优师资五年倍增计划，实施青少年身心健康“三航工程”，优化教育布局，开工建设桃源二中、浦西幼儿园、桥头胡幼儿园等项目，加快启动桃源二小、以琳展能学校，争创省级学前教育普及普惠县。深化健康宁海建设，提升公共卫生能力、医院管理效益和医疗服务水平，实施新一轮公共卫生机构绩效改革，推进“三名”工程，推动中医药传承创新发展，建成前童镇卫生院、县第三医院住院综合楼、第二医院提升改造等工程，第一医院创成“三乙”综合医院，新增国家卫生乡镇3个，确保国家卫生县城“五连冠”。推进文化宁海建设，支持文艺精品创作和文创产业发展，加强“非遗”保护和扶持，抓好媒体深度融合市级试点，提升农村文化礼堂整体功能，广泛开展全民阅读活动。补齐公共体育设施短板，开工建设万人体育场，精心举办宁海县第十届运动会。

完善社会保障体系。健全社会保险制度，强化基金风险管控，稳妥推进城乡居民基本养老保险工作，加快实现应保尽保。坚持“房住不炒”定位，促进房地产市场平稳健康发展，加快新一轮公租房建设，加强规范管理，降低准入条件，努力改善困难群众居住条件。着力缓解结构性就业矛盾，谋划宁海产业学院，启动职工之家二期项目，做优“甬上乐业·乐在宁海”活动，抓好职业技能培训，深化“四方联动”产教融合，实现更加充分更高质量就业。积极应对人口老龄化，科学发展涉老事业，抓好困难老人家庭适老化改造和老年食堂建设，运营好县老年公寓，打造精品化、连锁化的山海特色家院融合的养老服务体系。巩固拓展脱贫攻坚、山海协作成果，加强县内重点扶持区域和低收入农户精准帮扶。支持慈善、残联、志愿服务和流动人口等工作，深化国防动员体系构建，加强全民国防教育，做好退役军人和双拥工作。

加强社会治理创新。坚持“四治”融合，完善“基层治理四平台”运行管理和全科网格，发挥三级矛调体系作用，开展“治重访、化积案”专项工作。探索建设社区“一区一品”，完善共建、服务和工作机制，激活社区治理动能，努力打造品质社区。有效防范化解各类风险，常态化开展扫黑除恶专项斗争，严厉打击阻挠项目施工、干扰企业生产和黄赌毒、网络电信诈骗等违法犯罪。推进安全生产综合治理三年行动，严肃压实企业主体责任，提升应急管理研究中心，组建县海上搜救中心，启用直升机应急救援常态化备勤基地，加强食品药品安全监管，高度重视消防和道路安全，坚决遏制重特大事故发生。实施第四轮宗教与民间信仰事务管理三年行动。编制实施“八五”普法规划。扎实推进“雪亮工程”，切实完善立体化社会治安防控体系，加大巡逻防控力度，提高街面见警率、管事率，使人民群众的获得感幸福感安全感更加充实、更有保障。

（八）致力于自身建设，推动政府工作更高效

坚持中共领导，做到政治过硬。学懂弄通做实习近平新时代中国特色社会主义思想，增强“四个意识”、坚定“四个自信”、做到“两个维护”。忠实践行“八八战略”、奋力打造“重要窗口”，按照“三个争先”要求，深化“三服务”、争先创优和六争攻坚。坚持以人民为中心的政治自觉，为人民服务、对人民负责、受人民监督，把票决项目等民生实事一件一件抓好落实，努力让群众更加有感、更多实惠。

着眼本领高强，做到能力过硬。强化政府唯实惟先、善作善成建设，增强补课充电的紧迫感，更加注重提高专业化能力，更好发挥智库作用，把系统观念、系统方法充分体现和运用到经济社会发展中。强化依法行政，深化政务公开，提升自觉应用法治思维、法治方式推动工作的能力。强化责任担当，增强工作的战斗力、执行力和创新力，提高工作的科学性、能动性和绩效性，以工作指标化、项目化、闭环化和协同化抓实抓细抓见效。

对标整体智治，做到服务过硬。聚焦跨部门多业务协同联办，推进机关内部“一件事”改革，开发推广场景化应用，建设用好宁海数据仓，加快政府数字化转型。推进“互联网+政务服务”，推广应用浙里办、浙政钉等信息平台，建成运行政务服务168“e”站，推出更多无感智办、智能秒办事项。牢固树立整体政府理念，破除本位主义、官僚主义，反对推诿扯皮、敷衍了事，做深首问负责即问即办工作，建立务实可操作、执行可参照的接诉即办事项库，进一步建设服务型政府。

打造清廉政府，做到作风过硬。抓实政府系统党风廉政建设，压实全面从严治党主体责任。切实改善文风会风，坚持开短会、发简文、讲管用的话，把更多的时间和精力用于狠抓工作落实。依法接受人大监督，自觉接受政协监督和社会监督，高质量办好建议提案。始终坚持过紧日子，持续压减一般性支出，尽力而为、量力而行，合理保持基本民生政策提标扩面的节奏和力度，切实把钱用在刀刃上。加强审计监督和监察监督，对各类违纪违法行为保持高压态势，营造风清气正的政治生态。

各位代表，现代化宏伟蓝图已经绘就，新时代光荣使命催人奋进！让我们更加紧密地团结在以习近平同志为核心的党中央周围，在中共宁海县委的坚强领导下，革新争优、勇开新局，为加快建设“双优”宁海、以优异成绩献礼中国共产党成立100周年而努力奋斗！

名词解释

1. **“365”工业产业升级计划** 到2025年打造文体办公、电子信息、汽车制造及模具3大五百亿级产业，节能环保、关键器件、智能家电、高端装备、生物医药、新材料6大百亿级产业，软件和信息服务、智能制造服务、智能物流、“5G+”产业、通用航空5个领域重点新兴产业。

2. **“215”工业企业培育工程** 到2025年培育2家500亿元以上、10家50亿元以上和50家5亿元以上企业。

3. **“333”服务业提升工程** 壮大文化旅游、现代商贸、电子商务三大主导产业，培育科技服务、数字服务、文化创意三大新兴产业，提升现代物流、金融服务、房地产三大基础产业。

4. **“366”乡村产业振兴行动** 培育形成以水产、茶叶、水果为主的“3+X”农业全产业链，加快推进农产品初加工、精深加工、综合利用加工、主食加工、出口加工和商贸流通等6个现代加工流通产业，加快发展乡村休闲旅游、乡村文体康养、乡村现代服务业、乡村体验农业、乡村创意农业和乡村数字农业等6个三产融合产业。

5. **“项目钉”微应用** 全省“互联网+督查”的基层创新应用，主要是利用“浙政钉”架构特点，将省市民生实事和县重大项目统一纳入智能终端，通过标准化、信息化流程设置，实现项目留痕溯源和全程督查，从而助推项目有效落地。

6. **预防和化解行政争议“3+N+X”机制** 由县政府办公室、县人民法院、县司法局和相关乡镇（街道）、部门，以及政府法律顾问等组成专班，强化信息共享、沟通协调、研究会商等工作，有效预防和化解行政争议。

7. **“四治”融合基层治理体系**　党建统领的自治、法治、德治、智治融合基层治理体系。

8. **两城两片一环**　两城指老城区和新城市中心区，两片指梅桥片和溪南片，一环指城区环线。

9. 8718 **企服平台**　政府主导的全公益性企业服务平台，致力于帮助企业搭建与科研、金融、社会化资源等之间的合作桥梁。

10. **农贸市场“五化”改造**　农贸市场便利化、智慧化、人性化、特色化、规范化改造。

11. **科技飞地**　在科技人才集聚地区设立科创孵化平台，利用当地各类优势资源，吸引高层次人才（团队）到平台内进行项目研发孵化，并将孵化成功的项目转移到本地进行产业化，形成“孵化在飞地、产业化在本地”的跨区域科技合作模式。

12. **有效投资“三抢一增”行动**　开展“抢政策、抢项目、抢时间、增效益”行动。

13. **争创全国文明城市“四大会战”百日攻坚行动**　实施老旧小区大改造、农贸市场大提升、车辆违停大整治、占道经营大整顿，促进城市管理水平大幅提升、城市环境面貌明显改善、城市文明程度显著提高。

14. **“两山”转化“六大模式”**　“千万工程”牵引乡村振兴实现乡村蝶变模式，产业生态化打造绿色智造集群模式，打文化牌念山海经发展全域旅游模式，以水为媒构建美丽河湖经济带模式，低能耗高效益推动能源清洁化模式，砍柴路变致富路培育步道经济模式。

15. **七色美丽经济**　绿色休闲、银色养老、古色文化、碧色山泉、蓝色海湾、彩色田园和特色民宿。

16. **青少年身心健康“三航工程”**　通过法治思品导航、美好心灵护航、关心关爱助航，促进青少年身心健康、全面发展。

17. **“四方联动”产教融合**　以高等院校、用人单位为双主体，地方政府出政策、建平台，第三方人力资源服务机构提供专业服务，共建应用型、复合型、创新型人才培育“协作共同体”，促进人才开发与产业发展紧密衔接，实现高质量就业，壮大产业工人队伍。

18. **“三个争先”要求**　省委在2020年12月召开的经济工作会议上提出，在新一年工作中突出改革突破争先、服务提质争先、风险防控争先。

19. **政务服务168“e”站**　按照“便民化、标准化、集成化”目标，在县行政服务中心专设“7×24小时”自助服务区，集信息公开、自助查询、网上办事等功能为一体，打通政务服务和政务公开“最后一公里”。

定《数控雕铣机》国家标准，推广实施《数控雕铣机工作精度》联盟标准……该局还将标准化原理运用到村务管理中，推动“36条”经验上升为地方标准、国家标准，通过建立全程可控的公共管理与服务标准程序，对小微权力运行流程实现有效监控。

宁海品牌名片愈加响亮，获批创建国家消费品标准化示范基地；已成为省商标品牌示范县、全市首个“品字标浙江制造”集中培育县。

【守住“底线”稳市场消费环境更放心】 民生无小事，食药总关情。如何稳定市场，规范行业，让百姓吃得放心、吃得安心？县市场监管局站在机构改革后的新起点，实现食品生产、流通和餐饮各环节监管的无缝对接；设立餐饮、特种设备、药械专业监管所，实现专业领域重点监管，让百姓入口之食药、生产出行之设备，有充分的安全保障。

县市场监管局常态化发布的餐饮“红黑榜”成了不少市民的就餐指南。创新推出的农村食品生产加工小作坊监管“宁海模式”，助推麻糍、豆制品制作等传统手工业转型升级，宁海县15家小作坊入选省级示范名录。为解决昔日“临时架棚搭灶、露天加工用餐”的农村集体聚餐食品安全隐患，在桃源街道上桥村试点推广家宴服务中心标准化建设，改造提升农村家宴放心厨房121家，总数居全省首位。

小市场，大民生。农贸市场事关家家户户的菜篮子，备受关注。出台“农贸市场改造提升三年行动计划”，提出到2021年实现“342”改造提升目标，使农贸市场真正成为展现城市文明形象的重要窗口。宁海县各市场从以前的脏乱差环境，变成服务设施完备、摊位卫生洁净，让每个逛菜场的百姓都倍感舒适。

电梯维保、气瓶充装、压力管道安装、大型游乐设施等专项整治深入开展，创新推出全国首份特种设备“保险+全程风险管理”保单，运用“加减法”消除简易升降机安全隐患，全县特种设备风险防控能力显著增强。

设立全省首家药品医疗器械监管所，“四化”药械化治理模式在全省推广，全省药品监管工作现场会在宁海召开。基层医疗机构“阳光问诊”行动、“药械管理八箴言”等特色治理手段获社会点赞；完成8家“送药上山进岛”便民服务点建设，超额完成省政府下达的民生实事任务。

深入推进侵害和漠视群众利益专项整治系列行动，五年共查办各类违法违规案件3639件，网络炒信案件成为宁波市十大以案释法案例，查处全市首起“体验式”医疗器械领域违反新《中华人民共和国反不正当竞争法》虚假宣传案，社会反响强烈。

【履职尽责显担当，队伍建设建新功】 2020年年初，新冠肺炎病毒汹涌袭来，县市场监管局全体干部坚守岗位、主动出击，以过硬作风诠释了市监铁军的忠诚和担当。五年风雨，五年砥砺，磨合出一支能打胜仗善打胜仗的市监队伍。

五年来，县市场监管局始终不忘强基固本，积极营造干事创业新气象。实施“优苗比选”计划，深化“师徒结对、岗位跟班”，推出“副所长”夜学课堂，“创新之星”不断涌现，干部素质不断提升。

“不忘初心、牢记使命”主题教育扎实开展、成效显著，该局在全县主题教育总结大会上作现场交流。“向人民报告 请社会监督”特色做法获得省委组织部、浙江电视台合办的《党建好声音·书记访谈录》节目专题报道；挖掘推出金牌党员潘常跃重大典型，放心消费“红盾驿站”和“潘常跃工作室”正式揭牌运行。

全面从严治党不断向纵深推进，作风专项整顿和警示教育月促使干部纪律意识增强。“红盾夜学堂”常态开展，“青年沙龙”和“红盾合唱团”凝聚青春力量，全县民营企业庆祝新中国成立70周年文艺晚会成功举办，市场监管部门的凝聚力、向心力不断提升。

五年奋力拼搏，五年春华秋实，五年砥砺奋进，五年硕果累累。

站在新的历史起点上，宁海市场监管局继续立足新职能、展现新气象、体现新作为，用更强担当、更硬举措、更优作风推动市场监管事业再上新台阶，在促进全县经济社会高质量发展，服务“双优宁海”建设新征程中展现更大作为。

宁海县统计局　宁海县人民政府第七次人口普查领导小组办公室　宁海县2020年第七次全国人口普查主要数据公报[1]

根据《全国人口普查条例》和国务院的决定，我国以2020年11月1日零时为标准时点进行了第七次全国人口普查。在国务院、省、市第七次全国人口普查领导小组的统一领导和县人民政府的精心组织下，在全体普查对象的支持配合下，经过广大普查工作人员的艰苦努力，人口普查主要阶段任务已圆满完成。现将宁海县快速汇总的主要数据公布如下：

一、总人口

全县常住人口[2]为695958人，与2010年第六次全国人口普查的646074人相比，十年共增加49884人，增长7.72%，年平均增长率为0.75%。

二、户别构成

全县共有家庭户[3] 304001户，集体户10624户，家庭户人口为666020人，集体户人口为29938人。平均每个家庭户的人口为2.19人，比2010年第六次全国人口普查2.61人减少0.42人。

三、性别构成

全县常住人口中，男性人口为361292人，占51.91%；女性人口为334666人，占48.09%。总人口性别比（以女性为100，男性对女性的比例）为107.96，与2010年第六次全国人口普查的105.06比略有提高。

四、年龄构成

全县常住人口中，0—14岁人口为103059人，占14.81%；15—59岁人口为452486人，占65.02%；60岁及以上人口为140413人，占20.18%，其中65岁及以上人口为97820人，占14.06%。与2010年第六次全国人口普查相比，0—14岁人口的比重下降0.11个百分点，15—59岁人口的比重下降6.20个百分点，60岁及以上人口的比重上升6.33个百分点，65岁及以上人口的比重上升4.56个百分点。

全县人口年龄构成

年　龄	人口数	比　重（%）
总计	695958	100.00
0—14岁	103059	14.81
15—59岁	452486	65.02
60岁及以上	140413	20.18
其中：65岁及以上	97820	14.06

五、教育程度

全县常住人口中，拥有大学（指大专及以上）文化程度的人口为85819人；拥有高中（含中专）文化程度的人口为99418人；拥有初中文化程度的人口为236562人；拥有小学文化程度的人口为214578人（以上各种受教育程度的人包括各类学校的毕业生、肄业生和在校生）。与2010年第六次全国人口普查相比，每10万人中拥有大学文化程度的由5987人上升为12331人；拥有高中文化程度的由12474

人上升为 14285 人；拥有初中文化程度的由 36832 人下降为 33991 人；拥有小学文化程度的由 31851 人下降为 30832 人。

全县常住人口中，文盲人口（15 岁及以上不识字的人）为 13065 人，与 2010 年第六次全国人口普查相比，文盲人口减少 25380 人，文盲率[4] 由 5.95% 下降为 1.88%，下降 4.07 个百分点。

六、城乡[5] 构成

全县常住人口中，居住在城镇的人口为 437960 人，占 62.93%；居住在乡村的人口为 257998 人，占 37.07%。与 2010 年第六次全国人口普查相比，城镇人口增加 74839 人，乡村人口减少 24955 人，城镇人口比重上升 6.73 个百分点。

注释：

［1］本公报中数据均为初步汇总数。

［2］常住人口包括：居住在本乡镇街道且户口在本乡镇街道或户口待定的人；居住在本乡镇街道且离开户口登记地所在的乡镇街道半年以上的人；户口在本乡镇街道且外出不满半年或在境外工作学习的人。

［3］家庭户是指以家庭成员关系为主、居住一处共同生活的人组成的户。

［4］文盲率是指常住人口中 15 岁及以上不识字人口所占全部常住人口比例。

［5］城镇、乡村是按国家统计局《统计上划分城乡的规定》划分的。

［6］部分分项数据之和不等于总量数据，是由于数值修约误差所致，未作机械调整。

凝心聚力 开拓创新 奋力谱写宁海红十字事业发展新篇章

红十字事业是一项伟大而崇高的事业，是以弘扬“人道、博爱、奉献”红十字精神，保护人的生命和健康、促进人类和平进步事业为宗旨，依法开展备灾救灾、应急救护、人道救助以及造血干细胞捐献、遗体和器官（组织）捐献、无偿献血宣传推动等人道领域工作。近年来，宁海县红十字会在县委、县政府的正确领导下，努力发挥自身组织优势，结合宁海经济社会发展实际，为改善困难群众生活、关爱生命健康、倡导文明风尚、促进社会和谐做出积极贡献。

【应急救援体系基本建成】 加强备灾救灾能力建设，新建标准化备灾救灾仓库200平方米，完善救灾帐篷、橡皮艇、救生衣、家庭赈济箱等应急物资储备。

强化应急救援队伍建设，建立县红十字会应急救援队2支，村（社区）红十字赈济救援队18支，红十字应急救援体系初步建立。县红十字青年应急救援服务队在市应急救援技能大比武中，获得团体三等奖及4个单项奖。红十字飞狼应急救援队自成立至2019年年底，共出勤300余次，收到锦旗30余面，在山地救援、水上搜救、寻找走失人员等方面发挥积极的作用。尤其是在2019年“利齐马”台风抗灾救援期间，在宁海、临海两地参与救援，得到两地应急部门的好评，成为政府在应急救援领域的得力助手。

【生命关爱工作有序推进】 加强造血干细胞捐献、器官（遗体、角膜）捐献工作的规范化管理，不断提高服务水平，完善表彰激励机制。建立在无偿献血人群中招募造血干细胞志愿者制度，及时做好血样采集、资料入库、动态关注工作，做好初配、再动员、高配志愿者的相关联系服务工作。设立“大爱捐献”基金，对实现捐献者及其家属组织开展上门慰问、清明缅怀、感恩祝福等活动。

全县共有造血干细胞捐献登记志愿者1344人，成功捐献8人，捐献者李海丹被评为“浙江好人”“宁波好人”，俞鹏伟被评为“最美跃龙人”。器官捐献登记634人，实现捐献9例，让50余位重症患者重获新生；器官捐献群体2011、2012年连续2年被评为宁海县年度“道德模范”。遗体捐献登记33人，实现捐献5例；角膜捐献登记160人，实现捐献2例，捐献眼角膜4枚。角膜捐献志愿者胡平军被评为2014年度宁海县“道德模范”。

【应急救护培训快速发展】 组织实施红十字应急救护民生实事项目，广泛开展应急救护培训进学校、进机关、进村、进社区、进企业等“五进”活动，不断扩大培训受益面。全县有省、市、县三级师资165人，共培训红十字救护员2.1万人，普及救护知识15.2万人。已在交通枢纽、大型商场、行政服务中心等主要公共场所安装25台AED（自动体外除颤器）。

始终坚持公益性原则，坚持基础性培训与重点行业培训相结合原则。对电力、交通、建筑、化工、旅游、公安等重点行业从业者开展培训。对职高学生进行全员救护员培训，“防溺水专题培训”走进全县中小学校。在中小学生社会大课堂建立红十字培训基地，在AAAA级景区建立红十字急救站，在桃源派出所兴海警务站设置全省首个与安全防范相结合的应急救护体验区。为晴隆县培训48名红十字救护员，打破该县红十字救护员培训零开展的记录。

【人道救助工作推陈出新】 以关注民生，服务最易受损害群体为己任，人道救助工作不断推陈出新。2020年新冠肺炎疫情发生以来，社会爱心涌动，县红十字会共收到爱心捐款1707万余元，拨付使用1333余万元，其中得力集团捐款1000万元、东方日升新能源股份有限公司捐款500万元；接受爱心企业、爱心人士捐赠的防疫物资价值447.5万余元，捐赠的全部防疫物资都在第一时间由县防控办统筹发放至一线防疫单位。其中宁海上海商会、四川商会捐赠的医用防疫物资解决一线医务人员的燃眉之急，双林集团捐赠的口罩为宁海全面复工复学提供有力支持。

【组织队伍网络基本健全】 县红十字会完善医疗卫生单位、学校、志愿者3个工作委员会，健全一系列工作职责和规章制度。到2020年年底，全县各乡镇（街道）、村（社区）、中小学校、医疗卫生单位红十字会将实现全覆盖，初步形成红十字基层组织网络体系。全县现有登记成人会员9769人，发展红十字青少年会员8万余人。有4所学校被评为省级红十字达标校，13所学校被评为县级红十字达标校。

县红十字会在健康关怀、生命关爱、应急救护、便民服务、应急救援等方面组建志愿服务队，制定管理办法，有序开展服务。新冠肺炎疫情暴发以来，全县各基层红十字会组织和志愿服务队以不同形式活跃在抗击疫情第一线，充分发挥红十字志愿者在发展红十字事业，服务广大民众，实施人道救助中的积极作用。

筚路蓝缕三十年　夕阳洒满关爱路
——宁海县关工委成立三十周年回眸

1990年6月30日，宁海县关心下一代协会成立；1992年6月20日更名为宁海县关心下一代工作委员会。30年来，县关工委前进的每一个脚步都凝聚着各级领导的关心和支持。十届全国人大常委会副委员长、中国关工委主任顾秀莲为县关工委欣然题词“真诚奉献爱心，青少年茁壮成长”；中关工委、省关工委、市关工委领导多次莅临宁海考察、调研；历届县委、县政府领导高度重视，八任关工委主任均由县级领导担任；全县机关部门、各乡镇（街道）及村、社、校、企全力支持配合。全县已建立基层关工委组织989个，基本形成纵到底、横到边的组织网络体系。

【立德树人　春雨润物细无声】 县关工委始终把立德树人、加强青少年素质教育作为永恒主题。从县到乡镇街道建立以200多名“五老”为主体的宣讲团队，深入农村、社区、学校、企业，为广大青少年开展政治思想理论、社会主义核心价值观、爱国主义、红色主题教育和法律知识宣讲等活动。

每当中共重要会议召开都要组织专题宣讲。中共十八大、十九大召开后，迅速组织宣讲团进校园开展宣讲，并制作了10多块宣传画板进校园展播。每当中央领导重要讲话发表之后，都要组织宣讲团成员进行集中学习，并迅速传达至基层。

每逢传统节日和重要纪念日，都要组织青少年开展参观红色基地、重读党史、重走红路、追忆先烈等活动，传播红色经典，讲好宁海故事。每年清明祭扫英烈活动参加人次都达到10万人次以上。疫情期间，为配合防控工作，县关工委联合有关部门开展了“致敬·2020清明祭英烈”网上祭扫活动，组织青少年通过网络敬献鲜花、哀思寄语。

此外，还积极参与普法宣传活动，通过普法宣讲、摆摊咨询、“以案说法”、“模拟法庭警示教育”、“禁毒承诺”等多种形式宣传法律知识。据统计，每年组织开展红色主题教育100多场次，各类普法活动20多场次。通过有计划成系统的宣教活动，教育引导青少年听党话、跟党走，树立正确的世界观、人生观、价值观。

【帮困助学　一枝一叶总关情】 开展系列关爱服务活动是全县各级关工委工作的一项重要内容。

组织举办“假日学校”，根据青少年服务需求，每年暑期开办假日学校70余所，参与“五老”、实习大学生等志愿者360人次，受益学生4000余人，为学生打造五彩缤纷的暑期生活。每年开办公益性国学经典、琴棋书画等才艺培训班20多个班次，努力传承优秀传统文化。1992年开始，曾连续15年举办高考复习培训班，累计招收落榜学生3678名，被全国各类大专院校录取3191名，上线率达87%，被《中国火炬》杂志誉为“为落榜学生再铸辉煌”。

组织校园安全守望。“五老”志愿者们定时定点“站队守护”学生上下学，还主动接管山塘水库等危险地段的巡逻，全力保障青少年安全。

组建关爱基金。县关工委从2002年开始建立关爱基金，全县200多个行政村自发建立关爱基金，总额达1200余万元，专门用于奖学、助学、助医、助残、助困、助孤等。中共十八大以来，累计发放资金2100余万元，资助困难学生近2.6万人次。

关爱留守、困境儿童。从1992年的500名到现在的1000多名留守儿童，都得到了“一对一”“多对一”的结对帮扶，让这些父母缺席的孩子不缺爱。开展心理矫正疏导，目前全县已建有112人组成的心理辅导团队，每年开展健康讲座30多场，提供心理咨询2000多人次。

开展网吧监管，120名“网吧净化”志愿者配合文化部门对全县60多所网吧进行巡查，杜绝未成年人进网吧上网。帮扶失足、失范青少年。通过深入到少管所、监狱、社区、家庭，对问题青少年开展面对面、心贴心的教育引导，帮其重塑信心，重回社会。

【创先争优　姹紫嫣红春满园】 30年来，县关工委积极探索、不断创新服务体制和工作载体，走出一条具有宁海特色和新时代特征的关心下一代工作新路子。“三好四无”（即在校做个好学生、在家做个好孩子、在社会做个好公民和无赌博、无不孝、无辍学、无犯罪）工作载体得到广泛认可，活动案例荣获宁波市第三届未成年人思想道德建设工作创新奖，还在全国关工委会议和省市关工委会议上作专题介绍。

“四化型”（管理社团化、组合联谊化、运行项目化、服务专业化）工作模式改革深入推进。通过建立宁海县关心下一代志愿者协会，调整工作团队内设机构，打造关工委和协会联合服务平台等举措构建起了“关工委+协会+工作团队”服务体系。其中乡镇街道建立关协工作站的模式在全市推广。

“一镇一品”集群品牌效应凸显。2012年以来，已涌现出70多个工作品牌。其中“向日葵成长计划”和宁海自行推出的九大服务项目协调单位部门进行项目“认购”等做法得到市关工委领导高度肯定。相关经验做法先后5次在省市会议上作专题介绍。

“五好”关工委创建成效明显，全县创县级“五好”基层关工委489家、市级114家、全国1家，创建率达52%。自我加压，首推“五好”关工委示范点创建，“五好”关工委创建实现量的扩展和质的飞跃。

关工文化建设氛围浓厚。组织编写了80余万字的《宁海县关心下一代工作志》，为全国首创。注重媒体宣传和对外交流，近几年来每年被各级媒体录用信息近500篇（则）。内蒙古鄂尔多斯市、山东省滨州市、浙江省舟山市等省内外多地关工委班子先后到宁海考察交流，形成共享、共促、共提高的良好氛围。

先进典型不断涌现。历年来受表彰先进个人425人，其中县级400人、市级18人、省级7人。县关工委11次荣获省市关心下一代工作先进集体称号，10次荣获全国关心下一代宣传工作先进标兵单位，连续12次被评为全国关心下一代宣传报道先进集体；2017年被评为“关爱明天、普法先行”青少年教育活动先进单位；2019年，被评为全国关心下一代工作先进县关工委。

全县各级关工委及广大“五老”用自己的奉献之心、挚爱之义、关切之情，承载着党和人民的嘱托，诠释着关工委组织的责任担当。

宁海“牛制造”

受全球疫情影响，世界经济形势依然严峻复杂之际，宁海制造坚定信心、担当作为，全力唱好“高质量制造”好声音。《今日宁海》开辟《宁海“牛制造”》专栏，全面展现宁海企业界的一批“小巨人”、行业里的“隐形冠军”，充分展现全县上下干在实处、走在前列、勇立潮头的担当作为。

【“宁海制造”的高飞密码】 每年8亿多只小小的长尾票夹从宁海走向全球各地，产量居世界第一，国际市场占有率高达80%，将“小”产品做出了“大”格局，这是宁海念出的“制造经”。5月底，西店镇对外发布中国光电（手电筒）产业指数，该镇以全国手电筒70%的生产份额，牢牢握住全国光束产业的“金话筒”，提升西店光束产业在全国市场的话语权，树立光电行业“新”标杆，彰显出“宁海制造”在全国乃至全世界的分量。

工业立县、强县、兴县，奋勇拼搏，特别是改革开放以来，民营经济的活力被充分激发，宁海工业经济发展走上快车道。几十年时间，“得力”在全国布点近十万家销售终端，产品打入100多个国家和地区，每年超过1000个新产品面世，这也是宁海诸多工业企业开疆辟土的历程。

得力集团、东方日升、建新赵氏等明星龙头企业打造出文具、汽车零部件、模具、灯具和五金机械五大百亿产业，以及生物健康、新能源两个百亿战略性新兴产业，集聚起宁波南部滨海新区、宁波生物产业园、宁波模具产业园、宁波弗兰采维奇研究所等“甬字头”园区，“中国模具产业基地”“中国文具产业基地”“中国汽车零部件制造基地”等“国字号”基地。当这些“主引擎”齐鸣，地域经济破茧成蝶，2018年宁海工业历史上总产值第一次突破1000亿元大关。

随着经济长期高速发展带来的问题逐渐暴露，以及国内外经济形势的变化，宁海的经济发展从片面追求量的扩张，转向走上高质量发展的通途。2020年，宁海县发布“十四五”工业产业体系规划，在“十四五”期间，宁海将着力构建“365”工业产业体系，重点培育“215”工业企业梯队，通过转变发展方式、优化产业结构、转化发展动力，以质的提升促进量的增长，谋求区域经济新的增长。

在宁海，智能制造、数字经济加速驱动，企业自主开展智能化改造，进行转型升级，迎来新一轮的蜕变。得力集团智能打印机项目、东方日升年产4吉瓦太阳能组件等智能化项目建设如火如荼，高格卫浴以绿色智能制造抢占市场，华宝科技转型向智能制造发起冲锋……

产业更替的背后，并不是简单的某一个产业突然兴起，必然隐藏着历史的必然和奋斗的路径。全球疫情影响下，世界经济形势依然严峻复杂，努力在危机中育新机、于变局中开新局，迫在眉睫。宁海作为经济发展排头兵的县域，是高质量发展的中坚力量。而县域中“名不见经传”的企业，却是很多行业里的“隐形冠军”，在默默无闻中撑起“宁海制造”的发展。

【走好“专特优精”发展之路 着力提升单项冠军“硬实力”】 随着“中国制造2025”行动计划的发布，制造业进入转型关键期。但制造业想要实现由大变强，不仅要发展一批世界级的“巨人”企业，也需要培育一批长期专注于制造业特定细分领域、能够引领该领域发展并占据市场领先地位的“单项冠军”企业。全市召开打造制造业单项冠军之城推进制造业高质量发展部署会，对如何打造制造业单项冠军做出具体要求。

宁海立足实际，围绕产业优势，加快推进单项冠军培育，为全市打造制造业单项冠军之城贡献宁海力量。全县已有“单项冠军”企业17家，其中国家级单项冠军培育企业1家。

单项冠军约等于‘专特优精’，意在鼓励企业专注细分领域、细分市场，做某一领域的老大。宁波如意股份有限公司就是其中的典型代表。该公司生产的“西林”牌系列仓储物料搬运车约占全国出口总量的26%，据中国工程机械工业协会工业车辆分会统计，自1989年起，“西林”牌仓储物料搬运产品产销量和质量一直稳居全国同行前茅，产品享誉100多个国家和地区，是叉车领域的龙头骨干企业，行业中名副其实的冠军。得力集团作为国家级单项冠军培育企业，积极推进品牌战略，品类领先战略，引导消费，确立了品牌认知度高、市场占有率大的行业龙头地位。

聚焦特色产业、围绕技术创新，重点支持企业申报国家级、省市级科技项目，激发企业创新热情，还大抓“产业革新”，发布“十四五”工业产业体系规划，明确“365”工业产业体系，出台相关意见，增强打造单项冠军的硬实力。

围绕全县传统特色产业，鼓励企业精益求精，在核心技术上寻求突破，走好“专特优精”发展道路，在“单项冠军”中15家为传统特色产业领域。就传统的模具产业而言，打造了3家行业冠军，涌现出了第一注塑、方正模具等龙头支柱企业；同时，还立足“企业所需”，通过打造产业创新公共服务平台，吸纳高校、科研院所、行业协会及专业机构参与，持续为“单项冠军”培育集聚优势创新资源。已打造模具、生物、文体、汽车零部件等四大产业创新服务综合体，模具产业综合体进入省级创建名单。

针对企业创新能力不足、人才短缺等问题，宁海将人才作为“单项冠军”培育的重要动力，抢抓紧缺高精尖人才。引育“杰青”等特优以上人才，鼓励企业建立博士后工作站，提升研发能力。

【建新赵氏的“智造”密码】　在2020年度中国橡胶工业百强企业名单中，“建新赵氏”位列橡胶制品行业第四。对于一家主攻汽车橡胶件生产的企业来说，这项荣誉分量十足。

早在1991年，一汽大众公司成立，带动一批国内企业一脚闯进汽配橡胶件领域，“建新赵氏”便是其中之一，当时只是做汽车档位上包裹用的橡胶套，或是固定线路的橡胶圈，一年虽也有几百万元产值，但技术含量不高，利润也很低。

在汽配领域浸淫越久，就越知晓技术对企业发展的重要性。企业看中发动机悬置装置里那块巴掌大小的橡胶部件，利润比其他部件高两三倍，他们从国外拿样品回来，依样画葫芦生产，可整整试验了5年，也没有做出满意的产品。那时起，就着意积蓄研发力量，增设检测设备。2003年，“建新赵氏”花费1000多万元买回第一台检测设备——轴向橡胶动静态性能测试仪，可模拟170摄氏度高温和零下40摄氏度低温的环境。而那一年，总销售额是6000万元。

坚定走科研兴企之路。“建新赵氏”已有近百台检测设备，一幢占地2000平方米的实验楼，仅研发设备投入就达1.5亿元，产品的所有性能指标都能自己检测。在这个5000人的企业里，研发人员就有700人。

强大的研发力量诞生黑科技产品。车身每个部位材质不同，车窗是玻璃的，车门是合金的，那么胶条也需要不同配方，才能更契合。但是，胶条不同，需要分开做，再胶合在一起，那么胶合处就很容易漏水或变形。为解决这个难题，“建新赵氏”独创了六复合挤压技术，可以将五六种不同材质的橡胶一次性挤压成型，没有任何接口，密封性更好。2019年，“建新赵氏”又跟大众同步研发无边框车门的密封条。

2019年，企业投入5000万元，进行密封条自动化、智能化生产线研发，在全球都属首创。尤其在密封条生产线上，断面异形的密封条插入模具上同样异形的孔中，因为密封条柔软会变形，所以一直是人工的活，如何用仿生技术来操控机械手放料，这是自动化改造最难的部分。这样的大胆尝试已小有成就，2020年，“建新赵氏”进行实验室小试，人员可节约40%，生产效率反而提高了30%，不合格品的概率下降了15%，生产一个汽车密封条的时间缩短了70%。

【润禾材料研发黑科技产品笑傲市场】　年初，宁波润禾高新材料科技股份有限公司研发出的一种树脂改性硅油，它能让布料既柔软又挺括，具有更好的耐洗性和弹性，获得市场的青睐。

在面料中，柔软与硬挺本就是一对矛盾体，在微观的分子世界里同样如此，我们会发现，柔软物质的分子是很难与坚硬物质的分子发生化学融合的。而新型树脂改性硅油作为一种纺织物柔软剂，创新性地将树脂材料和有机硅相结合，能够使织物柔软有手感，还挺括有型。产品推出仅两个月，销量就达到100吨，占企业总销售额的10%。

为攻克这个难题，“润禾材料”整整花了三四年时间，试验了无数次，最终，在100摄氏度条件下，利用化学催化剂实现在有机硅还氧基分子链条上“安装”亲水性的柔软链端。这种新物质也不同于一般呈现液态油状的有机硅，而是变成固体状态，更容易在纤维表面形成一张吸附膜，让纤维柔中带刚，这解决了衣物中常见的起球问题。

新研发的树脂改性硅油市场前景广阔，它不同于原先直接对纤维的改性处理，可以用于成衣的改性，从而进入千家万户。“润禾材料”又在研发这种硅油的家庭用柔顺剂，就是把成衣浸泡在里面，就能在表面上附膜，从而变得抗起球，超弹。

正是这种对产品推陈出新、研发永无止境的精神，才使“润禾材料”能够应对市场的瞬息万变。根据中国氟硅有机材料工业协会统计，2000年从纺织化工起家的“润禾材料”，其嵌段硅油产品市场占有率位居同行业前三名；2019年，“润禾材料”纺化事业部有机硅系列柔软剂实现销售额6.3亿元人民币；2020年，在疫情对各个行业造成巨大影响之下，“润禾材料”第一季度依然实现销售额6904万元人民币。

【得力打印机开创智打新时代】 走进得力集团的打印机工厂，多个半导体车间正在自主生产喷墨打印头等关键元器件；打印机极限环境测试设备，正在对打印机产品进行严苛的测试……

生产激光打印头和喷墨打印头、软件源代码、主控板、打印引擎等核心零部件，拥有打印机完整的自主知识产权，成为国内首家同时掌握激光和喷墨打印核心技术的企业。

打印机行业是办公设备行业的重要组成部分，但一直以来，90%以上市场份额长期被日美品牌占据，由于缺少打印机核心技术的自主研发，导致国产品牌在市场竞争中举步维艰。

但得力集团看到高门槛背后的潜在市场。激光、喷墨打印机产品一方面可以继续扩大和补充“得力”办公解决方案的产品线，同时也引领着品牌的提质升级。

2013年，得力集团正式组建打印机研发团队，引进一批打印机行业内有经验有能力的研发骨干。整整五年时间，得力一头扎进打印机的研发，数百人的打印机工厂里，研发人员近一半，累计投入研发经费高达数亿元。

企业生产的打印机喷头制造采用微机电技术，晶元通过几十道步骤加工，制造成喷墨打印头核心器件，其精度高达微米级；而打印机中墨水流过的管道比头发丝还细，只有采用精巧的半导体工艺才能够加工生产……攻克一个个难关，得力激光、喷墨打印机产品成功面世。

得力集团还开启智能打印的新篇章。企业开发远程打印、扫码打印、大容量打印等功能，满足多元化用户使用需求。打印机作为计算机外设和信息输出终端，文印安全在今天被提到一个新的高度。得力打印机拥有丰富的产品线，其中政采打印机产品更是适配国产芯片PC终端和国产操作系统，进一步保障政企信息安全。

【美亚达空气弹簧打破国际垄断】 受疫情影响，国外企业供不上货，国内知名车企采用宁波美亚达汽车部件制造有限公司的同类产品，替代原来国外进口的空气弹簧。2020年，该车企在美亚达下的订单增长了10倍。

当我们坐在车上，车子平稳运行带来的舒适感，离不开汽车上的一个重要组成部分——汽车空气悬挂系统。该系统的核心部件是空气弹簧。空气弹簧是将压缩空气充入橡胶囊体中达到一定的刚度，来替代金属弹簧的作用，它既能延长车辆使用寿命，又能提高整车舒适性，同时降低车轮的动负荷，大大减少车辆对路面的破坏程度，从而降低公路路面的维修费用。

随着大家对汽车的舒适性要求越来越高，空气弹簧的市场也越发广阔。而宁海的美亚达公司便是生产空气弹簧的行业翘楚。企业自主研发的空气弹簧打破国外市场垄断，出口到欧美等地。

美亚达早在2003年就瞄准空气弹簧的市场。当时国内做汽车空气弹簧的企业基本为零，该装置在国产车上的应用也少，大部分汽车采用钢板来减震，下决心研发生产空气弹簧具有一定的前瞻性。为了研发该产品，企业将当时做汽车橡胶杂件所获得的利润都投了进去。企业创始人多次跑到国外取经学技术，并高薪引进哈工大工程师，自主设计开发全套生产设备。

经过5年多孜孜不倦地钻研，企业终于研发出拥有多层帘线层的橡胶囊皮，增加了空气弹簧的韧性、拉伸强度和使用寿命，比肩国外产品。普通产品的皮囊抗疲劳测试要求达到300万次，而美亚达的产品可做到500万次以上，满足3年10万公里的基本使用要求。企业还参与了行业标准的制定。企业生产的汽车底盘空气弹簧占到国内市场份额的30%，驾驶室空气弹簧占到国内市场的15%，是行业中名副其实的“隐形冠军”。

如北美一家车企，原来美亚达的供货量只占其20%的份额，如今美亚达已成为该车企空气弹簧部件亚洲市场唯一的供货商。1—4月美亚达销售额实现逆势上涨，同比增长18%。

【吉德电器研发迷你洗衣机抢占市场先机】 在家电行业，吉德电器被称为“隐形家电巨人”。

为国内外知名品牌，甚至跨国大企业提供优质的洗衣机和冰箱OEM服务是吉德电器重要业务组成部分。凭着优良的质量、有竞争力的价格及细致入微的良好服务，吉德电器与诸多国内外知名企业建立了战略合作伙伴关系，在此过程中，还通过了ISO 9001：2000国际质量管理体系等多项认证，并成为洗衣机国家标准起草者之一。

与此同时，吉德电器不断增强研发实力，发力自主品牌。把洗衣机变小，就是吉德电器这几年发展前行的方向之一。2013 年，吉德电器率先推出国内第一款迷你滚筒洗衣机，该产品一经面市便销售几万台。

生产迷你洗衣机并不是给洗衣机瘦个身那么简单。滚筒洗衣机关键的一个技术壁垒在于平衡振动。滚筒启动时力量很大，所以洗衣机里都安装有两块配重平衡件，用来平衡振动。洗衣机变小后，两块平衡件的大小以及摆放位置都要重新设计，悬挂和减震系统也需重新设计；洗衣机变迷你了，关键配件也成了难题。“迷你洗衣机里有一个带弹簧挂钩的长条形减震器，比正常用的洗衣机尺寸长度小 120 毫米左右。市场找不到这样的减震器，只能自己着手研发。”吉德研发负责人说道。他们联合供应商一起研发全球最小的滚筒洗衣机减震器，花了两三年时间进行系统的平衡能力设计调试。

一项项难题被破解，吉德电器的迷你洗衣机拿到十多项专利，就连脱水噪音也控制在 56 分贝以下，低于国际标准 72 分贝。

此外，吉德电器还针对顾客节约空间的需求，研发壁挂式迷你洗衣机。这类产品对震动的要求就更高了。就脱水而言，筒转速为每分钟 700 转，会产生很大的偏心量。这样的情况下，如何将它安安稳稳地悬挂在墙面上，这其实很难。为此研发人员不断改善支架结构，最终将震动和平衡稳定性做到了最理想状态。

吉德电器陆续推出壁挂式迷你洗衣机、烘洗一体的迷你洗衣机等多个新款，迷你类别的产品销售额连年翻番，2019 年，吉德销售额突破 26 亿元。“6·18”活动期间，壁挂式迷你洗衣机成了大网红，实现 5000 多万元销售额，同比增长 80%以上。

【储力叉车强化创新驱动实现市场突围】 第一季度，宁波储力叉车有限公司外贸销售订单 1000 余万元，第二季度外贸销售订单 2000 余万元，上半年与 2019 年同期相比，增长 20%左右。受全球疫情影响，不少企业出口受到不小的冲击，而储力叉车成功“突围”，实现逆势增长。是什么让储力叉车在这场“寒流”中逆势增长？主要靠自主创新满足客户需求。

一个泰国客户看中储力叉车的电动堆高车，却迟迟没有下单，储力叉车连发 3 封邮件，诚恳询问客户需求。“我们的堆高车原本用的是强度 8 的材料，也就是说，可承重 2 吨左右，但泰国客户使用中最大的承重也只有 1 吨不到。”为此，他们着手降低材料强度，改进外观和结构，这样一改动，材料成本就降了 4 个点，价格最终能降 15%，一下子就抓住了订单。从 6 月开始，每隔一个月，他们就有一个集装箱柜发往这个泰国客户，打开了泰国市场。

定制需要强大的科研能力。这家公司利润并不高，但平均每年投入 428 万元用于技术研发，生产的产品通过 CE 和 GS 认证，取得进入欧洲市场的“护照”。2019 年，投入 484 万元进行研发，享受到研发费用加计扣除优惠政策，减免税款 50 余万元。2020 年，又将这笔省下来的钱投入研发中，升级产品。

“座位设计注意舒适度，电瓶要用组合的，整车的振动和噪声要稍微改善下。”在公司的会议室里，几名技术研发人员正对着投影仪讨论着小吨位座驾电动叉车的设计和制造。这类叉车能用于超市、工厂等，市场需求量大，至年底就研发出来。

储力叉车还推出锂电系列搬运车，不仅增加 25%的使用寿命，还通过模块化设计实现产品可选配多种容量的锂电池，其快捷式换电池设计，大大增强搬运车的续航功能，受到国外客户的青睐。接下来，计划推出拣选车、双托盘堆垛车等新产品，吸引更多的国外客户。

【优和文具将小产品做出大市场】 小产品如何做出大市场？“优和办公文具”给我们一个完美的答案。这家专注做卡套的文具企业，刚创办第一年，年产值是 700 万元，第二年就达到 1500 万元，第三年 3000 万元，几乎都是翻倍增长。2019 年，他们年产值已达到五六千万元。

在关注卡套之前，“优和办公文具”已做了 24 年文具行业，跟文具的一些大件相比，发现工作中离不开的卡套，精品其实很少，样式也千年不变。随着人们生活水平提高，对美的追求也会延伸到生活工作的角角落落，每天佩戴卡套自然也需要更美更精致。看中这个市场空白，2011 年，蒋新连离开原来的文具企业，后来创办“优和办公文具”，他只做卡套。

蒋新连把重点放在设计上。他花了整整一年时间，投入 300 万元，找人新设计上百种卡套的样式。企业中负责研发设计的人员就有 20 多人，拥有发明和实用新型专利 60 多项，还在北京、上海、广州、台湾等地设有办事处及设计公司。

在优和文具的各类宣传资料中，“时尚”是个反复被提及的字眼。在蒋新连看来，文具行业必须对标时尚产业，强化设计元素，把握流行趋势。他说：“以卡套为例，传统上是作为一种办公文具，但对年轻一代来说，这也是一种佩饰，是穿搭的一部分，要和服装、背包的风格匹配。”

要站在时尚前沿，快速占领新生代消费市场，除了产品力和设计感，创意也非常重要。导入知名IP、打造明星产品是一条奏效很快的捷径。2018年，他们与上海奉全动漫签约蘑菇点点卡通形象，推出蘑菇点点文创系列，进军学生市场，销售创了新高。“我们还要延伸到装饰品，比如把门禁卡做成皮包的形状，又或者，在卡套里植入各种芯片，方便生活。”蒋新连描述着未来。

【“九隆五金”技术为王打造匠心产品】 “九隆五金”公司成立于2001年，致力研发制造牛奶推车、手推车等超市设备。而它频频拿下国际大单，撒手锏竟是一只轮子。牛奶推车、手推车最关键的就是轮子。轮子是易损品，会受到不同使用环境的影响，出现不稳定状况。如何攻克这个行业技术难题，成了“九隆五金”的努力方向。

金昌龙带着企业里近百位技术人员，埋头改进产品。以往的轮子没办法既耐高温，又耐低温。而且经地面摩擦后，轮子很容易起皮。我们就试着在材料里加新的配方，开始改良MPU材料，经过不断试验，两三年间，就已更新了四五代产品。企业生产的轮子保证三年内不出现这样那样的问题，而行业内通用的质保时间只有一年。并且企业研发的“高耐磨橡胶组合轮”噪音控制在了30分贝以下，耳朵基本听不到。如今，他们最新推出的“高耐磨橡胶组合轮”获得了发明专利。

一只轮子的效益背后，是企业对技术设备的重视。走进位于宁海科技产业园的“九隆五金”公司，偌大的企业里藏着华东顶级自动电镀线，这是企业核心竞争力所在。这条生产线可以将长3.6米、宽2米的产品整体放进去电镀，电镀后进行盐雾测试可耐受96小时，而市面上的同类产品一般只能耐得住24小时的盐雾测试。有底气保证产品3年不生锈。

据金昌龙估算，这几年他们企业厂房和设备总投入高达3亿元。先进的装备带来工艺的革新。以往，金属表面要经过化工原料处理，也就是泡酸，这对环保影响较大。“九隆五金”改进工艺，用钢丝轮物理打磨，将金属材料表面的氧化层剥离，不仅成本省了，而且更环保，深受国外客户的青睐。

企业已经拥有30多项专利，其中发明专利3项，专利在企业400余种产品上全覆盖，产品销往美国、德国等20多个国家和地区。

【“乌中远景”在航空新材料领域取得突破】 乌克兰的航空工业世界闻名，尤其是他们产的重型运输飞机。宁波乌中远景新材料科技有限公司自主研发的“易焊接高强韧航空用钛合金材料”和其他型号的航空钛合金材料供货乌克兰。

飞机上防弹门、液压缸、高强韧航空紧固件等部件是至关重要的，它们对材料的强度等级要求非常高。近年来，“乌中远景”就把目光聚焦在这黑科技十足的航空新材料上。

2015年2月，“乌中远景”在宁海科技园区注册成立，开始进行FT系列高强韧钛合金材料研发。通过引进乌克兰专家和技术，不但可以优化产业集群规划，还能促进产业转型升级和经济结构优化。短短几年，“乌中远景”团队成功研发具有独立自主产权的“易焊接高强韧航空用钛合金”材料。

“乌中远景”研发了特殊的热处理设备，可以在短短几秒时间内完成快速加热和快速冷却，从而改变材料的分子结构，满足高强度的要求。用该材料制作的航空紧固件强度可大于1350MPa。与此同时，该公司还与浙江申吉钛业股份有限公司开展紧密合作，共同做大国内钛合金板材、管材、线棒材及粉末冶金等产业。

击棹扬帆破浪行

——“十三五”看宁海

2020年是全面建成小康社会和“十三五”规划收官之年。回望“十三五”，全县上下攻坚克难、砥砺前行，综合实力大幅跃升、产业结构明显优化、城乡面貌显著变化、生态优势加快转化、民生供给不断强化、改革创新持续深化，经济发展稳中有进，人民生活持续改善。高质量发展的道路上，一份沉甸甸的成绩单记录了宁海速度：2018年全县工业总产值突破千亿大关，工业经济跻身全省第二方阵上游位次，成功打造了7个“国字号”基地、4大百亿产业和2家百亿企业；财政总收入跨百亿，经济结构实现了由农业主导向工业、服务业双轮驱动的重大改变……数字的量变，凸显“十三五”以来宁海县域经济良好的发展态势。而发展理念的质变，才是宁海最为珍贵的收获：以数字赋能、创新驱动推动产业升级、力促产业结构调整，奋力书写高质量发展新篇章！

梳理“十三五”时期宁海县经济社会各领域改革发展取得的新成就，展现城乡之变、发展之美，致敬奋进的这5年。

【数字赋能促转型　传统产业】 宁海第一注塑模具有限公司致力于打造物联网工厂，通过物联网技术，连通生产设备和生产管理系统，实现生产过程实时感知、实时监控、实时指挥，使制造资源、人、产品之间无缝连接和信息共享。2019年，企业物联网工厂项目通过市级验收。

数字驱动、信息化管理，让深耕模具行业三十多年的第一注塑尝到甜头，企业一直非常忙碌，不少客户纷纷追加订单。在疫情的“逆势”中，企业上半年模具生产满负荷运行，模具产值不降反升，较2019年同期增长15%，数字化、信息化技术的应用帮助企业提高管理效率。

像第一注塑一样，以数字化转型、智能制造引领的产业变革正在传统企业中发生。得力集团新打造的智能工厂车间，只有智能物流车在来回穿梭，引领办公文具行业“智造”革命；吉德电器一期智能工厂全面投入使用，形成年产400万台洗衣机的规模，成品交货期大幅缩短……传统产业的转型升级，已在新旧动能转换的赛道上奔驰。

“十三五”以来，宁海力促产业转型升级，蓄积新的发展动能，一方面积极推动传统企业进行智能化改造，扎实推进以机器换人为核心内容的技术改造工作，累计实施近300个机器换人技改项目；同时鼓励企业进行数字化车间改造，把自动化和信息化有机结合，创建了全流程、一体化的生产模式。得力文具、奇精机械、东方日升等6家企业完成数字化车间改造。

数字赋能、制造引领，加速传统产业的转型升级，让宁海经济保持了足够韧性。“十三五”期间，宁海县入选全国制造业百强县，2019年规上工业增加值达到213.7亿元，数字经济发展综合评价居全省第20位。

【创机遇布局新蓝海　新兴产业】 在巩固传统优势基础上，宁海县以“晴天出海，雨天结网”的意识发展新型产业，改变产业结构，蓄积发展动能。

东方日升新能源股份有限公司推出的全球首发TITAN系列600瓦等更高效率组件，不仅功率高，还能带来业内领先的BOS和度电成本，受到客户和市场的欢迎。

以东方日升为代表的新兴企业，正在为宁海构建起产业发展的新格局。全县拥有规上工业企业587家，初步构建起更高质量的“3+3+X”产业体系，文具、模具、汽车及零部件等传统优势产业发展优势进一步巩固，而新材料、新能源、生物医药、通用航空等产业从无到有，让人振奋。

宁波乌中远景新材料科技有限公司是从宁海中乌合作平台走出的企业。而中乌合作平台是乌克兰国家科学院弗兰采维奇材料问题研究所在中国进行技术转移、研发和服务的唯一战略合作平台。依托该平台和相关专家，宁海新材料领域有了长足的发展，填补了国内相关领域的空白。

从“有中出新”到“无中生有”，以新能源、新材料产业为代表的新兴产业正在发展壮大，改变着宁海传统的产业格局，进一步为宁海经济高质量发展赋能。

【高质量发展动能澎湃　综合实力】 传统主导产业转型升级、新兴产业开疆拓土，现已成为宁海经济高质

设市级试点和交通运输部首批25个农村物流服务品牌，快递业务量也实现高速发展，2019年增速达到34.8%，列全市第二，并创成省级快递发展先进县。

【打好文化牌 全域旅游】“十三五”时期是宁海旅游和文化融合蓬勃发展的五年。宁海多个重大旅游项目建设运营，徐霞客开游节、十里红妆婚俗文化等成为全省文旅金名片，创成首批国家全域旅游示范区、全国“两山”实践创新基地。如今的宁海，正描画着处处皆景、时时宜游的全域旅游新图景。

记者近日走访县旅游集散中心项目施工现场，看到工人们正在进行最后的扫尾工作。县旅游集散中心位于宁海高速公路收费站东南侧，是一个集“吃、住、行、游、购、娱”于一体的城市旅游综合体，总投资约2亿元，建筑面积2万余平方米，总层高最高点为51.9米，呼应宁海“5·19”开游节品牌。设计上以藏山纳水为主要理念，体现宁海山水之乡的旅游特点。县文旅集团副总经理马军辉告诉记者，该项目将于年底竣工，建成后将成为展示宁海文旅形象的重要窗口和地标性建筑。

“十三五”以来，宁海以项目建设作为推进全域旅游发展的重要抓手，大庄温泉乡根小镇、潘天寿艺术中心等50个项目开工建设，安岚温泉一期等20个项目建成，王干山沧海桑田小镇等32个项目签约落地……完成旅游项目投资破百亿，实现了从传统观光旅游到休闲度假游的华丽转变。

在狠抓项目的同时，宁海着力做深“旅游+”文章，不断完善文旅产业体系，推动文旅产业高质量发展。近几年，有着独特资源优势的强蛟镇大力发展“旅游+海洋”渔家风情主题旅游线，做活海岛风情游，近三年游客量年均增长实现翻番，旅游相关产业收入近亿元。眼下，强蛟镇铁沙屿开发项目正在火热建设中，建成后将成为这个海岛风情小镇的又一地标性旅游点。

强蛟镇的旅游发展是宁海以“旅游融合”引领旅游产业再升级的一个缩影。近年来，宁海大力发展“旅游+体育”、“旅游+新农村建设”等多元化旅游模式，其中最突出的一块就是文旅融合。县文广旅游局局长林仙菊说：“‘十三五’期间，我们深挖人文底蕴，坚持保护与开发相结合，再把这些变成发展旅游的元素，提升旅游产业的文化内涵。”

在第六届长三角慢生活旅游峰会上，现场揭晓发布了“长三角最佳文旅融合城市”系列评选结果，宁海榜上有名，是宁波市唯一入选的城市。这张漂亮的成绩单背后是宁海对“两山”理念的深刻理解和生动实践。宁海坚持文旅互促，持续挖掘名人名居民俗等人文资源，“活化”“非遗”、传统古村落等文化遗存，打造了8个文旅地标和30余个“一镇一品一节”特色节庆。

春华秋实，不负耕耘。“十三五”期间，全县旅游业呈现“井喷式”发展态势。文艺事业更加繁荣，优秀传统文化得到传承创新，文化遗产保护利用成效显著，公共文化和旅游服务体系不断完善，“静城·宁海”品牌深入人心，文化建设和旅游发展红利日益显现。2019年，宁海成功创建首批国家全域旅游示范区，旅游经济总收入202.41亿元，接待游客2040.7万人次，分别增长18.8%和17.1%，旅游业增加值占GDP贡献度达7.26%。2019年，全县文化特色产业增加值达43.46亿元，增速16.9%，增速位居全市前列。

【学有优教均衡发展 教育事业】学校不仅有教学楼和操场，还有果园、菜园、多媒体教室……宁海投入40多亿元，对35所公民办中小学、幼儿园重新改扩建，学校建设面积较“十二五”新增约60万平方米，其中义务教育阶段新增46.5万平方米，学前教育新增12万平方米，有效改善中小学、幼儿园办学条件。

投入大量资金的同时，高品质、智能化、优质教师配置同样成为宁海新增学校的标配。“十三五”期间，全力以赴落实学前教育普惠发展、师资培育全面提升、教育资源扩容增量等行动，重点加强基建项目、师资培育、教育均衡等建设，积极推进智慧校园标准化工程，实现山区、海岛等偏远地区教育网络全覆盖，学校网络建设标准A型占比为100%；投入8000多万元，安装9000多个视频监控摄像头，实现校园全覆盖。全县教育实现从“有学上”到“上好学”的转变。

优质教师资源的共享，让全县的教育资源流动起来，有效缓解宁海城乡接合部各个学校师资力量薄弱、教育资源落后、生资源流失等问题，教育集团化模式应运而生。借助教育集团平台，实现教学统一管理，资源统一支配，并让存在的薄弱环节得到了重点帮扶。

以创办人民满意的教育为目标，宁海持续充实中小学校幼儿园师资力量。五年来，通过统招统配、定向招聘等途径，为全县中小学校幼儿园补充教师1043人；启动名优师资五年倍增计划，新评市级名师骨干数居大市前列。涌现了“最美摆渡人”张翎飞、“最美浙江人”梅建芳、“最美班主任”俞春非等优秀教师代表。

潘天寿中学美术班、强蛟中学

足球队、城西小学民乐团、前童小学舞狮班、实验幼教集团篮球队……在“一校一品”工作的推进中，宁海素质教育硕果累累，培育出一大批优秀学生艺术团体。

根据宁海教育发展规划，“十四五”期间，县教育局将继续优化教育布局调整，不断加大教育经费投入，持续强化教师队伍建设，着力办好人民满意的教育，为宁海争当“重要窗口”模范生团队的双优生贡献教育力量。

【提前完成“十三五”主要污染物总量减排目标】 宁海县扎实推进污染防治攻坚三年行动，落实工程减排和结构减排措施，提前一年完成“十三五”主要污染物总量减排目标。2019年化学需氧量、氨氮、二氧化硫、氮氧化物四项主要污染物排放量分别比2015年下降20.5%、17.1%、24.7%、32.6%。

“十三五”以来，宁海全面贯彻落实中央关于生态文明建设和环境保护工作的系列决策部署，坚持绿色发展理念不动摇，以改善环境质量为核心，深入实施水、气、固体废物等各项污染防治行动，不断加大环境执法力度，生态文明建设和环境保护工作取得积极进展。已连续3年位居全国“两山”百强县第二，连续2年获省美丽浙江建设工作考核优秀，3次获得全省“五水共治”最高奖项“大禹鼎”。宁波市生态环境局宁海分局获评“浙江省最美环保人”，为全省三个获得省级荣誉的集体之一。

抓源头减排，强化工业污染减排。严把环保源头关，加快产业结构调整，“十三五”期间，淘汰落后产能企业57家、燃煤锅炉317台。实施重点行业污染物减排整治，完成150家家具、涂装等行业企业VOCs污染治理，整治电镀、铝氧化等行业企业73家。完成7家建成区生物质锅炉超低排放改造、1个重点园区废气治理。新增小微企业园9家，推动570多家中小微企业入园提质发展。

抓过程管理，促进移动源污染减排。健全大气环境监管体系，乡镇（街道）环境空气监测站实现全覆盖，建立完善天地车人一体化的柴油货车监控体系，建成1套机动车尾气固定式遥感监测系统和2套柴油车黑烟抓拍系统。全市首创“环保经理”制，督促企业强化自查自纠，已有68家企业设立“环保经理”，近两年实现环保“零处罚”。

抓长效治理，全面开展城镇污染综合整治。县域规划内的7座污水处理厂全部投入运行，城南污水处理厂完成提标改造，108个村完成农村生活污水处理设施标准化运维试点工作。

【村美民富产业旺——乡村振兴】 “十三五”期间，宁海着力实施乡村振兴战略，连续八年获浙江省社会主义新农村建设先进县称号，先后被评为浙江省美丽乡村创建先进县、美丽乡村示范县和国家级生态县等，农业现代化发展水平跃升至全省第13位。2019年，全县农村居民人均可支配收入达3.4万元。

打造美丽乡村新面貌。深甽镇南溪村作为宁海森林温泉所在地，是闻名遐迩的天然氧吧。2015年起，南溪村完成了“三线下地”、“白改黑”、美丽庭院等美丽乡村建设工作，激活了沉睡的山村。依托独特的温泉资源，大力发展旅游产业，打造民宿集聚区。

绿水青山就是金山银山。不断深化“千万工程”，持续推进农村垃圾、厕所、边角等革命，乡村面貌焕然一新。“十三五”期间，宁海安排拨付农村人居环境建设资金5亿元，建成省级美丽乡村示范乡镇8个、精品村25个、示范村21个。

在美丽经济的引领下，村民的钱袋子也鼓了起来。全县民宿（农家乐）428家、床位超过1万张，户均年收入15万元以上。2019年，全县农村居民人均可支配收入增长9%。

“十三五”以来，宁海深化农业供给侧结构性改革，坚持“优质高效、特色精品、绿色生态”发展之路，集聚资源要素，优化产业布局，融合一、二、三产，构建良好的现代农业发展体系，打造农业区域公共品牌。

2017年，宁海整合青珠农场、下洋涂、蛇蟠涂和双盘涂，融合打造三门湾现代农业开发区，让昔日沉寂的荒涂展现出无穷的生机和活力。依托着这个现代化园区，重点项目相继落地、科研人才不断引入、农业科技化水平不断提升。

2020年9月，位于蛇蟠涂区块的宁波华大海昌水产科技有限公司经过三年的科研攻关，首次实现了青蟹规模化苗种繁育。在三门湾现代农业开发区蛇蟠涂区块，已引进15家现代农业企业，从种质资源保护到苗种繁殖到海水池塘养殖再到销售，形成了“一站式”服务体系，带动了农业增效、农民增收。

高效的现代农业不断助推着乡村振兴。宁海构建了以茶叶、柑橘、水产为主打的“3+X”示范性农业全产业链，做大做强新型农业经营主体，推进农业绿色发展，加快种子种苗、经营主体、品牌等体系培育。岔路黑猪、双峰香榧获注国家地理标志证明商标，望海茶入选中国农业品牌目录，“宁海珍鲜”区域品牌影响力拓展……“十三五”以来，宁海农业农村发展处于全市前列。2019年，宁海农业生产总值47.91亿元，农业增加值增长2.9%。

筑牢乡村振兴文化之基。艺术振兴乡村就是宁海以文化人、创新乡村治理的典型案例。葛家村曾是一个无特点、无优势、无潜力的“三无”村庄。2019年4月，中国人民大学艺术学院副教授丛志强走进葛家村，用艺术振兴乡村的思维，激发了村民的内生动力。短短几个月，葛家村的环境和村民面貌发生了巨变。村里老屋成了充满艺术感的小景点，破旧的衣物摇身一变成了颇具童趣的玩偶，村民个个变成能工巧匠，从图纸设计到施工造景全部自己动手，这个默默无闻的偏远小山村火了，吸引成千上万游客争相“打卡”。2020年，葛家村的村民们还将经验带到了贵州晴隆县定汪村，帮助当地群众脱贫致富。

注重传统文化传承，“大气、正气、硬气、和气”的宁海精神浸润于乡村振兴全过程。目前，宁海建成农村文化礼堂335家，实现了500人以上行政村文化礼堂全覆盖，乡镇（街道）综合文化站达标率100%。持续开展“移风易俗倡新风”活动，大力培塑“身边好人”“最美宁海人”；举办“百姓大舞台”，弘扬乡风文明新风尚；举办两届乡村振兴村民运动会，带动全县70%村民参与，实现了丰富的文化体育活动就在群众身边。宁海累计创成全国文明村3个、省市县三级文明镇14个、文明村328个，县级文明镇实现100%全覆盖，乡村的精神风貌焕然一新。

【看得见的幸福感——医疗卫生事业】 手机上挂号，踩着点看医生，扫一扫二维码，几秒钟内完成付费……如今，市民去宁海各大医院就医，看病、付费、配药简单方便，省时省力，让越来越多的宁海人切身体会到了智能化医疗带来的便利。

“十三五”期间，宁海医疗卫生体系日益健全，医药卫生体制改革深入推进，卫生健康设施设备极大改善，医疗服务能力和水平不断提高，公共卫生服务能力持续提升，全县医疗卫生事业改革发展取得显著成效，托起市民稳稳的幸福感，群众充分享受到卫生发展带来的健康红利，获得感不断增强。

按需改造，持续性提升公共服务能力。健康医保卡不仅可以实现预约挂号、就诊、结算、检查、取药等全流程应用，而且还在全省各医院实现“一码通用、服务一体、信息共享”。五年来，宁海坚持从患者需求出发，为了让市民付费更便捷，县卫健局重新改造自助挂号缴费系统，在自助机上实现微信、支付宝、云闪付等在线支付，考虑到那些未使用智能手机的人群，还保留现金、银行卡等支付方式。在“健康医保卡”推出后，宁海不断拓展健康医保卡的发行数量和覆盖范围，推进医疗、医保、医药信息融合，逐步实现互联网医疗服务医保支付。

硬件升级，全方位改善医疗服务环境。面积约4600平方米，专职实验室工作人员11名，其中高级职称5名，通过省级资质认定扩项评审，检测项目达到23类449项，处于省内同类实验室的先进水平……在县疾控中心内的一间现代化实验室里，拥有气质联用仪、全自动酶标仪等一批大型高精仪器设备。

正是拥有现代化的实验设备，在抗疫期间，实验室累计完成新冠核酸检测及新冠血清抗体检测1.8万份，为宁海全面打赢疫情防控战提供了科学可靠的实验室数据。硬件提升是医疗服务能力的基本保障。宁海实施医共体能力提升工程，投入1亿元，在建工程7个、预备类工程8个，84%的公立医疗机构将面貌一新。“十三五”以来，宁海先后投入10余亿元对17家医疗卫生单位进行了改迁建，县第一医院新住院楼、县中医医院新院区等一批县级医疗卫生设施已成功搬迁运营，茶院、黄坛等5家乡镇卫生院已先后投用，心电图、彩超、DR等高端设备普及到基层医疗机构。

疏通脉络，高质量推动医共体建设。从2016年开始，宁海利用三年时间，建成以医疗云、公卫云、健康云三大业务应用系统为主体的区域业务协作平台。依托区域业务协作平台，发挥互联网、大数据等信息技术作用，打通医疗机构之间的信息通道，在医共体内形成一体化的医疗服务，让信息多跑路、病人少跑腿。宁海根据医共体建设需要，不断优化完善县域卫生健康信息一体化平台，制定县医共体信息化建设数据标准，建成县域双向转诊平台，实现公立医疗机构电子发票全覆盖，县域影像云采集69万张云胶片，统一规划、统一建设、统一管理、统一运行的“四统一”信息化格局进一步形成。

宁海医疗服务支持应用11项，公共卫生服务支持应用12项，卫生综合管理服务支持应用5项，平台上的居民自助服务支持应用8项，被评为2019年度国家医疗健康信息互联互通标准化成熟度测评“四级乙等”并授牌。

【绿水青山总关情——生态环境保护】 良好的生态环境，是全面建成小康社会的基础条件，也是提升群众生活质量的重要内容。五年来，宁海深入践行“绿水青山就是金山银山”的发展理念，以污染防治为突破口，全力打好“蓝天保卫”“护水斩污”“清废净土”污染防治攻坚战，不断保障区域生态环境质量，为县域经济可持续发展保驾护航。其间，宁海连续3年位居全国“两山”发展百强县第二，连续2年获省美丽浙江建设工作考核优秀，3次获得全省五水共治“大禹鼎”，创成首批省级清新空气示范区。

治气，守护一片蓝天。截至2019年11月底，宁海大气环境质量有所提升，大气环境优良率达94.0%，比2018年同期上升0.3个百分点，PM2.5浓度控制在22微克/立方米，比2018年同期下降15.4%，PM10浓度控制在40微克/立方米，比2018年同期下降9.1%……一个个数据记录着宁海打赢蓝天保卫战的决心。

五年来，宁海深入贯彻落实国家“大气十条”和浙江省大气污染防治条例，坚持城乡统筹、联防联控、防治并重、全体系治理，大气环境质量得到有效改善。其间，宁海超额完成二氧化硫、氮氧化物、挥发性有机物（VOCs）减排任务；累计淘汰燃煤锅炉317台、落后产能企业57家，能源和产业结构进一步优化；基本完成铝压铸行业整治，完成家具、涂装、橡胶汽配等行业150家企业VOCs污染治理，完成7家建成区生物质锅炉超低排放改造，完成1个重点园区废气治理，工业废气治理水平进一步提升；实现乡镇（街道）环境空气监测站全覆盖，建立完善天地车人一体化的柴油货车监控体系，大气环境监管体系进一步健全。

治水，保护一汪碧波。作为宁波市首个国家生态县和名副其实的“大水缸”，宁海坚决贯彻落实省市治水决策部署，在全市率先剿灭Ⅴ类水，洋溪、凫溪、天明湖、中堡溪获得省市美丽河湖称号。

五年来，宁海逐步推进污水管网建设，县域规划内的7座污水处理厂全部投入运行，城南污水处理厂完成提标改造，108个村完成农村生活污水处理设施标准化运维试点工作，污水治理设施进一步完善。污水零直排区建设成效明显，基本完成入河排污口整治，城区17个区块完成雨污分流改造，8个乡镇（街道）通过省污水零直排区建设。同时，宁海创新实施乡镇（街道）污水收集和处理考核机制，对乡镇（街道）污水量实行实时监控并按月监测进水浓度，污水量和浓度变化作为体现管网建设成效考核的重要内容。目前，已经完成9个站点的管道流量计安装并按月开展水质监测，结合原来污水处理厂安装的流量计，已可收集16个乡镇（街道）的污水量和污水浓度数据。

治土，留住一方绿地。土壤污染防治影响着米袋子、菜篮子、水缸子的安全，事关民生福祉。宁海坚持“预防为主、保护优先、风险管控”原则，围绕农用地安全利用、污染地块风险管控和“无废城市”建设，持续推进治土清废行动。

五年来，宁海陆续完成农用地土地污染状况调查和重点行业企业用地污染状况调查，2家企业开展污泥产生企业与利用处置行业深化整治提升，涉废行业整治成效明显。污染地块管理逐步规范，企业关停过程污染防治监管进一步加强，金海雅宝污染地块治理修复项目工程基本完成，电镀行业深度整治全面完成，2019年削减重点重金属60千克，提前一年实现“十三五”重金属排放量较2013年下降10%以上的目标。同时，随着固体废物利用处置设施逐步完善，宁海危险废物年处置能力累计达到10.1万吨。

（记者　曹维燕　周韵健　潘璐璐　黄浓珍　卓佳洋　屠以撤　何莎莎

通讯员　葛芋君　邵颖玢　王小飞　徐鸿鑫　仇丹娅　王珍珍　徐丽）

宁海县文明餐桌倡议书

广大餐饮单位、市民朋友们：

习近平总书记近期对制止餐饮浪费行为做出重要指示，号召全党、全社会厉行勤俭节约，反对铺张浪费。倡导文明用餐，弘扬勤俭节约是中华民族的传统美德，珍惜粮食、杜绝浪费是城市文明的重要体现，为大力倡导勤俭节约、文明卫生的生活方式和消费方式，特向全县餐饮单位、市民朋友们发出文明就餐、光盘行动倡议：

一、就餐讲文明，做文明餐桌的先行者。餐饮单位摆放文明餐桌提示牌，播放宣传视频，营造文明用餐氛围。市民从自身做起，深化文明就餐意识，体现用餐礼仪，做文明餐桌的先行者。

二、就餐不浪费，做光盘行动的践行者。餐饮单位合理调整菜品分量，提供“按位供餐”服务，引导消费者按需点餐。市民把节俭的理念，剩菜打包的习惯根植于心中，做“光盘一族”，自觉践行文明用餐、珍惜粮食、理性节俭的消费习惯。

三、就餐要卫生，做公勺公筷的推动者。餐饮单位上菜时配备公勺公筷，并用温馨提示语引导顾客使用。市民在家庭用餐、集体用餐时养成使用公筷公勺和消毒餐具的好习惯，并带动身边人。公筷公勺，健康饮食，既保护自己，更尊重他人，共建卫生、健康的用餐环境。

餐桌举止非小事，餐桌文明关你我！让我们积极行动起来，从自身做起，从即刻做起，养成文明、节俭、健康、卫生的就餐好习惯！

县文明办

县商务局

大 事 记

1月

2日，市委常委、公安局局长黎伟挺到宁海开展“深化‘三服务’、助推开门红”活动。

2—3日，副省长彭佳学到宁海开展“深化‘三服务’、助推‘开门红’”活动。

3日，副市长李关定到宁海开展“深化‘三服务’、助推‘开门红’”活动。

同日，县消防救援大队举行挂牌仪式。

5日，《东南溪村志》正式出版。

7日，中共宁海县委十四届六次全体（扩大）会议举行。

同日，第一期“全国民主法治示范村（社区）”普法骨干培训班在县委党校开班。

9日，中国社会科学院财经战略研究院县域经济课题组完成的“全国制造业百强县（市）”和“全国营商环境百强县（市）”研究报告发布，宁海入选“全国制造业百强县（市）”。

10日，全县“不忘初心、牢记使命”主题教育总结大会召开。

同日，副市长陈炳荣到宁海开展“三服务”活动，履行湖长职责检查白溪水库保护情况。

14日，市委宣传部常务副部长魏祖民到宁海慰问道德模范与身边好人。

同日，一市镇综合指挥室队员赖祥福，华英伦科技（宁波）有限公司市场总监、党支部书记王玉琪，桃源街道冠庄社区居民潘以祖分别入选2019年11—12月见义勇为、助人为乐、孝老爱亲类“宁波好人”

15日，市委常委、鄞州区委书记褚银良一行到宁海考察乡村振兴工作。

20日，县委县政府举行2020年春节团拜会。

同日，全县安全生产（消防）工作暨“四大会战”推进会召开。

同日，副市长李关定一行到宁海走访慰问了基层干部、困难群众、专家人才等。

21日，宁海县上榜首批省AAA级景区城，胡陈乡、前童镇、深甽镇获评首批省AAAA级景区镇（乡、街道），长街镇入选首批省AAA级景区镇。

22日，县政府召开第63次常务会议。

28日，县第一医院副主任医师王平和县中医医院护士顾丽娜，作为宁海派出支援武汉的医护人员，登车出发前往武汉，支援武汉抗击疫情。

是月，前童镇入选2019年度浙江省美丽乡村示范乡镇，前童镇大郑村入选浙江省高标准农村生活垃圾分类示范村。

是月，2019年度浙江乡村振兴带头人“金牛奖”揭晓仪式举行，桃源街道下桥村党支部书记兼村主任陈冬娥荣获“金牛奖”，宁海传媒集团获“优秀组织奖”。

是月，宁海会展管理中心获“2019年度中国会展品牌大奖”和“中国十佳节庆活动奖”。

是月，县关工委获评全国关心下一代工作先进县关工委称号，是全市唯一一家。

是月，胡陈乡、力洋镇、越溪乡、西店镇、深甽镇荣获“国家卫生乡镇”称号；桑洲镇获“省级卫生镇”称号。

是月，“宁海县幼教集团”授牌仪式在县中心幼教集团金阳园区举行，共组建成立实验幼教集团、中心幼教集团、跃龙幼教集团3个幼教集团。

是月，前童鹿山别院入选2019年度浙江金宿名单。

是月，娄逢理入选2019年度宁波市最美志愿者，“点亮微光 飞扬青春——涉罪未成年人帮教志愿服务项目”、“春风化雨”调解志愿者介入信访工作项目入选最佳志愿服务项目，跃龙街道心动力艺术团入选最佳志愿服务组织。

是月，宁海县生态环境公众满意度连续8年位居全市第一。

是月，县委宣传部“文化融入乡村振兴的基层探索：艺术点亮乡村计划”入选2019年浙江省宣传思想文化工作创新项目，为全市唯一。

2月

1日，宁海县以视频会议形式召开全县新型冠状病毒感染的肺炎疫情联防联控工作领导小组（扩大）会议。

2日，宁海县疫情防控办、中共宁海县委组织部联合发出《再次吹响先锋集结号——致全县各级党组织和广大党员的倡议书》。

3日，县委书记林坚以视频会议形式主持召开全县新型冠状病毒感染的肺炎疫情联防联控工作领导小组（扩大）会议

5日，县综合执法局为进一步遏制新型冠状肺炎疫情传播势头，全面加强疫情防控力度，县综合执法局根据疫情防控形势，对城区所有公园采取人群劝离并进行临时封闭，城区16个公园完成“清园”工作。

同日，由县政府采购的口罩通过“网上预约、线下配送”“宁海发布”微信公众号和“看宁海”手机App平台预约向市民免费限量在宁海投放首批9.3万只口罩。

6日，宁海首例新型冠状病毒感染的肺炎患者在县第一医院感染科住院部治愈出院。

7日，为了积极做好新型冠状病毒感染肺炎的防控工作，凝聚众志成城抗击疫情的强大力量，《今日宁海》开始推出“一线战‘疫’手记”，记录一线防疫人员为守护人民健康而战的心路历程。

9日，由县第一医院刘若锟、王才木、蒋秋晴、周冰彬、陈誉涵、王晨、陈而奇、应之乐、王爱娇、张莎莎、陈海霞、俞海霞和县妇保院夏海琴、李璐、徐文巧、朱春聪、林婵娜、罗惠丹、马晓雪、卢子阳、周虹、龚卓怡等22人组成的第二批驰援医疗队伍集结出发，前往湖北抗疫一线。

10日，宁海县人民代表大会常务委员会办公室发布《关于推迟召开宁海县第十八届人民代表大会第四次会议的通告》。宁海县政协办公室发布《关于推迟召开政协第十届宁海县委员会第四次会议的决定》。

同日，宁海县制定出台《关于打赢疫情防控阻击战帮扶中小企业共渡难关的二十条意见》，覆盖社保、金融、财税、外贸、房租等方面，降税费、强融资、优服务，切实减轻中小企业负担，支持中小企业在疫情防控期间平稳发展。

同日，县交通局继推出“点对点”专线运送服务、分流管控等举措后，在全市首创返工人员在线登记流程。

19日，省委副书记、市委书记郑栅洁赴宁海县检查督促疫情防控和企业复工工作。他强调，各级各部门要深入贯彻习近平总书记在中央政治局常委会会议和中央深改委会议上的重要讲话精神，坚持分类指导、精准施策，坚持“疫情图”与“复工图”相匹配，进一步完善精密智控机制，加快复工复产进度，努力实现“两确保三争取”的目标。

同日，县委常委会召开扩大会议，传达学习市委常委会（扩大）会议精神，研究部署宁海县新冠肺炎疫情防控和复工复产工作。

20日，市委常委、公安局局长黎伟挺到宁海开展“三服务”活动。

21日，市委副书记、市长裘东耀赴宁海检查指导企业复工复产及重大项目开工工作。他强调，要深入贯彻习近平总书记关于疫情防控的重要讲话和重要指示精神，全面落实省委、省政府和市委的部署要求，细而又细抓好疫情精密智控，实而又实推进企业复工复产，着力提高企业复工率、达产率，把疫情带来的影响降到最低，确保“两手硬、两战赢”。

24日，全县统筹推进新冠肺炎疫情防控和经济社会发展工作部署会议召开。县委书记林坚在会上强调，各级各部门要深入学习贯彻习近平总书记重要讲话精神和省市会议精神，主动作为强担当，狠抓落实打胜仗，统筹推进疫情防控和经济社会发展工作。

同日，宁海县首例康复出院的新冠肺炎患者周某到宁波中心血站捐献血浆400毫升，用于重症、危重症新冠肺炎患者的医疗救治。该患者在县第一医院治愈出院，是宁波市新冠肺炎康复者成功捐献血浆的第四人，其捐献量为四人中最多。

25日，副市长李关定到宁海，深入园区、企业开展“三服务”活动。

26日，市人大常委会主任余红艺和副市长卞吉安到宁海调研农口线疫情防控、农渔业复工复产和春耕备耕等工作。余红艺指出，要认真贯彻习近平总书记在统筹推进新冠肺炎疫情防控和经济社会发展工作部署会议上的重要讲话精神，积极做好复工复产工作，不误农时播下“希望的种子”，全力以赴保障好“菜篮子”“米袋子”。县领导林坚、徐真民、沈纾丹参加调研。

同日，市委常委、宣传部部长李军到宁海调研宣传思想文化工作。

同日，县卫健局下发《关于建立驻企健康指导员制度助力企业复

工复产的通知》。

27日，副市长沈敏一行到宁海调研复工复产情况。

28日，宁海县正式启动“在宁海·甬抱你”高层次人才云端招聘大会，有150余家单位设岗招聘，包括“百企千岗”企业人才云端招聘会、国有企业人才集中招聘会、医卫专业高层次人才专场招聘会、第四届中国·宁波生命健康创业创新大赛启动报名、市“3315系列计划”申报5大板块。

同日，第四届中国·宁波生命健康创业创新大赛提前启动发布，面向全球引进生物医药专业人才团队。

是月，宁海县疫情防控办发布《关于严厉打击新型冠状病毒感染的肺炎疫情防控期间违法犯罪的通告》《关于公布宁海县疫情投诉举报电话的通告》《关于宁海县疫情防控“十二个一律”的通告》《关于疫情防控期间政务服务和公共资源交易服务办理的通告》

是月，《今日宁海》开始推出“最美逆行者”系列报道。

是月，由联合国人居署主办，以“城市机遇：文化与创新的联系”为主题的第十届世界城市论坛（WUF10）在阿联酋首都阿布扎比圆满闭幕。岔路镇花堂村葛家大院（里份大道地）复原性设计、下畈村参与式规划信息系统试点项目两项成果参加展出，并以“信息技术支持包容性乡村规划”为案例，介绍中国地方在推进落实SDG11工作中的成功经验，受到国际社会广泛关注。

3月

3日，宁海最后一例新冠肺炎确诊病例出院。宁海县累计报告的11例新冠肺炎确诊病例全部出院。

4日，宁海荣获2019年全省农村危房治理改造优秀县。

5日，市委常委、市纪委书记、市监委主任傅祖民到宁海开展“三服务”活动，指导督查疫情防控和复工复产工作。

6日，宁海县首个水利世行贷款项目——龙眼溪整治工程开工建设。

8日，“护士奶奶”李叶彩的道德模范工作室在深甽镇马岙社区卫生服务站揭牌成立。

9日，省委农村工作会议召开。县委书记林坚代表宁海县在会上作《打开两进两回通道 激活乡村振兴动力》的交流发言。

同日，全市重点项目网上签约会举行。其中，宁海总投资5000万元的总投资5000万元和总投资1亿元的科技研发园孵化器项目成功网上签约。

10日，总投资124.5亿元的22个重大项目集中开工仪式举行，包括海亮宁海公学项目、大佳何小微企业园、艾美生物新型细菌性疫苗产业化一期项目、得力年产10亿平方米胶带和20亿只胶水生产线项目、中南高科滨海智造产业园项目、吉德电器年产50万台衣物护理机生产线扩建项目、尚臣物联设备生产线项目、老城区特色文化街区一期项目、原纺织厂地块开发项目、西店镇18-16地块（滨海邻里中心）项目、东海康城智慧养老公寓项目、南部滨海新区职工宿舍楼工程、南门村安置小区二期、中心城区防洪排涝工程、农村水系综合整治、美丽河湖创建工程、高密度南美白对虾养殖2.0版创新基地、长街镇成塘22兆瓦渔光互补发电项目、益丰110千伏输变电工程、2020年宁海县配电网升级改造工程、2020—2022年度排水设施建设工程、2020—2022年度供水设施建设工程。

同日，全省文化和旅游重大项目集中开工，宁波市文化和旅游重大项目集中开工（复工）活动在宁海大庄温泉乡根小镇项目现场举行。全年，宁海文化和旅游类重点工程共66个，总投资134.8亿元，年度计划投资30亿元

同日，宁海召开“四重四比”稳投资动员大会。县委副书记、代县长滕安达在会上强调，全县上下要进一步认清当前形势，迅速进入“起步就是冲刺，开局即是决战”的工作状态，牢牢把握“重前期比开工、重进度比投资、重管理比质量、重服务比保障”总要求，凝心聚力、真抓实干，以非常之力狠抓项目争速，以高分高质做好投资答卷，确保完成全年经济社会发展目标任务。

11日，县委财经委2020年第一次会议召开。

12日，宁海县30家“技能大师工作室”组成的“共享技师”联盟帮助复产企业解决难题的做法登上央视《新闻直播间》，向全国各地展示复工复产中的宁海经验。

13日，县政府召开第66次常务会议。

18—19日，省委常委、组织部部长黄建发到宁海调研党建和复工复产工作，并开展“三服务”活动。

19日，浙江医疗队首批回撤队员抵达杭州，抗疫归来，然后去安吉进行14天的隔离。其中就有县第一医院医生王平和县中医医院护士顾丽娜。

20日，市政协党组副书记、副主席林静国带队到宁海，检查宁海抽水蓄能电站项目复工复产情况，同时开展“三服务”工作。

24日，宁海第二批4家“送药上山进岛便民服务点”分别在深甽

镇上湖村上湖卫生室、强蛟镇薛上岙村上农卫生室、岔路镇山洋村山洋卫生室、茶院乡新永健大药房挂牌，在全市率先完成2020年“送药上山进岛便民服务点”建设，已建成8家便民服务点，超额完成1家。

同日，浙江省卫生健康委办公室公布13家县级卫生行政执法机构为第二批浙江省卫生行政执法规范化建设机构，宁海县卫生监督所入选。

26日，宁海召开大抓“自我革新”暨提升战斗力、决胜关键年动员大会。

27日起，宁海县开通网上祭扫服务通道。

28日，以“约惠宁海，购时尚、购实惠、购精彩”为主题的2020宁海县全民消费季启动仪式举行。

31日，省水利厅党组书记、厅长马林云到宁海检查水利复工复产、安全生产工作，并深入一线开展“三服务”活动。

同日，宁海县第二批援鄂医疗队乘坐包机平安返回。

是月，奇精机械获省级劳动关系和谐企业称号。

是月，宁海县申报的农村垃圾智分类项目入选《新型智慧城市发展报告（2018—2019）》优秀实践案例。

是月，2019年全省农村危房治理改造绩效评价情况公布，宁海县榜上有名，成为全省27个优秀县（市、区）之一。

是月，省商务厅公布2019年度“浙江省出口名牌”名单，宁海的东方日升、美琪工具、万安股份3家企业榜上有名。

是月，宁海中腾大梁山矿泉有限公司成功获批取水许可电子证，标志着宁海第一张取水许可电子证照正式落地。

是月，2019年度浙江省装备制造业重点领域首台（套）产品名单公布，宁海的兴利汽车模具的TA1218系列汽车B柱双色旋转精密组合模具、瑞元模塑的RY18211大型高精度多镶件汽车线槽模具、震裕科技的ZY12018汽车发电机电机铁芯无扣点高速冲级进模具为部件和机器人类首台（套）产品，宁波迈拓斯数控机械的YMC-5X大型高精度智能化定梁五轴龙门铣和宁波如意的CBD-FM型4.5吨智能搬运车为成套设备类首台（套）产品。

是月，梅林街道河洪村上榜第八批历史文化村落保护利用重点村，桑洲镇麻岙村、岔路镇湖头村、深甽镇岭徐村上榜第八批历史文化村落保护利用一般村。

是月，宁海连续3年获美丽宁波建设考核优秀。

是月，浙江省发布《2019年度政务公开第三方评估报告》，宁海在全省县（市）区排名第1位。

是月，宁海县水文站通过“全国水利文明单位”复评，是全省唯一，也是该站连续第三次获得该称号。

是月，西溪—黄坛水库水源地被评为省优水源地。

是月，宁海亲人身后事“一件事”“一次也不跑”入选2019年浙江省改革创新优秀实践案例。

是月，农行宁海支行获评2018—2019年度中国银行业安全管理先进单位。

是月，宁海县深甽镇马岙俞氏宗祠古戏台和龙宫陈氏宗祠古戏台分别获得2020年度国家文物保护专项资金128万元和166万元，资金已下拨到位。

是月，宁海县得力集团有限公司获国家AAAA级综合物流企业称号，成为宁波南部县（市）区首家获此殊荣的企业。

是月，宁海企业服务中心王海韶、山中合金（宁波）有限公司黄志贤与建新赵氏集团有限公司陈为萍3名女职工被评为宁波市五一巾帼标兵，梅林税务所办税服务厅获评宁波市五一巾帼标兵岗。

是月，宁海县一家文具企业通过注册商标质押，在宁海农商行城关支行成功获得贷款100万元，这也是宁海农商行发放的首笔商标专用权质押贷款。

是月，省民政厅公布第二批省级农村引领型社区名单，宁海县大佳何镇葛家村、深甽镇南溪村、梅林街道河洪村、胡陈乡梅山村、茶院乡许民村5个村入选。

是月，岔路镇获评“浙江省森林城镇”。

4月

1日，县委召开农村工作会议。

同日，县政府召开第67次常务会议。

2日，大抓“产业革新”暨全县制造业高质量发展大会召开。

4日，由县委组织部、县直机关工委、人社局、卫健局联合组织的2020年“心系群众 血浓情深”无偿献血活动正式启动。

7—9日，省防汛督查组深入桑洲镇、强蛟镇等地，实地对防洪饮水工程、小流域山洪和地质灾害治理、避风锚地、城市内涝防御基础设施工程等汛前准备工作进行督导检查。

8—9日，由晴隆县委书记袁建林率领的晴隆党政代表团到宁海考察。

9日，宁海县举行乡贤返乡创业洽谈会暨项目签约仪式。

10日，省人民政府发布《关于

禁止在宁海县清溪水库工程占地和淹没区新增建设项目和迁入人口的通告》。

15日，省委第九巡视组巡视宁海县工作动员会议召开。会前，省监委委员郭卫东向县委书记林坚传达省委书记车俊关于巡视工作的讲话和指示精神。会上，省委第九巡视组组长施利民就即将开展的巡视作动员讲话，郭卫东就配合做好巡视工作提出要求，林坚主持会议并作表态发言。

同日，第二批援鄂医疗队22名队员结束14天集中隔离休养返回宁海。

16日，省职业检查“双百尖兵”工程宣贯培训会暨基层药品专业化监管机制建设现场会在宁海召开，县市场监管局在会上作典型交流发言。

同日，宁海被评为2019年度全省新时代美丽乡村建设工作成效突出单位。

19日，省委副书记、市委书记郑栅洁专门就叶全奖先进事迹做出批示：“叶全奖的先进事迹感人至深！他是基层党组织书记的优秀代表，是乡村振兴的模范带头人，是‘两山’理念的忠实践行者，是群众认可的好支书。他对党忠诚、一心为民，务实担当、勤勉敬业，是广大党员干部身边的榜样，我们都应该向他学习。”24日，市委决定追授叶全奖“宁波市优秀共产党员”称号。

21日，前童镇种粮大户童章照在宁海首次用无人机播种早稻。

同日，宁海县与建行宁波市分行举行战略合作协议暨金融支持乡村振兴协议签约仪式。

23日，县政府召开第69次常务会议。

同日，宁海县村级小微权力清单三十六条地方标准正式发布。

24日，宁波“院士之家·青英荟”（宁海）授牌仪式在宁海举行。7位首批进“家”院士苏纪兰、高从堦、沈寅初、潘德炉、龚昌德、陈剑平、杨树锋共同启动进“家”仪式，受赠“院士之家”金钥匙。

同日，宁海县举行庆祝“五一”国际劳动节暨先进表彰大会。

26日，宁海“交通运输+邮政快递融合”项目成功入选交通运输部发布的农村物流服务品牌（第一批）名单，为全市唯一。

27日，市十五届人大五次会议代表审议市政府工作报告。市人大代表、市政协主席杨戌标参加宁海代表团审议时强调，要深入贯彻习近平总书记在浙江、宁波考察时的重要讲话精神，全面落实中央决策、省委部署、市委要求，聚焦目标任务，发挥特色优势，扛起当好建设“重要窗口”模范生的使命担当，乘势而上，主动作为，努力实现高质量发展。

28日，宁海代表团以“顺应区域一体化，打造甬南大门户”为主题进行集体审议。市人大代表、市委副书记、市长裘东耀在参加审议时强调，要坚持以习近平新时代中国特色社会主义思想为指导，深入贯彻习近平总书记在浙江、宁波考察时的重要讲话精神，全面落实省委、省政府和市委的部署要求，谋非常之策、下非常之功、行非常之举、尽非常之责，为宁波当好浙江建设“重要窗口”的模范生做出更多贡献。

是月，跃龙街道银河社区世贸中心小区获2019年度全省生活垃圾分类高标准示范小区称号。

是月，宁海农饮水达标提标工作获全省成绩突出县（区），全市共3个。

是月，宁海县被评为2019年度全省农村生活垃圾分类处理工作成效明显单位。

是月，宁海县红色西乡纪念馆（含岔路镇梅花村会议纪念馆、西南农会旧址、县委诞生地碑亭、山洋革命根据地纪念园）入选省第八批国防教育基地，为全市唯一。

是月，宁海县中医医院、宁波太平洋百货集团有限公司、宁波太平洋百货集团有限公司国际购物中心、宁波柏屹电器有限公司、宁波如意股份有限公司获市级绿色单位称号。至此，宁海已有1家市级生态文明教育基地，省、市绿色单位称号单位154家。

是月，桑洲镇麻岙村、深甽镇马岙村和梅林街道河洪村入选第六批省级历史文化名镇名村街区。

是月，2019年全省“五水共治”公众满意度调查结果公布，宁海县分值首次超过90分，位列全省第30名，比2018年提升30名。

是月，“一人一窗一机一平台”，宁海在全市率先实现不动产全业务新模式。

是月，由县农业农村局组织编纂的《宁海县农村工作志》正式出版发行。

是月，美丽宁波办发布2019年宁波市绿色单位名单，宁海县5家单位获得市级绿色单位称号，分别是宁海县中医医院、宁波太平洋百货集团有限公司、宁波太平洋百货集团有限公司国际购物中心、宁波柏屹电器有限公司、宁波如意股份有限公司。至此，宁海县已有1家市级生态文明教育基地，省、市绿色单位称号单位154家。

是月，宁海县被评为2019年度全省新时代美丽乡村建设工作成效突出单位。

是月，宁海县工人先锋号评选结果出炉，宁波方正汽车模具股份有限公司电极自动化加工班组等21家集体获“宁海县工人先锋号”称号，宁波优和办公文具有限公司疫情防控先锋组等44家获“宁海县抗疫情专项工人先锋号”。

是月，2019年度全县优秀基层文化工作表彰名单出炉。评选出在全县基层公共文化建设中成绩突出的10个优秀乡镇（街道）综合文化站、45支星级群众文艺团队、50支“宁海之夏”文化纳凉戏曲团队和50名群众文化带头人。

5月

7—9日，中国人民政治协商会议第十届宁海县委员会第四次会议在宁海国际会展中心召开。

8日，宁海召开民主协商会，就县十八届人大四次会议上的重要人事安排进行通报并征求意见。

8—9日，宁海县十八届人大四次会议在宁海国际会展中心召开。

9日，县十八届人大四次会议举行第二次全体会议，大会通报2019年人大代表票决确定民生实事项目完成情况满意度测评结果；依法选举滕安达为宁海县人民政府县长，范建军为宁海县第十八届人大常委会副主任，周初波为宁海县监察委员会主任，还选举7名同志为宁海县第十八届人大常委会委员；投票表决2020年宁海县民生实事项目；表决通过有关专门委员会组成人员人选名单。

同日，经县十八届人大四次会议第二次全体会议投票表决，2020年10项民生实事项目名单确定，分别为美丽乡村建设工程、农民饮用水达标提标工程、农村公路改造提升工程、高中段学校校舍改造提升工程、前童镇中心小学迁建工程、第二医院医疗健康集团总院提升改造工程、区域性居家养老服务中心工程、中心城区停车位建设工程、城南消防站工程、环卫基础设施提升改造工程。

11日，全县建设平安宁海、政法信访工作暨信访积案化解“百日攻坚”行动动员大会召开。

12日，宁海获评2019浙江文化和旅游产业融合发展十佳县区，系全市唯一。

13日，省直机关工委常务副书记郑才法一行到宁海调研指导机关党建工作。

14日，晴隆—宁海东西部扶贫协作联席会议在晴隆县召开，携手共商下阶段扶贫协作工作。

同日，县政府召开第70次常务会议。

同日，在市第八届水利“大禹杯”评选中，宁海县捧回“大禹杯”银杯奖，县水利投资有限公司荣获优秀集体，县水利局蒋朝干、县供水有限公司长亭分公司童斌斌获优秀个人荣誉。

同日，2020年浙江·一市第十三届“宁海白”云枇杷节启动仪式在一市举行。

同日，宁海南庄村集士驿站开业暨宁海农村物流生态联盟揭牌仪式举行，标志着宁海“交邮合作”快递进村项目获得新突破。

18日，得力集团有限公司、浙江兴达文具有限公司、浙江双宇电子科技有限公司、建新科技有限公司4家企业被授予市级劳务协作爱心企业。

19日，庆祝“中国旅游日”十周年主会场活动、第十八届徐霞客开游节暨沿海高速长三角自驾游合作交流季开幕。

同日，省政府副秘书长蔡晓春、省文化和旅游厅厅长褚子育一行，深入实地对宁海文旅产业发展和复工复产情况进行调研。市文化和广电旅游局局长王程参加调研。

同日，市委副书记、政法委书记宋越舜一行到宁海调研社会矛盾纠纷调处化解工作。

20日，省人大常委会副主任赵光君，市人大常委会党组副书记、副主任、市委统战部部长胡军一行到宁海，就贯彻落实“两法两条例两决定”情况，开展省市县三级人大常委会联动执法检查。

21日，全县争先创优专项行动工作动员部署会召开。县委书记林坚在会上强调，各级各部门要深入贯彻落实省、市相关会议精神，以战时状态比拼争先，穷尽一切心力、办法和可能，用最大力度夺取既有速度又有质量的经济高分报表。

23日，2020年万人游宁海·走进乡镇村一日游活动正式启动。

同日，亲青恋·十里红妆致英雄公益集体婚礼在前童镇举行。11对来自各条抗“疫”战线上的新人参加。

26日，浙江海警局局长马涛一行到宁海调研防台防汛、海上治安管控等有关工作。

29日，市人大常委会副主任戎雪海带队走访慰问宁海部分小学和幼儿园，为孩子们送去节日的祝福，向教育工作者表示慰问和感谢。

30日，县委召开全县领导干部会议，传达学习全国两会精神。

是月，宁海县雁苍山电力建设有限公司装配车间主任徐剑中、宁海建新胶管有限公司工装工艺科长薛鹏林、宁海县花姐文化创意有限公司工会主席潘晓燕3名职工入选“港城工匠”。

是月，西店岭口村入选浙江省文化示范村（社区）。

是月，建新赵氏集团有限公司陈如意、宁波如意股份有限公司郑羽锋和得力集团有限公司王青林3名职工入选“浙江金蓝领”名单。

是月，宁海在全市率先实现县

乡镇（街道）政务服务“好差评”全覆盖。

是月，中共宁海传媒集团党委获得全省2019年度“学习之星”先进组织荣誉称号，为全省唯一获此殊荣的县级媒体单位。

是月，宁海杨君霞获评2019年度省级“优秀家庭医生”，力洋中心卫生院彭家孟家庭医生签约团队和岔路中心卫生院家庭医生第一团队获评省级“优秀家庭医生团队”。

是月，茶院乡许民村党支部书记叶全奖上榜2020年5月“浙江好人”。

是月，宁海县位列2019年全国“两山”发展百强县第二位。

是月，县自然资源和规划局不动产登记服务窗口被授予“省巾帼文明岗”称号。

是月，全国首部“关工志”——《宁海县关心下一代工作志》出版，并于6月9日被宁波天一阁收藏。

是月，宁海获评2019浙江文化和旅游产业融合发展十佳县区，系全市唯一。

是月，在市第八届水利“大禹杯”评选中，宁海县获“大禹杯”银杯奖，县水利投资有限公司荣获优秀集体，县水利局蒋朝干、县供水有限公司长亭分公司童斌斌获优秀个人荣誉。

是月，县综合执法局为合理引导果农销售农副产品、规范市场经营秩序，在城区设置10处季节性水果临时疏导销售点：潘天寿公园南大门、哈佛幼儿园旁边、东站东大门、跃龙路国宏汽贸旁边、东海路一休公园西侧、粮油市场疏导点、西郊路疏导点、东旺路龙海市场周边、科园南路（竹海西城东大门北侧）、新桥路与兴工一路交叉口（新建村委会东侧围墙外）。

是月，发布《宁海县文明旅游公约》等5个文明旅游标准化导则。

是月，跃龙街道园丁社区居民屠仙绒一家获宁波市文明家庭称号。

是月，坦坑山公园落成并投入使用。

是月，2019年35个宁波“水美村庄”名单出炉，宁海县西店镇岭口村、长街镇石桥头村、深甽镇大洋村、大佳何镇民主村榜上有名。

是月，2020年中国茶叶区域公用品牌价值完成评估，望海茶品牌价值11.92亿元，较2019年11.18亿元上升0.74亿元，排名从2019年的第71名上升至69名。

是月，宁波永成双海汽车部件股份有限公司工会主席张燕获“宁波市首席工人”称号。

6月

3日，市委副书记、市长裘东耀在宁海调研。他强调，要深入贯彻习近平总书记在浙江、宁波考察时的重要讲话精神，全面落实党中央、国务院和省委、省政府的决策部署，按照市委的工作要求，把“六保”作为“六稳”工作的着力点，巩固提升经济稳走向上向好势头，奋力交出争先创优行动高分答卷，全力推动宁波当好浙江建设“重要窗口”的模范生。市政府秘书长朱金茂参加调研，县委副书记、县长滕安达陪同。

同日，省委统战部副部长、民宗委主任楼炳文率队到宁海调研宗教工作，检查宗教院校复学和宗教场所有序恢复对外开放疫情防控工作。

同日，宁海县安全生产和自然灾害突发事件应急管理委员会及其办公室揭牌成立。

同日，全市首家村级“防范经济犯罪宣传教育基地”，在强蛟镇上蒲村揭牌成立。

4日，市人大常委会副主任王建社带领视察组到宁海，对农贸市场建设管理工作进行专项视察并举行座谈会。

7日，蔚特公学（宁海）幼儿园投入使用，该园是县重点工程项目，总投资1.2亿元，按照大中小托各年龄段共18个教学班规模、县域首个标准化双语幼儿园打造。

10日，县政府召开第71次常务会议。

同日，省人民检察院党组成员、政治部主任胡梅奎率省委政法委督查组一行到宁海，专题督查调研执法司法规范化水平提升年活动有关工作开展情况。

12日，县委书记林坚在大抓“城市革新”暨争创全国文明城市动员会议上强调，要聚焦聚力，加快推进“三转、两提、两创”，构建形成“322”工作体系，坚定信心、奋发作为，共建甬南大门户、山海和美城。

同日，市政协副主席张明华带领的市政协民主监督调研组到宁海，就“城乡生活垃圾分类处理”和“高水平全面建成小康社会补短板”开展民主监督调研活动。

同日，宁海县人民政府公布第六批宁海县非物质文化遗产名录，黑茶制作技艺、三月三习俗、莲花落等18个项目入列，涵盖传统技艺等4个类别。至此，宁海共有国家级“非遗”代表性项目4项、省级8项、市级44项、县级99项。

16日，省委追授叶全奖“浙江省优秀共产党员”称号。

同日，县市场监管局、县应急管理局、县普法办联合在西子国际商场开展首届“西子国际电梯安全周”，这也是宁海县首个以企业为主体设立的安全宣传文化周。

17日，随着霞客变跃霞1316间隔、跃霞（桃源）1316线顺利完成冲击试验，搭起宁海东西部主网“大动脉”的时代大道上改下宁海中学段输电工程（霞客—桃源110千伏线路工程）正式投入运行。

同日，宁波市无人机职业技能公益培训班暨宁海航拍“飞手计划”在宁海县正式启动。

26日，宁海县留联会活动中心正式落户东方艺术博物馆。县委常委、统战部部长娄黛敏为活动中心揭牌。

28日，“不忘初心、牢记使命”纪念中国共产党成立99周年暨“党建争强·展现窗口担当”锋领服务月启动仪式在潘天寿广场举行。

30日，宁海“两山”实践创新基地领雁学院揭牌暨首期乡村振兴锋领云雁培训班开班式在宁波广播电视大学举行。

同日，纪念宁海县关心下一代工作委员会成立30周年大会召开，并举行《宁海县关心下一代工作志》首发式。

是月，胡陈乡获评2019年度宁波市“美丽水乡”。

是月，西林水库正式向力洋、茶院、长街、胡陈等乡镇供水。

是月，桃源街道华庭社区青春健康俱乐部被中国计生协授予“全国青春健康教育示范基地”称号。

是月，宁海发布首个县域社会组织法人治理指引地方标准，包括《宁海县社会团体法人治理指引（试行）》和《宁海县民办非企业单位法人治理指引（试行）》。

是月，贝跃东、俞伟平、任永娣、张咪娜、任惠敏、葛丹微6人被评为省“战疫群英”优秀个人。

是月，宁海入选全国县城新型城镇化建设示范名单，为全市唯一。

是月，全国“最美绿色食品企业”名单出炉，宁海县的宁波乡亲浓食品有限公司榜上有名，这是该企业第二次获得中国绿色食品发展中心组织的全国性奖项。

是月，2020中国橡胶年会于线上举行，并发布“2020年度中国橡胶工业百强企业”名单，建新赵氏榜上有名，位列橡胶制品行业第四位。

是月，宁海县宁海中学陈亚敏等8位老师成为宁波市第八批中小学名教师。

是月，宁波市卫生健康委和宁波市人力社保局联合发文，公布第三批宁波市基层名中医药师和第二批宁波市中青年名中医药师名单，宁海县中医院集团八位中医药师榜上有名，其中王春伟、钱天昱、黄松平荣获第三批宁波市基层名中医师称号，林朝阳、周琼、吴善栋、郑国江荣获第二批宁波市中青年名中医师称号，叶薇群荣获第二批宁波市中青年名中医药师称号。

是月，浙江省文化和旅游厅公布14家第二批浙江省文艺创作采风基地名单，宁海县前童镇入选。

是月，宁海出台全市首个《关于促进3岁以下婴幼儿照护服务发展的实施方案》。

是月，宁海传媒集团与浙江纺织服装职业技术学院在宁海县成立校地合作平台“浙江纺织服装职业技术学院继续教育学院宁海分院、宁海传媒培训中心”。

是月，宁海县成立全市首个劳动争议公共法律服务站。

7月

1日，省教育厅党委书记、厅长陈根芳一行到宁海调研初中教育情况，并看望慰问教育工作者。

同日，宁海县在茶院乡许民村召开市县优秀共产党员座谈会，方勤为叶全奖学习馆揭牌。

同日起，宁海县再次提高城乡居民最低生活保障标准，由现行的月人均799元调整为842元。

2日，省政协副主席周国辉到宁海调研城乡生活垃圾分类处理和长三角区域污染防治协作机制落实情况。

3日，县政府召开第73次常务会议。

6日，副市长许亚南到宁海检查高考考前准备工作。

7日，省政协副主席吴晶一行就省千里海塘加固提标工程建设到宁海开展调研。

同日，宁海4150名学子分别走进5个考点141个考场参加高考。全县普通高校和高职类考生比2019年增加77人。

8日，由长街镇乡贤高建国导演和投资的电影《单枪匹马》在长街西岙村开机。

14日，市政协主席徐宇宁到宁海调研所联系重大项目进展等情况，开展“三服务”活动。

15日，县委十四届七次全体（扩大）会议举行。

同日，省人民检察院党组书记、检察长贾宇到宁海，深入企业，走进县检察院，就检察机关进一步保障服务“重要窗口”建设开展调研。

同日，由中宣部组织的《人民日报》、新华社、中央广电总台等13家中央媒体组团到宁海开展“走向我们的小康生活”主题报道，重点聚焦宁海县村级小微权力清单三十六条的运行情况。市委宣传部副部长、市新闻办主任李贵军，县委常委、宣传部部长叶秀高陪同。

16日，县第九次归侨侨眷代表

展“月旦评”活动。

7日，副省长陈奕君到宁海调研生态环境保护和经济发展、“两山”理论实践等工作，并深入企业开展“三服务”活动。

12日，宁海县“全域旅游再出发”动员暨文旅融合推进大会召开。会上，宁海县与省文化和旅游厅签署《共建全域旅游高质量发展实验区合作协议》，表彰通报3家全国乡村旅游重点村、4家浙江省景区镇、22家浙江省AAA级景区村，以及国家全域旅游示范区创建先进单位、先进企业、先进个人，并对全域旅游再出发、文旅融合发展重点工作进行部署。

同日，2020浙江省群众舞蹈大赛决赛在得力大剧院举行。

15日，县委书记林坚代表宁海在全省高水平建设新时代美丽浙江推进大会上作《全境“山水画”全域“绿富美”》的交流发言，是全省唯一一个县（市、区）。

18日，国家发改委综合运输研究所所长、研究员汪鸣带队到宁海开展宁波市综合交通发展“十四五”规划和中长期重大项目谋划工作调研。

19日，浙江省智能制造专家委员会主任毛光烈带队到宁海调研模具行业数字化转型工作。

同日，民建宁波市委会与宁海共建民建乡村振兴实践基地签约仪式在桥头胡街道双林村举行。

同日，由中央和国家机关工委《旗帜》杂志社主办的“互联网+党建”典型案例公布，宁海县申报的《“红动宁海”：组织生活的“红色超市”》在110个地方案例中排名前20，获评全国三等奖。

20日，宁海传媒集团编辑、诗人赵鸿伟（阿门）获第二届“最美浙江人·最美残疾人”提名人物奖

同日，“智安小区”建设与省域治理现代化研讨会在宁海举行。

20—21日，由晴隆县委副书记、县长冯子建率领的晴隆党政代表团到宁海考察。

24日，宁波卡倍亿电气技术股份有限公司在深交所敲钟上市，成为首批深交所创业板注册制上市公司，也是国内第一家汽车线缆上市企业。卡倍亿股票简称“卡倍亿”，股票代码300863，首次公开发行股票不超过1381万股，拟募集资金25948.99万元，用于新能源汽车线缆及智能网联汽车线缆产业化项目。

同日，市人大常委会主任余红艺带队到宁海视察社会矛盾纠纷调处化解“最多跑一地”改革。

25日，宁波市天普橡胶科技股份有限公司在上海证券交易所正式挂牌上市，成为宁海第二家登陆主板市场的企业。

26—27日，省政协副主席、党组副书记孙景淼带领民盟省委会调研组一行，到宁海调研数字经济工作。

27日，浙江省盟员传统教育基地暨宁波市多党合作传统教育基地揭牌仪式在潘天寿故居举行。

28日，市政协副主席高庆丰带队到宁海开展贯彻落实中央和省市委三级政协工作会议精神情况专项督查。

同日，县政府召开第78次常务会议。

同日，中国人民大学艺术学院工艺创想基地在前童揭牌，“两山”实践·全域旅游——艺术“话”前童主题研讨会同时举行。

同日，桥头胡街道黄墩社区成立，管辖范围为东至汶溪畈与西吕交界，西至林家，南至下洋顾交界，北至丁家村交界，包括蒲岭，区域面积达5.2平方公里，户籍数1831户，户籍人口5043人。

29日，宁海县耳鼻咽喉专科医院（筹）揭牌仪式在县第三医院举行。

是月，宁海获2019年度浙江省“五水共治”（河长制）工作优秀县（市、区）“大禹鼎”。

是月，宁海首家专利代理机构——宁波聚禾专利代理事务所成立运行。

是月，跃龙街道车河社区获评全省“扫黄打非”进基层示范点。

是月，全省2019年度科学技术奖出炉，宁海县如意公司、华平智控、东方日升、建新赵氏和双林模具5家企业共5个项目荣获省科技进步奖三等奖，获奖数创历史新高。

是月，受央视栏目组邀请，强蛟镇薛岙渔民薛银安、薛玲娟夫妻携儿子薛鹏伟走进北京央视一套大型文化节目《传家》演播厅，代表浙江沿海渔民讲述渔民背后的奋斗和渔家文化的传承史，与全国观众分享他们的传家故事。

是月，“两山”理念提出15周年之际，宁海作为践行“两山”理念的示范地，迎到《浙江日报》、浙江卫视、浙江在线、《钱江晚报》、浙江之声等省级媒体的集中采访。

是月，宁海县公立医疗机构的13项医疗服务项目价格调整，涉及4项急诊诊查费、6项治疗类的服务项目、3项检查类医疗服务项目。

是月，央视科教频道《探索·发现》栏目摄制组驻扎宁海，对宁海县白木小件、棕编、根雕等10个“非遗”项目进行全方位详尽拍摄记录，全景展现宁海县众多的“非遗”手艺与手艺人。

是月，由县市场监管局引进的宁波聚禾专利代理事务所落户科创中心，成为宁海县第一家由国家知识产权局批准、具有专利代理资质

的代理机构，填补宁海县本土专利代理业务的空白。

是月，浙江省文化和旅游厅公布第四批省级旅游风情小镇创建名单，宁海县深甽镇名列其中。

是月，县公共资源交管办获全国公共资源交易助力复工复产先进单位。

9月

1日，黔西南布依族苗族自治州委常委、统战部部长罗春红率黔西南州各县市区统战部部长等一行到宁海考察东西部扶贫协作工作。

同日，县实验小学教育集团城西校区新校区正式启用。

2日，宁海县农产品区域公用品牌发展协会成立。

同日，文化和旅游部网站公布第二批全国乡村旅游重点村名单公布，宁海桥头胡街道双林村和大佳何镇葛家村榜上有名。

4日，浙江日报报业集团党委书记、社长唐中祥带队到宁海调研艺术振兴乡村、文化旅游合作和县级融媒体中心建设工作。

同日，2020年全县党员示范培训班在县委党校开班。全县各村（社区）主职后备干部、党员中心户、党员村民代表、35岁以下年轻党员等200余名优秀党员代表参加。

4—5日，2020年宁波市职工技能精英赛模具工（注塑模）比赛在宁海县举行。

7—8日，由酒泉市委常委、敦煌市委书记陈炎人率领的敦煌市党政代表团到宁海考察，进一步深化两地交流合作，共促发展。

8日，黔西南布依族苗族自治州委副书记、州长杨永英一行到宁海东方日升，围绕加大产业扶贫，深化东西部扶贫协作等具体内容开展调研。

9日，市委常委、组织部部长钟关华到宁海调研人才平台建设及村社组织换届工作。

12日，九三学社宁波市委会专职副主委童文俊，九三学社浙江省委会社会服务部二级调研员林群霞一行，携省高校专家团队到宁海走访调研模具企业，开展对接合作座谈会，服务宁海模具产业发展。

15日，省人大常委会副主任、省总工会主席史济锡到宁海调研工会工作，实地考察宁海创新推出的“职工说事”工作，深入了解工会组织参与治理现代化作用发挥情况。

18日，县政府召开第80次常务会议。

19日，县委副书记、县长滕安达在2020年全国全域旅游培训班暨首届全域旅游发展绿色对话上，代表宁海县作《诗和远方再融合全域旅游再出发》的交流发言。

22日，国家邮政局调研组到宁海开展“十四五”邮政业发展规划专项调研。

23日，省委宣传部副部长、省文明办主任卢春中到宁海调研文明城市创建工作。

同日，宁海县招商引才全球推介会召开。中国工程院院士、浙江工业大学生物工程学院院长郑裕国，中科院上海光机所所长邵建达，国家卫生健康委科学技术研究所副所长果吉尔锑等百余位现场嘉宾，市委组织部副部长、市委人才办副主任黄荣程，县领导林坚、方勤、应国邦参加。此次推介会以现场“推介+签约”和“互联网会议”的形式举行，参加会议的还有来自国内外的百余位线上嘉宾。

23—24日，第七批浙江省示范文明城市创建工作培训班在宁海县举行，全省12个开展文明城市创建工作的县市区相关负责人参加培训。

24日，2020中秋茶话会举行。各民主党派、工商联、人民团体、无党派人士、社会各界人士、市政协委员代表和县政协老领导欢聚一堂，共庆佳节，共叙情谊，共话发展。

21日下午、24日上午，县委书记林坚分别深入部分制造业企业走访调研。他强调，要坚定贯彻新发展理念，加快推进产业革新，率先畅通双循环，着力构建新发展格局，确保三季度、冲刺四季度，奋力实现全年目标，交出经济高分报表。宁海县人民政府副县长励成杰参加开幕式。

26日，第六届长三角慢生活旅游峰会暨第四届长三角慢生活旅游目的地联盟峰会在江苏镇江举行，现场揭晓发布“长三角最佳文旅融合城市”系列评选结果。宁海上榜“长三角最佳文旅融合城市”。

同日，浙江省文化和旅游厅揭晓浙江省戏曲之乡评审结果，全省共有6个县（市、区）获评“浙江省戏曲之乡（县级）”，宁海以国家级“非遗”宁海平调作为地方主要戏曲剧种申报，并成功上榜。

29日，县委副书记、县长滕安达会见参加宁海海洋生物种业研究院第二次理事会会议的中国工程院院士、中国海洋大学海洋生命学院院长包振民，浙江省万里教育集团董事长应雄一行，并向包振民院士赠送“院士之家”金钥匙。

是月，宁海县大溪兴宁桥及南延段工程入选2020年度浙江省建设工程“钱江杯”优质工程。

是月，在2020浙江数据开放创新应用大赛宁波分赛区决赛上，宁海城乡公交客货联运服务平台（村村达）以最高得分摘得桂冠，宁海乡村码获优胜奖。

是月，宁海在国内首次实现青蟹规模化苗种繁育。

是月，宁海引进的乌克兰国家科学院材料问题研究所中国研究中心的外籍专家帕诺马廖夫、比罗乌斯荣获2020年宁波市茶花友谊证书。

是月，县文明办、县商务局联合发出《宁海县文明餐桌倡议书》，向全县餐饮单位、市民朋友们发出文明就餐、“光盘行动”倡议，自觉将厉行节约纳入餐饮生产、加工、服务的过程，杜绝“舌尖上的浪费”。

是月，一市镇21个行政村调整为18个。

是月，第三届浙江省“优秀网格员”表扬活动在杭州举行，跃龙街道园丁社区居委会主任、第一网格员叶海峰获省“优秀网格员”称号。

是月，得力集团有限公司进入“2020浙江省民营企业100强”榜单。

是月，宁波天虹文具有限公司自主研发设计生产的全自动卷笔刀获2020年德国红点奖。

是月，浙江省慈善嘉年华暨宁波市“中华慈善日”活动在宁波举行。宁波如意股份有限公司被评为宁波市“十大最具爱心捐赠企业”，爱心老人王春文、东方日升新能源股份有限公司创始人林海峰，以及建新赵氏集团总裁赵肇丰被评为宁波市“十大慈善之星”。

是月，宁海县城区首套公厕智能系统在徐霞客大道公厕内安装并投入使用。

是月，县疾控中心通过浙江省检验检测机构资质认定扩项评审。

10月

1日，盛宁线力洋至胡陈段公路通车。

11日，南京至宁海至亳州列车始发仪式举行，分别为G7724次宁海始发至亳州、G7613次南京始发至终点站宁海。

同日开始，宁海县第七次全国人口普查入户摸底工作全面启动。

同日，浙江省“非遗”曲艺书场试点授牌仪式暨宁波曲艺专场展演在宁波市城隍庙举行。泥金彩漆、十里红妆婚俗等国家级非物质文化遗产项目代表宁海参加展演活动。文化和旅游部党组成员、副部长李群出席，并参观宁海展示项目。

12日，文化和旅游部非物质文化遗产司副司长钟建波一行调研前童古镇、十里红妆文化园和东方艺术博物馆。宁海县县领导王鸿飞等陪同调研。

13日，县委召开全县村（社区）组织换届工作会议。县委书记林坚在会上强调，各级各部门要深入贯彻落实中央和省委、市委精神，坚决执行具体工作要求，敢担当、要积极、抓具体，选优配强堪当忠实践行“八八战略”、奋力打造“重要窗口”重任的村社干部队伍，努力交出村社组织换届高分答卷。

14日，宁海县与日本富山县冰见市举行视频签约活动，建立友好交流关系，加深相互了解，积极推动双方在更广领域、更深层次的交流合作，共同开创互利互惠、合作共赢的美好前景。

14—15日，晴隆县党政代表团到宁海考察交流结对帮扶工作。

15日，宁海举行重大项目集中开工仪式，总投资75.3亿元的28个重大项目集中开工，分别为桥头胡陆家安居工程、桥头胡街道核心E地块安置小区项目、滨海二期公共租赁房工程、长街镇元昌小区周边地块综合开发项目、竹口三村城中村改造十期项目、力洋马铁厂地块开发项目、坑龙王安置房项目、前童镇双桥农民公寓三期工程、桥头胡街道奥莱度假酒店项目、桥头胡街道拾贰忆民宿集聚区项目、越溪东海半山居项目、越溪大美亲子乐园项目、G228新山至三门段（74省道北延一期）工程、金竹岭巷（兴宁南路—桃源南路）工程、宁东新城市政基础设施建设项目五期、宁东新城环岛路一期工程、宁东新城烟涛路及桥梁工程、西店观澜·紫溪特色一条街工程、宁海西店镇璜溪口庆丰塘地块教育投资项目、梅林小微企业集聚区提升工程、综合供能服务站项目、得力智能研发展示项目、宁波海洋生物种业研究院项目、桥头胡敬老院迁建工程、南门邻里中心项目、城南消防站工程、高级职业技术中心学校二期工程、前童镇中心小学迁建工程。

同日，全省首个乡村集士驿站在黄坛镇弘扬村成立。

16日，县政府召开第82次常务会议。

21日，杭深线宁海站动车存车场完成竣工验收工作。

22日，市政协主席徐宇宁带领市政协中共界别部分委员到宁海视察宗教工作。

23日，新时代外国文学翻译与研究学术研讨会暨叶水夫先生百年诞辰座谈会在宁海举行。

26日，东方日升新能源股份有限公司和胡杨网络科技（宁波）有限公司入选2020省电子信息产业百家重点企业榜单。

27日，由浙江省直机关工委组织的全省“建设清廉机关、创建模范机关”工作推进会暨第九次县市区机关党建工作交流会在杭州召开。6家单位作典型发言，宁海县委常委、组织部部长、县直机关工委书记方勤作为宁波市唯一一家发言单位代表作经验交流。

同日，宁海公安巡逻铁骑正式亮相。

28日，宁海县德翔外国语学校一期项目在西店镇举行奠基开工仪式，该校将成为从学前教育到高中教育15年一贯制的国际化双语学校。

同日，县人民法院举行长街人民法庭启用揭牌仪式。

同日，作为宁海县城市新电力“心脏”，220千伏跃龙变整体改造工程全面完工，正式投入运行。

29日，县委常委会（扩大）会议暨经济社会形势分析会召开。

同日，第三届海峡两岸乡村振兴论坛暨两岸电商合作与乡村产业振兴座谈会在宁海县召开。

30日，浙江万里学院宁海海洋生物种业研究院项目开工仪式在县三门湾现代农业开发区举行，标志着集生产、研发、办公、示范、推广等功能于一体的现代渔业创新示范基地启动建设。

同日，宁海县新生代企业家联谊会成立大会举行。县委书记林坚致辞并为新生代企业家联谊会授牌。

31日，县委召开全县领导干部会议，传达学习中共十九届五中全会精神，研究部署宁海贯彻落实工作。会议强调，要认真学习、深刻领会、全面把握中共十九届五中全会精神特别是习近平总书记重要讲话精神，切实把思想和行动统一到党中央重大决策部署上来，以“双优生”的行动自觉推动精神落实。

是月，宁海连续3年蝉联“两山”发展百强县第二。

是月，浙江省东西部扶贫协作奖名单出炉，宁海县慈善总会荣获“社会责任奖”，宁海县农业农村局对口协作科科长陈丰获“突出贡献奖”。

是月，宁海县首个公用型保税仓库完成首批货物入库。

是月，全市农产品质量安全暨基层监管规范化工作推进会在宁海县举行。会议围绕农产品质量安全监管和规范化建设作总结和部署。

是月，人民大道献血屋获评“全国最美献血点”荣誉称号。

是月，宁海艺术振兴乡村引发新华社、《人民日报》、中央电视台、《中国日报》等中央和省级主流媒体多次关注报道，引起国内外的广泛关注，形成巨大反响。

是月，宁波知识产权法庭宁海巡回审判庭在县人民法院正式揭牌成立。

是月，县政务办和台州市椒江区行政服务中心签订《椒江宁海政务服务事项两地通办协议》。

是月，宁海县发布《知识产权发展三年行动计划（2020—2022年）》，力争到2022年，全县发明专利有效量达到1800件，知识产权质押融资额达4亿元。

是月，首届“浙宿好礼”乡村民宿伴手礼大赛结果揭晓，宁海县民宿鹿山别院的手工刺绣团扇与刺绣茶巾组合、民宿南与舍的麦鑼和古法酿米酒、春蕾客栈的箬岙饼礼盒3项作品获综合奖，仙余粮家庭农场的仙余粮黄精获销量奖。此次，宁海县共有4件伴手礼获奖。

11月

3日，岔路镇湖头村宁波市第三届“好家风好家训”十大名村。

4日，县政府召开第83次常务会议。

同日，庆祝第21个中国记者节暨“宁”心聚“晴”大型新闻采访行动授旗仪式在宁海传媒集团举行。

5日，宁波杭州湾新区管委会主任、党工委书记，慈溪市委书记杨勇带领宁波杭州湾新区管委会、慈溪市党政代表团到宁海考察，进一步深化交流、促进合作。

同日，宁波市暨宁海县人民防空实战化演习在宁海国华电厂举行，通过紧急响应，联动指挥，全面检验人民防空整体联动的建设成果。

同日，宁海县博士联谊会成立大会暨“智汇宁海·创享未来”主题论坛举行。

同日，宁海县第十七届“宁海之秋”群众文化艺术节开幕式暨县首届旅游歌曲大赛在强蛟举行。

6日，全市首个食品安全教学实践基地在县职教中心成立。

10日，宁海站动车存车场正式投入使用。

11日，省“标准化与乡村治理现代化”论坛在宁海县举行。

12日，由新疆维吾尔自治区库车市委副书记、市长阿布都卡德尔·毛尼亚孜率领的党政代表团到宁海参观考察。

13日，全省抗击新冠肺炎疫情总结表彰大会举行，县疾病预防控制中心党总支被评为“浙江省抗击新冠肺炎疫情先进集体”“浙江省先进基层党组织”，副县长、县疫情防控组常务副组长励成杰，县第一医院ICU医疗组长、副主任医师王平，县第一医院急诊内科副主任医师刘若锟，县妇幼保健院护理部副主任、副主任护师夏海琴，县中医医院手术室护士顾丽娜，一市镇武岙村党支部书记陈家赏被评为“浙江省抗击新冠肺炎疫情先进个人”，跃龙街道党工委书记顾国兴被评为“浙江省担当作为好干部”。

同日，县市场监管局文学艺术界联合会成立，这也是宁海首个县直机关文联。

17日，县委学习贯彻中共十九届五中全会精神专题学习会举行，与会人员深入学习中共十九届五中全会精神特别是习近平总书记重要讲话精神，按照中央和省委、市委的部署要求，深入研讨宁海高水平建成小康社会后，高水平推进社会主义现代化建设的重大思路、重大举措，为宁海编制“十四五”规划，确定2035年远景目标汇聚众智、凝聚共识。县委书记林坚主持会议并讲话。县委理论学习中心组全体成员出席会议。

18日，宁海“五老”代表王以位被授予“全国关心下一代工作先进工作者”称号。

19日，全县实施乡村振兴战略实绩考核暨决战决胜脱贫攻坚推进会举行。

同日，2020年浙江省群众舞蹈大赛比赛结果揭晓，宁海文化馆原创的群舞《桥畔人家》从全省60件群众舞蹈题材作品中脱颖而出，斩获金奖，为全市唯一；宁海县文化和广电旅游体育局获优秀组织奖。

24日，全省宗教领域治理工作经验交流会在宁海召开。

同日，全国劳动模范和先进工作者表彰大会隆重举行，宁海县圣猴果蔬专业合作社理事长裘银芳荣获“全国劳动模范”称号。

同日，宁海县“甬黔携手，共建贫困留守妇女家门口的‘创业孵化基地’”案例入选第二届“全球减贫案例征集活动”最佳案例，是浙江省唯一获奖案例。

26日，学习宣传贯彻中共十九届五中全会精神省委宣讲团报告会举行。省委宣讲团成员、省委组织部常务副部长张学伟作“中共十九届五中全会精神解读”主题报告。

同日，县政府召开第85次常务会议。

同日，丽水市景宁畲族自治县县委副书记、县长钟海燕率党政代表团到宁海考察山海协作工作。

27日，宁海政府网App正式上线。

是月，宁海入选全省大花园示范县建设单位。

是月，宁海入围2020年中国工业百强县（市）、2020年中国创新百强县（市）榜单，分别位列第86、第30位。

是月，宁波中加低碳新技术研究院的新型正交胶合木（CLT）预制建材及其装配式建筑荣获“2020中国绿色技术创新奖”，系全市唯一。

是月，宁海县第一注塑模具有限公司、宁波华平智控科技股份有限公司入选工业和信息化部第二批专精特新“小巨人”企业名单。

是月，宁海开出全市首单青蟹气象指数保险。

是月，奇精机械股份有限公司、浙江蓝宝石仪表科技有限公司入选浙江省第四批上云标杆企业，浙江多普勒环保科技有限公司入选浙江省第六批大数据应用示范企业。

是月，省经信厅公布第五批审核认定小微企业园名单，宁海县金港创业基地（二期）入选，全县通过省级认定的小微企业园累计10个。

是月，县自然资源和规划局在全市率先引入森林防火动态抓拍设备，对进入林区的人员精准定位、动态抓拍。

是月，宁波市委宣传部、宁波市委网信办联合举办“温暖的力量”——社区故事征评活动，跃龙街道塔山社区居民理发师傅骆武创因40多年来义务为弱势群体上门理发，自费为杜鹃山开辟登山步道，协助建设凉亭，带领环保队员清理垃圾的感人事迹上榜。

是月，宁海县快递业末端共配整合中心投入运行。中心投运后，最大日处理快递量可达40万件，与往年相比，同样的占地面积，每小时操作量提升80%，操作人员减少1/3。

是月，柔石公园健康步道投入使用。

是月，第15届中国义乌文化和旅游产品交易博览会举行，宁海县参展文旅产品获2金5银3铜。其中宁波美宇艺术品的玻璃画作品《尊胜佛母》和宁海县锦祥艺术品的朱金漆木雕作品《龙游天下》获工艺美术奖金奖，《秋江渔歌》《江山如画》《关怀》《飞天（牛角）》《一叶一世界》5件作品获银奖，《宁波船》《耒耜忆》《十里红妆系列——竹编针线箩》3件获铜奖，宁海三福青工艺品有限公司获“优秀参展企业奖”。

是月，宁海县3家企业亮相第二十一届中国绿色食品博览会。其中宁海县瑞丰竹木专业合作社生产的攀界山竹笋获得绿博会金奖。

是月，县急救站加入宁波市全域院前急救指挥调度平台，实现全市院前医疗急救信息共享。

是月，第三届全国（宁波）综合材料绘画双年展复评结果出炉，宁海县画家王琛作品《广夏汗碱》获入会资格，画家胡云泉、章麒、周毅的作品入选。

是月，省畜牧农机发展中心专家组一行到宁海验收宁海县创建省级农业主导产业（茶叶）“机器换人”示范县工作。

是月，第三批省级特色农业强镇名单公布，宁海县胡陈乡获评省级水蜜桃特色农业强镇。

是月，静城宁海号“南京—宁海”旅游专列正式开通。

是月，宁海县首批低压船用岸电系统试运行。

是月，浙江省经济和信息化厅择优确定77家企业为浙江省第四批上云标杆企业、30家企业为浙江省第六批大数据应用示范企业，宁海县奇精机械股份有限公司、浙江蓝宝石仪表科技有限公司为浙江省第四批上云标杆企业，浙江多普勒环保科技有限公司为浙江省第六批大数据应用示范企业。

是月，县19个项目被评为2020年度宁海县“跃龙杯”优质工程。

12月

1日，县委书记林坚带领党政代表团赴景宁畲族自治县开展协作交流。

同日，2020年宁波市建设交通强市打造公路水运平安百年品质工程现场会在宁海举行，标志着宁波交通工程化建设试点序幕正式拉开。

同日，宁海县公共法律服务中心整体入驻县矛调中心新大楼，全面启动政务服务2.0新模式。

同日起，中心城区所在的跃龙街道将率先取消10千伏电网设备计划停电。

3日，市委常委、常务副市长陈仲朝走进长街镇人大代表联络站开展主题接待活动，就《宁波市全民健身条例（草案）》和《宁波市住宅小区物业管理条例（修订草案）》的修改完善，向宁海县各级人大代表和有关部门征求意见。

同日，宁海通用航空机场在宁波南湾新区下洋涂区块开工，总投资6.4亿元，是宁波首个获批建设的A1类通用机场。

同日，宁海第9例造血干细胞捐献志愿者林健在家人的陪同下，赴宁波捐献造血干细胞。

同日，由宁海胜利船舶修造厂建造的22500载重吨散货船“力达发”轮顺利安全下水，为宁海建造的最大吨位船舶。

4日，县人大代表履职服务中心揭牌运行。

5日，2020年中医中药中国行暨中医药健康文化“六进”系列活动宁海专场在宁海县举行。

7日，市委常委、宣传部部长李军走进力洋镇人大代表联络站开展主题接待活动，就《宁波市全民健身条例（草案）》和《宁波市住宅小区物业管理条例（修订草案）》的修改完善，向宁海县各级人大代表和有关部门征求意见。

8日，“未来社区主动健康示范项目”代谢免疫监测联合实验室在宁海县生物产业园区正式落地揭牌。特邀北京嘉宾王炳国，国家卫健委科研所副所长果吉尔锑出席；副县长励成杰参加揭牌仪式。

9日，9箱蒙古国捐赠的羊肉抵达宁海县第一医院。

同日，G228新山至三门段公路工程正式开工。

10日，“宁海珍鲜”商标通过国家知识产权局注册，成为全宁波大市首个全品类“区域+产品特性”农产品区域公用品牌。

11日，全市抗击新冠肺炎疫情暨“六争攻坚、三年攀高”行动表彰大会举行。县领导林坚、徐真民、尤玲娟等受市委、市政府委托在宁海分会场为受表彰人员颁奖。得力集团有限公司在主会场作交流发言并接受表彰。

同日，县党外知识分子联谊会三届一次理事大会举行，并为党外知识分子同心服务基地和同心教育基地授牌。

14日，宁海县社会矛盾纠纷调处化解中心搬迁至宁海县兴宁南路150号办公（试运行），宁海县人民法院诉讼服务中心、宁海县“12309”检察服务中心、宁海县综治工作中心、宁海县人民来访接待中心、宁海县公共法律服务中心、宁海县法律援助中心、宁海县行政争议调解中心、宁海县劳动人事争议仲裁院、宁海县公安局信访科等单位及科室同步入驻。

15日，张明养纪念馆开馆暨民进浙江省会史教育基地授牌仪式在深甽镇清潭村举行。

同日，县政府召开第86次常务会议。

同日，全国农村公共服务典型案例发布会在北京召开，宁海的构建“智引擎”打造农村生活垃圾分类新模式入围第二批全国农村公共服务典型案例，全省仅2个。

20日，在建的G228宁海西店至桃源段公路工程首次提出稳定性评价标准，并于省内首次实现了机制砂在高标号海工混凝土的应用。

29日，全国物流行业先进集体劳动模范和先进工作者表彰大会在北京举行，县物流行业协会常务副会长薛英汉荣获“全国物流行业先进工作者”称号并接受表彰，全省仅2人。

31日，中共宁海县委十四届八次全体（扩大）会议举行。

同日，浙江省文化和旅游厅公布2020年度全省AAAA级以上景区城名单，宁海县成功跻身省AAAA级景区城，系全市唯一。同批公布6家省AAAAA级景区镇（乡、街道），宁海县前童镇获评省AAAAA级景区镇。

同日，桃源街道秦巧莲家庭上榜全国最美家庭。

是月，宁波太平洋百货集团有限公司国际购物中心获评“全国商贸流通服务业先进集体”称号。

是月，2019年浙江生态文明建

设年度评价报告结果出炉，宁海绿色发展指数在全省 89 个县（市、区）中位居第 5，连续 3 年居全市首位。

是月，宁海首例跨市远程异地评标项目——宁海县消防救援大队训练馆及辅房改建工程在宁海、三门两地顺利进行。

是月，宁波格兰家居用品有限公司、宁波奇亿金属有限公司、宁波华宝智能科技股份有限公司上榜市级第四批制造业单项冠军培育企业。截至年底，全县共有“单项冠军”企业 20 家。其中国家级制造业单项冠军培育企业 1 家、市级示范企业 8 家、市级培育企业 11 家。

是月，黄坛镇弘杨村入选第九批历史文化（传统）村落保护利用一般村名单。

是月，《宁海县农业领域安全生产工作手册》下发，是全市农业领域首本安全生产工作手册。

是月，“越韵渔耕”品牌被评为 2020 年度全省社区教育进农村文化礼堂学习品牌，是宁海唯一一个获评项目。

是月，县妇保院荣获浙江省第一批“规范化围产营养门诊”称号，是全市获此称号的唯一一家县级妇幼保健院。

是月，中国（宁海）乡村治理培训中心入选第三批全国法治宣传教育基地。

是月，中乌新材料合作平台下属企业乌中远景铜业有限公司获批建立“宁波市院士工作站”。

是月，胡陈乡中堡溪获评省级“美丽河湖”。

是月，宁海县文教用品标准化试点项目于近日顺利通过第一批国家级消费品标准化试点项目验收。

是月，前童镇被评为省级美丽城镇样板城镇，越溪乡被评为市级美丽城镇样板乡镇。

是月，百年城市智库发布《2020 中国县域高质量发展报告》，宁海位列县域高质量发展百强县第八，在全省 33 个县中排名第一。

是月，宁海县被认定为 2020 年度省级农业绿色发展先行县，胡陈、越溪、长街 3 个乡镇被认定为省级农业绿色发展示范区。

是月，原子方程科技（深圳）有限公司数字化对虾养殖项目在三门湾现代农业开发区蛇蟠涂区块开工，系宁海县首个全数字化水产养殖项目，标志着宁海县在智慧数字农业领域再上新台阶。

是月，浙江工商职业技术学院与宁海县平调艺术传承中心签订合作协议，在该校成立宁海平调首个高校传承基地，组建宁海平调传习剧社。

是月，在江苏省如东县举行的 2020 中国虾业风云榜颁奖典礼上，宁海县一市镇养殖户李林峰、李来国获 2020 年度养虾匠称号。

是月，宁海城区人民大道龙珠大厦旁的立体车库入口处新增 1 座定点式移动公厕，这是宁海县首座定点式移动公厕。

是月，“宁海珍鲜”商标通过国家知识产权局注册，成为全宁波大市首个全品类“区域+产品特性”农产品区域公用品牌。

是月，由教育部中小学校长培训中心、江苏省教师培训中心、江苏教育行政干部培训中心主办，沪、苏、浙、皖教育厅联合承办的“第 10 期长三角中小学名校长高级研究班高峰论坛暨第二届长三角名校长发展大会”在南京举行，宁海县城东小学校长吴盈波应邀作为浙江省唯一小学组代表参与本次论坛并发言。吴盈波的主旨发言从学习空间设计、智慧管理创新、课程体系再造以及学习方式变革等方面分享了学校的创新和探索经验。

是月，县交通局与宁海县运安城乡公共交通有限公司签订协议，深甽片区公交线路经营权正式收归国有，标志着宁海县第三轮城乡公交一体化深化改革工作全面启动。

是月，宁海县跃龙街道怡惠社区获省“最美志愿服务社区”称号。

是月，宁海县通过节水型社会建设省级验收。

是月，县模具产业创新服务中心（宁海模协）获批宁波市市级专家服务基地。

是月，全国普法办公示“第三批全国法治宣传教育基地”名单，中国（宁海）乡村治理培训中心名列其中。

是月，三门湾现代农业园高分通过省级验收。

是月，省农业农村厅公布 2020 年度种植业“五园”创建省级示范基地名单，宁海县 5 个基地入围，包括 1 个生态茶园、2 个精品果园和 2 个道地药园，分别为桑洲茶场、大岩生态农业发展有限公司、长街高辉家庭农场、回浦农业发展有限公司、茶山黄坭注果木家庭农场。

是月，宁海县正式发布实施《宁海县“三线一单”生态环境分区管控方案》。

是月，市科协公布 7 家 2020 年度院士工作站建站单位名单，中乌新材料合作平台下属企业乌中远景铜业有限公司作为宁海县唯一入选单位，获批建立“宁波市院士工作站”。至此，宁海县拥有市级以上院士工作站 8 家，其中 2 家为省级院士工作站。

是月，宁海县获评省级 2020 年农业主导产业（茶叶）“机器换人”示范县。

是月，省民政厅公布 387 个单位为第三批省级引领型农村社区，宁海县桃源街道下桥村、桥头胡街道双林村、深甽镇柘坑戴村、前童镇大郑村、越溪乡南庄村5个村入选。

是月，2020年“浙江省现代国有林场”名单发布，宁海县五山林场榜上有名。

2020年，全县一般公共预算收入67.9亿元，同比增长2.9%。

宁海概貌

综　述

宁海位于浙东中部沿海，濒临象山港和三门湾，海湾优势明显，呈“七山二水一分田”分布，是国家级生态示范区、国家可持续发展实验区、国家卫生县城、国家生态县、国家园林县城、国家级妇幼健康优质服务示范县、全国重点产茶县、全国制造业百强县（市），成功创建省文明县城、省文化先进县、省教育强县、省科技强县、省旅游经济强县、省级生态县、省卫生强县。

宁海人文底蕴深厚。晋代建县，已有1700多年历史，是方孝孺、胡三省、潘天寿、柔石等历史名人的故乡，也是明代大旅行家徐霞客所著《徐霞客游记》开篇之地和“中国旅游日”发祥地。悠久的历史积淀丰富的文化，宁海拥有众多的古镇、古村、古戏台，是全国首个“古戏台文化之乡”“婚嫁文化之乡”。前童、许家山、龙宫村入选中国历史文化名镇名村。平调耍牙、十里红妆婚俗、泥金彩漆、前童元宵灯会列入国家级非物质文化遗产名录。

宁海资源环境绝佳。生态环境良好，森林覆盖率达62.5%，水质优良率和空气优良率均在85%以上，生态环境质量公众满意度连续三年位居全市第一，被列为首批“浙江省美丽县城试点县”，成功创建“全国休闲农业与乡村旅游示范县”，荣获“省级美丽乡村示范县”称号。积极培育壮大步道经济，共建成国家登山健身步道500公里，通过步道积极发掘户外运动资源，成功举办全国山地户外运动挑战赛、锦标赛和亚洲山地户外运动挑战赛等一系列大型体育赛事活动，宁海国家登山健身步道被评为中国最佳户外运动基地，中国运动休闲大会也永久落户宁海县，宁海国家登山健身步道系统获得“2013中国全面小康十大民生决策”奖，该步道被授予“中国登山协会2019年度推荐登山健身步道”称号。

宁海水能、风能、潮汐能、太阳能资源丰富，具有建设大型抽水蓄能电站和风力发电站、潮汐能发电站、太阳能发电站的选址条件，总装机容量将达到3000万千瓦。茶山抽水蓄能电站等一批新能源项目扎实推进，浙江省最大的陆上风电场——茶山风力发电项目以及中广核一市风电场项目均已并网发电，正在积极创建国家绿色能源示范县。

宁海产业特色鲜明。形成模具、文具、灯具、汽车配件等六大特色优势产业和生命健康、新能源等六大战略性新兴产业，总部经济、会展节庆等新兴服务业蓬勃兴起，拥有中国模具产业、文具产业、汽车橡胶部件产业、压铸产业和汽车零部件制造等五大“国字号”基地，构建形成“二区八园”产业布局。特别是作为省级平台的宁波南部滨海经济开发区，是环杭州湾产业带和温台沿海产业带相连接的一个重要节点，包括宁海东部长街、胡陈、力洋、茶院、一市、越溪6个乡镇，总面积721.58平方公里，总人口近20万人。无论是土地、淡水、港口资源，还是太阳能、潮汐能等均极为丰富，在全市、全省乃至全国沿海地区都是一块不可多得的战略要地、资源宝地和能源高地。随着甬台温高速公路复线三门湾大桥及接线工程的开工建设，新区的战略地位和区位优势将进一步凸显，构建起“北有杭州湾、南有三门湾”的发展格局。

2019年12月28日，宁海获评“2019年度中国营商环境百佳示范县市”，排名位列全国第30名，全市第一。

宁海县获评首批国家全域旅游示范区，通过“绿水青山就是金山银山”实践创新基地现场核查。入选第一批部省共建乡村振兴示范省先行创建县名单。列入2020年全国综合实力百强县市、全国综合竞争力百强县（市）、中国创新百强县、中国营商环境百佳示范县市、投资潜力百强县（市），跻身全国县域高质量发展百强县第八位。

自然人文环境

【地域】 宁海县介于北纬29°05′36″—29°31′29″、东经121°09′26″—121°48′57″之间，地处浙江省东部沿海、宁波市南部，东接象山县，东南临三门湾，南与台州市三门县接壤，西南与台州市天台县、西北与绍兴市新昌县相邻，北连奉化市，东北濒象山港。辖区东西最大距离64.1公里，南北最大距离44.15公里，全县国土总面积1843.26平方公里，其中陆域1563.8平方公里，占84.85%；水域面积279.2平方公里，占15.15%。距杭州211公里，宁波65公里（均为径距）。地域构造属华南台块浙闽隆起带东南沿海断裂褶皱区，新华夏系一级第二隆起带东北端。地质简单，断裂发育，属滨海丘陵地带。西部和西南山岭连绵，属于天台山脉中段，自华顶山、括苍山分别从西北、西南蜿蜒入境。最高峰蟹背尖海拔954米。东部以低丘和冲积平原为主。主要山脉有天台山、四明山。全县地势，自西向东南倾斜。北部、东南部和南部各有小块平原。

【水文】 境内河道属白溪、中堡溪、凫溪、清溪等四大流域，其中白溪流域面积627平方公里；中堡溪流域面积198平方公里；凫溪流域面积188平方公里；清溪流域面积164平方公里。主要河道有一级河白溪、中堡溪、凫溪、清溪、茶院溪、颜公河等14条，总长288.5公里；二级河大溪、大松溪、混水溪等21条，总长237.7公里；三级河道盈坑、龙眼溪、里岙溪等7条，总长61.1公里。河流总长度607.4公里，河网密度0.34公里/平方公里，径流总量16.4亿立方米，年排涝量3.3亿立方米，年最大排涝量4.6亿立方米。境内最大河流为白溪，从天台县华顶山北麓流经境内黄坛镇、岔路镇、前童镇、跃龙街道，从白峤港入海，长66.5公里，流域面积627平方公里，年均流量21.9立方米/秒，主要支流有清水溪、浑水溪、大溪等。海岸线全长166.48公里，有港湾6处、岛屿44个、礁55个，海域面积244.4平方公里，东南沿海滩涂广阔，平原地区河港纵横。

【矿藏及其他自然资源】 全县的矿产资源有磁铁矿、钼矿、锰矿、铜矿、铅锌矿、黄铁矿、明矾石、地开石、萤石、水晶、褐煤、珍珠岩、沸石、陶土、高岭土、膨润土、叶蜡石、地热资源、饰面石材、普通建筑用石料等21个矿种。其中矿产地12处，包括磁铁矿矿点2处，铅锌矿小型矿床1处，明矾石、地开石矿点各1处，陶土大型矿床2处，叶蜡石中型矿床1处、矿点1处，地热资源（温泉）1处，饰面石材矿床2处。宁海县区域矿床资源特点是：普通建筑用石料资源丰富，地热资源、陶土、叶蜡石资源较丰富，其他金属、非金属和能源矿产资源贫乏。

金属矿产 主要有铅锌矿、磁铁矿等矿种，但多属矿点、矿化点，仅有桥头胡储家铅锌小型矿床，但品位低。

非金属矿产 主要有普通建筑用石料、饰面石材、明矾石、地开石、萤石、水晶、珍珠岩、陶土、高岭土、膨润土、叶蜡石、石材等矿种。其中普通建筑用石料资源丰富；饰面石材、叶蜡石、陶土等矿种有一定的资源储量，可供开发利用；其他多为矿点，无工业价值。

能源矿产 主要有地热资源。属于花岗岩类型构造裂隙热储，热源主要来源于深部大地热流，大气降水沿断裂通道经深循环，在南溪一带形成热水资源。宁海森林温泉井口温度43.5℃—47℃，“控制的”单井可开采量为1212立方米/日。地热水无色、无味、无臭、透明，为HCO3-Na型水。地热水中氟含量为8.6—13.0毫克/升，偏硅酸含量为54.08—62.4毫克/升，放射性核素水氡含量为24.3—52.5Bq/L，并含有锶、锂微量元素等物质，定名为重碳酸钠型低温含氡氟-硅水。

国土资源 根据第三次全国国土调查数据，宁海县有农用地2280517.8亩、建设用地228971.1亩、未利用地240267.6亩，合计面积2749756.5亩。按地类划分，其中湿地133915.65亩、耕地366660亩、种植园用地155322.6亩、林地1515268.7亩、草地35504.1亩、商业服务业用地7905亩、工矿用地50262亩、住宅用地107732.4亩、公共管理与公共服务用地10259.25亩、特殊用地5017.65亩、交通运输用地64117.65亩、水域及水利设施用地273098.25亩、其他土地29710.95亩。

森林资源 根据2019年度森林资源监测数据，全县林地面积1650134亩、森林面积1611472亩、林木蓄积量6323357立方米、森林覆盖率64.10%、乔木林单位面积蓄积量5.02立方米/亩，森林面积、森林蓄积量、森林覆盖率等持续稳定增长。

其他自然资源 宁海县地处浙江东部沿海，全国大陆海岸线的中段，海域面积278.93平方公里。全县共有海岛42个，其中有居民海岛3个（白石山岛、横山岛、铜山岛），另有与三门争议岛屿4个，面积447公顷。宁海县大陆海岸线北起与奉化市交界处文胜塘，南至宁海县一市镇旗门塘宁海段，全长175.625公里，其中自然岸线长49.292公里，占28.07%；海岛岸线36.847公里。

7月，宁海县通过评审首例单岛保护和利用规划《宁海县铁沙屿保护和利用规划》，标志着宁海县对强蛟群岛的开发利用正式起步。铁沙屿属于强蛟群岛，位于黄墩港口，距大陆约1000米，海岛面积约35亩，旅游资源优势明显。该规划重点包括三方面内容：明确铁沙屿保护区陆投影面积为18510.79平方米，占铁沙屿总面积的57.28%，拥有海岸线长度900.9米，占铁沙屿总岸线长度的89.11%；确定主要保护对象为海岛名称标志碑、海岛自然岸线及海岛植被；明确保护区域的具体措施，如开展铁沙屿典型植物群落特征调查，全面掌握岛上典型植物的种群数量、大小分布、组成和分布地点等。

【土特产】 **长街蛤蜊** 长街海洋文化历史悠久，该地坐落在天台山脉和四明山脉之间，濒临三门湾，常年有大量淡水注入，海水咸淡适宜，海港风平浪静。海域面积275平方公里，海岸线长达176公里，形成2.6万公顷的浅海滩涂，滋养着无数海鲜，有了赞不绝口的肥美海产品。长街蛤蜊在宁海八鲜之中有“鲜绝天下”的美誉，且被誉为“长街三宝”。长街蛤蜊主要产区为三门湾沿岸，又称铁蛤、青蛤，喜生活于潮间带中下区及浅海沙滩中，贝壳厚而坚，略呈三角形，蛤肉鲜美，具有滋阴润燥、利尿消肿作用。它的营养价值也很高，含有丰富的蛋白质和维生素，属于低热能、高蛋白、少脂肪的健康食材。长街蛤蜊系捕捞自然生长品种，清明前后为旺季，量多体肥，一般日捕5—10千克，长街沿海群众习俗，清明祭祖必备蛤蜊。全县一般年产量约100吨，高产年约200吨。2003年长街蛤蜊荣获浙江省博览会金奖。1995年开始以传统方式刮苗养殖，2007年人工育苗成功，开始大面积养殖，2008年发展到10305亩，产量8350吨。2009年，有17个乡（镇）的131个村、107万户和2个国有场、2个乡办场从事养蛤生产，当年放养1.89万亩，养殖总面积2.99万亩，产量9352吨，占当年海水养殖产量70%，占水产品总产量37.3%。分别占全市60%和66%。

长街泥螺 长街泥螺养殖历史悠久，早在宋嘉定年间宁海学者写的《风俗篇》中记载：“近则采螺蚌蛏哈之属，以自赡给或载往他郡为商贾。”该地坐落在天台山脉和四明山脉之间，濒临三门湾，常年有大量淡水注入，海水咸淡适宜，海港风平浪静。海域面积275平方公里，海岸线长达176公里，形成2.6万公顷的浅海滩涂，滋养着无数海鲜，有肥美海产品。泥螺也称吐铁，属腹足纲，阿地螺科，鲜美醇香，营养价值十分丰富，同时味甘咸，性寒，且具有补肝肾、益精髓、润肝、明目、生津之功能，是宁海县沿海区域的一大传统产品。尤其是宁海长街镇生产的泥螺更具有肉嫩、体大、舌软（无沙性）的特点，味道特别鲜美，享有盛誉，被称为“长街泥螺”。长街泥螺不仅生长快，而且特别肥壮，大的体大如鲜蚕豆，小的胜过青皮豆，一般160粒至170粒就有0.5千克。每年可旺收两季，即麦黄泥螺和桂花泥螺，前者较优。过去长街泥螺都是采捕野生资源的，由于自然采捕量少又不稳定，不能满足市场需求。1989年伍山、山头乡渔民，采集海涂上的“泥螺蛋”（卵群）筑土塘蓄水孵化，培育成幼螺，开创人工养殖泥螺的先例。1990年长街月兰村村民黄金富用刮苗暂养分苗疏养方法养殖成功，三门湾沿海村民纷纷仿效，1997年养殖面积达1.5万亩，产鲜泥螺750吨，产值2000万元。1998年养殖面积1.59万亩，产量750吨。2008年养殖面积8340亩，产量590吨。2010年养殖面积1.8万亩，产量1200吨，产值2800万元。2001年1月18日，长街镇被浙江省水产渔业局授予“泥螺之乡”。

岔路黑猪 岔路黑猪在岔路有300多年的养殖历史，名列浙江省14个地方良种猪之一，为浙江省优质无公害农产品、宁波市绿色农产品。体型中等，体质结实，结构匀称，背腰平直，多为单背，胸较深，被毛全黑。1992年，县人民政府拨专款85万元，在离县城9公里的梅林镇附近建成“宁海县岔路黑猪良种繁育场”开展选育，并于1994年6月经省农业厅验收，确定为一级种猪场。2003年12月与宁波市振宁牧业有限公司合股成立宁海县绿生牧业有限公司。2005年岔路黑猪存栏1836头，出栏2615头。截至2017年年底，“宁海县岔路黑猪良种繁育场”养殖岔路黑猪已逾8万头。12月5日，岔路黑猪种质资源基地建设项目开工。

枇杷 据明崇祯《宁海县志》载，宁海在370年前已种植枇杷。1985年开始在古渡、前童、岔路等地进行规模化种植，面积1200多亩，品种有大红袍、软条白沙、夹脚、洛阳青等。1987年全县面积1984亩，幼树多，产量少。1989年进入生产期，产量224吨。1990年前后，一市镇利用良好山地资源开始发展枇杷，1993年初产。1994年在一市村枇杷园发现一株白沙枇杷，性状表现突出，果大、味甜、品质佳，此后几年在县农林科技人员和种植户的共同努力下，该单株得到迅速繁育和扩展，2000年开始在全县推广。2003年经国内专家鉴定为优质白沙枇杷新品种，定名为宁海白枇杷。该品种于2004年通过国家林木良种认定，成为宁波市首个全国果树推广良种。2013年，全县枇杷种植面积达1.4万亩，产量2000余吨，宁海一市镇获“浙江枇杷之乡”称号。至2008年宁海白枇杷已推广至全国12个省份，成为中国白沙枇杷主栽品种之一。2004—2007年宁海白枇杷分别认证为无公害农产品、有机食品和绿色食品，2007年获宁波市名牌产品、宁波市十大名果和“中华名果”称号。由县农林局冯健君研究员主持完成的《宁海白枇杷品种选育及基地建设》项目于2004年获宁波市科技进步二等奖，2008年作为主要成果之一获浙江省科学技术奖二等奖，优秀论文《枇杷品种“宁海白”的特性》在国际刊物上发表。宁海县枇杷生产技术水平居国内先进行列。2019年2月，宁海白枇杷获得国家农产品地理标志登记保护。

2020年，宁海白枇杷产量350万千克，产值1.2亿元。成熟时间较2019年提早5天左右。一市镇政府首次尝试直播带货模式，进一步提高“宁海白”枇杷的知名度与美誉度，为当地果农赢得更好的经济效益。

麻糍 宁海的气候和土壤为宁海糯米的生长创造优良的自然环境，糯米外形椭圆，颗粒饱满均匀，色泽白里透青，具有香、软、柔、韧的综合特性，最适合制作宁海麻糍的主要原料。据记载宁海麻糍早在南宋时期已成为地方特色食品，有每逢清明、四月八等传统节气就要捣麻糍的习俗。相传，东仓上宅叶梦鼎丞相幼时酷爱读书，每每点灯夜学，父母恐其挨饿，常备点心供其食用。丞相独爱其母制作的麻糍。21世纪以来，胡陈乡先后举办麻糍节、成立麻糍文化体验馆，令其更加发扬光大。在胡陈乡已形成产业化经营。

麦饼 宁海麦饼历史悠久，据《宁海塔山童氏谱志》记载，早在南宋时期人们在出游和劳作时作为携带麦饼为主食，延续至今。另据史料记载，徐霞客从宁海出西门三十里，夜宿梁皇驿，对香气浓郁的宁海麦饼赞不绝口。宁海麦饼和徐霞客出游挂上了钩，因此也被称为“霞客饼”。宁海麦饼的主要原料来自宁海的地产小麦，辅以宁海岔路黑猪肉为佐料，经过手工制作而成的地方特色食品。麦饼其外观多为较薄圆形，表面微焦、色泽焦黄。小麦是宁海传统种植物之一，明代旅行家徐霞客在《徐霞客游记》的开篇中写道，在宁海王爱山岗一带“可见随处种麦”。由于宁海的土壤、气候、日照时间原因，宁海的面粉品质蛋白质和酶活性含量高于普通面粉，具有面团拉伸、稠度强的特性，便于在加工麦饼过程中可随意拉伸都不破裂。一旦选用非地产原料和佐料，口感大打折扣。

马铃薯 俗称洋芋，胡陈洋芋是宁海县胡陈乡传统特色农产品之一，已有300多年的种植历史。由于具有独特的沙性土壤、适宜的气候环境，因此造就胡陈洋芋的独特品质——皮色较黄、淀粉含量适中、低脂肪、高蛋白、粗纤维，色香味美，为大众喜爱。长期以来，胡陈洋芋是一旱一水的栽培模式。境内土壤pH值在5—6之间，施肥主要以农家肥为主，化肥辅助，土壤自然肥力高。胡陈本地洋芋品种多为东仓小黄皮，洋芋可作蔬菜也可作粮食，生长季节短，胡陈乡春秋两季洋芋的种植面积达0.7万余亩，年产洋芋0.87万余吨，其中符合国家级绿色食品A级产品标准的洋芋为2500吨。胡陈乡多次组织洋芋种植大户探索开发大型蔬菜市场、超市等，主要销往上海、杭州、宁波、舟山等地。胡陈洋芋曾获得多种荣誉，2004年被认定为国家级绿色食品A级产品，标志编号：LB-15-1308117318A。胡陈洋芋荣获省级农业博览会优质奖。2017年胡陈洋芋入选为“全国名特优新农产品”名录，受农业农村部权威推介。2018年荣获浙江名牌农产品。

“七彩胡陈”商标荣获浙江省著名商标，胡陈土豆成功入选农业农村部编制的《全国名特优新农产品目录》，获评浙江名牌农产品。2019年，胡陈乡春秋两季土豆种植面积4000亩，土豆产量4700吨，农民总收入5640万元。

香榧 双峰香榧种植历史悠久，是天然无公害农产品，主要分布在黄坛镇的榧坑、逐步、中央村、里塘等村。其中，建村于明洪武元年（1368）的榧坑村以榧为村名。为大力发展香榧，宁海县成立发展香榧领导小组，规划在双峰乡建立万亩香榧生产基地，于1991年建立双峰香榧苗圃园，采摘当地木榧（香榧的一个品种）为种子，繁殖苗木。1999年，双峰育出10万株香榧苗木，在杨染村、榧坑村进行嫁接。至2008年，双峰地区10多个村已发展香榧5000余亩、1.5万多株，64%的树可结果投产。榧蒲每千克16元，干榧每千克160元。2012年，双峰香榧基地面积7300亩。2015年，黄坛镇的双峰国家森林公园被评为“浙江最美森林”，为当地发展香榧产业与生态旅游提供了契机。截至2017年年底，黄坛现有香榧面积1.2万亩，其中挂果面积3500余亩，年产香榧鲜蒲200余吨，是宁波市唯一的香榧产业基地。双峰有山外山农业发展有限公司、东盛林业专业合作社、补兴香榧合作社等6家专业合作社经营香榧产业。

注册“双峰香榧”品牌为公用品牌，并在2017年2月获得国家监督检验检疫局生态原产地产品保护证书，2017年7月28日黄坛镇香榧产业协会委托浙江龙华知识产权服务公司代理“双峰香榧”地理标志商标的申请办理工作，2019年7月28日成功注册地理标志证明商标。2019年黄坛镇种植香榧1.3万余亩、木榧627.5亩。全镇百亩以上香榧基地28个，投产面积达0.75万余亩，全年鲜果产量为65万千克，香榧生产值超5000万元。

2020年，黄坛镇与县市场监督管理局联合出台《双峰香榧地理标志公用品牌使用与管理办法》，规范双峰香榧地理标志商标的使用行为。

牡蛎 俗称蛎黄，宁海西店盛产的是褶牡蛎，有700多年的历史。褶牡蛎，贝壳小，薄而脆，大多为三角形，养殖以褶牡蛎为主。据清代光绪《宁海县志》载：“宋进士冯唐英避乱隐此，见岩边牡蛎盛生，教居民聚石养之。”并有“牡蛎出铁江尤佳”之赞语。铁江位于象山港尾西店，尤以西店牡蛎为著名，驰名江、浙、沪一带，海水养殖中的主产品之一。宁海西店是浙江省最大的牡蛎基地，2008年西店牡蛎养殖面积24870亩，产量28600吨。西店牡蛎素有“海牛奶”之称，并富含蛋白质、维生素、核黄素等营养成分。2001年被浙江省海洋与渔业局授予“牡蛎之乡”。

锯缘青蟹 俗称青蟹，主产于一市、西店、大佳何等三门湾和象山港区域，清代光绪《宁海县志》称蝤蛑，尤以一市青蟹为佳，营养价值大，俗称“三只蝤蛑顶只鸡”。宁海一市镇毗邻三门湾，盛产青蟹，自然条件优越，尤其是拥有天然的砂石底质，附近海域天然青蟹苗种富有。宁海青蟹运用野生、纯天然的鱼饲料进行科学喂养，是宁波市海水养殖水产品的第一个有机品牌。1985年，西店樟树村养殖户在低坝高网塘养殖青蟹，1990年以后，全县青蟹养殖面积不断扩大，成为池塘生态养殖的主要品种之一。

宁海珍鲜 2019年9月，宁海通过“宁海珍鲜”商标注册代理招标，标志着宁海全产业农产品区域公用品牌第三方运营正式启动。首批入选“宁海珍鲜”的筛选标准确立，包括参选的农业龙头企业、专业合作社等主体具有一定的生产经营规模，产品符合“三品一标”质量要求，品牌具有一定知名度、认可度等。同时，“宁海珍鲜”的相关专题宣传和群众意见征求工作启动。

其他土特产 宁海望海茶入选中国农业品牌目录2019年农产品区域公用品牌榜。浙江省2019“浙茶杯”金奖红茶评比中，宁海县获2枚金奖（太阳山茶场、俞氏五峰公司）。望府红茶因在“浙茶杯”评选活动中3次以上获金奖，获“浙江名红茶”称号。宁海组织12家农业经营主体参展2019年省农业博览会，现场销售超过40万元，获得订单60万元。其中“望海峰牌”望海茶、“山里向”笋干获“2019浙江农业博览会金奖”“花蕊牌”蜂蜜、“望府牌”红茶、“北星牌”泥螺、“草湖牌”糕点获得“2019浙江农业博览会优质奖”。

2020年7月第十届“中绿杯”名优茶评比中，宁海县选送6个单芽、6个白（黄）化茶样参评，其中“兰盈”牌、“望海峰”牌、“铜岭岗”牌望海茶及望府茶等共4个茶叶品牌获得特别金奖，白叶类“兰盈”牌、黄叶类“裕竺”牌等2个获金奖。据2020年中国茶叶区域公用品牌价值评估，望海茶品牌价值11.92亿元，较2019年11.18亿元上升0.74亿元，排名从2019年的第71名上升至69名。

5月，宁海县科技局邀请数十名资深新食品原料审评专家在科创中心召开新食品原料学术论证会，开展钟观光蓟（山岩参）申报新食品原料论证活动。钟观光蓟（山岩参），别名钟氏蓟、杭蓟，在宁海民间有数百年的食用历史。在大佳何、桥头胡等乡镇（街道），有在立夏时节用山岩参煮鸡蛋的风俗，在力洋、胡陈等乡镇，有用山岩参炖母鸡作滋补品食用的传统。为了更好地推广山岩参，宁波宁蓟农场在政府各部门的大力支持下，开展山岩参的人工栽培试验和推广，历经十多年的艰辛探索，宁蓟农场已有55亩的种植面积。

【气候】 **气温** 全年平均气温18.5℃，较常年偏高1.6℃；居历史排名第二位，仅次于2007年（18.6℃）。上半年平均气温比历年平均偏高2.2℃；下半年平均气温比历年偏高0.9℃。冬季平均气温比常年平均偏高3℃；春季平均气温比常年平均偏高1.7℃；夏季平均气温比常年平均偏高1.1℃；秋季平均气温比常年平均偏高1.0℃。

降水总量 年降水总量1388.5毫米，较常年偏少19.2%。上半年降水总量比历年平均偏多29.1%；

表 1　　2020 年宁海县生产总值分行业情况表

指标名称	本年实绩（亿元）	增速（%）
生产总值	722.55	3.4
农林牧渔业	50.07	2.7
工业	306.59	3.3
建筑业	48.55	-3.6
交通运输、仓储和邮政业	21.49	2.9
批发零售业	69.03	5.0
住宿和餐饮业	11.55	-6.7
金融业	41.25	6.6
房地产业	63.47	8.8
其他服务业	110.55	3.6
营利性服务业	47.63	5.0
非营利性服务业	62.93	2.5

说明：本表数据执行国家统计局 2012 年制定的《三次产业划分规定》

财政收支。全年全县完成财政总收入 103.98 亿元，比上年同期下降 0.7%，中央级财政收入 36.06 亿元，下降 6.8%；一般公共财政预算收入 67.91 亿元，增长 2.9%，其中：税收收入 49.21 亿元，增长 1.8%。一般公共预算支出合计 86.7 亿元，下降 4.5%，其中，教育支出 19.47 亿元，增长 14.3%，节能环保支出 1.01 亿元，增长 38.2%。

经济主体。全年新增各类市场主体 13870 户，内资企业 3909 户，其中私营企业 3394 户，外资企业 11 户，个体工商户 9921 户，农民专业合作社 36 户。截至年底，累计实有各类市场主体 81315 户，内资企业 22654 户，其中私营企业 21559 户，外资企业 370 户，个体工商户 57016 户，农民专业合作社 1275 户。引导完成个转企 199 家，其中转型为公司制企业 172 家，分别增长 45.3%和 79.2%。民营经济增加值占 GDP 比重 76.3%，比上年提高 0.3 个百分点。

居民消费价格。全年居民消费价格指数（CPI）上涨 2.9%。从八大类来看，价格同比呈现“七升一降”态势。其中，食品烟酒、其他用品和服务、教育文化和娱乐、生活用品及服务、衣着、居住、医疗保健价格比 2019 年同期分别上涨 9.0%、4.0%、2.1%、0.7%、0.6%、0.4%、0.1%；交通和通信价格下降 2.7%。在食品烟酒价格中，粮食价格上涨 3.1%，猪肉价格上涨 37.2%，鲜菜价格上涨 15.3%，水产品价格上涨 3.7%。

【农业和农村】 农业。全年实现农林牧渔业增加值 50.06 亿元，增长 2.7%。粮食播种面积 23.32 万亩，总产量 8.56 万吨，增长 2.1%。蔬菜、果用瓜播种面积分别增长 4.0%和 0.3%。禽肉总产量 0.14 万吨，增长 13.4%。水产品总产量 16.53 万吨，增长 3.1%，其中：海水产品产量 15.88 万吨，增长 3.1%。获“2020 年度茶叶百强县”称号。“宁海珍鲜”注册成为全市首个全品类区域公用品牌，白枇杷、青蟹、蛏子等 9 个特色农产品入选“宁海珍鲜”首批推荐产品。新认定市级多彩农业美丽田园示范基地 5 个、现代农业庄园 3 个，新增健康养殖示范场国家级 3 家、省级 9 家，打造养殖尾水治理示范点 55 个，1 个生态茶园、2 个精品果园、2 个道地药园创成省种植业“五园”示范基地。大力推进农业废弃物资源化利用，秸秆综合利用率达96.54%，畜禽排泄物资源化利用100%，病死动物无害化处理率100%，成功创建省级现代生态循环农业整建制推进县。

新农村建设。全年新增省级美丽乡村示范乡镇（街道）2个、省级美丽乡村特色精品村4个，省级高标准农村生活垃圾分类处理示范村3个。总投资3027.7万元，完成14个村庄整治建设提升工程。拆除危旧房1.37万平方米，外立面改造0.2万平方米，道路硬化7.16万平方米，路灯建设266盏，雨水排水设施建设0.39万米，村庄及庭院绿化1.32万平方米，河道整治0.14万米。新建生活垃圾集中设施43个。

水利建设。全年完成重点实事工程投资11.64亿元，加速推进东部沿海和城区防洪排涝、海塘除险加固及提标、小流域整治等工程，全面完成农饮水达标提标任务，中堡溪获评省级“美丽河湖”，西林水库正式供水。

【工业、建筑业和用电】 **工业经济**。全年实现工业增加值306.59亿元，比上年增长3.3%，其中：规模以上工业实现增加值229.55亿元，增长6.2%。规模以上工业实现产值969.48亿元，增长4.9%，实现销售产值952.4亿元，增长4.6%，其中内销719.48亿元，增长11.0%，出口交货值232.92亿元，下降5.3%；实现营业收入979.57亿元，增长5.4%，实现利税总额90.9亿元，下降1.7%，利润总额63.73亿元，下降1.6%。综合实力50强企业实现工业总产值559.05亿元，增长4.3%。全年全县规下工业增加值增长1.4%。

工业高质量发展。全年规模以上工业企业投入研发费用24.61亿元，比上年增长7.7%，规模以上工业新产品产值371.6亿元，增长3.6%，新产品产值率达38.3%。“246产业”增加值161.28亿元，增长9.0%，高于规上工业增加值增速2.8个百分点。健康制造、绿色石化、时尚制造、装备制造业、高新技术产业等新兴产业增加值分别增长39.3%、23.2%、10.0%、9.1%和5.2%。十七大重点传统制造业实现增加值126.55亿元，增长5.5%。数字经济核心产业制造业实现增加值18.6亿元。

建筑业。全年建筑业总产值增长6.6%。房屋建筑施工面积735.34万平方米，从业人员平均人数3.3万人。

用电量。全年全社会用电量39.32亿千瓦时，增长5.8%，其中：第一产业用电量0.49亿千瓦时，增长13.4%；第二产业用电量25.65亿千瓦时，增长4.3%，其中，工业用电量25.35亿千瓦时，增长4.4%；第三产业用电量5.1亿千瓦时，增长5.0%；城乡居民用电量8.08亿千瓦时，增长11.0%。

【固定资产和房地产投资】 **固定资产投资**。全年固定资产投资同比下降11.0%，其中：民间投资增长4.5%，民间投资占固定资产投资比重61.0%。高新技术产业投资、建安工程投资和交通运输业投资分别增长2.0%、5.6%和11.8%。工业投资增长15.1%，全年新增国家级单项冠军产品1个；市级单项冠军示范企业5家，培育企业1家；省级隐形冠军企业1家，培育企业1家；147个新产品列入市级试产计划；新增省内首台（套）产品5个，浙江制造精品3个。

房地产投资。全年房地产开发投资同比下降11.7%，商品房施工面积582.35万平方米，增长25.7%，竣工面积81.35万平方米，增长26.4%，商品房销售面积88.77万平方米，增长11.3%。

【贸易、交通、旅游和会展】 **贸易业**。全年实现社会消费品零售额同比增长1.3%。其中，限额以上社会消费品零售额61.0亿元，增长1.5%。网络零售额170.9亿元，增长17.3%。电商产业园入驻企业54家，实现交易额48.5亿元。跨境电商出口额9.2亿美元，增长32.4%。全年实现货物进出口总额317.39亿元，增长4.8%。其中，出口302.26亿元，增长9.5%，进口15.12亿元，下降43.4%。机电、高新技术产品为宁海县主要出口产品，其中：机电产品实现出口216.67亿元，增长0.4%，占全县出口总额的71.7%；高新技术产品出口77.02亿元，下降22.9%，占全县出口总额25.5%。贸易方式不断优化，一般贸易出口296.5亿元，增长10.0%，占全县出口总额的98.1%，比重较2019年提高0.5个百分点。对“一带一路”沿线国家合计进出口66.66亿元，下降20.5%，其中出口64.95亿元，下降19.9%。

招商引资。全年共新批外资企业19个，增资项目8个，减资项目1个，实际利用外资1.21亿美元，同比下降4.3%，完成目标任务的105.1%；引进浙商回归资金82.6亿元，同比增长27.0%，完成目标任务的137.7%；引进市外内资100.52亿元，同比增长43.3%，完成目标任务的139.6%。

交通业。全年完成交通总投资14.7亿元，全县公路总里程1651.9公里，公路密度89.6公里/百平方公里，其中：高速公路74.71公里，一级公路200.6公里，二级公路64.63公里，三级以下公路1311.96公里。年末拥有各类营运车辆2456辆、船舶54艘。全县完成旅客运输量101.01万人次，旅客周转量0.81亿人公里，货物运输量1270.88万吨，货物周转量72.62亿吨公里。基于集士驿站模式的农村物流生态联盟项目分别入选了交通运输部首批农村物流服务品牌项目和浙江省交通运输厅第二批农村物流创新发展项目。全国首个县级“网约巴士”正式投运。

旅游业。全年接待国内游客总人数1879.7万人次，国内旅游收入180.96亿元，接待入境旅游者783人次，入境旅游收入24.75万美元。森林温泉度假区获省级考核优秀，前童古镇创国家AAAAA级旅游景区、十里红妆小镇和宁海湾海岛休闲度假项目列入浙东唐诗之路建设重点。葛家村、双林村获评全国乡村旅游重点村，创成省级A级景区村庄46个，其中AAA级8个。

会展业。全年举办各类展会12个，参展企业785家，标准展位1480个，展览面积9.24万平方米，人流量24.66万人次，成交额达11.29亿元。成功举办第十八届徐霞客开游节暨“中国旅游日”十周年浙江省主会场活动，全域旅游暨“非遗”成果展等10项活动。

【金融和保险】 金融业。年末金融机构本外币存款余额875.88亿元，增长8.6%，比年初增加69.1亿元，其中人民币存款余额845.22亿元，增长7.0%，比年初增加55.29亿元。年末金融机构本外币贷款余额1136.48亿元，增长17.7%，比年初增加17.11亿元，其中人民币贷款余额1127.73亿元，增长17.8%，比年初增加17.04亿元。年末银行业金融机构24家，其中：政策性银行1家，大型国有银行5家，股份制商业银行12家，地方性法人机构1家，城市商业银行4家，村镇银行1家。年末银行业金融机构不良贷款率0.31%，较上年下降0.13个百分点。全县共有上市企业6家，其中2020年分别新增上市企业、IPO过会企业各2家，新增甬股交挂牌企业30家。

保险业。全年实现保费收入21.05亿元，同比增长1.9%。其中：财产险7.66亿元，增长11.7%，人身险13.39亿元，下降3.0%。保险业累计赔付支出5.89亿元，下降3.5%。其中：财产险赔付支出4.01亿元，下降4.4%，人身险赔付支出1.88亿元，下降1.5%。年末共有54个保险机构数，其中：产险34个，寿险20个。

【科技、教育和人才】 科技创新。全年新认定国家高新技术企业58家，累计达239家；新认定国家科技型中小企业192家，累计达1374家；技术交易额实现8.4亿元，增长28.9%；9个项目列入市“科技创新2025”重大专项计划，立项数量创年度历史新高。新增国家级外专引智项目1个、市级引智项目1个。全年专利授权量4190件，其中发明专利171件。有效发明专利拥有量1168件。高价值专利组合培育项目（培育类）2家，专利导航项目2家。新认定宁波市专利示范企业1家，首次通过知识产权管理体系认证企业4家。

教育事业。年末全县共有中小学84所，在校学生总数8.62万人。其中，普通高中7所，在校学生0.93万人；职业中学4所，在校学生0.85万人；初中21所，在校学生2.19万人；小学51所，在校学生4.63万人；幼儿园95所，在校学生2.31万人。全县在编教职工5269人。学前三年入园率99.9%，义务教育入学率和巩固率均达100%，初中毕业生升入高中段学校比例为99.9%，适龄“三残”儿童学前段、义务段入学率达100%。项目建设进一步加快，“同乐老年学堂”挂牌，城中小学（一期）、越溪中学教学楼、城西小学、桃源中心幼儿园、蔚特幼儿园投入使用，高中段学校校舍改造提升工程完工，海亮“宁海公学”、哲圆教育动工建设。教育投入进一步加大，设立民办教育发展专项资金390万，落实各项帮困助学政策，各类助学奖金共计0.98亿元，公办学校接纳外来民工子女1.82万人。

人才开发。年末新增人才数19587人，其中博士51人、硕士305人；新增高技能人才6300人；全年引进大学生7600余人，增长55.0%。新建国家级博士后科研工作站2家、省级博士后工作站2家。56名中青年优秀专技人才入选首次开展的县“131”人才培养工程，全力打造宁海专技人才品牌工程。首推额度为5亿元的“优才贷”，为人才创业创新赋能。培养“三位一体、四方联动”应用型人才7200人。

【文化、卫生和体育】 文化建设。全年新增县级“非遗”项目名录18项、代表性传承人36人、传承基地26个。成功创建市星级图书分馆12家，新建城市书房2家、“书循环”捐赠点和流动图书站36个。前童镇获评全市唯一的省文艺创作采风基地。得心坊艺术馆获评市二星级博物馆。传统村落保护和活化利用案例入围全国县域优秀案例。全年制作播放各类专题片、微剧、微电影等280多期，推出“宁海牛制造”等主题宣传40余个，央视录用70条，浙江卫视录用53条。精心组织电视问政2期，着力推出“主播帮帮帮”栏目，深化“百姓事马上办”，累计播出30多期节目，共为群众解决实际问题1700余件次。新媒体“看宁海”客户端注册用户超18万户，抖音号“直播宁海”粉丝量达12万多人，“宁海新闻”微信号粉丝数达到28万多人。

卫生健康事业。全面落实疫情防控措施，新建14个乡镇卫生院发热诊室，建立790人的核酸采样人员库、36人的实验室核酸检测人员库，组建医疗救治专家团队，开展各类培训、演练130余场次。年末全县共有医疗机构466家，床位数3471张，卫生技术人员5389人。孕产妇实现零死亡，婴儿死亡率2.30‰，5岁以下儿童死亡率3.58‰，孕产妇住院分娩率达100%。开展卫生创建扩面提质三年行动，新申报创建国家卫生镇3个。扎实推进国家农村儿童早期发展服务试点、省0—3岁婴幼儿照护服务试点，在全省率先开展托育机构备案“一件事”改革并被列为全市试点。

体育事业。全年新建体育公园9个、全民健身广场1个、多功能运动场3个、笼式足球场3个、百姓健身房13个，对10个小康村进行体育设施提升。人均体育面积达到2.48平方米，远超全省平均1.97平方米的标准。宁海县国家登山健身步道被评为宁波唯一的中国新美步道，成功入选浙江省十佳运动休闲绿道。成功举办2020宁海越野挑战赛、环中国自行车业余赛（宁海站）、“5·19”徐霞客古道欢乐跑。

【城市建设和环境保护】 **城市建设**。积极推进城乡争优攻坚行动，全年完成城乡争优项目投资177.64亿元，公共设施投资完成27.57亿元。新开工建设双水路、金竹岭巷等5个重点市政项目，开工率达100%；建成环南中路、民生东路、时代西路等15条市政道路，建成办证中心西侧等18个停车场2335个公共停车位，建成环保能源发电项目、时代大道管线下地工程。完成天明西路绿化提升等一批绿化工程，绿道建设30.1公里。积极推进老小区改造工作，完成园丁楼、腾达小区、正学公寓3个老旧小区改造。完成棚户区及城中村改造684户14.63万平方米，改造安置用房1212套。

生态文明建设。全县生态环境质量稳中有升，市控以上断面地表水环境质量优良率和达标率保持100%，饮用水水源地达标率保持100%，大气环境优良率达到93.7%，比2019年提高1.9%，PM2.5浓度均值23微克/立方米，比2019年同期下降4微克/立方米。全年累计新建、改造污水管网12.7公里。绿色发展指数位列全省第5位并连续3年居全市第一；连续3年位列“绿水青山就是金山银山”发展百强县第二。

【人口、人民生活和社会保障】 **人口规模**。年末全县总户数242772户，户籍人口633255人，其中：男性人口326102人，女性人口307153人，分别占总人口51.5%和48.5%。出生人口5003人，出生率为7.02‰，死亡人口3928人，死亡率为5.71‰，人口自然增长率为1.3‰。

城乡居民收入。全年全县城镇居民人均可支配收入64188元，增长5.2%，城镇居民人均生活消费支出38652元，下降1.5%。农村居民人均可支配收入36166元，增长6.8%，农村居民人均生活消费支出25777元，增长4.7%。低收入农户人均可支配收入增长13.9%。城乡居民收入比1.77∶1，较上年进一步缩小。

社会保险。年末全县本地户籍人员参加养老保险50.06万人，参保率98.0%；城乡居民医保参保40.02万人，本地户籍参保率99.9%。符合条件的贫困人员养老保险实现“应保尽保”，参保率达100%；工伤保险参保人数23.73万人，失业保险参保人数14.08万人。

就业创业。全年城镇新增就业人员23598人，完成市级年度目标14400人的163.9%；城镇登记失业率1.29%；城镇失业人员实现再就业1769人，就业率38.28%；就业困难人员实现再就业556人，就业率50.73%；新增创业实体14071个，创业带动就业人数56284人；创业担保贷款8985万元，增长35.2%。

社会救助和社会福利。全县共有低保对象6752户9605人。全年共发放低保金11902万元，特困供养金1157万元，临时救助金515万元。建立健全孤儿动态管理机制，实现县、乡镇（街道）二级联网审批。全年养老机构总床位数达到7324张，实现村社居家养老服务全覆盖。

“平安宁海”建设。全年各类安全生产事故12起，死亡人数8人，分别同比下降33.3%、71.4%，其中：道路交通事故起数7起，下降50.0%，死亡人数4人，下降33.3%。

说明：1. 本公报为初步统计数。

2. 生产总值、各行业增加值总量按现行价格计算，增长速度按可比价格计算。

2020年宁海县党政机关、群众团体与乡镇、街道负责人名录

【中国共产党宁海县委员会】
书　记:林　坚
副书记:腾安达
　　　　李贵军(7月止)
常　委:王军海
　　　　叶秀高
　　　　徐震宇(1月止)
　　　　张伟标
　　　　娄黛敏
　　　　方　勤
　　　　王辅橡
　　　　李红伟(1月止、挂职)
　　　　吴　玮
　　　　周初波(1月始)

【宁海县人民代表大会常务委员会】
党组书记、主任:徐真民
党组副书记、副主任:王能迭
副主任:赵秀萍
　　　　潘红月
　　　　王兴兵
　　　　柳正维
　　　　范建军

【宁海县人民政府】
县　长:腾安达
常务副县长:王军海
副县长:王鸿飞
　　　　沈纾丹
　　　　应国邦
　　　　俞晶磊(6月止,挂职)
　　　　李红伟(1月止、挂职)
　　　　励成杰
　　　　杨　钻(5月始)
　　　　杨晓庆(7月始,挂职至2021年12月)

【中国人民政治协商会议宁海县委员会】
党组书记、主席:尤玲娟
党组副书记、副主席:邬汝跃
党组副书记:娄黛敏(兼)
副主席:尤永成
　　　　何建春
　　　　童青燕
秘书长:俞丹斌

【宁海县直单位党政负责人】
县委办公室主任:徐旭东
　县台办主任:李海啸
　县委党史研究室主任:娄筱庆
县人大常委会办公室主任:胡家标
　监察司法工委主任:邬开娟
　财经工委主任:冯继红
　教科文卫工委主任:郑仕忠
　农业农村工委主任:蒋思才
　城建环保工委主任:王永进
　代表工委主任:张群力
　社会建设工委主任:张晓桦
县政府办公室(外事办)主任:
　　葛仁元
　县地方金融监督管理局局长:
　　葛仁元
　县流动人口服务管理中心主任:
　　李恒贤
　县机关事务管理局党组书记、局长:
　　张爱娇
县政协办公室主任:叶良晓
　提案委员会主任:娄培宗
　经济和城建资源环境委员会主任:
　　黄才向
　教科卫体文化文史和学习委员会主任:胡　军
　社会法治和港澳台侨委员会主任:
　　娄　坚
　委员工作委员会主任:陈庆宇
　农业和农村委员会主任:
　　杨东林(9月始)
县纪委书记、监察委主任:
　　徐震宇(1月止)
　　周初波(1月始)
县委组织部部长:方　勤
县委宣传部部长:叶秀高
　县文明办主任:薛　冰
　县委网信办主任:
　　章伟银(9月始)
　县政府新闻办主任:
　　周武军(9月始)
　县社科联主席:王启堂(10月止)
县委统战部部长:娄黛敏
　县侨办主任、侨联主席:王日辉
　县民宗局局长:郑尚奎
县委政法委书记:李贵军(7月止)
县人民法院院长:石坚强
县人民检察院检察长:练节晁
县委政策研究室主任:童富定
　县决策咨询办主任:
　　钱卫挺(6月止)
县委编委办主任:林长春
县委直属机关党工委书记:方　勤
　常务副书记:戴贤华(9月止)
　　　　　　周绍宏(9月始)
县委老干部局局长:
　　邬开娟(6月止)
　　钱卫挺(6月始)
县委党校校长:方　勤
　党委书记、副校长:胡海军
县信访局党组书记、局长:
　　邵旭东(6月止)
　　祝敏杰(6月始)
县发改局(物价局)党组书记、局长:
　　项汉明
县经信局党委书记、局长:黄建福
县教育局党委书记、局长:陈开南
县科技局局长:陈振根
　党组书记:郭　青
县公安局党委书记、局长:李铭胜
　党委副书记、政委:褚访岳
县民政局党委书记、局长:苏朝阳
县司法局党组书记、局长:
　　陈海燕(1月止)
县司法局党组书记:
　　叶天峰(6月始)
　局长:夏慧辉(6月始)
县财政局党委书记、局长:庞建宏
县国资局局长:季胜洪(1月止)

县国资产管理中心主任：
王照栈（6月始）
县人力社保局党委书记、局长：
胡小锋
县自然资源和规划局党委书记、局长：应校军
县住建局党委书记、局长：章武科
县交通局党委书记、局长：陈伟荣
县水利局党委书记、局长：王　巍
县农业农村局党委书记、局长：
潘海东
县商务局党组书记、局长：卢华强
县文广旅游局党委书记、局长：
林仙菊
县卫生健康局党委书记、局长：
李乃江
县退役军人事务局党组书记：
汪秀邦
局长：王宁芳
县应急管理局党组书记、局长：
杨东林（3月止）
县应急管理局党委书记、局长：
杨东林（3月始）（9月止）
何称松（9月始）
县审计局党组书记、局长：戴华飞
县市场监督管理局党委书记、局长：
丁建标
县统计局党组书记：陈昌凯
局长：龚　慧
县医保局党组书记、局长：
盛高成（11月止）
葛华文（11月始）
县综合行政执法局党组书记、局长：
吴继盛
市生态环境局宁海分局党组书记、局长：章　哲
县总工会主席：王兴兵
党组书记：周永平
团县委书记：胡　卿（6月止）
储杨洋（6月始）
县妇联党组书记、主席：林　红
县工商联党组书记、主席：葛体员
县文联党组书记、主席：刘尚才
县残联党组书记、理事长：葛永照
县科协党组书记、主席：陈海中
县贸促会会长：崔绍章（9月始）
县关工委主任：方　勤
常务副主任：袁春林
县慈善总会会长：曹善军
县档案馆党组书记、馆长：张华飞
宁海传媒集团党委书记、总裁：
何健军
总编：胡国光
县社会矛盾纠纷调处化解中心党组书记、主任：邵旭东（6月始）
县招商中心党组书记、主任：
葛海峰（9月止）
县投资促进中心党组书记、主任：
葛海峰（9月始）
县体育发展中心党组书记、主任：
顾一冰
县供销联社党委书记、主任：陈云苍
县公建中心党组书记、主任：陈剑波
县房屋征收办（城中村改造指挥部）党组书记、主任：朱军华（9月止）
县房屋征收管理中心（城中村改造指挥部）党组书记、主任：
朱军华（9月始）
市住房公积金中心县分中心党组书记、主任：陈　飚
县金融办党组书记、主任：裘德亮
县大数据管理中心党组书记、主任：
董宜春
县政务服务办党委书记：王军海
主任：陈国军
宁海经济开发区管委会党工委书记：王辅橡（9月止）
宁波南部滨海经济开发区管委会党工委书记：王辅橡（9月始）
主任：应利勇（9月始）
县通用航空产业基地建设指挥部党组书记、总指挥：王辅橡（8月始）
宁海科技园区管理中心党组书记、主任：葛欢善（9月止）
宁海科技园区管理委员会党工委书记、主任：葛欢善（9月始）
县生物产业园管理中心党组书记、主任：应利勇
县双盘三山围涂工程指挥部党组书记：俞安河（8月止）
县交通重点工程建设指挥部党组书记、总指挥：陈伟荣
县抽水蓄能电站建设政策处理指挥部党组书记：王军海
总指挥：杨象轮
县三门湾现代农业开发区建设指挥部总指挥：沈纾丹
县清溪水库建设指挥部党组书记：
柳正维（4月始）
县商贸集团党委书记、董事长、总经理：胡余泽（9月止）
县国有资产投资控股集团有限公司党委书记、董事长、总经理：胡余泽（9月始）
县水务集团党委书记、董事长：
袁顺生
县城投集团总经理：葛军伟
宁海海关关长：王　军
县国税局党组书记、局长：陈龙均
人民银行宁海县支行行长：吴林钗
县气象局党组书记、局长：徐　俭
蔡春裕
县烟草专卖局局长、县烟草公司经理：马效军
国家统计局宁海调查队党组书记、队长：崔绍章（7月止）
徐敏乐（7月始）
县供电公司党委书记：高　明
总经理：高补林（4月止）
任　雷（4月始）
中国电信宁海分公司党委书记、总经理：葛国标
县邮政公司党委书记、总经理：
陈国栋

【乡镇、街道党政负责人】

跃龙街道

书　记：顾国兴
主　任：胡仁杰

桃源街道

书　记：王永宝
主　任：卢华乾

梅林街道

书　记:褚孔村(2月止)
　　　王彪平(2月始)

主　任:胡中伟(2月止)
　　　陈　剑(2月始)

桥头胡街道

书　记:邬培栋

主　任:洪　永

长街镇

书　记:王照栈(6月止)
　　　夏智友(6月始)

镇　长:石　柔

力洋镇

书　记:陈模曹

镇　长:陈　威(11月止)

一市镇

书　记:刘军平

镇　长:胡　卿

岔路镇

书　记:郭　青

镇　长:夏智友(6月止)
　　　赖喜利(6月始)

前童镇

书　记:张畅芳

镇　长:陈海涛

桑洲镇

书　记:葛建标

镇　长:尤煜彬

黄坛镇

书　记:王宏伟

镇　长:王家冕(6月始)

大佳何镇

书　记:李文斌

镇　长:叶亦健

强蛟镇

书　记:叶　挺

镇　长:吕　宁

西店镇

书　记:张伟标

镇　长:王彪平(2月止)
　　　金　益(2月始)

深甽镇

书　记:王东海

镇　长:金伟科(6月止)
　　　黄丽敏(6月始)

越溪乡

书　记:钱贤丰

乡　长:吴　冰

茶院乡

书　记:储根荣

乡　长:夏　扬

胡陈乡

书　记:虞武君

乡　长:严义靖

中国共产党宁海县委员会

综　述

县委十四届六次全会以来，县委常委会坚持以习近平新时代中国特色社会主义思想为指导，对标落实习近平总书记重要讲话和重要指示精神，坚决落实中央决策、省委部署、市委要求，团结带领全县上下在非常之时立非常之志、尽非常之责、建非常之功，全力交出“两手硬、两战赢”高分答卷，系统构建“双优”宁海建设的四梁八柱，破难而上坚定推进经济高质量发展，持续提升城乡美丽宜居水平，切实抓好各领域改革创新，纵深推进全面从严治党，全县经济社会发展在“半年正、三季进”的基础上实现“全年赢”。

对标落实习近平总书记重要讲话和重要指示精神。县委常委会带头建立党委（党组）“第一议题”学习制度，制定实施新时代中共创新理论走心工程，多批次多形式开展集中轮训。部署推进争做“重要窗口”双优生、加快形成10项硬核成果的宁海行动，由县领导领衔推进22个重点调研课题和43项具体任务。以上率下掀起学习宣传贯彻热潮，群策群力完成县委“十四五”规划建议起草工作。坚决有力打好“三大攻坚战”，不折不扣抓好中央环保督察、省委巡视、市委提级巡察反馈问题整改，清单化推进高水平全面建成小康社会补短板，帮助对口帮扶地区如期脱贫摘帽，艺术扶贫、创业孵化基地实践分别入选全国“携手奔小康”行动案例和全球减贫最佳案例。

全力交出“两手硬、两战赢”高分答卷。坚持“源头查控+硬核隔离+精密智控”，精准落实“一图一码一指数”管理，抓好常态化疫情防控，3万名党员集结一线严守小门，社会各界捐款捐物超过3100万元，24名医务人员火线驰援武汉。敏锐把握疫情变化趋势，率先预拨复工复产专项资金，迅速组织党政干部“千人驻企”、医务人员“千员助企”、金融机构“百行进企”、5省8城劳动力组织返岗等行动，相继出台“惠企20条”“助企8条”“暖心12条”等一批政策举措。2020年1—11月减税降费31.7亿元、同比增长23.7%，兑现“五减”资金7.5亿元，帮助企业迅速重启生产经营、恢复生机活力，市场主体逆势增长13.8%、总量突破8万户。

系统构建“双优”宁海建设的四梁八柱。形成集目标、路径、抓手、导向、保障、成果于一体的“双优”宁海建设体系。抓纲带目，鲜明树起“五个不能”“五个干事”“做五种人”的自我革新要求，制定实施“365”制造业体系培育、“333”服务业产业提升、“366”乡村产业振兴等产业革新工程，部署推进“三转、两提、两创”的城市革新“322”工作体系，大力推行以争先创优为引领的专班化推进、项目化实施、清单化管理工作机制。紧盯疫情防控、“六稳六保”、安全生产、信访维稳、城市能级提升等重点，一级带一级开展“走村入企强服务、深研细抓强落实”系列行动，力行“敢担当、要积极、抓具体”的工作导向，切实加强党员干部思想先进性、能力先进性、作风先进性建设，推动形成凝心聚力、日盯夜抓建设“双优”宁海的干事氛围。

破难而上坚定推进经济高质量发展。工业、农业、服务业、消费、出口等关键指标增速均好于全市平均。工业基石作用凸显，“246”产业增速稳居全市前三。“宁海珍鲜”成为全市首个全品类农产品区域公用品牌，创成省级农业绿色发展先行县。推出“商旅文体农银”全链条系列活动，力促消费迅速回补、全面复苏。专题研究跨境电商五年发展行动，启用首个公用型保税仓库，跨境电商出口额增长37%。积聚力量壮大企业主体，相继实施215强企梯队培育、上市后备企业管理、新生代企业家培育组合拳，新增过会上市企业4家、总量实现翻番，新增“浙江制造”标准7个，上榜省级首台

(套)产品5项，国家AAAA级综合物流企业实现“零的突破”。全面开展铝压铸、废塑料、震抛加工等行业整治，推进实施制造业“两小”企业综合治理提升三年行动，梅林工业集聚区改造试点破局见效。坚持项目为王，专班攻坚督进度优结构、争政策强保障，争取专项债券、再融资债券、抗疫特别国债等资金75.2亿元，获批土地规划指标3184亩、保障113个项目用地需求，浙商回归资金增长17%，工业投资增长17%，民间投资占比首次突破60%。

持续提升城乡美丽宜居水平。全国“两山”发展百强县3次发榜3次位居第2位。持续深化环境整治，第三次捧获“大禹鼎”，通过中国天然氧吧复评。大力推进全域旅游再出发八大工程，森林温泉度假区获全省考核优秀，建立指挥部创建国家AAAAA级旅游景区，前童成为全市唯一的浙江省AAAAA级景区镇，宁海县成为全市唯一的AAAA级景区城，入选浙东唐诗之路重要节点，获评长三角最佳文旅融合城市。加快城市有机更新，深化城市精细化管理十大行动，以电视问政倒逼问题整改，获省文明委推荐申报全国文明城市提名城市。示范先行大抓乡村振兴，农村文化礼堂全市率先实现全覆盖，艺术振兴乡村入选全省十大模式，“两进两回”经验在省委农村工作会议交流、写入中农办《农村要情》。打响综合交通三年大会战，开建通用航空机场，建成投用动车存车场一期，宁海至北京始发列车即将开通，“一环八射三纵七连”县域交通路网如期构建成型。完善城乡公共服务，县老年公寓、老年学堂、海亮公学、城中小学一期、中心幼儿园、妇保院保健大楼等一批民生工程基本建成或投用，提前两年完成名优师资5年倍增，高考取得近年来最佳成绩。创成省“无欠薪”县，城镇登记失业率全市最低。

切实抓好各领域改革创新。推动30个重点改革项目和19个市级以上试点落地见效。在省市率先推出托育机构备案“一件事”改革、股权转让“一件事”改革，首创执行联动零次跑、司法拍卖不动产全程网上办，首问负责制工作经验获郑栅洁省长批示肯定。企服中心集成模式改革成为省市样板，工商联(商会)服务区域经济发展试点入选省级案例，金融服务综合改革试点获财政部点名肯定。完成宁波南部滨海经济开发区体制机制调整，中乌高端新材料、生物医药、海洋种业、院士之家、侨梦苑中心等人才平台建设各有突破进展，新增国家级引才计划专家等特优以上人才20人。专题研究推进国资国企改革，严控融资成本，新增AA+信用评级单位2家，盘活资产33亿元。高标准推进部省共建乡村振兴示范省先行创建县、省大花园示范县、省文旅产业融合试验区、省民宿助力乡村振兴等试点创建，成为全市唯一的全国县城新型城镇化建设示范单位。紧盯群众关键小事，探索流动人口旅馆式管理改革，试行智慧停车系统，全省首创“网约巴士”“集士驿站”，垃圾智能分类做法入选全国典型案例。

纵深推进全面从严治党。认真落实意识形态工作责任制，融媒体中心建设全市领先、融媒指数居全省前列，中央和省、市宗教工作督查整改提前全面完成，全省宗教领域治理工作经验交流会在宁海召开。出台党政领导干部选拔任用“五个办法”，推行“四比双评”，突出看实践、拿实绩来衡量和评价班子、干部。制定实施进一步激励干部新时代新担当新作为的工作意见，完善落实多层次干部历练机制和教育培训机制，紧贴实践深化周末课堂、导师帮带、试岗挂职等管用办法。深入实施组织力提升工程，持续抓好“双整两全”，联片联村联企责任进一步压实，“红动宁海”组织生活模式入选全国“互联网+党建”典型案例。完成行政村社规模调整。紧紧围绕“五好两确保”目标，全面落实村社主职干部“一肩挑”要求，相关做法获省换届办专刊推广。推动构建“四责协同”机制，持续深化“三书三查两报告”和“三交底”廉政谈话制度，组织实施县委第十轮、第十一轮、第十二轮巡察。严格落实中央八项规定精神，制定实施《正风肃纪警诫清单72条》，高压整治酒驾、赌博等行为，零容忍查处违纪违法问题。县委常委会带头巩固“不忘初心、牢记使命”主题教育成果，增强“四个意识”、坚定“四个自信”、做到“两个维护”，带头落实巡视整改政治责任，对省委巡视反馈的4方面13项34个具体问题和3个专项检查情况反馈意见，逐条逐项抓好整改落实，标本兼治推动工作提升；带头规范党内政治生活，执行民主集中制，维护坚持党性原则基础上的团结；带头践行为民宗旨，尽心尽责为群众办实事、做好事、解难事；带头弘扬斗争精神，妥善应对各种风险挑战；带头执行中央八项规定精神和廉洁自律准则，为全县党员干部做好表率。

县委重要会议

【县委十四届六次全体（扩大）会议】 1月7日下午，由县委常委会主持召开。县委书记林坚代表县委常委会作工作报告。全会的主要任务是：以习近平新时代中国特色社会主义思想为指导，深入学习贯彻中共十九大、十九届四中全会、中央经济工作会议以及省市全会和经济工作会议精神，听取县委常委会工作报告，审议通过《中共宁海县委关于高水平推进县域治理现代化的决定》，动员全县上下坚定革新求进、加快攻坚攀高，奋力建设发展优质治理优越的“双优”宁海。

【全县“不忘初心、牢记使命”主题教育总结大会】 1月10日，由县委副书记、代县长滕安达主持召开，市委主题教育第五巡回指导组组长张海春讲话。

会议强调，要不断巩固拓展主题教育成果，推动全县党员干部把主题教育激发出来的良好状态转化为学习常态、工作常态，以永远在路上的奋进姿态，不断书写守初心、担使命的宁海篇章。

总结回顾宁海县主题教育经验和成果。自2019年8月底以来，全县牢牢把握“守初心、担使命、找差距、抓落实”总要求，以“三个地”模范生的政治高度，坚持学思践悟、深入调查研究、突出靶向检视、狠抓整改落实、紧扣中心大局，在开展“不忘初心、牢记使命”主题教育中，形成宝贵经验和重要启示。

守初心、担使命永远在路上，把不忘初心、牢记使命作为加强中共建设的永恒课题，把学习贯彻习近平新时代中国特色社会主义思想和习近平总书记讲话精神作为各级党委党组会议的“第一议题”，善于运用批评与自我批评这一武器，敢于正视问题、善于解决自身存在的问题；必须坚持以人民为中心思想，扎实抓好“双强”活动，实实在在地解决制约发展和困扰群众的关键问题、高频问题、疑难问题，全力以赴破难题、补短板、扬优势；必须坚持新发展理念，要把县委的要求传导到每一个层级每一个干部，以每一项工作的优质优秀，推动实现“双优”宁海的宏伟目标；必须坚持领导干部带头，以上率下作示范，把初心使命转化成党员干部锐意进取、开拓创新的精气神，转化成埋头苦干、真抓实干的自觉行动，以赶考的心态向党和人民交出一份满意的答卷。

张海春充分肯定宁海县主题教育工作，要求坚持扎根铸魂不停步，持之以恒用中共创新理论滋养初心；坚持自我革命不懈怠，一以贯之推动全面从严治党向纵深发展；坚持对表对标不松劲，全力以赴走在高质量发展前列；坚持为民服务不避难，锲而不舍提升群众获得感满意度；坚持常态长效不动摇，坚定不移巩固扩大主题教育成果。希望宁海广大党员干部以此为新的起点，通过主题教育激发的热情和干劲推动各项工作实现新突破、再上新台阶。

滕安达要求各地各部门要提高政治站位迅速贯彻落实会议精神；要持续大力推进整改落实，确保整改落实可检验、可评判、可感知；要及时研究建立长效机制及时总结主题教育实践中的好经验好做法，推动党员干部永葆初心、勇担使命；要圆满完成岁末年初各项工作，以优良作风、担当精神，逐项逐件抓好落实。

会上，防台救灾先进集体、个人和优秀党员干部、“浙江省担当作为好支书”受到表彰。县直机关工委等6家单位作现场交流，县交通局等9家单位作书面交流。

【全县创建全国文明城市工作汇报会】 1月15日，由县委常委、宣传部部长叶秀高主持召开。

县委书记林坚指出，要坚定信心、充满信心、全县一心，踏准创建节点，着力补强短板，一步一个脚印推进创建工作，给广大群众营造一个文明有礼、整洁有序的居住环境。2019年，宁海县启动实施创城十大行动，各级各部门迅速行动，梳理出60多个专项行动，取得阶段性成果。根据创城总体目标，宁海县将利用3—4年的时间创成全国文明城市。在2020年按每两个月一轮的计划，启动实施4—5轮专项行动，使创城工作取得明显成效并建成好机制，真正让文明行为成为一种自觉行动，确保拿到全国文明城市提名城市“入场券”。

创城工作取得一定成绩。下一步，各级各部门要强化思想认识，要辩证、积极地看待文明城市创建，从补短板的高度看待文明城市创建，文明城市创建要作为当前查补短板的重中之重，一项一项找准补强，从发展全局去看待、重视和推进文明创建，跳出文明看文明，增强思想自觉和行动自觉；要强化问题整治。全县各级各部门要把创建测评标准的扣分点作为主攻点，把群众诟病的痛点堵点作为主攻点，全面彻底地排查整治，确保不留死角、不留盲区、不留隐患。

在创建过程中要强化群众参与，让群众在主动参与中提升文明素养、推动工作进展。以群众喜闻乐见的形式加强宣传引导，营造良好氛围，让群众乐于参与、便于参与创城活动。要制订出台相应规矩，严肃惩处各类不文明行为。县直机关广大党员干部要以更高的站位增强文明自觉行为，成为文明创建的示范者和引领者，带动全员参与共建共享。

创建全国文明城市是一项系统

工程，要科学安排时序，持续加压奋进，强化建章立制，建立协同作战机制、责任包干机制、考核督导机制、精细化管理机制，通过创城推动整个文明程度和治理水平大提升。同时，各级各部门要注重拆改联动、建管衔接、堵疏结合，做到各环节严丝合缝。各单位要结合当前开展的“双强”活动，对城市管理中深层次的问题深研细抓，多用“最多跑一次”的理念、制度和作风做城市管理工作，真正从根子上解决一批城市管理难题，让群众看到实实在在的变化。

【县委全面深化改革委员会第一次会议】 1月16日上午，县委书记林坚主持召开。

会议传达习近平总书记在中央政治局第十九次集体学习时的重要讲话精神，并讨论研究《关于进一步健全完善宁海县应急管理体系的实施意见》。

强调安全生产和消防安全“四大会战”不能搞一阵风，务必将“9·29”重大火灾事故的短板问题一件一件抓突破，并努力将解决问题的经验上升为制度成果。一是抓优机制。要完善好指挥机制，建立应急管理“1+X”专班，并常态化运作。要完善监管机制，动态建设应急管理数据库，绘好全县实时监控图；要消除监管盲区，强化安全生产刚性执法。要完善响应机制，把应急管理深度融入社会治理“一张网”，切实强化值班值守，深化落实企业安全风险当日报告和主要负责人管控承诺机制的市级试点。要完善处置机制，形成一套系统的应急管理预案，并完善应急保障机制。二是抓强队伍。要对照县委提出的要求，全面加强应急系统干部队伍建设，提升全社会的应急管理能力和水平。三是抓实责任。实行属地管理、条线监管，并强化企业主体责任，按照县委全会分类施策整治“低散乱污”部署，加大整治力度，切实铲除“小企业大污染大消耗大风险”的土壤。

就2020年改革工作强调要强化改革定力、建设“双优”宁海、推进“四大革新”，就要把改革进行到底，寻求新的发展路径和好的发展形态，实现发展优质和治理优越。要明确改革目标，在全市全省乃至全国争先创优，在各项改革上多出经验、多出亮点。要把握改革节奏，县委改革委会议要紧抓大事，加密频次，每一个改革议题要研深议透。要提升改革成效，聚焦上级战略，确保中央和省、市委的改革决策落地落实，重点抓好“最多跑一次”改革；聚焦“双优”宁海，集中精力破除一批体制机制障碍，不断增强高质量发展的内生动力；聚焦品牌打造，努力形成“老树开新花，新花更多样”的局面；聚焦群众获得感，从群众不满意的地方改起，围绕群众关注多开展“微创新”和“微改革”，提升群众满意度。要坚持问题导向、目标导向和结果导向，遵循“统分结合、条块结合、平战结合、专群结合”原则，处理好安全生产、消防安全、防灾减灾、应急救援之间的关系，通过创新体制机制，健全完善“统一指挥、权责一致、专常兼备、反应灵敏、上下联动、权威高效”的应急管理体系，提高基层应急管理规范化、专业化、智能化、社会化水平。

【2019年度全县基层党建和人才工作述职评议会】 1月17日上午，县委常委、组织部部长方勤主持召开。市委组织部部务会议成员、派驻纪检监察组组长戴文辉到会指导。

戴文辉对本次述职评议会及宁海县2019年度基层党建和人才工作给予高度肯定。2019年宁海抓基层党建和人才工作扎实有力，成效明显，主题教育全程高标准推进，基层党建整乡推进、全域提升，领头雁队伍建设规范有力，“党群同心圆”志愿服务品牌影响力大，“锋领宁海”建设引领追赶跨越发展成效好。中乌合作平台建设有成效，创新实施艺术家驻村行动、民间人才“千人计划”和名师名医名家名匠“四名”工程，群众获得感高。就下一步工作，戴文辉指出，要突出提标提质，着力推动基层党建高质量发展；要突出精准实效，努力把人才集聚优势转化为引领发展优势；要突出第一责任，以更大力度推动基层党建和人才工作迈上新台阶。

林坚对各乡镇（街道）和相关单位党组织负责人履职情况进行点评，肯定特色亮点，指出努力方向。就基层党建工作强调要深化“锋领宁海”建设，以高质量党建引领宁海发展。要突出政治建设，坚决扛起党建第一责任，巩固主题教育成果、牢记使命抓党建，强化主业意识、主动作为抓党建，强化压力传导、凝聚合力抓党建。要坚持补“覆盖不全面、领域不平衡”“好支书不多、后备量少质不高”“缺少联动、融合不够”等短板弱项，织密全域提质的组织体系。要认真抓好学习贯彻，把《农村基层组织工作条例》《机关基层组织工作条例》《国有企业基层组织工作条例》等要求落到支部；坚持“抓两头促中间”，把组织力提升落到支部；严肃党内政治制度，把从严监督管理落到支部，确保中共执政基础稳如磐石。要坚持服务中心大局，紧扣“双优”宁海建设这个目标、“四大革新”这个路径、“双强”活动这个抓手、“敢担当、要积极、抓具体”这个工作导向、“思想先进性、能力先进性、作风先进性”这个保障，建立完善基层党建质量评估体系，提高党建工作绩效。

林坚就做好人才工作强调，要深化“智汇宁海”工程，强化发展的人才支撑。要坚持以业以用为本，抢抓人才第一资源，推动人才发展与经济社会发展深度融合、相得益彰。要“引得来”，把人才招进来，就要做到抢抓重大机遇聚人才，高起点谋划“十四五”人才发展规划，全面提升对人流、资金流、创新流的吸引力；围绕事业发展聚人才，切实做到发展需要什么人才就引什么人才、缺什么人才就补什么人才；搭建平台载体聚人才，持续提升平台能级和人才承载力，主动对接“大院大所”，拓宽“强强合作、才富对接”空间。要“留得住”，让人才生态好起来，就要营造更优的创业环境、生活环境和城市环境，让宁海成为引才、留才的热土。

会上，18个乡镇（街道）党（工）委书记及县直机关工委、县教育局、县卫生健康局、县国资局4家单位党组织负责人分别就2019年度抓基层党建、人才工作进行现场述职，县委人才工作领导小组其他成员单位书面述职人才工作。与会人员进行书面评议。

【全县安全生产（消防）工作暨“四大会战”推进会】 1月20日召开。会议总结2019年度全县安全生产工作与前期“四大会战”工作开展情况，部署2020年重点任务。深刻吸取“9·29”重大火灾事故教训，把安全生产作为工作的重中之重来抓，以铁的决心全力推进安全生产和消防安全“四大会战”。将持续织密安全生产责任网，持续深入推进“四大会战”，持续健全完善应急管理体系，以推动全县安全生产形势持续稳定好转。

县委副书记、代县长滕安达指出，安全意识没有节假日，必须时时紧绷。在思想认识上，首先必须深刻把握归零特征，安全生产是一项天天从零开始的工作，绝不能掉以轻心，更不能产生厌倦情绪。其次必须深刻汲取惨痛教训，必须深刻认识严峻形势。特别是年关将近，安全事故进入易发高发期，同时又是全县集中休假期，一定要再紧一紧发条。

强调安全隐患不分大小，必须处处消除；安全防范不分先后，必须环环到位。要抓好重点领域，聚焦消防、危化品、道路交通、建筑施工、烟花爆竹、食品安全、渔业船舶等领域，深查细查。要抓好重点部位，紧盯大型综合体、医院、养老院、电影院、出租房、足浴店、旅游景区等人员密集场所的安全检查，及时消除隐患。要抓好春节、元宵、年后复工等重点时段，提前有所准备。要标本兼治促提升，突出“宽是害、严是爱”的理念，一手抓执法，一手治源头。要软硬兼施强保障，尽快落实体制机制，抓紧时间查漏补缺。要正反结合抓教育，并通过教育宣传强化群众参与，发动全社会的力量来监督安全生产，切实提高安全意识和技能以及社会共治能力。

强调安全责任不分你我，必须人人发力。领导不能“说起来重要，干起来不要”，必须高度统一思想，每个人都把安全放在首要位置。监管不能“睁一只眼闭一只眼”，必须坚持“管行业必须管安全、管业务必须管安全、管生产经营必须管安全”原则，守土负责、守土尽责。企业不能“只要钱不要命”，一定要以最严要求压紧压实企业主体责任，在全社会立下安全生产规矩，形成良好安全生产氛围。追责不能“大事化小、小事化了”，该查的查、该通报的通报，倒逼工作真正落实。与此同时，各部门各单位必须强化协同联动，互相支持、通力协作，以更大力度扫盲区、除死角、提本质，以更实举措遏重大、降较大、减总量，确保打好安全生产翻身仗。

【企业复工复产工作专题会议】 2月16日，县委副书记、代县长滕安达主持召开，研究部署在抓好疫情防控下，有序推进企业复工复产工作，确保经济社会平稳运行。县领导王军海、张伟标、王鸿飞、应国邦参加。

会上，有关部门和乡镇（街道）代表汇报企业复工复产情况和工作建议，与会县领导和有关部门还就企业复工复产的流程、标准、规范、后续管理等方面进行深入研究探讨。

滕安达表示，随着职工陆续返岗，企业陆续开工，生产经营和物流运输活动增多，人员流动增加，疫情防控工作面临一些新形势、新情况和严峻考验。如何科学高效应对返岗、返工高峰期，有序引导企业复工复产实现正常运营，推动社会正常运转，既是事关民生、事关发展的重要任务，也是确保宁海县坚决打赢防疫的人民战争、总体战、阻击战的关键举措。全县上下要统一思想、提高站位，充分认识到及时做好复工复产工作的重要性，加快细化优化工作方案，确保复工复产工作科学有序、积极稳妥。面对当前形势，各级各部门要合理安排工作力量，坚持“两手抓、两手硬”，同向发力、协调配合，确保疫情防控和经济社会发展

“两不误”。要建立健全企业复工复产和疫情防控工作机制，加强组织领导和统筹协调，认真做好分类指导和服务保障工作。要严格落实疫情分级分类管控措施，落实属地管理责任、部门监管责任、企业主体责任，以实行“一图、一码、一指数”为抓手，严格核查流动人员健康情况，守好县域“大门”、村（社）和企业“小门”。要尽快完成企业用工和产业链上下游情况排摸，形成清单列表，对表对标开展企业复工审核工作，精准施策解决好企业的燃眉之急，加快打通产业链上下游，确保企业尽快复工达产。要有效落实各类物资供应保障，从供需两端发力加强保障，协调解决企业困难，备齐备足防护物资，为企业复工复产创造良好条件。要全面抓好政策解读工作，确保国家和省、市各项优惠政策真正落地，实现普惠企业、促进发展的积极作用。

【县委常委会扩大会议】 2月19日召开，传达学习市委常委会（扩大）会议精神，研究部署宁海县新冠肺炎疫情防控和复工复产工作。县委书记林坚主持会议并讲话，县委副书记、代县长滕安达传达并部署，县领导徐真民、尤玲娟、李贵军等出席会议。

新冠肺炎疫情发生以来，全县上下认真贯彻落实上级部署要求，众志成城、全力以赴、严防死守，疫情防控取得阶段性明显成效，复工复产得到稳步有序推进。当前，疫情防控已从疫情防控为主转变为疫情防控和经济社会发展兼顾的阶段，要准确理解，认真学习领会习近平总书记关于疫情防控的一系列重要讲话和重要指示精神，深刻领会省委常委会（扩大）会议精神，按照省委提出的“两确保、三争取”目标，在有力有序推进复工复产的情况下持续打好疫情防控战，切实提高“两手抓”的协调性和灵敏性，确保“两手都要硬、两战都要赢”。

要迅速行动，主动出击，在安全可控的基础上全力推动企业复工复产应复尽复、应动尽动。要简化优化企业复工复产确认程序，通过“备案制+负面清单+承诺制”等举措，鼓励企业加快复工复产。要不折不扣、尽早尽快兑现各项政策，精准推动政策有效落地，真正让企业得到实实在在的实惠。要深化“三服务”活动，主动派遣驻企联企服务队伍，提振企业信心，精准为企业提供指导和服务，切实反映企业所需、破解企业所难。要以问题为导向，综合施策，切实解决企业复工复产中遇到的开工难、招工难、产业链联动难、物资运输难、资金周转难等现实难题。

要守牢底线，坚持防疫优先原则，决不能因麻痹大意、工作疏漏导致新疫情，决不能在复工复产中因防控不到位发生疫情扩散，要筑牢疫情管控防线，做到疫情不结束、防控工作一刻不松。要及时调整，精准智控，把防输入、防集聚放在更加突出的位置，全力打好新的疫情防控“组合拳”。要守牢卡口，加大重点人员、重点部位、重点场所管控力度，严管负面清单，严格落实有效防控有序复工“十条”措施，努力做到管得住、控得牢。要完善应急预案，建立群众监督举报机制，全力打赢这场人民战争。

要强化责任，深入企业、沉到一线，点对点、实打实解决问题。要落实好疫情防控办和复工指挥部的牵头抓总责任、各部门的职责和各乡镇（街道）的属地责任，把责任压实到每一个人，确保履职尽责。要统筹抓好人力资源安排、监督执纪、宣传报道、信访维稳等工作。要关心关爱防疫一线人员，全力保障和支持，让奋战在一线的工作人员安心舒心工作。

【推进新冠肺炎疫情防控和经济社会发展工作部署会议】 2月24日，全市统筹推进新冠肺炎疫情防控和经济社会发展工作部署会议结束后，宁海县以视频会议的形式立即召开续会。县委书记林坚在会上强调，各地各部门要深入学习贯彻习近平总书记重要讲话精神和省市会议精神，主动作为强担当，狠抓落实打胜仗，统筹推进疫情防控和经济社会发展工作。县委副书记、代县长滕安达主持，县领导徐真民、尤玲娟、李贵军等出席。

要深刻领会和不折不扣地落实习近平总书记重要讲话精神，以实际行动践行“两个维护”。学习贯彻习近平总书记在统筹推进新冠肺炎疫情防控和经济社会发展工作部署会议上的重要讲话精神，是当前的重大政治任务。重点要深刻理解和把握好习近平总书记对前阶段工作的评价、对疫情防控的形势判断、对“两个统筹”的工作部署和对各级党员干部提出的相关要求四个方面，迅速及时地进行学习传达，更加有力有效地做到“两手都要硬、两战都要赢”。

要更加精密精准地打好疫情防控攻坚战。要明确形势任务，始终保持清醒的头脑，以如履薄冰、步步为营的状态做好防控工作。要继续发扬连续作战的精神，不能有麻痹思想、厌战情绪、侥幸心理、松劲心态，务必咬紧牙关，不获全胜决不收兵。要把外防输入、内防集聚作为当前防疫的重中之重，守好小门，强化排查检查，坚决织密织牢防疫网络。要严格做好社会稳定

【全县农村工作会议】 4月1日下午召开，深入贯彻习近平总书记关于“三农”工作的重要论述和批示精神，全面落实中央和省、市委农村工作会议精神，部署宁海县“三农”工作。县委书记林坚讲话，县委副书记李贵军主持会议。

要坚持以习近平新时代中国特色社会主义思想为指导，以农业农村优先发展为总引领，以持续深入推进乡村振兴战略为总抓手，对标对表全面建成小康社会目标、“十三五”任务目标和“双优”宁海建设目标，聚力补短板、强弱项、促转型，加快实现农业农村高质量发展，努力创成国家乡村振兴示范县，确保农村同步高水平全面建成小康社会。

抓好“三农”工作，重点是要顺应五方面趋势，补齐五方面短板。一要积极顺应农业加速转型的趋势，加快补好产业链不强的短板。按照“产业革新”的要求，一方面要抓种子种苗和销售端，做强中间生产环节，培育壮大农业经营主体，另一方面要突出以消费为导向、融合为手段，做深做透一产“接二连三”文章，使“一产”变为“六产”。二要积极顺应美丽城镇建设升级的趋势，加快补好城镇能级不足的短板。借势借力美丽城镇三年行动计划，进一步提升城镇功能、宜居品质、城镇经济，着力打造硬核小镇、舒心小镇、活力小镇，进而带动美丽乡村建设扩面提升。三要积极顺应“两进两回”行动深入推进的趋势，加快补好要素保障不充分的短板。既要突出以平台聚人才，建好用好各类平台，集聚院士专家、高校学者、农技专家、科技特派员、青年创业者、乡贤等各方面人才，又要以人才带科技、带资金，并通过改革促进资源盘活。四要积极顺应艺术振兴乡村如火如荼的趋势，加快补好农村人文底蕴不凸显的短板。切忌千村一面、空有其表、急功近利、重走老路，着力做好提升、扩面、联动、绩效四篇文章，真正发挥出艺术对乡村振兴的撬动作用。五要积极顺应推进县域治理现代化的趋势，加快补好乡村治理不坚实的短板。关键是要聚焦向心、廉洁、能力、和谐、安全五个指数，不断提升基层组织的战斗力、村干部的担当力、群众的能动力、制度的执行力。

要以高度的政治责任感和强烈的决战决胜意识，高质量做好东西部结对扶贫和山海协作等工作，确保各项任务顺利完成。要时刻保持警钟长鸣，加强管控，一丝不苟地做好森林防火、安全生产等工作。

要以“抢”的意识加快落实目标任务，争时间、抓质量、抢进度，坚持疫情防控和农业生产“两手硬、两战赢”，确保圆满完成全年目标任务。要以“战”的姿态全力推进重点工作，全力抓好农业生产、美丽乡村建设、促进农民增收等工作。要以“拼”的精神转变工作作风，深入基层、深入一线，切实帮助基层群众纾困解难，最大限度地激活乡村建设新动能。

【大抓“产业革新”暨全县制造业高质量发展大会】 4月2日下午，县委副书记、代县长滕安达主持召开，向全县传递形势再难也要优先发展制造业、任务再重也要集中精力抓制造业、日子再紧也要真金白银帮扶制造业的信念。

县委书记林坚在会上强调，要学习贯彻习近平总书记关于制造强国战略的重要论述精神和在浙江考察时的讲话精神，认真落实中央、省市有关决策部署，传承和发扬“天天努力、天天不打烊”的奋斗精神，坚定信心发力新制造，政企携手迈步高质量，共同建设好“双优”宁海。会议表彰2019年宁海县民营制造业领军企业、制造业纳税十强企业、制造业“亩均效益”领跑者企业、高新技术企业、进出口五强企业、出口成长型企业和工业综合实力50强企业。会上，发布宁海县“十四五”工业产业体系规划。根据规划，宁海县将在“十四五”期间着力构建“365”工业产业体系，重点培育“215”工业企业梯队。

实体经济是宁海崛起的根本，其中制造业是宁海发展的根基，推进制造业革新，既有当前外部形势的倒逼，更是宁海经济高质量发展的需要。要积极应对新的市场环境——在不确定性中抓住确定性，主动求变、抢抓主动，化危为机，争取新一波发展的红利，切实经营和发展好宁海。

要明确新的目标定位——做向头部看齐的腰部玩家。重拾草创时的果敢，继往开来，开始新征程，主动向头部靠拢，勇敢向头部攀升，争做头部，在细分市场持续做强做大。要构建新的产业体系——培育壮大“365”产业梯队，争取做成几个未来增长的爆发点；同时下决心打破瓶瓶罐罐，淘汰落后产能、污染行业、“小企业大风险”行业，倒逼彻底转型。

要重塑新的竞争优势——合力打造护城河。要大小互助，提高本地配套率、资源共享率，壮大、扶小，形成“大带小、小促大”的抱团发展格局。要内外并重，积极鼓励本地企业内生发展，帮助外来企业和本地企业互助互补，不断壮大宁海产业集群。要软硬兼施，加快转型升级、科技创新，大力发展数字经济，进一步提升硬技术和软实力。要人机结合，大力推进机器换人，注重人才引育，壮大人才队伍。要凤巢适配，做优园区平台，推动更多企业、项目入园。要政企同心，培育好又红又专的党政干部队伍和企业家队伍，以众志成城的气势迎难而上、稳中求进、危中求机。

要坚定不移推进“工业立县、制造强县”战略，进一步统一思想，毫不动摇大抓工业、大抓制造。要狠下功夫做好“政企联动、工业振兴”文章，政府要加强引导和服务，合力抓好安全生产，着力做好氛围营造、规划引领、要素保障、财政扶持、服务推进、法治规范六方面工作，同时企业要坚定信心、坚守主业、坚持学习，努力向高质量迈进。要千方百计完善“政府主导、企业主体”机制，扶强扶优，培育“215”工业企业梯队，打造“365”工业产业体系，同时完善人才服务政策，加大引才育才留才力度，推进政府与企业、企业与企业互信互助，合力走出更广阔的发展之路。

得力集团有限公司、东方日升新能源股份有限公司等6家企业在会上作交流发言。

“365”工业产业体系中，“3”即打造文体办公、电子信息、汽车制造及模具3个五百亿级产业。“6”即打造节能环保、关键器件、智能家电、高端装备、生物医药、新材料6个百亿级产业。“5”即打造软件信息、智造服务、智能物流、“5G+”产业、通用航空5个重点领域新兴产业。到2025年，要构建形成“215”多层次工业企业梯队，“2”即2家500亿元以上企业，“1”即10家50亿元以上企业，“5”即50家5亿元以上企业。

打造“365”工业产业体系，构建“215”工业企业梯队，宁海有优势、有基础。过去一年，宁海县地区生产总值达701.1亿元，成为全市唯一上700亿元的县。从产业转型来看，战略性新兴产业、数字经济核心产业、装备制造业以及“246”产业集群等体现高质量的指标居全市前列。从动力来看，民间投资增长居全市首位，工业投资、高新技术投资逆势较快增长。宁海县文体办公产业规上工业、电子信息产业规上工业、汽车制造及模具产业等优势产业发展势头良好，为宁海县新的工业产业体系建设提供坚实基础。

打造“365”工业产业体系，构建“215”工业企业梯队，宁海有措施、有力度。在规划中，明确“八大”重点任务，分别在提升产业发展能级、提高产业竞争能力、深入推进智能制造、培育壮大市场主体、打造多层次资本市场、提升发展工业小区、提高要素供给效率、推进区域协同发展等方面下足功夫。同时，宁海县将出台相关政策，在加快数字经济发展、企业培育、转型升级、科技创新以及加强要素供给等方面提供有力的政策保障。

【县委常委会扩大会议】 4月3日下午县委书记林坚主持召开，传达学习习近平总书记在浙江、宁波考察时的重要讲话精神，落实省委常委会扩大会议、市委常委会扩大会议的要求，研究部署宁海县贯彻落实意见。

学习宣传贯彻总书记在浙江、宁波考察时的重要讲话精神，是宁海县一个时期的首要政治任务，全县各级党组织和广大党员干部要带着感情学、结合实践学，迅速兴起学习贯彻热潮。

县委理论学习中心组要召开学习会，进行集中学习、专题研讨，示范带动全县学习贯彻往深里走、往心里走、往实里走；各级党组织要及时组织传达学习，把学习贯彻总书记在浙江、宁波考察时的重要讲话精神，与学习贯彻总书记历次重要讲话精神结合起来，与学习贯彻总书记以往对浙江、对宁波、对宁海工作的重要指示精神结合起来，做到学思用贯通、知信行统一。各地各部门要围绕习近平总书记提出的工作要求，逐条进行梳理，分头开展调研，谋划推进贯彻落实的宁海行动；要准确把握总书记赋予浙江的新目标新定位，深刻认识宁海在大局中的使命担当，高质量编制“十四五”规划，谋划好未来五年宁海经济社会发展蓝图；要深入宣传报道宁海县各地各部门学习宣传贯彻习近平总书记重要讲话精神的动态情况，推动形成学习宣传贯彻的浓厚舆论氛围；要把总书记重要讲话精神作为干部教育培训的重要内容，引导督促党员干部学懂弄通做实；要结合实际把学习贯彻落实总书记重要讲话精神和开展主题教育“回头看”结合起来，把任务细化、标准量化，确保落地落细、见行见效。

会议还就疫情防控、安全生产、森林防火等工作进行部署。

【县委理论学习中心组专题学习会】 4月22日下午县委书记林坚主持召开。深入学习贯彻习近平总书记在浙江、宁波考察时的重要讲话精神。林坚强调，要用心领悟习近平总书记的亲切关怀和殷切期望，对标对表习近平总书记重要讲话精神，全面贯彻中央和省委各项决策部署，把“两个维护”落实到自觉行动上，争做建设“重要窗口”双优模范生。滕安达、徐真民、尤玲娟、李贵军等县委理论学习中心组成员作交流发言。

就下阶段开展学习和相关工作，林坚强调要深学细悟、坚定笃行。要用心领悟习近平总书记对浙江、对宁波的亲切关怀和殷切期望，就会对宏观形势、政策走向把握得更加深透，对做的各项工作更加充满信心、认准方向，对习近平新时代中国特色社会主义思想更加坚信；要用情感悟习近平总书记与群众交流的细节，把习近平总书记对群众和企业的关心牵挂传递好，通过深化“三服务”和“双强”行动，主动回应不同群体的关心关切，增强企业准确识变、科学应变、主动求变的信心和决心；要用力落实习近平总书记的重要指示精神，对习近平总书记提出的要求逐条逐项进行梳理研究，高标准谋划推进贯彻落实的宁海行动，切实把习近平总书记的重要指示细化到具体的工作举措上。要深谋细划、示范先行。要进一步强化“窗口”意识和“窗口”担当，在更多领域先行示范、率先突破，聚焦发展优质、治理优越，争做宁波“模范生”中的“双优生”，尤其是当前正值“十四五”规划编制之时，正值长三角一体化、浙江“四大建设”、宁波都市区等战略加速推进之时，更要把“窗口”意识贯穿其中，更加自觉地展示“八八战略”落地成效，更加坚定地服务和融入国家省市战略，不断从跟跑、并跑到领跑。要深研细抓、精准践行。要把习近平总书记的重要讲话精神精准落实到具体实践中，尤其要抓好稳发展、防疫情、创优势、补短板四方面工作，使宁海成为浙江动人色彩中最美的一笔。要深查细照、立说立行。要对照先进，持续学习叶全奖先进事迹；也要查找问题，自觉主动配合省委巡视组的“政治体检”，对巡视组反馈的问题认真对待、举一反三、全面整改，推动自身建设和各项工作全面进步。

【全县建设平安宁海、政法信访工作暨信访积案化解“百日攻坚”行动动员大会】 5月11日上午召开。县委书记林坚在会上强调，要坚决贯彻习近平总书记赋予浙江“努力成为新时代全面展示中国特色社会主义制度优越性的重要窗口”的新目标新定位，对标对表省市下达的各项任务，再振精神、再实举措、再夺高分，坚决打赢平安的主动仗、信访的翻身仗，狠抓3年，确保2022年实现“鼎上加星”的目标。省委巡视组正处级巡视专员、一级调研员董建春出席会议。

这次会议是深入贯彻落实习近平总书记在浙江、宁波考察时的重要讲话特别是关于平安建设、治理工作的重要指示精神的具体举措，是推动“双优”宁海建设和县两会目标任务的题中之意，是从平安领域对县域治理现代化进行深入探索的一次系统部署，将推动解决因疫情带来的新情况新问题，为“两手都要硬、两战都要赢”提供有力保障。

就抓好平安信访工作，一要最大限度降低疫情对经济社会的影响。把形势和困难估计得更充分，把办法和举措想得更周全，严密常态化疫情防控的各项举措，坚决守好各类“小门”，依法妥善处置涉疫各类矛盾纠纷，着力提升实战化的应急能力，不断提升应对突发公共卫生事件的水平。二要以最大成效推进“最多跑一地”改革。加速建好宁海县社会矛盾纠纷调处化解中心这个主体平台，加快完善县乡村三级运行机制，着力构建数字化智慧化治理的大格局，切实推动矛盾纠纷需要化解时“只进一扇门”“最多跑一地”。三要以最大决心全力解决信访突出问题。把过去管用的方法找回来，坚决贯彻落实近阶段县委研究出台的“书记领衔、领导下访”、县领导包案化解、一把手约谈等新举措，切实压实条线责任、属地责任，沉到一线全力做好群众工作，有效化解矛盾、维护稳定、促进发展。四要以最大力度防范化解重大风险隐患。重点抓好政治领域、意识形态领域、社会治安领域、安全生产领域等四类风险的防范化解，尤其是层层压实责任，持续打好“四大会战”，确保机制有效运转，坚决筑牢安全生产底线。五要以最大作为确保平安信访工作取得新突破。把“敢担当、要积极、抓具体”的工作导向真正落到实处，敢于亮剑、善于顶着压力干事情，以积极主动的态度，把问题和矛盾盯死看牢，具体研究、具体化解、具体处置，牢牢掌握平安信访工作的主动权。

县委副书记、政法委书记李贵军主持会议并部署平安信访维稳工作。会议通报相关先进集体、个人。

【全县争先创优专项行动工作动员部署会】 5月21日上午，县委副书记、县长滕安达主持召开。县委书记林坚在会上强调，各级各部门要深入贯彻落实省、市相关会议精神，以战时状态比拼争先，穷尽一切心力、办法和可能，用最大力度夺取既有速度又有质量的经济高分报表。县委常委、常务副县长王军海通报相关情况。

省、市启动实施争先创优行动把2020年经济工作的决战决胜阶段提前到二季度。要把思想和行动统一到省、市部署上来，把“敢担当、要积极、抓具体”的工作导向真正落到实处，全力出击、奋勇争先，确保实现2020年经济社会发展目标任务。

抓好争先创优专项行动，一要尽一切心力迎头赶上。聚焦聚力短板不足，政府和企业两头发力，服务和督查双管齐下，日盯夜盯、抓紧抓实有效投资，同时精准施策、挖潜增效，全力以赴抓好短板指标。二要尽一切办法稳企业。一方面要保持专员联系、热线联系、实时联系，加强密切监测服务，稳住大户企业，稳住基本盘；另一方面要高度重视、未雨绸缪、及早应对中小企业和个体工商户面临的共性问题，兑现好惠企政策，有针对性地推进“双强”行动和“五问五帮”活动，真正帮助企业渡过难关。三要尽一切可能争进位。落实好硬碰硬的“赛马机制”，把“争”字用到极致，争得更狠、干得更猛、抓得更细，有一线可能就要付出百倍努力，做到分秒必争、毫厘必争、寸利必争、人人必争，切实提高效率、密切对接、抓紧推进，争高分、争排名、争红利，迅速形成每家单位、每个人都比学赶超、争先创优的浓厚氛围。

要积极向上对接，盯紧抓牢每一个指标、每一个项目，争取少失分、多得分。要建立团结高效的工作专班体系，落实好例会、通报等制度，协调高效推动各项工作落地落实。要应统尽统、颗粒归仓，做到应入库早入库、可入库全入库。要抓住重点，树立“一盘棋”思想，做到长板多做贡献、短板迎头赶上。要盯紧目标任务，抓具体、具体抓，全力以赴推进各项指标争先进位。要坚持长短结合，建立健全长效机制，狠抓招商引资，为经济高质量发展注入强劲动力。

【县委人才工作领导小组（扩大）会议】 5月25日上午，县委常委、组织部部长方勤主持会议并部署工作。会议贯彻落实中央和省市委人才工作会议精神，研究部署当前和今后一个时期的全县人才工作。

县委书记林坚强调，要深入实施人才强县战略，加强人才服务，优化人才生态，充分激发“智力引擎”强劲动力，为高水平推进“双优”宁海建设提供智力支撑。充分肯定宁海县过去一年的人才工作，党管人才工作力度不断加强，出台“智汇宁海”系列政策，招商和引才一体化进程加快推进，人才“磁场”效应越来越强，入围市“3315系列计划”项目10个，“3315系列计划”入选数全市并列第一；同时，中乌等平台载体建设稳步推进，人才发展环境更趋优化，让人才有实实在在的获得感。

正处于谁招引人才办法多谁就更容易赢得发展主动的窗口期、海外引才形势复杂的挑战期、广大人才大有用武之地的黄金期，抓好人才工作，必须要有更先进的理念、更大的力度。一要有“懂人才”的大格局，解放思想、提高认识，会算大账、长远账，有自信、底气和大格局，切实强化招商和引才联动，不断健全人才创业创新服务链，发挥宁海在细分市场、特色产业领域的优势广聚人才。二要有“聚人才”的大本事，坚持多元参与、专业招引、主体突出的原则，主动靠上去，盯紧看牢、跟踪服务，切实提高引才质效，重点是把人才工作落在产业发展上，围绕“365”产业体系做文章，聚焦发展趋势育人才，聚力战新产业抢人才。三要有“用人才”的大舞台，抢抓长三角一体化、沪甬合作、南湾新区设立等重大机遇，做活做大做强中乌合作平台、生物产业平台、宁波海洋种业研究院、中科院上海光机所宁海先进激光示范中心等重点平台、开放平台，争取更多技术创新项目落户宁海县，并加快引进创新平台，优化服务生态，加强人才服务的系统集成。四要有“抓人才”的大合力，进一步发挥人才工作领导小组的作用，及时研究和解决人才领域的重大问题，每一位领导小组成员要高度重视人才工作、大力推动人才发展；县委组织部（人才办）、园区、乡镇（街道）以及各部门要各司其职，强化服务保障，健全工作机制，不断提升人才生态软实力。

会议审议《关于进一步优化人才服务环境的若干意见》《关于加快推进中乌合作平台建设的实施意见》等文件，并听取2019年度宁海县高层次人才团队项目评审及入选市“3315系列计划”情况的汇报。

【全县领导干部会议】 5月30日下午县委副书记、县长滕安达主持召开，县委书记林坚传达学习全国两会精神，对宁海县学习贯彻工作做出部署。

学习贯彻全国两会精神特别是习近平总书记重要讲话精神，是一个时期的重要政治任务。全县各级各部门要组织党员干部群众深入思考学、结合实践学，切实把思想和行动统一到党中央的决策部署上来，确保见行见事见实效。特别是要把学习贯彻全国两会精神与学习贯彻习近平总书记在浙江、宁波考察时的重要讲话精神紧密结合起来，把学习成果转化为建设“重要窗口”的成效，努力交出“双优”建设的满意答卷。

要从国家大政方针中找准切入口、发力点，在精准抓落实中推进快发展。一要从宏观形势怎么看去把握应该怎么干。在非常时期进一步咬住目标任务抓发展，拿出敢打敢冲的非常状态，立非常之志、尽非常之责、建非常之功，危中觅机、危中抢机，争先创优、拿到高分。二要从发展目标怎么定去把握应该怎么干。大力推进争先创优专项行动，压实责任、真抓实干，利用好专班模式去解决一批深层次问题、创造一批宁海经验，切实补短板、争进位，全力夺取既有速度又有质量的经济高分报表，为宁波当好浙江建设“重要窗口”的模范生做出更多贡献。三要从政策举措怎么办去把握应该怎么干。树立项目为王的理念，抢政策、抢项目、抢时间、争投资，举全县之力抓重大项目，日盯夜盯加强招商引资、加快项目推进，着力扩大有效投资；树立企业为本的理念，解读好、宣传好、兑现好利好政策，点对点帮助企业解决订单不足、成本上升等困难，拿出党委政府与企业共渡难关的实际行动；树立平安为基的理念，加强疫情常态化防控，持之以恒抓安全生产，深入开展第二轮“四大会战”，坚决打赢信访主动仗翻身仗；树立干部为要的理念，大抓自我革新，敢担当、要积极、抓具体，倡导“五个干事”“做五种人”，同时以压倒一切的政治态势和工作态势确保村社组织换届又稳又好又快。

迅速掀起学习热潮，组织开展好各类学习宣传活动，把广大干部群众的思想和行动统一到两会精神上来。要咬定目标，狠抓工作落实，把落实两会精神与落实县委县政府决策部署紧密结合起来，与落实全年目标任务紧密结合起来，围绕“双优”宁海建设，细化落实“六稳”“六保”要求，精准吃透两会释放的新政策新机遇，统筹抓好三大攻坚战、产业转型升级、稳企业、保平安等各项工作。要紧扣当前，全力争先创优，争分夺秒、穷尽努力，抓攻坚抓冲刺，同时全力以赴狠抓招商引资、项目攻坚、政策处理、服务企业等工作，为经济运行夯实基础。

【全县招商引资工作推进会】 6月2日下午，县委副书记、县长滕安达主持。县委书记林坚强调各地各部门要坚定招商引资再突破的信心决心，迅速掀起争抢拼干攻坚态势，奋力夺取招商引资更大成果。

抓好招商引资工作的决心要下得更大更狠，进一步增强紧迫感和危机感，迎难而上、危中抢机，努力把招商引资工作抓上去，尽快实现突破提升。

项目要抓得更实更紧。要领导亲自抓，提高项目对接效率和成功率。要广泛找，树立情报为王、信息为王的理念，调动一切力量、借助一切渠道、想尽一切办法，挖掘线索、充实库存。要精准招，围绕国家重点支持和省市重点培育产业、符合宁海县产业规划的项目、补短板的项目、未来有机会爆发式增长的空白领域四个方面建立精准招商目录图谱，不断提升招商的质量和成效。要科学研判，着力提升专业水平，以知己知彼、共鸣共识赢得合作先机。要日夜盯，不畏冷落、不怕拒绝，硬着头皮、磨破嘴皮，直到把项目招进来，对于清单里的项目，要实行项目目标化、目标节点化、节点责任化，全力促成早开工、早达产。

体系要转得更顺更快。要军团化指挥作战，发挥招商中心的指挥部作用、园区和国企的主力军作用，各乡镇（街道）要多做贡献，积极提供项目信息资源，抓好政策处理、产业发展等工作。要扁平化协调推进，明确实施细则，加强大局意识，相向而行抓招商，尤其是对于重大招商项目，要一个项目、一个专班、一个方案地抓攻坚，确保早日落地见效。要闭环化后续管理，强化契约精神、合同意识，抓好跟踪服务，提高资金到账率、投资履约率、项目达产率。

营商环境要建得更好更优。硬环境方面，要加强平台、交通包括学校、医院等基础设施配套，特别是要抓住专项债等政策，乘势谋划推进一批重大项目。软环境方面，要把“最多跑一次”改革作为突破口，专班化、议题化破解痛点、堵点，做到“最多跑一次、办事不求人”，推动宁海营商环境和对外影响力、吸引力再上一个台阶，吸引更多客商、项目落户宁海。

要统一思想，进一步增强紧迫感，争分夺秒、抓住机遇、主动出击；要内外并举，做到引进内资和引进外资并重、本地企业拓展和引进外地企业兼顾；要长短结合，既要引进周期短、见效快、效益高的优质项目，也要着眼长远，加快谋划、实施一批利于宁海长远发展的大项目、好项目。要形成合力，全民动员、协同作战，吹响招商引资集结号，并肩作战，齐心协力抢项目，同时抓好审批、征迁等工作，全力保障项目落地。

会议表彰2019年度招商引资工作先进单位、先进个人。会上，招商中心汇报全县招商引资工作情况和下阶段计划；相关单位作交流发言，汇报招商引资工作情况和下阶段举措。

【宁海县第三批农村党组织“第一书记”工作总结暨第四批选派工作动员部署会】 6月5日下午召开。全面总结第三批“第一书记”驻村工作经验，安排部署第四批选派工作任务，持续接力推进“第一书记”驻村工作。县委常委、组织部部长方勤作动员讲话。

宁海县第三批48名农村党组织“第一书记”驻村任职以来，破解班子运行难题300余个，解决各类矛盾纠纷近千个，完成后进村整转15个，不断夯实基层基础，有力提升美丽乡村建设品质，获得良好的社会反响。为着力巩固和扩大"第一书记"工作成果，决定在结束第三批"第一书记"驻村工作的同时，选派43名新一批"第一书记"持续开展驻村工作。

新一批"第一书记"要找准角色定位，切实履行好政治责任、当好"三农"工作的百事通、树好机关干部的良好形象，为"第一书记"这个品牌持续添光增彩；要找准工作重心，充分发挥自身优势，全力做好村社组织换届选举、抓好党建引领乡村治理、抓牢发展这个主题，努力做到驻好一个村、带动一个片；要讲究方式方法，要有担当的能力和勇气，积极主动参与村级事务，抓实抓好具体工作，全力以赴做好驻村工作。要强化工作保障，各级各部门要为"第一书记"创造一个好的干事环境，乡镇（街道）要当好"第一书记"的一线指挥，联村工作组要当好"第一书记"的靠山，派出单位要当好"第一书记"的坚强后盾，让他们能甩开膀子大干快干。

【大抓"城市革新"暨争创全国文明城市动员会议】 6月12日上午县委副书记、县长滕安达主持召开。县委书记林坚强调要聚焦聚力，加快推进"三转、两提、两创"，构建形成"322"工作体系，坚定信心、奋发作为，共建甬南大门户、山海和美城。

宁海的城市建设正处于旧城改造的攻坚期、新城提升的转段期、品牌形象的彰显期、融入区域的关键期、政策机遇的窗口期，要把握大势、抢抓机遇，通过革新来提升城市能级，增强发展动能，厚植发展优势，以"三转"为主攻方向、"两提"为主要任务、"两创"为主打品牌，推动宁海城市发展再上新台阶。

要加快空间转换、业态转型、治理转变。要坚持规划引领调优空间，坚持交通先行打通空间，通过盘活空间，着力以空间的整合、重构、拓展来促进功能的聚合提升。要做深做透生活性服务业、提档升级生产性服务业，因地制宜重点发展休闲旅游、现代物流、现代商贸三大优势产业，有序发展夜市经济和地摊经济，培育壮大科技服务、数字服务、电子商务、文化创意、金融服务、房地产业等潜力产业，打造具有宁海特色的服务品牌。要在体制机制创新上下更大力度，抓好三级社会矛盾纠纷调处化解中心建设，建强网格员队伍，积极动员社会力量参与城市治理，实现城市治理的智慧化、网格化、社会化。

要加快建新提能、改旧提质。要突出新城市中心区加快建成、大溪南片区逐步启动，通过新项目建设、新业态培育、新功能布局、新地块开发做大增量，提升城市能级。要把城市的根留住，狠抓项目、完善功能、注重内涵，以民为本、务实推进，通过对旧城、棚户区（"城中村"）和老旧小区的改造，进一步提升城市的内涵气质、宜居品质。

要争创全国文明城市和国家生态文明建设示范县。要大力营造创城浓厚氛围，保障机制高效运转，对照测评细则查找问题、补好短板，以更大的力度、更猛的动作争创全国文明城市；同时加快新时代文明实践中心建设，努力打造宁海特色、创出宁海经验。要尽快组建运行生态委，对照国家生态文明建设要求，加快生态文明制度体系建设，并深化生态文明建设和中央生态环境保护督察问题整改工作，确保在规定时间内全部"清零"。

县委常委、常务副县长王军海部署城建等有关工作，县委常委、宣传部部长叶秀高部署创城有关工作。县公安局、县住建局、县综合执法局、市生态环境局宁海分局、县国投集团、前童镇、跃龙街道作表态发言。会上还播放创城第二期专项行动第三方测评情况视频。

【县委理论学习中心组举行专题学习会】 7月9日县委书记林坚主持并讲话，传达学习习近平总书记在中央政治局第二十次集体学习时的重要讲话精神，集体学习民法典。滕安达、徐真民、尤玲娟等县委理论学习中心组成员出席。

会上，浙江大学光华法学院教授、博士生导师，浙江省社会保障研究中心副主任，浙江省民法学研究会会长陈信勇对民法典进行解读。县人民法院院长石坚强、县人民检察院检察长练节晁作研讨交流发言。

林坚传达习近平总书记在中央政治局第二十次集体学习时的重要讲话精神。他指出，《中华人民共和国民法典》是新中国成立后第一部以"法典"命名的法律，闪耀着习近平新时代中国特色社会主义思想的光芒，体现社会主义市场经济的基本要求，回应人民群众的法治需求，蕴含着社会主义核心价值观的价值内核，是一部具有鲜明中国特色、实践特色、时代特色的法典。要深入学习习近平总书记关于民法典的重要论述，充分认识颁布实施民法典的重大意义，全力抓好民法典学习贯彻实施，加快建设更高水平的法治宁海，为当好浙江建设"重要窗口"模范生团队的双优生提供坚实有力的法治支撑。

林坚强调，一要坚定"两个维护"，不断增强学习贯彻民法典的政治自觉。将贯彻实施民法典作为"两个维护"的具体体现，深刻领悟以习近平同志为核心的党中央推进民法典编纂实施的战略意图，充分认识民法典在推进治理体系和治理能力现代化中的重要作用，大力推动民法典深入人心、落地生根。二要彰显法治精神，切实提高民法典的实施效果。要加强宣传，不断增强群众自觉守法意识，提高依法行政能力水平，夯实法治宁海建设的群众基础、社会基础和法治基础，让法律文字通过司法实践彰显民法典固有的正义精神。三要扛起主体责任，当好贯彻实施民法典的示范表率。各级党委（党组）要以更大力度、更实举措推动民法典全面有效实施，各级领导干部要致力于运用民法典维护人民权益、化解矛盾纠纷、促进社会和谐稳定。要把掌握和运用民法典作为履行自身职责、做好群众工作、推动改革发展的必需本领，带头保障民法典实施，维护民法典权威，努力实现政治效果、法律效果和社会效果的有机统一。

【乡镇（街道）党（工）委和县级党委部门领导班子政治建设工作会议】 7月10日下午召开。县委书记林坚在会上强调，要深入贯彻落实中央决策、省委部署、市委要求，牢牢抓住乡镇（街道）党（工）委和县级党委部门领导班子这一关键层级，全面加强政治建设，持续优化政治生态，为宁海当好“重要窗口”模范生团队的双优生提供强有力的政治保证。

要紧扣“两个维护”这一首要政治原则，确保政治忠诚。自觉把“两个维护”作为一切工作的根和魂，贯穿到每一项工作，一方面用习近平新时代中国特色社会主义思想武装头脑、指导实践，另一方面坚定坚决贯彻落实党中央决策部署，创造性地把中央决策部署转化为推动发展的生动实践。

要紧扣政治能力这一履职之本，强化政治担当。按照“双优生”的要求谋划推进工作，努力在各项工作中争先进、打头阵，以“小窗口”的出彩为全省的“大窗口”添彩。重点是要善于从政治上分析和解决问题，用一双政治慧眼深刻洞悉当前形势，既要能谋善断，又要能征善战，牢牢掌握主动权。

要紧扣以人民为中心这一根本立场，夯实政治根基。全力解决好人民群众最关心最直接最现实的利益问题；人民群众反对什么、痛恨什么，就要坚决防范和打击，尤其要坚决整治形式主义、官僚主义。

紧扣管党治党这一责任，净化政治生态。坚持新时期好干部标准，正确树立选人用人导向，持续加强党内政治文化建设，严肃党内政治生活，并教育引导领导班子成员和其他干部修身养德，增强拒腐定力，彰显政治本色。

管党治党，“一把手”是关键中的关键。乡镇（街道）党（工）委和县级党委部门要深刻认识领导班子政治建设的特殊重要性，严格履行全面从严治党第一责任人的责任，带头把县委敢担当、要积极、抓具体的干部行为导向，思想、作风、能力“三个先进性”的要求鲜明地落到实处，切实以强烈的政治责任和政治担当持续推动领导班子政治建设往深里走、往实里走。

会上，县委常委、组织部部长方勤解读《2019—2023年全国党政领导班子建设规划纲要》《中国共产党党校（行政学院）工作条例》。

【县委十四届七次全体（扩大）会议】 7月15日下午县委常委会主持召开。县委书记林坚代表县委常委会作工作报告。

全会的主要任务是：高举习近平新时代中国特色社会主义思想伟大旗帜，全面贯彻中共十九大和十九届二中、三中、四中全会精神，按照省委、市委全会的部署要求，系统研究贯彻落实习近平总书记考察浙江、宁波重要讲话精神的重大举措，动员全县党员干部干在实处、走在前列、勇立潮头，为浙江建设新时代全面展示中国特色社会主义制度优越性的重要窗口贡献更大宁海力量，争做“重要窗口”模范生团队的双优生。全会听取和讨论县委常委会工作报告，审议通过《中共宁海县委关于实施人才和创新“栽树工程”建设高水平创新型强县的决定》。

全会指出，习近平总书记到浙江考察调研并把宁波作为第一站，赋予浙江“努力成为新时代全面展示中国特色社会主义制度优越性的重要窗口”的新目标新定位，勉励宁波继续与杭州唱好“双城记”。县委按照省委、市委部署，把学习宣传贯彻习近平总书记重要讲话精神作为首要政治任务，学习贯彻成效明显，主要体现在打赢“两战”的信心一天比一天坚定、“双优”宁海建设的系列部署一项接一项落地、团结奋斗的氛围一级带一级形成。学习贯彻习近平总书记重要讲话精神，是一个层层递进、步步深入的过程，是一个深学笃用、知行合一的过程。抓好学习贯彻，进一步把学习贯彻习近平总书记重要讲话精神融入思路举措上、体现到精神状态上、落实到工作成效上。

全会强调，要深刻认识建设“重要窗口”的重大意义，准确把握宁海的定位和要求。“双优生”是宁海在建设“重要窗口”中的目标定位，发展优质、治理优越为“重要窗口”模范生团队建设做出贡献。一要提高站位、树立标杆。

把“两个维护”作为最高政治原则和根本政治规矩，把学习贯彻习近平总书记考察浙江、宁波时的重要讲话精神，与学习贯彻习近平总书记历次重要讲话精神结合起来，与学习贯彻习近平总书记以往对浙江、对宁波、对宁海工作的重要指示精神结合起来，与正在做的事情结合起来，努力在思想认识上更深一层、实际工作中更进一步。二要找准定位、打造标识。正确把握整体与局部的关系，自觉从省市大局找定位，提出和落实一批务实可行的目标、任务、举措，以宁海的硬核成果为省市标志性成果提供有力支撑，不断厚植在“重要窗口”中的特色优势。三要争先进位、争当标兵。把争先创优行动从经济工作延伸到各个方面，推动各方面工作全面进步，持续提升双优生的竞争力和认可度。四要落实到位、严格标准。坚持实打实、硬碰硬，努力做到建设成果看得见、摸得着、够得到，尤其要把不发生重特大事故和负面影响事件作为不可逾越的底线要求，全力夯实“重要窗口”的根基。

全会强调，县委常委会在省市确定的标志性成果框架下，立足宁海的优势点、潜力点、爆发点，立志要打造10项立得牢、叫得响的硬核成果，充分彰显“重要窗口”模范生团队的双优生风采。一是打造学习宣传实践习近平新时代中国特色社会主义思想的重要基层阵地。二是打造全国县域经济高质量发展的示范县。三是打造高水平创新型强县。四是打造深度融入长三角的甬南大门户。五是打造美丽中国建设样板县。六是打造全国文旅融合发展示范区。七是打造全国营商环境示范县。八是打造更多基层社会治理现代化的“宁海经验”。九是打造更高水平的法治宁海。十是打造更高标准的清廉宁海。

全会强调，争做“重要窗口”模范生团队的双优生，必须加强组织领导，推动争做“重要窗口”模范生团队的双优生各项要求落到实处。要强化中共领导，充分发挥县委总揽全局、协调各方的领导作用，各级党组织要把自身的“小窗口”放到“重要窗口”建设的大棋局中去谋划落实。要强化力量统筹，把各方面的资源统筹起来、力量凝聚起来，做到心往一处想、劲往一处使。要强化舆论宣传，分领域分系统策划开展一批深入人心、打动人心的重大主题宣传，采取分众化、实用性强的宣传方式，让双优生的形象更加鲜活、更加立体、更有影响力。要强化队伍建设，着力锻造忠实践行习近平新时代中国特色社会主义思想的坚强领导集体，同时把牢选人用人关口，加强各级干部的思想淬炼、政治历练、实践锻炼、专业训练，建立激励干部担当作为的制度体系，让“敢担当、要积极、抓具体”成为宁海干部最鲜明的品质。

全会强调，当好“重要窗口”模范生团队的双优生，重在争先创优、攻坚克难，各级各部门要对照2020年经济社会发展的目标任务，付出百倍努力，争取最优成绩。当前要着重做好八方面工作：一是慎终如始抓好常态化疫情防控，做到如履薄冰的精神状态不能松、常态运作的指挥体系不能散、步步为营的管控逻辑不能弱，以适度超前的跟进措施确保万无一失。二是强化挂图式作战、实体性支撑、专班化攻坚，全力以赴完成全年经济发展任务。三是强化督查检查，抓好协同创新，改革办和跑改部双剑合一持续深入推进深化改革工作。四是抓好安全生产、防汛防台、矛盾化解、文明创建等工作，牢牢守住社会和谐稳定底线。五是把牢配优配强、服务发展，坚持原则、实事求是，强势有力、打击非法的原则，全力做好村社组织集中换届。六是动真碰硬抓整改、借势借力促提升，坚决落实巡视整改任务，确保取得效果。七是提高站位、谋划长远、紧扣目标、立足实际，高质量编制“十四五”规划。八是要有放眼全局的视野、争先创优的行动，养成团结奋进的习惯，锻造过硬的“双优生”干部队伍。

【全县“两新”工委书记扩大会议暨“两新”“第一书记”选派工作会议】 7月27日下午召开。宁海县新一轮“两新”组织党组织“第一书记”正式到位。县乡两级107名党员领导干部将以“第一书记”身份深化驻企联企服务，通过指导企业抓党建、谋项目、解难题，助力企业逆势突围、破浪前行。

本次选派的“两新”“第一书记”将深入到全县109家非公有制企业和社会组织，切实履行好指导帮带、组织协调、推动落实等职责，重点抓好“开展一系列学习教育”“培树一批先锋党员”“发展一批优秀骨干”“落实一批关爱举措”“解决一批涉企难题”“提升一个党建阵地”等“六个一”任务落实，实打实为企业复工复产赋能助力，努力实现“两新”党组织与企业发展目标同向、工作同步。

“两新”“第一书记”在任职企业里将充当企业服务员、矛盾调解员的角色，在实现企业发展和党建工作的互促共赢上起到重要作用。为此，宁海县要求“两新”“第一书记”要强化履职意识，沉下去了解企业需求、破解企业难题，努力实现“党建强”引领“发展强”；要强化角色意识，找准角色定位，正确处理好与企业主和党组织书记之间的关系，以总揽不包揽的方式激发班子自身战斗力；要强化实干精神，坚持党建带群建、党员带职工，把各方资源力量凝聚起来，共同助力企业平稳健康发展。

会上，围绕“党建引领、红色互动”主题，宁海农商行前童支行党支部、县企业服务中心党支部、宁海律师行业党建联盟分别与前童民宿产业党建联盟、梅林街道“两新”党群服务中心、桥头胡街道商会党总支签订服务共享协议。“两新”“第一书记”选派干部代表和“两新”组织党务红领代表作交流发言。宁海农商行党委书记、董事长杨光勇作“红色互动”金融助企行动相关部署。

【全县经济社会形势分析会】 7月30日下午召开，贯彻落实省市有关会议精神，分析当前经济社会形势，研究部署下半年工作。会议强调，要认真贯彻落实省委全会、市委全会和县委全会的决策部署，坚决扛起使命担当，求真务实、争先创优，努力交出大战大考的高分答卷，为全省全市发展大局多出力、多贡献。县领导滕安达、徐真民、尤玲娟等出席。会议传达省委副书记、市委书记郑栅洁在宁海县调研时的指示精神。会上，县争先创优专项行动总班、县委政法委汇报上半年经济社会形势及下阶段重点工作对策建议。相关部门作书面交流。

宁海半年度的成绩单走在全市前列，呈现出“一升一降一高”的特点，即经济指标加速回升，社会风险指标明显下降，争取的政策、争创的荣誉含金量高。我们既要肯定取得的成绩，也要清醒地看到面临的风险挑战，切实打好主动仗，练好基本功，奋战下半年，实现全年红。

要推进经济社会发展稳中求进。在“二季红、半年正”的基础上，三季度的关键词是“进”，要实现“三季进”，着力点是保和稳，以保促稳、以稳求进、以进固稳。一要抓项目、扩投资。强化目标倒逼、项目支撑，狠抓进度，加强招商、谋划和政策争取，形成大抓项目、抓大项目的火热氛围，务必在三、四季度有大突破。二要抓主体、帮企业。积极落实国家、省市各项优惠政策，深入细致地开展“三服务”活动，着力强化金融支持，帮助企业渡过难关。三要抓市场、畅循环。积极开拓国外市场，主动打开内销市场，大力刺激消费市场，切实打好拓市场组合拳。四要抓稳定、促和谐。落实落细常态化疫情防控措施，持续深化平安建设，重点抓好安全生产、信访维稳、防台防汛等工作，同时加强基本民生保障，打好脱贫攻坚战，高质量完成东西部扶贫协作的政治任务。

要坚定高质量发展方向不动摇。要细化推进产业革新系列工程，加快提升工业“365”、农业“366”、外贸“555”等系列产业工程的实施效果。要强化企业梯队和企业家梯队建设，抓好企业上市工作，实施好“215”强企梯队建设、新生代民营企业家培育等“栽树工程”。要深化园区平台整合提升，充分发挥园区在招商引资、项目投资、产业发展的主力军作用。

要借势发力增强发展后劲。要抓住政策窗口期的契机，深入研究，积极主动向上对接，全力以赴争取更多政策红利。要抓住规划编制的契机，特别是在“十四五”规划和国土空间规划编制中，要把“双优”宁海、四大革新、十项硬核成果等系列部署充分融合进去，真正谋深做实。要抓住改革试点和创建工作的契机，以“最多跑一次”改革撬动各领域改革，并高标准推进文明城市、生态文明、旅游景区等国家级创建工作。

要以实打实业绩展现争先创优成效。抓工作要实事求是，坚持实干实绩导向，把着力点放在抓实体性工作上，把时间精力用在攻坚克难、干事创业上。向上汇报争取要经常主动，多沟通衔接、多研究政策，更好地促进工作。抓干部队伍建设要从严从实，按照敢担当、要积极、抓具体的导向，加强思想、作风、能力建设，真正展现“重要窗口”模范生团队的双优生风采。

要强化政治责任、严肃政治纪律、体现政治担当，不折不扣做好巡视整改。必须强化政治责任，切实履职尽责，特别是县领导和各单位“一把手”要亲自抓、深入抓、抓深入。必须严肃政治纪律，以认真负责的态度，倒排时序，坚决整改到位。必须体现政治担当，既要整改具体问题，又要标本兼治，既要抓细节，又要立足长效，真正借势借力巡视整改，补好工作中的短板，推动发展持续争先创优。

【十四届县委第十轮巡察发现典型问题通报暨第十一轮巡察工作动员会】 8月20日上午，县委常委、县纪委书记、县监委主任周初波主持召开，县委常委、西店镇党委书记张伟标，县委常委、组织部部长方勤参加。

强调各地各部门要始终保持政治定力，增强斗争本领，高质量完成省委巡视反馈意见整改落实，纵深化推进县委本轮巡察任务，为宁海县争做“重要窗口”模范生团队的双优生提供强有力的政治保证和纪律保障。会议传达全省巡视巡察工作会议暨十四届省委第十轮巡视动员部署会精神，通报县委第十轮巡察发现的典型问题，部署开展十四届县委第十一轮巡察工作。第十一轮巡察工作驻点巡察8月中下旬启动，11月19日结束，将对县发改局、县教育局、县民政局、县自然资源和规划局、县审计局、县综合执法局、力洋镇、强蛟镇8家单位党组织进行巡察。

巡察工作既是强化党内监督的重要制度安排，也是推动全面从严治党向基层延伸的重要抓手，要以更高站位推动巡察工作走向纵深。要重点站位贯彻落实上级精神的高度，以高质量的巡察推动高质量整改；要站位特殊时期有特殊要求的高度，聚焦统筹疫情防控和经济社会发展、做好“六稳”工作、落实“六保”任务等目标任务，做到方向不偏、目标明确、步子坚定；要站位肩负“重要窗口”建设重大使命的高度，以走在前列的姿态，勇于开拓创新、扎实工作作风，全力做好巡察工作，为省市乃至全国提供巡察工作的宁海经验。

要以更硬举措推动巡察工作走在前列。巡察工作的主要任务就是“发现问题、形成震慑”，必须坚持问题导向，着力发现并推动解决群众反映最强烈、对工作影响最大的突出问题。找问题要深，敢于刨根问底、直击病灶，针对不同的“风险点”开展精准巡察，提升问题的发现能力、甄别能力；点问题要准，必须深度“把脉”、精准“画像”，给被巡察党组织领导班子出具一份客观准确的“诊断书”；督问题要狠，扎实做好巡察“后半篇文章”，确保巡察反馈的各类问题均能按期整改到位。

要以更强担当推动巡察工作走实走细。全县上下要形成合力，“四责协同”，共同把巡察这项政治任务落实落细。被巡察党组织要自觉接受监督，主动融入巡察工作全过程，积极为巡察组了解情况、发现问题创造条件、提供帮助；相关部门要同频共振，认真选送政治素质好、业务水平强、综合能力过硬的干部参加巡察工作，确保巡察干部队伍量质齐优、人岗相适，其他部门要积极配合、全力支持巡察工作。巡察干部要专业有为，做到站得正、立得牢、拿得起、过得硬，努力成为巡察工作的行家里手。

【健康宁海建设、新冠肺炎疫情防控工作领导小组（扩大）会议】 9月17日上午副县长励成杰主持召开，县委副书记、县长滕安达出席会议并讲话。

持续深化健康宁海建设，各项工作取得阶段性成效。健康机制不断完善，工作格局初步形成；健康服务全面优化，基本公共卫生服务水平处于省市前列；健康环境持续向好，获评国家级“绿水青山就是金山银山”实践创新基地，生态环境状况指数、生态满意度位居全市第一；健康保障更加有力，食品安全治理积极有效，安全生产工作不断强化，基本医疗保险制度更加完善；健康水平继续提升，精准实施健康干预，扎实推进心理服务体系建设，补足城乡居民健康素养水平短板；健康产业加快发展，不断优化人才发展政策环境，并常态化开展秋冬季疫情防控工作，强化核酸检测能力，加快发热门诊、定点医院建设，做好应急物资和隔离场所储备。

慎终如始，统筹做好入境（拟）返（来）宁海人员常态化防控工作。以严防输入为重点，落实入境前数据摸底，确保入境返（来）宁海人员全流程闭环式精准管控。同时，落实疫情期间外国人来华“快捷通道”政策，做好非法入境人员防控工作。

滕安达在会上指出，健康宁海建设、秋冬季疫情防控，都是事关民生的大事要事。他强调各地各部门要统一思想强化大健康理念共识，在已取得的成效上补齐短板；要突出重点打造高水平健康宁海，完善公共卫生应急管理体系，深化医药卫生体制改革，加快大健康产业培育；要慎终如

9月23日，招商引才全球推介会

始做好秋冬季疫情防控，绷紧思想防线，管好边境“大门”、守好公共场所“小门”，抓紧出台应急预案，备足医疗、生活物资，强化精密智控、舆情监测；要协同联动凝聚抓落实强大合力，完善保障体系、压实防控责任、引导全民参与，协同做好健康宁海建设和疫情防控，为宁海争做“重要窗口”模范生团队的双优生提供坚实的健康保障。

【招商引才全球推介会】 9月23日下午召开。

作为宁波人才科技周的系列活动之一，宁海县招商引才全球推介会于中国工程院院士、浙江工业大学生物工程学院院长郑裕国，中科院上海光机所所长邵建达，国家卫生健康委科学技术研究所副所长果吉尔锑等百余位现场嘉宾，市委组织部副部长、市委人才办副主任黄荣程，县领导林坚、方勤、应国邦参加。此次推介会以现场“推介+签约”和“互联网会议”的形式举行，参加会议的还有来自国内外的百余位线上嘉宾。

县委书记林坚在会上致辞，表示宁海未来的发展靠的是创新、是人才。县委、县政府始终秉持“人才第一、项目为王”，将心比心、竭尽所能地优化创业环境、营商环境。2018年“最多跑一次”满意率和实现率列全省第一，2019年获评中国营商环境百佳示范县市第30名。2020年已有2家企业在逆势中上市，预计还有2家企业将上市。深知从初创到成长壮大的不容易，舍得真金白银推出产业新政和人才新政28条，对企业上市、人才团队项目等支持力度在宁波最大，累计引进海内外院士21人，集聚高端创业创新团队200多个。县委县政府深知异地安家有各种难处，设身处地解决好人才和客商关心的“房子”“孩子”“面子”“圈子”等现实问题，让人才队伍心无旁骛干大事、专心致志干成事。

林坚表示，宁海正在深入学习贯彻习近平总书记考察浙江、宁波重要讲话精神，全面落实省委“忠实践行‘八八战略’、奋力打造‘重要窗口’”的部署要求，聚力建设发展优质、治理优越的“双优”宁海，大力推进产业革新、城市革新、制度革新、自我革新。宁海比以往任何时候都渴求人才、需要人才。此次隆重举行推介会，并通过互联网连线海内外，就是面向全球送上“英雄帖”——真诚欢迎各路英才，把创新事业布局到宁海，把高端项目落地到宁海，把研究成果转化到宁海，把新模式、新场景、新思路实践到宁海。宁海这座城市将是大家最佳的“合伙人”、永远的“同行者”。

中国工程院院士、中国海洋大学海洋生命学院院长包振民，上海市社科联主席王战通过视频作主旨发言。他们表示，宁海高度重视人才工作，出台智汇宁海系列政策，打造“院士之家”，深入推进中乌平台建设，深化推进“四名”工程，创造良好的人才发展环境。希望宁海依托自身资源优势，打造更优的宜居环境、营商环境，持续加大引才、留才、育才力度，努力建设高水平创新型强县。

会上，县投资促进中心推介招商环境和人才政策。在交流互动中，相关单位向嘉宾回答宁海县人才政策特色、生物医药产业优势、宁波南部滨海经济开发区平台优势等。随后，还举行人才项目签约仪式，北京大学创业训练营实训基地、国家免疫功能检测实验中心等22个项目成功签约。

【县委常委会（扩大）会议暨经济社会形势分析会】 10月29日上午召开。会议强调各级各部门要按照省委忠实践行“八八战略”、奋力打造“重要窗口”的要求，沉下心思，抖擞精神，全力冲刺四季度，奋力争取全年赢。县委书记林坚主持会议并讲话，县领导滕安达、徐真民等参加。

会议指出，面对大变局大事件大考验，宁海县经济社会发展情况总体向好，保持逐季回升良好态势，实现“二季红、半年正、三季进”，同时社会大局总体保持和谐稳定。但要清醒看到还存在短板和不足，必须高度重视、抓好应对，抓具体、具体抓，全力实现目标，为2020年和“十三五”收好官，为2021年和“十四五”开好局。

会议强调，要围绕目标任务，聚焦具体经济指标，有底气、有忧患意识，更要有举措，及时采取办法，针对性地解决问题，铆足全力完成全年目标，奋力交出经济高分报表。要抓好近阶段经济工作的重点任务，一要增后劲扩投资。深入开展“四重四比”稳投资百日冲刺行动，时间倒排、任务倒逼、责任倒追，狠抓开工率和项目建设进度；全力抓好资金保障、土地保障，做到重点工程土地应保尽保；持续加强招商引资，推进签约项目加快转化、在谈项目加快落地、内生型项目培育挖潜。二要拓市场扩产能。深刻理解国内大循环为主体、国内国际双循环相互促进的新发展格局，鼓励支持企业抓住进口替代、新经济等风口，做大国内市场、做稳国际市场，大抓跨境电商和新兴外贸企业的培育，促进外贸更可持续地健康增长。三要强培育扩主体。精准开展“双强”行动，对重点企业“一企一策”精准帮扶，对小微企业要多做雪中送炭的工作，打好助企服务“组合拳”。

会议强调，要聚焦袁家军书记在县（市、区）委书记工作交流会上强调的6个问题，全力抓好危化品运输监管、渔业船舶领域安全生产、舆情监管、污染防治、学生心理健康、农村建房信访维稳等工作。要加强秋冬季疫情防控，常态化落实精密智控、闭环管控、预警监测、应急处置机制，做到指挥体系不变、工作机制不变、队伍不散。要做好信访维稳工作，提升矛盾纠纷多元化解水平。要高度重视安全生产，持续打好“四大会战”。要强化精准扶贫，推动“两不愁三保障”工作落地落实。

会议强调，要严肃选风选纪，扎实过细做好村社换届工作，确保选优配强，同时以换届为新起点，积极探索县乡村一环扣一环严丝合缝的责任机制，重点是要压实联村工作责任机制，加快构建县乡一体、条抓块统的高效协同治理格局。要抓好2021年工作谋划和“十四五”规划编制，尤其是在规划编制时，要在中央构建“双循环”新发展格局、长三角一体化、浙江“四大建设”、宁波都市区建设中找定位抓机遇谋发展，并突出宁海实际，体现宁海特色，群策群力谋划好今后五年发展。会议还就抓好中共十九届五中全会精神的学习贯彻、省委巡视整改、重要创建、重要会议活动安排、考核、督查等工作提出要求。

会上，县发改局、县委政法委、县经信局、县商务局分别汇报经济形势、社会形势以及各自领域的重点工作、存在的问题和不足，并提出对策举措、计划打算，相关部门、各乡镇（街道）作书面交流。

【全县领导干部会议】 10月31日下午召开，传达学习中共十九届五中全会精神，研究部署宁海贯彻落实工作。会议强调要认真学习、深刻领会、全面把握中共十九届五中全会精神特别是习近平总书记重要讲话精神，切实把思想和行动统一到党中央重大决策部署上来，以“双优生”的行动自觉推动精神落实。县委书记林坚主持会议并传达，县领导滕安达、徐真民、尤玲娟等出席。

会议指出，中共十九届五中全会是在“两个一百年”奋斗目标的历史交汇点上召开的一次具有里程碑意义的重要会议。全县各级党组织要加强领导、精心组织，迅速兴起学习贯彻中共十九届五中全会精神的热潮，引导全县上下深刻理解和准确把握“十三五”时期我国发展取得的重大成就，深刻理解和准确把握“十四五”时期我国发展面临的基本形势，深刻理解和准确把握2035年基本实现社会主义现代化远景目标，深刻理解和准确把握“十四五”时期经济社会发展的指导思想、遵循原则和主要目标，深刻理解和准确把握“十四五”时期经济社会发展的重大任务举措，加快把学习热情转化为推动改革发展的强大动力，不断开创宁海高质量发展新局面。

会议要求，要全面总结好“十三五”取得的成就，同时要以中共十九届五中全会精神为统领，围绕进入新发展阶段、贯彻新发展理念、构建新发展格局，结合“双优”宁海建设的目标任务、“四大革新”路径，结合“重要窗口”模范生团队双优生的10项硬核成果的具体要求，抓紧制定完善“十四五”规划以及做好规划建议的意见征求和修改完善工作。要围绕加快构建新发展格局、展现宁海优势、破解不平衡不充分问题、深化改革等四方面进行重点研究，研究提出宁海在中央构建“双循环”新发展格局、长三角一体化、浙江“四大建设”、宁波都市区建设中的坐标定位和使命任务，以及在打造深度融入长三角的甬南大门户、全国县域经济高质量发展的示范县、高水平创新型强县方面的具体举措，研究提出打造美丽中国建设样板县、全国文旅融合发展示范区等方面的创新手段、有效做法，研究提出加快城乡融合发展、实现乡村全面振兴、推进公共服务均等化等方面的新路径、新机制，研究提出推动“最多跑一次”改革向基层更多领域延伸和制度化常态化防范化解重大风险的思路举措以及加快推进县域治理现代化的思路举措，深入谋划、科学制定，加快“双优”宁海建设进程，努力创造经得起历史检验的发展业绩。

会议强调，要以中共十九届五中全会精神为指引，全力以赴做好2020年经济社会发展各项工作。要打起十二分精神，拿出最饱满的精神状态善始善终地抓好各项工作落实。要开足十二分马力，细化任务、明晰责任、全力全速、保质保量推进，不能有丝毫松懈。要保持十二分谨慎，有效防范化解各领域的风险隐患，坚决守牢平安稳定底线。要秉持十二分热情，帮助企业和群众实打实地解决好生产生活中面临的困难，让城市更有温情，让每个人都能带着笑意走进小康社会。

【县委学习贯彻中共十九届五中全会精神专题学习会】 11月17日召开，与会人员深入学习中共十九届五中全会精神特别是习近平总书记重要讲话精神，按照中央和省市委的部署要求，深入研讨宁海高水平建成小康社会后，高水平推进社会主义现代化建设的重大思路、重大举措，为宁海县编制“十四五”规划，确定2035年远景目标汇聚众智、凝聚共识。县委书记林坚主持会议并讲话。县委理论学习中心组全体成员出席会议。县领导滕安达、徐真民、尤玲娟、张伟标、王辅橼、沈纾丹、杨钻作交流发言，其他县领导作书面交流。

林坚指出，学深悟透全会精神，准确领会中央对“十四五”总体形势的判断、发展目标的确定、重大任务的部署，是科学编制宁海“十四五”规划的前提。要深刻理解把握全面建设社会主义现代化国家这一新的奋斗目标，深刻理解把握统筹国内国际两个大局、办好发展安全两件大事，深刻理解把握新发展阶段、新发展理念、新发展格局“三个新”的丰富内涵，深刻理解把握“四个全面”新布局，深刻理解把握“十四五”时期经济社会发展必须遵循的五个原则以及六个方面的主要目标，力求做到学思悟贯通、知信行统一，确保全会精神和党中央决策部署在宁海落地生根、开花结果。

林坚强调，建设“双优”宁海要一张蓝图绘到底，全面准确把握宁海发展基础，立足新发展阶段、新发展理念、新发展格局，科学研究制定宁海“十四五”发展目标，体现前瞻性、可行性、可操作性和系统论。要深入研究支撑“十四五”发展的重大举措，坚定不移推进“四大革新”“十项硬核成果”等工作部署，同时抢抓机遇，对准最新的中央和省委、市委要求，进一步突出重点、做深做实。一要坚持内外循环，积极融入新发展格局。一方面加大政策精准支持，运用跨境电商等新业态新模式，加大国际市场开拓力度，另一方面加强指导和服务，帮助企业破解出口转内销存在的人才、技术、生产、市场等方面的问题。二要坚持量质并重，坚定实施创新驱动战略。持续壮大企业主体，因地制宜引育高层次人才、企业家人才、金蓝领人才，进一步理顺南湾新区和宁海各个园区的关系，做强宁海的产业平台，加快打造高水平创新型强县。三要坚持城乡一体，加快推动由县到城转变。要在中央和省市大抓城市化、国土空间调整、宁波力推撤县（市）设区、宁海入选全国县城新型城镇化建设示范名单等一系列工作中借势借力，对外强开放促融合，对内强能级提品质，持续深化打造“甬南大门户、山海和美城”。四要坚持条抓块统，构建高效协调治理格局。紧密跟进、积极探索，落实省委要求，为加快构建“县乡一体、条抓块统”高效协同治理格局贡献更多宁海经验。五要坚持又红又专，切实加强干部队伍建设。对照中央和省委、市委要求，深化自我革新，加强“三个先进性”建设，进一步倡树“敢担当、要积极、抓具体”工作导向，不断增强用数字、法治、改革等手段破题开路的能力，上下同欲开创宁海“十四五”发展的新局面。

【县委改革委2020年第二次全体会议】 12月3日召开。县委书记林坚在会上强调，要坚持数字赋能、改革破题、创新制胜，加快推进“四大革新”，全力争当县域全面深化改革的“领跑者”，开创争做“重要窗口”双优生的新业绩。滕安达等县委改革委全体成员参加会议。

会议听取2020年改革进展情况、首问负责即问即办制度落实情况，审议《关于进一步深化国企改革的若干意见》《宁海县工业全域治理实施方案》和《宁海县工业集聚点治理实施细则》《宁海县茶产业高质量发展方案》《宁海县跨境电子商务五年发展行动方案（2021—2025）》《宁海县新生代企业家培育三年行动计划（2020—2022）》。

就做好下阶段改革工作，林坚指出，改革任务要抓落实。重点是要按照中央深改委第十六次会议要求和省、市委改革会议部署，做好中共十八届三中全会以来改革任务落实情况的总结评估、深化落实。县领导要对自己领衔的市级以上试点项目、县级重点改革项目，做一次全面的梳理，确保画上圆满句号。要统筹做好上级对宁海县改革的评估、督查、考核工作，争取最后结果的最优化。

改革成效要再提升。要用好综合集成的方法，涉及改革的各方面、各领域、各单位必须要统筹考虑、全面论证、稳扎稳打，系统抓好改革工作。要做好迭代升级的文章，牢牢掌握改革主动权，继续开拓创新、先行先试、纵深推进，确保宁海经验始终走在前列。要保持久久为功的韧劲，拿出驰而不息的精神，干一件成一件，努力在重点领域和关键环节改革上取得新进展。

改革思路要深谋划。要聚焦一个目标，始终盯牢如何更好建设“双优”宁海、推动“四大革新”这一目标谋划改革创新工作。要围绕一个核心，立足构建新发展格局这个深层次变革，全力在打造长三角的甬南大门户、全国县域经济高质量发展的示范县、高水平创新型强县等方面推出一批实质性改革创新举措。要突出一个牵引，以数字化改革撬动各领域、各方面的改革，加快构建形成以政府数字化转型引领数字经济、数字生活、数字治理的全面发展局面。要发挥一个

建设再上新台阶。四是着力优化人的全生命周期民生服务供给，在保障和改善民生上革新争优。致力幼有善育、学有优教、劳有厚得、病有良医、老有颐养、住有宜居、弱有众扶，全力创造更加幸福的美好生活。五是着力构建风险闭环管控的大平安机制，在守牢安全底线上革新争优。加快健全风险预警监测机制、风险第一时间处置机制、“5+X”舆情应对机制，切实消除各类风险隐患。六是着力以数字化改革撬动各领域各方面改革，在整体智治、协同高效上革新争优。持续推进“县乡一体、条抓块统”改革，深化“一件事”集成改革，不断拓展应用场景，使活力成为最鲜明特征、法治成为最优环境。七是着力建设高素质专业化干部队伍，在提升推进现代化建设的新能力上革新争优。增强干部队伍战斗力、执行力、创新力，建立整体智治、综合集成、横向衔接、纵向贯通的选人用人工作闭环体系。八是着力深化锋领宁海和清廉宁海建设，在营造良好政治生态上革新争优。坚决做到“两个维护”，坚持和加强中共领导，不断提高基层党建绩效水平，持之以恒正风肃纪、反腐倡廉，带动清廉宁海建设全域推进、全面共进。

全会强调，各级各部门要把学习贯彻县委全会精神作为当前和今后一个时期的重要任务，对标看齐抓落实、知行合一抓落实、具体细化抓落实、统筹兼顾抓落实，推动县委全会各项部署落地见效。要扎实做好岁末年初工作，坚决打赢冬春季疫情防控硬仗，实现经济发展“全年赢、开门红”，保持社会大局平安稳定和谐，认真办好各方面民生实事，高质量完成村社组织换届，持之以恒抓好党风廉政建设，确保“十三五”圆满收官、“十四五”顺利开局。

全会充分肯定一年来县委常委会的工作。全会认为，县委十四届六次全会以来，面对大变局大事件大考验，县委常委会坚持以习近平新时代中国特色社会主义思想为指导，对标落实习近平总书记重要讲话和重要指示精神，坚决落实中央决策、省委部署、市委要求，团结带领全县上下在非常之时立非常之志、尽非常之责、建非常之功，全力交出“两手硬、两战赢”高分答卷，系统构建“双优”宁海建设的四梁八柱，破难而上坚定推进经济高质量发展，持续提升城乡美丽宜居水平，切实抓好各领域改革创新，纵深推进全面从严治党，全县经济社会发展在“半年正、三季进”的基础上有望实现“全年赢”，“十三五”规划目标任务即将完成，高水平全面建成小康社会胜利在望。

全会号召，要紧密地团结在以习近平同志为核心的党中央周围，高举习近平新时代中国特色社会主义思想伟大旗帜，紧扣忠实践行“八八战略”、奋力打造“重要窗口”的主题主线，敢于梦想、勇于革新、勤于实干，加快建设“双优”宁海，以“十四五”开局的优异成绩献礼中国共产党成立100周年，在高水平社会主义现代化建设新征程中阔步前进！

县委委员、候补委员，县纪委委员；其他县级领导干部；各乡镇党委书记、乡镇长，各街道党工委书记、办事处主任；县直及部省市属各单位党政正职，县委组织部、县委宣传部、县委统战部、县委政法委、县法院、县检察院机关第一副职；县人大常委会工委主任，县政协专委会主任；县委巡察组组长；曾担任过县级领导职务的离退休老同志参加会议。部分党代表应邀列席会议。

纪检监察

【概况】 2020年是高水平全面建成小康社会决胜之年、实施“十三五”规划收官之年、脱贫攻坚决战之年。面对错综复杂的国际形势、艰巨繁重的改革发展稳定任务，特别是新冠肺炎疫情的严重冲击，县委以上率下落实管党治党责任，扎实推进清廉宁海建设，不断深化全面从严治党。全县各级纪检监察组织在大战大考中践行初心使命，在服务大局中彰显担当作为，坚定不移正风肃纪反腐，全县党风廉政建设和反腐败工作取得新的进展。

全县纪检监察工作坚定稳妥、扎实有效，取得新的成绩。在工作实践中始终把坚决扛起使命担当作为根本遵循，始终把坚定“以人民为中心”作为价值导向，始终把坚持“稳中求进”作为工作总基调，始终把推进“革新争优”作为发展路径，始终把强化系统观念作为着力方向。进一步强化“四责协同”，落实主体责任，提升纪检监察干部履职能力。

【政治监督】 保障政令畅通，坚持“两个维护”，切实发挥“监督的再监督”职责，着力护航中心大局。紧盯疫情防控各阶段重点，开展监督检查1000余次，整改问题380余个，下发监督提醒通知书31份、通报4期，对履职不力的34名党员干部分层分类进行问责处理。扎实推进扶贫开发和扶贫协作专项监督，组织开展“两不愁三保障”联合督查，实地走访36个村384户低收入户，通报问题30个。两赴晴隆县督导17个社会帮扶资金项目落实情况。

开展专项检查，聚焦安全生产等重点领域，对各类安全生产事故的30名相关责任人员进行追责问责。及时跟进中央环保督察，开展两轮废塑料加工点整治情况督查，问责干部5人。深挖细查上级交办的桃源街道竹溪村“荷花塘”地块土地违法案，给予4名党员干部政务处分。

严明换届纪律，严把资格审核关口，开展村（社）干部资格条件联审10074人次，提出否定性党风廉政意见16人次。严厉打击拉票贿选等破坏换届秩序行为，严肃查处前童镇大郑村、桃源街道堂墙股份经济合作社、长街镇洋湖村等村（社）党员违反换届纪律案件7起，给予党纪处分14人。

【清廉建设】 压紧压实主体责任，制定《全面从严治党“四责协同”责任清单》，全面实施“三书三查两报告”制度，开展“三交底”廉政谈话10次，对重点领域主责部门“一把手”开展廉政约谈14次，下发监督提醒通知书25份，督促各类责任主体齐抓共管。

打造清廉建设标杆，以清廉单元建设为重点，推动清廉宁海“7+X”建设多点开花、百花齐放。推出全市首份县级清廉机关建设评估标准，举行首届清廉机关建设示范案例展示活动，10家单位获评“十佳示范案例”。

指导制定“清廉学校建设18条”，以“阳光+”管理模式落实源头治理。在卫健系统全面推行医院小微权力清单制度，保障药械采购等工作公开透明。在全市率先出台并实施《关于构建亲清新型政商关系的实施意见》，着力构建“1+3+2”亲清政商关系工作体系，高格卫浴成为全市“清廉企业”创建示范点。讲好“清白溪”故事，串联廉政文化标识，绘制“清风之旅”导览图，打造形成4条廉政教育线路，8000余人次接受教育。

挖掘整理本土文化清廉元素，在《今日宁海》、“看宁海”App、清廉宁海网站和微信公众号上开设“问廉清白溪”专栏，推出30期清廉人物，编印下发《问廉清白溪——廉政人物故事》，不断厚植清廉根基。

【“四风”纠治】 强化正风肃纪，围绕“三公”经费、工作纪律等开展各类检查1064批次，发现问题580起，处理308人。查处违反中央八项规定精神问题41起，处理党员干部66人，其中给予党纪政务处分37人。

紧盯重点领域，密切关注“四风”隐形变异新表现新动向，开展“一桌餐”专项监督检查4批次，检查“一桌餐”“私房菜”等隐蔽餐饮场所30余家次。开展“烟票”背后“四风”问题专项整治，排摸烟酒经营商户1600余家，对10家重点商户进行定向督查。

强化办公用房使用管理，开展整治行动5批次，检查46家县直部门及其下属基层站所，发出专项通报2期，对11名责任人进行通报批评。

开展制止餐饮浪费行为专项监督检查378次，累计检查单位714家，发现并督促整改问题141个。

坚持常态长效，督促各单位党委（党组）完善津补贴发放、疗休养、工会福利等制度20项。严格执行操办婚丧事宜“双报告”和公示制度，在清廉宁海网站公示46人次，下发通报1起。

【巡察质效】 全力做好巡视配合保障，对省委巡视组交办的202件涉纪信访件分类梳理、集中交办、登记造册，已办结199件，移送检察机关审查起诉2人，给予党纪政务处分14人，批评教育及其他处理16人，挽回经济损失83.4万元。及时做好中央第四巡视组督办交办信访件的办理，已办结22件。

高效推进年度巡察任务，完成3轮20个单位常规巡察，反馈问题517个，整改320个，督促建章立制152项，移交问题线索27条；开展村（社）巡察55个，提前完成全县430家村（社）巡察全覆盖目标。

在全市率先探索县直单位和乡镇（街道）基层站所、下属单位巡察全覆盖，全年巡察124个。

开展扶贫领域巡察反馈问题整改情况“回头看”，已销号34个。

加强问题整改日常监督，开展巡察典型问题通报会、民主生活会“两听一评”、县领导约谈，推动整改落到实处。聚焦工程管理等共性问题，向相关职能部门发送函告书6份，合力推进共性问题整改落实。

【反腐工作】 提升问题线索处置质效，全年处置各类问题线索755件，同比增长36.3%。修订完善《问题线索处置模拟案卷》，发挥问题线索排查专题会议“总调度平台”作用，规范问题线索监管。

保持从严惩腐态势，坚持“重遏制、强高压、长震慑”，全年立案228件，同比增长6.0%；党纪政务处分247人，同比增长37.2%，挽回直接经济损失449.6万元；其中县本级查办案件26件，涉及县管干部18件；移送检察机关审查起诉2人。严肃查处宁波望海茶业发展有限公司原总经理潘启真贪污、受贿案。持续发力“打伞破网”，累计立案查处涉“保护伞”12人。贯通运用“四种形态”，坚持惩前毖后、治病救人，运用“四种形态”处理921人次，同比增长43.9%，其中“第一种形态”占比73.0%。

全市首创规范量纪试行意见，不断提高量纪精准度。

【基层建设】 加大信访处置力度，深化“减存遏增、提质增效”行动，全年受理信访举报339件次，同比下降45.2%，其中检举控告218件次，同比下降40.1%。全年无进京越级访；赴省越级访同比减少21批29人。对10名举报失实的党员干部进行澄清，保护干部干事创业激情。

健全基层监督体系，深入推进乡镇（街道）纪检监察机构规范化建设，建成18个标准化谈话室，设立村级监察工作联络站420个，聘任联络站站长、联络员1305人。

制定管理办法，强化日常培训，激活监督力量。严肃查处群众身边腐败和作风问题45起，处理75人，给予党纪政务处分52人。

强化小微权力监管，一体提升村级权力清单36条智慧化、标准化、法治化水平。36条智慧运行系统入选省“观星台”优秀应用，累计挽回经济损失500余万元。顺利发布36条县地方标准。召开36条工作领导小组会议，推动县、镇、村各尽其责。开展36条执行情况联合督查，发现并督促整改问题939个。

【自身建设】 突出政治建设，将学习贯彻习近平总书记重要讲话精神作为纪委常委会的第一议题，带头践行“两个维护”。高标准推进“强素质、提能力、塑形象”专题教育活动和警示教育月活动，各项活动受众近千人次。

提高履职能力，实施干部素质提升工程，常态化开展全员培训、“周二夜学”、导师带徒等活动，举办青年干部读书会4期，23名新进干部到办案、信访、巡察等一线岗位锻炼，参加各类“点题”培训142人次。

提升案件审理质量，《国有海塘使用权出租竞拍过程中串通竞买的行为如何认定》被评为全省优秀案例分析。强化自我监督，修订完善机关工作制度，健全干部行为约束规范。落实“四级谈话”制度，共开展谈心谈话162人次。对反映纪检监察干部的问题逐一核查处置，批评教育、谈话提醒4人，坚决防止“灯下黑”。

组织工作

【概况】 在市委组织部正确指导和县委坚强领导下，统坚持以中共政治建设为统领，全面贯彻落实新时代中共组织路线，始终坚持全面过硬、走在前列，凝心聚力、奋发干事，以党员干部人才“优质供给、优良作风”为建设发展优质、治理优越的“双优”宁海提供坚实组织保障，在大战大考之年交出高分答卷。

【疫情防控】 全媒体发布抗疫倡议书，全面发动全县各级基层党组织、党员干部，齐心协力打好疫情防控阻击战。

疫情防控争分夺秒。第一时间发布“先锋集结令”，迅速发动机关干部、全县农村党组织书记、驻村“第一书记”等2000余人，从正月初二起便下沉一线、日夜值守，做到应查尽查、应隔尽隔。

复工复产先人一步。抗疫前期，便靠前调派141名具有相关经历或专业的干部参与复工工作。在推进“双复”关键时期，又集中选派1909名优秀干部担任驻企联企服务员，全覆盖入驻企业帮助渡过难关。启动“在宁海·甬抱你”云招聘，开展“5省8城”驻点引才，引进各类紧缺人才4700余人。

关心关爱及时跟进。出台关爱一线“十二条措施”，提拔防疫助企表现突出的干部37名，8人被火

8月13日，2020年全县党政正职领导干部执政能力提升进修班

线吸收入党，对14名援鄂医务工作者予以岗位等级晋升，为4984名一线医务人员办理人身意外险。注重典型挖掘，6个集体、15名个人入选市级先锋团队、先锋个人，叶全奖被授予浙江省优秀共产党员称号，入选市级优秀共产党员3名，评选县级优秀共产党员144名。

1月13日，部机关主题教育总结大会

【干部选拔培育】 落实针对性举措补短板、拉长板，做好巡视整改后半篇文章，打造过硬双优生队伍。

精准选用。紧盯事关全县改革发展大局及重大紧急任务，抽调干部专班攻坚，运用“四比双评”实绩考核、组工干部全员联系等举措，多渠道、多层次、多侧面了解核实领导班子和领导干部现实表现。提拔重用的干部中93.5%来自攻坚一线，做到中心工作推进到哪里，组织工作就保障到哪里。

精进能力。制定“周末课堂”五年培训规划，4年6个专题600余个课时的“周末课堂”培训专业干部396人，县级部门领导班子中专业干部配比74.7%。优化专业干部结构，选优公务员选调生队伍，两年来面向重点高校优秀研究生选聘高层次紧缺人才14人、党政储备人才7人。

精心培育。导师帮带全覆盖，15名县级专职导师重点结对培养99名优秀年轻干部，各单位选聘兼职导师面向其他年轻干部全面结对。一线历练壮筋骨，5名干部分赴北京、上海、武汉等招商引资最前沿，131名“90后”乡镇（街道）干部均挂职重大项目、重点工程，连续5年派驻4批209名全职驻村第一书记。

精细管理。修订出台党政领导干部选拔任用“五个办法”，坚持党委（党组）书记履行干部选拔任用职责离任检查，全覆盖组织开展“一报告两评议”，对干部任用全环节进行梳理规范，有效完善选人用人操作规程和工作机制。发挥大监督机制作用，加强干部监督联审巡察，干部日常监管进一步加强。

【组织力提升工程】 以村社集中换届为契机，深入实施“组织力提升工程”，着力夯实基层执政根基。

换届责任压得更实。县委常委会5次专题研究换届工作，全体县领导全面落实包乡走村“四个一”责任，乡镇党委一周一研判，推动乡镇班子成员联片到村、乡镇干部联村到户、村社党员联户到人，层层压实换届责任。结合基层党建督导，先后深入108个村社实地督查联村责任落实，倒逼履职尽责。至

4月13日，开展全球人才·云洽谈

年底全面完成党组织选举，村（居）委会换届有序推进。

基层队伍培育更实。持续举办村主职干部学历班，与宁波电大合作组建领雁学院，自2017年起大专班已毕业57人、在读110人。深化党员发展“菁英”计划，上半年在产业工人、青年农民、高知识群体等六类重点对象中发展党员274名，同比增长15.3%。发布机关党建标准化体系3.0版，明确机关党员教育管理、作用发挥等具体标准，推动机关党员比学赶超，走在前做表率作用全面彰显。

助力发展举措更实。充分发挥党建引领作用，通过组建红色冲锋队、划分党员“艺术包干区”等方式，走出艺术振兴乡村致富新路径，在前童、大佳何、桥头胡等地打造多个艺术实践基地；强化两新党支部作用发挥，助力天普、卡倍亿两家企业成功上市，震裕、方正两家企业也已过会；深化党群同心圆品牌升级，推出征迁老娘舅、消费扶贫先锋行等特色志愿服务项目，创新开设先锋夜市，党员作用发挥渠道不断拓宽。

1月17日，2019年度全县基层党建和人才工作述职评议会

【改革创新】 聚焦突破发展，念好“新”字诀。深入贯彻落实省市县人才和创新“栽树工程”决定，抢占引才“窗口期”，在创新人才上实现集聚裂变。

中乌平台建设创新突破。制定中乌平台五年发展规划，出台加快平台建设实施意见，成立平台推进工作领导小组，抽调5名干部组建工作专班，建立“月会商、月督办、月通报”工作机制，平台建设成效明显。一批硬核科技实现突破，装甲钛合金材料防护性能达到世界领先水平；新型热锻钛青铜材料实现量产，是国际上唯一可红冲的锡青铜材料；具备新型耐腐蚀海军用黄铜材料量产能力。人才招引实现突破，累计引进乌方专家52人，其中院士11名，新入选“西湖友谊奖”、宁波“茶花奖”各2人。产业化对外合作实现突破，建成中乌（江西）、中乌（辽宁）、中乌力学摩擦和防腐技术新材料研究院3个分中心。

平台能级提升创新突破。“一核多点”打造宁海“院士之家”，12名两院院士进家入驻。推动实施生物医药平台5年提质行动，新增新药临床批件和医疗器械生产许可证13件，新引进多价抗蛇毒血清、破伤风疫苗等优质项目9个。海洋种业研究院建设快速推进，引进落户包振民院士工作站。中加低碳建成国内首个采用全CLT打造的两层重型木结构公共居住建筑，荣获“2020中国绿色技术创新奖”，系宁波市唯一。

人才队伍引育创新突破。高质量举办全球招商引才推介会，新引进特优以上人才10人，省市引才计划申报数均翻番，“3315系列计划”申报数首次“破百”，莫利亚尔院士作为首位外裔专家入选市杰出人才，比罗乌斯院士入围省级引才计划建议名单。深化实施“四名”工程，累计评选“四名”人才520余人，新入选市级名师8名，居全市前列。

宣传工作

【概况】 在县委的正确领导下，宣传思想文化工作以习近平新时代中国特色社会主义思想为指导，守正创新，锐意进取，勇争一流，各项工作均取得良好成效，为全县经济社会发展提供有力的思想保证、舆论支持和文化条件。

【理论学习】 深入学习贯彻习近平新时代中国特色社会主义思想。坚持举旗铸魂，实施新时代中共创新理论走心工程，创新建立“第一议题”、完善县领导巡听巡讲等理论学习制度，特别是对习近平总书记考察浙江重要讲话精神、中共十九届五中全会精神等第一时间组织开展学习讨论、研究阐释、宣传宣讲，着力营造学思践悟、对标笃行的浓厚氛围。探索榜样宣讲团、文艺党课进礼堂等基层宣讲品牌，推动中共创新理论“飞入寻常百姓家”。

【疫情防控】 全力做好疫情防控和经济社会发展“两手硬、两战赢”的宣传引导工作。面对突如其来的新冠肺炎疫情严峻考验，全县宣传思想文化系统深入宣传贯彻党中央重大决策和省、市、县委部署要求，闻令而动、全力出击，以及时权威的信息发布、有力有效的舆论引导、广泛参与的志愿服务和健康丰富的文化产品，发挥宣传战线强信心、聚民心、暖人心、筑同心的使命担当，助力全县疫情防控和经济社会发展“两手硬、两战赢”。

【意识形态工作】 加强意识形态工作责任制落实。顺利完成省委第九巡视组落实意识形态工作责任制专项检查，在巡视反馈意见中未出现落实意识形态责任制不到位的评价。严格按照反馈意见的要求，高质量完成4个方面10个问题整改，获得巡视组的高度肯定。

【艺术振兴乡村】 以激发村民内生动力为核心，深化艺术振兴乡村工作，成为浙江省“乡村振兴十大模式”之一，得到省长郑栅洁的批示肯定。把艺术振兴乡村的模式“嫁接”到扶贫结对地区，组织人民大学团队、宁海“葛家军”等赴贵州省晴隆县定汪村开展艺术扶贫活动，取得良好成效，得到浙江、贵州两地省委主要领导的充分肯定。“艺术扶贫”项目入选全国“携手奔小康”行动案例，被中宣部和外交局评为全国十大对外传播案例，获得宁波市宣传思想工作创新大奖。

【文化事业和文化产业双提升】 提前完成全县剩余72家农村文化礼堂新建任务，“礼堂文化周”等文化礼堂品牌活动蓬勃开展，荣获浙江省文化礼堂建设示范县。创新“百姓云舞台”，积极探索群众文化供给新模式，确保疫情期间公共文化服务“不打烊”。建立健全文化事业和文化产业政策体系，加快兑现速度，推动文化和旅游领域复工复产。得力集团获评浙江省数字文化示范企业，前童古镇入选省文化创意街区。

4月21日，叶全奖同志先进事迹报告会

【文旅融合】 全省首家与省文旅厅签订厅县合作协议，共建全域旅游高质量发展实验区。以景区“双创”为龙头，加大文旅重大平台建设。前童古镇、十里红妆小镇、霞客古道等多个项目被列入“浙东唐诗之路”建设重点，大庄温泉乡根小镇、汶溪翠谷等重点文旅项目加速推进。全域旅游绿色发展经验在全国交流。获评长三角最佳文旅融合城市，是全市唯一的AAAA级景区城。

【全国文明城市创建】 建立健全创城工作机制，对标对表开展创城专项行动，围绕民生关切实施创城十大重点项目，文明城市创建软硬兼施、标本兼治、全面提质。组织实施“文明好习惯养成”“制止餐饮浪费、培养节约习惯”等专项行动，文明氛围显著提升。大力培树先进典型，童松达获“最美诚信浙江人”称号，得到省委书记袁家军接见，叶全奖荣获“中国好人”。文明村镇、文明校园等基层创建也取得历史较好成绩。被中央文明办确定为全国文明城市提名城市。

【主流舆论】 深入推进融媒体中心建设，传媒集团荣获浙报共享联盟“最具传播力奖”。大力宣传报道全县疫情精密智控、艺术振兴乡村、绿色发展等工作经验，在中央、省、市主流媒体刊出报道2600多篇（条），央视用稿70条，其中《新闻联播》13条，融媒指数位居全省前列，承办全市县级融媒体现场会。

【管网治网】 管网治网有力有效，启动实施网络生态“望海岗哨”工程，建立健全“5+X”网络舆情应对体系，实现网上舆情应对处置扁平化、制度化、高效化。加强网络正能量传播，成立全国首个县级短视频联盟，启动短视频“匠人计划”、航拍“飞手计划”，推出的网络视频作品连续获得“NB 轰红”短视频大赛月、季度冠军，网络文化品牌影响力不断提升。

强化舆情风险机制建设，健全网上舆情应对能力。建立健全“5+X”舆情会商研判机制，制订专项舆情应对应急预案，准确研判处置舆情动向。

强化网上正能量宣传，巩固壮大主流思想舆论。持续壮大宁海发布领衔的政务新媒体和自媒体联盟矩阵，加快媒体深度融合。

强化网络综合治理体系，构建县域综合治理能力。

强化网络安全工作机制，安全稳固网络空间防线。联合经信、公安等单位创新网络安全监管新模式，建立实地检查、问题整改到执法管理、流程转接的“全流程”闭环管理机制，累计检查互联网企业146家。

【新时代文明实践】 实施新时代文明实践中心、所、站标准化建设，完成实践所、站全覆盖，打造一批示范点位。建成文明实践志愿服务点单平台，制定志愿服务菜单280余项，推动志愿服务精准配送。创新实施“新时代文明实践日”制度，“文明实践夜市”入选中央文明办建设新时代文明实践中心工作方法100例。

【县社科联】 宁海县社科联积极发挥“咨政建言、理论创新、舆论引导、文化传承、社会服务”等重要功能，推动宁海县社科事业取得新成绩。2020年，被宁波市社科联评为2020年度群团（社团）工作测

8月20日，宁海县“新时代文明实践日”暨“先锋夜市”启动仪式

评优秀单位。

开展社科理论研讨活动。4月，宁海县社科联举行学习贯彻习近平总书记到浙江、宁波考察时的重要讲话精神理论研讨会。会上，11名来自全县各部门机关、乡镇街道以及企业的代表就习近平总书记的重要讲话精神，结合各自工作实际，对“一个新目标新定位”“七方面工作要求”进行交流研讨，畅谈学习体会和对宁海下一步发展的见解。10月，宁海县社科联承办中国社科联院外国文学研究所主办的“新时代外国文学翻译与研究学术研讨会暨叶水夫先生百年诞辰纪念活动”学术研讨活动。会上，中国社会科学院外国文学研究所所长程巍、宁波大学党委书记朱达以及来自中国社科院、全国各地高校和出版社的40余位专家、教授缅怀叶水夫，并深入探讨新时代外国文学翻译与研究工作。活动情况被央广网等国家省市媒体专题报道。

举办2020年社科普及月活动。宁海县社科联组织开展社科普及月相关活动40余场次。组织开展2020年宁海县第四届优秀社科成果评选。评选出获奖论文（调研报告）36篇，社科著作10部。组织编写《宁波传统村落田野调查》等7本社科普及读物，涉及龙宫村、清潭村、东岙村、梅枝田村、力洋村、西岙村、许家山村。组织举办正学大讲堂3期。分别邀请清华大学经济管理学院博士后章晓洪主讲《民法典改革及其对资产证券化的影响》，宁波市委宣传部原副部长李正平主讲《天翻地覆慨而慷——宁波实施乡村振兴战略的宏伟画卷》，全国劳模裘银芳宣讲《“牢记总书记嘱托，争做重要窗口双优生”全国劳模裘银芳先进事迹报告会》，受众反响热烈，营造良好的学习氛围。

精神文明建设

【概况】 围绕全国文明城市提名城市创建和新时代文明实践中心建设两大目标任务，以培育和践行社会主义核心价值观为主线，切实强化公民道德建设，纵深推进文明创建

活动，文明创建各个领域不断取得新成效，群众文明素质和城乡文明程度得到有效提升，成功跻身全国文明城市提名城市行列。

【文明城市创建】 开展创城专项行动和十大重点项目，成功入选2021—2023年创建周期全国文明城市提名城市。

召开全县创城动员会议，全面细化全国文明城市测评体系责任分解。抓实创城指挥部“周会商、月例会”制度，深入开展共4轮46个创城专项行动，大力实施创城十大重点项目，加强督查整改，强化电视问政，切实解决一批难点、痛点、堵点问题。

广泛实施“文明好习惯”养成工程，领衔市级文明旅游好习惯，制定文明旅游五大规范，在开游节开幕式中发布市文明旅游“金”字招牌地方标准，机关企事业单位带头制止餐饮浪费，全县十桌以上的大中型餐饮店基本实现公筷公勺全覆盖。

创新建立街长制，建立健全街区文明经营自治共建机制。

强化创城宣传，推出创城宣传报道近千期。文明实践活动凝聚精神力量。成立县实践中心—乡镇（街道）实践所—村（社区）实践站三级架构体系，制定出台新时代文明实践所、站、点建设导则，建成县级新时代文明实践中心1个、乡镇（街道）实践站18个、村级实践站390个，命名表彰首批示范性新时代文明实践所站点24个。

确定每月20日为文明实践日，一月一主题开展“文明实践·先锋夜市”活动，累计开展中心专场活动4场次，全县实践所、站同步启动夜市专场活动。开发志愿服务线上点单系统，编制志愿服务菜单283个，成立五大志愿服务联盟，累计开展志愿服务点单400余次，服务群众上万人次。培育专业志愿服务项目品牌，组建志愿服务队伍500余支。

主流价值培育引领时代新风。建成县、乡镇（街道）、村（社区、企业）三级社会荣誉体系，建成县级荣誉中心——思齐园，荣誉展示室130余处，榜样工作室50余家，荣誉讲堂390余处，县级荣誉库收录各类先进典型600余例。组建榜样宣讲团，聘任首批榜样宣讲团成员50人，累计开展宣讲活动50余场次。广泛开展“我身边的道德榜样”培树活动，全年入选“中国好人”2例、“浙江好人”3例、“最美诚信浙江人”1例、“宁波战疫好人”2例。制定印发年度未成年人思想道德建设工作实施方案，深化开展“我们的节日”“扣好人生第一粒扣子”“争做新时代好少年”等系列主题活动，新建成中央专项彩票公益金支持乡村学校少年宫1家，累计开展“春泥计划”网上公益云课堂24场次。

【童松达事迹】 童松达家族烹茶以济世人的暖心故事得到各级主流媒体的广泛关注，童松达本人获评“诚信浙江人”，并受省委书记袁家军接见。

【文明实践创新】 建立健全新时代文明实践日制度和新时代文明实践活动常态化工作机制，特色案例“文明实践·先锋夜市”活动获得全国、省市级主流媒体报道点赞，省委宣传部副部长卢春中批示。

【基层文明创建】 成功新创全国文明村2个，省级文明村镇7个。市级文明村镇9个，省级文明单位3家，市级文明单位7家，县级公共服务窗口文明单位实现全覆盖。加大文明校园创建力度，新创成省级文明校园1所、市级文明校园11所。新建成“三美乡村”精品村3个。

9月，新建的72家农村文化礼堂顺利通过验收，全县已建成335家文化礼堂，实现行政村文化礼堂全覆盖，也是宁波市文化礼堂全覆盖较早、建设礼堂数最多的县（市区）。文化礼堂筑起百姓精神家园，新增两项省级荣誉：宁海县获评浙江省农村文化礼堂建设示范县，前童镇获评浙江省农村文化礼堂建设示范乡镇（街道）。

文化礼堂“一村一品、一村一韵”，与美丽宁海建设体系相融合，结合全域旅游开发，打造一个又一个“主题+特色”文化礼堂。如许民村“石头”文化、河洪村“长寿”文化、对岙洞村“知青”文化、岭口村“和”文化、下桥村“街区”文化、田洋卢村“探花”文化等。因村制宜，不追求高大全，注重小而精，让人们能从一家文化礼堂读懂一个村落。

出台《宁海县文化名家名匠工程建设实施意见》，由本土名家名匠结对帮扶，激发县内艺术家工作激情，首批54名县内艺术家已开展驻村工作，逐渐形成百堂百人的艺术兴村体系。将文化礼堂建设和“艺术振兴乡村”相融，艺术家的“入驻”和乡贤的“回归”，成为农村文化礼堂建设强有力的推动力。作为桥头胡街道文化礼堂的“总站点”，黄墩艺社不仅有本地美术老师定期筹划各类展览，还多次引进全市乃至全省著名画家和艺术品。

全县各地的文化礼堂注重将文艺活动与中心工作紧密结合起来，突出活动的思想性，注重活动的教育引导意义，把文化礼堂真正打造成“礼聚文化、堂汇民心”的精神家园。11月11日晚，梅林街道梅林陈村的文化礼堂举行百姓大舞台“非遗”传承进文化礼堂演出，以

“非遗传承”为主题，让百姓享受到“文化大餐”。

统一战线

【概况】 在县委的坚强领导下，宁海统一战线持续发力、担当有为，统战作用新优势得到全面展现。成功承办全省宗教领域治理工作经验交流会并作为唯一县级单位交流发言；亲清家园工作获评省民营经济统战工作优秀案例、省工商联系统十佳优秀案例，浙江卫视《攻坚》栏目进行专题报道；宁海商会调委会“五有工作法”被全国工商联和最高人民法院在全国推广；多个统战基地被评为省市级实践创新基地；民族宗教和工商联工作连续两年获全省先进。

【构建大统战工作格局】 县委全面加强对统战工作的领导。统一战线工作领导小组根据新形势调整分设民族宗教、侨务、港澳统战、促进“两个健康”和新生代企业家培育5个县委议事协调小组。坚决落实“三带头、四纳入”机制，做到统战重要理论政策、重要工作县委常委会“必上会”、统战重大会议活动县委主要领导“必参加”，县委常委会专题听取和研究统战工作10次，适时召开组统、宣统联席会议研究新形势下统战领域重要工作。统战工作力量全面增强，县委支持统战部增加行政编制2个，增配宗教管理专职副部长1名，增设乡镇（街道）民宗管理所，18名事业编制民宗专管员列入统一招考，配置力度为全市最大。党外干部培养使用得到加强，县委书记亲自召集组统负责人研究党外干部培养使用工作，新提拔使用党外县管干部4名，新提拔1名党外县管干部担任部门正职。持续开展“双走访”调研，25名党外干部纳入后备培养视野。

6月17日，浙江省纪委、省监委派驻省委统战部纪检监察组组长（前中）一行到宁海调研亲清家园运行和清廉企业建设情况

【打赢“两战”】 全市率先对涉宗场所和相关聚会点进行关停，严格落实宗教场所各项防疫措施。快速动员统战成员捐款捐物，全县各民主党派、工商联、无党派人士、民族宗教团体、港澳台侨组织、新的社会阶层人士、海内外乡贤累计捐赠善款2200余万元、防疫物资近40万件。亲清家园指导帮助千余家

2月8日，宁海县新的社会阶层人士联谊会向县公安局捐赠防控防护物资

企业复工复产。防境外输入工作措施严密，积极通过海外人才工作站持续向海外华人华侨捐赠防疫物资，精密智控指数持续保持全市前列。

【思想政治引领】 组织召开统战社团读书会，相继开展统战成员助力宁波当好浙江“重要窗口”模范生、助力宁海县域治理现代化、建言“十四五”发展等大讨论，开展统战干部进统战社团宣讲等活动。

举办党外人士素质提升、宗教界代表人士等培训班。实施政府部门与民主党派、工商联和无党派人士对口联系工作，落实3个党派与9个部门建立对口联系。拓宽党外人士建言献策、民主监督渠道，全年共开展民主监督4次，安排调研课题15个。

紧抓党派组织建设。圆满完成民盟、民进换届，领导班子结构和成员队伍进一步优化。

紧抓工作品牌建设。同心教育基地影响力扩大，推进潘天寿故居、张明养纪念馆、市民建双林村乡村振兴实践基地建设，张明养纪念馆创成民进浙江省会史教育基地，潘天寿故居创成市级多党合作传统教育基地、浙江省盟员传统教育基地、首批宁波市社会主义学院教学科研实践基地。举办省市九三学社专家走进宁海活动，促成与宁海模具产业协会产研学合作。

开展无党派人士队伍结构化管理，设立无党派人士联络中心，圆满完成县知联会换届。深入实施新的社会阶层人士统战工作“6+6+X”模式，进一步打响宁聚力·6G星空品牌，县社会组织代表人士服务中心创成省级新的社会阶层人士实践创新基地，西店镇职业经理人俱乐部、岔路365同心志愿联盟等被评为市级新的社会阶层人士实践创新基地。县新联会筹资向晴隆32个学校捐赠50万元净水器项目荣获中央统战部“脱贫攻坚奋斗有我”活动一等奖。

认真贯彻落实上级关于加强网络界人士统战工作会议精神，网络正能量有效传递。开展扶贫、助困、助医、助学等各类同心益行活动15次，累计受益群众达2000余人次。“宁海县同心假日学校”连续8年累计帮助400余名暑期留守儿童。

【民营经济统战】 率先在全市以县委名义出台实施《关于构建亲清新型政商关系的实施意见》，专题召开全县构建亲清政商关系推进会，着力实施宁海“1+3+2”亲清政商关系工作体系。推进梅林、西店等镇级亲清家园建设，高格卫浴成为全市“清廉企业”创建示范点。进一步打造宁海亲清家园成为枢纽型、综合性、实体化亲商平台样板，实现了标准化建设成为全省标杆。联建部门已达14个，服务项目拓展至57项，累计为1.8万家企业提供服务13万余次，获评省民营经济统战工作优秀案例、省工商联系统十佳优秀案例，被宁波市社会主义学院认定为首批教学科研实践基地。浙江卫视《攻坚》栏目专题报道亲清家园工作。“亲清政商直通车”制度作用发挥明显，实施企业家参与涉企政策制定机制。在全市亲清健康指数测评中位居前列，亲清家园做法得到市委主要领导和相关分管领导的批示肯定。

推进1个省级和2个县级商会改革试点建设。商会人民调解委员会成功调解781件劳动争议纠纷，涉及赔偿金额共2642万元，降低企业成本1761万元，节约税费1100万元，回访满意率达100%。

宁海商会调委会“五有工作法”被全国工商联和最高人民法院在全国推广。异地商会数量已达14个，异地商会会长联谊会累计现场签约项目19个、投资金额42.5亿元。

高度重视新生代企业家队伍培育。全省率先谋划制定新生代企业家系统化培育机制，县委书记亲自担任工作领导小组组长，将新生代民营经济人士培育工作纳入县委重点改革项目，组建新生代企业家联谊会，首批吸收144名新生代民营经济人士，并筹建青商之家、青商学院。出台三年行动计划，落实

12月11日，县党外知识分子联谊会三届一次理事大会举行，并为党外知识分子同心服务基地和同心教育基地授牌

230万元专项资金，系统化培育的做法受到省、市部门领导的高度肯定。

【民族宗教领域工作】 全面完成第三轮宗教与民间信仰场所巩固提升行动，实现宗教事务由乱到治的转变，促进宗教领域的和谐稳定，成为全省宗教领域治理的样板。成功承办全省宗教领域治理工作经验交流会并作为唯一县级单位交流发言，宁海宗教工作“四个一”机制荣获全省统战工作实践创新优秀案例。累计削减民间信仰场所434处，削减率达36.5%，并在全市率先试行佛教场所退出机制，已有8家场所启动依法退出程序。

深入实施五人驻管、三级联动和事件调处上报的“532”基层宗教网格管理机制，建立运行县宗教场所监控中心，全县所有重点场所实现视频监控公安联网。

开展宗教场所安全百日攻坚行动，对排查出的682处安全隐患列名限期整改。出台第四轮《宗教与民间信仰事务管理三年行动计划》，并在全省率先将宗教场所布点规划纳入县“十四五”规划。将宗教领域专项执法改革列为县级重点改革项目强力推进。浙江慈云佛学院与宁波大学合作办学成效显著，有南方敦煌画之誉的“四明佛画”获省“非遗”名录，基督教“双月讲堂”反响良好。宗教教职人员的整体水平明显提升。在全市民族宗教工作考核中连续3年名列前二。

持续开展民族团结进步宣传教育和创建活动，积极推进“四微”标准化建设，加强“五位一体”协同机制建设。认真落实省民族乡村振兴“双百村”结对行动，向泰顺县乾灵村累计捐赠20万元项目帮扶资金。

1月5日下午，宁海上海商会召开二届四次会员大会

【乡贤工作】 在全市率先以县委名义出台《关于大力开展新时代乡贤助推乡村振兴工作的实施意见》，镇村两级乡贤联谊组织实现全覆盖，全县纳库建档乡贤3284名。举办高质量发展项目招引上海恳谈会和宁海在杭乡贤发展恳谈会等活动。持续推进甬商回归工作，累计签约落户项目达26个，投资额超95亿元。同时，乡贤参与乡村治理、文化发展作用发挥明显，力洋乡贤雪野回乡创办全国首个儿童诗研究中心事迹在浙江卫视《和合天下》栏目专题报道。

【侨务及港澳台交流】 排摸海外侨胞21762人，数量位居全市前列。创新归侨侨眷片区化管理机制，推进乡镇侨联组织全覆盖，圆满完成侨联换届。推进“侨梦苑”宁海中心建设，积极吸引海归人才回乡创业。开展“海归故事汇”系列专题宣传，全媒体展现首批63名宁海海归人才创业心路历程，社会反响热烈。大力推进涉侨文化建设，十里红妆文化园成功打造省级华侨国际文化交流基地。举办“两岸新生代企业家创业创新交流会”“第三届海峡两岸乡村振兴论坛暨乡村产业振兴与电商合作座谈会”等对台交流活动。

决策咨询

【概况】 2020年，县咨询委在县委、县政府领导下，着眼长远、谋划全局，充分发挥智库作用，用优质的咨询成果服务县委、县政府决策，为“双优”宁海建设提供一定的智力支撑。

【重大课题研究】 围绕中心，突出重点，稳步提升咨询成果质量。县咨询委始终坚持围绕全县经济社会发展，组织开展重大课题研究和决策咨询工作，较好地完成决策咨询各项工作任务。

围绕中心工作，组织开展重点课题研究。县咨询委紧紧围绕县委、县政府的中心工作，在充分酝酿、深入思考、广泛听取意见的基础上，确定“推动宁海深度融入长三角一体化发展的战略研究”“前童古镇中长期建设的规划研究”“推广农村生活垃圾分类和保洁一体化治理‘宁海模式’的对策研究”和“做强主导产业推进宁海农业现代化发展的对策研究”4个研究课题。坚持问题导向和目标导向，分别形成的研究报告和咨询报告、咨询建议都得到县委、县政府主要领导的批示。

围绕改革发展，发挥个人专长建言献策。县咨询委的顾问、委员、专家较好地发挥各自领域的专长，围绕宁海改革发展存在的问题和发展目标，报送建议意向38条，全年编报决策咨询建议16篇，其中田启仲、张伟、蔡凌玲、王海炤、魏章焕、秦学军等委员提交的建议被县委、县政府领导批示9次。较好地履行决策咨询职责，形成良好的咨政建言氛围。

围绕社会热点，编报各地先进经验参考。由于新冠肺炎疫情的影响，社会稳定、经济高质量发展等方面的任务更加艰巨，县咨询委办公室围绕全县社会各界议论比较多的热点舆论和各级各部门比较关注的难点问题，编报以各地先进工作经验为主的咨询参考20条，期望能借鉴其他县市区的“他山之玉”，为宁海当前经济社会发展提供参考。人才引进培育、基层治理改革等方面的咨询参考受到县委、县政府领导的较高关注。

围绕成果转化，做好重点课题落实跟踪。根据决策咨询成果转化的有关工作要求，县咨询委分别赴经信局、教育局、住建局、交通局、国资委、国投集团、南部滨海新区等部门对“国有资产管理”“工业经济高质量发展”“职业学校德育工作”“南部滨海新区发展”“美丽县城建设”等重点研究课题和重要咨询建议进行跟踪调研，深入了解成果转化实效，促进重点课题研究成果有效落实。

9月9日，省咨询委“打造‘千万工程’升级版的典型经验及对策研究”课题调研

【咨询服务】 县咨询委作为新型智库，除了直接出谋划策，还要充当好党委政府同社会各界人士及其他智库之间桥梁和纽带，切切实实为智库研究提供一线信息资料，为政府决策提供优质咨询服务。

加强合作，提升理论高度。为了弥补自身缺少高端的智力资源的短板，县咨询委坚持同高校等研究机构紧密合作。利用研究机构的高端智力，把咨询委了解的一些基层状况，以较高的理论层面进行提炼总结，深入分析在新形势下出现一些新问题、新情况的具体原因，为咨询委把握新阶段、新格局，提供新角度、新思路的咨询成果提供有力的理论基础。

注重联结，强化政智互动。2019年是“十四五”规划的谋划之年，县咨询委根据县委、县政府的工作部署，强化联结作用，积极参与到宁海“十四五”规划和各领域规划的编制中。蔡凌玲、叶亦普等咨询委员充分发挥自身的岗位优势，协助咨询委对接“十四五”规划编制重点部门，听取发改局对“十四五”规划思路的解读，集中对国土规划、教育、卫生、交通、住建等部门开展“十三五”规划落实及“十四五”规划编制情况调研，提出相关意见建议。12月，到宁波南部滨海新区，调研新区发展现状及未来发展规划，并对新区交通规划提出建议。

深入基层，倾听群众心声。调查研究是咨询工作开展的重要手段，深入基层开展调研，把社会各界群众的真实想法、利益诉求客观地汇聚起来、反映出来。尤其是2019年涉及农业农村的两个课题，县咨询委课题组深入一线，到田边地头、到路边塘岸，直接面向农村保洁员、种植养殖农户和有关农业龙头企业座谈交流，听到不少能切实反映现实情况的问题和意见建议，为高质量咨询报告的出炉打下良好基础。

【自身建设】 坚持以人为本，着力优化队伍结构。按照《宁海县决策咨询委员会的设置方案》的有关规定，4月开展换届工作。委员组调经过调整后共有18位委员，都是1962年以后出生的各单位退二线正副局级领导干部。专家组增补部分单位的总师或业务领导，共有28位。调整名单经决策咨询委主任办公会议讨论通过后，送县委审定，统一颁发县委、县政府的聘书。经过本次换届，决策咨询委队伍有所扩大、结构有所优化、专业能力有所提升，对决策咨询工作水平和服务能力的提升都有不小的促进作用。

坚持学习培训，着力提升工作水平。县咨询委逐步建立学习培训体系，通过一年一次培训、两次交流，两年一次表彰、一次讲座等形式，抓好培训学习，切实提高研究能力，使队伍始终保持思想解放、眼界开阔、观念先进和较好的决策咨询能力。年初召开新委员和专家见面会，新委员、新专家都快速进入角色，切实履行起职责。

坚持求真务实，着力解决实际问题。县咨询委秉持“不唯书、不唯上、只唯实”的精神，始终坚持贴近实际、贴近群众，把对党委政府负责与对人民群众负责统一起来，敢于讲真话、说实话，使决策咨询工作既代表最广大人民群众的根本利益，又体现大局观，契合宁海整体利益。2020年编辑报送给县委、县政府领导的报告、建议，小到登山步道维护、古树名木保护，大到产业发展、区域建设，都是“小中见大，大中有小”，以解决宁海经济社会发展实际问题为出发点的优秀咨询成果。

7月7日，做强农业主导产业推进宁海农业现代化课题调研座谈会

机关党建

【概况】 县直机关工委认真贯彻中共十九大及十九届二中、三中、四中、五中全会精神，深入贯彻习近平新时代中国特色社会主义思想和习近平总书记在中央和国家机关中共建设工作会议上的重要讲话精神，立足“围绕中心、建设队伍、服务群众”核心职责，以“建设清廉机关、创建模范机关”（以下简称“双建”）为总牵引，坚定不移推进机关党建高质量提升，奋力实现机关党建工作走在前、作表率，为宁海争当“重要窗口”模范生团队的“双优”生提供坚强保障。

【提振党员干部担当作为】 在“责”字上下功夫，扛起治党政治责任。

强化政治引领。不折不扣贯彻机关党建会议精神，全省机关中共建设工作座谈会后，第一时间召开常委会专题学习传达学习会议精神及《中国共产党党和国家机关基层组织工作条例》（以下简称《条例》），提出宁海县贯彻落实的4项举措。开展“牢记初心使命、勇于奉献担当”专题教育实践第三阶段活动，持续提振党员干部担当作为的精气神。协同举办庆祝中国共产党成立99周年“党建争强 展现重要窗口担当”锋领服务月活动，进一步强化宗旨意识。开展宁波当好“重要窗口”模范生大讨论活动，组织发动全县各级机关党组织和党员干部广泛开展“学讲话、话担当、见行动”活动，深入学习习近平总书记考察浙江、宁波时的重要讲话精神，形成讨论成果报告101篇，切实提高广大党员、干部的责任意识和担当精神，推荐申报的《企业服务“线上淘”助企业复工“零距离”》案例获全市机关争当模范生“十佳实践范例”，充分展示宁海“重要窗口”双优生担当、形象。

压实主体责任。推进清单化明责，探索建立并全面推行机关党建“三级五岗”责任清单，明晰部门党组、机关党委、基层支部和党组书记、党组成员、机关党委（专职副书记）、机关纪委书记、党支部书记的工作责任，形成上下联动、

此基础上深入开展“双建”活动，以此全面提升机关中共建设质量。在全省“双建”工作推进会暨第九次县市区机关党建工作交流会上，宁海作为现场交流的6家单位之一、宁波唯一代表介绍“双建”经验做法。

提升标准体系管用度。修订完善机关党建工作标准化体系，“七一”前发布标准化体系第三版，已全面涵盖到党组工作、机关基层党组织工作、党员教育管理监督、党建作用发挥路径等8方面45个具体规范，各机关党组织围绕基本队伍、基本活动、基本阵地、基本制度和基本保障推进党组织标准化建设的意识不断提升，基层基础持续夯实，规范化水平不断提升。

10月27日，县委常委、组织部部长、县委直属机关党工委书记方勤在全省“双建”工作推进会暨第九次县市区机关党建工作交流会上作现场交流发言

提升大抓党建持续度。根据《中国共产党党和国家机关基层组织工作条例》（以下简称《条例》）及省委实施意见精神，起草下发宁海县深入学习贯彻《条例》的通知，并根据《条例》及机关党建相关会议精神，开展“对标对表找差距、聚焦问题抓整改”专项行动，要求机关党组织学习贯彻到位、整改落实到位、质量监督到位。将机关党建纳入县委基层党建督查，制定《机关党建督查评估清单》，坚持突出重点、全域覆盖理念，对41家单位机关党建工作进行动态打分和亮分排位，督查情况向常委会汇报、向全县机关党组织通报，有效推动各项机关党建工作落地。

【彰显党建价值引领】 在“深”字上见实效，彰显党建价值引领。

聚力疫情防控。2020年疫情初期，工委发出《致县各级党组织和广大党员的倡议书》，以“先锋·云集结令”发动、调配2231名机关党员干部即刻下沉社区，党员干部“云上”集结、扫码报到、线下服务，累计服务时长12万余小时，慎始敬终“守好小门”。同时发动机关党员干部职工参与无偿献血，3月参加献血408人次，献血总量12.08万毫升，有效缓解血库紧张。鼓励全县机关党员自愿捐款支持新冠肺炎疫情防控工作，9136名机关党员捐款金额达134万元。

10月27日，机关党建标准化体系第三版发布现场

聚力服务中心。策划推出锋领行动，常态化组织职能部门党员带头认领任务，引导其他部门党员积极参与，凝聚攻坚合力。聚焦“最多跑一次”改革，策划推出“志愿同心跑改同行”项目。坚决扛起精准扶贫政治责任，联合有关部门开展“黔货出山”“延边大米爱心购”等消费扶贫先锋行系列活动29次，购买对口扶贫地区农副产品价值超57万元；推出“课桌圆梦”再行动，3568名机关党员共募集资金78万余元，为晴隆贫困山区学

校捐得课桌近4000套，受到央视、《人民日报》等新闻媒体关注报道；“未来书架”项目为晴隆县56个贫困村的孩子募集到32.5万元爱心款和图书。围绕文明城市创建，携手县文明办联合打造“先锋夜市”品牌，在主城区设立西子商圈、新时代文明实践中心、桃源广场3个“夜市”点位，策划推出社会荣誉体系建设、教师节、国庆中秋双节、重阳节等9专场活动，并形成广泛的城乡联动效应。

聚力服务群众。深化“党群同心圆”品牌，通过全面集聚和统筹调动机关党建资源，实现365天机关党员全员志愿服务不间断。2020年累计开展集中服务行动9000余次，党员参与数5.6万人次，帮助群众实现微心愿1100余件次。探索实施“党群同心圆”导师带徒机制，15名钻石级志愿者受聘为导师，与135名新发展党员签订为期一年的帮带协议，以传帮带的形式传承品牌精神。“党群同心圆”在基层治理中发挥的作用得到省直机关工委主要领导的高度肯定，全市“党群同心圆”经验推进会在宁海举办。

3月4日，“防控疫情党员先行”献血活动

【涵养清廉政治生态】 在“严”字上做文章，涵养清廉政治生态。

打造清廉规尺。制定出台《关于深入推进“建设清廉机关、创建模范机关”活动的实施方案》，在全市率先制定《宁海县级清廉机关建设评估标准》，确保清廉机关建设有据可依。制定涵盖5大类24项任务的《机关纪委履职清单》，更好地推动清廉机关建各项任务落细落实落地。举办全县清廉机关建设示范案例展示活动，经自主申报、工委指导、现场展评，评选出首批10个清廉机关“十佳示范案例”。

10月31日，第二届全县县直机关党务干部专题培训班

树立清廉作风。开展第八轮满意机关排行榜活动，对评议结果进行通报、追责，倒逼各机关狠抓干部作风转变，时任市委书记的郑栅洁在全市机关党建工作座谈会上对此项工作予以充分肯定。不定期开展机关效能督查，连续3年组织党员和社会群众参与“最多跑一次”改革“用户体验式督查”，多部门联合开展“半扇门”现象等专项督查，发现问题，促进整改，提升服务。牵头在县直机关深入开展制止餐饮浪费行为活动，严格公务用餐管理。

厚植清廉文化。注重“以文化人”的廉政滋养，指导推进清廉文化阵地建设和机关清廉品牌建设，目前已建成一批较高规格的机关清廉阵地，形成“清廉茶室”“城管述廉团”等品牌。发挥工委“省级诗教先进单位”的优势，举办以

“忠诚·奉献·清廉”为主题的全县机关党员干部诗词创作比赛，并向省工委选送优秀作品参赛，唱响宁海清廉好声音。联合举办宁海县第三届诗词大会等机关文化活动和“相约古驿桑洲 乐享民宿美食”健步走、趣味运动会、秋季登高比赛等各项运动赛事，以机关文化建设凝聚队伍活力，助推机关党建工作高质量发展。

8月21日，“先锋夜市”文明志愿服务夜间集市

机构编制管理

【概况】 在市委编办的大力支持和指导下，紧扣机构编制服务经济社会高质量发展这一主线，有力推动新一轮党政机构改革“后半篇”文章、事业单位改革、机关内部“最多跑一次”、创新机构编制管理等各项工作，为宁海县经济社会高质量发展提供有力的体制机制保障。

【体制机制改革】 以优化协同高效为目标，推进体制机制改革。

协调理顺部门职责边界，聚焦应急管理、民生等重点领域，以落实《首问负责即问即办实施办法》为契机，健全完善相关制度机制，构建职责边界清晰的工作协调配合机制，对农村公共厕所管理和农村生活污水治理等30余项职责进行厘清。

在全大市率先完成市场监管、文化市场、交通运输、农业等4大领域执法队挂牌的基础上，会同组织、人力社保等部门，及时完成197名涉改人员的转隶工作。推进自然资源行政执法体制改革，明确执法队主要职责，以及下设中队和基层所的机构设置、人员编制配备。同步调整森林公安机关管理体制，细化执法职责边界，依据各自职责督促管理主体落实责任。

12月25日，宁海县清廉机关建设示范案例展示活动

针对县属事业单位基数大、范围广、情况复杂等状况，成立改革专班，完善改革方案，倒排工期、挂图作战，按照“能早尽早、平稳有序”的总体原则，联合组织、财政、人社等部门，如期完成涉及机构撤并、编制调整的单位及事业编制收回、人员转隶工作。开展事业单位改革“回头看”，组建专项检查组，实地指导督促各部门全面落实新事业单位机构编制规定，发现个性化问题7个，做到即查即改、补齐短板，不断提升事业单位服务民生、服务发展的能力水平。同步推进涉改事业单位法人登记，设立

登记7家、变更269家、注销77家。

【机构编制管理】 以提质增效为目标，强化机构编制管理。

机构编制实名制管理创新应用。助力推动公务员职业生涯一件事和事业人员职业生涯一件事联合审批，通过政务钉钉受（办）理公务员职业生涯一件事和事业人员职业生涯一件事2838件。进一步完善全县机关事业单位实名制数据动态更新、交换和汇总上报的工作机制。多渠道开展数据比对，进一步提高实名制数据质量，比对数据1.2万人次，纠正错误信息691条次。

重点领域机构编制保障加强。开展疾病预防控制体系评估试点工作，梳理研究疫情防控部门职能，认真调研分析全县疾病预防控制和防疫单位机构编制情况，评估查找机构运行中存在的短板和弱点，为优化机构职能体系夯基垒台。落实好对疫情防控一线工作人员的激励政策，核准援鄂医护人员招录为事业人员用编2名。助力“栽树工程”，做好高层次紧缺人才用编保障10名。推动人员编制资源继续向一线下沉，核准的乡镇（街道）公开考录公务员、事业人员指标占全县公开考录（招聘）用编指标一半以上。围绕县中心工作，重点领域重点保障，管住管好用好机构编制，做好加减法，加强县应急管理局下属事业单位及各乡镇（街道）应急管理中心力量配备；为做好全县安全生产工作提供保障，核增各乡镇（街道）消防站编外用工指标。

机构编制管理服务持续优化。深化“三服务”工作，实行编办干部全员联系制度，覆盖全县所有部门、乡镇（街道）及国企，每名干部深入联系单位开展政策宣讲及答疑解惑、推动面上工作落实、抓好问题整改督促；通过采取“一单一书一会”，建立两项机制，全面掌握各单位机构编制实情，为机构编制工作高质量开展提供基础支撑。推行机构编制业务全流程网上办理，严格审批用编用职和人员出入编申请。全面推行事业单位年度报告“线上”办理，深入推进登记管理标准化建设。

【机构编制监督检查】 以规范法定为目标，加强机构编制监督检查。

首次在县委主体班次内开展《条例》专题培训，制定“十严禁、五不得”划清机构编制红线及底线。编印机构编制“三张清单”，即工作清单、负面清单、问题清单，明晰机构编制日常管理事项，建立机构编制政策“一把手”函告制度，向单位主要负责人印送《机构编制政策告知书》《机构编制工作指南》，加强违纪违规行为预防。

定期开展“双责联审”和专项监督检查，开展“超审批权限设置机构”等问题自查自纠，以及省委巡视组提及的选人用人问题中的机构编制事项问题的整改落实，全面排摸梳理机关事业单位退休返聘情况，清理退休返聘人员，进一步维护机构编制的严肃性。

党校工作

【概况】 在省、市党校的指导和县委、县政府的领导下，坚持以习近平新时代中国特色社会主义思想和中共十九大，十九届四中全会、五中全会精神为指导，认真贯彻落实《中国共产党党校（行政学院）工作条例》、全国和省市党校校长会议以及县委关于党校工作的指示精神，立足党校性质和职能，创造性地开展各项工作，在干部培训、教学科研、后勤服务及机关自身建设等方面都取得一定成绩，努力为宁海当好浙江建设“重要窗口”模范生团队中的双优生贡献党校力量。

【干部培训】 立足主业主课，干部培训跨上新台阶。认真落实县委关于干部培训的工作要求，强化教学，狠抓管理，在干部培训质量上取得新进展，充分发挥党校干部培训轮训的主渠道和主阵地作用。全年举办26个主体班次共32期，培训学员7384人次。举办委托办班、办会55期，7653人次参加。

【党性理论教育】 聚焦党校姓党原则，突出党性理论教育地位。把旗帜鲜明讲政治融入干部培训全过程，始终把学习习近平新时代中国特色社会主义思想作为中心内容和首要任务，实现全年理论教育和党性教育占比达70%。加强相关课程开发和设计，充实主业主课内容，在重点班次中开设《习近平新时代中国特色社会主义思想概论》《中共十九届四中全会精神》《〈习近平谈治国理政〉第三卷导读》《习近平总书记考察浙江精神解读》等课程，组织学员到梅花村、嘉兴南湖等红色教育基地进行现场教学，确保培训实效。

【疫情防控】 聚焦疫情防控实际，高质量完成培训任务。受新冠肺炎疫情影响，培训任务被压缩到下半年。为如期完成培训任务，县委党校及时出台《疫情期间培训班次管理办法》，严格按照县疫情防控办要求把牢训前和训中的疫情防控关，实行错峰就餐，切实保障学员健康和校园安全。

做好各重点班次具体方案的修改完善，探索实施“互联网+”培训模式，在正学大讲堂、县管干部学习贯彻中共十九届四中全会精神培训班等规模较大的班次中采用“线上+线下”的教学方式，并首次邀请浙江大学教授在云端为宁海和晴隆两地干部授课，实现东西部扶贫协作干部人才培训资源的最优化整合。

【优化教学体系】 聚焦干部成长需要，不断优化教学体系。

着重提高讲授式教学的深刻性和互动性，运用研讨式、案例式、体验式、情景模拟式等多种教学方式，深入开展教学活动。如在全县新录用事业单位工作人员初任培训班等班次中开设素质拓展活动，在全县党政正职领导干部执政能力提升进修班和全县组织人事干部能力素质建设专题培训班等班次中安排手机扫码课堂测试，在全县新提任领导干部任职培训班中设置学员微分享环节和新闻发布会模拟教学等。

围绕建设高素质专业化干部队伍这一目标要求，继续做优做强“周末课堂”培训项目。“周末课堂”共有服务民生班和经济高质量发展班两个班次结业，并于10月新开设县域社会治理能力提升班。在结业的两个班中既有宁波大学和复旦大学等高校专家学者的理论课程指导，又有分组课题调研和实践项目安排，如服务民生班就设置12个调研课题和6个实践项目，全面提高学员解决实际问题的能力。

【打响外训品牌】 聚焦宁海本地资源，逐步打响外训品牌。

对外培训规格进一步提高。1月7日至8日，首期“全国民主法治示范村（社区）”普法骨干培训班在宁海县委党校成功举办，来自8个省（市）的160名乡村法治建设普法骨干参加培训。司法部普法与依法治理局副局长刘汉银在结业典礼上表示，宁海县委党校精心安排、细致入微、周到服务，让学员们在寒冷的冬日感受到温暖。

教学基地作用进一步发挥。全年基层治理中心展厅接待培训学员、考察团队42批次，共804人次。中心与浙江省标准化研究院共建成立浙江省乡村治理标准化技术委员会，被命名为第三批全国法治宣传教育基地。组织学员参观岔路镇梅花村、岔路镇山洋革命纪念馆、大佳何镇葛家村、茶院乡许家山村等现场教学基地共计19批次，1098人次。

培训服务水平进一步提升。每个班次都制定科学规范的培训服务流程，对物业、酒店进行任务分解，并配备班主任，实时跟踪各个环节，确保培训后勤服务保障更有力。精细化的管理服务工作均得到主办单位和学员的高度肯定。

【科研工作】 服务中心大局，科研工作取得新突破。县委党校科研工作坚持党校姓中共根本原则，聚焦党委和政府重大决策部署及社会热点难点问题，扎实做好教学、科研的各项规定动作，激发教科研活力，探索科研路径，充分发挥中共思想理论建设的重要阵地作用。

当好学术“研究者”，科研成果稳中有升。党校教师通过参加省、市党校系统理论研讨会，申报省市县各类课题，围绕县委、县政府中心工作开展各类调研，完成各项科研任务。全年完成省市党校系统规划课题结题8项（省级2项、市级6项），新立项课题4项，其中1项为资政课题。省市理论研讨会5篇论文入选，包括全国“两山”理念提出十五周年理论研讨会1篇、全省“标准化与乡村治理现代化”论坛1篇、宁波市委党校中特理论研究中心“哲学走进乡村”理论研讨会1篇。宁海县第四届哲学社会科学优秀成果3篇，在公开刊物上发表3篇。

【思想引领】 当好理论“宣讲员”，思想引领力争上游。认真贯彻落实中央和省委、市委、县委有关部署要求，扎实开展基层理论宣讲工作。紧紧围绕党和国家大政方针政策，不断丰富宣讲内容，完善宣讲课库。围绕习近平新时代中国特色社会主义思想、中共十九届四中全会精神、中共十九届五中全会精神、2020年全国两会精神、中共党史、“重要窗口”建设等专题课程开展理论宣讲。同时依托宁海县新时代文明实践志愿服务平台，设置宣讲菜单，通过各级党组织“线上点单”+党校教师“线下送教”的形式，将党校党性教育课堂拓展延伸基层。全年宣讲近40场次，受听3000人次。

当好前进“探路人”，着眼新形势新发展。随着《中国共产党党校（行政学院）工作条例》（以下简称《条例》）的出台以及各级党委对党校工作越来越重视，教学科研工作面临新形势新任务。积极探索教学科研发展新路径。对标《条例》及时修订《科研工作管理办法》，加大高层次科研成果、高质量资政报告的激励力度，对每位教师的科研成果设置硬性指标并实行量化评估，把科研工作情况作为评优评先的重要依据，建立具有宁海特色的科研创新激励机制。组团开展重点课题调研，如全程参与武汉大学等重点高校调研团队的驻村调研活动，加强学术交流，实现调研成果共享。在党校教研室增挂县干部心理素质提升中心牌子，承担全县干部心理教育培训和素质拓展等工作。

【夯实办学基础】 夯实办学基础，治理效能呈现新活力。

不断加强政治理论学习。牢牢把握“党校姓党”这一根本原则，营造“用学术讲政治”的浓厚氛围。常态化开展“周二夜学”，以党校“初心讲堂”为载体，开展内容全面、形式丰富的政治理论和业务知识学习。围绕重点时政内容，发挥师资优势，以专题党课、理论研讨、撰写文章等多种方式，将政治理论学深悟透。例如，组织全校教职工围绕“党校干部队伍建设”和“如何贯彻落实《条例》精神”等专题进行分科室研讨，并要求每个人撰写一篇学习体会。同时，深化党建引领，完成新一届支部委员会换届选举，与前童镇双桥村启动“校村共建”结对帮扶，发挥党校职能，增强基层战斗堡垒作用。

高度重视干部队伍建设。积极组织教师外出培训考察。分期分批安排教师参加上级党校举办的培训进修，组织教职工到兄弟党校考察调研，学习吸收培训、科研等各方面先进经验。积极选派教师到基层一线挂职锻炼。选派1名中层干部担任农村“第一书记”，选派1名干部担任农村工作指导员。积极与组织人社部门积极对接人才工作。从县教育局借调1名教师负责县干部心理素质提升中心工作，有1名教师入选县“131”人才培养工程培养人员。

完成后勤保障任务。按照县委统一部署，坚决完成好各项重点工作的后勤保障任务。疫情期间党校作为集中医学观察点，迅速统一思想，选派10名干部组建后勤工作组，冒着被感染的风险为隔离工作提供后勤保障。为助力企业复工复产，组建驻企联企服务团队，服务9家规上企业，以“实地+线上”的服务模式，做好企业困难的实时追踪解决。积极参与疫情防控执勤站岗，选派10名党员到共建社区兴海社区全脱产做好兴海家园卡口的联防联控工作。省委巡视组进驻宁海期间，党校作为巡视组的办公、住宿场所，全力配合县委、县政府做好后勤服务工作，举全校之力提供优质的后勤服务保障。

党史地方志工作

【概况】 宁海县委党史研究室始终坚持以习近平新时代中国特色社会主义思想引领航向，紧扣党史地方志的“存史、育人、资政”功能，坚持史志鉴编纂与开发利用、宣传弘扬同推进，留存史实与服务大局、资政辅治相结合，重点推进服务中心大局、服务经济社会发展、服务社会大众“三个服务”，突出主业、兼顾各业，各项工作扎实有序推进。

【政治引领】 加强理论学习。深入学习贯彻习近平新时代中国特色社会主义思想，特别是习近平总书记在浙江、宁波调研时的重要讲话精神，以“周二夜学”为抓手，按照学懂弄通、学深悟透、学以致用的要求，通过“请进来、走出去”，全年共开展32次“初心学社”活动、7次专题学习会、3次研讨座谈以及200多学时的网络教学，不断提高全室干部的思想政治理论水平。

注重学用结合。将理论学习与实际工作相结合，围绕工作职能“找差距、查短板、补弱项”，开展头脑风暴2次、大学习大讨论3次，把学习成果转化为抓主业、促各业、谋发展的强大动力，不断提高全室干部的责任意识和担当意识。抓牢党风廉政建设。深入开展党性党风党纪教育、廉洁清正教育，完善“三重一大”决策制度，明确领导班子“一岗双责”，通过签订廉政承诺书、定期编送廉政教育短信、参观廉政教育基地、自查作风效能建设等方式，不断提高全室干部的廉政意识和底线意识。

【党史编研】 坚定提速提标，打好党史三卷编研“攻坚战”。由班子成员分编负总责，全室干部分编参与资料征集、协调落实，责任编辑分编落实推进查档、编写。同时，由室领导牵头落实“边统边改边细化”机制，提前启动统稿程序，边抢进度边提质量。

实行“挂图作战”的编写模式，以章为单位将任务落实到人，通过28次周例会、10次月交流、3次季对账，第一时间交流协调解决编写和统稿中发现的问题，通报编写进程和阶段性成果，未按时完成的需做出说明和下步计划。

建立“挂号诊断”的规范模式，严格按照党史正本编研标准，写好中共历史。党史三卷分编初稿已基本完成，正在修改完善。

在党史三卷编写过程中，为更好地积累真实翔实的党史正本编研资料，县委党史研究室组建团队，认真研究提炼第一批12个涉及重大民生、首创首成、领跑全国等重大事件，面向责任单位征集专题，着手组编《施政实录》。

【方志编修】 持续探索村志“民资官修”新模式，形式上探索“县志办主导、村两委负责”模式，资金来源上探索多重筹集模式，内容上严格按照县级基层志编修规范，把牢质量关。

深入推行基层志“一部一品”，着重体现行业特色和地域特征，特别是将本地本单位首创或独有的内容单独成编成章，记录好改革发展路程上的每一件事。

创设志谱编修文化班，9月底正式开课，分家谱和村志编写两部分，以每周日半天授课、半天研讨的方式进行，首期共计32课时，已培训学员700余人次。全县共出版部门志2部，在编镇志1部、部门志3部、村志4部。另外，清代《光绪宁海县志》点校本已在编辑部完成两次审校，正在第三次审校中。

【年报年鉴编纂】 坚定创新驱动，走好年报年鉴编纂“创新路”。持续推进年报资料征集工作，已完成115家单位共计500余份图文资料的分类归档，进一步充实年报资料库。

年鉴方面，组建编纂专班，完成目录、记录方式、内容等优化调整，为第三轮县志编修积累高质量、详尽的年鉴资料；同时进一步深化地方特色的资料编辑，形成《壮丽70年，宁海新征程》《不忘初心、牢记使命》《主题教育综述》《宁海县居民健康白皮书》《2019年知识产权发展情况报告》《数字经济发展综述》《宁海经济开发区25年辉煌历程》等专记，计5万余字。《宁海年鉴（2020）》已进入出版程序。另外，出版《宁海县统计年鉴》等专业年鉴3部。

【宣传阵地管理】 坚定立场，当好宣传阵地的捍卫者。始终坚持正确的政治方向，不断强化史志宣传阵地管理，充分利用微信公众号、革命遗址基地、资政读本等载体，多角度、多层次、多频次地宣传习近平新时代中国特色社会主义思想，不断提高史志宣教的传播力引导力影响力公信力。如为献礼中国共产党成立100周年摄制的电影《青春破晓》提供史料、把关剧本。

守牢主场，当好时代发展的记录者。一方面围绕中国共产党成立99周年、抗美援朝出国作战70周年、抗战胜利75周年及清明、烈士公祭日等节点和乡村振兴、生态建设、高质量发展等中心工作，通过“缑乡史话”面向社会征集图文影像、实物等珍贵史料，用通俗易懂、群众喜闻乐见的方式，推出“红色记忆”“宁邑旧事”“史海钩沉”“宁海先贤”“缑乡风华”“走遍宁海”6个专题40余篇推文，阅读量、转发量均创新高，真正做到讲好宁海故事。

组织人员，通过上门采写、座谈交流等形式，抢救老革命老前辈口述史资料，已完成30余份口述史整理；组织人员，启动《宁海姓氏考》编纂，为村志家谱编修和宁海人文传承提供参考；修订完善校本教材《我是宁海人》，语言更加精炼易懂、内容更加与时俱进。

联合属地党委，探索“红色+绿色”发展模式，充分挖掘产业发展潜力，把革命传统教育和乡村旅游有机结合，打造集党史国史教育、民俗文化展示、文创产品开发于一体的“红色游线”，将红色文化打造为产业品牌。全县20处革命遗址共吸引300余批7万余人前来接受党史国史教育；县委、县政府办公地旧址改造提升规划通过评审。

【队伍建设】 坚持思想建设、业务提升“两手抓、两手硬”，通过专题学习、主题沙龙、全员谈业务体会等，提高干部素质。

4月，经县委编委会议讨论通过，撤销原编研科，设立党史科、方志科。

抗击新冠肺炎疫情和助力经济社会恢复期间，全室干部第一时间响应号召，全员下沉社区“疫”线和复工复产前线，全力支援疫情防控和企业复产工作，人均服务时间超100小时，1名干部荣获全县优秀共产党员和战“疫”先锋个人称号，充分展现“史志铁军”的先锋形象。

宁海县史志研究会会员已发展到70多人，下设理论部、党史部、方志部、年鉴部、宣教部5个部门。通过探索建立“史志擂台”和“导师制”帮扶体系，以专家带新人、史志鉴交叉互学、史志沙龙大讨论等形式，全面提升史志人才综合素养；指导《宁海县政协志》《宁海县组织史》《宁海县地名志》《西店镇志》《大湖村志》《凤潭村志》《岭南村志》等志书的编写，通过“实战”不断提高业务水平，为宁海史志事业发展提供大量智力支撑。

档案工作

【概况】 贯彻档案工作的“三个走向”（走向法治、走向开放、走向现代化。）精神，积极争创“重要窗口”模范生的双优生，切实做好“四个强化、四个提升”（强化为党管档意识、强化档案资源建设、强化数字档案建设、强化档案法治建设；提升档案管理服务大局能力、提升档案管理服务民生能力、提升档案数字改革能力、提升档案人才队伍依法履职能力。）工作，各项档案事业取得喜人的成绩。

【服务大局】 加强为党管档意识，提升档案管理服务大局能力。

有序推进新冠肺炎防控档案管理。在疫情期间，县档案局（馆）在积极参与防疫同时记录疫情防控印记。第一时间建立肺炎防控档案工作机制，制定《新冠视肺炎防控档案归档范围和保管期限规定》，结合省市档案局的有关规定后续编制《宁海县新型冠状病毒肺炎疫情防控工作文件材料归档指南》。设立疫情防控办全宗及疫情档案进行专题管理。开展肺炎疫情防控档案工作交流会、卫健系统疫情防控档案工作人员业务培训会等，对疫情防控的主要参与单位进行相关业务培训，提升疫情档案人员的业务水平。

全面部署村级档案规范化建设。启动“村档镇管”省级试点工作。按照省市档案部门关于加强档案资源建设服务基层社会治理的工作部署，结合美丽乡村档案规范化建设，确定“村档镇管”试点乡镇，明确试点工作任务，梳理试点工作思路，制定试点工作计划和工作安排。完成3个行政村的目录著录工作、全文扫描和档案室资源管理系统挂接工作。加强村级档案管理提前部署村级组织换届选举的档案工作。及时下发《关于做好全县村级组织换届中档案工作的通知》文件，提前部署全县村级组织换届中的档案工作。进一步明确档案流向及档案保密规定，确保村级档案做到换届不“瘓档”。结合周二夜学活动，加强乡镇档案业务培训，提升联村同志档案业务水平。开展试点乡镇行政村档案工作人员业务培训，提升村级档案收集、整理及利用能力。

继续加强重大项目档案监管。加强土地确权档案管理，高质量完成档案移交前准备工作。加强临时机构铁路指挥部档案的移交前督导。通过下发档案移交通知等方式加强监管。完成档案整理、目录著录和扫描工作，形成近1000卷、10万页档案。加强抽水蓄能电站项目档案管理。通过抽水蓄能电站项目截流阶段技术验收的省级预验收工作。加强清溪水库档案管理。积极对接清溪水库领导小组，就档案制度建设、档案人员配置、档案库房设置、档案保管设施设备购置、档案资料收集，实物调查资料归档等工作提出要求，确保档案的安全，完整。

【服务民生】 加强档案进馆接收工作，档案馆藏资源实现数量翻两番。完成46个全宗2005年前档案移交进馆工作，其中知恩中学、宁海三中、城中小学、实验幼儿园、长街医院、杨梅林水库等15个全宗属首次进馆，2020年共接收文书档案和其他业务档案210074卷、7941件，照片档案429卷14279张。馆藏纸质档案数量较2019年119562卷、12894件实现翻两番。馆藏档案329636卷、27478件。

加强档案收集工作，馆藏档案资源更加丰富。开展新冠肺炎疫情防控档案资料征集工作。通过宁海发布、看宁海等发布征集通告和征集事例，全馆动员主动联系重点部门、乡镇街道征集到防控日记、书画、诗歌、援鄂医护人员实物及抗疫相关照片、视频3000余件，挑选其中410件归入馆藏系统。加强“微视档”品牌建设，继续开展微视档拍摄工作。完成花山等9个村（社区）微视档的拍摄。开展行政村航拍照片档案全覆盖工作，完成19卷555张乡村航拍照片档案规范化整理工作。

加强机房改造升级，提升档案数字资源安全。投入计算机房硬件优化资金68万余元，扩大存储容量，改造备份系统，优化关键设备热冗余设置。加快档案室系统升级改造进程，基本满足档案管理需求。完成档案室系统的在线备份改造，满足档案室系统档案数据备份需求，档案数据安全性大大提高。机房二级等保测评项目列入2021年财政预算。

【档案数字化】 加强数字档案建设，提升档案管理服务数字转型能力。

加强馆藏档案数字化工作。建立档案数字化工作机制，强化数字化档案的源头把控，加强对数字化档案外委单位的管控，强化数字化实施场所的安全，加强数字化设备的安全监管。完成馆藏档案数字化量为43个全宗、4385卷、372件，计154万页。开展家谱电子化工作，对新征集到的《汶溪周氏宗谱》等3套家谱进行数字化扫描。

加强“最多跑一次”电子化归档监管。县跑改部将“最多跑一次”电子化归档工作将县档案局作为牵头单位列入考核。采取周统计、日催办、周反馈的形式加强电子化归工作监管。办件事项电子化归档率97%以上。

加强馆藏档案开放鉴定工作。完成馆藏184个全宗，1987—1990年7285卷156390件档案鉴定开放工作。完成国家重点档案（民国档案）民国宁海县政府、民国宁海县简易师范学校2个全宗，1066卷32894条文件级目录著录报送工作。

加强数字档案室建设。创建示范数字档案室7家、规范化数字档案室20家、数字化档案室12家。实现数字档案室创建比例100%的目标，其中，省级规范化数字档案室和示范数字档案室创建比例均超过省档案局50%和20%的比例要求。

加强“最多跑一次”档案利用服务工作。全面落实长三角地区“异地查档、跨馆服务”工作。通过浙江政务网申请利用共181例，达到目的49例。其中，跨馆申请12例，达到目的9例。开展档案查档事项进驻乡镇便民服务中心的利用培训工作，“异地查档”服务进驻乡镇便民服务中心，部分有条件的村实现百姓不出村查档。

12月10日，组织基层档案人员学习新修订的《中华人民共和国档案法》

【档案法治建设】 加强档案法治建设，提升档案人才队伍依法履职能力。

开展普法宣传，加强新修订《中华人民共和国档案法》（以下简称《档案法》）宣传工作。组织全体县直机关、乡镇街道、县直国有企事业单位档案员的集中开展新《档案法》业务培训。将新《档案法》列入县直机关周二夜学选修科目，重点做好关键少数人员的学法用法工作。丰富宣传形式，以档案工作协作组形式开展新《档案法》学习，另外组织全体县直机关、乡镇街道、县直国有企事业单位档案员参加国家档案局和档案干部培训中心联合开展的在线新《档案法》教育培训。参加第三个“宪法宣传周”活动，向市民宣传新《档案法》。

依法推进“互联网+监管”双随机执法工作。与人社局、市监局、住建局、水利局等部门开展3批次17个执法对象的联合执法工作，最大限度减少对市场主体正常生产经营活动的干预。全年共对40个对象开展掌上执法，全面完成双随机执法工作任务。

全面梳理机关档案管理制度。编制《宁海县机关单位档案管理工作指南》。让机关档案工作者了解档案工作做什么、何时做、怎么做的问题。编制《宁海县纸质档案数字化实施细则》，进一步明确纸质档案数字化要求。

加强党风廉政建设。认真落实党风廉政建设主体责任，“一岗双责”制度，执行“三书三查两报告”（分工告知书、监督提醒通知书、函告书；年初面对面评议审查、年中专题督查、年底考核检查；主体责任落实情况报告、监督责任履行情况报告）制度，统筹推进新型冠状病毒防控工作档案管理。强化政治思想建设，巩固风清气正的政治生态。

【提升档案文化教育功能】 加强档案阵地建设，提升档案文化教育功能。

加强设备维护，丰富数字档案体验资源。持续做好数字档案体验馆等展厅接待工作，全年接待党员、学生等不同人群850人次。完成党性主题活动室有关党员学习有声图书墙的新增，丰富展厅内容。

充分利用平台，丰富档案展览阵地。以“档案推进月”、“6·9”国际档案日等宣传活动为契机，举办“战疫时刻，你我共记”档案展及抗疫档案捐赠仪式系列活动，不断扩大档案工作影响力，提高档案意识。

宁海县人民代表大会

综　　述

2020年是实现第一个百年奋斗目标、全面建成小康社会的决胜之年，是“十三五”规划的收官之年。县人大常委会在县委的坚强领导下，坚持以习近平新时代中国特色社会主义思想为指导，认真学习贯彻中共十九大和十九届二中、三中、四中、五中全会精神，全面贯彻习近平总书记考察浙江、宁波重要讲话精神，聚焦“重要窗口”模范生团队双优生新目标新定位，强化政治引领，践行初心使命，依法履职尽责，扎实开展工作。全年共召开常委会会议8次、主任会议13次，听取和审议专项工作报告36项，开展执法检查3次，做出决议决定12个，备案审查规范性文件7件，任免国家机关工作人员48人次，顺利完成县十八届人大四次会议确定的各项任务。

人大监督

【概况】 聚焦重点领域，助力经济社会发展和改革攻坚任务。常委会聚焦经济社会发展的重点领域和人民群众关注的热点、难点、痛点和堵点问题，扎实开展依法监督、有效监督，督促、支持有关方面不断改进工作。

【经济运行监督】 高度关注数字经济“一号工程”，针对企业数字化推广慢、支撑要素弱等问题，建议政府加快推进基础设施建设、构建数字经济生态圈、加大政策支持力度，推进数字经济向更高质量发展。听取和审议模具行业转型升级情况的报告，针对模具行业发展动能不足、被后发地区赶超的现状，提出加强政策扶持、加快人才队伍建设、强化产业强链补链、提升“一园一城”公共服务功能等审议意见，为模具行业发展创造更好环境。

深入调研全域旅游发展情况，充分听取相关部门、旅游专家和旅游从业者的建议，科学分析宁海全域旅游优势和短板，在战略定位、目标要求、资源挖掘和开发、要素保障等方面提出意见，助推高质量建设国家全域旅游示范区。

开展巩固提升消除集体经济薄弱村成果工作专项调研，建议政府在组织领导、政策扶持、发展模式创新、“三资”管理规范等方面加大力度，推进农村集体经济持续健康发展。

精心组织“十四五”规划调研和审议，全面梳理本届以来重点审议意见办理落实情况，聚焦全局长远问题、瓶颈短板问题、群众关心热点问题，广泛听取各方面意见，召开读书会专题研讨，形成综合调研报告，提出38条针对性建议，为县委、县政府科学编制“十四五”规划提供决策参考。

【财政监督】 听取和审议预决算、审计工作报告，审查批准县级预算调整方案，支持政府及相关部门落实积极财政政策，提高财政资金使用效益。

出台预算绩效管理办法，将专题审查、在线监督、绩效评价、决算审计等监督方式贯穿到预决算实施全过程，提升预算监督实效。

实施财政专项资金绩效评价，对2019年重点项目进行终期评价和满意度测评，对2020年重点项目开展跟踪监督，组织召开2021年度财政专项资金绩效评价目标评审会，实行绩效评价问题整改清单制和销号制。

组织49位人大代表对县民政局、县水利局、县商务局2021年度部门预算编制进行专题审查，核减资金4.5亿元，全县部门预算专题问询工作做法编入《全省人大财政工作经验交流材料汇编》。

专题听取审计整改工作报告，抓好238个审计查出问题的整改督查，整改到位率达到88.66%。首次听取全口径政府性债务管理情况报告，依法批准调整政府债务限额和新增地方政府债券预算。

听取和审议2019年度国有资产管理情况综合报告，首次听取企业国有资产管理专项报告，促进国资监管体制机制不断完善。修订乡镇财政监督管理意见和街道财政预算监督办法，出台街道国有资产管理监督实施办法，进一步规范乡镇（街道）财政预算监督和街道国有资产管理工作。

【环境保护监督】 常态化听取和审议年度环境状况和环境保护目标完成情况报告，持续紧盯突出环境问题清单不放，推动政府牢固树立绿色发展理念，统筹推进环境综合整治和产业结构调整，确保生态环境质量持续向好。

开展海洋环境保护工作情况调研，建议政府进一步落实海洋环境保护责任，构建陆海统筹防治体系，加强海水养殖污染防治，提高依法管海、科学用海水平。

专题视察农村生活污水处理设施建设和运维情况，针对视察发现的突出问题，要求政府加快理顺建设、移交、运维机制，有序推进管网和终端设施提标改造，不断改善农村环境质量。

专题视察美丽河湖建设情况，积极助推美丽乡村建设。省市县三级联动开展水污染执法检查问题整改回头看、生态环境保护专项督查和垃圾分类执法检查，加强跟踪督办，促进相关环境问题得到有效整改。

【安全风险防范监督】 回应人民群众对安全生产工作的重大关切，深入调研全县安全生产工作情况，就进一步压实企业主体责任和政府监管责任、理顺工作关系、加大隐患排查和执法力度、加强队伍建设等问题提出审议意见，助力提升安全生产工作水平。

关注标准海塘除险加固及提标工作，深入沿海乡镇实地考察，多渠道听取各方面意见建议，督促政府加强组织领导、强化“海塘+”功能融合、加大要素保障、健全管护机制，切实提高标准海塘建管水平。

专项监督气象为农服务工作情况，建议政府进一步完善气象为农服务体系、丰富为农服务产品，增强农业农村防灾减灾能力。

【民生事业监督】 听取和审议停车场规划建设和管理工作情况报告，开展专题询问。在调研环节做深、做实、做足功夫，以座谈会、媒体公开、网上征集等形式广泛征求意见；在询问环节直击矛盾、聚焦热点痛点，首次以专题片开门见山曝光群众身边的停车难题，首次当场公布部门应询情况满意度测评结果，对测评不满意部门要求重新答复；在审议环节坚持问题导向、目标导向，提出9条针对性审议意见和12个问题清单，督促政府进一步解决停车难问题。

听取和审议县级公立医院运行情况的报告，教科文卫工委和财经工委联合开展调研，以翔实的数据和案例分析宁海县公立医院运行中的问题，要求政府采取切实有效的措施办法，重视解决公立医院负债、绩效管理考核、学科发展等问题，推动公立医院良性发展。审议同意将县精神康复中心暨深甽中心卫生院迁建工程补充列入国民经济和社会发展计划，支持保障重大民生项目建设。

跟踪监督学前教育“两条例”执法检查问题整改情况，促进住宅小区配套园、普惠性民办幼儿园扶持、非编教师待遇等规定得到较好落实。

【司法监督】 维护公平正义，助推县域治理现代化。常委会认真贯彻习近平法治思想，依法履行人大司法监督职责，努力营造更加公平公正的法治环境。

推进法治宁海建设。听取法治政府工作情况报告，督促政府严格规范执法行为、加强规范性文件报备和审查工作，不断提高依法行政能力和水平。开展“七五”普法工作情况调研，推动政府针对不同群体的学法需求，开展分业、分类、分众法治宣传教育活动，提高普法宣传实效。开展宪法日宣传系列活动，认真执行宪法宣誓制度，出台并实施任前法律知识考试制度，进一步落实任职表态及法官、检察官任前公示制度，切实增强国家机关工作人员法治意识和宗旨意识。积极参与地方立法，专门成立由律师等专业人士组成的法律及立法联系咨询小组，加强对基层立法联系点的指导和帮助，配合省市人大开展9部地方性法规的立法调研，整理汇总立法建议183条，充分反映基层意见。

加强公正司法监督。紧盯类案突出问题监督，针对适用取保候审、逮捕等刑事强制措施存在的问题，进行专题调研，要求有关部门切实转变执法理念，提升工作质效，督促公检法机关进一步规范办案流程、统一司法标准。紧盯司法改革领域监督，开展法院、检察院内设机构改革情况调研，推动两院进一步健全运行机制、强化内部监督。配合市人大开展法院推行立案登记制改革情况调研，提出进一步提升诉讼服务质效、优化诚信诉讼环境等建议。开展司法监督议题储备库、司法典型案件信息库、“两官”履职信息库“三库”同建，把督法、督事和督人结合起来，不断提升人大司法监督实效，得到市人大常委会领导批示肯定。

助推基层社会治理。高度关注社会矛盾纠纷调处化解“最多跑一地”改革情况，根据省、市、县三级联动统一部署，开展专项监督，按照综合研判、指挥调度、调处化解职能要求，建议政府研究建立无理信访县级终结机制、初信初访责任落实机制，加强“一把手”信访工作考核，加快矛调中心建设，助推新形势下社会治理体系建设。专题监督禁毒工作情况，针对禁毒形势严峻、禁毒工作力量不足、工作合力不强、宣传帮扶力度不够等问题，要求有关部门立行立改，加大打击力度，健全工作机制，增强工作合力，巩固提升综合治理实效。开展退役军人权益保障调研，督促政府加强宣传教育、就业保障、优抚安置等工作，切实维护退役军人合法权益。认真做好人大信访工作，坚持以法治思维、法治方式推动矛盾化解，全年共受理群众信访61批128人次，及时进行交办督办。

自身建设

【理论学习】 强化政治担当，坚定人大工作正确方向。把深入学习贯彻习近平总书记考察浙江、宁波重要讲话，习近平法治思想，《习近平谈治国理政》第三卷和省、市、县委全会精神作为重大政治任务，及时通过党组会议、中心组学习会、常委会会议、“周二夜学”等方式认真学习，营造学深悟透、真信笃行的浓厚氛围。通过学习增强“四个意识”、坚定“四个自信”、做到“两个维护”。按照县委人大工作会议提出的新任务新要求，坚持问题导向、效果导向，深入调查研究，系统谋划推进人大工作规范化建设。

【制度建设】 加强人大制度建设。针对近年来上级政策法规变化情况，特别是根据习近平总书记关于地方人大设立常委会40周年重要批示精神和省市县委人大工作会议部署的新任务、新要求，重新修订宁海县人大工作手册，全面梳理各项规章制度，新出台15个、修订完善3个、废止3个，加快形成符合“重要窗口”建设要求的县乡人大工作制度体系。

人大制度理论知识列入县委理论学习中心组学习的重要内容，纳入党校（行政学院）主体班次教学计划。召开县委人大宣传工作会议。设立县人大社会建设委员会，全面设立乡镇人大和人大街道工委办公室，配备专职工作人员，明确中层职级待遇。全县各级党组织对人大工作的领导和支持更加有力，“一府一委两院”自觉接受人大监督意识进一步增强。严格执行向县委请示报告制度，人大工作中的重大问题、重要事项、重要情况及时向县委报告，严格按照县委的指示和决定办理，保证人大工作始终突出政治、服务大局、方向不偏、根基不松。

修订并落实常委会党组工作规则，完善组织领导体系，成立机关党总支，进一步压实全面从严治党主体责任，充分发挥党组织把方向、管大局、保落实的政治领导作用。

【服务中心大局】 认真贯彻习近平总书记重要指示精神和党中央决策部署，把统筹推进疫情防控和经济社会发展作为履职主线，强化责任担当，积极主动作为。助力疫情防控，听取和审议县政府关于统筹疫情防控和经济社会发展工作报告，对健全重大疫情防控机制、加强公共卫生应急管理等提出意见。市县联动开展动物防疫、野生动物保护两法两条例执法检查，督促落实野生动物疫源疫病防控措施。全体机关干部下沉到指挥部、应急组、各社区、卡点，参与排查登记、执勤站岗、巡逻宣传等工作，助推一线疫情防控。

及时向全县各级人大代表发出公开信，组织开展“打赢两战促发展”主题活动，充分展示人大代表在“大战大考”面前的责任担当。

助力复工复产，积极开展“三服务”活动，主任会议成员深入乡镇（街道）、村社调研指导，集中走访生产经营一线的人大代表，及时梳理分析问题提出意见，推动政府落细落实减负降费、税收优惠等政策，督促相关部门及时研究解决企业复工复产中的困难。

助力“六稳”“六保”，开展半年度经济和财政运行情况调研，听取和审议半年度计划执行和财政预算执行情况的报告，就加强风险预判、提振发展信心、抢抓政策机遇、落实扶持政策等与政府及相关部门坦诚沟通，并提出审议意见。

依法审查批准政府部分计划指标调整方案，支持政府全面贯彻新发展理念，实事求是调整全年目标任务。

【深化和拓展代表工作】 尊重代表主体地位就是尊重人民主体地位，服务代表、受代表监督就是服务人民、受人民监督，常委会全力支持保障代表依法履职。

坚持代表列席常委会会议和参加重大活动制度，不断扩大代表参与常委会工作的深度广度。举办重要情况通报会，保障代表知情知政。坚持主任接待日活动，广泛听取代表建议，形成《代表反映》5期，及时回应社会关切。组织开展“争创全国文明城市·代表督”“我为‘十四五’规划献计策”等活动，指导代表中心组、代表小组围绕新农村建设、实体经济发展、民生实事项目建设等，开展视察调研147次，参与代表1822人次。

加强代表履职阵地建设，县人大代表履职服务中心正式启用，县总工会、跃龙街道、岔路镇成立服务企业特色联络站，全县共建成标准化联络站25个。常态化开展县级领导干部代表带头进联络站活动，全县共组织代表1104人次进联络站，接待选民群众2241人次，收集社情民意825条，促进问题解决545个。

深化提升票决制工作。健全票决制候选项目“定量上报、调研累积、建议梳理、提前介入”等民意征求机制，进一步夯实候选项目民意基础。建立主任会议成员和代表小组联系监督机制，实行“一季一督查、半年一报告、一年一测评”，并及时向政府部门指出问题、提出意见。全年人代会票决确定的10项民生实事项目已基本完成。票决制工作的影响力进一步扩大，安徽、辽宁、山东、江苏等多地人大前来考察学习，票决制在全国500多个县（市、区）得到推行。

增强代表建议办理实效。常委会机关结合调研、视察等工作，梳理汇总建议线索，指导代表中心组、各小组开展主题接待、会前培训、会前合议等活动，不断提高代表建议提出质量。积极参与政府建议预交办工作，坚持常委会领导重点督办、各工委分工督办、代表工委联系督办制度。关于加强民营企业服务、加快城北公园建设等16件重点建议，得到较好落实。2019年县人大代表提交的170件建议已全部办结，所提问题已经解决或基本解决的70件，占办理总数的41.18%，2件不满意件经重新交办和督办后，代表均表示满意。

加强代表履职管理。坚持开展代表述职工作，2019年共62名代表口头述职，52名代表书面述职，并接受评议，县十八届人大代表全部完成述职工作。开展市人大代表向常委会述职工作，17名市人大代表进行述职。评选2019年度代表活动积极分子32名。组织本届人大代表活动先进小组、优秀代表和优秀代表建议评选，并在大会上进行表彰。

对标新时期人大工作新任务新要求，聚焦履职效能，全面加强常委会自身建设，推动人大工作创新发展。

密切乡镇（街道）人大联系指导。常委会领导分工联系各乡镇（街道）人大，每季度召开镇（街道）人大工作例会，参加各代表中心组活动。坚持县乡人大工作读书会制度，共同研究推进县乡人大工作和建设的重大问题。认真贯彻实施浙江省街道人大工作条例，制定出台一系列指导意见，修订完善相关工作制度。推动4个街道成立居民议事组织，规范召开居民议事会。全面推行乡镇年中人代会专项工作评议的特色做法，提升乡镇一年两次人代会实效。积极创新实践，试行乡镇（街道）人大工作“三张清单”制度，推动人大工作制度化、规范化、特色化，该项工作得到省人大专刊推介。

【能力作风建设】 坚持问题导向、目标导向，精心选择年度监督议题，科学安排法治讲座和专题学习。加强常委会审议、主任会议研究的重大议题会前调查研究，全年共完成各类调研报告39篇。全面推行审议意见清单式交办、销号制落实，常态化开展审议意见办理落实情况“回头看”，实现监督闭环。建成“宁海人大履职”App掌上平台，整体推进人大工作信息化。加强人大理论研究和宣传工作，组织优秀论文、调研文章及人大新闻奖评选，信息工作排名全市前列，在新华社、中新网、央广等中央媒体和《浙江日报》《宁波日报》等省市级主流媒体推出一系列重要报道。加强常委会机关作风建设，大力整治形式主义、官僚主义，以勤恳务实、创新创优的思想自觉和行动自觉提升工作质效。

县人民代表大会及常委会会议

【县第十八届人民代表大会第四次会议】 会议于5月7—9日在宁海国际会展中心召开。出席代表240名，列席61人。会议听取和审议县人民政府代县长滕安达所作的政府工作报告、县人大常委会主任徐真民所作的县人大常委会工作报告、县人民法院院长石坚强所作的县人民法院工作报告、县人民检察院检察长练节晁所作的县人民检察院工作报告，审议县发展改革局、县财政局受县政府委托分别提请的关于宁海县2019年国民经济和社会发展计划执行情况与2020年国民经济和社会发展计划（草案）的报告、关于宁海县2019年预算执行情况和2020年预算（草案）的报告，并做出各项决议，审查批准各项报告以及2020年国民经济和

预算初步安排情况报告；县房屋征收办主任朱军华受县政府委托作关于2020年房屋征收拆迁编制情况报告。

会议听取和审议县政府副县长沈纾丹所作的宁海县人民政府关于宁海县拟与日本冰见市建立友好交流关系的报告，表决通过《宁海县人民政府关于宁海县拟与日本冰见市建立友好交流关系的报告》，要求县政府会后按照审批权限报请审批，并将批准情况报县人大常委会备案。

会议听取和审议代表资格审查委员会副主任委员张群力所作的关于宁海县第十八届人民代表大会第三次会议以来代表变动情况的报告草案，表决通过《关于宁海县第十八届人民代表大会第三次会议以来代表变动情况的报告》。

会议听取和审议县人大常委会办公室主任胡家标所作的关于宁海县人民代表大会常务委员会工作报告（送审稿）和宁海县人大常委会2020年工作要点（送审稿）的起草说明，表决通过《宁海县人民代表大会常务委员会工作报告（送审稿）》和《宁海县人大常委会2020年工作要点》。

会议审议县十八届人大四次会议日程草案，表决通过《宁海县第十八届人民代表大会第四次会议日程（草案）》。

会议听取和审议县人大常委会副主任王能迭受主任会议委托所作的《关于提名周初波副主任代理宁海县监察委员会主任职务的议案》和《宁海县人民代表大会常务委员会关于周初波副主任代理宁海县监察委员会主任职务的决定（草案）》，表决通过《宁海县人民代表大会常务委员会关于周初波副主任代理宁海县监察委员会主任职务的决定》，决定由周初波副主任代理宁海县监察委员会主任职务。会上，周初波代主任作任职表态发言，徐真民主任为周初波颁发任命书。

会议还传达学习省十三届人大三次会议精神，对县人大常委会组成人员做好县十八届人大四次会议会前准备和认真参加大会作工作部署。

【**县十八届人大常委会第二十六次会议**】 4月24日，大会由县人大常委会主任徐真民主持，副主任王能迭、赵秀萍、潘红月、王兴兵、柳正维及委员共25人出席会议。

会议听取和审议听取县人大常委会代表资格审查委员会副主任委员张群力所作的《关于建议接受褚孔村辞去县十八届人大代表职务的报告》，表决通过《关于接受褚孔村辞去县十八届人大代表职务的决定》。

会议听取和审议县政府应国邦副县长受滕安达代县长委托所作的《关于2019年全县环境状况和环境保护目标完成情况报告》。

会议听取和审议常委会各工委关于2019年度常委会审议意见办理落实情况的调研报告。

会议听取和审议县政府办公室受县政府委托所作的关于宁人大〔2019〕45号审议意见、宁人大〔2019〕50号视察意见办理落实情况报告。

会议听取和审议县公安局关于宁人大〔2019〕47号审议意见办理落实情况报告。

会议听取和审议县委组织部副部长叶亦金所作的关于县十八届人大四次会议主席团和秘书长、代表团召集人、列席人员名单草案的报告，依次表决通过县十八届人大四次会议主席团和秘书长名单、县十八届人大四次会议各代表团召集人名单、县十八届人大四次会议列席人员名单。

会议审议各街道办事处2019年度工作总结和2020年度工作安排。

会议审议县十八届人大四次会议日程草案，表决通过《宁海县第十八届人民代表大会第四次会议日程（草案）》。

会议听取和审议代表资格审查委员会副主任委员张群力所作的关于宁海县第十八届人民代表大会第三次会议以来代表变动情况的报告草案，表决通过《宁海县第十八届人民代表大会第三次会议以来代表变动情况的报告》。

【**县十八届人大常委会第二十七次会议**】 6月29日，会议由县人大常委会主任徐真民主持，副主任王能迭、赵秀萍、潘红月、范建军、王兴兵、柳正维及委员共32人出席会议。

会议听取和审议县政府副县长王军海受滕安达县长委托所作的县政府关于提请杨钻任职的议案、关于提请免去俞晶磊职务的议案、关于提请夏慧辉任职的议案，县监委副主任王小平受周初波主任委托所作的关于提请免去施浩添职务的报告，县法院院长石坚强所作的关于提请张海霞职务任免的报告，并相应听取拟任免人员基本情况介绍。会议以无记名投票表决的方式表决通过人事免职事项，决定任命杨钻为宁海县副县长、夏慧辉为宁海县司法局局长，任命张海霞为宁海县人民法院长街人民法庭庭长；决定免去俞晶磊的宁海县副县长职务，免去施浩添的宁海县监察委员会委员职务、张海霞的宁海县人民法院民事审判二庭庭长职务。

会议听取和审议县发改局局长项汉明受县政府委托作关于提请宁

海县精神康复中心暨深甽中心卫生院迁建工程列入2020年度国民经济和社会发展计划的议案，表决通过《宁海县人民代表大会常务委员会关于批准宁海县精神康复中心暨深甽中心卫生院迁建工程补充列入2020年国民经济和社会发展计划的决定草案》。

会议听取和审议县财政局局长庞建宏受县政府委托所作的关于2019年财政决算草案报告、县审计局局长戴华飞受县政府委托所作的关于2019年度宁海县预算执行和其他财政收支的审计工作报告，表决通过《宁海县人民代表大会常务委员会关于批准宁海县2019年本级决算的决议》。

会议听取和审议县财政局局长庞建宏受县政府委托所作的关于2019年度财政专项资金绩效评价情况报告，对常委会重点关注的2019年绩效评价项目进行满意度测评。测评结果另行发文。

会议听取和审议县水利局局长王巍所作的关于宁海县标准海塘除险加固及提标工作情况的报告、常委会农业农村工委主任蒋思才所作的相应的调研报告。

会议听取和审议县政府办公室副主任郭玉喜受县政府委托所作的关于宁人大〔2019〕48号审议意见办理落实情况报告。会议对县政府办理落实县人大常委会关于提高基层医疗服务能力的审议意见的情况表示肯定，并进一步提高基层医疗服务能力提出具体意见。

会议听取和审议常委会财经工委主任冯继红所作的关于《宁海县人大常委会关于街道国有资产管理监督实施办法（试行）》《宁海县人民代表大会常务委员会关于街道财政预算监督办法》的起草说明，表决通过《宁海县人大常委会关于街道国有资产管理监督实施办法（试行）》《宁海县人民代表大会常务委员会关于街道财政预算监督办法》。

会议审议并表决通过《宁海县人民代表大会常务委员会街道工作委员会工作规则》、人大各街道工委调整组成人员有关事项、《宁海县人民代表大会常务委员会任命国家机关工作人员任前法律知识考试办法》。

【县十八届人大常委会第二十八次会议】 8月28日，会议由县人大常委会主任徐真民主持，副主任王能迭、赵秀萍、潘红月、范建军、王兴兵、柳正维及委员共31人出席。

会议听取和审议县政府副县长王军海受滕安达县长委托所作的县政府关于提请杨晓庆任职的议案，县法院院长石坚强所作的关于免去林翔荣等职务的报告，并相应听取拟任免人员基本情况介绍。会议以无记名投票表决的方式表决通过人事任免事项，决定任命杨晓庆为宁海县副县长，免去林翔荣的宁海县人民法院副院长、审判委员会委员、审判员职务，免去胡建伟、陈进军的宁海县人民法院审判员职务。

会议听取和审议县发改局局长项汉明受县政府委托所作的关于宁海县2020年上半年国民经济和社会发展计划执行情况的报告、县财政局局长庞建宏受县政府委托所作的关于宁海县2020年上半年财政预算执行情况的报告和常委会财经工委主任冯继红所作的关于2020年上半年全县经济运行和预算执行情况的调研报告。

会议听取和审议县经信局局长黄建福所作的宁海县数字经济发展情况工作报告和常委会财经工委主任冯继红所作的相应的调研报告。会议提出的审议意见，具体内容另发。

会议听取和审议县政府办公室副主任郭玉喜受县政府委托所作的关于宁人大〔2019〕57号审议意见办理落实情况报告。会议对县政府办理落实县人大常委会关于城市精细化管理的审议意见的情况表示肯定，并就进一步加强城市精细化管理提出具体意见。

会议审议《宁海县人民代表大会常务委员会关于加强乡镇财政监督管理的意见（草案）》，表决通过《宁海县人民代表大会常务委员会关于加强乡镇财政监督管理的意见》。

【县十八届人大常委会第二十九次会议】 9月27日，会议由县人大常委会主任徐真民主持，副主任王能迭、赵秀萍、潘红月、范建军、王兴兵、柳正维及委员共33人出席。

会议听取和审议县政府副县长王鸿飞受滕安达县长委托所作的县政府关于提请何称松等职务任免的议案，县人大常委会副主任赵秀萍受常委会主任会议委托所作的关于提请王振幸等职务任免的议案，并相应听取拟任免人员基本情况介绍。会议以无记名投票表决的方式表决通过人事任免事项，决定任命何称松为宁海县应急管理局局长，任命王振幸为宁海县人大常委会办公室副主任，任命黄胜为宁海县人大常委会监察和司法工作委员会副主任；决定免去杨东林的宁海县应急管理局局长职务，免去张海东的宁海县人大常委会监察和司法工作委员会副主任职务。

会议听取和审议县财政局局长庞建宏受县政府委托所作的关于2020年宁海县新增地方政府债券预算调整方案的报告、县政府关于提请审议批准2020年全县政府债务限额的议案，表决通过《宁海县人民代表大会常务委员会关于批准2020年全县政府债务限额及预算调整方案的决议》。

会议听取和审议副县长王鸿飞所作的关于宁海县推动矛盾纠纷调处“最多跑一地”工作情况的报告和常委会监察司法工委邬开娟主任所作的相应的调研报告。

会议听取和审议县经信局局长黄建福受县政府委托所作的关于宁海县促进模具行业加快转型升级工作情况的报告和常委会财经工委冯继红主任所作的相应的调研报告。

会议听取和审议县政府副县长杨钻受滕安达县长委托所作的《关于宁海县停车场建设管理工作情况的报告》和常委会城建环保工委王永进主任所作的相应的调研报告。会上播放停车场规划建设管理情况的专题片，县人大常委会组成人员和县人大代表就停车设施供需情况和规划建设、建设工程停车位配建指标、学校周边乱停车及道路拥堵管理疏导、特殊车辆专用停车场规划建设、机关企事业单位内部停车位措施免费开放、推进停车服务便利化智慧化等方面进行专题询问，副县长杨钻和县公安局、县自然资源规划局、县住建局、县综合执法局、县机关事务局等部门负责人一一作应询。县人大常委会组成人员33人（应到35人）、县人大代表5人、市民代表4人对应询情况进行满意度测评，并当场通报测评结果。副县长杨钻作表态发言。最后县人大常委会徐真民主任作讲话。满意度测评结果和会议提出的审议意见另行发文，会议有关情况通过适当方式向社会公开。

会议传达学习省委书记袁家军在省委党校2020年秋季学期开学典礼上的讲话精神。

【县十八届人大常委会第三十次会议】 10月29日下午到30日，由县人大常委会主任徐真民、副主任赵秀萍分别主持，副主任王能迭、潘红月、范建军、王兴兵、柳正维及委员共32人出席。

会议听取和审议县政府副县长王军海常务所作的县政府关于调整2020年宁海县国民经济和社会发展计划部分指标相关情况的报告，表决通过《宁海县人民代表大会常务委员会关于批准2020年宁海县国民经济和社会发展计划部分指标调整的决议》。

会议听取和审议县财政局局长庞建宏受县政府委托所作的关于宁海县2020年财政预算调整方案的报告，表决通过《宁海县人民代表大会常务委员会关于批准调整宁海县2020年财政预算的决议》。

会议听取和审议副县长李铭胜所作的关于禁毒工作情况的报告以及常委会监察司法工委相应的调研报告。

会议听取和审议县应急管理局局长何称松受县政府委托所作的关于宁海县安全生产工作情况的报告和常委会社会建设工委主任张晓桦所作的相应的调研报告。

会议听取和审议县卫生健康局局长李乃江受县政府委托所作的关于宁海县县级公立医院管理和运行情况的报告和常委会教科文卫工委主任郑仕忠所作的相应的调研报告。

会议听取和审议县政府办公室副主任郭玉喜受县政府委托所作的关于县十八届人大四次会议代表建议办理工作情况的报告和常委会代表工委主任张群力所作的相关调研报告。

会议听取和审议县国资管理中心主任王照栈受县政府委托所作的关于宁海县2019年度企业国有资产管理情况专项报告以及常委会财经工委相应的调研报告，审议2019年度宁海县国有资产管理情况综合报告。

会议听取和审议县政府办公室副主任葛华文、郭玉喜分别受县政府委托所作的关于对宁人大〔2020〕33号、34号审议意见办理落实情况的报告。常委会组成人员认为，县政府对各个审议意见答复较为重视，也取得一定的成效。常委会组成人员要求，县政府在今后办理常委会审议意见时，要进一步加强事先沟通，了解审议意见的真实意图，答复报告要根据审议意见有针对性地逐条回答，真正提升审议意见办理实效。

会议听取和审议部分市十五届人大代表向县人大常委会述职报告。

会议听取和审议县监委副主任王小平所作的关于叶文斌职务任命的报告，听取和审议县法院院长石坚强所作的关于万洁等职务任免的报告，听取和审议县检察院检察长练节晁所作的关于严维婷等职务任免的报告。会议以无记名投票的方式，表决通过人事任免事项。

会议听取和审议县法院院长石坚强所作的关于胡敏亚等177名同志任人民陪审员的报告，表决通过《宁海县人民代表大会常务委员会关于任命胡敏亚等为人民陪审员的决定》。

【县十八届人大常委会第三十一次会议】 12月18日召开，县人大常委会主任徐真民，副主任赵秀萍、潘红月、范建军、王兴兵、柳正维及委员共29人出席，潘红月主持会议。

会议听取和审议县政府副县长沈纾丹受县长滕安达委托所作的关于提请葛华文等职务任免的议案，

县法院院长石坚强所作的关于蒋欣欣等职务任免的报告，并相应听取拟任免人员基本情况介绍。会议以无记名投票表决的方式表决通过人事任免事项，决定任命葛华文为宁海县医疗保障局局长，任命蒋欣欣为宁海县人民法院民事审判一庭（综合审判庭）庭长、邵秀蓓为宁海县人民法院民事审判三庭庭长、童文建为宁海县人民法院岔路人民法庭副庭长、孙巧浓为宁海县人民法院长街人民法庭副庭长、秦沓为宁海县人民法院长街人民法庭副庭长、洪磊为宁海县人民法院刑事审判庭副庭长、万洁为宁海县人民法院民事审判三庭副庭长；决定免去盛高成的宁海县医疗保障局局长职务，免去蒋欣欣的宁海县人民法院岔路人民法庭副庭长职务、舒骥威的宁海县人民法院刑事审判庭副庭长职务、邵秀蓓的宁海县人民法院民事审判三庭副庭长职务、孙巧浓的宁海县人民法院民事审判三庭副庭长职务、秦沓的宁海县人民法院行政审判庭副庭长职务。

会议听取和审议代表资格审查县人大委员会副主任张群力所作的关于建议接受王照栈辞去县十八届人大代表职务的报告，表决通过《关于接受王照栈辞去县十八届人大代表职务的决定》。

会议听取和审议县文广旅游局局长林仙菊受县政府委托所作的关于全域旅游建设情况的报告和常委会教科文卫工委郑仕忠主任所作的相应的调研报告。

会议听取和审议县政府办公室副主任林晓明受县政府委托所作的关于对宁人大〔2020〕40号、41号审议意见办理落实情况的报告。常委会组成人员认为，县政府比较重视各个审议意见的答复工作，也取得一定的办理落实成效，但是部分答复内容仍然重复审议意见之前的报告内容，实质性推动的不多。常委会组成人员要求，县政府在今后办理常委会审议意见时，要围绕审议意见有针对性地逐条回答，而不是重复审议之前的内容充数，从真正提升办理实效上下功夫。

会议听取县人大常委会办公室主任胡家标受主任会议委托所作的关于《宁海县人民代表大会常务委员会议事规则（修订草案）》修改情况的说明，审议并表决通过《宁海县人民代表大会常务委员会议事规则》。

会议听取县人大常委会办公室主任胡家标受主任会议委托所作的《宁海县人民代表大会常务委员会关于提请审议〈宁海县人民代表大会议事规则（修订草案）〉的议案（草案审议稿）》及说明，审议并表决通过《宁海县人民代表大会常务委员会关于提请审议〈宁海县人民代表大会议事规则（修订草案）〉的议案（草案）》，提请县十八届人大五次会议通过。

会议听取县人大常委会办公室副主任王振幸受主任会议委托所作的关于《宁海县人民代表大会常务委员会关于进一步加强和改进人大监督工作的决定（草案）》的起草说明，审议并表决通过《宁海县人民代表大会常务委员会关于进一步加强和改进人大监督工作的决定》。

会议听取县人大常委会财经工委主任冯继红受主任会议委托所作的关于《宁海县人民代表大会常务委员会讨论决定重大事项规定（修订草案）》修改情况的说明，审议并表决通过《宁海县人民代表大会常务委员会讨论决定重大事项规定》。

会议听取县人大常委会财经工委主任冯继红受主任会议委托所作的关于《宁海县人民代表大会常务委员会关于加强预算绩效监督办法（草案）》的起草说明，审议并表决通过《宁海县人民代表大会常务委员会关于加强预算绩效监督办法》。

会议听取县人大常委会副主任王兴兵受主任会议委托宣读的《宁海县人民代表大会常务委员会关于召开宁海县第十八届人民代表大会第五次会议的决定（草案）》，表决通过《宁海县人民代表大会常务委员会关于召开宁海县第十八届人民代表大会第五次会议的决定》。

县人大常委会主任徐真民传达学习贯彻习近平法治思想和中央全面依法治国工作会议精神，并就精心组织召开县十八届人大五次会议进行部署。

宁海县人民政府

综　　述

县政府坚持以习近平新时代中国特色社会主义思想为指导，认真学习贯彻中共十九届五中全会精神，在县委的坚强领导下，全面落实“敢担当、要积极、抓具体”的工作导向，大力开展争先创优行动，有效统筹疫情防控和经济社会发展工作，预计地区生产总值增长3.5%左右，一般公共预算收入增长2.9%，建设“双优”宁海、推进“四大革新”迈出坚实步伐。

狠抓产业革新，实业立县进一步夯实。以精准施策对冲疫情影响，启动“365”工业产业升级计划、“215”工业企业培育工程、“333”服务业提升工程和“366”乡村产业振兴行动，政银企协同共克时艰，落实“五减”资金7.4亿元，新增减税降费10.5亿元，民营企业贷款增量是上年的2.3倍，全年企业上市2家，服务业增加值突破300亿元，创成省级农业绿色发展先行县。新增国家级专精特新“小巨人”企业2家，新获国家级单项冠军产品1个、市级以上单项冠军示范（培育）企业6家，推动个转企199家，规上工业增加值增长5.5%以上。新增上云企业400家，入围国家级两化融合贯标企业1家、省级制造业与互联网融合发展试点示范企业4家和省级数字化车间4个。获省级科技进步奖5项，上榜省级装备制造业重点领域首台（套）产品5项，新增“浙江制造”标准6项，创成首批国家级消费品（文教用品）标准化示范基地，得力集团成为首批国家先进制造业和现代服务业融合发展试点，东方日升获评宁波市政府质量奖。发放各类消费券5400万元，商品销售总额增长6%，网络零售额增长17.3%，社会消费品零售总额增速扭负为正。全省首创乡村集士驿站，国家AAAA级综合物流企业实现“零的突破”。海关公用型保税仓揭牌运营，出口信保覆盖面达到55%，货物出口总额逆势增长8%。启动“全域旅游再出发”专项行动，率先与省文旅厅开展文旅融合战略协作，大庄温泉乡根小镇等63个文旅项目加速推进，深甽温泉省级旅游度假区通过复评，前童古镇创国家AAAAA级旅游景区、十里红妆小镇和宁海湾海岛休闲度假项目列入浙东唐诗之路建设重点，获评长三角最佳文旅融合城市，全域旅游绿色发展经验在全国交流。生态农业加速提质，“宁海珍鲜”注册成为全市首个全品类农产品区域公用品牌，青蟹苗种工厂化规模繁育实现国内“零的突破”，“望海茶1号”获国家新品种权证书，岔路黑猪省级原种场投入运行，胡陈乡获评省级特色农业强镇。“一湾一区一带”发展齐头并进，宁波南部滨海经济开发区新引进产业项目11个，布局楼宇经济项目3个，宁海通用机场一期开工建设。生物医药“星耀计划”启动实施，生物药CDMO中试共享技术服务平台等项目签约落地，抗癌一类创新药进入临床研究。科技园区标准厂房等配套设施不断完善，中乌合作平台运行机制进一步理顺，铜钛合金系列产品进入产业化阶段。西店滨海工业区邻里中心、吉德电器衣物护理机生产线扩建等项目开工建设，黄坛镇规上工业总产值突破200亿元。三门湾现代农业开发区创成省级现代农业园区，浙江万里学院宁波海洋生物种业研究院开工建设，引进包振民院士团队合作共建博士后工作站，高密度零排放对虾养殖创新基地建成投产。

狠抓城市革新，群众生活进一步和美。入选全国县城新型城镇化建设示范县、全省大花园示范县创建单位。中心城区建新改旧步伐加快，新增停车位2813个。210个小城镇项目顺利推进，前童镇成为首批省级美丽城镇样板镇，创成国家卫生乡镇5个。葛家村文化深耕入选浙江乡村振兴十大模式，汶溪翠谷列入全省民宿助力乡村振兴改革试点，新增全国乡村旅游重点村2

个，创成省市级美丽宜居示范村6个、省级美丽乡村风景线2条。文明城市创建十大行动全面铺开，地摊经济规范发展，犬类重点管理区划定实施，智慧停车系统投入试运行，新时代文明实践中心县镇村全覆盖，长街镇创成省文明镇，胡陈中堡溪村、岔路下畈村获评全国文明村。新推荐上榜中国好人、全国劳模、全国优秀农民工和最美诚信浙江人共6名。成为全国文明城市提名城市。盛宁线力洋至胡陈段、民生东路、环南中路等建成通车，时代大道管线下地一期改造完成，甬临线桑洲岭隧道、G228白墙山隧道全线贯通，动车存车场建成投用，获评省“四好农村路”示范县、省美丽经济交通走廊示范县。建成亲水平台22公里，海塘提标13公里，清溪水库完成实物调查，农饮水达标提标行动全面收官。南门邻里中心、城南消防站启动建设，综合供能服务站加快推进，机动车检测中心建成运营，妇女儿童活动中心、工人文化宫投入使用，柔石公园健康步道广受欢迎。海亮宁海公学、德翔外国语学校、前童镇中心小学迁建等工程开工建设，桃源中心幼儿园、蔚特公学幼儿园、城中小学改扩建一期和城西小学迁建等工程建成投用，培智学校创成特殊教育省标准化学校，义务教育段推行公民同招，普通高校招生考试取得较好成绩。第二医院总院启动提升改造，妇幼保健院保健楼、长街卫生院二期投入使用，全省率先实现托育机构备案“一件事”改革。发放低保金、特困供养金、物价补贴等1.7亿元，深化“五省八城”劳务协作，创成省无欠薪县。养老、医疗保险参保率分别达98%和99%。10个乡镇完成交警派出所一体化改革，刑事发案下降16.5%，县乡两级矛调中心投入运行，实现“无信访积案县”目标，平安指数位居全省前列。第七次全国人口普查、村社规模调整和组织换届顺利完成，全省宗教、药监、海防、人防等领域工作会议在宁海召开。

狠抓制度革新，内生动力进一步释放。30个重点改革项目有效实施，19个市级以上试点项目全面铺开。全省首创“项目钉”微应用，助推“四重四比”稳投资，全年开工率80.8%，民间投资占比60%。引进产业类项目31个，其中内生型项目8个，实到外资1.2亿美元、内资89亿元。梅林南路两侧工业集聚点改造提升先行试点，30家企业进行自主改造，大佳何小微企业园、越溪亭港工业小区三期等加快建设。全年出让地块92宗，盘活“三未”土地2269亩，为115个项目获批3228亩土地规划指标。专项债券、再融资债券、抗疫特别国债等资金75.2亿元，组建国投集团、建投集团，提升3家国企主体信用评级等次，加强国企融资监管，加快低息置换，全年节约财务成本超3亿元。完善“智汇宁海”政策体系，成立新生代企业家联谊会，建成“院士之家·青英荟”，新增特优以上人才17人、省级以上创新平台26个。成立应急管理委员会，建立应急管理研究中心，启动安全生产综合治理三年行动，开展消防安全百日攻坚，增强全民安全素养，安全事故起数和死亡人数分别下降33.3%和71.4%。扎实做好中央和省级环保督察整改工作，巩固深化“两山”转化成果，全市首推绿色发展指数考核。白溪流域试行上下游横向生态补偿机制。环保能源发电项目按期投运，县域生活垃圾实现“零填埋”，农村生活垃圾“智分类”入围全国农村公共服务典型案例并在全国交流。

狠抓自我革新，政府建设进一步加强。以政治建设引领政府各项工作，增强“四个意识”，坚定“四个自信”，坚决做到“两个维护”，不断提升政府治理能力和水平。争先创优综合排名最好成绩达到全市第2位、全省第32位。以“整体智治”理念为引领，强化跨部门跨领域跨层级联动，全省首创“司法拍卖不动产登记”“执行联动”零次跑。全面开展首问负责即问即办，破解了一批困扰多年的职能交叉、职责不清等争议事项，得到省政府主要领导批示肯定。加快政府数字化转型，上线“宁海政府网”App，开展“全媒聚焦·全民问政”，政务服务“好差评”闭环管理全覆盖，政务服务事项网上可办率100%、掌上可办率98.4%、跑零次可办率99.4%，浙里办用户达到35万。加强法治政府建设，完成“七五”普法，运用“3+N+X”机制有力化解行政争议，行政争议发案量和败诉率实现“双下降”。办理人大代表建议161件、政协提案172件。把进企破难作为改进作风的重要实践，开展“企服淘”集成服务，出台帮扶中小企业共渡难关“20条”，帮助企业解决实际问题15196个。严肃财政纪律规范办事，一般性支出压减10%。

县政府常委会会议

【县政府第63次常务会议】 1月22日上午，县委副书记、代县长滕安达主持召开。县委常委、常务副县长王军海，副县长王鸿飞、沈纾丹、应国邦、励成杰出席。县人大常委会副主任赵秀萍，县政协副主席石建军应邀参加。

会议听取并原则通过县春运办关于《2020年全县春运工作情况》的汇报、县发改局关于《宁海县2019年国民经济和社会发展计划执行情况与2020年国民经济和社会发展计划草案》《2019年宁海县民生实事票决确定项目完成情况及2020年民生实事候选项目形成情况》的汇报、县财政局关于《宁海县2019年预算执行情况和2020年预算初步安排方案》的汇报、县住建局关于《高水平推进美丽城镇建设的实施意见》的汇报、县食安委关于《宁海县食品安全工作》的汇报、县大数据中心关于《宁海县政府投资信息化项目管理办法》、县政府办公室关于政府工作报告修改情况的汇报。

会议还以书面形式听取《宁海县人民政府关于宁人大〔2019〕37号审议意见办理落实情况》和县强县办关于《宁海县创建“全国质量强县示范县”工作》的汇报。

【县政府第66次常务会议】 3月13日下午，县委副书记、代县长滕安达主持召开，县委常委、常务副县长王军海，副县长王鸿飞、沈纾丹、应国邦、李铭胜、励成杰参加。县人大常委会副主任王能选、县政协副主席石建军应邀参加。

会议听取并原则通过县农业农村局关于《2020年宁海县东西部扶贫和山海协作工作要点及任务分解》的汇报、市生态环境局宁海分局关于《宁海县近岸海域污染防治工作任务分解和职责分工方案》的汇报、县发改局关于《2020年宁海县“四重四比”稳投资专项行动实施方案》的汇报、县应急管理局关于宁海县近期安全生产工作情况的汇报。

会议以书面形式听取《宁海县人民政府关于对宁人大〔2019〕45号审议意见办理落实情况的报告》。

【县政府召开第67次常务会议】 4月1日上午，县委副书记、代县长滕安达主持召开，副县长王鸿飞、沈纾丹、应国邦、励成杰参加。县人武部部长曹继木应邀参加。

会议听取并原则通过县应急管理局关于安全生产和消防安全“四大会战”开展情况及下步工作安排、关于落实《浙江省人民政府关于宁波锐奇日用品有限公司“9·29”重大火灾事故调查报告的批复》整改方案的汇报；县政府办公室关于《宁海县高水平全面建成小康社会补短板工作清单（政府系统）》的汇报；县经信局关于《宁海县“十四五”工业产业体系》《关于促进制造业高质量发展的若干意见》的汇报；市生态环境局宁海分局关于《宁海县重污染天气应急预案》《宁海县辐射事故应急预案》的汇报；县农业农村局关于《关于疫情防控期间扶持农业生产的政策意见》的汇报。

【县政府第69次常务会议】 4月23日上午，县委副书记、代县长滕安达主持召开，县委常委、常务副县长王军海，副县长王鸿飞、沈纾丹、应国邦参加。县人大常委会副主任柳正维，县政协副主席石建军应邀参加。

会议听取并原则通过县发改局关于服务业政策修订情况的汇报、宁海县人民政府关于对宁人大〔2019〕50号审议意见办理落实情况的报告、县政府办公室关于《政府工作报告》的汇报、县农业农村局关于《关于高质量补齐“三农”领域短板 高水平实现全面小康的若干意见》起草说明的汇报。

【县政府第70次常务会议】 5月14日下午，县委副书记、县长滕安达主持召开，县委常委、常务副县长王军海，副县长王鸿飞、应国邦、李铭胜、励成杰参加。县政协副主席童青燕应邀参加。

会议听取并原则通过徐霞客开游节组委会办公室《关于第十八届徐霞客开游节总体方案》的汇报、县发改局关于宁海县产业转型升级政策修订工作情况的汇报、县公安局关于《宁海县犬类重点管理区和一般管理区的公告》的汇报、县民政局关于《行政村规模优化调整工作的实施意见和行政村规模调整初步方案》的汇报、梅林街道关于《宁海县梅林南路两侧工业集聚区改造提升工程（一期）实施方案》的汇报、县经信局关于《2019年宁海县规上工业“亩均论英雄”绩效报告》的汇报、宁海县人民政府《关于县人大常委会对宁海基层医疗服务能力建设情况审议意见办理落实情况的报告》。

【县政府第75次常务会议】 7月30日上午，县委副书记、县长滕安达主持召开县，县委常委、常务副县长王军海，副县长沈纾丹、应国邦、李铭胜、励成杰、杨钻参加。县委常委、宁海经济开发区党工委书记王辅橡应邀参加。

会议听取并原则通过县农业农村局《关于加快现代化农业转型发展的若干意见》的汇报；县综合执法局《关于提升宁海县生活垃圾分类成效的奖补办法（暂行）》的汇报；县应急管理局关于《宁海县第二轮安全生产综合治理三年行动计划》的汇报、关于危险化学品运输专项整治工作方案情况的汇报、关于修订《宁海县防汛防台抗旱应急预案》情况的汇报；县财政局关于确定新一轮乡镇街道、卫星城市、工业园区财政体制的实施意见的汇报。

会议听取宁海县人民政府关于对宁人大〔2019〕57号审议意见办理落实情况的报告；听取县政府办公室关于2020年度县政府重大行政决策事项目录的汇报。

【县政府第78次常务会议】 8月28日上午，县委副书记、县长滕安达主持召开，副县长沈纾丹、应国邦、李铭胜、励成杰、杨钻出席。县政协副主席石建军、县人武部部长曹继木应邀参加。

会议听取并原则通过县住建局关于《宁海县既有房屋使用安全应急预案》编制情况的汇报、县金融办关于《宁海县上市后备企业培育管理实施方案》的汇报、县发改局关于《宁海县大面积停电事件应急预案》编制情况的汇报、县商务局关于《宁海县食盐供应应急保障预案》《宁海县菜篮子商品应急保障预案》编制情况的汇报。

【县政府第80次常务会】 9月18日上午，县委副书记、县长滕安达主持召开议，县委常委、常务副县长王军海，副县长沈纾丹、应国邦、杨钻出席。县政协副主席石建军、县人武部部长曹继木应邀参加。

会议听取并原则通过市生态环境局宁海分局关于《宁海县扬尘污染防治（暂行）管理办法》《宁海县“无废城市”建设实施方案》的汇报、县房屋征收管理中心关于《提请县政府做出北大街拓宽1号地块、宁波东源液压元件有限公司地块、宁海县精神康复中心暨深甽中心卫生院迁建工程、西店镇区零星中小企业地块（四期）国有土地上房屋征收决定》的汇报、县经信局关于《宁海县突发通信中断事故应急预案》的汇报、县卫生健康局关于《宁海县秋冬季新冠肺炎疫情防控工作方案（送审稿）》的汇报。

【县政府第82次常务会议】 10月16日下午，县委副书记、县长滕安达主持召开，副县长王鸿飞、沈纾丹、应国邦、李铭胜、励成杰、杨钻出席。县政协副主席石建军、县人武部部长曹继木应邀参加。

会议听取并原则通过县农业农村局《关于促进宁海与贵州省晴隆县产业合作、劳务协作和消费扶贫实施办法》的汇报、县财政局关于宁海县2020年财政预算调整方案的汇报、县自然资源和规划局关于《调整宁海县青苗、地上附着物和构筑物（建筑物）补偿办法》的汇报、县房屋征收管理中心《提请县政府做出东大街北3号地块房屋征收决定》《梅林街道关于宁海县梅林街道九顷区块一期改造项目（槐路自然村）征收集体所有土地房屋拆迁实施方案》的汇报。

会议以书面形式听取并原则通过县农业农村局关于《宁海县突发动物疫情应急预案》《宁海县农作物生物灾害应急预案》修订情况的汇报、县文广旅游局关于《宁海县旅游突发公共事件应急预案》修订情况的汇报，听取宁海县人民政府关于对宁人大〔2020〕33号、34号审议意见办理落实情况的报告。

【县政府第83次常务会议】 11月4日下午，县委副书记、县长滕安达主持召开。副县长王鸿飞、沈纾丹、应国邦、杨钻、杨晓庆出席。县委常委、宁海经济开发区党工委书记王辅橡、县人大常委会副主任王能迭、县政协副主席石建军、县人武部部长曹继木应邀参加。

会议听取并原则通过县农业农村局关于宁海县2020年1—10月山海协作工作情况的汇报、县应急管理局关于2020年第三季度安全生产工作情况的汇报、县消防救援大队关于2020年第三季度消防安全工作情况的汇报。

会议以书面形式听取并原则通过县发改局关于《宁海县粮食应急预案》的汇报、县教育局关于《宁海县校园突发事件应急预案》的汇报，听取并原则通过县卫生健康局《关于改革完善医疗卫生行业综合监管制度的实施意见》《推进健康宁海行动实施方案》的汇报。

会议学习《中华人民共和国民法典》。

【县政府第85次常务会议】 11月26日下午，县委副书记、县长滕安达主持召开。副县长王鸿飞、应国邦、李铭胜、杨钻出席。县委常委、宁波南部滨海经济开发区党工委书记王辅橡，县政协副主席石建军应邀参加。

会议听取并原则通过县生物产业园管理中心《关于实施“星耀计划”加快推进生物医药产业发展的实施意见（2020—2025年）》和《宁海县加快培育生物医药产业发展的若干政策》的汇报。会议指出，生物医药产业是我国战略新兴产业之一，全县各级各部门要统一思想，辩证看待生物医药“高投入、高风险、高回报、长周期”产业特性，以专业精神和包容的心态支持生物医药产业先行先试，营造鼓励创新的发展氛围，合力支持生物医药产业发展；同时要加强学习交流，争做行业里的专家，创新工作举措，吸取先进经验，找准生物医药企业发展的需求点，制定完善加快培育生物医药产业发展的政策，打造生物医药产业政策高地，助力生物医药产业高质量发展。

会议听取并原则通过县综合执

法局关于《宁海县城镇污水处理提质增效专项行动方案（2021—2025年）》的汇报。会议指出，要立足民生，提升服务，把污水处理提质增效作为关系民生的重大问题，加快补齐宁海城镇污水收集和处理设施短板，尽快实现污水管网全覆盖、全收集、全处理，全面提升城镇生活污水收集处理能力和水平，提升优质生态产品供给服务能力，优先解决人民群众关注的老旧小区、城中村周边水环境改善等热点问题，不断满足人民群众日益增长的优美生态环境需求。

【县政府第86次常务会议】 12月15日下午，县委副书记、县长滕安达主持召开。副县长王鸿飞、应国邦、李铭胜、励成杰出席。县人大常委会副主任王能迭，部分县人大代表应邀参加。

会议听取并原则通过县经信局关于《宁海县工业全域治理实施方案》和《宁海县工业集聚点治理实施细则》、县食安办关于《全面深化改革推进食品安全治理现代化的实施意见》。

会议听取并原则通过县房屋征收管理中心关于提请县政府做出桥头胡街道旧城区改造，华驰文教地块房屋征收的决定。

【县政府第88次常务会议】 12月29日，县委副书记、县长滕安达主持召开。县委常委、常务副县长王军海，副县长王鸿飞、沈纾丹、应国邦、李铭胜、励成杰、杨钻出席。县人大常委会副主任赵秀萍、县政协副主席石建军、县人武部部长曹继木应邀参加。

会议听取并原则通过县长质量奖评审委员会办公室关于《2020年宁海县县长质量奖评审情况的说明》、县住建局关于《宁海县公共租赁住房管理办法修订的说明》、县应急管理局关于2020年安全生产工作情况的汇报、县消防救援大队关于2020年消防安全工作情况的汇报、县发改局关于《宁海县国民经济和社会发展第十四个五年规划和二〇三五年远景目标纲要草案》。

会议研究部署近期防御寒潮和安全生产工作、元旦春节期间疫情防控工作、节日期间保供稳价工作。

会议以书面形式听取县财政局关于《宁海县2020年预算执行情况和2021年预算初步安排方案》；听取县发改局关于《2020年国民经济和社会发展计划执行情况与2021年国民经济和社会发展计划草案的报告》《2020年宁海县民生实事票决确定项目完成情况及2021年民生实事候选项目形成情况的报告》；听取《宁海县人民政府关于县十八届人大四次会议代表建议办理情况的报告》；听取《宁海县人民政府关于对宁人大〔2020〕53号审议意见办理落实情况的报告》；听取县司法局关于2020年度全县法治政府建设情况的汇报；听取县农业农村局关于2020年宁海县东西部扶贫和山海协作工作进展情况的汇报。

会议学习习近平法治思想，传达省委经济工作会议精神。

信访工作

【概况】 县信访局对标宁海“双优生”的目标定位，围绕无信访积案区县（市）“满堂红”这一主线，及时有效减存量、控增量、防变量，从源头上预防和减少重复信访的发生，努力打好“翻身仗”。

【越级访治理】 建立情况通报制度，参考市信访局每周通报越级访情况做法，县信访局建立每周越级访通报制度，具体通报到乡镇，抄送县主要领导以及县两办、组织部、纪委等部门。

落实县领导包案，按照市信访联席会议重点信访件交办要求，对上级交办件以及其他越级访风险特别大的个别人员，实行首轮领导包案，属地党政主要领导领办、事权部门主办、县信访局统一交办并督办。

强化督查问效，按照县委要求，细化信访责任制实施细则，对初信初访不能及时有效化解、进京超级访处置不力的情形强化追责。

【“无信访积案县”创建】 组织开展信访积案化解百日攻坚专项行动，强化县领导包案和事权单位化解责任，加强通报督促，强力推进无信访积案县工作。截至年底，无信访积案县五项指标中，已全部完成。

【初次信访事项专项整改】 组织开展初次信访事项办理专项整改工作，提升初次信访事项质量和满意度；推进接访下延，建立每周一、三、五县领导到接访窗口坐堂接访和每月16日下访制度；探索积案退出机制建设，对部分重点信访事项采取听证终结的办法，促进案结事了。

【重复信访集中治理】 县信访局向相关事权单位交办国家、省、市三级交办事项294件以及35件农村建房问题，建立专项工作“周六会商”制度，认真实现年底基本解决农村建房领域突出信访问题的目标。

【信访业务规范化建设】 对群众初信初访反映的问题，信访局业务科室交办前每日会商、把关。一方面开展依法分类指导，对分类出去的案件，通过法定途径处理，信访局跟踪督查；另一方面梳理分析研判信访诉求合理性，律师参与初次信访评估。对信访件规范办理情况定期进行检查，收集办理不规范件，分类梳理共性、个性问题，组织培训会、交流座谈会，进行分析点评，提高事权单位规范化办理水平。

矛调工作

【概况】 按照省、市和县委统一部署和要求，紧扣推进基层治理体系和治理能力现代化这一主题，积极围绕工作实效、加快资源力量整合、强化机制体制运行，加快建立以“县中心为牵引、基层治理四平台为枢纽、网格为底座”的县域社会治理“一四一”体系新格局，新中心建设有效推进、进驻，首问负责即问即办工作落地见效，基层治理四平台运行良好，各项工作任务进展顺利。

通过整合资源、科技支撑、规范运行，全县矛调工作取得明显成效。县级中心接待群众批次5279批，受理总件数2719件，化解总数2498件，化解率达91.9%；“12345”政务服务热线群众接通总量83518件，同比上升22.04%。“浙里访”平台转派13154件，同比上升34.24%。群众来电按期转交率和答复率均为100%；2020年来电件平均办理时长为2.62天，相较2019年提速39.35%；“E宁波”四平台共上报事件366588件，网格在线率在各县市区排名较为靠前，开展6次专项拉练，满分网格占全县总网格数33.64%；对外公开首问热线单位109家，实现县级部门和乡镇（街道）全覆盖；整合热线21条（除紧急类热线）一号响应后极大地提高了“12345”热线的接通率和满意度，热线响应率达100%，首问负责即问即办效能指数达99.62%，位居全市首位。

【强化组织领导】 县中心深入贯彻学习习近平总书记在浙江、宁波考察时的重要讲话精神，按照省、市和县委统一部署和要求，紧紧围绕高水平推进县域社会治理现代化这一主题，整合全县力量资源、成立县级领导小组、建构运行工作机制、探索区域治理模式，出台专门文件规范三级中心建设，严格按照要求、严格规范运行、严格抓好落实，努力将县级矛调中心建设成“重要窗口”的标志性工程，让老百姓遇到问题能有地方“找个说法”。

【加强资源整合】 通过社会治理平台整合优化，建立社会治理工作体系、调解员人才库，加强三级中心的信息触角、资源调配和指挥协调能力。在县级，成立信访和矛盾纠纷调处、社会治理事件处置和社会风险分析研判等三大功能平台，制定工作计划与方案，按照“应进则进、能进则进”要求，实行“常驻+轮驻+随叫随住+引导性入驻”四种入驻模式。截至10月底，9家下属平台、5个调解委员会和3个民事纠纷调解工作室成建制入驻中心，人民调解、校园纠纷、物业、医疗、信访事项5个行业性、专业性调解组织常驻业务大厅；在镇级，依托基层治理四平台，积极推进镇级矛调分中心实体化运行，18个乡镇（街道）矛调中心全部建成；在村级，通过网格员专职化，整合资源力量形成村级工作平台，考核管理工作全面落实，全科网格建设进一步规范提升。全县三级中心积极运用“E宁波”“省矛调协同系统”信息平台，同步推进“81890”“12345”等热线平台和“宁海村民e点通”“ODR”等线上资源的汇聚融入，切实发挥“中枢系统”作用。

【完善运行机制】 建立健全矛调中心左右协调、上下联动工作体系，充分发挥中心统筹协调、数据共享、分析研判作用，大力推进矛调三级体系建设，实现县镇村三级联动；在县中心，建立健全首问负责、教育疏导、协调办事、考核管理、公开监督、会商研判六大运行机制，确保矛调中心运行高效顺畅；在镇级中心，建立健全流转处置、日常运行、统筹协调等三大运行机制。在具体做法上，中心建立“12345”首问事项“一件事”办理平台运行制度，通过打好“职责三定、落地三督、成效三评”组合拳，基本形成线上线下一体的首问负责工作体系；在“4+X”工作会商机制的基础上建立“5+X”会商研判等机制。

【依靠科技支撑】 进一步利用信息资源。县中心运用“E宁波”、省统一政务平台梳理编发每日动态、月分析研判报告供各单位参考，特别是在疫情期间成为辅助县主要领导决策的优质综合研判信息；进一步强化数据基础。开展视频数据、地理信息、事件内容等关联性分析，为综合指挥、决策管理、矛盾调处等应用场景提供数据分析；进一步加强平台协同。以省矛调协同系统为基础，协同人社、ODR、大调解平台等，在数据实时共享、一机报送、智能更新、自动推送等方面实现预期目标，明确下一步工作重点和方向。

政务服务

【概况】 办以“公开为常态、不公开为例外”为原则，以政务服务政府信息公开为重点，紧密结合机构改革职能调整的实际，立足主业主责，将政府信息公开工作贯穿年度各项任务始终，不断加强政府信息公开力度，增强政府信息公开深度，拓展政府信息公开广度，助推政府信息公开工作规范、有序、健康发展。以“服务质量提升年”行动为主线，以“五大工程”为主抓手，持续深化“最多跑一次”改革和公共资源交易管理体制改革，力促全县营商环境更优化。获“2020全国公共资源交易助力复工复产先进单位”称号和县长滕安达批示肯定。“青跑团”志愿服务队获得“浙江省志愿服务工作先进集体”。在全市政务服务系统比武竞赛中获得团体二等奖。

1月，单位启用新印章“宁海县政务服务办公室”，原印章“宁海县行政审批管理办公室”作废。2月，“中共宁海县行政审批管理办公室机关委员会”更名为“中共宁海县政务服务办公室机关委员会”。12月，增挂县公共资源交易管理办公室牌子。

【完成政务服务2.0行政服务中心改造】 以“新大厅、新服务、新体验”为理念，通过行政服务中心大厅硬件升级、无声叫号系统改造、可视化展示平台打造、政务服务2.0收件平台应用、前置引导岗考聘、好差评制度完善等，打造2.0版行政服务中心。

【改革创新】 全省率先实现托育机构备案“一件事”改革（列入全市试点）。原需卫健、民政、市场监管、住建等部门分头办理的业务实现“一次不用跑”，申请人在电话咨询阶段，即可享受多部门“一事联办”服务，需准备的材料精简50%以上，申请时间从至少19个工作日减少到4个工作日，提速率达79%。

“云评审”助力项目审批，登上《人民日报》。针对项目水保、环评等专家评审关键环节，通过钉钉视频功能，政府部门、评审专家、建设单位、编制单位四方在线沟通、网上打分，实现“零接触评审”，极大加速项目落地。

试行“交房即办证”改革。为破解新建商品房从交房到拿到不动产权登记证等待期过长这一难题，宁海以悦君台小区为试点，试行“交房即办证”改革，即购房者在楼盘交房现场办理税费缴纳与不动产登记，次日即可领取不动产权证书。

全市率先完成企业股权转让“一件事”“最多跑一次”。通过部门协同，信息共享，申请材料从平均13件减至8件，窗口从2个整合为1个，提速率达50%以上，95%以上企业可实现当场办结，每年获益企业达1700余家。

实现“好差评”乡镇（街道）全覆盖。县行政服务中心、分中心、乡镇（街道）便民服务中心的所有工作人员均实现岗位“亮形象、亮承诺、亮身份”，每人配置窗口评价器，企业群众在办完事后可当场打分。

稳步推进公共资源交易监管体制改革。积极与市交管办、县委县政府、县委编办、各行业主管部门沟通，稳步实施工程建设项目集中监管和其他公共资源交易项目共同监管改革。

推行“云交易、智监管”改革。通过建设一套智能化评标及安防系统，实现电子评标、远程询标，使招投标更加环保、省时、省力，评标、询标过程更加公平、公开、公正，构建统一的招投标市场体系。

试行“不见面开标”。在规模以上房建市政、水利水电、园林绿化等项目中推行远程不见面开标系统。招标人、投标人可远程实时观看开标全过程，并进行投标文件在线解密、投标人在线质疑、招标人在线回复等操作，实现投标单位“零次跑”突破，开标效率提升50%以上。

实施“评定分离”模式招标。对勘察设计类项目、全过程工程咨询、工程总承包、邀请招标项目及其他暂未明确具体评标办法的招标项目，采用“评定分离”模式招标，即将专家评标和招标人定标作为相对独立的两个环节，招标人在评标委员会评审推荐的基础上，根据招标文件规定的程序和方法来确定中标人，进一步压缩评标委员会的自由裁量空间，推动建设项目法人负责制。

【政务公开】 推进主动公开，政府信息公开更趋高效。主动发布，抓好疫情防控。疫情期间发布相关文件，公布29个已入驻的县级部门、4个分中心以及18个乡镇（街道）便民服务中心咨询电话和常办业务，推出“网上办”“视频办”“邮寄办”等方式申报业务办理，有效减少人员聚集，遏制疫情扩散和蔓延。主动恢复，抓好复工复产。多次召开精密智控指数相关会议，建立钉钉工作交流群，专人负责每日进行办件量恢复度通报，督促部门将每日办件及时录入系统，确保宁海办件恢复始终保持全大市前列，使群众办事恢复度持续提升。

依法办理，依申请公开，政府信息公开更趋透明。全年共收到依申请公开件1件。收件后，第一时间指定专人办理依申请公开工作，依法依规在法定时限内完成答复，未出现延期处理等问题。

强化信息管理，政府信息公开更趋标准。加强信息发布审查。以“公开为常态、不公开为例外”为原则，结合保密意识，对外发布的任何信息公开坚持“谁发布，谁负责”的原则，职能科室第一把关，综合科总把关，审核通过后进行发布。主动开展自我检查。全面梳理排查县行政服务中心网站内容，浙江省政务服务网宁波平台等涉及相关事项信息，及时补充、更新相关信息，确保公开内容翔实准确。

推进平台建设，公开渠道更趋多元。优化政府信息公开功能。公布政府信息公开指南、制度、内容等，结合机构改革职能调整的实际，及时更新。维护县政务服务办公室微博和县政府信息公开平台运行，每月不定期推送动态。提升软硬并重，完成政务2.0大厅改造。升级无声叫号系统，通过手机短信取代之前传统广播叫号模式，并率先在全市实现县乡（街道）政务服务“好差评”全覆盖，同时建立申诉复核机制，排除误评和“恶意”差评，不断强化窗口服务意识，提高服务水平。

加强监督保障，政府信息公开更趋规范。强化组织保障。在机构职能改革衔接期间，依旧紧绷政府信息公开工作之弦，由综合科牵头，各科室积极配合，始终有条不紊地推进政府信息公开工作。坚持政府信息公开与业务工作并行。把政府信息公开工作与政务服务、中心平台建设等工作同策划、同部署、同检查，形成上下联动、整体推进的工作新格局。

全年县政务办主动公开政府信息8260条，其中政府网站公开政府信息8213条，占比99.43%；通过政务微博公开政府信息47条，占比0.57%。

12月11日，市推进“六争攻坚、三年攀高”行动先进集体表彰大会

5月19日，收看“习近平总书记在浙江、宁波考察时的重要讲话精神”专题宣讲会

6月30日，开展许家山开放式组织生活基地“追随榜样足迹，强化窗口担当”主题党日活动

6月17日，省政务公开调研现场

县大数据中心

【概况】 2020年，县大数据中心认真贯彻落实习近平总书记在浙江、宁波考察时的重要讲话精神，扎实推进政府数字化转型“12310行动”，围绕“发展创新攻坚年”的既定目标，统筹抓好信息化项目管理，高质量推动多业务协同创新，全力当好“重要窗口”的排头兵。

【迈向政务2.0时代】 聚焦政务2.0迭代升级，推动办事服务更加完善。将政务服务2.0工作作为首要任务，召开全县政府数字化转型推进会，实施专班蹲点攻坚。截至12月7日，政务服务2.0事项数1708项，完成拆解1561项，业务验收完成1399项，数据共享验收完成1397项，上线1201项。政务大厅2.0改造加速推进，已接入1201项，通过2.0平台办理事项55.7万件；配置云桌面终端126台，自助申报终端21台，推出大厅智能数据看板。

聚焦“浙里办”应用扩面，推动掌上办事更加常态。启动“浙里办”推广“三覆盖”行动，即注册覆盖、宣传覆盖、事项覆盖；以申领“电子医保卡”为推广切入点，实施干部引导、村社传导、窗口指导，各项措施多管齐下，实现年度自然人实名注册17.5万人，累计个人实名注册34.9万人；法人注册4.2万家，企业注册2.8万家；日均活跃8318人。梳理126项热门掌办事项，为完善“浙里办”宁海专区打好基础；“乡村码”应用已入驻宁海专区。

聚焦机关内部办事改革，推动掌上办公更加顺畅。以公务员、事业人员“一件事”为引领，推进掌上办公成熟应用。机关内跑系统累计上线可办事项382件，在用372件，事项发生率97.38%（公务员开除等特殊事情确无发生），办件量4.3万件。出台《浙政钉管理办法》，组织完成“浙政钉”2.0迁移，激活用户2.4万余户，迁移钉上审批应用84个；“项目钉”入选全省政务督查县级发言案例；“钉+政务办公”优秀做法入选市政府办公厅信息第454期。

聚焦国办第三方评估，推动政务服务更加亲民。措施前置，主动应对国办网上政务服务能力第三方评估，逐条梳理验证办事事项，开展多轮自查自检，确保事项可用易用。全年依申请办件总量120.7万件，其中网上办理110.8万件，网办率91.8%；实现承诺时限压缩比98.77%、跑零次率96.77%、即办率94.58%、电子归档率97.42%；差评数111件，按期整改率100%；实施“机动车检验”专项整治，切实提高政务服务延伸领域的好评度。

聚焦掌上执法，保障“互联网+监管”平台更加适用。配合县市监局做好“互联网+监管”工作。共有入库执法人员1259人，掌上执法开通人数为1222人，掌上执法激活为1222人，掌上执法激活率为100%。利用“互联网+监管”平台发起并执行的任务436个，应用信用规则任务有324个，应用信用规则率达74.31%；有16个部门参与跨部门联合监管，发起并有执行的跨部门抽查任务60个，跨部门监管率达12.87%；共计开展各类行政执法检查次数17046次；开展双随机抽查次数为5217次，专项检查次数为1889次，即时检查次数为9933次，其中利用“浙政钉掌上执法”开展检查16996次，掌上执法率达99.70%。

【着力于“数用”向“数治”升级】 立足数据基础，扎实推进数据归集。完成58个部门数据资源目录梳理，梳理信息系统132个，编制目录总量1779条，编制数据项2.4万余条；归集开放数据集29个，归集数据量890万余条，归集量继续保持高增长；宁海县流动人口积分管理系统、住房保障系统、智慧城管、智慧交通4个项目已申请列入宁波市第一批“数据高铁”项目，其中县综合执法局的智慧城管“数据高铁”已开通。

立足前端应用，扎实保障数据共享。秉持省市数据共享应用平台按需调用、实时保障、动态维护的工作理念，现有可用省市数据共享接口160个，及时关闭停用接口；全年累计调用数据量4060万余条，其中教育健康码调用量4000万余条。为破解政务事项办理“签字多”“证明多”的问题而提供数据共享支持，也为疫情“精密智控”提供强有力的数据支撑。

立足五跨协同，扎实打造创新应用。“村村达——城乡公交客货联运平台”荣获市数据共享开放应用创新大赛一等奖、“码上乡村”平台获优胜奖；智慧校园平台入围市公共数据共享应用成果名单；“村级小微权力36条智慧运行协同应用”正式列入“观星台”优秀应用；“公共视频监控一张图规划平台”通过初审等待答辩评审；“资格审查协同应用”通过市级初审；“法院执行联动零次跑”入选浙江政务信息（专报）第797期，并获常务副省长冯飞批示并充分肯定。

立足疫情防控，扎实支撑精密智控。成立“三复智控数据协调组”专班，牵头推进“畅通指数”工作，保持扁平化运作，实施“三位一体”工作模式，第一时间落实信息核准。共计核准公安密接344人、省外口岸入境457人、境外来浙362人；共计处理重点人员信息10.7万人，结束管控10.2万人，集中隔离8.1万人，居家隔离2.1万人，解除隔离9.2万人。

发挥技术优势，为疫情防控提供坚实支撑。先于“健康码”系统在“浙政钉”配置“健康上报”“出入办公场所申请”“返程申请”三项微应用；搭建“宁海县企业复工云管理平台”和“宁海县返工人员信息登记系统”；开发防控地图和复工地图。

【引领县域信息化建设】 制度先行，完善顶层设计。出台信息化项目管理办法及实施细则，完善标前评估制度，项目完成立项后，对超过500万元的硬件、软硬件集成项目或软件开发部分超过100万元的，原则上要进行标前评估；并以摩尔定律为指导，进一步细化信息化项目资费评价体系。

合作交流，加强业务能力。全市首个与宁波市计算机学会签订战略合作协议，推进项目咨询、评审评价、人才培育、教育教学等领域的发展共赢。举办为期3天的全县政府数字化转型集训班，组织200多位干部参加，邀请专家领导进行授课，全面提升部门乡镇分管领导

筹、侨办预申报、公安大数据排查、乡镇（街道）托底，商务、投促中心等部门协调配合”的入境信息大数据排摸工作体系，多环节互动形成外防输入“大闭环”，着力优化外防输入管控体系。

【推进城市国际化】 积极主动创新友好城市交流模式，与日本富山县冰见市以视频连线方式签署友好交流关系协议书，与乌克兰黑海斯克市、拉兹杰利纳亚市开展友城商谈，为下一步友城签约奠定基础；与国际友人和国际友城携手抗击疫情，累计接受来自日本冰见市政府以及山森一男先生捐赠的口罩总计达1.5万只，同时宁海向日本冰见市、匈牙利贝凯什乔包市累计捐赠口罩1.59万只。

中国人民政治协商会议宁海县委员会

综　述

围绕中心大局，倾力服务“双优”宁海建设；广泛凝聚共识，不断巩固团结联谊成效；注重求新务实，推进政协工作提质增效；加强自身建设，全面提升履职能力水平。在中共宁海县委的坚强领导下，县政协及其常委会坚持以习近平新时代中国特色社会主义思想为指导，深入学习中共十九大和十九届历次全会精神，认真贯彻落实习近平总书记关于加强和改进人民政协工作的重要思想和习近平总书记在浙江、宁波考察时的重要讲话精神，坚持发扬民主与增进团结互相贯通、建言资政和凝聚共识双向发力，充分发挥专门协商机构作用，不断推进各项工作创新发展，全县政协工作迈上新台阶、开创新局面、呈现新气象。

中共宁海县委对政协工作高度重视，县委常委会多次听取县政协党组工作汇报，研究审议政协年度协商工作计划和重大工作事项。县委书记林坚、县长滕安达带头参加政协协商活动，领衔督办重点提案，对政协工作作出批示15次。县委常委和副县长牵头领办重点提案6件，参与政协各项协商活动16次。县政协以组织实施年度协商工作计划为主线，交办提案185件，开展重点调研15项、视察活动18次，召开常委会会议7次、主席会议15次，举办“请你来协商”活动57次，形成调研报告35份，为“双优”宁海建设做出积极贡献。

加强中共建设，切实提高政协工作站位。强化理论武装。健全常态化学习机制，引导委员把认同核心、维护核心、紧跟核心落实到履职全过程和各方面。坚持把理论学习作为县政协党组会议第一议题，通过主席会议集体学习、常委会会议专题学习等形式，组织政协委员和机关干部深入学习贯彻习近平新时代中国特色社会主义思想，推动全县各党派团体和各族各界人士牢固树立“四个意识”，坚定“四个自信”，坚决做到“两个维护”。注重学思用贯通、知信行统一，努力把学习成果转化为提高政协工作质量的强大动力和实际行动。全年组织各类学习培训50余次，参加人数达1100多人次。

突出政治引领。牢牢把握政协的性质定位，坚持团结和民主两大主题，努力把中共政策主张转化为各党派团体和各族各界人士的共识和行动，坚定不移走中国特色社会主义政治发展道路。主动争取县委对政协工作的重视和支持，第一时间传达学习、贯彻落实中央和省市县委重要会议精神和重大决策部署，及时向县委请示报告政协重点工作、重要事项。紧紧围绕全县大局履行职能，做到县委、县政府中心工作推进到哪里，政协工作就跟进到哪里，建言助力就体现到哪里，确保与党政决策部署无缝对接、合拍共振。

筑牢党建根基。按照新时代中共建设总要求，充分发挥县政协党组领导核心作用，以中共建设引领新时代人民政协事业发展，把中共领导贯穿到政协工作的方方面面。完善政协党组成员联系党员委员、党员委员联系党外委员机制，深化推进中共组织对党员委员的全覆盖、中共工作对政协委员的全覆盖，从“有形覆盖”向“有效覆盖”提升，确保政协工作始终在中共领导下阔步前行。县政协党组成员到群众中宣讲习近平总书记系列重要讲话精神和中共十九届五中全会精神，推动中共精神在基层贯彻落实。扎实推进机关党建工作，坚持开展党组织生活会、民主生活会，组织党员到余姚四明山、岔路梅花村等革命老区开展党日活动。

自疫情发生以来，县政协坚决落实中央决策、省委部署、市县委要求，第一时间向全体政协委员发出倡议书，研究部署各项防控工作。广大政协委员闻令而动，在关键时刻站得出来、顶得上去，各展其长、各尽所能，在疫情防控主战场书写“为国履职、为民尽责”的政协答卷。委员们有的奋战抗疫一线，有的争做社区志愿者，有的积极捐赠物资，有的创作抗疫作品，有的开展法律援助，有的坚守本职岗位，在各自领域竭尽所能支持战“疫”。根据县委统一部署，县政协及时把握疫情变化趋势，倾力助推复工复产。主席会议成员率领全体机关干部深入开展“三服务”活动，赶赴联系乡镇（街道）、社区、企业指导复工复产，提出意见建议150多条，帮助企业迅速重启生产。机关优秀年轻干部奔赴复工复产指挥部，助力全县复工复产。这些都为全县“两手都要硬、两战都要赢”贡献政协智慧和力量。

11月11日，“六送下乡”惠民服务活动

参政议政

【献计献策】 围绕科学编制“十四五”规划，县政协主席会议、常委会会议听取编制情况汇报。县委书记林坚到政协专题听取规划编制意见建议，要求相关部门充分采纳吸收。县长滕安达带领县政府全体领导班子，与县政协全体领导班子专题协商2020年度重点工作，确保政协工作始终融入大局、服务发展。召开政情通报会，全体政协委员听取县政府关于2020年上半年经济社会发展情况通报，使委员更加了解政情、更好地精准建言。

围绕“强化环境污染防治，推进‘双优’宁海建设”和“打造品质社区、提升生活质量”两个主题，分别开展县委书记、县长与政协委员面对面协商活动，提出完善生态环境治理体系和建设高品质社区等8个方面33条意见建议，其中多条建议已转化为推动工作的新举措。

十届四次会议期间，委员们围绕经济健康发展、社会和谐稳定等重要课题，与党政领导班子成员协商交流，提出的665条意见建议被分解到各有关部门，促进相关工作改进。此外，还就国土空间开发利用、“365”工业产业体系和“215”工业企业梯队建设、现代农业发展等重大议题，积极主动地开展协商议政，力求谋实、谋准、谋深。

【建议建言】 针对农村饮用水安全问题深入调研，形成《加快推进农村饮用水达标提标的建议》全会提案，提出进一步完善运维机制、提升区域集中式供水能力等17条建议，得到县委、县政府高度重视。县委书记林坚多次实地调研，并将王爱片区域农村饮用水工程建设作为书记暖心工程，予以资金和政策上的支持。县长滕安达组织相关部门召开农村饮用水达标提标工程专题协调会和工作部署会，亲自抓、亲自管，实现农村群众从“有水喝”向“喝好水”转变。

针对提升城乡生活垃圾处理能力，连续3年组织开展专题调研，对全县18个乡镇（街道）的垃圾产量、处理模式、分类情况进行分析，围绕加强设施统筹、开展分类示范等方面建言献策。撰写的《宁海县西店镇垃圾就地减量资源化模式调研报告》得到省政府副省长陈奕君、省政协副主席周国辉的批示肯定，两人带队到宁海实地考察。

针对市民公共交通出行不便等问题，组织政协委员乘公交、谈体验，提建议、促提升，助推全国首个县级“网约巴士”落地。

就交通安全管理、海亮宁海公学建设、跃龙大桥建设等视察建言，为道路安全提升、工程提质增效等事项贡献心力；对社区健康养老、低收入农户增收扶持情况、生猪产业发展情况等深入调研，为实现精准帮扶、激发内生动力提供决策参考。一年来，政协委员们根据一线生产、生活情况反映社情民意110余条，其中20多条建议被中央办公厅和省、市录用。

【精准监督】 围绕全国文明城市创建，开展“‘协’手助创城，我们在行动”专项集体民主监督，由主席会议成员带领3个暗访组前往城区主要街道走访察看，发动全体政协委员对不文明现象进行“随手拍”，向县文明办反馈9大类41个问题，在“看宁海”的创城曝光台曝光。围绕平安宁海建设，主席会议成员多次带队前往各乡镇（街道）监督检查安全生产工作，排摸企业安全隐患135处，提出整改建议210多条，帮助企业树立安全生产理念、做好风险防范。民主评议县应急管理局安全生产工作，通过走访调研、听取汇报、问卷调查等形式了解情况，形成评议报告，相关建议被县应急管理局吸收转化。

围绕全域旅游发展，就景区门面建设、户外运动基地建设等进行视察；围绕落实小微权力36条，就村级工程建设项目审计、深化“最多跑一次”改革等开展监督。同时，对县发改局、县医疗保障局、县应急管理局、县科技园区管理中心、县文明办5家单位进行民主监督，形成监督意见书，协助部门解决问题、改进工作。

团结民主

【密切联络联谊】 牢牢把握人民政协大团结大联合的独特优势，进一步加强同各民主党派、工商联、无党派人士的联系与合作，主动征求对政协工作的意见建议，重点安排参加政协履职活动，积极营造平等议事、和谐共商、严谨活泼的协商民主氛围。广交朋友，深交朋友，进一步增进与社会各界的沟通联系。加强与各界别委员和群众的常态化走访交流，切实发挥好政协“连心桥”作用。举办全县各界人士中秋茶话会，共叙乡情友情，共谋发展之策，同心同向同行的局面更加生动。积极走访联系民族宗教界人士，促进民族宗教关系和谐。深化与新经济组织、新社会组织和新社会阶层代表人士、新宁海人的联系，增强各界人士对宁海的认同感。加强同港澳台同胞和海外侨胞的交流与合作。

【优化服务活动】 深入基层倾听民声、服务民生，切实让群众感受到政协离自己很近，政协委员就在身边。开展市、县两级政协“六送下乡”惠民服务活动，根据基层实际需求，邀请专业技术人员及政协委员到茶院乡开展服务，并捐赠价值20余万元的科普仪器、少儿图书、体育器材等物品，受到当地群众欢迎。按照县委统一安排，主席会议成员定期到基层进行信访接待，积极回应民生关切，协调化解群众反映强烈的突出问题和信访积案。发挥政协慈善爱心基金作用，积极开展扶贫慰问工作。一年来，慰问老党员、困难群众共计57人，发放慰问金10余万元。开展“界别活动月”活动，18个界别委员纷纷行动，通过走访桑洲茶农、察看农村水站、看望企业职工等活动，用心听取民声，真情为民解难。举办同心假日活动，政协委员们暑期走进胡陈东仓小学，为贫困学生、留守儿童授课，充分展现新时代政协委员风采。

【做好文史宣传】 充分发挥文史资料“存史、资政、团结、育人”作用，从宁海特色地域文化入手，广泛联系文化艺术等各界人士，立足宁海传统文化的保护、传承和文化事业发展，深入调研，积极建言。组织开展优秀艺术作品创作，积极开展联谊交流，向宁波市政协选送20余幅艺术作品。完成《宁海县政协志》编撰工作。加大政协工作宣传力度，通过《人民政协报》《联谊报》及浙江政协同心苑公众号等，报道政协动态，交流工作体会，公开议政成果，刊登委员风采，全年共发表报道80余篇。支持政协之友社、宁海书画院、平调研究会、跃龙诗社等社团开展活动。

自身建设

【注重常委会自身建设】 始终坚持把提高班子驾驭全局、科学决策的能力和水平作为加强自身建设的落脚点，增强领导班子的凝聚力、号召力和战斗力，把实事求是、注重实效作为常委会强化自身建设的重点，经常性组织政协常委深入基层，调查研究。举办常委读书会，开展高标准当好“勤于学习、认真履职、团结合作、联系群众、遵纪守规”五个模范的学习研讨活动，争当践行“重要窗口”建设的双优模范生。落实常委述职制度，定期安排3—5名政协常委向全体常委分享履职成果及体会，促进常委履职能力不断提高。

【加强委员服务管理】 稳步扩大委员工作室覆盖面，按照“成熟一个、创建一个”的原则，新建农林、工会、妇联、黄墩艺社、卫健、西店6个委员工作室，引导委员工作室结合自身优势开展活动。科创委员工作室共商知识产权保护；工会委员工作室用心打造“职工说事”品牌；妇联委员工作室定期开展女性读书会……通过加强委员履职服务管理和教育培训，健全履职制度机制，认真落实委员履职考核办法，严格执行退出机制、委员约谈制度，激励委员切实担当尽责、履职作为。一年来，广大委员牢记“懂政协、会协商、善议政，守纪律、讲规矩、重品行”的要求，投身政协履职实践的积极性更高，“委员作业”完成得更为高效圆满。

【深化政协机关建设】 贯彻落实中央和省市县委政协工作会议精神，着力破解“两个薄弱”问题。加强专委会建设，增设农业和农村委员会。做好“专”字文章，完善“一委一品”工作新格局。开展“一流机关”创建活动，加强政协机关制度建设与规范管理，抓实学习教育、抓严管理考核、抓优环境营造，提高机关办文办会水平，推动机关作风建设和服务保障质量提升。树立正确选人用人导向，激励机关干部强化责任意识、担当意识，积极作为、用心干事。先后选派优秀年轻干部担任农村指导员、村第一书记，各项工作任务均圆满完成。

【丰富创新工作载体】 把建好用好平台载体，作为发挥专门协商机构作用的关键之招，以创新塑造品牌，以特色彰显成效，推进政协制度优势向治理效能转化。持续深化“请你来协商”平台打造，协商形式得到整合提升，协商组织更为规范精细，协商手段更加创新多元。通过开门协商，将跃龙山公园改造提升专题协商会开到公园里，政协委员、社区代表以及跃龙山附近居民、游客畅所欲言，各相关部门积极回应，现场达成共识，取得良好的社会反响。活动得到浙江政协同心苑、甬派等报道，点击量超过18万次。持续推进“社区协商厅”特色品牌创建，制定2020年工作方案和未来5年工作实施意见。主席会议成员带领6个调研监督组到24

9月24日，中秋茶话会

个社区开展“进社区、访民情、解民忧”活动，深入了解群众所需，解决群众所盼。组织委员到所联系社区开展政策咨询、法律帮扶等活动20余次，打通委员履职“最后一公里”。

【推进政协履职“互联网+”】 把网络开放性、交互性的特点与政协联系面广、代表性强的优势结合起来，创新网络议政形式，积极打造“指尖上的协商民主”。在书记与委员面对面协商会上，首次实现主会场与科创、黄坛两个委员工作室分会场的网络远程协商，一网相连、多地互动，同屏协商、同频议政。打造移动办公系统，推广会议平板使用，实现会议信息“云存储”，履职效率进一步提高。借助钉钉、微信等平台，以政协委员“随手拍”等形式，实时提出微建议、开展微协商、实施微监督，履职迈入“掌上时代”，政协协商民主更加广泛、更为灵活。

【增强提案办理实效】 牢牢抓住提案撰写质量、提案办理落实质量、提案服务质量三个环节，推动提案工作从“就事论事”向“机制建设”转变、从“被动办理”向“主动作为”改进、从“答复满意”向“结果满意”提升。对县民政局提案办理工作进行评议，准确提出意见建议，推动办理效果、社会反响“双提升”。召开提案知情明政通报会，邀请县卫生健康局、县综合执法局通报相关工作情况，增强政协委员对政情的了解与掌握，为撰写高质量提案创造条件。深入开展“提案办理集中回头看”“二次办理”等活动，不断提高提案办理工作质量。

委员提案工作

【概况】 县政协十届四次会议以来，广大政协委员和政协各参加单位认真履行职责，围绕县委、县政府中心工作和社会热点难点问题，深入调查研究，积极建言献策，以提案形式提出意见建议225件，其中政协界别、民主党派、人民团体和政协专委会提案21件，委员提案204件。经审查，28件因内容相同并案为11件，不予立案作为意见建议转有关部门办理的23件，正式立案185件，其中重点提案6件。截至12月，提案所提事项已经解决或基本解决的79件，占42.7%；正在解决或列入计划解决的73件，占39.5%；因受条件限制，暂时难以解决或留作参考的33件，占17.8%。根据提案满意度反馈统计，提案者对承办单位提案办理工作表示满意的170件，占91.9%，基本满意的14件，占7.6%。不满意的1件，占0.5%；提案者对办理结果表示满意的163件，占88.1%，基本满意的21件，占11.4%，不满意的1件，占0.5%。不满意提案经重新办理后，委员表示满意。

9月27日，政协委员培训合影

【为推进经济发展建诤言】 委员们就数字经济发展、产业转型升级、旅游产业提升等事关宁海经济发展的重大问题，共提出提案36件。关于推进宁海数字经济发展的建议，承办单位围绕市“246”万千亿级产业集群培育，深入实施数字经济“一号工程”，探索形成以数字产业化为主线、产业数字化为抓手的立体化产业发展体系，培育壮大数字经济核心产业，加快推进重点行业数字化应用，形成数字经济发展的良好生态，从而推动实体经济的高质量发展。针对多措并举厚植宁海外贸发展新优势的建议，承办单位将建议纳入《宁海县关于加快转型升级促进外经贸高质量发展的若干意见》中，首次将企业线上拓展、数字营销、跨境电商、外贸转型升级基地建设方面纳入政策支持范围，并强化金融信保支持，建立金融帮扶“白名单”，推进“甬贸贷”融资业务，为宁海外贸工作在全球疫情蔓延、中美贸易摩擦升级的不利影响下发展保驾护航。关于推进宁海全域旅游的建议，相关部门十分重视，召开宁海县“全域旅游再出发”动员暨文旅融合推进大会，以“八大系统工程”为抓手，加速推动森林温泉省级旅游度假区创建国家级旅游度假区、前童古镇创建国家AAAAA级旅游景区，打造出宁海旅游特色品牌，全力推进旅游产业发展。关于推动宁海茶叶产业发展的建议，在《宁海县茶产业“十四五”建设规划》中得到很好体现，承办单位进一步加强茶叶产业品牌打造、龙头企业培育、人才培养引进的力度。另外，委员们还就组建区域农产品运营中心、扶持本地建筑企业发展、加强新生代企业家培养等方面提出自己的真知灼见，得到承办单位的重视，促进相关政策和措施的制定出台，助推宁海经济持续健康发展。

【为推进美丽宁海建设献良策】 委员们在城乡统筹发展、垃圾分类再深化、基础设施建设等方面提出许多真知灼见，共提出提案44件。关于推进社区管理水平创新的建议，承办单位加强社区基础设施建设，促使一批新的社区服务用房投入使用，加大专业人才培养，通过社区工作领军人才“传帮带”，打造一支对社区工作具有重要引领作用的人才队伍。关于宁海城区启动智慧停车项目的建议，贴合城市管理工作重心，承办单位在2020年启动宁海县智慧停车项目建设，共设计停车泊位1.1万多个，项目一期的试点区块已投入运营。关于推进乡村美丽庭院建设的建议，承办单位首次将美丽庭院创建融入全县艺术特色村创建项目，进一步提升和优化农村独有的庭院文化，使艺术和产业相互融合，助推村庄发展。关于推进宁海县垃圾分类事业的建议，承办单位突出抓好垃圾分类收集设施投放工作，加大终端处置建设力度，创成省级高标准小区18个、市级示范小区47个，环保能源发电项目正式投入使用，积极推动宁海生态绿色发展。另外，重视白溪流域水生态保护工作、加强地下管线精细化管理、提升农村“空心村”综合改造力度等意见建议，通过承办单位的努力，得到有效解决，有力推动城乡人居环境品质的提升。

【为推进社会事业发展谋思路】 委员们着眼于宁海文化、教育、卫生、体育等社会事业方面积极建言献策，共提出提案52件。广大政协委员和各民主党派积极投入抗疫工作，并围绕完善县域疫情防控工作、加强环境卫生治理、推进公筷公勺使用等方面提出相关提案，为宁海疫情防控工作发挥积极作用。如针对委员提出的进一步完善县域疫情防控工作的建议，承办单位全面整合县域医疗资源，常态运行防疫工作专班，不断推进县级医院发热门诊改造提升，新建12个乡镇卫生院发热诊室，建立核酸采样人员、实验室核酸检测人员库，组建医疗救治专家团队，加强医疗物资储备，疫情防控水平得到进一步提升。为落实好委员提出的关于加强青少年优秀传统文化教育的建议，承办单位通过开展“中华经典诗文进校园、进课堂”“读国学经典，育道德人才”等活动，组织中小学生参加经典诵读大赛、成语听写大赛和诗词大赛，促进广大青少年对优秀传统文化的传承和发扬。关于加强体育场地和健身设施建设的建议，承办单位因地制宜、积极复合利用城市的存量空间，建设一批举步可就、小型化的人民群众身边健身设施和场所，打造全民健身新载体，营造全民健身好氛围。关于加强宁海民俗文化传承保护的建议，为承办单位加强民间艺术人才的挖掘使用、加强民俗文化的宣传推介、加强民俗文化在乡村旅游中的推广运用、加强民俗文化的传承保护等方面起到积极作用。委员们还提出推进宁海医院电子病历共享调阅、加大扶持普惠性民办幼儿园力度、加快宁海名匠技艺传承发展等意见建议，在各承办单位的共同努力下，都得到较好的办理和落实。

【为推进民生福祉支实招】 委员们关注民生，针对食品安全、就业再就业、社会保障等问题，通过深入开展调查研究，共提出提案53件。关于加强对宁海网络订餐及外卖送餐监管工作的建议，得到承办单位的吸收采纳，强化入网餐饮服务经营者监管力度，从源头把好质量关，通过网络订餐智能化监控系统加强对第三方平台的监控，推进“阳光厨房”安装，提高入网餐饮单位加工“透明度”，引导消费者参与网络订餐食品安全监督。关于鼓励和支持宁海籍学生回乡工作和创业的建议，承办单位开展“家燕归巢”暑期社会实践，为学生返乡就业积累工作经验，疫情期间开展“不见面求职服务”、云端进行校园招聘、“直播待岗”等工作，为学生回乡就业创造良好条件。关于提升家政业发展水平的建议，得到承办单位吸收采纳，加大本土家政市场主体培育力度，以职业技能竞赛为抓手，信用体系建设为保障，定期开展家政行业检查，常态化建立家政服务投诉处理机制，有效促进宁海家政服务业蓬勃发展。针对委员们关注的加强城区养犬管理、推广ETC智慧停车、创新做强公益组织等问题，承办部门充分听取委员意见，主动办理，在保障民生、维护群众利益和解决实际困难中做出积极努力。

【会议提案】 《加快推动农村饮用水达标提标的建议》得到县政府高度重视，县长牵头专题研究落实方案，有力推动农村饮用水达标提标建设。在规划分类方面，大力推进规模化供水，因地制宜实施村村联网，大力推进水质规范提标，实现农村从“有水喝”到“喝好水”的城乡同质转变。在工程管理方面，县政府先后两次召开农村饮用水达标提标工作部署会和推进会，挂图作战、对账销号，严格工程建设标准，严把工程质量监管，把农村饮用水达标提标任务纳入目标责任考核，定期开展项目督查。在资金保障方面，农村饮用水达标提标项目投资远超市县财政补助标准，为破解资金保障问题，水利、财政、发改等部门积极向上争取资金补助，同时着力增强县水利投资有限公司的融资能力，确保高质量完成农村饮用水达标提标任务。在运维管理方面，坚持工程建设与机制建设同谋划同推进，做到“四个全面”，即全面落实县级统管机制，全面落实水质监测评价机制，全面落实水费收缴机制，全面落实水源保护机制。结合全会提案的办理，总投资3.28亿元的农村饮用水达标提标项目已全部完工，农村饮用水达标提标三年行动提前高标准高质量完成。

常委会提案工作

【概况】 一年来，县政协常委会以习近平总书记关于加强和改进人民政协工作的重要思想为指导，贯彻落实习近平总书记在浙江、宁波考察时的重要讲话精神，以提高提案质量、办理质量和服务质量为工作主线，推动提案工作提质增效。

【质量为先】 加强选题引导。认真开展提案参考题目的选题工作，向委员发放提案征集目录等材料，组织委员围绕县委、县政府的中心工作和人民群众普遍关心的热点难点等各种问题深入开展调查研究，引导委员以立足大局服务宁海的履职之心，精准选题，增强履职实效。

促进知情明政。持续开展提案知情明政通报会，帮助委员了解真实情况，抓住具体问题精准提案；组织委员参加专题视察调研、政情通报会，参与县级重大工程的视察监督、中心工作的调研走访等，拓宽委员履职参政渠道，丰富信息来源，把委员的关注点引导到党委政府的中心工作以及群众普遍关心的热点、难点问题上来，从而使委员知上情、明县情、察民情，有效促进提案质量的提高。

严格立案审查。树立质量优先导向，严格立案标准，严把立案关口，对不符合要求的坚决不予立案，有效保证提案质量，切实发挥立案审查在提高提案质量中的关键作用。

【落实为要】 提升办理层次。县委、县政府把提案办理工作摆上重要议事日程。县政府领导每年都领办全会提案、重点提案，进一步增强提案办理实效。县政协常委会会议专门听取县政府关于提案办理情况通报，主席会议研究提案工作成为常态。政协主席、副主席分工督办全会提案、重点提案，参与调查研究，听取办理情况通报，开展提案办理协商，有力地推动提案的办理落实。

推进全程协商。坚持把协商贯穿于提案工作全过程，积极搭建提案者、政协组织、承办单位共同参与的提案办理协商平台，建立健全联系沟通、办理询问、研讨交流等办前必沟通、办中必面商、办后必反馈的全程协商机制。通过多种灵活有效的协商，凝聚各方共识，推动提案办理。积极搭建提办双方交流协商平台，开展提案办理专题协商会，开展面对面交流互动，听取委员对提案办理的合理化建议，在互动协商中推动提案有序有效办理。

9 月 11 日，跃龙山改造提升专题协商

强化提案办理督查。县委、县政府将提案办理情况作为部门年度政务督查考核的重要内容，督查部门建立台账，及时督查办理情况。年底，对 B 类提案进行回访督查，承办单位开展“二次办理”，许多建议得到进一步落实。

【保障为基】 健全提案办理机制。按照“分级负责、归口办理”的原则，与党政督查部门协商确定提案承办单位，明确办理措施和时限，落实办理责任。积极争取党委重视和政府支持，建立部门主要领导负主责的办理机制，坚持各专委会和相关委员对口参与制度，综合运用协商办案、视察办案、跟踪办案等形式，加大督办力度，提高办理质量。

健全提案办理民主评议机制。将提案办理民主评议纳入政协全年重点工作进行安排部署，确定县民政局为被评议单位，通过科学制定评议方案，认真组织调查研究，开展民主测评，准确提出评议意见，形成评议报告，使评议工作呈现出部门欢迎、委员乐意、群众关注的良好局面，实现办理效果、社会反响“双提升”。

健全提案表彰制度。强化激励机制，对优秀提案、提案承办先进单位和先进个人进行评选表彰，共有 10 件提案、6 家单位和 10 位个人受到表彰奖励，进一步夯实提案质量基础，发挥优秀提案和先进单位的示范引领作用，切实提高提办双方的工作主动性和积极性。

重大会议

【县政协十届三十八次主席会议】 1 月 7 日上午，县政协主席尤玲娟主持召开，审议关于召开中国人民政治协商会议第十届宁海县委员会第四次会议的决定（草案）。副主席邬汝跃、尤永成、石建军、何建春、童青燕、石道伟，秘书长俞丹斌参加，叶良晓、叶良晓、黄才向、娄坚、娄培宗、胡军、陈庆宇、潘微琼、徐卫东、黄珂、周武军、陈珍莹、胡春霞、郑文英列席。会议建议中国人民政治协商会议第十届宁海县委员会第四次会议于2020年2月中旬召开，并建议会议的主要议程。

会议审议通过参政议政发言材料，优秀提案、提案承办先进单位和先进个人名单；协商讨论有关人事事项、部分专门委员会更名的决定（草案）、县政协十届四次会议全体会议提案（草案）、提案工作条例（草案）；协商讨论2020年工作要点等事项。

【县政协十届三十九次主席会议】 1月17日上午，县政协主席尤玲娟主持召开，副主席邬汝跃、尤永成、石建军、何建春、童青燕、石道伟，秘书长俞丹斌参加。会议协商讨论宁海县2019年财政预算执行情况和2020年财政预算初步安排意见，传达学习省政协十二届三次会议精神、协商讨论县政协十届四次会议有关事项、审议通过县政协十届十五次常委会会议议程（草案）和日程、协商讨论常委会工作报告（草案）和提案工作报告（草案）。

【县政协十届十五次常委会会议】 1月21日下午召开。会议协商讨论县政协十届常委会工作报告（草案）、提案工作报告（草案）、十届四次会议有关事项以及《政府工作报告（征求意见稿）》、2020年经济社会发展主要指标和2020年县重点实事工程安排方案，审议通过《关于召开县政协十届四次会议的决定》。会议决定县政协十届四次会议于2020年2月中旬召开。主席尤玲娟，副主席邬汝跃、尤永成、石建军、何建春、童青燕、石道伟，秘书长俞丹斌出席会议。

【县政协十届四十一次主席会议】 4月20日下午，县政协主席尤玲娟主持召开并讲话，副主席尤永成、石建军、何建春、童青燕、石道伟，秘书长俞丹斌参加。会议学习传达习近平总书记在浙江、宁波考察时的重要讲话精神以及省委网络安全和信息化委员会会议精神。经县政协常委会授权，县政协十届四十一次主席会议决定：中国人民政治协商会议第十届宁海县委员会第四次会议于2020年5月7日召开。会议还审议通过县政协十届四次会议日程（草案）、其他有关事项说明以及主席台就座建议名单、列席人员建议名单及说明、执行主席名单（草案）等。会议还部署落实县政协2020年党风廉政建设工作，审议通过民主评议县应急管理局安全生产工作实施方案、应用型智库组成人员名单，总结4月工作和研究确定5月工作安排。

【县政协十届四次会议】 5月6日下午至5月9日上午召开，县政协主席尤玲娟，副主席邬汝跃、尤永成、石建军、何建春、童青燕、石道伟，秘书长俞丹斌参加会议。

【县政协十届十七次常委会会议】 5月9日上午召开，审议通过县政协十届十七次常委会会议议程和关于增设农业和农村委员会的决定，听取三位常委代表的2019年度常委工作述职。主席尤玲娟，副主席邬汝跃、尤永成、石建军、何建春、童青燕、石道伟，秘书长俞丹斌参加会议。

【县政协十届四十四次主席会议】 7月29日下午，县政协主席尤玲娟主持召开并讲话，副主席邬汝跃、尤永成、何建春、童青燕、石道伟，秘书长俞丹斌参加。

会议听取县医保局关于城乡居民医疗保障情况的通报、县财政局关于新一轮乡镇（街道）和工业园区财政体制调整方案的通报，会议对习近平总书记关于中国共产党领导是中国特色社会主义最本质的特征的重要论述、6月30日中央全面深化改革委员会第十四次会议精神、6月29日中共中央政治局会议精神以及《中国共产党基层组织选举工作条例》进行专题学习。

会议审议通过县政协十届十八次常委会会议有关事项、县政协有关人事事项、《县政协“请你来协商·书记与委员面对面”强化环境污染防治专题协商会工作方案》《宁海县政协关于开展“‘协’手助创城 我们在行动”专项集体民主监督的实施方案》、品质社区建设调研方案，总结7月工作，研究确定8月工作安排。

【县政协召开十届十八次常委会会议】 8月20日上午召开。会议审议通过县政协十届十八次常委会会议议程，围绕“强化环境污染防治 推进‘双优’宁海建设”课题开展参政议政发言，协商通过有关人事事项。主席尤玲娟，副主席邬汝跃、尤永成、石建军、何建春、童青燕、石道伟，秘书长俞丹斌参加会议。

【县政协十届四十六次主席会议】 9月22日下午，县政协主席尤玲娟主持并讲话，副主席邬汝跃、尤永成、石建军、何建春、童青燕、石道伟，秘书长俞丹斌参加。会议听取力洋镇重点工作情况汇报，围绕力洋镇经济社会发展提出建议意见。审议通过大会参政议政发言有关事项、县政协主席会议成员分工有关事项，总结9月工作和研究确定10月工作安排，审议县2020年上半年财政预算执行情况报告。

【县政协十届十九次常委会会议】 9月29日上午在浙江省委党校四明山分校10号楼209教室召开，会议审议通过县政协十届十九次常委会会议议程和有关人事事项。主席尤玲娟，副主席邬汝跃、尤永成、石建军、何建春、童青燕、石道伟，秘书长俞丹斌出席会议。

【县政协十届五十次主席会议】 11月24日下午，县政协主席尤玲娟主持并讲话，副主席尤永成、何建春、童青燕、石道伟，秘书长俞丹斌参加。会议听取县纪委县监委关于党风廉政建设和反腐败工作情况介绍、县发改局关于县“十四五”规划编制情况汇报，审议通过县政协十届二十次常委会会议有关事项以及人事有关事项、打造品质社区各子课题调研报告、县“十四五”规划专题协商工作方案，协商讨论县政协十届五次会议有关事项，总结11月工作并研究确定12月工作安排。

【县政协十届二十次常委会会议暨“请你来协商·县长与委员面对面”打造品质社区专题协商会】 11月30日下午召开，会议审议通过县政协十届二十次常委会会议议程，协商通过有关人事事项，听取县政府关于县政协十届四次会议提案办理情况和全体会议提案办理情况的通报，围绕“打造品质社区”课题开展参政议政发言。主席尤玲娟，副主席尤永成、石建军、何建春、石道伟和秘书长俞丹斌参加会议。

【县政协十届五十一次主席会议】 12月16日下午，县政协主席尤玲娟主持召开。副主席邬汝跃、尤永成、石建军、何建春、童青燕、石道伟，秘书长俞丹斌参加。审议关于召开中国人民政治协商会议第十届宁海县委员会第五次会议的决定（草案）。建议中国人民政治协商会议第十届宁海县委员会第五次会议于2021年1月20日召开，建议会议的主要议程。会议还学习中共中央政治局就加强我国知识产权保护工作举行第二十五次集体学习的主要精神和中共中央政治局常务委员会12月3日会议精神，协商讨论县政协十届五次会议有关事项，听取各专委会关于民主监督组入驻部门工作情况汇报，并协商讨论2021年工作安排。

【县政协十届五十二次主席会议】 12月29日下午，县政协主席尤玲娟主持并讲话，副主席尤永成、石建军、何建春，秘书长俞丹斌参加。会议协商讨论宁海县2020年财政预算执行情况和2021年财政预算初步安排意见，传达学习中央经济工作会议精神，协商讨论县政协十届五次会议有关事项、2021年工作要点以及有关人事事项、县政协十届五次会议全体会议提案（草案）、常委会工作报告（草案）和提案工作报告（草案），审议通过优秀提案、提案承办先进单位和先进个人名单，县政协十届二十一次常委会会议议程（草案）和日程。会议还总结12月工作并研究确定2021年1月工作安排。

群众团体

宁海县总工会

【概况】 深入学习贯彻习近平新时代中国特色社会主义思想，以中共十九届四中、五中全会精神，特别是习近平总书记关于工人阶级和工会工作重要论述及习近平总书记在全国劳模和先进工作者表彰大会上的讲话精神为指导，紧紧围绕县委、县政府部署，在常态化疫情防控下，围绕中心，服务大局，彰显特色，主动作为，各项重点工作取得突出成就，在全市总工会重点工作考核中荣获特等奖，目标管理考核名列全市第二，创新工作荣获一等奖，全年共获得各项国家级荣誉14个、省级荣誉47个、市级荣誉295个。省人大常委会副主任、省总工会主席史济锡对宁海“职工说事”工作两次作出批示肯定，并在全省推广；省总工会党组书记张才方也对该项工作进行批示肯定。

下辖县直机关工委、县经信局、具教育局、县住建局、县交通局、县水利局、县农业农村局、县文化和广电旅游体育局、县卫生健康局、县供销联社、县国投集团、县人力社保局、县自然资源规划局、县财政局、县市场监管局、县综合执法局、宁波南部滨海经济开发区、县三门湾现代农业开发区管委会、县金融系统工会联合会19个局工会联合会、乡镇（街道）总工会18个。全县共有基层工会组织1453家，工会会员218433人。

【党建工作】 以深入开展多项活动为契机，切实承担起引导广大职工群众听党话、跟党走的政治责任。

理论武装更加牢固。号召全县各级工会深入学习中共十九届五中全会精神和习近平总书记考察浙江重要讲话精神，并多次开展研讨。举办2020年“中国梦·劳动美——决胜全面小康、决战六争攻坚”全县职工网络正能量摄影大赛，全县40余个工会组织300余名职工积极参与；举办2020年“中国梦·劳动美——决胜全面小康、决战六争攻坚”全县职工书画大赛，共征集作品400余幅。组建“劳模宣讲团”“职工志愿者服务队”走进企事业单位宣讲，参与新时代文明实践活动，让全县广大干部职工和工会组织树牢“四个意识”、坚定“四个自信”，坚决做到“两个维护”，以实际行动推动中共意志和主张转化为广大职工砥砺奋进的生动实践。

从严治党全面深入。始终把党的政治建设摆在首位，持续推进“不忘初心、牢记使命”主题教育常态化，认真开展“当一周工人”活动，引导全县工会干部转作风、接地气，当好职工“娘家人”。深入推进形式主义、官僚主义等“四风问题”集中整治活动，扎实开展办公用房整改、“无烟机关”创建，认真落实垃圾分类及节约粮食工作。切实履行主体责任，专题研究党风廉政建设工作、意识形态领域工作，召开年度党风廉政会议，签订“一岗双责”责任状，进一步织密制度笼子、筑牢防控堤坝。

意识形态不断净化。开通“宁海工会”微信公众号，播报新闻动态，展现职工风采，搭建服务平台，同时借助市总工会网上阅读平台，打造“正学书坊”网上阅读团队，鼓励广大职工在网上分享阅读心得体会，进一步培养道德情操。举办3场市县层面的“书香溢远·悦读阅美”——2020年全县职工读书会，培育和倡导全民阅读的时代风尚，提升职工文明素养，成功推选第一医院职工书屋为省级职工书屋。

【固本强基】 以认真开展多项竞赛为手段，组织全体职工建功立业，充分发挥工人主力军作用。

注重素质提升，发展力量进一步汇聚。围绕长三角一体化、“四大建设”、“246”万千亿级产业集群等重大战略，深化重点工程立功竞赛。出台《关于组织动员全县广大职工积极投身“牢记总书记嘱托，弘扬新时代精神”劳动竞赛活动的通知》，通过典型引领，全县组织开展55场职工职业技能竞赛和68个项目劳动竞赛，带动岗位练兵3万余人次，产生32名首席工人和技术能手。建新赵氏集团有限公司陈如意等3名职工获得“浙江金蓝领”荣誉。举办首届长三角“叉车司机”职业技能大赛，宁波获得团体第一名；宁海小雪人文具公司员工尚恒羽代表宁波参赛队勇夺2020年中国职工乒乓球联赛男子单打冠军、团体亚军；创新举办宁海县美发职业技能大赛，宁海县品茶、评茶职业等技能竞赛，其中茶艺、花艺大赛各1名选手选送省级技能大赛获一等奖；宁波市模具工职业技能竞赛等2项列入市级精英赛项目、宁海县管道安装技能竞赛等9项被列入市级群英赛项目。积极助推各行各业人才培养。

注重示范带动，模范作用进一步彰显。宁海县圣猴果蔬专业合作社理事长裘银芳荣获全国劳动模范荣誉。开展第四批“缑城工匠”评选活动，宁波宇升模业有限公司叶元建等10名为第四批“缑城工匠”；选送市级工匠11名，其中3人获“港城工匠”荣誉称号；宁波跃飞模具有限公司周国全等10家工作室被命名为“宁海县劳模和工匠人才创新工作室”。举行“牢记总书记嘱托 弘扬新时代精神”劳模工匠专题座谈会暨“名师带徒”结对仪式，全国五一劳动奖章获得者梁伟峰等10名劳模工匠现场招收徒弟，全年实现师徒结对100对。

注重产改工作，集体协商进一步显效。建立健全产业工人队伍建设改革工作联席会议制度，重点抓好非公有制企业产改工作，挖掘好的经验做法，总结提炼可借鉴推广的模板样板。召开“同舟共济谋发展 凝心聚力构和谐”宁海县集体协商业务交流会，并通过集体协商模拟竞赛等选拔出优秀的“职工自己的协商专家”，荣获“市第二届集体协商竞赛”团体第一名，宁波永成双海汽车部件股份有限公司工会主席张燕荣获个人第一，并获得宁波市首席工人称号。宁波双海机械制造有限公司、宁波中贺汽配有限公司被评为年度市级工资集体协商精细化示范企业，深甽户外用品行业被评为年度市级工资集体协商精细化示范行业。

【改革创新】 以实施多个专项行动为抓手，坚持改革创新，不断激发基层组织的吸引力。

开展工会组建行动，强基层广覆盖。按照“抓重点、补短板、强弱项”的要求，加快“三新”领域工会组建和会员发展工作，成立全市首家快递行业联合工会和前童文创产业联合工会；围绕“乡村振兴”战略，开展乡村产业工会组建专项行动，推进“农家乐”、民宿、农村电子商务、农副产品生产加工销售企业等涉农组织和行业的工会组建工作，截至12月底，全县共新组建工会105家（其中单建100家、小二级工会5家），覆盖企业175家，发展会员6778人，组建率位列全市前茅。其中，得力集团有限公司获评全国模范职工之家。

开展改革创新行动，破难题育典型。积极推进下属事业单位改革，成功将工人文化宫并入职工服务中心，由自收自支事业单位变为公益一类全额事业单位。同时，为进一步发挥工会服务阵地作用，根据省总工会《关于进一步规范工会阵地社会化市场化运作的意见》，经多次与省、市总工会资产部沟通协调并牵头召开与县政府第三次联席会议，探索性开展“宁海阵地”“两化”运营事项，工人文化宫已成功招募合作方并开始运营。“职工说事”升级2.0版，探索创建示范说事工作室，利用微电影、抖音等新媒体方式逐步推进创建工作，截至12月底，已有273家规上企业建立“职工说事”工作室，收集意见3531条，解决率3531条，职工满意率达100%，省人大常委会副主任、省总工会主席史济锡，省总工会党组书记、常务副主席张才方等多位领导对职工说事工作做出重要批示，要求全省各地学习借鉴，宁海代表宁波在全省工会参与社会治理视频工作会议上作题为“创新‘职工说事’制度，探索工会助推基层社会治理新模式”的典型经验交流。

开展规范促活力行动，夯基层打基础。开展“活力基层工会”星级创建工作。继续深化星级创建五年行动计划，下发《关于进一步加强“活力基层工会”星级创建活动的意见》，健全完善“活力基层工会”星级创建考核验收的常态化工作机制以及评级复查机制，23家企事业基层工会被评为市级五星级工会，其中华英伦科技、宁海中医院等3家基层工会被评为示范基层工会。同时，银河女性创业工会联合会、岔路高坛园区工会联合会获评市级五星级区域性、行业性联合工会。扎实推进工会组织和会员实名制数据库建设试点工作，加强基层工会组织建设，扩大工会有效覆盖。全县18个镇乡（街道）总工会、19个局工会联合会全面完成工会实名制数据采集工作，基层工会授权已完成1250家，会员采集人数达15.88万人次，完成对辖区内基层工会信息维护情况的全面核查。

【维权维稳】 以创新多种服务模式

为平台，推动构建和谐劳动关系，努力保障广大职工共享经济社会发展成果。

全力保障疫情防控。第一时间成立疫情防控领导小组，设立100万元防控专项资金，深入一线开展慰问活动。全体机关干部奋战在一线向乡镇、村卡口等发放手套、帐篷、消毒液等抗疫物资累计价值40余万元，有力地支持抗疫工作。同时把防治一线医务人员、援鄂医疗队员及其家属作为关心关爱对象，采取多种形式送温暖、献爱心，帮助解决实际困难，共赠送职工互助保障及家政服务卡等共计10万余元。专项拨出10万元组织抗疫一线医务人员进行疗休养活动。各级工会及时成立复工复产驻企小分队，共走访企业370家，帮助解决企业物资短缺等各类问题200余个。针对疫情期间的就业形势和防控要求，举办线上招聘会7场，提供免费服务人数11972人；举办线下招聘会1场，113家招聘企业提供岗位3265个，提供免费服务人数1613名。

全力强化共建共享。对建档困难职工进行全面复核，同时制定生活救助、医疗救助、助学救助三类精准帮扶措施，全年共生活救助145人次，发放慰问金21.85万元，实现全县建档困难职工下降74%。进一步扩大职工医疗互助保障覆盖面，通过现场咨询、进企宣讲等方式，积极加大政策宣传力度，参保人数6.48万人次，同比增长11.7%。理赔1577人次601.6万元，同比增长417.7%。全面提升服务水平，大力拓展“5·1服务卡”覆盖面，累计办卡12.38万张，激活4.9万张。开展“促消费·助发展”职工欢乐购、10元看大片、传统年货欢乐购、农特产品优惠购等活动，惠及职工11058人。

全力维护劳动关系。做好市总工会劳动争议调裁诉在宁海县的试点工作，不断完善县劳动争议联合调解中心工作制度，积极加强基层劳动争议调解组织建设力度和工会法律援助力度，成立宁海县劳动争议调裁诉对接工作协调小组，在法院设立诉调对接工作室，在总工会设立劳动争议巡回法庭，共同做好基层劳动纠纷化解工作，2020年共接待信访532件，涉及职工1157人次，涉及金额1859万元。创建2家市级劳动关系协调工作室，6家县级劳动关系协调工作室。发动1128家企业参与开展安康杯竞赛活动。其中双林集团及宁海供电公司荣获全国安康杯先进集体称号，建新集团、鑫城汽车、宁海供水公司等荣获省级先进集体称号。启动宁海县职工安全隐患随手拍合理化建议征集活动和百万职工“查事故隐患、保安全生产”百日集中行动，共收集合理化建议895条，企业采纳841条。同时积极参与安全事故调查，维护事故中职工的合法权益。

共青团宁海县委员会

【概况】 深入学习贯彻中共十九届五中全会精神和习近平总书记在浙江、宁波考察时的重要讲话精神，紧紧围绕县委和上级团组织部署要求，团结带领全县广大团员青年为宁海争做“重要窗口”模范生团队的双优生贡献青春力量。

【找准思想引领结合点】 做好政治引领。组织全县2.6万名团员青年学习中共十九届五中全会精神，习近平总书记在浙江、宁波考察时的重要讲话和五四寄语精神。线上线下结合开展“绽放战疫青春·坚定制度自信”主题宣传教育活动百余场。通过“红领巾学院”、少先队活动课等载体学习习近平总书记“六一”寄语精神，充分利用“青年大学习”网上主题团课，切实把制度自信的种子播撒进青少年心灵。

4月29日下午，共青团宁海县十七届七次全委（扩大）会议暨纪念五四运动101周年抗疫故事分享会在青少年活动中心举行

浙江省青工创新创效大赛话青春“畅享绿色发展”青年说比赛金奖，选送东方日升新能源股份有限公司的“500W+高效光伏组件开发”项目获第三届浙江省青工创新创效大赛“创新绿色发展”项目竞赛“绿色产品”方向铜奖。高度重视农创青年群体，推荐一市镇“蟹大人”青创农场参加2020年浙江省青创农场项目路演大赛，获二等奖。

1月13日上午，第十一期宁海未来人才储备计划暨“家燕归巢”体验拓展营开营仪式在宁海县青少年宫小剧场举行

【贴近青年群体关注点】 扎实做好基层组织建设。宁海县入选《浙江省中长期青年发展规划（2017—2025年）》试点培育单位，立足试点探索，紧密联系实际，大力推动宁海对青年发展更友好、更关爱，积极引导青年对宁海发展更担当、更有为。深化团支部“第一书记”品牌工程，2020年选派35名到村任职，有效缓解农村基层团组织“四缺”问题，同时为农村青年提供更优质的服务。

全面推进青年志愿服务。联合开展首届宁海县新时代文明实践志愿服务项目大赛，征集8大类志愿服务领域50余个参赛项目。推荐的“点亮微光，飞扬青春”涉罪未成年人帮教和“红心”情暖老兵两个志愿服务项目获2020年浙江省青年志愿服务项目大赛铜奖。“青跑团”志愿服务队被评为浙江省志愿服务工作先进集体。

个性化开展青年人才服务。面向宁海籍优秀大学生连续7年开展未来人才储备计划，帮助大学生了解感知家乡发展变化。面向参与疫情防控、外来务工的青年人才，举办“‘医’见钟情，遇见天使”“文明相约·爱在宁海”“活力青春·源自于行”青年人才交友联谊活动和“亲青恋·十里红妆致英雄”公益集体婚礼。联合举办“活动之夜”青春集市，以“地摊经济”为载体，展示青年人才新面貌，营造充满活力、文明时尚的青春氛围，为打造青年人才创业创新活力之城增光添彩。系统化运营青年人才驿站，通过线上申请审批，为39位到宁海面试或实习的应届大学生提供临时住宿。

5月23日，“亲青恋·十里红妆致英雄”公益集体婚礼在前童古镇举行

关心关爱青少年健康成长。整合法检、民政等部门资源筹建宁海县青少年权益维护中心，打造一体化青少年权益保护工作室，完善未成年人司法保护社会支持体系，规范涉罪未成年人社会观护工作模式。为104名因疫致困儿童、外来返乡农民工子女和本地留守儿童开展“六一”“情系困境儿童 助学慰问暖童心”行动。推出的“品读浙东风骨”红色研学路线入选省级红

色研学课程，进一步引导青少年了解宁海红色革命历史，传承红色基因。

宁海县妇女联合会

【概况】 县妇联实现常规工作上台阶，重点工作有突破，创新工作显特色，各项工作取得新的发展。获“宁波市群团工作做出突出成绩集体”称号，获宁波市妇联综合工作特等奖，相关工作在省市妇联会议上作3次典型发言，承办市级现场会3次。6月，在全省妇联常委（扩大）会议暨巾帼助力新时代美丽乡村建设现场会上作题为《艺术赋能　塑性留魂，宁海美丽庭院从盆景变为风景》交流发言。7月，宁海县妇女儿童活动中心正式开放，并举办开放仪式暨第三届“书海冲浪　童心向党”主题活动；承办全市妇联系统争当“重要窗口”巾帼模范生交流活动。8月，举办宁海县“检察+妇联”预防帮教未成年人项目启动仪式；举办妇联系统半年度工作会议暨基层妇联艺术领头雁培育工程启动仪式。10月，承办宁波市妇女儿童维权工作实务培训暨维权系列活动；在全省妇联基层组织建设推进会上作题为《培育凝聚“她”组织　探索引领发展新路径》典型发言；举办宁海县线上家庭教育课程线上家长学校公益讲座推广启动仪式。11月，举办“三美”宁海建设女干部素质提升培训系列活动。12月，启动宁海县村（社区）妇联换届工作会议。

1月7日上午，2020宁波市青少年万人圆梦行动之留守儿童关爱慰问活动在宁海县长街镇开展

【政治引领】 凝心聚力织牢疫情防控网。疫情期间，立足党政“最关切”、妇女“最需要”、妇联“最擅长”、家庭“主阵地”强化引领服务联系。整合多方资源，以“N对1”模式全力做好一线抗疫医务人员精准关爱工作，共计捐款捐物近200万元，开通“姊妹聊天”热线，积极开展“特别的爱给特别的你”捐款活动，组织两家优质果蔬基地开展历时近两个月的“优质爱心果蔬每日免费送”活动，振宁牧业捐赠土鸡蛋500余千克，巾帼创业创新促进会积极捐赠慰问品，发动社会组织送出线上培训课程；录制线上有声绘本故事21期，引导孩子正确面对疫情。发挥姊妹护航服务队作用，开展各类暖心服务近千次。实施以艺抗“疫”行动，剪辑制作6个精美短视频致敬最美“逆行者”。

典型示范引领核心价值观。组建“宁海女性　窗口担当”巾帼宣讲队，首批选树各类各领域妇女先进典型、已获评的各级各类最美家庭代表共26人，每月开展一次大宣讲。定期组织开展党日主题活动，依托“女性阅读联盟”“周二夜学”等平台，坚持每周一学、每月一课。举办“三美”宁海建设女干部素质提升培训系列活动，通过读书会、艺术培训等形式助力女干部综合素养和履职能力提升。结合县社会荣誉体系建设工作，建成一堂两室，共整理展示各类各级先进个人（集体）百余个，以榜样示范引领。

主题策划扩大特色宣传面。围绕美丽庭院、姊妹护航、书海冲浪、女性文创等妇联特色工作和党政中心工作，主题策划线下线上广泛宣传，被省、市级妇联官微录用发布36条，被人民日报客户端、《中国妇女报》等国家级杂志新媒体录用报道17篇。其中以连载方式推出“以艺抗疫”等四大“抗疫”宣传板块，开通“宁海女性”抖音号，推出短视频36个，形成有形、有效、有声的思想引领和宣传舆论工作体系。加强妇女网络舆情的监测、研判和应对工作，对错误思想言论敢于亮剑发声，让正能量充盈网络空间。

【服务大局】 巾帼文创产业实现新发展。挂牌成立宁海巧娘工作室，为宁海县手工艺从业女性提供培训交流、产品设计、文创培育、资源对接、展销推广、融资帮扶、创业指导等“一站式”公益服务平台，已吸纳25位各行业优秀巧娘，工作室主理人缪素青先后当选为省女红巧手联盟副理事长和市女红巧手联盟理事长。积极打造“宁海巧娘”文创品牌，开展大佳何葛家村“巾帼路”创建，通过探索“手工艺+庭院”美丽经济，以面对面入户授艺形式，传授当地女性村民女红等手工艺项目，带动美丽经济发展，已在8个庭院中取得显著成效。依托文旅资源和需求，在大佳何镇葛家村、梅林街道河洪村分设工作站点。有序推进巾帼文创市集按需开市，将文创市集与巾帼民宿、农旅基地等阵地结合起来，推出“乐享中国旅游日　体验有温度的民宿”巾帼民宿推广系列活动，通过传统文化的魅力提升民宿农旅附加值。

巾帼扶贫建功展现新作为。组织宁海巧娘队伍二进晴隆定汪村开展以“宁晴姐妹再携手·‘艺’启美好新生活”为主题的帮扶工作，开展导师带徒授艺、美丽庭院打造、直播带货等活动，卖出产品近6万元。依托云课堂形式，面向县域内残疾女性和晴隆绣娘等群体开展线上授艺，扩大手工艺社会影响面。结合“七一”，在宁海巧娘工作室揭牌仪式暨文创市集“青鸟集”首次开市活动上，开展“姐妹同心 巧手脱贫”扶贫工坊直播带货活动，专场推介晴隆特色女红产品。深化巾帼建功行动，开展“巾帼建功新时代·不忘初心著芳华”岗村（企）互动活动，积极组织各级巾帼岗参与助力复工复产、乡村振兴；新创8个市岗、24个县岗，关注文创行业巾帼岗，创岗申报审批程序创新使用线上平台，实现机关部门间“最多跑一次”。

巾帼创业创新呈现新气象。重新修订小额担保贴息贷款条例，在贷款额度、扶持对象上进行拓展，组织开展红妆文创培训、互联网营销技能培训。依托省、市级“妈妈的味道”民间美食巧女秀展示平台，先后组织7个美食项目参与展示展销，桑洲巧娘杨爱珍制作的豆腐肉麦饼获特色风味奖。更新各行业女性创业创新数据库，挖掘一批巾帼示范基地、农家乐示范点、巾帼民宿示范点、女大学生创业就业实践基地，培树深甽镇太阳山客栈成为市巾帼新型农村创业基地。积极打造“巾帼游线”，首条串联河洪、兰丁、刘三、南溪等村的“静美乡村·巾帼游线”寻美之旅被列为市十大网红家庭游线路。

【家庭文明建设】 抓实效、求创新，实现家庭建设与社会文明同步提升。

深化“常规+创新”系列家庭建设。创新实施美德“家”教育、公益“家”联盟、礼遇“家”动力3个系列家庭建设工作，持续深耕家庭家教家风建设，继续筑牢优良和谐家庭阵地。系统谋划各类特色家庭、好家风好家训寻找工作，各类先进家庭选树成果显著，共产生县级及以上各类先进家庭1327户，建成县级家风家训长廊，开展家风家训亲子系列主题活动4期，岔路镇湖头村获评第三届宁波市好家风好家训名村落。探索制定“最美”家庭礼遇机制，引领广大家庭崇德向善、见贤思齐，共组织联系到八家教育机构爱心捐赠价值118万的妇儿教育关爱礼包，礼遇“最美家庭”“特殊家庭”。

搭建“专业+活动”家教指导平台。加快建设覆盖城乡的家庭教育指导服务体系，挂牌县家庭教育指导中心，开设“向日葵”家庭成长驿站，4名权威专家每周2次轮流开展精准心理咨询与疏导服务；成功举办第三届“书海冲浪　童心向党”主题活动，成立“书海冲浪”亲子阅读基地联盟，吸收16家成员单位，每月一次开展亲子阅读活动；建成“书海冲浪”亲子城市书房对社会免费开放，筹集亲子类书籍3000余册。组织发挥好家庭教育讲师团和“好爸好妈故事团”两支队伍作用，开展线上线下各类活动68场次。推广实施“家庭教育父母课堂”项目，邀请权威教育力量合作开发线上家庭教育课程，推出线上家长学校公益讲座，联合教育、民政、卫生健康等部门开展线上家庭课程及讲座推广启动仪式，通过站点授牌，10个课程已正式启用播放，41个线上讲座被点单24次，为不同年龄段家长提供系统、全面、实用的家庭教育指导。严格落实各类教育实践活动，围绕新时代文明实践中心志愿服务活动，个性化开设婚姻家庭、亲子时光、家教进万家3个点单项目。

推进“艺术+多元”美丽庭院创建。围绕艺术振兴乡村战略和“三美”宁海建设总体部署，开展美丽庭院巩固提升工作。结合城乡群众居家防疫实际，开展“美丽庭院·美好生活”庭院“变形记”有奖征集活动，全县近200户城乡民居院落积极参加改造，53户变形成效显著的庭院入围最终奖项角逐。首次试水将美丽庭院创建融入全县艺术特色村创建综合性建设项目，实施美丽庭院创建艺术赋能培训计划，以集中培训、入户指导相结合的形式指导19个艺术特色村美丽庭院创建。打造一批具有文化内涵的美丽庭院、乡愁庭院，将庭院的景观美化深化到家庭的人文美德，实现庭院美、生活美、乡风美的蝶变升级，推动乡风文明建设。

【维权服务】 重民生、强服务，实现妇联所能和妇女所需高度融合。

推进“顶层+试点”妇儿实事落地。圆满完成妇女儿童发展“十三五”规划和“十四五”规划编制调研工作。建成具备现代化综合性服务功能的县妇女儿童活动中心，总面积约3500平方米，总投资近1000万元，中心以“关注女性、关爱儿童、服务家庭”为服务宗旨，主要设置女性素养提升、女性社会组织孵化、女性文创体验、巾帼荣誉展示、家庭教育指导、少儿声乐培训六大功能版块，通过市场化合作模式引进专业社会组织5家，公开招募方式引进社会组织9家，整合资源，精心组织，每月推出15个以上公益服务项目，2020年共开展各类妇儿公益服务活动近300场次。全力做好学龄前溺水预防试点推进工作，工作成效得到中国疾控中心领导高度肯定。婴幼儿照护服务项目列为省试点，位居省、市前列。

打造“联动+创新”妇儿维权阵地。春风化雨家事纠纷调解服务室入驻县矛调中心，并创建品牌调解室，为深入有效开展婚姻家庭矛盾纠纷调解工作提供维权阵地。全面推广“检察+妇联”帮教未成年人工作模式，在县妇儿活动中心设立“向日葵”未检工作室，落实两个涉罪未成年人观护帮教基地，开展妇联关爱员乡情暖心式柔性教育和检察检爱员专业刚性管理，分片包干开展教育挽救，已成功帮扶10余名，相关报道在学习强国上刊登。联合公检法司等部门开展《宁波市预防和制止家庭暴力》立法修订调研座谈，进一步推进反家暴工作有效开展。信访维权规范化运行日趋完善，建立“12338”妇女维权热线主席接访制度。

推进“专业+社会”维权服务。承办市妇女儿童维权工作实务培训暨维权系列活动启动仪式，并在会上作典型发言。整合姊妹护航队和金石榴女律师专业队伍力量，以“专业讲解+入户宣传”方式，深入村（社区）集中开展“一讲两送”活动，开展民法典讲座近20堂，发放宣传册5万份。发挥宁海金石榴女律师力量制作相关法律宣传视频3个，以形象直观的形式开展民法典宣传。深化姊妹护航服务队参与基层社会治理，全年累计开展妇儿关爱、纠纷调解等各类活动2500余次。整合县广场舞协会力量开展平安家庭创建系列活动，营造平安和谐良好氛围。

探索“多样+精准”妇儿服务模式。举办“康乃馨女性健康关爱计划”项目签约仪式，联合县慈善总会出资10万为低保家庭女性送出公益保险1300余份。持续做好康乃馨救助行动、城乡妇女“两癌”免费筛查等项目，开展康乃馨救助金募捐活动，共计捐款24万元，救助14名贫困患病妇女，捐款数位居全市第一。为患病、残疾妇女开通健康直通车，惠及妇女群众千余人。持续做好留守儿童调研关爱课题，组织开展各类关爱行动，在胡陈乡国叶村开展“守望乡村·乡村儿童精神成长关爱项目”系列活动。探索建立困境留守儿童长效关爱帮扶机制，运用村社、学校、社会三种模式统筹儿童之家阵地建设，筹建儿童之家111个。持续做实“书海冲浪”家庭教育帮扶结对进晴隆工作，两次前往晴隆，现场认领微心愿52个，成立“宁晴”线上家庭教育课程教学点并共享线上家庭教育网络课程。

【改革创新】 重提质、夯基层，实现内生动力与外部推力相得益彰。

打好“扩面+提质”破难组合拳。深入推进基层妇联改革创新工作，在省妇联基层组织建设推进会上作典型发言。联合组织部等四家单位出台基层妇联艺术领头雁培育工程实施方案，推行基层妇联执委“一活动一会议”“一执委一才艺”“一乡村一宣传”等制度，开展文化技能、网络短视频制作等培训，共惠及执委3000余人次。积极推动在“四新”领域等女性集中地灵活多样建立妇联组织，成立宁海县首家行业妇联——宁海汽贸城妇联，努力实现新兴领域妇联组织覆盖和工作覆盖新突破。切实优化村（社区）“姊妹驿站”妇女微家功能，将美丽庭院升级版创建、书海冲浪、姊妹护航、创业创新等中心品牌工作融入“姊妹驿站”。

深化“常态+重点”妇女工作机制。结合村（社区）组织换届选举，进一步推进妇女参与基层民主管理，提高村“两委”、村民代表中的女性比例，村妇联主席100%进村“两委”。深入推进农村第一妇联主席品牌化队伍建设，提高妇女工作业务能力。纵深推进乡镇（街道）协作片区制度，围绕姊妹护航、书海冲浪、创业创新等工作，每季一主题在协作片区内轮流开展经验交流、现场观摩等活动。积极响应服务企业、服务群众、服务基层“三服务”工作要求，扎实开展“三十四百”巾帼“三服务”走家连心专项行动，有序推动基层妇联执行好“四必访四必到”制度，使妇联工作真正走进家庭、走近妇女。

实施“赋能+开放”社会化项目运作。在县妇儿活动中心成立女性社会组织孵化中心，设置巾帼讲堂、风采展示、能力提升等功能区块，为女性社会组织搭建学习培训、交流展示平台，引领和带动女性社会组织健康有序发展。扎实推进女性社会组织购买承接妇女儿童和家庭关爱服务项目，分出50万元妇儿关爱基金，圆满完成“姊妹护航　共创平安”、家庭教育父母课堂等6大妇女儿童家庭购买服务。充分发挥女性社会组织公益示范作用，联动开展困境妇女儿童和家庭关爱、抗疫物资捐赠、妇女创业等公益服务300余次。疫情期间，女性社会组织联合党支部引领功能各异的女性社会组织，以家庭为立足点，以妇女儿童为着力点，为疫情防控提供独特的多元服务。

4月24日，挂牌成立宁波市“院士之家·青英荟”

宁海县科技协会

【概况】 开展科技服务，印发《关于组队开展科技服务，助推建设“双优”宁海实施方案》，动员各职能部门为群众开展针对性的科技服务，促进经济社会发展、人民科学素质提升。已组建服务队37个，队员人数500人以上，开展服务150场次以上。

健全基层科协组织。新建5家企业科协，1家学校科协。成立博士联谊会，首期会员124名。成立一批农技协会。

【服务经济发展】 挂牌成立宁波市“院士之家·青英荟”。依托现有设施，按照“一核、多点、全域”的思路创建院士之家。4月24日，“院士之家·青英荟”成功挂牌，现场邀请7位院士，授予进家金钥匙，并种植院士树。其后又有5位院士到“家”，并到宁海县生物产业园、中乌合作平台、海洋生物种业研究院及有关企业进行考察对接。

推进院士工作站建设。宁波乌中远景铜业有限公司2020年4月注册成立，公司与乌克兰科学院物理机械研究所的托拉季院士合作，成功获批宁波市市级院士工作站。

筹建国家学会服务站。宁海县蔬菜瓜果产业协会与中国地质学会合作，建立中国地质学会宁波（宁海）服务站，并邀请学会专家多次考察宁海县蔬菜瓜果基地，并为蔬菜瓜果协会会员讲课2次；聘请浙江工业大学长江特聘教授、特级专家杨肖娥为服务站首席顾问。

引进专家推广科技。引进北京生态文明研究院院士刘宗超博士、黑龙江一名农业专家推广有机生态肥。从试验情况看，种植的农产品品质、产量均有大幅提高，其中1株红薯生长出30克以上的红薯2550个，为全省之最，部分农产品打入高端市场，效益显著。浙江万里学院与长街镇政府对接，促进贝类种苗的优化，提高科技养殖水平。邀请浙江工业大学、浙江工商大学专家，参加世界青年科学家峰会的专家到宁海考察。

【交流活动】 开展专题调研。县科协所属老年科技工作协会已完成8篇调研文章，其中5篇获县主要领导批示。科协界政协委员已完成“加快发展宁海县电商产业的建议”的调研，在县政协大会上发言。县科协与县决策咨询中心合作，开展农业品牌建设的调研，推进“宁海珍鲜”统一品牌的打造。

慰问和举荐优秀科技工作者。科技工作者日在《今日宁海》专版宣传优秀科技工作者，向援助武汉抗击新冠肺炎的医务工作者发送慰问信。2020年，宁海县如意公司张提成工程师获浙江省最佳企业科技工作者称号，华成阀门王朝阳总工获宁波市科技追梦人称号。

支持学（协）会开展学术活动。全年举办各类学术交流活动35场次，包括周末沙龙、专题论坛、培训研讨等，安排补助经费10万元以上。

【科普工作】 开展新冠肺炎专项科普。与县疾控中心合作，建立网上科普宣传平台，普及新冠肺炎防治知识，宣传复工复产注意事项；发放防治小册子，深入行政村、社区宣传。

开展各类专项科普。开展中老年人智能手机操作技能培训，2020年全县培训人数达6000人以上，近三年培训人数达2万人左右。与中国地大浙江研究院合作开展地学知识科普，拍摄与旅游推广相结合的温泉知识科普片，计划与科普电影放映相结合，在全县农村、社区播放，并作为推广宁海旅游的宣传材料。认真吸取2019年“9·29”火灾事故教训，大力加强安全科普。

深入推进科普“五进”工程。组织特色广场活动，开展科普下乡；以行业协会、成人学院为依托，开展职业技能培训；丰富青少年科普，培育特色学校，重视科普进机关，提升干部的科学意识。

加强科普阵地建设。新建8个科普标准宣传栏、2处农村特色科普馆，推荐申请1家市级科普培训学校，扩大乡镇街道科普微信群，增加公交站点科普视频宣传网络，在车河社区建设居家养老科普体验馆。开展民间人才星级评定。依托县电子商务促进会完成电子商务民间人才评定，共评出二星级以上民间人才17人，其中四星2人、三星15人。

宁海县工商业联合会

【概况】 县工商联（商会）认真贯彻落实中央、省、市、县委和上级工商联决策部署，紧紧围绕县委县政府中心工作，充分发挥职能优势，通过大走访、政企恳谈会、打造亲清家园、帮助企业组织抗疫复工、推进商会改革发展等一系列举措，让商会更有用，服务企业更有效，政企沟通更顺畅，努力助推宁海县民营经济高质量发展，为宁海县争做“重要窗口”模范生团队的双优生贡献力量。2020年，县商会人民调解工作案例在全国工商联和最高人民法院举办的全国商会调解能力建设在线培训中作工作交流。亲清家园案例被评为全省统战系统和工商联系统优秀案例，工伤互助项目为全省15个服务民营经济工作优秀案例之一。

【政治引领】 深化思想政治引领，夯实民营经济统战工作基础。

加强理想信念教育，凝聚民营企业家思想共识。相继开展“新时代工商联的新样子”大讨论，学习传达习近平总书记在浙江、宁波考察时重要讲话精神、中共十九届五中全会精神等。通过组织学习，提升民营经济人士思想政治觉悟。

做好商会党建工作，发挥党建引领作用。县工商联党总支所属党支部在发展党员、开展主题教育活动、带头发挥模范作用等方面积极作为，取得一定成效。四川、上海商会党支部积极开展“先锋支部”创建活动。新成立家具产业商会党支部。

引导民营企业家投身精准扶贫，落实“万企帮万村”行动。两年来，宁海县与贵州晴隆县开展村企结对53对，落实帮扶资金401万元。得力集团、如意公司荣获市“社会帮扶爱心企业”荣誉。县圣果猴农产品发展有限公司等企业开展消费扶贫协作，近两年签订农产品消费协议金额1100万元。

【亲清家园建设】 深化亲清政商关系构建，全力营造一流营商环境。

深化亲清家园建设，为民企提供精准化服务。2019年以来，亲清家园创新性开发安全生产检测、商会工伤互助救济服务、企业健康体检、电子工资条等项目，共为17490家企业提供11个大平台57项近50万次服务。已与9家单位建立联建机制，受理37件民营企业和企业家合法权益维护事件。商会人民调解委员会成功调解781件劳动争议纠纷，赔偿金额共计2642万元，减少企业成本1761万元，节约税费1100万元，回访满意率达100%。跃龙街道商会和高格卫浴成为市级首批清廉商会、企业示范创建单位；亲清家园被授予“首批宁波市社会主义学院教学科研实践基地”称号，运营负责人童跃获全省社会组织领军人物称号。

举办亲清直通车·政企恳谈会，为政企沟通畅通渠道。2019年以来，先后与县公安局、县检察院、市生态环境局宁海分局等单位举办警企恳谈会，知识产权保护座谈会，服务“六稳”“六保”、护航民企发展恳谈会，践行“两山”理念、助力绿色发展恳谈会等6场次。同时，先后赴广州、四川、云南、上海、杭州等地，召开高质量发展恳谈会5场，听取乡贤和企业家对家乡高质量发展，打造优良营商环境的意见建议。

开展亲清大走访，为促进民营经济发展建言献策。结合“三服务”活动，走访民营企业200余家，协助解决问题50余件。重点围绕民营企业疫情期间用工、资金、订单困难和纾困惠企政策落实情况，累计调研近400家企业，形成专题报告，供县委县政府决策参考。

积极组织民营企业家代表参政议政，2019年以来民营企业家人大代表和政协委员撰写建议、提案100余件，反映社会各界关心的热点难点问题。

【改革创新】 深化商会改革发展，加强商会组织建设。

推进工商联和商会改革，为高质量发展注入活力。落实好县委关于群团改革的部署，完成《宁海县工商业联合会深化改革实施方案》。推进工商联所属商会改革，按计划推进县商会企业服务中心的省级改革试点项目，和跃龙街道商会、家具产业商会的市级改革试点项目。

探索建立工商联执委专委会制度，激发执常委办会热情。为进一步加强企业之间的交流合作、促进企业发展，根据行业关联度和企业家意愿，经2019年10月主席（会长）会议通过，将执常委分组成4个专业委员会。已开展活动6次，成效明显，企业家认可度高。

加强各类商会建设，汇聚宁海人力量建设宁海。加强县内商会建设，2019年8月指导成立装饰装修行业商会，2020年10月县委统战部筹建新生代企业家联谊会。17家基层商会中9家完成换届工作。加强异地商会建设，共成立异地商会14家，2019年2月成立异地商会会长联谊会，先后在四川、云南、上海等地共举办活动4次，招商引智作用显著，累计签约项目19个，投资金额42.5亿元。

【疫情防控】 深化企业服务工作，助力防疫复工。

落实疫情防控工作部署。第一时间成立防控工作领导小组，制定工作方案，发出告民营企业书；第一时间组织学习县委县政府及上级工商联关于疫情防控工作的部署要求，并向各商会转发各级工商联防疫通知；第一时间排摸宁海人在湖北省经商办企业人员、湖北省在宁海企业的工作人员情况。第一时间通过公开信、倡议书、群发短信、微信公众号等形式广泛宣传。

做好复工复产工作。首创“全免费疫情监测平台”，有效实现疫情早发现、数据能共享。疫情期间共为261家企业提供服务，在线使用人数达12588人。累计服务指导4309家企业复工复产。

引导民营企业家履行社会责任。疫情防控开始后，各商会和会员企业第一时间响应，展现宁海民营企业家勇于担当的精神。得力集团捐款1000万元，东方日升捐款500万元及防疫物资，如意、建新、奇精、双林、华成阀门、上海商会、广东商会、四川商会等企业和商会都纷纷捐款捐物，世嘉嘉辰等企业在全球范围内采购运送300多万元防疫物资支援一线。据不完全统计，各商会会员企业累计捐款2362万元，捐物600万元。

10月，宁海县工商联合会十一届四次执委会议

宁海县文联

【概况】 在县委的坚强领导下，在省市文联和县委宣传部的精心指导下，宁海县文联始终坚持以习近平新时代中国特色社会主义文艺思想为指针，坚持以人民为中心，紧扣“围绕中心、文艺惠民”这条主线，团结引领广大文艺工作者坚定正确政治方向，精心开展文艺创作，组织策划文艺活动，积极服务人民群众，为繁荣宁海县文艺事业做出新努力、新贡献。

成立首家局级机关文联，狠抓文艺精品创作。组织3件民间文艺作品参评国家、省级奖项，创作长篇报告文学《春到晴隆》和歌曲《贵州的喜报飞过来》。2件书法作品入选国展，5件美术作品入选国展。组织创作抗疫文艺作品《家国情怀》《宁海战疫》等1000多件，并在学习强国等平台播出，为驰援武汉的24名医务人员书写书法作品，以示敬意。实施艺术振兴乡村。围绕县委艺术振兴乡村的有关工作要求，持续组织开展艺术振兴乡村宁海县文联“三服务”系列活动，走进宁海19个村，帮助广大农村指导、联络、服务艺术振兴乡村具体工作。组织开展“三服务”活动，走进20多个村帮助开展艺术振兴乡村工作，典型经验在浙江省文联简报上推广，并在宁波市文联系统培训交流会上作典型介绍。宁海县文联被评为浙江省先进文联。

【文艺队伍建设】 理论武装，文艺队伍进一步壮大。

抓好文艺培训，提高队伍素质。积极配合并实施好十万甬军建设，以中心理论学习、“三会一课”和周二学习夜为契机，组织全体党员干部和广大文艺工作者开展习近平新时代中国特色社会主义文艺思想，中共十九届四中、五中全会等精神的学习和提高协会管理能力、专业业务知识的培训，进一步提高基层文艺骨干自身理论素养、专业水准。

组建机关文联，壮大文艺队伍。成立首家局级机关文联——县市场监督管理局文联，它的成立为全县文艺队伍的壮大提供强有力的支撑，也为广大机关文艺爱好者提供一个学习、交流、展示风采技艺的好环境，对提升干部软实力和开创文艺队伍建设新局面起到积极的推动作用。

配合乡村振兴启动艺术振兴乡村有关村的乡建农民艺术家协会队伍的组建工作。

11月13日，宁海县首家局机关文联宁海县市场监督管理局文学艺术界联合会成立

【文艺精品创作】 潜心创作，文艺精品创作硕果累累。

抓好主题创作，抗击疫情，以艺战疫。宁海县文联紧紧围绕疫情防控中心大局，一边积极组织文联党员干部投身这场疫情防控阻击战，下沉一线到社区、村、企业开展疫情防控和企业复工复产的助企联企工作，一边充分发挥文艺优势，组织广大文艺工作者积极行动起来，创作出许多精彩纷呈的抗疫文艺作品千余件，其中县文联与县戏剧家协会组织创作的宁海平调三部曲——《家国情怀》之《出征》《关怀》《盼归》，以宁海24名赴鄂抗疫勇士碧血丹心，舍小家为大家的逆行气概和家国情怀为素材，以平调乡音讴歌他们那种精忠报国的爱国精神和救死扶伤的大医风范，作品在中宣部“学习强国”平台播出，引起强力反响。省委宣传部、市文联、县四套班子领导都予以高度评价，该作品被评为宁波市优秀抗疫文艺作品。与此同时，县文联组织县书协24名书法家为24名医务工作者书写24件书法作品，赠送给赴鄂抗疫勇士，以文艺之名表示敬意。在疫情防控工作处于决胜时期，又组织策划创作快板《宁海战疫》，在中宣部学习强国平台、中国文联等国家级平台播出。同时会同基层文联一起行动起来，创作的宁海平调《抗击疫情令如山》、诗朗诵《闪耀的警徽》在中宣部学习强国等国家省市平台播出，得到全社会一致好评。其次是抓好宁海结对晴隆县扶贫工作的文艺作品创作。组织袁哲飞和严再望两位文艺家创作歌曲《贵州的喜报飞过来》；与县农业农村局联合，组织创作团队撰写报告文学《春到晴隆——宁海县结对帮扶贵州晴隆县纪实》，这两件作品已初步完成。此外，还派出优秀摄影家赴晴隆对百余处项目点进行采访拍摄，组织开展“山海情”宁海晴隆结对帮扶摄影展，共展出61幅摄影作品，以生动的画面展现宁海县党员干部群众齐心协力帮助晴隆夺取脱贫攻坚全面胜利的时代精神。贵州省文联领导、晴隆县领导、宁海县领导参观展览，并给予充分肯定。

抓好各艺术门类创作。张忌的长篇小说《南货店》在《收获》2020春卷长篇专号发表，阿门《复工的春雷响了（组诗）》获九龙湖镇首届原创主题诗会一等奖，其本人被评为浙江省“最美残疾人提名人物奖”，浦子的长篇报告文学《缑城新知录》《明月照深林》及长篇小说《长骨记》出版，阿门的诗集《从聋到龙》、长篇小说《杀兄》、何晓道的《江南内房家具绘画》出版，周晓绒的长篇小说《梦圆》、杨小娣的民间文学《古戏台传说》、陈东贤的民间谚语《宁海谚语》完成创作；第三届全国（宁波）综合材料绘画双年展中，王琛获入会资格，胡云泉、周毅、章麒的作品入选，名列全市前茅；“新时代 新青年”浙江省青年艺术家综合材料绘画展，周毅的作品入展，“甬上华彩”——宁波市第二届水彩、粉画艺术大展，陈滨、周毅、胡肖杰、陈亚敏、林锦晖、王紫楹、叶一灿等的作品入展；全国第五届正体书法作品展中，王苍龙、孔松彪的作品入展；第36届兰亭书法节“兰亭杯 ”全国农民书法大赛中，宁海县仇潮辉书法作品获优秀奖，王增达书法作品入展，“浙里小康——浙江书法篆刻征评系列大展”，宁海县34人次书法篆刻作者榜上有名；顾光辉的《工地赞歌》、柴晓冬的《爆炸后的圈圈》入选浙江省第十八届摄影艺术展；县民协获得宁波市文联、宁波市民协颁发的2020年“文艺与新时代同行”系列活动之宁波市新故事创作大赛——优秀组织奖，宁海县共有8件作品获奖；在2020年中国（杭州）工艺美术精品博览会暨“神工杯”创意设计制作大赛中，甘建军的木雕《厚土》获金奖、章正飞的清刀木雕《观自在》获金奖、胡亮亮的泥金彩漆红妆泥金皮箱《五世戏球》获银奖、王琼的泥金彩漆红妆泥金皮箱系列获铜奖；刘丽娜参加首届全国“越剧好声音”荣获总冠军，章海丽参加第二届全国“越剧好声音”荣获季军，王华参加第二届全国“越剧好声音”荣获优秀奖；林相友作曲的《婆婆也是妈》在“感动中国——2020首届词曲创作大赛”中荣获

10月11日，贵州省文联领导一行到宁海参观“山海情”宁海晴隆结对帮扶摄影展

“优秀奖”，兰文聪曲、胡利民词的《村里来了艺术家》获得2020年“宁波音乐奖”，袁哲飞、徐廷常的歌曲《甘于清贫》创作完成。

【特色文艺活动】 配合宁海县全国文明县城创建，组织开建“与文明同行”楹联创作活动，并在《早春》开辟专栏以刊发。

组织艺术家深入乡村开展协会结对联村、本土艺术家驻村助推乡村振兴。组织县工艺美术家协会艺术家驻许家山村，成立古村瓷作坊和了月香馆，其中古村瓷坊柯凯浩的陶瓷作品《忙碌的生活》获宁波市工艺美术精品展金奖。组织摄影家入驻强蛟峡山古村，建立大井映象艺术空间，并举办摄影油画鱼拓艺术作品展。

帮助梅林街道成立张玉新教授工作室，主办老陶工暑期训练班。

由县工艺美术家协会、跃龙街道文联主办的艺术赋能村民，书写龙潭故事系列活动，驻村艺术家与村民共书百龙，艺术家驻村工作室揭牌、艺术振兴乡村“带头人”称号授予等，书写龙潭故事系列活动在《人民日报》刊发，在全社会引起很好反响。

县文联、县诗词楹联学会、越溪乡党委政府联合举办《美丽乡村处处歌》首发式暨信千山诗词采风创作活动。

宁波市文联与宁海县文联联合举办张忌长篇小说《南货店》研讨会。

【艺术振兴乡村】 持续提升，致力于艺术振兴乡村。

县文联会同乡镇（街道）文联及各文艺家协会，围绕县委艺术振兴乡村的有关工作要求，持续组织开展艺术振兴乡村宁海县文联“三服务”系列活动，走进宁海19个村，帮助广大农村指导、联络、服务艺术振兴乡村具体工作。如走进大佳何艺术谷，通过实地走访调研、牵线搭桥、现场指导，为大佳何镇打造“艺术谷”，为乡村振兴工作建言献策，出力出招；走进越溪乡山头应村时，县文联和县书法家协会组织10多名书法家向越溪山头应村文化礼堂赠送45幅书法作品，并召开王干山度假休闲景区

建设研讨会，围绕产业振兴、村强民富及景区文化艺术内涵提升等主题出谋出力；走进长街西岙村，帮助联系中国美院专家为西岙打造南宋古村建言献策；走进力洋孔村，帮助该村古村落申报牵线搭桥；走进越溪乡信干山村，帮助该村明确艺术振兴乡村定位、目标、节点、责任等相关内容，并选派本土艺术家入驻该村；走进茶院乡下徐村，帮助联系宁波大学团队，为该村规划、设计、指导。宁海县艺术家参与全县乡建创意艺术节活动，为大佳何艺术谷建设出力助推。宁海县文联艺术振兴乡村典型在浙江省文联工作会议上得到省文联主要领导的表扬肯定，并在宁波市文联系统培训交流会上作典型介绍。

法　治

政法委及综治

【概况】 县委政法委领导班子在省市有力部署和县委、县政府的坚强领导下，紧扣后疫情时期风险防范化解主线，锚定“扬帆起航再争星”目标，突出县乡村三级矛调中心建设工作重点，有力护航全县中心工作，着力推进社会面平安稳定，平安创建考核排全省第22名，全市第一名，在2019年被一票否决后，重新获评省平安县。

【风险防控】 实体化成立运作应对疫中疫后风险隐患工作专班，大力开展全县涉疫情矛盾纠纷集中排查化解专项行动，全方位排查涉疫重大风险隐患，统筹应对处置疫情引发的风险隐患和突发事件，排查出的443件隐患全部清零。大力度落实重大活动安保，妥善处置重大涉稳案件，市级挂牌督办件全部化解稳控到位，有力保障重大项目平稳推进。合力保障村社组织换届工作，增设快查快办专班，实地走访重点乡镇，排摸重点难点堵点问题，专查专处并办结涉换届选举类来信来访374件。

【破难攻坚】 落实职能职责，强化破难攻坚。持续开展安全隐患排查整治行动，落实日常检查、交叉暗访、专项督查，全年开展社会治安重点地区排查528次，整治治安突出问题45个，圆满完成18个县定重点地区整治任务。推进重点车辆全量、常态管控，进一步压实工程车、渣土车、散装水泥车、“三小车”及“两客一危”行业主体责任，累计查处各类交通违法45.4万起，涉重点车辆亡人交通事故同比下降42.5%。全力收官扫黑除恶专项行动，聚焦“深挖整合”“长效常治”目标，以“十大专项行动”和“六清”行动为抓手，共打掉涉黑组织1个、黑恶势力团伙50个，破获案件867起，抓获团伙成员558名，冻结、扣押非法资产4.6亿元。

【强化治理】 突出平安共建，强化治理成效。围绕争优做实工作目标，更新出台《度平安综治目标管理考核实施办法》，完善平安考核责任体系，筑牢成员单位和属地责任链条。

加强社会面平安宣传，创新推出平安红马甲护航“双优”宁海、“平安宁海方言大比拼”、“双优”平安村社创建等活动，累计参与1.6万余人次，不断提升群众平安建设安全感、参与率。

积极推进县、乡、村三级矛调中心实体化运作，县乡两级中心均已建成并投入运行。同时，强化联动运行，通过“省矛调协同系统”“E宁波”等平台，实现三级中心互联互通。

【队伍建设】 紧抓干部协管，强化队伍建设。

扎实推进执法司法规范化水平提升年活动，强化动员部署，将开展“提升年”活动与业务工作、队伍建设相结合，紧抓问题排查、案件评查和专项治理，共梳理出任务清单18项，评查案件10个。积极打造诉源治理、信访积案化解、虚假诉讼协同治理等特色品牌，全面提升执法司法质效和公信力。严格落实纪律作风，强化日常教育管理和监督检查，坚持从严问责，扎牢政法干警执法制度笼子。

5月1日，全县平安工作会议

法治政府建设

【概况】 紧紧围绕基本建成法治政

府的奋斗目标，坚持依法全面履行政府职能，夯实责任、强化督导、狠抓落实，进一步提高依法行政能力和水平，为“双优”宁海建设提供坚实的法治保障。

1月12日，县司法局一行到桥头胡街道进行法治政府现场督察

【建设保障】 加强党对法治政府建设的领导。落实法治政府建设报告制度，向市委、县委报告法治政府建设情况。在县委统一领导下，对照“重要窗口”模范生团队双优生的要求，高标准谋划法治政府建设，制发《宁海县法治政府建设工作要点》，确定7个方面22项工作任务。

强化法治思维和依法行政能力。组织开展法治政府建设培训，提高领导干部运用法治思维和法治方式推动工作的能力。加强政府法律顾问和公职律师队伍建设，聘请应满昌等6人担任县政府法律顾问。新增公职律师21人，总人数达38人。

加强法治政府督察。通过查看台账、个别谈话、实地走访等形式对深甽镇、桥头胡街道、县自然资源规划局、市生态环境局宁海分局4个单位开展法治政府建设实地督察。同时，形成督察问题反馈清单，要求被督察单位及时提交整改方案，逐项制定整改措施，确保整改落实到位。

【职能履行】 依法推进疫情防控工作。疫情期间，对96份涉及疫情防控的政策文件加强合法性审核，采纳相关意见20余条，并向上级主管部门进行审核报备，切实做到涉及疫情防控相关政策健全完善、依法依规。加强对花木市场、农贸市场、菜市场等地方的专项检查，严控野生动物病疫源，严防野生动物非法猎捕、非法经营活动。为帮助企业复工复产，出台轻微违法行为不予行政处罚2.0版本，解决企业因疫情因素造成的许可过期、未及时申报年检等问题。全面开展“疫情防控　法治同行”专项法治宣传活动，大力宣传疫情防控和复工复产相关法律法规。加大《浙江省民营企业发展促进条例》（以下简称《条例》）宣传力度，指导企业读懂、用好《条例》，组织开展宣讲活动1000余场。

强化“最多跑一次”改革法治保障。通过容缺受理、告知承诺、优化流程、信息共享等方式压缩办件承诺期限，压缩实现超80%以上，实现投资项目审批一件事37个工作日审批，不动产登记1小时办结。推进一般企业投资项目审批“最多80天”改革，1月1日后赋码的一般企业投资项目，从赋码到竣工验收审批“最多80天”、赋码到取得施工许可证审批“最多50天”、竣工验收审批“最多30天”，实现率均达到100%。全省率先实现托育机构备案“一件事”改革，原需卫健、民政、市场监管、住建等部门分头办理的业务实现“一次不用跑”，申请人在电话咨询阶段，即可享受多部门“一事联办”服务，需准备的材料精简50%以上，申请时间从至少19个工作日减少到4个工作日，提速率79%。全市率先实现股权转让“一件事”，通过部门协同，信息共享，申请材料从平均13件减至8件，窗口从2个整合为1个，提速率50%以上，获益企业1700余家。

推动政府数字化转型。将政务服务2.0工作作为首要任务，召开全县政府数字化转型推进会，实施专班蹲点攻坚。截至12月7日，政务服务2.0事项数1708项，完成拆解1561项，业务验收完成1399项，数据共享验收完成1397项，上线1201项。政务大厅2.0改造加速推进，已接入1201项，通过2.0平台办理事项55.7万件。机关内跑系统累计上线可办事项382件，办件量4.3万件。出台《浙政钉管理办法》，组织完成“浙政钉”2.0迁移，激活用户2.4万余个，迁移钉上审批应用84个。全年网上办理政务服务110.8万件，网办率91.8%。

加快“无证明之城”建设。组织开展地方设定证明事项清理，经合法性审查后，出台《宁海县司法局关于公布取消地方设定证明事项目录的函》和《宁海县司法局关于公布实行告知承诺制证明事项目录的函》，取消28项地方设定证明事项，对90个证明事项实行告知承诺制。推行宁波电子证明共享核查平台使用，推动宁海政务服务窗口全面启动无证件（证明）办事应用工作。组织县级有关部门开展自行设定证明清理情况“回头看”工作，没有法律法规依据的自行设定证明事项全部取消，实行告知承诺制证明事项已按要求全部实行。

9月17日，县委全面依法治县委员会办公室组织召开宁海县法治政府建设培训班

【提升行政水平】 提高依法行政决策能力。以重大行政决策目录化管理为切入点，健全依法决策机制，提升行政决策公信力和执行力。全年共梳理筛选出5项县政府重大行政决策事项，合法性审查4项县政府重大行政决策，共计出具合法性审查意见20条，确保重大行政决策落地。做好行政规范性文件制定和监督管理工作，合法性审查行政规范性文件19件。按照“谁制定、谁清理”“谁起草、谁清理”的原则，对县行政规范性文件开展4次专项清理。严格规范行政机关合同管理，合法性审查产业投资、PPP项目等行政机关合同15份，涉及合同标的金额达33.84亿元，提出70余条合法性审查意见。

推进乡镇（街道）合法性审查全覆盖。明确乡镇党委（街道党工委）副书记担任合法性审查全覆盖工作具体负责人，司法所为合法性审查具体实施机构。全县18个乡镇（街道）都建立由司法所负责人、法律顾问、公职律师等人员组成的合法性审查工作队伍，共有合法性审查人员78人。同时，加强合法性审查业务指导，举办乡镇（街道）合法性审查工作专题培训班，整理汇编并下发《宁海县乡镇（街道）合法性审查工作指南》，做到人手一册。8月以来，以司法所为主开展合法性审查共122件，其中中共规范性文件8件、行政规范性文件3件、行政机关合同87件、重大行政决策11件、重大行政执法决定2件、其他涉法事项11件。

12月1日，市司法局党委委员、副局长张剑飞（前中）在跃龙街道调研宁海县乡镇（街道）合法性审查全覆盖工作

坚持严格规范公正文明执法。部署开展行政执法规范化提升年行动，深入推进执法公示、执法全过程记录、重大执法决定法治审核“三项制度”落地见效。开展拆迁改造、房屋征收等重大行政执法决定合法性审查。全年法治审核房屋征收补偿决定等重大行政执法决定36件，共计提出135条法治审核意见，相关意见均被采纳并予以落实。建立制度化、常态化的行政执法监督协作机制，形成县监委、县检察院、县司法局“三位一体”行政执法监督体系，实现对不同程度违法违规行为监督的全覆盖。开展野生动物保护行政执法专项监督，畅通行政执法监督渠道，健全行政执法投诉举报、月通报等制度。发布行政执法指导案例和违法典型案例，强化执法指导。

11月12日，县司法局到县自然资源和规划局开展行政执法“三项制度”实施情况专项监督

推动实现行政争议“双下降”。组织开展推动行政争议发案量和败诉率“双下降”专项行动，聚焦“全县行政争议发案量较2019年同比下降10%以上、一审行政诉讼案件败诉率同比下降20%以上”的目标，抓重点、补短板、强弱项，促进行政行为规范化建设，不断提高全县行政机关依法行政能力水平。将“双下降”工作列入法治建设考核指标体系，明确“双下降”未达到县定目标的单位，年度目标管理考核不能列在平均档次之上。开展“双下降”专项通报，要求未达标单位及时开展问题分析，落实整改措施。全县行政争议发案量为163件，同比下降22.38%；行政诉讼案件败诉率为5.88%，同比下降51.40%。

12月30日，县长腾安达（中左）主持召开县人民政府县人民法院联席会议

会性质组织团伙案件成功宣判，并在市局新闻发布会上向中央、省、市媒体通报。

扎实推进网赌打击。常态化、高标准运作“122”机制，深度整合手段力量，打集团、打头目、断通道、断资金，做实线索落地核查，深挖各类违法犯罪，累计抓获“934”“709”专案目标对象70人，冻结扣押、收缴追缴涉案资金513.2万元；破获“陈某开设赌场案”等自侦案件13起，采取刑事强制措施120人，冻结扣押、收缴追缴涉案资金1122万元。

坚持不懈开展追逃工作。统筹全局警力，对目标逃犯“一对一”研判，累计抓获逃犯572人，11名部督涉黑涉恶逃犯全部“清零”。

严打黄赌、食、药、环领域违法犯罪。深入推进“利剑”“天剑”“昆仑”等系列专项治安整治行动，黄赌、食药环等工作成绩名列全市前茅，涉黄报警量呈断崖式下降。

严打毒品犯罪。推广禁毒“低塘经验”，社工配备比例由1.03%提高到2.35%，全年未发生未成年人吸毒案件，涉毒前科人员复吸率同比下降73.2%，新滋生率同比下降85.9%，为近年来最低。

7月24日，全县禁毒工作会议暨“低塘经验”推广会召开

【行政管理】　强化监所管理。将监管工作融入社会治理大局，从“教育、文化、精神”三个层面入手，形成以“四正文化”“五变目标”为核心的教育管理“宁海样板”，为在押人员回归社会、“重新做人”规划一条可行道路，累计教育感化4495人，认罪认罚率提高至92.8%，工作成效得到副省长、公安厅厅长王双全批示肯定，获评全省“最美警队”。

1月7日，公安部监管局一处处长余伟（右二）到县局调研看守所“教育校园化”工作

实打实推进疫情防控。高规格搭建“一办十组”，高效率运作小数据专班，全周期、全领域、全岸线推进小周期滚动排查、“全域一码通”管理和“净海”专项行动，累计研判落地省、市公安机关下发涉疫数据1398批次18.6万人次，实现本地确诊病例38天“清零”，公安精密智控指数居全市前列，以实际作为助力“两手硬”“两战赢”大局。因成绩突出，县局获评宁波市抗击新冠肺炎疫情先进集体，疫情防控“225”专班被授予集体三等功。

1月24日，县局召开党委（扩大）会议专题部署新型冠状病毒感染肺炎疫情防控工作

【维护社会政治稳定】　深入推进“筑墙、净土、攻心”三大工程，做深情报信息、做实专案打击，加大快侦快破、循线深挖力度。稳妥做好中共十九届五中全会、各级两会、村（社）换届选举等系列安保工作，积极护航“5·19”开游节等重大活动，累计出动警力8000余人次，实现68场次安保活动“零事故”。

7月21日，市委常委、公安局局长黎伟挺赴宁海调研村社换届选举工作

【信访专项治理】　聚焦初信初访，加强源头治理，参谋党政累计化解国家级积案10件、省级积案4件、历史积案109件，全年进京访、赴省访、去市访人数分别同比下降77.2%、42.9%、47.5%，为全市第二个率先创成无信访积案县提供积极助力。重拳出击严打非法信访行为，综合运用法治思维，注重在日常工作中收集、固定违法犯罪证据，打击重点对象3名，形成有效社会震慑。

8月4日，省委副秘书长、信访局局长王忠志（中）到宁海调研指导信访工作

【处置涉稳事件】 吸取贵州安顺公交车事件教训，加大对个人极端倾向人员、扬言报复社会人员、肇事肇祸精神病人等重点群体的滚动排摸力度，管控涉稳重点人员650名。在县委、县政府统一领导下，妥善处置“家之窗现代家居广场”“长运公司”等群体涉稳事件和一名职高女学生坠楼等舆情事件，全年未发生敏感政治类事件、规模性群体性事件和重大恶性案件。

【县域基层治理】 推动警务网格与基层治理“四个平台”无缝对接，部门联动“防溺水”工作机制进一步强化，全年无溺水亡人事件发生。深化“平安村居”创建，严格落实矛盾纠纷“一警情三推送”“首问负责”等制度，跃龙派出所“流动调解室”工作经验被市政府办公厅专报刊发。坚持“一所一品”，高水平推广枫桥经验，跃龙派出所获评市级“枫桥式公安派出所”。

7月2日，“蓝色护航”青少年暑期溺水巡逻行动启动仪式暨“黄墩蓝警”成立仪式在桥头胡街道双林村举行

【服务经济社会发展】 以“最多跑一次”改革为牵引，持续推进“一窗通办”工作，依托交所一体化改革，将驾驶证换证申领等18项车驾管业务下放至派出所窗口办理，车辆检测“一件事”有序推进，真正实现群众“就近办”“一门办”“一窗办”。依托电子证明核查平台，大力推进“无证件（证明）城市”创建工作，26种高频证照、127种证明材料实现电子化应用全覆盖。全面推进“互联网+政务服务”试点应用，公安行政审批由“线下办”为主向“线上办”为主转变，有效提升群众获得感。

【道路交通安全管理】 扎实推进“局长当路长、机关包路段”文明创建、“工程车及其他重型货车整治”、“酒驾醉驾集中整治”等系列专项行动，全年累计查处各类交通违法行为57万余起，查处工程车违法6559起，酒后驾驶1022人，醉驾209人，10835处道路交通隐患全部完成整改验收，“两客一危”、校车“三率”（检验率、报废率、违法处理率）达100%，重型货车、重型挂车、农村面包车“三率”全部达标，城市道路和公路的头盔佩戴率分别达96%和91%。

自6月29日开始，县局领导每周分赴担任“路长”的路段，参与早晚高峰执勤

【安全监管】 深入开展夏季社会治安整治和全县公安机关安全生产百日攻坚行动，进一步深化出租房屋消防安全监管，累计排出违规出租居住房屋127户，其中口头劝退43户，下发责令改正通知书84份，全部完成整改；检查发现电瓶车违规充电等安全隐患5588处，通过警网融合平台向其他职能部门推送1512次。加强电动车智能充电桩安装推广，安装智能充电桩充电口51760个，18个乡镇（街道）全部完成预定安装目标。对全县5家民爆作业单位、150家易制爆危险化学品从业单位、20家剧毒危险化学品单位不定期开展检查，发现并整改隐患216处。

7月13日，全县夏季社会治安整治百日攻坚行动启动仪式在县局东三楼会议室举行

【犬类治理】 严格落实《宁波市养犬管理条例》，建立公安牵头，综合行政执法、农业农村等部门参与的联席会议制度，统筹推进全县养犬管理工作。合理划分重点管理区和一般管理区，设立便民服务点4个，指导狂犬疫苗免疫，电子芯片植入，电子养犬登记证、犬只免疫牌发放1636只次。对任性遛犬、犬只侵扰他人的正常生活，影响环境卫生人员口头教育62378人次，严控无主流浪犬，涉犬警情下降明显。

5月26日，全县犬类管理工作动员部署会召开

【警务保障】 推动交所一体化改革。分3批次在全县10个偏远山区、农村乡镇推行交警派出所一体化改革，探索形成整体融合和驻所融合两种模式，通过实行工作分工、勤务模式、任务分配三项一体化，促进交警、派出所业务、队伍的真融合，在提升交通警情处置效率、加强交通违法查处等方面发挥了重要作用。通过改革，10个一体化乡镇交通事故类警情出警时间较改革前平均缩短30分钟，现场交通纠违数同比增长101%，交通事故总数平均下降23%，实现党政拥护、群众欢迎、治理高效的目标。

5月29日上午，全县交警和派出所一体化勤务模式运行工作座谈会在西店镇召开

深化执法规范化建设。紧紧围绕重大安保和重要敏感节点维稳，以及打击突出违法犯罪活动等中心工作，强化法律服务保障，多措并举，深入推进执法规范化建设，连续荣获全省公安机关执法质量优秀单位，进一步提升公安执法能力和执法公信力。

深化“情指行”一体化建设。深化情报与指挥融合、情报与警种互动、情报与社会联动，挂牌成立情指行合成作战中心并实体化运作，配套完成情报研判、执法办案、侦查办案等分中心建设。强化警情闭环管理，落实分类推送、提级督办等措施，压实警种负责人和派出所所长处置责任，提升响应处置实效。整合巡特警、交警、智能警务亭等资源力量，打造“点线结合、动态管控、精准巡防”的城区巡逻新模式，“1、3、5”反应圈更加灵敏迅速。

夯实基础设施建设。从优待警更加扎实，基层所队业务用房建设进一步加快，桃源商务楼24层技术用房投入使用，2个派出所完成搬迁、1个派出所主体完工，基层办公条件进一步改善。

5月28日，黄坛派出所新营房启用仪式举行

【档案管理】 全年整理专业档案19278卷、文书档案119卷、其他档案61卷。截至年底，共完成档案数字化加工430.5万页，条目189.5万条。

加强调研文秘工作，全年编发简报41期、工作动态415篇，办理建议提案40件。

【队伍建设】 从严执纪问责　以整风精神推进自我革命，一体推进学习教育、排查检视、整改落实，并贯通运用监督执纪“四种形态”，切实解决突出问题、深化“清廉公安”建设。全年常态运用监督执纪“第一种形态”361人次。加大民警违法违纪案件查处和追责力度，立案审查或协助审查4人，给予政务记大过1人、记过1人，党内警告1人，不再给予处分1人。

健全制度规范。深化廉政风险动态化防控机制建设，健全民警、辅警饮酒报备、领导干部外出报备审批、重要会议活动请假、个人重大事项报告制度，重点关注民警“八小时外”违纪违法风险隐患，打造风清气正的警营生态。先后提拔任用县管干部6名，调整县管干部18名，提拔任用中层干部26名，对69名中层干部和60名民警予以岗位调整，干部结构进一步优化。

强化教育训练。突出实战实用实效，开展一线民警警务技能大轮训、新警比武、派出所所长比武等活动。着力提升队伍综合素质，创新“小基地大练兵”做法被省厅简报刊发。加强专项绩效评估和警种专业训练体系建设，县局获全市公安系统第二届“甬安杯”网络安全技术竞赛团体一等奖，网警大队副大队长林波获个人（专业警种）一等奖，选送的《第三方支付数据侦查三法》获全市刑侦技战法比武二等奖。

浓厚争先创优氛围。深入推进“有第一就争、见红旗就扛”岗位标兵争创活动，不断加大先进典型选树和“模范支部”“党员先锋岗”“青年文明号”等创建力度，先后有1名个人荣立二等功，37个集体和个人荣立三等功，136个集体和个人获得各类先进荣誉，涌现出全省百名好民警林珍、冯吉军，全省“最美警察”叶振宇，宁波市“十佳政法干警”郭东海等一大批先进典型。

维护民警执法权益。全力维护民警执法权威，查处正当执法权威受侵案件22起，刑事处罚5人、行政处罚21人。

深化爱警惠警。创作拍摄《团圆》《敬礼》等主题视频片，先后被公安部微博，省厅、市局微信公众号转发。贯彻落实《宁波市公安机关警务辅助人员管理规定》，争取专项经费514万元，辅警保障力度进一步加大。

【案例举要】 破获一起重大成品油走私案件。4月，宁海县公安局成功破获一起重大成品油走私案件，抓获涉案人员41名，当场扣押运油船1艘、油罐车9辆、柴油300余吨，扣押涉案资金90余万元。经侦查查明，3月至4月期间，犯罪嫌疑人在未取得买卖成品油经营资质的情况下，前后3次在公海上向他人购买成品柴油，并通过走私的方式进入宁海县茶院乡附近海域，在宁东渔庄码头进行转驳并非法售卖成品柴油，每次走私涉案金额均超百万元。

破获一起涉案金额约2.8亿元的非法期货App经营案件。4月7日以来，县公安局陆续接到投资人关于“金满溢”期货App无法兑现投资款的报案，涉及金额、投资人较多。接到报警后，高度重视，于4月15日以非法经营案件刑事立案调查，共挖出“金鼎国际”“金手指”等同类App投资平台9个。截至4月24日，已对“金满溢”“金鼎国际”“金手指”3个平台及后台技术公司进行收网，抓获犯罪嫌疑人24人，扣押资金844.85万元、车辆2辆，冻结银行资金42万元。

破获一起1998年命案积案。公安部“命案积案”攻坚行动开展以来，县公安局按照市公安局部署，全面梳理命案积案，逐案研究，逐案研判，扎实推动命案攻坚。9月10日，在省公安厅和市公安局刑侦、技侦、网安部门的精心指导和大力支持下，成功破获一起22年命案（1998年“8·10”出租车司机被抢劫杀害命案）积案，抓获全部4名犯罪嫌疑人。

协助破获一起2004年命案积案。10月20日，县公安局根据宁波市公安局指令，对云南昆明“20040329”命案线索进行核查。经侦查，确认死者身份华某立，并根据命案现场多处痕迹物证比对结果，对重点犯罪嫌疑人林某兵（男，1973年12月出生，宁海县越溪乡上林村人）的身份关系和行踪轨迹开展分析研判，快速锁定林某兵的落脚点。10月21日11时许，成立抓捕工作组，在宁海汽车西站抓获林某兵。经连夜突击审讯，犯罪嫌疑人林某兵对杀害华某立一事供认不讳，随后将该案件移交云南昆明警方。

检　察

【概况】 在县委和上级检察院的坚强领导下，县人大及其常委会的监督支持下，县检察院以习近平新时代中国特色社会主义思想为指导，深入学习贯彻习近平总书记考察浙江、宁波重要讲话精神，认真落实省委《进一步加强检察机关法律监督工作的若干意见》，坚持“落实、稳进、提升”检察工作总基调，紧紧围绕“193战略体系”，依法履行检察职能，强化法律监督，加强队伍建设，各项工作取得新进展，为宁海争做“重要窗口”模范生团队的双优生贡献检察力量。

县人民检察院获评“全国检察宣传先进单位”、全省检察机关信息工作先进单位、四星级基层党组织、宁海县清廉机关建设“十佳示范案例”。县人民检察院退休干部党支部被评为宁波市最美“银辉”党支部，向日葵未检工作室获评省巾帼文明岗，“点亮微光，飞扬青春”项目获评全省青年志愿服务项目大赛铜奖。李伟萍获全省检察机关信息工作先进个人、全市检察工作信息先进个人，郑旭斌获全国特赦工作先进个人，邵增辉上榜全省百名教官。应敏俊获评宁波市检察机关案件管理业务能手称号，获宁波市人民检察院疫情防控工作三等功，崔隽雍、张荣益、李伟萍获评2019年度县优秀共青团干部，郑旭斌被高检院评为2019年特赦检察工作表现突出个人。

县人民检察院选送《未成年人犯罪年龄的认定》微课被评为年度全省检察优秀微课，关于《票据诈骗疑难问题研究——以民间贴现介入的毛用他人票据诈骗为切入点》获年度全省检察机关优秀专题调研成果三等奖，3篇论文在年度县人大工作理论研讨会上获奖，干警论文分别在浙江法学会网络法治研究会、第三届服务保障长江经济带发展检察论坛上获奖，叶巧亚撰写的《论行政事业单位内部控制建设——对一桩会计贪污案的分析》荣获宁波市会计论文评选二等奖，应敏俊撰写的论文获第32届全国副省级城市法治论坛征文优秀奖，检察长撰写的论文《把三关破三难推进监督事项案件化办理》在《浙江检察》刊登，邬晓炜撰写的《“3C”链式党建工作助力答好“重要窗口”建设检察答卷》获评年度全省检察机关党建理论研究主题征文二等奖。

【服务大局】 紧扣中心工作，在服务大局中彰显检察担当。积极融入、全面对接，切实担当起服务保障大局的政治责任，在服务疫情防控、决胜扫黑除恶专项斗争、护航民营企业发展等方面以更优检察履职，为宁海实现高质量发展提供法制保障。

积极参与疫情防控阻击战。主动服务疫情防控大局，先后组织50余名检察人员下沉一线参与社区（村）联防联控或企业复工复产服务保障工作。精准稳妥办理各类涉疫案件，从严从快依法审查起诉涉疫刑事案件6件。提前介入一起销售“问题口罩”案获省院贾宇检察长批示肯定，对一起物流企业员工涉嫌交通肇事案件开展羁押必要性审查，改变强制措施，使其重返工作岗位。积极开展“非接触式”办案模式，运用“浙江检察”App、远程视频等方式，开展远程告知、提审、开庭、接访等，确保疫情防控与案件办理两不误、双推进。

全力决战决胜扫黑除恶专项斗争。按照扫黑除恶决战决胜年部署和“六清行动”要求，集中力量办理进入捕诉高峰期的涉黑涉恶案件。受理审查逮捕涉恶案件21件43人，批捕30人；受理审查起诉23件152人，全年起诉涉黑涉恶犯罪191人，其中起诉黑社会性质组织犯罪1件11人，起诉“套路贷”恶势力犯罪30件173人，按期完成案件清结目标。认真落实检察长带头办案要求，法检两长同庭审理王某岳、叶某亚等11人组织、领导、参加黑社会性质组织犯罪案件。加强与县法院、县公安局衔接，强化审查起诉阶段的政策解读，紧抓庭审前关键时期的教育转化，对184人适用认罪认罚从宽制度，确定刑量刑建议采纳率100%。坚持质量与效率并重，严格执行涉黑恶案件“打财断血”一案一表制度，积极做好追赃工作，圆满完成扫黑除恶专项斗争年度工作任务。

全力服务保障民营经济健康发展。充分认识民营经济在社会主义市场经济中的重要地位，秉持谦抑、审慎、善意司法理念，坚持平等保护原则，加强“亲清”新型检商关系建设，联合县工商联（商会）建立涉企案件社会调查风险评估制度，迭代创新涉企刑事案件“4S”工作法。对侵害民企犯罪从严从快打击，及时办理“假冒得力铅笔”等破坏市场经济秩序的犯罪案件，切实保护企业合法权益。对民企涉罪案件少捕慎诉办理，努力降低司法办案对企业生产的负面影响，相关做法获省委领导和省检察院检察长批示肯定，获评全市检察机关“十佳创新项目”。联合县工商联开展“服务‘六稳’‘六保’护航民企发展”检察开放日等活动，听取并积极回应企业家的司法需求。

【平安宁海建设】 聚焦县域治理，积极参与平安宁海建设。

依法打击各类刑事犯罪。以增强人民群众安全感为宗旨，突出打击重点，维护社会和谐稳定。全年共受理审查逮捕572人，依法批准逮捕321人，受理审查起诉1304人，依法提起公诉1116人。报送市检察院、移送其他检察院审查起诉18件34人。依法起诉严重暴力犯罪30人，电信网络诈骗等多发性侵财犯罪366人，切实保护人民群众生命财产安全。依法打击非法信访及相关犯罪，批捕5人，起诉8人，合力维护信访秩序。全面推进认罪认罚从宽制度，大力提升精准量刑能力，认罪认罚适用率及确定刑量刑建议提出率、采纳率均达90%以上。

助力打好“三大攻坚战”。维护金融安全，深入贯彻落实最高检“三号检察建议”，严厉打击金融领域犯罪，批捕金融诈骗、破坏金融管理秩序犯罪6人，起诉12人。助力脱贫攻坚，依法打击假冒国家扶贫项目的诈骗犯罪和拒不支付劳动报酬情节严重的犯罪。加大司法救助力度，通过采取社会化救助、法律援助和跨省联动、上下联合等多元化救助方式，对因案返贫致贫的贫困户、残疾人、未成年人、退伍军人等20个救助对象，发放救助金31.2万元，救助金额和人数创历史新高。守护美丽宁海，持续加强生态检察，专部门专业化办理非法采矿、非法捕捞等破坏环境资源案件，批捕6人，起诉21人。坚持恢复性司法理念，及时督促14名犯罪嫌疑人补植复绿、增殖放流，修复受损生态环境。

持续深化“诉源”治理和犯罪预防。加大检调对接力度，促使16起案件当事人自愿达成刑事和解，促进修复受损社会关系。严格落实“群众来信件件有回复”工作要求，妥善办理涉法涉诉信访82件135人，按期完成“12309”检察服务中心成建制入驻县矛调中心工作，致力于群众信访“最多跑一地”。注重源头预防未成年人犯罪，推动县委政法委出台《未成年人临界预防协同工作办法》，与县妇联共建未成年人预防帮教项目，构建“检察+妇联”帮教大网格模式。创新“云直播”法治宣传平台，原创儿童自我保护歌曲《大灰狼，再见》被纳入全县教育系统平安建设宣传“九个一”活动。未成年人预防帮教项目获全省青年志愿服务项目大赛铜奖，为全省检察系统唯一项目。“向日葵”未检工作室获评省级巾帼文明岗。

【法律监督】 切实强化刑事诉讼监督。严把批捕起诉关，经审查对证据不足的，不捕107人，对经补充侦查仍达不到起诉标准的，不诉22人。坚决落实宽严相济刑事司法政策，防止和克服“构罪即捕”，规范适用定罪不诉，对犯罪情节轻微的定罪不捕154人、不诉180人，不捕不诉率分别为26.3%和13.7%。坚持在办案中监督、在监督中办案，通过监督线索回查、交叉检查、部门督查，全年监督立案

9人，增捕19人，追诉5人，监督纠正不规范侦查活动19件。提出提请抗诉3人，法院改判6人（含考核年度前提抗案件）。对9件重大案件依法开展侦查终结前讯问合法性核查工作，促进侦查讯问规范进行。深化对看守所的“巡回检察”工作，针对刑事执行中执法司法存在的问题，提出纠正意见和检察建议14份。

着力深化民事行政检察。受理民事生效裁判监督案件36件，审查后提请市院抗诉3件，提出再审建议9份，法院再审改判10件（含考核年度前提抗3件）。受理民事执行监督案件86件，办结67件，提出监督建议5份。加强民事审判程序监督，发出检察建议7份。严厉打击虚假诉讼，与县法院、县公安局联合出台防范打击虚假诉讼相关文件，推动成立陈某某虚假诉讼公检法专案专班，建议法院再审涉该案的虚假诉讼8件。支持法院依法执行，对拒不执行判决裁定情节严重构成犯罪的，依法提起公诉。深化驻法院检察官办公室工作，联合县法院出台《关于在民事执行活动中明示申请法律监督权的规定（试行）》，该工作在全市检察机关推广。1件民事审判程序监督案件入选全省民事检察精品案例。加大行政检察监督力度，推动行政争议实质性化解11件。办理行政非诉执行监督案件46件，督促执行7件，追缴罚款25万元。

突出做好公益诉讼检察。坚持把诉前实现维护公益目的作为最佳的司法状态，针对生态环境和资源保护、食品药品安全、国有财产保护及国有土地使用权出让等领域，积极开展“公益诉讼守护美好生活”“守护美丽河湖”等专项行动，向有关部门发出诉前检察建议48份，其中办理重特大案件22件。重点聚焦国有财产保护，通过与有关行政机关和乡镇街道力量联合、信息联通、整改联动，共同督促追缴国有财产近9000万元。在全市率先开展“利息税”专项整治活动，联合县法院、县税务局制定《关于加强民间借贷纠纷案件利息收入税收征管协作的意见》，挽回国有财产110余万元。积极探索安全生产领域公益诉讼检察，开展加油站违规扫码、建筑危房违规投入使用问题专项监督，发出诉前检察建议10份。

【队伍建设】 强化能力建设，全面打造过硬队伍素质。

加强政治能力建设。坚持党建引领，制定实施《党支部建设“提质增效”三年行动计划》《党建工作督查办法》等文件，提升党建工作标准化规范化水平。着力构建“五色党建”工作品牌，启动“特色支部”创建活动，院党总支和在职党员党支部均实现星级晋位提档，退休干部党支部获评市最美“银辉”党支部。健全完善党组专题学习、理论学习中心组学习等制度，积极开展“周二夜学”，打造“思辨课堂”学习品牌，重视学习成效跟踪落实。加强意识形态专题分析研究，不折不扣抓好市院党组巡察反馈意见整改落实。加强廉政教育，深入推进“建设清廉机关、创建模范机关”活动，《实施“三大工程”打造“清廉三治”》获评县清廉机关十佳示范案例。

加强司法作风建设。扎实推进司法规范化水平提升年活动，全方位深层次开展问题排查，注重建章立制源头管控，制定内部监督制约规范性文件10项。加强审限管理，开展案件清结工作，检察长办公会每月逐案听取督办超6个月未结案件。树立全新诉讼理念，采取有效措施，切实降低“案-件比”，减少司法资源耗费，减轻当事人讼累。注重发挥示范带动作用，认真落实入额院领导带头办案制度，5名入额院领导办理案件148件。常态化开展案件质量评查，对296件案件进行常规抽查和专项评查，评查结果纳入检察官业绩考核。制定办理认罪认罚案件监督规定，突出检察官办案主体地位的同时，同步强化检务督察和案件管理等监督合力，切实防范廉政风险、质量风险。

加强专业能力建设。深化学习型机关建设，积极探索检校合作，与浙江万里学院法学院签署战略合作协议，建立人才培养交流、学术资源共享、理论研究同进机制。转变办案观念，加强技术性证据审查，依托“公益诉讼快检实验室”“特聘专知工作室”，实现技术协助办案数位列全市前茅，全市检察机关“公益诉讼快检实验室”建设推进会在宁海召开。认真负责做好政法一体化单轨制办案系统应用牵头工作，进一步提升办案效率。创设雏鹰成长训练营，打造“积分促学、导师带学”双学教育体系，推进人才培养和法治实践深度融合。加强检察理论研究和案例撰写报送，常态化举办“宁检论坛”、编辑《宁海检察》，切实提升检察人员研究能力和写作水平。组织宪法宣誓、“宁检之星”评比等活动，打造“清廉机关”“宁检风采”等主题宣教阵地，进一步激发工作潜能和团队精神。一年来，15人次获市级以上荣誉，1人获评全省刑事执行检察专业人才，1人获评全国检察宣传先进个人，29篇文章在市级以上刊物发表或获奖，22个案例入选全市检察机关精品案例和服务“六稳”“六保”典型案例。

自觉接受人大监督、政协监督及社会各界监督。高度重视人大代表、政协委员意见建议，全面梳理2019年县两会期间代表委员提出的5类36项意见建议，并逐项落实改进措施。及时向县人大常委会报备检察建议书、纠正违法通知书等重要文件、特定案件和重大事项。加强与代表委员的日常联络，邀请代表委员、人民监督员参与公开听证，诚恳听取监督评议意见。深化检务公开，认真做好案件程序性信息发布、法律文书公开等工作，认真组织检察开放日活动，加强检察新闻宣传，及时发布工作动态、创新做法和典型案例，积极推进与社会公众的良性互动。

【有关用语说明】 三号检察建议：2019年最高检针对金融犯罪造成的金融安全、社会稳定影响，聚焦金融风险防范化解工作，向中央财经委发送“三号检察建议”。主要针对金融违法犯罪新表现中凸显金融市场监管存在的不足，提出加强和改进金融监管、防范金融风险，并要求各地结合本地金融犯罪和金融监管实际，加强对本地区金融治理问题的研究分析，创新落实方法，有针对性地推动地方金融治理体系和治理能力的完善和提高，打好防范化解重大风险攻坚战。

涉企刑事案件“4S”工作法：Select—筛查案件、Single—专门办理、Slight—轻拿轻放、Supervise—案后治理。

案-件比：最高检提出的检察机关案件质量主要评价指标之一。即指发生在人民群众身边的案，与案进入司法程序后所经历的有关诉讼环节统计出来的件相比，形成的一组对比关系。“案”是指发生的具体案件；“件”是指这些具体的案进入司法程序后所经历的有关诉讼环节统计出来的件。

“193”战略体系：宁波市院在全市检察工作会议暨“三个年”活动推进会上提出的一个战略目标、九项标志性成果、三大战略路径。一个战略目标：努力领跑全省、领先全国，当好浙江建设“重要窗口”检察模范生的战略目标。九项标志性成果：一是聚焦建设彰显公平正义的法治宁波，打造法律监督最有力示范市；二是聚焦建设全国文明城市典范城市，打造检察践行新时代文明司法理念业内标杆；三是聚焦创建全国市域社会治理现代化示范城市，打造检察机关践行枫桥经验“宁波模式”；四是聚焦创建全国法治政府示范市，打造检察促进化解行政争议“宁波样板”；五是聚焦建设美丽中国先行示范区，打造检察保护生态环境典范城市；六是聚焦建成口碑一流的营商环境优秀城市，打造检察机关服务保障民营企业健康发展“宁波范本”；七是聚焦建设世界一流强港，打造培育港航检察工作标准的重要阵地；八是聚焦创建国家制造业高质量发展试验区，打造知识产权检察“宁波名片”；九是聚焦建设舒心暖心的民生幸福城市，打造未成年检察工作“金字招牌”。三大战略路径：以办案为中心，坚持政治建检、党建统领，坚持四个“两手抓、两手硬”的战略路径。

认罪认罚从宽制度：2018年刑事诉讼法修改时确立的一项重要诉讼制度。具体是指犯罪嫌疑人、被告人自愿如实供述自己的犯罪，对于指控的犯罪事实没有异议，同意检察机关的量刑意见和程序适用并在辩护人或值班律师在场情况下签署具结书的，可以依法得到从宽处理。该项制度是在立法和司法领域推进国家治理体系和治理能力现代化的重要举措，目的是通过对认罪认罚的犯罪嫌疑人、被告人依法给予程序上从简或实体上从宽的处理，实现有效惩治犯罪、强化人权司法保障、提升诉讼效率、化解社会矛盾、减少社会对抗、促进社会和谐。“两高三部”《关于适用认罪认罚从宽制度的指导意见》要求，办理认罪认罚案件，人民检察院一般应当提出确定刑量刑建议。对新类型、不常见犯罪案件，量刑情节复杂的重罪案件等，也可以提出幅度刑量刑建议。提出量刑建议，应当说明理由和依据。

法 院

【概况】 全年新收案件16922件，结案17319件，未结案1496件，分别同比下降10.19%、9.47%和20.97%；财产保全率、实际执行率、民事调解率等数据指标居全省法院前列、全市法院第一。

【依法行政】 受理行政诉讼案件103件，审结104件，同比分别上升3%和下降6.31%；受理审查行政非诉案件187件，办结187件，同比均上升28.97%。通过庭前对接、逐案协调等有效举措，行政机关负责人出庭应诉率首次实现100%，同比上升5个百分点。坚持依法裁判和协调化解并重，协调撤诉率达42.31%，连续两年超过40%，2篇案例入选全市法院行政调解十大典型案例。坚持依法居中裁判，判决本县行政机关败诉4件，败诉率5.06%，同比分别下降60%和6.18个百分点，其中政府信息公开案件败诉案件数、败诉率均为0。与相关单位部门召开联席会议，梳理涉嫌行政滥诉人员名单并报上级法院，严厉规制滥诉行为。发布2017年至2019年行政案件司法审查白皮书，编写行政案例10篇并作为全县“周二夜学”素材，为全县政务公开和政务服务专题培训班110多名机关工作人员授课，助推司法与行政良性互动。

严厉惩处刑事犯罪。受理刑事案件675件，审结683件，同比分别上升2.27%和5.73%，判处罪犯1169人，其中判处三年以上有期徒刑183人。保持对严重刑事犯罪高压态势，审结故意伤害、“两抢一盗”等暴力、侵财案件125件。依法打击危害公共安全犯罪，审结交通肇事、危险驾驶犯罪案件122件。突出打击关乎群众切身利益的涉众型犯罪，审结非法集资、利用网络电信实施诈骗等案件102件。依法维护法律权威，审结妨害司法类犯罪案件12件，最高判处有期徒刑一年零六个月。推动刑事辩护工作落地落实，共为407名没有辩护人的被告人提供法律援助。全面应用浙江政法一体化系统，接收审判协同案件621件，向公安、检察机关发送裁判文书621份，审判协同率100%。

【化解纠纷】 妥善化解民商事纠纷。受理民商事案件8764件，审结8846件，同比分别下降10.40%和9.64%，民事调撤率达67.67%。审结婚姻、继承纠纷等案件764件，在妇女儿童活动中心设立妇儿维权法官工作站，邀请“春风化雨”女性社会组织参与纠纷化解。审结劳动争议、道交事故、医患纠纷等案件615件，完善涉民生案件绿色通道。妥善审结涉企业合同、工程纠纷等案件2326件，维护企业和企业家合法权益。审结民间借贷、金融借款纠纷等案件2156件，成立“宁波市金融消费纠纷人民调解委员会驻宁海县人民调解工作室”，打造一站式金融纠纷多元化解平台。

8月31日，宁波市金融消费纠纷人民调解委员会驻宁海县人民调解工作室成立

强力攻坚执行难题。进一步攻坚“切实解决执行难”，受理执行案件7089件，办结7394件，同比分别下降12.05%和11.47%，执行到位金额约6.47亿元。加大信用惩戒力度，依法纳入失信被执行人名单2425人次，做出司法拘留决定625人次，限制高消费2900人次，限制出境894人次，移送涉嫌拒执犯罪6件6人，移送涉嫌挪用资金犯罪1件1人。落实县人大常委会《关于进一步加强人民法院执行工作的决定》，持续优化健全执行工作联动机制，上线运行以“宁海法院执行联动”浙政钉微应用平台为核心的执行信息化系统，共通过执行联动平台查封、解封不动产、车辆、银行存款、股权等3127次，查控养老金、住房公积金等1247人次，通过公安、网格员查找被执行人375人。该机制得到省委领导批示肯定。

【服务经济】 服务经济发展，保障重点项目。紧紧围绕“双下降”目标，运用“3+N+X”机制开展会商17次，成功调处行政争议20件。深化运用保障重大项目工程推进“2+X”机制，指导依法规范征收、拆除专题协商11次。出台《关于为宁海高水平推进县域治理现代化提供司法服务和保障的实施意见》，细化落实司法服务保障“双优”宁海建设各项工作。积极参加“全县城乡客运一体化改造方案”“村社换届选举”“城区三处危旧宿舍解危工作”等专案、专题协调会商，保障宁海重大事项顺利推进。

优化营商环境，助力复工复产。部署开展“百名党员进村入企‘三服务’”活动，积极延伸司法服务，共走访企业398家，解决实际困难79个。优化破产案件审理，共受理破产案件35件，审结26件，盘活房产约23.9万平方米，土地775.67亩，清理债务68.82亿元，安置职工263人，化解执行案件253件。创新开展预重整管理人评审听证会，为全省公开、公平、公正选任预重整管理人开创先例。制定《关于破产援助专项资金和管理人报酬自助资金使用办法》，全年共向无产可破案件管理人发放破产援助专项资金40万元、管理人报酬自助资金39万余元，切实提升管理人履职积极性。

9月2日，县人民法院党组成员、副院长娄焕晓带队走访得力集团

围绕防疫大局，彰显司法担当。认真贯彻落实党中央及省、市、县委和上级法院工作部署，实现防疫办案“两手抓、两不误”。疫情期间组织100余名干警充实到一线，全力配合开展疫情防控工作。组建2个驻企联企服务团队，全方位助力企业复工复产。1名干

警被省高级人民法院评为抗疫表现突出个人。开启特事特办通道，为宁海一家医疗用品生产企业提前启动信用修复，促成该企业先后拿到3000万元贷款，收到国内外采购订单2亿多元；积极联系政府部门及相关企业，帮助某汽车部件公司继续租赁拟被司法拍卖的厂房并参与竞拍，保障其复工投产。2件案件均入选省高级人民法院《执行工作动态》第一批抗击疫情典型案例。恢复办公办案秩序后，全院抢抓“窗口期”开展“百日办案提质效”活动，全速全力清积案、化新案。依法妥善审结涉疫民商事纠纷案件27件，依法从快从严审结涉疫刑事犯罪案件5件5人，对一名虚假销售口罩诈骗105万余元的被告人蔡某某以诈骗罪判处有期徒刑十一年九个月，并处罚金50万元。

3月24日，法检“两长”同庭履职审结一起数额特别巨大的口罩诈骗案件

【扫黑除恶专项斗争】 聚力扫黑除恶专项斗争，攻坚决胜之年。依法审结涉黑恶案件39件188人，最高判处有期徒刑十六年。加大“打财断血”力度，在合法合规合理合情前提下确定“追赃无极限”要求，移送执行的财产刑案件已执行到位2952万余元，执行到位率达98.38%。深化公检法协同打击，建立会商机制，提前介入会商重点案件30余次。聚焦攻坚省督要案，省扫黑办督办的5件案件均已妥善办结。

亮剑虚假诉讼，打造诚信社会。共移送公安及扫黑办15件，拘留15人，罚款16人66万元，判刑3件5人。对一名变造证据的法律服务工作者依法进行拘留、罚款，并向县司法局发送司法建议。联合公安、检察建立打击职业放贷人虚假诉讼协作机制，排查梳理陈某108件民间借贷系列案件，固定虚假诉讼犯罪事实，以虚假诉讼罪判处陈某有期徒刑一年零四个月，并处罚金10万元，陈某所涉诉讼案件依法再审。县人民法院打击虚假诉讼的经验做法被评为长三角区域社会治理现代化法治保障创新实例。

【构建新格局】 构建多元解纷工作格局。完善人民调解、行政调解、司法调解“三位一体”的三调联动工作平台，特邀调解组织由3家增加至27家。5月，被市委、市政府表彰为指导人民调解工作成绩突出集体。自11月起，由立案庭庭长带领“1+1+1+3”员额法官团队常驻县矛调中心，开展诉前调解、司法确认、立案登记等工作。积极延伸司法职能，在全省率先开展机动车交通事故责任纠纷类型化解纷试点改革，新设消费者维权巡回法庭与劳动争议巡回法庭，构建劳动争议“调裁诉”联动机制和建设工程合同纠纷调解一体化机制，全方位打造类型化案件处理样板。推广立审执全流程财产保全，将小风险免担保机制标的额度从3万元提升至5万元，实现“立保同步、保调对接、以保促调、以保促审、以保促执、以保促廉、以保促美”。财产保全率达30.30%，稳居全省第2名、全市第1名。

7月23—24日，联合举办全县人民调解员培训班

构建基层共建共治格局。做实做细县域首问负责即问即办工作举措，规范来信来电来访申诉办理程序，实现有信必复、有访必接。成立信访案件化解专项工作领导小组，落实重点信访案件领导带头包案责任制，全面加强信访维稳工作。对本县涉诉信访积案主动作为，全面核实案件情况，发挥信访程序终结功能，助推“无信访积案县”目标实现。进一步推进人民法庭建设，长街法庭临时过渡综合审判用房正式投入使用，西店法庭开工建设和第三批法庭建设用地选址等工作同步推进。

10月28日，举行长街法庭启用揭牌仪式

构建全面普法宣传格局。落实“谁执法谁普法”责任制，积极营造全民遵法守法学法用法的良好氛围。组织开展普法进社区、企业、校园等活动39次，邀请学生、人大代表、政协委员、机关干部等参与公众开放日活动4次，召开新闻发布会2次，发布审判白皮书2份，

组建民法典宣讲团并开展主题宣讲3场。促进传统媒体和新媒体普法有机融合，在县级以上媒体刊发宣传稿件183篇，在官方微信推送原创文章81篇，其中27篇被上级法院微信公众号转发。坚持以公开促公正，裁判文书上网率98.13%，庭审直播率95.93%。

【深化改革】 推动“两项机制”落地落实。积极构建“自动履行为主、强制执行为辅”的执行长效机制建设，秉持善意文明执行理念，自动履行率达57.32%，居全市法院第3位。联动17家部门共建2项机制联席会议制度，落实企业信用修复红利。根据省高级人民法院指定，在全国率先试点“诚信诉讼码”，通过五色赋分规则，为一起生命权纠纷中积极进行人道主义补偿的被告企业加诚信激励分10分，助力社会道德建设。

推动民诉制度改革行稳致深。出台《在线庭审提纲（试行）》，完善简易程序规则，针对适用简易程序且标的较小、案件事实清楚、法律关系明确的案件，依法简化、合并庭审程序。简易程序适用率达69.54%，简易程序案件平均审理天数33.66天，居全市法院前列。打造“系统性”司法确认程序，推动“诉前调解+司法确认”作为群众解纷首选。全年共诉前化解纠纷2240件，受理并办结司法确认申请1727件，诉前纠纷化解率达35.43%。明确独任制普通程序适用范围和情形，提炼独任制普通程序案件“事实不易查明”的四方面判断标准，该项工作经验选编录入最高人民法院《司法改革动态》。

推动无纸化办案办公做好做优。引导当事人通过浙江法院网、移动微法院、自助立案一体机进行标准化网上立案，电子卷宗随案扫描率达100%，网上立案率达78.41%。配备支持互联网庭审法庭7个，配置近50份文书模板及电子卷宗自动编目模板，配齐高清高速扫描仪、“E键智能送达”系统、大屏显示器、5G新款设备，实现院机关5G信号全覆盖，构建审判执行全流程、全要素无纸化办案办公新模式。

推动审执质效业务稳扎稳打。建立健全科学考评机制，出台《案件质量评查暨四类案件监督管理实施细则》，通过常规评查、专项评查和重点评查，共评查案件1800余件，发布评查通报16期。制定出台《关于规范举证行为提高司法效率的意见》，明确界定逾期举证行为，层级划分训诫罚款档次，维护司法权威。通过预警防控、层级督办、动态跟踪、听案会商等机制，持续、强力推进长期未结案清理工作，截至12月31日，超6个月未结案件28件，同比减少49件；超12个月未结案1件，同比减少4件。

【自身建设】 全面深化思想政治建设。继续巩固深化“不忘初心、牢记使命”主题教育成果，围绕“坚持党对司法工作的绝对领导、坚持中国特色社会主义法治道路”“当好浙江建设重要窗口模范生”等主题开展集中研讨，召开党组理论中心组学习26次。加强政治理论学习，坚定政治品行，开设“法苑”栏目，组织“青年说”法治论坛，举行宪法宣誓活动。扎实做好党员发展培养工作，发展新党员4名，培养入党积极分子5名。

全面加强履职能力建设。积极推进学习型法院建设，以青年法官论坛、审判业务培训、专题辅导讲座等形式，开展线上线下各类教育培训85次，参与民法典专项辅导11场。深化人员分类管理，构建“团队扁平化、员额精英化、干部梯队化、雇员职业化”的“四化”组织管理模式。发布“办案先锋榜”，举办“说说我与法院的故事”，建立“青年干警座谈会、退休干部欢送会、老干部茶话会”常态机制，激发队伍活力。深入开展调查研究，21篇文章在市级以上刊物发表或获奖，关于“并村不并账”的调研报告在《人民法院报》发表、参与撰写的《解决执行难的中国经验》课题被最高人民法院评审验收为优秀课题。

全面强化司法作风建设。深入开展司法规范化水平提升年活动暨执行不力问题专项治理行动，严格落实“八查八看”，全方位开展问题排查。坚持真刀真枪抓整改，强化追责问责，对2名中层正职、1名干警采取通报批评等惩戒措施。持续推进清廉法院建设，在院机关打造廉政文化长廊，连续4年开展全覆盖式党建廉政家访，健全“法院+家庭”双重助廉长效机制，做好“党建向廉、机制保廉、家庭助廉、督办促廉”。12月，县法院获评县清廉机关建设“十佳示范案例”。

主动接受各方监督指导。自觉接受县人大及其常委会和各方面监督，坚决贯彻落实县人大及其常委会的决议和决定，认真执行《宁海县人大常委会关于司法机关重要工作情况报告备案的规定》，主动汇报和通报工作情况。认真听取和办理人大代表、政协委员意见建议，邀请代表、委员参与重大会议、旁听庭审、见证执行等活动35人次。自觉接受检察监督，联合县检察院出台《关于在民事执行活动中明示申请法律监督权的规定（试行）》，邀请检察长等列席审判委员会会议 2 次，办结检察建议 27 件，受理并办结审判监督案件 87 件。

12 月 25 日，各机关单位代表参观县法院廉政长廊

司法行政

【概况】 县司法局深入学习贯彻习近平总书记考察浙江、宁波时的重要讲话精神，对标对表全省司法行政系统建设“重要窗口”一图一表，聚焦重点任务，创新工作思路，补齐问题短板，各项工作扎实有序推进。

成功承办第一期“全国民主法治示范村（社区）”普法骨干培训班。宁海乡村治理培训中心获评第三批全国法治宣传教育基地。被省政府给予生态省建设集体三等功，系全省司法行政系统唯一。商会调解工作模式在全国工商联、最高人民法院举办的全国商会调解能力建设在线培训班上开篇首播，被作为样板工程在全国推广。村级权力清单制度入选法治浙江实践 100 例。振宇叔叔普法工作室被列入浙江省第二批社会大普法“六优”培育行动计划优秀名单。

1 月 7 日，由司法部、全国普法办主办的第一期“全国民主法治示范村（社区）”普法骨干培训班在宁海开班

【打牢依法治县“基石”】 法治政府建设统筹推进。组织召开县委全面依法治县委员会第二次会议和县委全面依法治县委员会办公室第三次（扩大）会议，推动 2020 年县委依法治县委员会工作要点和责任分工方案落实。多形式开展述职述法和评议工作，将述法纳入年终述职内容，县委、县政府领导带头开展述职述法，推动党政主要负责人履行推进法治建设第一责任人职责。多渠道、全方位开展法治浙江建设宣传，确保社会满意度调查有提升。聘请 6 人担任新一轮县政府法律顾问，指导县级主要行政执法单位和乡镇（街道）补齐法治政府建设短板，进一步提升依法行政水平。前置合法性审查规范性文件 35 份，重大行政执法决定 34 份，重大行政决策 4 项、重大行政合同（协议）11 份，累计提出合法性审查意见 276 条。

合法性审查全覆盖扎实推进。明确乡镇（街道）党（工）委副书记为合法性审查全覆盖工作具体负责人，司法所为具体实施机构。推行“两张清单一指南”（工作任务清单、事项清单、工作指南）工作机制，在开展五种常规性审查外，积极探索将信访答复件等乡镇（街道）涉法事项全部纳入合法性审查范围，做到“应审尽审”。组织 70 人参加全市乡镇（街道）合法性审查业务培训，全县 18 个乡镇（街道）实现合法性审查力量、审查范围、审查机制全覆盖，全年审查行政机关合同、重大行政决策等 106 件（次）。

“双下降”工作成效初显。印发《关于开展推动行政争议发案量和败诉率“双下降”专项行动的实施方案》，推行专班工作模式，整理典型案件，加强案例指导，畅通案件沟通渠道，降低败诉败议风险。认真开展行政执法规范化提升年活动，推进全面落实行政执法“三项制度”。联合县纪委县监委印发《关于建立监察与行政复议协作机制的通知》，建立监察与行政复议协作机制。合力推进全县行政复议规范化建设，有效运行“3+N+X”行政争议化解机制。“双下降”工作被市委依法治市办多次通报肯定。

8 月 6 日，县委书记林坚（前中）主持召开县委全面依法治县委员会第二次会议

10 月 28 日，副县长杨钻（右二）主持召开县委全面依法治县委员会办公室第三次（扩大）会议

12月1日，市司法局党委委员、副局长张剑飞（中）在跃龙街道调研宁海县乡镇（街道）合法性审查全覆盖工作

【保障服务中心】 深入基层开展疫情防控420人次，得到乡镇（街道）和有关部门高度好评。审核报备涉及疫情防控政策文件96份，开展野生动物保护专项执法监督检查455人次，推送疫情防控法律知识80条，营造良好依法防控氛围。

深化“法雨春风”法律服务月活动，出台18条措施服务高质量复工复产。部署开展“春雷、春风、春雨”三大专项行动，探索推行法律服务“ABC”服务法，走访服务企业404家，开展《浙江省民营企业发展促进条例》《中华人民共和国民法典》等宣讲近千场，发放法律服务指引104份，帮助解决法律问题41个。

深化人民调解工作，开展矛盾纠纷排查15696次，成功调处涉企矛盾纠纷1143件。收集整理43个企业复工复产热点法律问题，汇编2期《关于疫情防控、援企稳岗相关法律问题的解答》，惠及企业2.5万余家。扎实做好村（社）组织换届服务保障工作，开展专题法治宣传19场，审查候选人资格6033人。

12月27日，长街司法所走访宁波市凯博数控机械有限公司

【公共法律服务持续优化】 以县政府名义向市人大申报立法建议项目计划，立法起草组到宁海前童联合村、岔路下畈村进行实地调研，形成《宁波市法治乡村建设促进条例（草案）》立法调研报告，将村级权力清单36条作为宁波经验纳入《宁波市法治乡村建设促进条例》主要内容。

配合县人大常委会完成“七五”普法调研工作，圆满完成“七五”普法总结验收。落实“谁执法谁普法”责任制，印发全县普法依法治理工作实施意见，开展《中华人民共和国民法典》主题宣传50余场，参与群众达6000余人次。汇编以案释法案例，在全县范围内开展专题学习。指导强蛟镇上蒲村成立全市首家村级“防范经济犯罪法治宣传教育基地”，积极开展经济犯罪防范知识宣传，营造良好氛围。选择模具城、西子国际商圈和县经济开发区开展市场主体法律顾问服务网格化试点工作，共覆盖企业3197家。

持续巩固和拓展证明事项清理工作和范围，全面梳理全县1091项证明事项，进一步解决企业办事、群众创业堵点、痛点和难点。

推行企业“全生命周期”法律服务，成立企业法律服务专项团，7个企业法律服务专项团已为县域内149家企业开展免费法治体检。

牢固树立利民为本、整体智治、高效协同理念，不断完善县乡村三级公共法律服务体系，畅通网上咨询、网上申请、网上办理渠道，累计接待法律咨询5319人次，办理法律援助988件。

成立全市首家劳动争议公共法律服务站，逐步推广“公证E通”和“法治诊所”，“公证E通”设立实现乡镇（街道）全覆盖。探索公民个人和企业法人两个全生命周期公证服务，办结公证1620件。

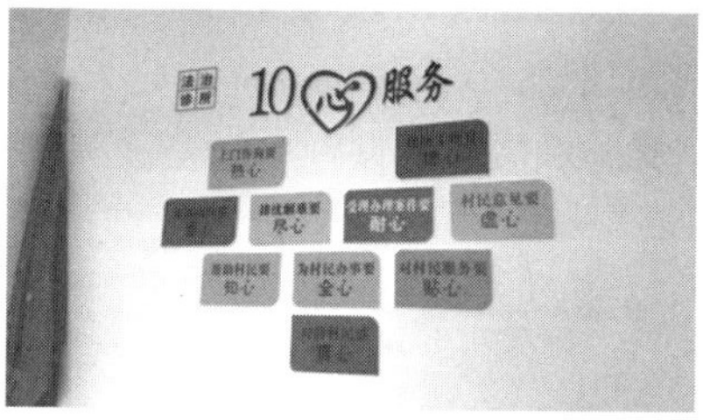

宁海县前童镇大郑村法治诊所

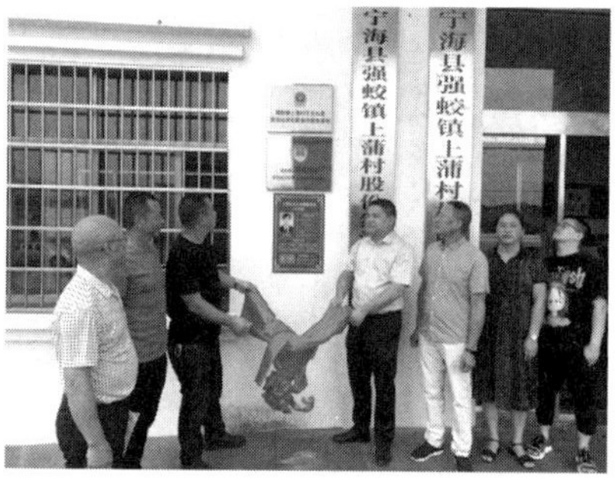

6月2日，强蛟镇上蒲村成立全市首家村级“防范经济犯罪法治宣传教育基地”

12月4日，宁海县在潘天寿广场开展“12·4”广场法治宣传活动

【矛盾风险防范成效明显】 坚持和创新新时代“枫桥经验”，强化行业性专业性调解组织建设，依托“一庭一室”（立案庭、方圆工作室），深化“流动调解团”“和议庭”等示范点引领作用，矛盾纠纷多元化解机制不断健全，全县各调解组织成功调处矛盾纠纷6844件，协议涉及金额3.22亿元，调解成功率达99.22%。综合运用“线上调”“掌上办”平台，网上申请司法确认1486件。

开展《中华人民共和国社区矫正法》学习主题宣传20余场，确保《中华人民共和国社区矫正法》实施进程无缝衔接。强化日常监管，完善人防、物防、技防、心防监管体系，有效运用钉钉和电子腕带开展信息化核查20余万人次，全县社区矫正工作安全稳定。加强社区矫正对象谈话教育，深挖涉黑涉恶线索。扎实开展刑满释放人员安置帮教工作，扎实开展监地衔接、远程视频会见，全县在册安置帮教对象全部建档帮教。

【自身建设】 大力推进律师队伍建设。扎实开展警示教育和教育整顿，以党建引领法律服务行业发展。指导打造律师行业党建品牌，全县律师行业党支部达到4家，实现每所至少有一名党员律师。律师行业党建联盟被列为全县两新组织党建工作精品示范点。深化“扬帆行动”，实施律师人才“双招双引”（招新引特、招才引智）工程，设立律师行业发展扶持专项资金，探索建立“233N”法律服务人才培养模式，做好中小律所培育和青年律师培养工作。

扎实开展“提升年”活动。实行以“一排摸、一报告、一整改、一跟踪”为主的“四个一”闭环管理措施，实施“病历卡”动态调整机制，建立“一问题一档”，向13个科室负责人当面交办“问题清单”。建立红、黄、蓝“三色预警”机制，对问题整改推进情况开展实时动态预警。对红色预警对象下发“督办卡”，量化评估问题整改情况，就整改要求、整改措施、反馈时间等提出明确要求，督办销号，促使问题解决落实到位，修订完善规章制度37项。

不断强化工作队伍建设。深入学习贯彻习近平总书记考察浙江、宁波时的重要讲话精神，开展“周二夜学”，组织“学讲话、话担当、见行动”等机关干部大讨论活动，不断提升队伍核心战斗力。将全面从严治党贯穿始终，严格落实全面从严治党主体责任，党风廉政建设扎紧织密，出台《县司法局党风廉政建设工作要点》《县司法局党风廉政建设与反腐败工作组织领导与责任分工》等文件。局党组书记与班子成员、班子成员与分管科室负责人、科室负责人与科室工作人员分级分层签订《党风廉政建设责任书》。逐条整改县委巡察反馈问题，做好巡察问题整改工作。大力弘扬“忠勇严实新”司法行政职业精神，对标对表浙江省司法行政建设“重要窗口”一图一表，对涉及的27项工作项目，明确责任领导和责任科室，制定落实措施78条，挂图作战，致力打造一批具有宁海辨识度和司法行政特质的标志性成果。

7月29日，跃龙司法所组织“流动调解室”3名专职调解员和农村法律顾问就疑难复杂案件进行调解前的联合会商

11月12日，市委政法委工作专班到宁海检查执法司法规范化提升年台账资料

加强党委班子自身建设。深化开展“不忘初心、牢记使命”“传承红色基因，担当强军重任”主题教育，深入学习贯彻《中国共产党军队党的建设条例》《军队政治工作条例》，抓好民主集中制学习培训。2020年，县人武部被评为“省军区安全管理先进单位”。

民兵预备役

【固强补弱】 重点抓好查漏补缺、固强补弱、拓展深化。季度完成潜力修改充实、数据信息核准更新、适编潜力全面统计、新质潜力深入挖掘等工作。季度全面完成编组调整，组织民兵整组工作检查验收，迎接军分区检查考评工作。季度完善基干民兵花名册信息，做好实力统计，清理非公有制企业武装部，迎接省军区考评工作。季度根据上级统一部署和军分区深化民兵调整改革《指导手册》，完善相关台账资料，全面做好迎接军委国动部检查考评工作。

【深化改革】 深化民兵调整改革，大抓备战演练。临机拉动民兵分队展开紧急集结、前推部署，组织防卫作战演练；完成遂行协防任务；完成防暴维稳演练、森林防火演练，防汛防台演练和县人民防空实战化演练课目演示；参加军分区岗位练兵大比武取得“钢桥架设”课目第二名。

【浙江逆浪水域救援技术论坛】 1月，来自全省各地的31支民间救援队伍齐聚桥头胡街道双林村，举行2019浙江逆浪水域救援技术论坛暨第三届年终总结会，一起分享经验，共谋发展。

浙江逆浪救援联盟每年自发组织交流平台，致力推广水域救援技术，交流水域救援经验，加强省内水域救援民间力量的实战能力，更好地完成救援任务，为人民群众的生命财产安全保驾护航。

桥头胡街道积极探索建立应急管理联动机制，统筹整合各方力量，加强信息化建设，努力提升综合应急救援能力和水平。宁海海豹救援队作为浙江逆浪救援联盟里年轻的一员，街道着力为其搭建平台、提供支持，使之成为宁海救援队伍里的中坚力量，守护一方平安。

活动中，宁波步来特电器有限公司向浙江逆浪水域救援技术论坛捐赠4万元以及头灯200套。

双拥工作

【概况】 县委、县政府高度重视退役军人和其他相关人员的优抚工作，制订出台一系列优抚相关政策，每到“八一”建军节、国庆节、春节等重大节假日，县四套班子领导都亲自带队赴基层慰问退役军人和其他优抚对象。

召开退役军人事务工作会议，学习贯彻习近平总书记关于退役军人工作重要论述和中央、省、市各级退役军人事务工作会议精神，总结一年来退役军人事务工作，部署2020年工作。以“思想政治建设年”“基层基础基本建设年”“就业创业提升年”活动为契机，以“新时代枫桥式退役军人服务中心（站）”建设为抓手，全面推进退役军人事务工作，进一步营造全社会尊军崇军浓厚氛围。会议强调，要提高站位，统筹全局，努力推进退役军人工作走在前列。要科学谋划，精准定制，创新建设“新时代枫桥式退役军人服务站”。要加快推动三级服务中心（站）建设，做到工作基础扎实、保障功能齐全、体系贯彻顺畅、运作专业规范，真正发挥“退役军人之家”的作用。要加强领导，压实责任，不断提升履职能力和水平。要充分认识做好退役军人工作的紧迫性和必要性，主动扛起主体责任，努力形成“上下一条心，横竖一盘棋”的强大工作合力。会议表彰2019年度全县先进退役军人服务站。

【构建全方位退役军人服务保障体系】 构建全方位退役军人保障体系，把县委、县政府以及全社会对退役军人的关心关爱落到实处、送到心坎，是一项非常重要的工作。

宁海依托县、镇、村三级退役军人服务站和社会公益组织，构建起以政府力量为退役军人及其他优抚对象提供服务，并动员社会力量参与，广大志愿者主动为优抚对象提供贴心服务的退役军人服务保障体系，全力提升优抚对象社会尊重度，推动让军人成为全社会尊崇的职业。

构建全覆盖服务保障网络。以“全覆盖、强服务、高效能”为目标，健全工作机制，创新工作方式，规范优化服务，强化队伍建设，按照“有机构、有编制、有人员、有经费、有保障”要求，全面搭建三级服务保障体系，确保服务保障体系全面铺开，服务保障网络全面覆盖，使各项政策法规的落实更有保障。至年底，已建立县退役军人服务中心1个、乡镇（街道）退役军人服务站18个、村（社区）退役军人服务站405个，确保了全县退役军人服务工作横向到边、纵向到底，全面覆盖，并逐步向个性化、专业化方向完善。

进一步加强退役军人服务站软硬件建设，提升基层服务保障能力，先后5次召开全县退役军人服务保障体系建设大会，并由县政府分管领导召集专题会议部署“枫桥式”服务站创建工作。

依托县、镇、村三级退役军人服务站，全面开展退役军人大走访、信息采集和光荣牌悬挂工作。通过信息采集工作，登记退役军人和其他优抚对象，审核通过率100%，并为每个优抚对象建档立卡；深入推进悬挂光荣牌工作，光荣牌悬挂率100%，让退役军人感受到社会对军人这个身份的尊重，提高退役军人的社会荣誉感、获得感和幸福感。

信息采集是各级退役军人服务站的重点工作之一。在信息采集过程中，经过各退役军人服务站的细致工作，一批曾参与解放战争、抗美援朝战争，退伍后深藏功名扎根农村的老兵被排摸出来。“人民功臣”应隆滚曾参加淮海战役、渡江战役、解放大西南、云南剿匪等战斗，立下了赫赫战功。退伍后，老人选择深藏功名，扎根基层，在农村奋斗了一辈子，赫赫战功却被他深埋心底，连他的子女都从未听父亲提起过一个字。老人的事迹被挖掘出来后，县退役军人事务局很快落实优抚政策，并为老人送去“庆祝中华人民共和国成立70周年”纪念章。

【军创企业培训会】 4月22日，宁波新型第一产业联盟军创企业培训会在宁海县召开。市供销社、邮储银行宁海县支行，宁海、奉化和象山的退役军人事务局及各地第一产业军创企业代表参加培训。

培训旨在做好全市军创企业复工复产工作，实现军创企业资源政策精准对接，实实在在解决退役军人创业的难点、堵点，推动军创企业达产扩能、提质增效。培训会上，宁波供销电子商务有限公司相关负责人讲解了农产品电商人才、供应链标准化、电商渠道市场拓展、全媒体营销推广、宁波农产品电商综合服务体系应用等内容，邮政储蓄银行宁海县支行宣讲本机构对退役军人就业创业的金融优惠政策。现场还进行答疑互动，各军创企业负责人畅所欲言，讲述个人创业经历及听课体会，并就疫情期间企业复工复产遇到的难点问题进行交流。

【退役军人志愿队】 结合“政治工作年”活动和退役军人矛盾问题攻坚化解工作，加强退役军人的思想政治工作，利用红色讲堂、宣传先进典型结合帮扶解困、关爱组织、探索和拓宽帮扶途径等，多种渠道多管齐下加强退役军人服务工作。各退役军人服务站除了为退役军人进行服务，救助困难退役军人外，主动发挥职能作用，动员广大退役军人参与到社会建设中来，积极回报社会，涌现出一大批先进典型，为广大退役军人树立榜样。长街镇伍山村退役军人服务站成立退役军人先锋队，多次为村庄建设服务，在防台救灾方面起到强有力的保障作用，“利奇马”台风期间因表现突出被央视新闻报道。西店镇在新冠肺炎疫情防控中成立多支退役军人志愿队，在防控工作中起到重要作用，其中女兵志愿队成为宁海志愿服务队伍中的一道亮丽风景线；同时，西店镇以“帮扶帮心”为理念，用人所长，帮扶退役军人就业。全国模范退役军人储吉旺在1995年设立爱心账户继续给全县老战士发放生活费。

【动员社会力量参与退役军人服务保障】 县退役军人事务局主动与各个社会公益组织沟通联系，动员社会公益组织参与到“两参”老兵、在乡老复员军人、“三属”、荣立二等功以上退役军人及部分生活困难退伍老兵和重点优抚对象的服务保障中来，为优抚对象提供更加个性化的贴心服务。

在县退役军人事务局的沟通协调下，桃源阳光家园推出“阳光·老兵情”关爱老兵志愿服务项目，为宁海60周岁以上无子女赡养且生活困难的退役军人提供生活护理、精神心理服务、医疗康复保健服务和老年文化服务。该机构通过县退役军人事务局等部门获取各乡镇（街道）退伍军人的数量、分布等基本情况，实地走访了解全县重点优抚对象，掌握服务对象的整体情况，并根据优抚对象的现实需求，构建需求链条，为他们全部建立需求档案，并根据实际需求送去慰问品等。

桃源阳光家园充分发挥自身资源优势，为伤残军人搭建一个就业创业互助平台，为他们的生活提供更多的可能性。因公三级伤残退役军人叶元杰刚到桃源阳光家园做康复时，情绪比较低落，不爱与人交流。在义工无微不至的照顾下，叶元杰逐渐打开心门，心态更加阳光，还承担起桃源阳光家园的文案工作，每月能拿到1500元的收入。

岔路阳光公益服务社推出“红心”情暖老兵志愿服务项目，为“两参”老兵、在乡老复员军人、“三属”、荣立二等功以上退役军人及部分生活困难退伍老兵提供走访慰问、心理疏导、生活照料等义工服务，项目服务方式为“一看、二护、三陪伴”。其中，“一看”是组织专业医生志愿者为老兵提供健康医护，定期测心率、量血压及白内障预检。“二护”是志愿者对老兵进行日常护理，洗头理发，洗脚剪甲，捶背揉肩等。“三陪伴”是志愿者陪老兵吃饭、聊天、散步，聆听战争故事，分享生活心得。同时，提供心理咨询及政策讲解服务，提高退役老兵和重点优抚对象的荣誉感、幸福感和获得感，助力和谐社会建设和美丽宁海建设。

国防教育

【全民国防教育】 岔路镇“梅花村”被评为省级国防教育基地，系全市唯一。联合县委宣传部、团县委、县文广旅游局等多家单位，在岔路镇举办第20个全民国防教育日主题宣传活动，积极探索融合军地资源深化国防教育路径模式，把国防教育纳入党管武装、文明城市创建和双拥共建考评范围。

【示范性创建】 组织示范性创建工作经验总结，梳理年初以来依托地方资源开展国防教育相关资料，收集汇总成果，制作示范性创建工作图册。

人民防空

【氨气泄漏应急演练】 强蛟镇在胜龙村组织开展防空袭人防综合演练，对辖区防空防灾应急处置能力进行全面检验，以提高防空预警和突发事件处置能力，增强群众防空意识。

10月21日，演练模拟某电厂遭到敌机空袭，氨气储罐泄漏造成有毒气体随风向蔓延，产生的次生灾害对周边居民造成威胁。强蛟镇人防指挥部立即启动应急预案，公安、民兵、企业按照应急处置方案在现场实施“检测、警戒、禁火和疏散人群”等工作。同时，镇村干部和人防志愿者引导村民进行有序紧急疏散，迅速转移到某地人民防空安全地域，并进行妥善安置。

此次应急演练，助推实现人防和氨气泄漏应急处置有机结合，提高人防预警报知、整体防护、应急救援、指挥控制和综合保障能力，让广大群众了解人民防空事业的重要作用，增强居安思危、常备不懈的国防观念。

【宁波市暨宁海县人民防空实战化演习举行】 11月5日，宁波市暨宁海县人民防空实战化演习在宁海某地举行，通过紧急响应、联动指挥，全面检验人民防空整体联动的建设成果。省人防办、宁波军分区、市人防指挥部、县人防指挥部各成员单位领导、各区县（市）人防指挥部指挥长以及能源类企业有关负责同志观摩演习。

本次演习围绕人民防空“战时防空、平时服务、应急支援”的职能使命，以信息化战争城市防护和重要经济目标防护为背景，以城市“生命线”重要经济目标综合防护为主要内容，围绕发电类重要经济目标“防”与“救”两个重要环节，按照“全过程、全流程、全要素”要求，进行实案化、实名化、实战化演练。整个流程组织完善、程序流畅，取得了预期效果。

在随后召开的市人民防空指挥部指挥长会议上，相关负责人通报全市人防指挥部常态化建设情况。会议要求，要以全局的高度、强烈的使命感，切实提高对人民防空工作重要性的认识；要以临战的姿态、实战的标准，狠抓人防指挥部平时建设；要以更高的要求，更有力的措施，全面推进人防事业高质量发展。

此次演习也是近年来县级人防指挥部为主组织的参演人员最多、规模最大、科目最全的一次。通过演习，全面检验市、县两级人防指挥部组织指挥能力和城市生命线类目标专业力量综合救援能力，提高宁波市人民防空应战应急综合水平。

【县住建审批窗口为项目审批提速】 12月，县住建审批窗口通过整合施工许可阶段办事事项，将建筑工程施工许可、建设工程质量监督手续、建设工程消防设计审查、应建防空地下室的民用建筑、人民防空工程质量监督手续5个审批事项合并办理，实行施工许可阶段“多合一”审批，实现施工许可阶段只出具一份审批结果。施工许可阶段申请材料由原先的22份减少到7份。

农业·农村

综　　述

2020年，宁海县农业农村局以“两手硬”“两战赢”为首要目标，坚持“生产+防疫”同步、同力推进，对标对表市县“争先创优”“四大革新”等工作要求，全面抓好稳产保供、农业专班、现代农业、美丽乡村、脱贫攻坚等各项重点任务，苦干实干奋战全年目标。

农业现代化发展水平（从全省第22位）跃升至第13位，创成省农业绿色发展先行县，获省“河姆渡杯”粮食生产先进县铜奖，跻身2020年中国茶业百强县第73名（全市唯一）；获评全省美丽乡村和农村生活垃圾分类处理工作成效明显单位，列入申报全国农村生活垃圾分类和资源化利用示范县（全省仅2个县市区）；东西部扶贫协作考核取得宁波、黔西南双第一。县委林坚书记在2020年全省农村工作会议上作宁海“两进两回”主题典型发言并入选中央农办《农村要情》。

注重恢复农业生产、保障农产品供应，县级54家农业龙头企业全部复工，商超对接、社区直供、云端销售推动滞销农产品快速销出，“农心贷”发放近亿元，减免担保费用180万元惠及178家主体。高效推动农业专班，落实每周例会、协同协作、对账清单、督查介入等机制，运作情况获市农业专班肯定。

实施农业提质行动，跑出产业振兴加速度。农业种植结构持续优化，坚持政策规划引领，实施“366”乡村产业行动，围绕结构优农、主体强农、质量立农、品牌惠农、科技兴农、三产融合六大方面出台《关于加快现代农业转型发展的若干意见》“26条”，编制农业农村“十四五”规划及现代种业、茶叶、香榧3个专项规划，全年产业化类项目整合财政资金4985万元，涉及3个部门四大类310个项目，新建成畜禽5亿级示范性农业全产业链，1.83万亩高标准农田全市率先开建并基本完成主体工程。

实施美丽乡村行动，贯彻实施宁波市新时代美丽乡村“13511”工程，不断拉高美丽乡村建设标杆。智分类牵引农村生活垃圾分类，行政村覆盖率100%，宁海模式入选《新型智慧城市发展报告》并成为“宁波模式”，《宁海县农村垃圾资源化处理》入选《改革内参》，《构建“智引擎”打造农村生活垃圾分类新模式》入选第二批全国农村公共服务典型案例（浙江2个）并在京作经验交流，推动垃圾智能分类地方标准向升级为省标乃至国标迈进。长街、深甽创成市垃圾分类示范乡镇。

实施改革创新行动，牵头抓总推进乡村振兴，组织召开全县农村会议，制定出台《关于高质量补齐“三农”领域短板高水平实现全面小康的若干意见》《关于实施“两进两回”行动的意见》，逐项压实乡村振兴战略实绩考核，加速推进科技进乡村、资金进乡村、青年回农村、乡贤回农村。

实施脱贫攻坚行动，在对口扶贫方面，携手晴隆冲锋6月底脱贫摘帽、贫困人口清零，落实财政援助资金6900万元、帮扶项目17个，募集社会帮扶物资和资金1961万元，推介6家企业投资晴隆3.64亿元，脱贫带贫效益不断显现。新建“黔西南州特色消费扶贫中心”，实现县内消费扶贫0.2亿元、“黔货出山”1.52亿元；“消薄飞地”350万元收入分成带动景宁70个经济薄弱村跨区持股增收，大均乡新庄村农光互补发电站并网发电。《甬黔携手，共建贫困留守妇女儿童家门口的“创业孵化基地”》全省唯一入选第二届“全球减贫案例”，《东西部精准扶贫工作“云共体”的构建与实施》获全市对口协作理论研讨一等奖，《宁波宁海乡村振兴新模式“牵手”贵州晴隆》入选全国携手奔小康行动案例，“前方促复工+后方跑订单”“课桌圆梦”“乡音志愿服务团”“一镇一策种产业”“艺术振兴乡村”等广受国家级媒体报道。在强村富民方面，深化集体经济“亿元造血”，下拨村级运转经费5050万元、筛选入库集体经济项目26个，一村一策帮扶措施、多村联建联购带动农村发展。全面落实“一户一策一干部”和金融保险扶贫，68家农村经营组织带动272户低收入农户持续增收；有机结合“整村推进与梯度转移”“集中安置与分散安置”，内聚外迁移民200户564人，围绕“五大必做项目”定向全面整治提升县级重点扶持区域5个村村貌。

实施安全维稳行动，积极凝聚“三农”干部干事创业热情，坚决守牢安全生产底线和党风廉政红线，安全稳定成为农业农村工作的应有底色。注重群众信访工作，推动将群众上访为干部下访，有力化解苗头性矛盾纠纷，完成全省首例信访听证终结（葛某某下山移民信访），首问负责即问即办平均办理时效1天。以力行力改之姿迎接第二轮中央环保督察，推动利丰牧业减污降臭、清退非法牡蛎养殖2000余亩、滩涂养殖1130亩。注重安全生产，积极贯彻实施全县第二轮安全生产综合治理三年行动，组织力量编制完成《农业农村安全生产手册》，坚持紧盯安全生产重点领域、关键环节，严防死守重大安全生产事故。注重增强依法行政的法度，将局主要负责人作为法治建设第一责任人，完善法治建设工作机制，建立农业综合行政执法“三项制度”，全年办结行政处罚案件27件，罚没款计10.57万元；农业领域“最多跑一次”改革不断提速，全年受理行政许可15661件，实现事项办结率和群众满意率两个100%。注重党风廉政建设，出台《宁海县农业农村局关于加强系统内部管理的意见》，深刻吸取原望海茶公司总经理潘某严重违法案件教训，聚焦办公用房、公车管理等重点刀刃向内实现巡查全覆盖，使党纪国法深入人心。

种 植 业

【概况】 全县种植业产值21.99亿元，与2019年持平。

【农业种植业收成】 全县农业种植业总产值约11.76亿元，比2019年同期增0.28亿元，增长2.4%。

粮食生产由减转增。大小麦收获面积3.0万亩，与上年持平。小麦由2019年“三减”转为“三增”。单产同比增加70千克，总产值2470万元，同比增长26%。水稻面积减产量增。面积13.06万亩（包括早稻0.26万亩、连晚0.1万亩、单季稻12.7万亩），比上年略减。其中晚稻平均单产550千克，同比增加10千克，早稻单产410千克，总产值328万元。合计总产7.09万吨，总产值2.14亿元，比上年略增。

蔬菜保持平稳增长。蔬菜面积7.8万亩，比上年增加0.3万亩（主要是西兰花增加）。蔬菜总产值3.17亿元，比上年略增。西甜瓜面积3.7万亩，与上年持平，总产值1.41亿元，下降9.6%。

油料作物单产提升明显。油菜种植面积0.5万亩，比上年减少0.2万亩，单产151千克，比上年增加7千克，总产值420万元，比2019年下降25.5%。油茶林面积0.32万亩，其中油茶籽产量125吨，年加工茶油31吨，产值达750万元。

【林特业收成】 2020年林特业产值为10.14亿元，较2019年10.42亿，减0.28亿元，下降2.7%。

果品产业略有起伏。2020年全县果品产量123220吨，较上年增长5.2%，产值51330万元，较上年持平。

枇杷：枇杷产量3800吨，产值5960万元，因5月初极端高温天气和采摘时间过早等因素影响，商品果比例下降，口感略降，单价降低明显，导致增产不增收。

杨梅：杨梅产量13530吨，产值9700万元。

桃子：产量16000吨，产值5400万元。

猕猴桃：产量1000吨，产值1500万元。

梨：产量7300吨，产值3300万元。

葡萄：产量3100吨，产值2700万元。

柑橘：产量75200吨，产值15600万元。

香榧：青果产量850吨，干果产量170吨，青果和干果总产值5100万元。

小水果：李子1000吨、550万元，樱桃40吨、230万元，梅150吨、90万元，蓝莓200吨、350万元，果桑130吨、150万元，覆盆子50吨、100万元，柿子、枣子、火龙果等250吨300万元，板栗400吨、200万元。

竹产业发展稳步提升。竹笋年总产量32200吨，比2019年30648吨增产5%。竹笋总产值11200万元，比2019年10660万元增长5%。

茶产业发展略有下降。宁海县茶叶面积5.45万亩，其中投产面积5.2万亩。全县茶叶年总产量6284吨、总产值28030万元，产量比2019年6419吨略降2.1%，产值比2019年30570万元下降8.3%。其中名优茶产量864吨、产值20700万元。

花卉产业略有下降。2020 年全县林业育苗产值约为 10880 万元，相较 2019 年 11400 万元，下降 5%。

畜 牧 业

【概况】 2020 年，全县畜牧业总产值为 9.65 亿元，同比增长 1.37%。完成年出栏万头以上岔路黑猪省级原种场项目，实现部分投产。

【畜牧业收成】 通过生猪增产保供综合措施有效落实，宁海县畜牧业产能小幅增长，相较 2019 年全县生猪存栏大幅增加，出栏减少。一是新建场投产正处于迅速扩繁状态。二是仔猪价格上涨，养殖户为保证效益，多转变为自繁自养模式，能繁母猪数量大幅度增长并且年底多数处于开产阶段，仔猪数量随之增长。

生猪养殖效益显著。全县生猪存栏 9.3571 万头，同比增长 41.62%，其中能繁母猪 0.9036 万头，同比增长 69.79%，生猪出栏 10.0025 万头，同比下降 10.57%。全年生猪出场价格依旧高位运行，平均 17.7 元/斤，按照 130 千克体重/头，头均盈利 2600 元左右，同比增长 5%，生猪养殖效益仍处于盈利显著状态。

牛羊养殖小幅盈利。牛存栏 0.3204 万头，同比下降 0.56%，全年出栏 0.1472 万头，同比增长 10.68%。羊存栏 0.6292 万头，同比增长 43.65%，出栏 0.4428 万头，同比下降 10.51%。

家禽产量增长显著。家禽总存栏 39.3987 万羽，同比增长 3.33%，出栏 124.15 万羽，同比增长 24.18%。其中鸡存栏 24.6014 万羽（振宁土鸡 20.6980 万羽），同比下降 18.06%，出栏 114.1753 万羽（振宁土鸡 108.2202 万羽），同比增长 14.21%；鸭存栏 12.0905 万羽，同比增长 43.34%，出栏 8.3794 万羽，同比增长 2.79%，鹅存栏 3.2018 万羽，同比增长 2067.8%，出栏 1.5953 万羽，同比增长 334.92%。受新冠疫情、市场行情等综合影响，全年肉鸡批发均价 7.2 元/斤，家禽养殖处于亏损状态。

【畜牧业亮点】 指导宁海农发牧业有限公司成功创建省级美丽生态牧场；宁波瑞农牧业有限公司承建的岔路黑猪省级原种场实现部分投产；完成宁海县突发动物疫情应急预案桌面推演；宁海县中心屠宰场迁建（一期）项目成功通过验收；落实“非洲”猪瘟防控，确保生猪产业健康发展；坚持动物疫情监测，提供科学疫情防控依据；加强动物卫生监督，筑牢畜产品安全防护墙；开展严厉打击生猪屠宰违法行为专项行动。

指导宁海农发牧业有限公司紧紧围绕生猪产业高质量发展“六化”规范，通过互联网先进技术，以全程机械化、数字化、智能化养猪技术为基础，提升养殖污水工业化处理设施设备，同时，安装除臭系统，在饲料中加入除臭添加剂，以达到净化空气的作用，高标准建设省级美丽生态牧场并通过验收。

10 月，宁海县农发牧业有限公司工业化粪污处理系统

10 月，宁海县农发牧业有限公司集中供料系统

认真贯彻落实上级生猪增产保供决策部署，把生猪增产保供作为当前首要政治任务抓稳抓实。省农业农村厅于 2019 年 8 月对宁海县下达年出栏 10 万头以上生猪标杆场和 1 万头以上生猪示范场的考核目标，要求于 2019 年年底前新建场开工，2020 年年底前完成投产。其中年产万头示范场为宁海县岔路黑猪省级原种场项目，该项目被列为 2020 年度宁海县重点工程项目。由宁波瑞农牧业有限公司承建，建设地点为岔路镇高塘村西山王爱金桃基地，占地面积 22 亩，建筑面积 2 万平方米，预计总投资 3900 万元。于 2019 年 12 月开工，岔路黑猪省级原种场建设项目土建已完工，设备也在同步安装中，12 月 18 日实现部分投产，100 头岔路黑猪种母猪洗消入场。按照“布局合理、技术领先、设施先进、管理智能、美丽生态”的现代化种猪场建设标准，建成可容纳存栏母猪 400 头、年出栏黑猪 1 万头以上省级原种场。

12 月，宁波瑞农牧业有限公司，岔路黑猪省级原种场部分投产

为提高突发动物疫情的应急处置能力，县防治动物疫病指挥部办公室根据成员单位机构精简情况和职能变化，重新划定指挥部内部分工，组织人员修订《宁海县突发动物疫情应急预案》。9 月 4 日，组织县公安局、县交通运输局等 12 个职能部门和长街等 18 个乡镇、街道开展突发动物疫情应急预案桌面推演。通过推演，宁海县的重大动物疫病防控机制更加完善，突发动物疫情应急处置能力得到较大提升。11 月 25 日，发布《关于印发宁海县旅游突发公共事件应急预案、宁海县农作物生物灾害应急预案、宁海县突发动物疫情应急预案的通知》。

9 月 4 日，宁海县突发动物疫情应急预案桌面推演

宁海县中心屠宰场迁建（一期）项目于 2017 年 7 月 27 日正式全面进场开工建设，2019 年 6 月土建竣工，2020 年 8 月完成设备安装，9 月 24 日通过项目竣工验收。宁海县新中心屠宰场位于力洋文正村，是由宁海县国有资产投资控股集团有限公司投资建设，总用地面积约 70 亩，现一期用地 51 亩，概算总投资 1.54 亿元。建成总建筑面积约 2.2 万平方米。配备生猪流水线 2 条、污水处理系统一套形成年屠宰加工生猪 36.5 万头，年屠宰加工家禽 100 万羽，年屠宰加工 100 头牛，年屠宰加工 1 万头羊的生产能力，同时配置相关项目运行需要的配套设施。建成屠宰、牲畜交易、肉品分割车间，实行“产、供、销”一条龙的经营模式，确保人民群众吃上“放心肉”。同时自建废水处理站采取多种有效措施将生产废水、生活污水处理后纳入宁东污水处理厂排污管网，减少对环境的影响，做到“日产日清”。为国家创造税收，解决当地近 200 人的就业问题，带动本地养殖业、第三产业发展。

9 月，宁海县新中心屠宰场

9 月，宁海县新中心屠宰场屠宰车间

落实“非洲猪瘟”防控，确保生猪产业健康发展。对全县生猪规模养殖场、生猪散养户、生猪定点屠宰场等重点场所的防控工作落实情况进行检查，加强生猪养殖、调运、屠宰、销售等环节的日常排查和监管，要求发现疑似病例立即上报和紧急处置，降低“非洲猪瘟”疫病的传入和蔓延；加强“非洲猪瘟”防控知识宣传培训，做到群防群控；全面做好动物疫病消毒灭源工作，特别是要做好生猪养殖、运输、屠宰等环节的消毒灭源工作，有效降低动物疫病病源，降低疫病发生概率，在宁海主城区、岔路镇、长街镇三地共建设 3 个区域性生猪运输车辆洗消中心，城区消毒中心采用高温灭菌消毒房设备消毒，鼓励和支持企业建高温消毒房，绿港水产牧业和宁海县绿旭农业废弃物处理有限公司均建成高温灭菌消毒房。2020 年，县农业农村局荣获省级“非洲猪瘟”防控先进集体荣誉称号，陈军光荣获省级“非洲猪瘟”防控先进个人荣誉称号。

7 月，宁海县“非洲猪瘟”防控培训班

坚持动物疫情监测，提供科学疫情防控依据。组织开展动物疫病监测与流行病学调查工作，全面掌握非洲猪瘟、高致病性禽流感、口蹄疫、小反刍兽疫、布鲁氏菌病等优先防治病种分布状况和流行态势，有效评估动物疫病免疫效果，推进种畜禽场主要动物疫病监测净化与评估工作，科学研判防控形势，为防控决策提供科学依据。全年开展动物疫病日常监测和各项动物疫病专项监测工作。

2 月，疫情监测采样

加强动物卫生监督，筑牢畜产品安全防护墙。按照动物卫生监督操作规程，制定工作目标管理考核办法，加强产地检疫和屠宰检疫过程巡查监管，完善动物检疫监督工作痕迹执法、记录可查的管理制度，加强动物检疫报检点（力洋、岔路、桑洲）示范窗口建设，组织检疫人员开展规范化执法培训。

12月，力洋申报点省级动物卫生监督示范窗口建设

11月，检疫人员动物卫生监督执法培训

开展严厉打击生猪屠宰违法行为专项行动。为切实维护宁海县生猪屠宰行业秩序，保证生猪产品质量安全，保障节日期间猪肉消费安全和人民身体健康，开展打击宁海县生猪屠宰违法行为，督促县食品有限公司落实质量安全主体责任，有效维护生猪产品质量安全，确保百姓吃上“放心肉”。

12月，打击私屠滥宰专项行动

开展畜牧领域年度安全生产大检查活动。组织开展生猪定点屠宰场、养殖场、动物诊疗机构等场所安全生产大检查。检查内容包括消防安全、生产安全、布局及设备设施、台账记录、制度管理、无害化处理、消毒卫生等十余项内容，检查涉有安全隐患的，要求相关责任人立即整改。通过专项行动，彻底消除安全隐患，杜绝安全生产事件的发生，切实保障宁海县畜牧业生产安全稳定。

9月，宁海县利丰牧业有限公司生产安全巡查

海洋与渔业

【概况】 紧紧围绕县委、县政府“建设生态名城，打造两湾明珠”的总目标，以渔业水域及资源保护为出发点，严格落实渔业健康发展、为“渔”服务理念，狠抓渔船安全生产管理，全年渔业安全及渔业经济发展形势平稳，水产品产量165270吨、产值274420万元，同比分别增长3.07%、3.67%，其中海水养殖产量153037吨，较2019年同期增长3.16%，淡水养殖产量6055吨，较2019年同期增长2.8%，海洋捕捞产量5760吨，较2019年同期增长1.05%，淡水捕捞产量418吨，较2019年同期增长2.45%。

践行水产养殖绿色发展理念，推进养殖业健康有序发展。一方面积极推行养殖尾水处理示范点建设和监测工作。积极推进宁海县养殖场尾水治理工作，累计完成35个水产养殖尾水处理示范点，同时对各示范点和主要规模养殖区域的养殖尾水进水质监测，累计完成164个点的监测工作。另一方面开展健康养殖示范场创建工作。启动健康养殖示范场创建工作，共成功创建广聚、蛏泰等8家省级水产健康养殖示范场，丰瑞、明浓等3家国家级水产健康养殖示范场。为宁海县下步创建渔业示范县打下良好基础。另外加强初级水产品质量安全监管，完成县级初级水产品质量安全抽检200个，上级初级水产品质量安全抽检218批次，合格率99.5%。

【打击违法违规行为】 登船检查289艘，拆解涉渔“三无”船只88艘，与市队联合执法查获涉渔“三无”船只38艘，查处违规作业渔船13艘，涉嫌刑事犯罪移交公安机关4起，移送司法人员7人，罚款6.7万元，检查陆上市场餐饮饭店、码头193个点，查获各类违禁渔获物31357千克。组织开展“清网”行动，收缴海上禁用渔具3506顶，清理串网1500余米；发挥乡镇、街道属地作用，共清理滩涂网具上千顶。清理非法养殖牡蛎2000余亩、违规滩涂养殖1130亩，悬挂宣传横幅44条，张贴宣传海报

3700余份；结合“党群同心圆”活动平台，组织行动21次，参与人员84人次，累计查获渔获物368.2千克，起到“以点带面”的作用，打开宣传的宽度。

【安全源头监管】 强化源头管控，确保隐患治理到位。制定《宁海县渔业船舶安全专项整治三年行动实施方案》，进一步夯实渔业安全基层基础，全面提升渔业安全治理能力。开展渔船源头管控和安全隐患大排查工作，完成全县293艘渔船隐患排查并建档，对高危渔船建立隐患整改“三张清单”，开捕前已全部整改完毕；制定渔业船员培训计划，休渔期期间集中组织渔民参加渔业船员证书培训，年度培训6批次381位渔船民。

集中整治突出问题，治理安全生产顽瘴痼疾。结合渔业“互联网+监管”平台，落实8艘大中型渔船进出港报告情况核查工作；加强24小时值班制度，确保渔船编组到位，及时对非正常下线情况进行核查，点验情况全部登记到位；加强日常海上、岸线巡逻力度，严格落实境外疫情海上非法输入防控要求，对可能停靠非本船籍港渔船码头进行重点监督检查。

夯实安全管理基础，筑牢安全生产防线。在落实主体责任方面，通过县政府与涉渔乡镇，乡镇、基层渔业管理组织与渔船签订安全生产责任书的方式，进一步明确管理责任；加强精密智控能力建设，完成全县293艘渔船固定式船位仪、AIS设备全覆盖，在省、市渔业主管部门统一协调下，开展新版渔船安全救助系统试用工作。完成《宁海县渔业船舶水上安全突发事件应急处置预案》等应急预案的更新、补充工作；积极参加市级防台演练，顺利完成规定动作，按照计划顺利开展2020年度渔业船舶海上应急演练。

规范渔业生产资金管理，引导捕捞产业发展。完成2019年度渔业生产成本补贴发放，仔细核算，做好补贴发放政策解读；完成2019年度87艘标准化更新改造渔船补助资金审核，发放工作；超额完成1亿尾放流目标，2020年度实际共放流中国对虾9655.2万尾、日本对虾2批共6862.8万尾、淡水鱼412.8016万尾。

【养殖设施建设】 继续积极推进设施渔业建设，以“高产、高效、生态”为目标，以“多茬、多级、循环”为方向，建设配套生态污水处理池的设施渔业养殖基地。全年建成设施大棚103亩，全县已建成大棚设施养殖面积2371亩。

抓好水产良种培育推广，大力推进科技兴渔工作。扶持水产种业企业做大做强，以实施水产科技和种业项目为抓手，积极引导发展重点水产品种苗种和规模化繁育基地。全年宁海县华大海昌、正联等先进苗种场继续扩大育苗规模，共新增1368立方米育苗水体，一市镇牛台村新建一家惊天水产种苗场，育苗水体2925立方米，全县总育苗水体增至36352立方米。由宁波市海洋与渔业研究院牵头组织专家技术团队与宁海县蛇蟠涂园区宁波华大海昌水产科技有限公司合作，在宁海蛇蟠涂育苗基地成功繁育出1000余万只青蟹蟹苗。

充分发挥科技进步力量在渔业中的作用，推广“健康生态、多渔并举、管控创新”的生态高效养殖模式，重点对良种良法的示范和推广，水产养殖病害的监测与防控，产业化关键技术开发研究、集成提升等项目进行推广，积极转化中国水产科学研究院华东水产种业中心、万里学院等科技创新平台的科研成果、创新渔业科技，努力转变渔业发展方式，提高养殖技术和水平，实现渔业增效、渔民增收、渔区繁荣。

【自身建设】 积极开展“大学习，大调研，大抓落实”活动，强化海洋与渔业系统干部队伍能力作风建设。深入推进“清廉宁海”建设，严格履行“一岗双责”，层层落实从严治党主体责任，深化推进“反腐倡廉无盲区”活动，继续开展“党群同心圆”志愿服务之星评选。

农业产业化

【概况】 农业品牌建设再结硕果。荣获义乌森博会农产品金奖6个、优质奖5个，根雕产品金奖1个、银奖4个；“山里向”牌香榧获浙江省农博会“百个名优畅销农产品”称号；继宁海麦饼荣获“2019浙江十大农家特色小吃”称号之后，胡陈麻糍荣获“宁波市2020十大农家特色小吃”称号。抓好农业龙头企业培育。评选农产品优秀购销大户20名、县级农业龙头企业62家（省级3家、市级29家、县级62家）。农业龙头企业完成产值48.7亿元，同比增长2.7%，带动农户11.77万户，带动原料生产基地10.88万亩。积极展示宁海县农业独特资源，展现现代农业发展成果，组织34家次农业企业、合作社参加5个国内外农产品展示展销活动，主要包括义乌森博会、浙江省农博会、中国国际农交会（重庆）等。

【强化产业发展顶层设计】 开展农

业农村部一、二、三产业融合发展试点县建设，积极构建产业链条完整、功能多样、业态丰富、利益联结紧密、产城融合更加协调的新格局；完成一、二、三产业融合发展试点项目（茶叶和柑橘产业）总投资3500万元，中央财政资金1000万元。制定《关于加快现代农业转型发展的若干意见》，提出结构优农、主体强农、科技兴农、质量立农、品牌惠农等抓手举措。

【扎实推进绿色都市示范区建设】 全面实施宁波绿色都市农业示范区“152211”工程，走“优质高效、特色精品、绿色生态”道路。持续开展一市白枇杷现代农业综合体项目建设，新建越溪、蛇蟠涂两个现代农业综合体试点项目。打造“点上出彩、线上美丽、面上洁净”的“多彩美丽”新田园，变“美丽风景”为“美丽经济”，创成宁波市多彩农业美丽田园示范基地5个（累计创成15个）、现代农业庄园3个（累计创成14个）。继桑洲茶叶特色农业强镇之后，创成胡陈水蜜桃特色农业强镇；三门湾省级现代农业园区高分通过省级考核验收。持续开展柑橘、茶叶省级示范性农业全产业链、水产养殖市级示范性农业全产业链、畜禽养殖市级示范性农业全产业链。

【释放金融服务农业能量】 涉农资金整合改革持续推进。推动财权整合转向事权整合，优化资金投向，集中财力抓重点、补短板、强弱项。完成2020年涉农资金整合农业产业化类项目申报、评审、立项和实施方案批复工作，立项项目310个，涉及3个部门四大类20小类项目，整合财政资金4985万元。

农业机械化

【概况】 落实强农惠农政策，一年来发放各类补贴资金包括购机补贴259台（套）389.635万元；新型农机8台（套）17.325万元；设施农业面积42家284.896万元，补贴面积39万平方米；服务体系规范化建设13个114万元；报废拖拉机126台、价值34.85万元；保险农业机械73台、驾驶人129人5.16万元。水稻耕种收综合机械化率达89.99%。建立完善农机安全监管长效机制，检验各类农业机械1038台，年检率达94%；组织上路428人次，排查农机安全隐患521条，处理拖拉机违法行为95台次，外籍拖拉机登记9台。举办各类农机操作技术及安全教育18期1200余人次。

【农机服务】 在农时季节，抽调技术骨干深入作业生产一线，宣传农机新机具、新技术，检修调试作业机具，排除故障隐患。全年累计开展技术下乡服务活动123次，检修各类农机具2480余台，储备农机配件70余万元。

【特色农机推广】 以加快推进粮食生产全程机械化的薄弱环节为重点，以发展特色产业关键环节机械化为突破口，开展农机新技术、新机具作业演示与推广。全年推广8台先进、适宜的特色机械，下达新型农机补贴资金17.325万元。

【农机购置补贴】 根据宁海县农业发展急需，联动补贴，出台宁海县购置补贴监督管理办法，提高补贴专项整体效能，实现项目效果的最大化，加强轨道运输机和植保无人飞机的补贴力度。全年共补贴各类农机具259台，农机购置补贴资金总额389.635万元。

【设施农业项目建设】 全年共完成设施农业项目建设42家，补贴金额284.896万元，补贴面积39万平方米，主要涉及草莓、西瓜、葡萄、火龙果、蔬菜等经济作物的钢管大棚种植，补贴类型主要为连栋、单栋大棚。特别是柑橘（红美人）大棚给予重点支持，在冬季的极端天气下起到一定的作用。

【粮食全程机械化生产】 以建设粮食生产功能区为重点，以水稻机械化种植为突破口，采取政策倾斜、项目扶持等措施，狠抓水稻机插和粮食烘干机械化技术推广，确保水稻生产全程机械化水平。2020年全县水稻种植面积12.7万亩，耕种收综合机械化率89.5%以上。

【农机合作组织建设】 强化服务组织功能培育，不断推动宁海县农机服务体系建设规范化、程序化和标准化。新创建省级示范合作社2家、市级示范合作社3家、市级功能培育2家、市级区域中心2家、县级特色示范组织4家，落实补贴资金114万元。

【“机器换人”示范创建】 全面推进茶叶产业“机器换人”，促进茶叶产业转型升级，茶叶生产方式实现由粗放式作业向自动化、清洁化、智能化高效作业的跨越，茶园高效植保、修剪、茶园运输、采摘、加工环节机械化率均达到70%以上，名优茶加工、大宗茶修剪、大宗茶采摘机械化达到98%以上，成功创建省级主导产业（茶叶）“机器换人”示范县。

【农机市场整治】 开展“打假保农”监督检查工作，监督农机销售厂商、农机维修网点规范经营，从源头上保障农机产品质量安全。积极开展农机维修网点的审核审验，2020年对宁海县32家农机维修网点进行全面的安全检查，整治安全隐患67条，整改67条。

【“最多跑一次”改革】 深化“最多跑一次”改革，推进政府数字化转型，加强农机窗口硬件配备，提升群众办事效率。按要求为农机办事窗口配备“即插即用摄像头”“二维码扫码枪”等硬件，落实“无证件（证明）办事之城”改革相关设施保障，确保平台畅通运行。依托“互联网+监管”平台，加强农机执法监管。充分利用“互联网+监管”平台信息功能，发挥“互联网+监管”平台在农机日常监督管理、专项整治检查等行动中的作用，通过“互联网+监管”平台开展双随机抽查，提升农机监管的公平性、规范性和有效性。

【农机宣传】 结合春节、“五一”、国庆节假日及“安全生产月”、宁波市农机事故应急演练会等活动，会同县安委会各成员单位开展安全宣传教育活动，会同公安交警部门，开展巡回安全警示教育活动，组织各乡镇在年检前召集农机驾驶人参加安全培训，分发宣传手册，配发消防灭火器和安全宣传物品等各类警示用品。加强安全生产主体责任落实，指定安全生产管埋员，明确职责，与合作社签订责任状42份。同时，充分利用农机安全信息平台，特别是在台风、暴雨等重大气候变化时节及重大节假日期间，发送农机安全警示信息，2020年共发送温馨提示1.8万余条次，受益农机户接近4500余人。

【农机执法】 强化路面动态监管，加强上道路拖拉机，特别是外省籍拖拉机的专项整治行动，加大对假牌证的查处力度；县农机警务室、各乡镇（街道）站所和交警中队共同建立联勤签到平台，开展农机“大排查、大整治”专项行动；领导带队分赴各地检查农机安全生产工作，对重要路段、重点场所等进行重点检查和隐患排摸。2020年共组织上路428人次，排查农机安全隐患521条，处理拖拉机违法行为95台次，外籍拖拉机登记9台。全县非道路农机死亡事故“零发生”。

【平安农机建设】 巩固全国平安农机示范县、12个省级平安农机乡镇(街道)、88家农机安全示范村和16家市级平安农机示范合作社创建的基础上，继续抚育一批镇、村、合作社为对象，使平安农机创建工作的示范效应继续延伸。参加市组织的农机事故应急演练现场会。

【农机培训】 强化农机驾驶人安全教育培训，积极做好农机干部及从业人员素质培训。针对农机驾驶人因违章扣满12分的人员，开展理论培训及考试工作，2020年共计培训考试9人。为进一步推进农业设施建设，加快培育新型职业农民从业素质，积极组织设施农业合作组织人员开展业务培训，邀请相关专家授课，针对从事柑橘蔬菜种植人员，2020年组织50余名农机管理人员及果蔬合作组织人员到象山红美人柑橘基地考察学习。同时，积极开展新式农机具操作、从业人员技能培训，2020年共开展4期、256人次参加，培养一批善管理、有技术、会操作的人才队伍，为农机服务组织提供人才保障。

农村经济工作管理

【概况】 按照打造乡村治理现代化先行省的要求，以加强治理能力和治理体系现代化为目标，以进一步推进“三治结合”为重点，积极推进乡村治理工作。根据《浙江省善治示范村认定暂行办法》和《关于开展2020年年度“浙江省善治示范村”认定工作的通知》等文件要求，积极做好2020年度善治示范村创建工作，在市级民主法治示范村、县级平安村和文明村等基础上，积极牵头县级有关部门，认真做好申报工作，全县组织申报基本符合创建条件的省级善治示范村44个。

【清廉村居建设】 认真做好牵头抓总工作，协调各方职能优势，把清廉村居建设作为县委1号文件单独一块内容，推动清廉思想、清廉制度、清廉规则、清廉纪律、清廉文化融入清廉村居建设和美丽乡村建设全过程，压紧压实清廉村居建设主体责任。继2018年起草出台《关于推进清廉村居建设的实施意见》，又起草出台《2020年度清廉村居建设工作要点》，构筑形成清单制度、清廉体检、清正队伍、清风宣教工作体系，联合县委办公室、县纪委监委、县委组织部、县委宣传部、县委政法委、县民政局等部门协同推进清廉村居建设。强化乡村振兴实绩考核，把清廉村居建设内容纳入农业农村局牵头的年度目标管理考核，对清廉村居建设成效明显的部门、乡镇（街道）予以考核加分。

【农民专业合作社规范提升行动】 做好农业经营主体复工复产“联络

员”，向下传达省市县对主体在疫情期间出台的优惠保障政策；向上反馈各个主体在疫情期间所面临的困难和问题。

加强合作社财务管理和会计代理中心的业务指导，提高合作社财务规范操作和业务水平。

完成县级以上家庭农场信息录入，继续做好全县家庭农场在新型农业经营主体数据库中信息录入工作。宁海县工商注册的家庭农场家数共1667家，超额完成新型农业经营数据库录入任务，完成省级目标任务。

做好培育新型经营主体申报工作，验收通过县级示范性农民专业合作社18家；市级示范性农民专业合作社2家；国家级示范性农民专业合作社1家；县级示范性家庭农场28家；市级示范性家庭农场2家；省级示范性家庭农场2家。

开展新型经营主体监测工作，填报新型农业主体数据库系统，做好国家、省、市级示范性合作社监测，省级示范性家庭农场监测工作。监测通过国家级示范合作社7家；省示范合作社12家；市示范合作社14家；监测通过省级家庭农场6家。

做好2020年农业社会化服务发展情况定期报送工作，推荐4家经营主体为市级示范性农业社会化服务组织。

做好新型农业经营主体贷款贴息工作。核定宁海县农业经营主体贷款贴息额为372.5万元（其中农民合作社1.07万元、规模养猪场6.08万元、大学生创业1.82万元、农业龙头企业363.53万元），待市级反馈确认。

【农村土地承包经营权有序流转】 农村土地流转工作按照农民自愿参与、方式自由选择、主体自行经营、市场自我调控、政府自觉服务、规模适度控制的基本方略，通过宣传引导、培育发展、质量提升等措施，积极推动农村土地流转工作。根据县涉农资金整合农业产业化经营项目工作要求，在引导农村土地承包经营权流转工作中，主要做三方面工作：一是落实好土地流转项目的申报工作。根据县涉农资金整合工作要求，组织乡镇街道进行项目申报，通过乡镇初审，领导小组评审，初步确定全年土地流转项目33个，备选8个，共41个。项目共涉及14个乡镇街道。二是通过承包地确权登记打消农户流转思想顾虑。已基本完成承包地确权登记颁证工作，明确土地承包经营权归谁，给广大农户吃下“定心丸”，解除农户后顾之忧，参与流转的积极性必将大大增加，就可以放心大胆地与专业大户、家庭农场、农民专业合作社甚至农业龙头企业等新型经营主体签订土地流转合同。三是落实好县镇村三级农村土地承包经营权流转服务体系建设，完善运行机制，提供法律政策宣传咨询、流转信息、价格指导、合同签订和档案管理等服务。

【“亿元造血”工程】 在县委、县政府的领导下，全县2020年所有行政村集体经济总收入均达30万元以上，经营性收入达10万元以上，村集体经济年收入100万元以上村达170个，占50.5%，年经营性收入15万元以下村减少到60个村，比上年减少52.7%。被评为2020年度全省消薄工作成绩突出单位。

在9月底下发调整后的《宁海县村级集体经济发展扶持项目资金管理办法》，对申报条件、补助额度等进行调整。

加快推进村级集体经济项目建设，两年共申报项目144个，开展项目30个，涉及48个行政村，已验收通过17个，还有13个项目（包括岔路、前童及越溪联建项目）在建。2020年集体经济项目申报21个，根据新资金管理办法，新增符合管理办法要求的集体经济项目6个。

累计下拨村级集体经济项目补助资金4940万元，其中县级资金2347万元。

【村经济合作社换届选举工作】 根据省、市、县统一部署，认真做好村经济合作社换届选举工作。

认真开展调查研究，做好到底子清、情况明。提前介入村级组织换届选举工作，提前谋划好村经济合作社社长人选，为确保村党组织书记、社长“一肩挑”打好基础。

把好“三关”，做到“五个同步”，确保经济合作社换届选举有序开展。

制订规范，出台经济合作社换届选举实施意见和指导工作手册，规范经济合作社换届工作流程。

加强培训，确保换届选举工作顺利进行，对乡镇街道组织干部开展业务培训和指导。全县共有337个行政村、82个撤村建居股份经济合作社（419个股份经济合作社）、32个社区参与本次换届选举。截至2021年1月10日，全县419个村（社），全面完成村（社）换届选举，除4个下派村党组织书记外的其余416个村社都实行“一肩挑”，高质量完成村社换届选举工作。

新农村建设

【美丽乡村创建创新】 提升美丽乡村创建。一是启动小集镇式中心村建设。以小集镇式中心村建设为载体，加快推进“人口集中、产业集聚、要素集约、功能集成”集聚类村庄和集中居住区建设。2020年启动深甽大里村。二是启动乡村振兴示范带建设。按照“有一个规划、一条干线、一个主题、一链产业、一批美村”要求，突出加强主题策划，营造特色韵味，高起点谋划，把沿线的山水风光、特色村庄、产业园区、景区景点，串珠成链、连线成片，让山、水、林、田、路、房焕发新的活力。2020年全面完成滨海田园示范带建设。三是启动梳理式改造村建设。以拆、改、建、保相结合，按照“宜建则建、宜耕则耕、宜绿则耕”，稳定推进梳理式村庄改造。2020年完成45个梳理式改造村创建任务。

提升艺术振兴乡村行动。艺术振兴乡村是“十三五”深化实施乡村振兴战略的重要抓手，宁海创新推进艺术振兴乡村，与中国人民大学艺术学院签订合作协议，在宁海建立教学实践基地，积极探索校地合作的人才培养模式，为宁海农村的艺术振兴提供人才支撑。2020年共创建19个艺术特色村。

提升村庄文化底蕴。一是有效推进历史文化村落建设。加强对历史文化村落的保护与传承，守住文化根脉，留住乡韵乡愁，将历史文化村落保护与旅游开发相结合，与传统文化继承相并举，与生态保护相协调，让新农村与古文化相得益彰、相映生辉。将历史文化村落建设与精品示范村、合格村、传统村落等创建载体相结合，确保历史文化村落得到有效保护开发。宁海县有历史文化村落保护利用重点村4个，历史文化村落保护利用一般村21个。完成1个省级历史文化村落一般村、1个省级历史文化村落示范村的申报工作。

【环境整治】 提升农村环境面貌。出台城乡环境卫生保洁一体化管理、建筑垃圾处置等一揽子制度，打破条块分割、多头管理，实现“一把扫帚扫城乡”。每年安排2480万元资金，用于环境卫生和垃圾分类长效运维。同时，深入实施第三方卫生保洁督查活动，对18个乡镇（街道）每个季度检查一次，完成4次检查。每次检查结果进行通报，并与年底绩效奖金挂钩。

提升垃圾分类处理。宁海县在垃圾分类实现行政村全覆盖基础上，构建形成“智分类、云回收、源处理、循利用”的宁海模式，建立智分类数据管理云端平台，信息化贯通农村生活垃圾分类处理“户—村—乡（镇）”全主体和“分类—收集—处理—利用”全流程，推动农村生活垃圾治理进入2.0时代。全县农村生活垃圾机械成肥处理中心由104个减少到57个。全县农村保洁清运人员2148人，清运车辆767台，累计发放户内垃圾桶356535个、公共垃圾桶19101个，配备快速成肥机器设备76台，日处理厨余垃圾可达60吨。更换农村垃圾分类运输车辆38辆、农村生活垃圾桶3万余个。入围全国农村生活垃圾分类处理和资源化利用示范县，并入选第二批全国农村公共服务典型案例。

【乡村振兴】 2020年是乡村振兴“三年行动计划”交卷之年，也是高水平全面建成小康社会和“十三五”规划收官之年。宁海全面贯彻落实中央和省委、市委关于乡村振兴的战略决策，坚持农业农村优先发展，不断深化“千万工程”推进乡村振兴战略，以部省共建乡村振兴示范省先行创建县为契机，以农业农村现代化为总目标，以“三农”高质量发展为总要求，着力打造乡村振兴宁海样板。先后获评全省乡村振兴战略实绩考核优秀县、省“五水共治”（河长制）工作“大禹鼎”、省级深化“千万工程”建设新时代美丽乡村（农村人居环境提升）工作考核优秀县、省级提升农村人居环境（农村生活垃圾分类处理）工作考核优秀县、全国茶叶百强县、省第三届“河姆渡杯”粮食生产先进市、县（市、区）铜奖、省级农业绿色发展先行县、省级渔场修复振兴暨“一打三整治”行动目标责任考核优秀县、省级农业主导产业（茶叶）“机器换人”示范县、省级农村文化礼堂建设示范县、省级科技特派员先进集体、第三批省级可持续发展创新示范区建设和培育试点单位、市农村生活垃圾分类第三批绩效评估优秀区域、全市打赢污染防治攻坚战成效显著的区县（市）。“两进两回”工作写入中农办《农村要情》第59期，并在省委农村工作会议上作典型交流。

扶贫工作

【概况】 2020年，深入学习贯彻习近平总书记关于扶贫工作的重要论述，把东西部扶贫和山海协作作为全面建成小康社会的重大政治责任，以实际行动增强“四个意识”，做到“两个维护”，争当建设“重要窗口”的模范生，各项工作取得明显成效。《布好产业局 打好产业牌 走好产业路》入选浙江省东西部扶贫协作案例，《东西部精准扶贫工作“云共体”的构建与实施》在市对口协作理论研讨和工作研讨活动中荣获一等奖，《宁波市宁海县振兴乡村新模式“牵手”贵州晴隆》入选全国案例，《甬黔携手，

促进全面发展放在首位，坚决打赢低收入农户增收攻坚战。继续推广“政府+银行+保险公司+农村经营组织”的金融扶贫政策，市、县安排财政贴息资金333.6万元，对带动200余户低收入农户增收的68家农业经营组织进行贷款贴息，对有劳动能力和劳动意愿的低收入农户，依托农民培训工程，免费提供转岗就业和技能培训，加快向二、三产业和城镇转移就业，积极开展党员干部结对帮带和低收入农户大学生子女创业补助项目。根据低收入农户统计监测数据显示，2020年低收入农户可支配收入为15832元，同比上年度增长约13.9%。积极发挥“第一书记”、农村工作指导员助推村级集体经济作用，在实现较薄弱村人员选派全覆盖的基础上，平均为每村争取项目资金50万元

壮大村级集体经济。花大力气破解村集体经济增长不快短板，出台扶持发展村级集体经济专项政策，大力实施村级运转经费补助为主、村级集体经济项目补助为辅的发展壮大村级集体经济“亿元工程”。累计下达财政资金1.5亿元(不包括西店镇)，对341个行政村的村级组织运转经费进行补助，实施消除集体经济薄弱村三年行动计划，以联营共建、独立实施等多种方式，统筹抓好土地资源、环境资源、行政配置公共资源和村级组织资源的开发和利用，落实4850万元财政资金，对20个发展壮大村级集体经济项目进行补助，并开展“村企结对、助力振兴集体经济”专项行动。

水　利

【概况】　统筹做好新冠肺炎疫情防控和复工复产的同时，紧紧围绕“十三五”规划和年初确定的工作目标，努力践行新时期“十六字”治水思路和“水利工程补短板、水利行业强监管”的发展总基调，攻坚克难全力推进水灾害、水资源、水生态、水环境“四水同治”，全面提升水安全综合保障能力，各项工作推进顺利，态势良好。

相继获全国水利文明单位、2020年浙江省水利行业节水机关、全省农村饮用水达标提标行动工作成绩突出县、全省实行最严格水资源管理制度成绩突出县等先进荣誉和宁波市第八届水利“大禹杯”银杯奖、连续5年获评市级水资源管理考核优秀县。连续5年获评全省水利工作综合绩效考评优秀单位，省第三批节水型社会达标县（市、区）。

县水文站被确认为全国水利文明单位。中堡溪被评为浙江省2020年“美丽河湖”。县水利投资有限公司获优秀集体荣誉称号，蒋朝干获优秀个人。西溪（黄坛）水库管理局荣获2019年度宁波市水库管理考核优秀单位，陈兴稳为优秀个人。景新燕被授予2020年宁波市五一劳动奖章。吕吉法被宁波市人力资源和社会保障局认定为宁波市拔尖人才，景新燕被认定为宁波市高级人才。

【水利建设】　2020年，县水利局累计完成市下达水利建设投资13.07亿元，为计划的108.9%；累计完成县重点实事工程投资11.64亿元，超出计划2%。

全速推进“防洪排涝体系”建设，不断提高防洪减灾综合能力。宁海县东部沿海防洪排涝工程完成股权转让，宁波建工股份有限公司正式成为社会资本方，推动工程顺利实施，正在十字河新塘村段河道、淡水闸施工；中心城区防洪排涝工程槐路河水产城支流完工，其中世行贷款项目进展顺利；小流域治理工程完成河道治理20公里；海塘除险加固及提标工程宏大塘、门前塘基本完工，汶溪周塘、高湖塘等正在施工中。

全力推进“水资源保障体系”建设，努力实现城乡同质饮水目标。宁海县西林水库于6月正式供水，同步完成水库面板艺术提升改造，使大坝与周边环境形成“自然之山，人文之山”的独特景观。西林水库供水后有效缓解宁海县东部两镇一乡及宁波南部滨海新区用水紧缺状况。农饮水达标提标工程建设全部完成任务，并进行项目清盘验收。

全域推进“水生态文明体系”建设，打造亲水宜居美丽环境。继杨溪、天明湖、凫溪（梅林段）成功创建省级“美丽河湖”的基础上，中堡溪获评省级“美丽河湖”。为了与宁海全域旅游“千里登山步道”相呼应，县水利局以建设“百里亲水平台”为目标，在洋溪进一步实施亲水平台改造提升工程（二期）建设完工。积极谋划白溪全流域慢行系统建设，全面提升白溪文化内涵，拓展宁海百姓的“漫生活”半径。另外还打包实施农村水系综合整治工程，以乡镇为单元对镇村小流域、河道清淤疏浚、水系连通、村庄水环境等进行系统谋划、综合治理。

【水利管理】　相继获得2019年浙江省水利工作综合绩效考评优秀单位称号、宁波市第八届水利“大禹杯”银杯奖、县直目标管理考核全县第七的优异成绩。水资源管理方面，截至2019年宁海县为宁波市唯一连续5年获评市级水资源管理考核优秀县，并连续四个年度获得

浙江省实行最严格水资源管理突出集体称号。2020年中国水周期间首个县级节水宣传教育基地正式对外开放，县水利局节水机关创建以宁波市最高分的成绩通过省级验收，年底宁海县通过节水型社会建设省级验收。

水土保持管理方面，宁海县在全市率先开展水土保持部门协同监管联动机制试点工作，方案已正式印发实施。同时县水利部门创新开展水行政审批“云评审”，积极推进政务服务“网上办”“掌上办”，实现水保审批全程网上办理。此外还通过“在线采集、在线填报、网上出证”的方式，实现取水许可“足不出户”，该做法被《人民日报》刊发。

河湖管理方面，宁海县11条县级河道全部完成无违建河道创建，累计创建长度近200公里，河湖清“四乱”共拆除乱建面积1120平方米，清理乱占面积2300平方米，同时宁海县以“五定”方式推行河道保洁物业化被《人民日报》、人民网等刊发，进行广泛宣传。

水利建设市场监管方面，全力配合做好宁海县水利工程项目开标、评标监督等工作，规范落实水利施工企业动态信用评价，完成22个项目信用评价，域内水利工程质量合格率达100%。

安全生产工作方面。制定印发水利安全生产实施方案，常态化开展全县水利工程安全生产大检查，严格落实水库“三人三方案”、山塘“网格化”管理，压紧压实各地各单位安全生产责任，确保宁海县水利安全生产形势持续稳定向好。加快推进水文防汛“5+1”工程、智慧水利基础感知、水管理平台一期等项目建设，全面开展小流域山洪“安全码”赋码工作，有效提升水旱灾害防御能力。

【水利改革】 全省领跑“美丽河湖”建设。县水利局以厚植生态底色、提升休闲成色、融入文化特色“三色治理”为靶向目标，高定位高品质打造美丽河湖。年初时任浙江省副省长彭佳学到宁海县调研，对宁海县美丽河湖建设工作给予高度肯定。浙江政务信息、市政府专报信息等专报发布《宁海县“四聚焦”推进新型水利建设 绘就“美丽溪流”新画卷》，获得彭佳学、卞吉安等领导肯定批示。

加速完成农饮水达标提标任务。全面完成受益人口15.58万人的农民饮用水达标提标任务，并将301个水站减少到159个。为充分推进农饮水工程进度，县水利部门推行“1+1”捆绑建管模式，加快项目建设。同时对农饮水工程通过容缺办理的方式先立项招标，再补充用地审批程序，确保工程施工无障碍。此外与各乡镇街道签订农饮水达标提标任务书，倒排工期，挂图作战，每半月绘制一次工程项目进度表，对项目进行“亮灯”推进。

多维打造“安全+”示范海塘。在海塘除险加固及提标工程建设中充分融入“安全+”理念，因地制宜将生态、景观、文化、产业等有机融合，打造沿海百姓的生命线、风景线、幸福线。如宁海县打造的首批标准示范海塘汶溪周塘，堤顶路面采用彩色沥青道路打造慢行系统，防浪墙设计融入“海上长城”理念，海塘背坡坡面按照当地文化特色打造等，充分展现海塘空间的多维价值。7月，浙江省政协副主席吴晶一行专门调研宁海县汶溪周海塘建设情况，并对宁海县海塘建设模式给予肯定。

多元拓展水利投融资渠道。为弥补中长期水利建设资金需求，县水利局于2016年组建水投公司，通过盘活“七库一湖”水利资产，为宁海县五大溪流治理、东部沿海及城区防洪排涝、小流域治理等市县重点水利项目投融资30余亿元。县水利局依托水投公司，积极拓展融资渠道，包括东排项目采用PPP形式吸引社会资本、城区防洪排涝工程争取世行贷款等，同时对接国开行、农发行等政策性银行，保障海塘除险加固及提标、农村水系综合治理工程建设；另外积极申报政府专项债券，其中农饮水达标提标工程获批5000万元政府专项债券资金。此外积极开展公司主体信用评级“AA”级评定，获得“AA”信用等级后，水投公司将发行近20亿元私募债、企业债、PPN等多种债券产品，满足公司近年融资需求。因宁海县水利投融资工作亮点突出、成效明显，水利部发展研究中心对此开展专题调研，市政府专报刊登《宁海县积极探索水利投融资模式有效助推水利建设》，并获卞吉安副市长批示。

平稳推进事业单位改革。根据上级关于深化事业单位改革的有关精神，完成县水利局下属事业单位分类改革。依法撤销下属5个水库管理处事业单位法人资格，在编人员转隶至新成立的宁海县水库管理中心，下设6个水库管理站；撤销自收自支事业单位宁海县水利水电勘测设计院，人员妥善安置；报请县委县政府批复所属县水政监察大队等8家事业单位机构编制规定。

【水文水资源】 宁海县多年平均降水量为1649.9毫米，折合水量30.41亿立方米，水资源总量17.80亿立方米。2020年降水量较少，区域平均降水量1376.6毫米，折合水量25.37亿立方米，水资源总量约12.23亿立方米，比多年平均水资源总量偏少31.3%。全县7座大中型水库（包括白溪水库）年末蓄水总量1.637亿立方米，年末蓄水总量比年初减少0.474亿立方米。

全年总供水量1.7286亿立方米（包含环境配水量0.1224亿立方米），其中地表水源供水量1.7264亿立方米，地下水源供水量0.0022亿立方米。全县总用水量1.7286亿立方米，比上年增加0.8%，其中农业用水0.7732亿立方米，占44.7%；工业用水量0.2356亿立方米，占13.6%；生活用水量0.5611亿立方米，占32.5%；生态环境补水0.1587亿立方米，占9.2%。

宁海县三门湾现代农业开发区建设指挥部

【概况】 2020年，县三门湾现代农业开发区建设指挥部在县委、县政府的坚强领导下，按照高质量发展的要求，以省级现代农业园区创建为抓手，围绕年初制定目标计划，破难奋进、狠抓落实，不断营造良好投资环境，夯实发展基础，有效推进开发区建设。

【疫情防控】 按照县疫情防控办、县企业复工复产指挥部的统一部署，结合开发区实际，制定周密的疫情防控方案，切实做好辖区内新冠病毒疫情防控和区内农业企业复工复产工作。

精细排摸。对辖区内的养殖户和企业逐一进行排摸，共排摸养殖户420户，排摸农业企业9家，掌握底数信息，为有效防控奠定基础。

落实居塘（厂）隔离。对县外返塘人员，根据返回地风险等级，分类做好劝返和返回后的隔离工作，辖区内累计居塘（厂）隔离192人，区域内无一例输入性病例和本地传染性病例。

稳妥有序推进企业复工复产。在确保疫情防控各项措施落实到位的前提下，分类有序突推进区内农业企业复工复产，区域内农业企业第一时间复工复产。

落实疫情期间租金减免工作。根据县企业复工复产指挥部相关要求，对区内符合条件的承租户进行租金减免工作，涉及种植土地2049.51亩、养殖塘18136.19亩、大水域3565亩，共计减免疫情期间国有资产租金1226.5万元。

【双招双引】 招商引资方面。克服疫情影响，围绕产业升级和全产业链构建，抢抓招商引智，加快产业集群。全年接洽意向企业30余批次，外出考察意向企业8家，签约项目2个——5G技术智慧对虾养殖项目、100万平方米设施种植项目（一期）。4个重点在谈项目分别为：生猪养殖项目、农产品综合交易市场项目、南美白对虾和贝类苗种繁育基地及正大国家级现代农业产业园。人才载体平台建设方面。宁海海洋生物种业研究院博士后工作站获批设立，新入职博士后3名、博士1名、硕士3名，获得国家自然科学基金项目2项、宁波市2025重大专项1项。东海水产研究所浙江宁海研究中心正式投入使用，青蟹人工育苗、银鲳室内人工养殖两个科研项目取得初步成果。华大海昌与市海洋渔业研究院、宁波大学等科研院校合作开展青蟹育苗，取得突破性进展，技术达国内领先水平。

【政策处理】 继续以对历史负责、为现实服务、替未来着想的态度，迎难而上、攻坚破难，着力破解历史遗留问题。

继续推进青珠农场土地经营权提前回收。青珠农场土地经营权提前回收已签约403人，签约率94.2%，兑现补偿资金7243万元。

妥善解决下洋涂区块承包合同纠纷。下洋涂奇天和公司历年欠租案经法院组织调解，达成民事调解协议，奇天和公司分期支付拖欠租金，并由宁波天虹文具有限公司提供担保，2笔执行款已到位，下洋涂养殖区块政策处理暂时告一段落。玉麟公司土地纠纷案件已由宁波仲裁委移交宁波市中院，市中院正在审理。

稳妥处置蛇蟠涂北区养殖塘废标后续管理工作。为确保北区养殖塘后续的经营管理和社会稳定，经县主要领导组织协调，多部门会商，并与一市镇政府商议后，后续管理工作已委托给一市镇农业服务总公司。

【重点工程】 以重点工程项目为抓手，进一步提升产业水平和完善区内公共基础设施。完成固定资产投资7360万元，3个重点项目开工。

重点工程有序推进。狠抓项目投产，蛇蟠涂北区养殖池塘尾水集中治理项目投入运行，高密度南美白对虾养殖2.0版创新基地（一期）项目建成并部分投产；强化主动对接和服务，5G技术智慧对虾养殖项目开工，宁海海洋生物种业研究院项目动工建设；农业开发区农业基础设施提升工程蛇蟠涂区块、双盘涂区块相关项目有效推进。

除险补强等零星工程有效开展。蛇蟠涂金渔丰地块道路绿化工程、蛇蟠涂桥头两端路面维修工程已完工；蛇蟠涂200亩基干林带的修复工作已完成；养护性维修各类农用道路38公里、维修加固养殖河港堤坝22公里，进水河港末端排水设施施工5处；下洋涂公司东面危房已拆除并重新利用。

【项目申报创建】 以资源禀赋和主导产业为基础，整合资源要素，积极争取国字号、省字号创建项目，拉高发展格局。

省级现代农业园区通过验收。经精心准备，并积极对接省农业农村厅主要管理处室，省级现代农业园区通过验收。

做好国家农村产业融合发展示范园申报工作。围绕农业内部融合、产业链延伸、功能拓展等多种类型，积极申报创建国家农村产业融合发展示范园，，申报材料已上报国家发改委评审。

积极申报国家现代农业产业园创建项目。克服时间短、任务重等困难，顺利晋级省级联评。在县委、县政府高度重视下，组织力量精心准备，并由县长滕安达亲自答辩，最终凭借园区基础扎实、产业体系健全、答辩能力优异，脱颖而出成功上报农业农村部。虽最终未申报成功，但在申报过程中的优异表现得到省农业农村厅领导的高度肯定。

【融资与国有资产管理】 坚持所有权和使用权相分离，资产管理与预算管理、财务管理、融资管理相结合，规范财务和资产各环节管理。

严格控制融资成本。全年向银行融资4.6亿元，贷款综合成本均控制在6%以内。

严格执行预算管理，按照“二上二下”预算机制，开发区下属各公司均实行收支两条线预算管理，年预算执行情况总体良好。

做好国有资产发包工作。根据资产特点，对接县国资管理中心和县产权交易中心，因地制宜、分类做好资产发包管理工作。延续发包下洋涂和蛇蟠涂养殖区块；成功发包下洋涂大水域养殖3565亩、闲置池塘17口；发包农场柑橘采摘137.91亩；发包蛇蟠涂种植地块178.84亩、闲置池塘3口。及时收缴租金。总结历年经验，提前准备、及早部署，国有资产收益创历史新高，2020年应收租金3915万元，截至12月底，实收租金3805万元，收缴率达97.2%，其中下洋涂区块收取租金2789万元，收缴率达98.6%。蛇蟠涂区块收取租金1016万元，收缴率达93.6%。

9月29日，宁海海洋生物种业研究院第二次理事会召开，县委书记林坚（左）会见包振民（右）院士一行

【综合管理】 突出问题导向、效果导向，坚持内外兼修，着力加强内部管理和日常管理。

完善内部制度。修订完善现有制度，实行工程项目预决算管理，起草《闸门管理人员考核办法》等多项制度，管理制度更趋完善。

组织实施百日攻坚行动。开展公共河港专项清理行动6次，清理偷种偷养近100亩、河港15公里，清缴网具2600余顶，销毁（清缴）泡沫筏25张，劝离垂钓人员近6000人次，区域内生产生活秩序明显提升。同时，探索实施网格化管理，建立长效管理机制，实现管理常态化、长效化。

开展环境专项整治行动。通过清理杂草、播种花卉、加强保洁等方式，对区内环境进行专项整治，区内环境明显改善。

全面落实安全生产主体责任。落实落细防汛安全措施。完善防汛预案、补充防汛物资、开展防汛安全检查和防汛应急演练，筑牢防汛防台安全屏障。

加强干部职工专业知识能力培训。聚焦干部职工业务短板、理论盲点，结合“周二夜学”，开办员工知识培训专班，举办专题水产养殖知识培训4次，组织安全生产与消防培训1次，健康咨询讲座1次，受训达300余人次。有效提高干部职工的专业业务水平和综合管理水平。

工业·园区

工　业

【概况】 深入贯彻落实国家、省、市决策部署和习近平总书记考察浙江、宁波时的重要讲话精神，全县工业战线迎难而上、克难求进，统筹推进疫情防控和工业生产，工业经济总体呈现“V”形回升向好态势，规上工业经济成为拉动全县生产总值增长的主要动力，运行质量好于预期、高于全市平均、领跑南部地区。

工业经济主要指标完成情况。全年完成规上工业增加值229.5亿元，同比增长6.2%，高出全市平均1个百分点，增速排名全市第4，创2013年以来最好名次。为减轻疫情影响，通过加快实施各项降本减负政策和产业扶持政策，助力企业复工复产，累计增速在全市率先实现由负转正。

全年完成工业投资65.3亿元，同比增长15.1%，增速居全市第3，其中工业技改投资完成34.4亿元，同比增长11.6%，增速排全市第6。“十三五”期间，工业投资总量333亿元，比“十二五”增加52亿元。

规下工业增加值同比增长1.4%，低于全市平均1.3个百分点。

工业规模平稳壮大。年度规上工业企业618家，较2015年年底增加122家；全县规上工业总产值969.5亿元，同比增长4.9%，高出全市平均5.0个百分点，较2015年增长55.3%，年均增长率约9.2%；规上工业增加值规模占全市比重为5.7%，比2019年提高0.3个百分点，规模总量与奉化（区属）、象山的差距扩大到92.5亿元以上；工业用电保持平稳增长，全县累计工业用电量25.4亿千瓦时，同比增长4.5%。其中，累计制造业用电量23.3亿千瓦时，同比增长1.9%。

产业结构持续调整。在市“246”产业布局框架下，宁海启动构建“365”工业产业体系，大力推动新旧动能转化，工业产业结构持续调整优化。全县“246”产业实现工业增加值161.3亿元，同比增长9.0%，高于规上平均2.8个百分点，占规上工业增加值比重70.3%（高于全市平均3.4个百分点，增速全市第2）；重点优势行业拉动作用明显，绿色石化（23.5%）、电子信息（12.3%）、智能家电（14.1%）、生物医药（30.1%）、文体用品（17.6%）、节能环保（14.6%）6个行业增长较快，增速均在两位数以上。

创新动能逐步增强。通过不断强化载体平台建设，加快推进科技创新动能集聚，有效推动区域竞争力快速提升。全年新增市级企业工程技术中心18家，市级企业研究院2家，省级高新技术企业研究开发中心4家，省级企业研究院2家。专利授权4190件，其中发明专利授权171件。新引进特优以上人才17人，入选市杰出人才和省级引才计划各1人、“3315”项目4个。规上企业科技活动经费支出24.6亿元，同比增长7.7%，占营业收入比重2.5%，居全市第三。

企业实力稳步提高。坚持分类培育与重点扶持、整合资源与优化机制相结合，以扶优扶强为政策导向，着力培育构建“215”工业企业梯队，积极培育工业经济发展后备力量。企业平均产值由2015年的1.26亿元/家提升至2020年1.57亿元/家。全县产值200亿元以上企业1家，百亿元以上企业2家，50亿元以上企业3家，10亿元以上企业13家，上亿企业145家，小升规企业73家。新增上市企业2家（卡倍亿、天普橡胶）、新增国家级专精特新“小巨人”2家（华平智控、第一注塑）、国家级单项冠军产品1个（方正汽车模具的汽车燃油系统多层吹塑模具）、市级单项冠军示范企业5家。数字经济龙头企业继续壮大，东方日升入围省电子信息制造业营收30强（第9），胡杨网络入围省软件业务收入30强（第25）。

【模具产业】 全县共有模具从业人员5万余人、专业制造厂家500余家、加工企业和车间1500多家，年产模具近5万套。生产的主要模具类别为注塑模具、冲压模具、压铸模具、橡胶模具等，行业总产值约105亿元，是宁海工业经济发展的重要力量，先后被授予“中国模具产业基地”（中国模协）、“国家外贸转型升级宁海模具基地”（商务部）称号，8家企业获得中国重点骨干模具企业称号，3家企业获“模具出口重点企业”称号。

宁海县是全国模具工业的发达地区之一，有数控设备4000余台，其中加工中心1000余台、高精度高转速五轴联动机床40余台、三坐标测量仪80余台，线切割机床逐步以慢走丝线切割机床为主，电脉冲加工多采用符合基准统一原则、达到高效率装夹的高精度加工。宁海县模具产品出口欧美、日本、韩国等国家和地区，为一汽、大众、海尔、长虹、松下等大型企业提供模具和产品配件。

重视模具行业产学研合作，引进浙江工商职业技术学院，形成相对完善的技术人员和管理人员的培养和培训体系。模具企业重视研发投入和技术创新，具有一定生产规模的企业均建立模具研发中心，企业研发经费投入销售额4%以上，ERP信息管理技术、Pro/E、UG、Cimatron、Solidworks、WORKNC、Powermill、Moldflow等软件已在规模型企业得到普遍应用，成为宁海模具企业加快技术进步、提高创新能力的重要手段。拥有模具国家重点实验室1家、国家级产学研基地1个、院士工作站3个、国家高新技术企业43家，有多家企业在全国模具“精模奖”评比中获奖。

11月26日，模具行业发展峰会

12月，宁波方正汽车模具有限公司厂房生产设备

【文具产业】 文具产业是宁海工业经济的优势产业，拥有生产企业近400家，行业从业人员2万多人，年产值330亿元，相继荣获“中国文具产业基地”“国家外贸转型升级专业型示范基地”（商务部）、“浙江省文具商标品牌基地”“宁波市精品文具产业基地”、文具行业三星级品牌工作指导站、省级出口文具质量安全示范区等荣誉称号，拥有中国驰名商标3件，省名牌5件。发明专利、外观专利、实用新型专利等各类专利近2460项。行业门类齐全，主要有书写工具、纸品本册、五金文具、文件保管用品、化工类文具、教学用具、美术用品、学生用品、办公箱柜等近万种品种，产品远销欧美、东南亚等100多个国家和地区。国家文教用品质量监督检验检测中心在文具行业，承担国家文具标准化专业技术委员会秘书处工作，推广《金属文具通用技术条件》《化工文具通用技术条件》团体标准，制定实施中国文教用品行业协会团体标准、“浙江制造”团体标准以及地方协会团体标准21项，其中主持制定“浙江制造”标准12项，主导参与的国家标准、行业标准52项。全国文具行业中“宁海标准”的国内影响力和贡献力大幅提升。得力研发中心还通过省级工程技术中心验收，获国家级企业技术中心，得力、兴伟等被评为中国十大文具品牌企业，被授予“中国学生用品行业知名品牌”，被商务部确定为重点培育的“中国出口名牌”。宁波兴伟刀具科技有限公司荣获中国学生文具制造行业美工刀类示范生产企业，主持起草国家轻工行业《美工刀》标准，获宁波市制造企业单项冠军，小雪人文具起草《修正带》行业标准，云峰文具、伟书文具参与制订《订书机》行业标准。凯盛文具荣获文化产业高成长企业奖。

加快公共服务平台建设，国家文教用品质量监督检验中心、宁波文具产业公共服务平台、产品展示中心和产品设计中心等辅助性服务机构的相继落户宁海。

近年来，宁海县大力实施文具产业提升战略，鼓励和引导企业成立自主研发中心和设计中心等机构，加快新产品研发设计，提高产品附加值，增强产品竞争力，全县70%以上的企业均有自己的设计研发机构，20余家企业在国内外设立创意工作室，平均每年推出几千款新产品。通过接轨创意设计产业，大幅提高产品附加值，与传统产品相比，产品效益提高约10百分点。

12月，得力集团有限公司设计研发中心

【汽车零部件产业】 汽车零部件产业是宁海的朝阳产业，企业300余家，从业人员3万人，年产值约130亿元，形成产业发展的龙头产业集群以及较为完整的产业链和配套协作体系。积极发挥三项传统优势：汽配产业链长，形成较好的协作加工体系；模具产业发达，提供稳定支撑、企业分布集聚，形成区域特色；生产设备得到改善，制造优势显著。拥有国内主板上市企业3家（双林汽车部件、天普股份、卡倍亿），1家新三版上市公司（永成双海）；拥有国家级高新技术企业55家，国家认可实验室5家，院士工作站3家，博士后工作站3家，省级企业研究院7家、市级企业研究院3家，国家企业技术中心1家、省级研发中心16家、市级企业技术工程中心29家。先后被授予“中国（宁海）汽车橡胶部件产业基地”和“中国汽车零部件制造基地”等国字号荣誉称号；建新赵氏集团有限公司、宁波双林汽车部件股份有限公司成立院士工作站。该行业把技术创新、管理创新以及人才培养放在首位，转变观念，改良结构，改善组织模式和工作方式，加速应用先进的汽配设计和制造技术，以适应新形势的发展。全行业设备先进，拥有多功能橡塑挤出机、GSB-2型高速编织机、全自动炼胶生产线、密封条四复合挤出生产线、自动橡胶注射机、汽车用同步带生产线、密封条微波硫化挤出生产线等主要进口生产设备，臭氧试验机、疲劳试验机、MTS三轴向动静态弹性体测试仪、三坐标测量仪等主要进口检测设备，着重发展CAD/CAM/CAE、快速成型、反求工程、精密成型、虚拟制造和网络制造以及IT管理等先进制造技术。涉足汽车零部件除发动机、车身、轮胎外几乎所有产品的生产，主要产品有油封及密封制品系列；减震制品系列；点火系统；管路系统系列；制动传动带系列；动力装置类；汽车底盘类；电器、仪表及相关配件类等。

根据上级部门有关信息化和工业化深度融合要求，切实推动宁海县企业“两化融合”，引导企业利用信息技术在营销管理、研发设计、生产制造控制等方面推广应用，全面提升企业数字化、智能化、信息化水平。如建新集团实施的PLM-PTC Windchill信息化项目，有效提升企业的自动化水平。

12月，建新赵氏集团有限公司的轿车密封条生产车间

8月25日，宁波市天普橡胶科技股份有限公司成功登陆上交所主板

【灯具产业】 宁海县灯具产业发展历史悠久，成为国内颇具影响的品牌。企业发展以LED手电筒、压铸类灯具、太阳能灯具为主的多元化灯具产业，在整个生产流程中跟紧生态设计标准，在产品设计开发上注重能效设计要求，提高产品的功能和美观等。灯具行业积极调整产品结构，改进生产工艺，实现自身产品性能功效和技术含量的整体提升，以技术创新为动力，加快研发具有自主知识产权的节能灯具，以优质、环保、稳定的产品积极参与国际技术竞争。拥有较为领先的高端设备，形成从原材料进厂及配件—物理化学分析—模具设计—热表处理—模具产品三坐标自动检测—压铸—压制件深加工—压铸件光饰处理—产品检测—产品销售—售后服务等完整的配套工艺和服务体系。

【五金机械产业】 五金机械产业历经50多年的变更，获得跨越式的发展。主要产品如搬运车类、阀门类、挡圈钳、家用工具箱、工业刷金属制品类、通用机械类等逐步成为国内外优势产品。行业大力推进“四项关键技术、五个重点方向和六大实施工程”。四项关键技术即CAD/CAE/CAM技术、ERP技术、电子商务技术和机电一体化技术；五个重点方向即搬运车类着重于“科技、品牌、发展”，阀门类着重于“高档、专业、品质”，工具类着重于“差异、美观、和谐”，金属制品类着重于“拓展、时尚、休闲”，通用机械类着重于“数字、精密、服务”；六大实施工程即创新平台构筑、龙头企业培育、区域品牌创建、产业生态、技术人才建设和产业信息化等。积极开展行业产业链延伸，巩固发展装备制造产业：机械手、防爆车、变压器、风力发电、煤矿设备、注塑机械、通用五金和钢丝绳。

【电子电器产业】 宁海县电子电器行业主要产品有冰箱、洗衣机、电饭煲、吸尘器、饮水器、电热壶等家电产品以及电路板、电子元器件等电子产品，家电行业以节能实用为宗旨，不断开发新品种，逐步发展智能型家电，壮大行业规模，电子行业以绿色环保为宗旨，引进国内外著名的电子企业，扩大行业总量。

电力工业

【概况】 宁海全社会用电量39.32亿千瓦时，同比增长5.78%。其中工业用电量25.37亿千瓦时，同比增长4.45%；居民用电量8.08亿千瓦时，同比增长10.96%。全社会最大负荷81.42万千瓦，同比增长17.07%；综合线损率3.69%；城镇供电可靠率和农村供电可靠率分别为99.99%和99.97%；累计完成固定资产投资2.46亿元。在省内县公司对标中，公司获评领先企业称号，年度绩效位列全大市第三，电网建设实现持续、稳定、健康发展，为宁海经济社会发展和人民生活提供可靠优质的电力保障。公司先后被授予全国模范职工之家、全国“安康杯”竞赛优胜企业、全国工人先锋号、浙江省五一劳动奖状等荣誉称号。公司QC成果荣获全国电力行业优秀质量管理小组一等奖，公司星级现场创建项目获亚洲质量改进优秀案例一等奖，公司选送的《“两山”实践，电力先行——寻访宁海绿水青山的电力底色》获得中国电力新闻奖二等奖、纪录片类一等奖。

截至年底，宁海县境内拥有500千伏变电站1座，主供宁波南部三县，有主变总容量250万千伏安；有220千伏变电站3座，主变总容量180万千伏安；110千伏变电站16座，主变总容量161万千伏安；35千伏公用变电站6座，主变总容量15.15万千伏安。110千伏线路40条，线路总长407.593公里；35千伏线路21条，线路总长201.893公里；10千伏线路322条，线路总长3074.9公里；10千伏配变8922台，总容量313.72万千伏安。

【人力资源】 实施管理机制变革。优化干事创业体系，以市场为导向，调整运检、营销管理体系，重构供电服务指挥机构，编制供电所全业务融合方案。

提升干事创业能力，打造“人人过关、小绒课堂、后浪学院”培训三驾马车，实施公司领军储备人才培养计划，首批16名员工入选公司专业领军储备人才库。

构建机关副职干部服务基层队伍联盟。激发干事创业活力，实施“供电所双评价、网格化、绩效竞标”绩效管理体系，选聘首批5名非全民班组长担任模范职员或专家职员，打通非全民员工职业发展通道。2020年全员劳动生产率120.04万元/人·年，人才当量密度1.2236。

【电网建设】 电网工程加速推进。疫情期间第一时间编制下发《复工复产工作要求》，时代大道下地工程成为全省首个复工的110千伏项目。牵头召开全县供电工作会议，实施重大基建项目“百日攻坚”行动。主网投资3.62亿元，投运220千伏跃龙变电站整体改造工程、110千伏深甽输变电工程，以及110千伏霞客—桃源线路工程等5项35千伏及以上线路工程。配网投资2.32亿元，实施配网项目84个，建成投运开关站2座，环网单元47个，新建、改造架空线路170.83公里，电缆线路105.86公里。

电网弹性持续提升。制订《多元融合高弹性电网三年行动计划》，与“三地六县”达成跨区配电网互联互供协议，创新制定“虚拟电网供电评价指数”。加速负荷聚集商转型，累计签约可中断负荷6600千瓦，可调节负荷2万千瓦。

6月15日，110千伏霞客—桃源线路工程投入运行

【经营管理】 持续做实做大有效资产，累计接收用户资产0.9亿元。深入开展提质增效专项行动，数字化转型变革行动，经营大盘快速修复转正并持续向好，在大战大考中展现硬实力担当、彰显走前列作为。省公司对标获评领先企业称号，市公司绩效排名第三。完成固定资产投资2.46亿元，售电量37.13亿千瓦时，同比增长4.42%；营业收入21.65亿元，实现利润574.92万元；资产负债率40.02%，同比下降3个百分点；全员劳动生产率120.04万元/人·年。公司系统集体企业实现收入5.70亿元、利润5594.38万元。相继完成公司制改制和集体企业瘦身健体改革改制工作，成立综合能源事业部，企业治理结构更趋合理，集体企业综合竞争力进一步提升，市场业务不断开拓，经营管理迸发出前所未有的蓬勃生机，县领导多次对公司工作作批示肯定。

【安全生产】 大力夯实安全管理体系。组建安全风险管控团队，建设安全风险管控中心和“党建+安全”体系。强化安全培训及应急演练，组织“安全生产月”和“消防月”等活动，提升全员安全意识。抓实作业现场安全，开展稽查检查3312场次，落实各级管理人员到岗到位558场次。大力开展隐患排查治理。制订安全生产专项整治三年行动计划，启动电网百日掸尘专项行动，开展春、秋季安全大检查。推动树障矛盾和用户配电设备隐患治理列入《宁海县安全生产三年行动计划》，累计砍伐修剪树竹近2.5万株，排查配电设备隐患4510户。大力提升设备线路运行水平。开展110千伏变电站综合检修3座，综合改造1座，110千伏主变工厂化检修2台，开关柜改造1座，接地选线安装5座。完成37条雷击高故障线路防雷改造，配变增容布点302台。截至12月31日，公司连续安全生产日6328天。

10月28日，宁海县跃龙220千伏变电站整体改造工程投运

【营销与优质服务】 面对新冠肺炎疫情，公司坚持职工至上、客户至上，全面贯彻“坚定信心、同舟共济、科学防治、精准施策”要求，第一时间成立公司应对疫情工作领导小组，通过落实全员“一人一档”，精准开展网格化管理等手段，阶段性实现“四零”目标。主动助力县委、县政府精准决策，累计编制企业复工情况分析日报39期，并提出区域经济优化建议，得到县委、县政府的肯定表扬。积极服务企业复工复产，出台服务企业十项举措，落实疫情期间各项优惠9332万元，全力为22家重点单位（场所）做好保供电。不断完善现代营销服务体系。客户满意率不断提升，工单投诉量同比下降65.31%，业扩全流程时长同比缩短61.26%。常态化开展“三服务”，创新举办“服务问效·共商共赢”优化营商环境主题活动。不断丰富便民服务手段，试点建设“无证办电”与“云服务微厅”，上线推广供应链金融服务，国网系统内首推“预存电费享权益”新型缴费模式，与交通银行签约智能配电设备按揭项目，“转供电费码”推广成果入选省公司典型经验。严格按照“欠费不停供”要求做好电费催收，年度电费回收率100%。成功打赢防御“黑格比”台风攻坚战，圆满完成“5·19”徐霞客开游节等21项保供电任务。不断开拓综合能源服务市场。围绕清洁能源示范省建设，累计签订综合能源服务合同8770万元，完成电能替代指标9221.36万千瓦时，3座充电站累计实现充电量51.59万千瓦时。全县已并网光伏项目5367个，装机户数全大市第一。探寻项目拓展与企业发展的合作共赢，通过实施BIPV屋顶光伏等创新项目助力企业减负增效。

【科技与信息化】 重视科技创新，完善创新培育机制，落实费用，组建团队，多举措推动创新工作迈上新台阶。《基于能源互联网变革的公司级智慧税票研究应用》获得2020年度中电联电力科技创新二等奖。公司1项管理创新成果获浙江省三等奖，2项科技成果获省公司科技进步三等奖，2项QC成果分别获电力行业优秀质量管理小组交流活动一等成果和亚洲质量改进优秀案例。

无人机、智能巡检机器人、红外测温等新技术、新设备得到大规模应用。大力丰富电网运维智能化手段。配电自动化有效覆盖率77.02%，投运宁波首条架空线路合闸速断FA。宁海中心城区全面取消计划停电，全年开展带电作业1590场次，同比增长86%，累计减少约15600停电时户数，电网故障率两年压降75.2%。率先开展“掌上调度”移动应用，实施配网故障处置标准化作业，故障处理平均用时缩短37%。

9月，智能巡检机器人在电网运维

【党建与精神文明建设】 强化政治引领思想格局。新成立3个供电所党支部，实现“一所一支部”。实施“做好电力先行官、架起党群连心桥”主题党日等系列活动，开展《习近平谈治国理论》第三卷等理论大学习，不断提升党员的政治修养。

深化党建联盟打造。联合象山公司打造“党建+变电检修业务联盟”，本部与省公司财务部开展“1+1”党支部联建，与得力、日升等重点企业推出联盟“十项”服务举措。深挖“党建+”模式，开展“双亮双争”活动，出台“党建+优化营商环境”11条实施举措，“党建+服务促电费回收”入选国网电费回收及降成本典型经验。

营造“风清气正”宁电环境。严格执行省公司《重点专业和关键岗位人员轮换交流管理办法》，干部岗位交流30人次，敏感岗位交流3人次。实施物资管理协同监督项目，开展“廉洁风险管理年”活动，落实“抓整改、除积弊、转作风、为人民”专项行动。

打造人和家美和谐家园。创建3个市公司级企业文化示范点，成功复评浙江省文明单位。召开公司第十四次工会会员大会、第九次团员大会。举办安康午市地摊等系列活动，丰富职工业余生活。在第三届浙江省青工创新创效大赛上斩获金奖。调控中心获评电力企业管理五星级现场。公司“融媒体矩阵”纵深发展，在国家级官媒上稿24篇，2部视频作品获浙江赛区二等奖、三等奖，1部视频作品获中国电力新闻奖二等奖、纪录片类一等奖，公司获评全国电力行业新闻宣传先进单位。

联合象山公司打造“党建+变电检修业务联盟”

宁海抽水蓄能电站建设政策处理

【概况】 2020年，在县委、县政府的正确领导下，指挥部扎实做好电站工程征地移民安置和服务保障工作，电站建设持续保持加速度，全年超额完成年度投资计划，在国网系统同期同批的11个抽蓄项目中，宁海电站继续处于领跑位置。电站工程截流建设征地移民安置通过宁波市初验、省终验。复建项目云峰禅院大殿、后殿内部装修施工，茶山林区生产管理用房建成，下水库右岸复建道路建成通车。

12月29日，电站工程截流建设征地移民安置终验会议现场

【项目实施】 持续推进迁复建项目实施。下库右岸复建道路完工投用，营地周边道路及沟渠工程完工，云峰禅院大殿和后殿落成，进行内部装修，茶山林区生产管理用房建成。

【涉民问题】 做好电站施工过程中的涉民问题协调处理。适时完成电站规划红线外210亩施工挂渣临时占用林地的面积确认和补偿兑现；解决受施工影响团联村民生活用水问题，完成通村大水网建设；妥善处理施工爆破震动影响民房问题；配合水环保行政主管部门，压实建设单位、施工单位等责任主体落实水环保措施，保障下游水环境安全。协调项目与周边村社关系，积极构建互信和谐的外部施工环境。

【验收工作】 做好阶段性移民安置验收工作。按照征地移民安置验收规范要求，开展项目截流阶段移民安置验收。8月通过宁波市初验，12月通过省终验。

【项目保障】 深化项目服务提供优质保障。协调完成项目用地供地手续、土地证办理，协调业主营地规划许可、施工许可以及不动产证办理等一系列问题，解决项目公司所急所盼。

上半年疫情期间，协调保障项目所需防疫物资，并针对电站项目外来施工人员多，及时协调落实返工人员隔离、核酸检测等防控措施，保障外来人员有序安全返回，项目迅速复工达产。

协调处置6号隧道因施工单位内部经济纠纷施工队堵塞道路问题。协调配合引进竖井掘进机、平洞掘进机等先进设备投入电站施工，“机械换人”提高工效，抢抓进度。

地企紧密协作，保障项目迅速推进。进场公路、上下库连接公路全线贯通，地下厂房首层顺利开挖完成，上下水库大坝开始填筑，业主营地投入使用。年度完成投资5.2亿元，完成年度计划115%。

宁波南湾新区

【概况】 2020年是“十三五”规划收官之年，面对错综复杂的发展形势和风险挑战，特别是新冠肺炎疫情的严重冲击，坚持以习近平新时代中国特色主义思想为指导，认真学习贯彻落实中共十九届五中全会精神，在县委县政府的坚强领导下，全面落实“敢担当、要积极、抓具体”的工作导向，大力开展争先创优行动，有力有效统筹疫情防控和经济社会发展工作，全年完成固定资产投资26.7亿元、同比增长4.3%，实现规上工业产值39亿元、同比增长4.2%，全力推动开发区各项工作高质量发展。

【疫情防控】 面对新冠肺炎疫情，第一时间成立开发区新冠疫情防控工作领导小组，制定出台开发区疫情防控工作方案，对办公区域、住宅小区、项目工地和企业等重点场所全面实行从严从紧管控，累计排摸各类企业员工4800多人，完成238户304人的居家隔离服务，快速完成170套集中隔离用房筹备。全力推动复工复产。成立4支复工复产服务小分队，建立干部助企联企工作制度，实现疫情防控和复工复产之间快速换挡、无缝衔接，做到“两手抓、两战赢”。2月10日复工首日就有5家企业顺利复产，7天内直属规上企业全部实现复工，9月实现工业经济正增长。全力落实各类惠企政策，减免租赁开发区标准厂房的工业企业租金260万元。

【招商引资】 始终把产业集群集聚作为首要任务，持续狠抓招商引资“一号工程”成效明显，深度融入长三角、紧密对接上海、南京、杭州、宁波等重点城市，全年引进产业项目11个（不含生物产业园），楼宇项目3个，在数量和质量上都取得新的突破。总投资10亿元的风电装备结构技术研发及应用总部基地、2亿元的智能装备及航空部件制造、年产5亿件新能源动力锂电池顶盖等先进制造项目顺利落地。生物医药“星耀计划”启动实施，产业项目集聚加快推进，园企互联小微产业园等项目签约落地。特色商业街3幢办公楼宇全部完成招商，开发区楼宇经济实现从无到有的标志性突破。网易联合创新中心、“大象+空间”、酷狗文化创意产业园3家开发运营商成功进驻，带来科技创新、商务办公、文化娱乐等多元化产业，进一步丰富开发区的产业形态。

【项目争速】 全年实施重点工程项目30个，一系列工业产业项目、基础设施配套项目全速推进。产业项目陆续建成，产业能级不断提升。领为智能LED车灯项目实现部分量产，建新年产2000万汽车轻量化零部件、三和兴模具、中南高科·滨海智造产业园一期A区等一批项目主体建成，天普年产2140万标米液压软管、景宏医疗微创穿刺器、博超汽车模具及车灯总成等在建产业项目有序推进。基础设施配套加快完善，城市功能逐渐齐全。宁海通用航空机场顺利开工。交通路网进一步拉开，全年共建成南滨路一期、金科路一期等5条道路3.2公里，烟涛路、力胡路、东港路、通航大道等10条12公里在建道路加快推进。开发区第一家自行建设的精品酒店建成，创客空间、宁河湾小区基本建成，壹岛城市综合体开发建设加快推进，18-E1、18-E2、18-G相继开工建设。

【深化体制机制革新】 按照市县要求部署，完成宁波南部滨海新区体制机制调整，实现实体运转，整合提升方案获批。加快推进国有企业市场化改革，新增1家AA信用等级公司，集团公司组建加紧推进。积极响应土地指标申报制改革，加快推进项目包装，全年争取省级统筹规划指标510亩。联合力洋镇、茶院乡，聚焦难点、堵点，强势开展政策处理清零拔钉行动，完成土地清表2780亩，有力有效保障模具产业园B-2地块、中南高科滨海智造产业园、荔枝坑隧道等一批项目顺利实施。

【风险防范】 全力保障资金安全，全年共筹措资金56亿元，紧紧围绕降成本、调结构两大目标，开展债券发行、PPN等多种融资活动。全力化解隐性债务，切实防范系统风险。有效助力企业解决债务危机。全面落实省委巡视整改要求，全力推动知豆企业进入司法重整程序，依法依规最大限度减少国有资金损失。完成宁海智能汽车小镇基础设施PPP项目股权转让，尽最大努力降低因项目股东围海集团陷入资金困境带来的负面影响。持续强化安全生产和环保监管工作。引进专业第三方团队开展安全生产和“环保

7月29日，“大象+空间”项目签约

管家”服务，大力开展安全生产和消防安全专项行动，全力落实第二轮中央环保督察相关整改要求。

【党建工作】 压实全面从严治党和意识形态工作主体责任，强化“一岗双责”履职，定期对干部工作作风进行督查检查，加快清廉机关打造，政治生态建设成效突出。增强基层组织战斗力，科学合理设置基层党组织，深化“党建+”模式，做到党建工作与开发区项目招引、工程建设、企业服务等中心工作有机结合，同步推进。建立健全学习制度，深化党工委“第一议题”学习制度、“周二夜学”、青年干部读书会各类学习充电载体，干部本领能力进一步增强。

宁海经济开发区科技园区

【概况】 宁海科技园区管理委员会行政编制9人，实际10人，属事业单位。宁海科技园区综合服务中心，事业编制27人，实际22人。4月30日，因机构改革，原宁海经济开发区科技园区招商中心、宁海经济开发区科技园区拆迁办公室、宁海县宁西生态工业园办公室及宁海县物流园区开发建设指挥部核定的机构编制事项不再生效。

8月26日，县委书记林坚（左三）调研科技园区临港区块

【经济发展】 工业经济低开高走。受疫情影响，325家规上企业完成工业总产值629.64亿元，同比增长3.49%；利税总额52.25亿元，同比下降13.07%。利润总额36.11亿元，同比增长-16.30%；实现企业进出口总额225.29亿元，同比增长-10.69%，其中出口总额212.08亿元，同比增长-7.28%；完成公共财政预算收入25.17亿元，同比增长-9.29%。

三产服务业逆势上扬。电子商务产业园（包含得力电商）销售额51.76亿元，同比增长2.35%；九顷区汽车4S店销售额22亿元；配载中心快递区累计完成业务量3987万件，同比增长12.5%；果蔬市场销售额10.5亿元，同比增长45%；现代家居市场销售额12亿元，同比增长126.42%。桃源广场实现销售额1.3亿元。环球中心销售额19.9亿元。限上服务业8家，销售额32.42亿元。

1月3日，代县长滕安达（中）调研科技园区

【招商引才】 招商引资稳步推进。园区主要领导带队，外出拜访目标客商或项目洽谈对接20次，接待客商110批次。实到外资3243.38万美元，完成年度考核目标54.06%；完成浙商回归25.41亿元，市外内资18.22亿元，县外内资19.25亿元，分别完成年度目标（14亿元、16亿元、16.5亿元）的181.5%、113.88%、116.67%，超额完成内资考核任务。

招才引智精准高效。年度推荐市“3315系列人才计划”7个；申报省级引才计划4位，2位进入省千答辩；推荐申报县级人才项目10个。荣获2020年度浙江省“西湖友谊奖”2名，宁波市“茶花友谊奖”2名，宁波市杰出人才1名，柔性引入特优人才1位。

10月9日，中乌平台专家获茶花奖

招商项目落地生根。成功签约并促进胡杨网络大数据运营中心、国储供应链项目、得油“一站式”供油平台项目、年产30吨功能无纺布和45吨功能滤芯项目、IMD汽车饰件产业化项目、燃料电池用空气压缩机研发及生产项目、华佑高端绳索制造项目、光大环保项目、海纳节能墙体材料项目9个项目落地。

【中乌新材料平台】 平台合作机制不断完善。中乌新材料合作平台运作机制提升优化，职责更加分明，多方积极性进一步发挥。同时成立中乌合作平台共建委员会，负责决策平台的发展战略和重大事项。编制出台《中乌新材料合作平台发展规划》，理清平台建设思路，明确“立足宁波、支撑长三角、辐射全国”的战略定位，理清今后五年发展目标。

产业项目转化有序推进。研发完成具有国际领先水平市场应用广泛的铜钛合金系列产品，均已进入产业化阶段。超短流程钛铝合金粉末制备技术，已进入中试验收和预产业化阶段，填补国际空白；与杭汽联合研发的新型阻尼轴承销售效益显著。可热锻青铜大气状态下不间断生产技术中试成功，具备批量生产能力，填补国际空白；平台申报的“高强度高弹性钛铜多元合金中试及产业化项目”，入围县级人才计划答辩评审。

对外技术合作持续深化。对外主导建设5家企业和2家院所院士工作站，多次组织参加中外行业论坛，与50余家高校、科研院所和企业开展技术交流活动。与江西分中心保持密切交流合作，联合研发的铜钨合金实现技术转让，辽宁分中心积极开展钢液毛细吹排技术在钢铁行业的应用推广。以乌中远景铜业为主体申报宁波市院士工作站，持续引进国内外专家等高层次人才。

9月3日，县第七纪检组调研中乌平台项目

6月22日，中乌新材料合作平台运行机制的补充协议签约仪式

【中瑞园中园】 已有瑞典汽车高端智能装备技术工程项目、荷兰新材料研发及试生产项目、日本碳化钛基合金模具研发与应用等项目入驻。新引进项目有燃料电池用空气压缩机研发及生产项目、年产30吨功能无纺布和45吨功能滤芯项目。

【项目建设】 平台项目和基础设施建设强力实施。固定资产投资11.1819亿元，完成年度计划的101.65%。在规划设计方面，结合国土空间规划编制，排摸城市规划边缘腹地9宗，做好临港区块中心山体、科技区块23-05地块、雪坡区块山体绿地调整建设用地对接工作，园区提档升级及核心区概念规划设计正在深化。项目谋划方面，做好华东机电地块厂房改造提升、科技区块老办公地块等开发工作。项目推进方面，加快推进汽车城综合服务中心、高新汽配园标厂及配套宿舍、店前王溪防洪渠等一批续建项目，开工建设铁江路北段，科技区块旧厂房改造1#厂房施工招标中（在12月22日开标），白沙港防洪渠加固方案、科园北路延伸段桥梁工程下穿通道方案论证中。

企业项目和基础配套服务合力推进。在规划指标方面，取得规划指标4宗共171.1155亩，涉及宁海湾纬五路、嘉龙广场南侧道路、梅桥区块27地块、宁海湾20-05地块，其中梅桥区块27地块已上报农转用报批；正在争取规划指标梅桥区块16地块、宁海湾20-06地块、宁海湾N02地块。土地出让方面，完成5宗工业用地（102.7185亩）和1宗经营性用地（104.655亩）土地出让工作，成交总额9.5亿元。积极做好北新建材宁波材料产业园项目选址、省重大产业项目申报和标农指标对接工作，推进科技园区23-01地块基础设施配套建设前期工作。积极做好企业服务工作，为19家可进场的企业提供一条龙服务，为15家企业协助解决历史遗留问题。协助做好科技区块23-1号地块、华孚时尚总部项目、得力智能研发等项目前期报批对接工作，项目加速推进中。

12月20日，北新建材宁波新材料产业园签约仪式

【要素保障】 土地保障扎实有力。完成园区现有办公场所西地块征收的所有前期工作；完成办公楼西地块、兴海北路延伸段二标段（梅林街道应家村）、泉水道路大房村、泉水道路涉公单位的征收拆迁工作（粮店由于需资产置换，尚在对接）。完成征地984.56亩。其中梅桥27、28地块（423.95亩）、建民路一期（8.2亩，涉后徐、上洋两村）、西环线应急渠（11亩，涉后徐、杨柳峰两村）、嘉隆广场南道路（3.36亩后丁村）、高新区块边坡（33.79亩，涉南岙、堂墙、大房三村）、铁江北路（67.81亩，涉西店的团堧、尤家，强蛟的加爵科、胜龙、下蒲）、科技23-D（10.37亩，竹东村）、龙安渠（路）（24.48亩）、新兴20-4地块（11.86亩，上桥村）、宁海湾N02地块（389.74亩）。启动梅桥16地块、梅桥29地块、宁海湾20-05、20-06地块、泉水道路涉大房村的土地征用。雪坡区块正与城投集团有序对接中。

资金保障稳步提升。科创集团完成35亿元的融资规模，其中新

进行学习讨论2次。疫情防控期间党员干部率先垂范，提前结束休假，全体党员签订党员承诺书，成立“党员突击队”、明确“党员责任区”、设立“党员示范岗”、推选“党员志愿者”，派驻火车站、各乡镇街道、园区企业，充分发挥基层党组织作用。切实加强宣传工作，全面夯实周二夜学、网站、内刊等宣传阵地；建设党建工作品牌，不断扩大党建影响力，拓宽基层党组织工作渠道，提升基层党建上质量、上水平。

制度建设与时俱进。严格制度抓好班子建设。在学习、工作、纪律方面率先垂范，把全体干部职工的思想都统一在党工委周围。建立健全内部管理机制。为加强机关内部工作效率，重点规范班子会议、考勤值班、财务管理、公务接待、印章管理、公车管理等一系列制度，真正做到用制度管人管事。建立健全业务培训机制。注重干部职工的能力素质培养，开展各类业务知识学习，练就高素质干部队伍。

深化改革多措并举。进一步优化调整宁海经济开发区规划范围、功能布局、产业结构，贯彻“亩均论英雄”理念，助推优势产业做大做强。完成园区高质量发展战略研究报告，制定出台《关于进一步优化科技园区产业转型发展的暂行办法》《科创集团资产出租管理暂行办法》；完成原华东机电厂房改造设计，改扩建约2.3万平方米厂房；完成园区规划范围调整，力促传统产业转型升级，梯度推进退二优二、退二进三，落实高质量发展目标。事业单位改革工作成效明显，得到县里推广，对设计所现有的12名在编人员按政策予于分流，将12名同志分流至科技园区下属事业单位综合服务中心。成立宁海开发区工程设计院管理咨询有限公司，隶属于宁海科创集团有限公司管理。

自身建设倾力打造。优化营商环境，围绕“三服务”“最多跑一次”，为企业、投资商、创业者等对象提供一站式高效优质服务，全年企业投资项目“最多跑一次”考核与窗口做到实时对接无扣分。严格落实政商关系“正负面清单”，划出干部职工和企业之间交往的红线，构建亲清新型政商关系。聚焦管理、制度、人员、氛围等方面规范化建设，推动全面从严治党向园区各领域延伸，进一步完善选人用人机制，持续做好党群文化阵地建设，推动楼宇党建辐射园区企业，规范化、科学化开展党组织活动。

信访工作以人为本。专题研究信访工作，每月召开一次联席会议，及时研究处理重大疑难信访件，认真落实“一岗双责”制度，做好领导包案1件。为进一步畅通信访渠道，建立园区巡查队伍及信访处理小组，协调处理群众信访问题，反映问题基本得到妥善解决。处理信访件22件，做好第二轮中央生态环境督察交办信访件办理2件，“百姓事马上办”20件，群众投诉20余起，办理时限从过往的4天提升至1.5天，群众满意率持续提高。园区被浙江省商务厅评定为浙江省美丽园区示范园区及“2019年浙江省开发区产业链‘链长制’试点单位”。

宁波生物产业园

【概况】 生物医药产业企业已落户88户，县生命健康产业产值9.65亿元，其中2020年园区新招引企业9户，注册资金10460万元，实到内资2855万元。

园区组织申报宁波市“3315计划”项目21个，入围答辩资格项目6个，成功入选项目1个；动员组织申报国家重点人才项目2个，省重点人才项目8个，入围答辩资格项目4个；动员申报宁海县引进高层次人才团队项目23个。

园区新签约合作中介3家［上海旗智资本有限公司、合肥创投私董会财务顾问有限公司、沐慈芯企业管理（宁波）有限公司］。共有在谈项目20余个，其中重点在谈项目14个。

新冠疫情期间，园区协助企业开展复工复产，对入驻的15家企业累计减免房租715739.33元，开展生物安全实验室管理规范和传染病的预防及控制主题培训，同时做好日常疫情防控工作。

宁波博丰生物科技有限公司和宁波同盛生物科技有限公司入选宁波市2020年第二批国家级科技型企业，宁波思成生物科技有限公司入选2020年宁波市高层次人才创业创新项目，宁波毓昌生物技术有限公司和浙江理工大学生物科学与医药学院联合挂牌成立“海洋药物联合研发中心”。

1月15日，宁波毓昌生物技术有限公司和浙江理工大学生物科学与医药学院联合挂牌成立“海洋药物联合研发中心”

【科技创新】 年度园区内生物科技企业在技术创新与生物医药领域取

得显著性突破。宁波文达医药科技有限公司与湖南恒雅医药科技有限公司共同开发的用于治疗非霍奇淋巴瘤、黑色素瘤、非小细胞肺癌、小细胞肺癌的 BET 强效抑制剂 1.1 类新药 NHWD-870 获得国家食品药品监督管理局临床试验受理，即将开始临床研究。宁波宁融生物科技有限公司自主开发并委托健康元药业集团生产的纳米脂质体注射剂在年底取得生产批件，并推向市场。宁波天皓生物科技有限公司的开发的“优佳”牌 DHA 藻油正式投产上市。宁波仙健海嘉生物科技有限公司开发的“嗨の小纳”牌微乳化浓缩鱼油饮品正式投产上市。宁波合康生物科技有限公司开发的“滴益滴”焦油捕获剂正式投产上市。

11 月 30 日，生物药 CDMO 中试共享平台签约仪式在宁波生物产业园创新中心举行

【招商引才】 举办宁海“全球招才”·云洽谈活动，与武汉 4 个项目进行线上洽谈；开展“携手逆行智汇南湾”2020 年宁海县生物产业网络招聘会；举办宁波股权交易中心宁海生物产业园企业专场投融资路演活动；合作举办中韩（宁波）生物医药产业项目线上交流会；举办第五届中国宁波生物产业论坛动物实验产业发展与投资研讨会；协助举办宁海县招商引才全球推介发布会；协助举办第三届世界“宁波帮·帮宁波”发展大会。

【平台搭建】 园区生物药研发分析检测平台有 71 台设备，已具备生物药分析检测服务能力。并且编制完成生物医药研发公共服务平台和生物药中试公共平台项目建议书和可行性研究报告并报批备案。

经济贸易

商贸服务

【概况】 全县社会消费品零售总额增速实现1.3%，高于全市平均水平2个百分点，增速位列全市第四；商品销售额增速实现8.2%，高于全市平均水平0.6个百分点，增速位列全市第五。出口实现302.26亿元，同比增长9.5%，出口额创历年新高。网络零售额实现170.92亿元，同比增长17.3%，位列全市第五；农产品网络零售额实现6亿元，同比增长72%；跨境电商贸易额实现9.2亿美元，同比增长32.4%。

【疫情防控】 第一时间成立局新冠病毒防控领导小组，下设3个行动组，建立“日会商+日检查”机制，发布通知通告倡议书8条，关停或限禁商贸类企业695家，出动1000余人次督促企业加强防控，发现问题百余个并要求当场整改。承接县隔离点建设采购工作，5天新建集装箱房64个。

抓供应保畅通。出台生活必需品市场保供方案，积极协调菜篮子基地、重点商超等合理组织货源，加强储备应急供应，并建立“日监测+周分析”机制，确保供需平衡、供应正常。创新“一表一联系单”绿色通行机制，确保保供车辆通行顺畅，累计发放通行证207份，运输民生物资658.13吨。

推复工，助复产，建立5个复工服务组，加强四类人员排摸，严格分类施策，实施“错峰复工”分级审批，帮助企业成功对接5万余只（把）口罩、测温枪等，赠送万只口罩，帮助18家企业列入省市县疫情防控重点保障企业名单。

【专班工作】 成立县出口、消费专班，制定两大专班方案和专班考评办法，明确职责分工和考评细则，组建钉钉群，实行周例会，围绕MEI指标任务，每月跟踪调研辖区企业，将数据上报“关口”前移，捕捉苗头性问题逐项销号。

成立局招商引资专班，联动乡镇街道、在外宁海人、企业家等渠道排摸线索，梳理出10余个重点招商引资项目，积极外出招商。全年实现批发业落地项目4个，外贸回归项目4个。

【外贸工作】 助力企业拓市。编制年度重点展会推荐手册，召开网上广交会展前业务培训、外贸转内销

6月1日，第五届宁海母婴用品博览会落幕

抖音培训等，组织200家次企业参加广交会、文具礼品展等线上展12场次；举办文博会，邀请7600余名境内外专业采购商，采购商人数同比增长32%，3天达成意向成交额近2亿元，现场成交额达6100余万元。组织92家文具企业参加宁波文具博览会、宁海文博展，开拓国内市场。邀请130家企业参加进博会，发挥进口桥梁纽带作用，实现意向成交额8140万美元。

加强金融帮扶。扩大小微统保平台适保范围至年出口500万美元以下企业，出口信保政策覆盖面超半数（达到54.48%），支持474家参保企业出口规模创新高，实现出口14.60亿美元，同比增长43.89%。搭建银企对接平台，帮助20家企业成功申请“甬贸贷”融资业务，累计放贷金额1.63亿元，居全市第一。

优化贸易结构。联合海关推进进口贸易，帮助久久机械申请注册际洲公用型保税仓库并验收，实现全县首个公用型保税仓揭牌运营，首批入库货物保税额达90.47万元；在模具、文具基地基础上，申报国家级外贸转型升级汽车零部件基地，新获评美琪、万安2家省级出口名牌企业，宁波峰亚进出口有限公司获评省级外综服务平台。

壮大外经队伍。挖掘境外投资项目，协助东方日升投资6200万美元开展柬埔寨光伏电站项目，并与马来西亚签订约2.98亿美元的境外投资项目，协助旗滨公司申请在马来西亚设立教育机构备案。全年新设境外投资企业10家，增资2家，外经队伍不断壮大。

做优企业服务。提供快捷通道，帮助11家防疫物资出口企业进入全国医保商会名单，26家企业55人次向省商务厅申报办理外国商务人士来华邀请函。发挥贸促窗口职能，全年办理一般原产地证明书1231份，签发优惠原产地证明412份，代办商会认证276份、使馆认证78份。

7月24日，宁海县首个公用型保税仓库颁证揭牌仪式暨扩大进口贸易座谈会举行

【消费市场】 加快消费经济复苏。组织全民消费季和金秋购物节两大规模活动，推出“商旅文体农银”全链条系列活动，开展4个周末夜市专场（特色农副产品、外贸产品转内销、老字号、母婴和婚庆用品）、3场消费展会（母婴博览会、车博会、文博会）以及夜宁海打卡地评选、电商直播大赛、十大碗评选等特色活动，全年政府企业发放各类消费券约2500万元，有效激活疫后消费市场。同时拟定夜间经济方案，联合相关部门在7个重点商圈设置临时卖场，繁荣夜间经济。

规范商贸领域发展。结合文明城市创建，制定文明餐桌行动实施方案，参与先锋夜市摆摊，指导餐饮企业推出小份菜、半份菜、减免券等光盘奖励措施制止餐饮浪费，全年共印制分发文明餐桌宣传资料1.3万余份、公筷5000双。推进家政信用体系建设，全县首批84人取得居家上门服务证，实现家政服务可查、可评、可追溯。

推动企业示范创建。推荐太平洋百货国际购物中心、太平洋百货人民店申报创建国家级绿色商场；推荐世贸中心大酒店参评国家四钻酒店，指导郧家庄园、天河温泉大酒店开展钻级酒店复评工作；推荐前童镇申报省级特色镇、长街镇长街村申报省级示范村，至年底长街村已获评浙江省首批商贸发展示范村；推荐邻里广场、大观园申报市级15分钟便民商圈；推荐11家餐饮企业申报宁波“六名”项目。

完成消费扶贫任务。制定消费扶贫月活动方案，指导扶贫店单列晴隆商品展区，开展消费扶贫农特产品展示展销进企业活动，与宁海县变流设备有限公司签订10万元购销订单，并通过“扶贫中心+扶贫小店”模式，提前完成3600万元扶贫任务，帮助结对地区脱贫摘帽。

【电商发展】 营造电商氛围。自办或合办跨境电商出海论坛、亚马逊实战技能培训、跨境电商私董会、亚马逊全球开店沙龙等10余场活动，惠及全县200余家企业千余人次，牵手聚划算推动宁海文具品牌触网转型开拓线上内销，3天成交超3500万元，电商直播大赛累计带货1216单，成交56634元。指导县电商促进会建立定期沙龙、副会长单位交流会轮岗机制，提升企业负责人电商运营技术及理念。

推动集聚发展。利用博昇公共服务平台的一站式全链条服务，整合资源聚合开店，小雪人、奇精文具等21家入驻企业预计年跨境出口额达300万元。成立县跨境电商分会与农村电商分会，吸纳甬海商会内一批优秀成员企业，形成发展合力。加快电商企业入驻，至年底县电子商务产业园入驻电商企业65家，入住率95%以上，全年园区内企业累计完成销售17.7亿元（不含得力），其中“双11”期间实现5817万元。

加强示范培育。申报长街镇味道服务站为2020年度省级电商服务站（点）、宁海县大观园为省级电商直播基地，得力电子商务有限公司被评为宁波市电子商务示范企业，宁海电子商务产业园被评为宁波市电子商务示范园区，推动了全县电商提升发展。

9月18日下午，县消费扶贫农特产品展示展销进企业活动启动

【安全保障】 强化供应保障。制定生活必需品保供方案，修订菜篮子、食盐供应保障预案，出台菜篮子商品应急储备管理办法，150个菜篮子商品抽检合格率为99%。推动2个菜篮子基地利用“互联网+基地+市民”模式建立网络销售平台，年销售额突破1亿元。县果木家庭农场、海山丰水产、童记豆制品厂3家菜篮子商品供应基地获得市级菜篮子基地称号。推动国鸿、绿色城堡、龙海、跃龙批发市场建设冷链物流体系。举办春节年货展销会，实现交易额逾1700万元。

推进行业工作。推进再生资源集散站建设，完成土地出让工作；制订方案，开展再生资源回收行业专项整治，共排摸出再生资源回收网点542个，3次联合执法共下发30份整改通知书；督促3家企业用好市再生资源信息管理系统，及时录入月生产和经营报表。开展二手车市场调研，推进“整三合一”工作，办理新经营场地的消防验收。新增4家加油站油气回收在线监控系统建设。加强报废汽车拆解行业

7月15日下午，“海定波宁 跨境出海”跨境电商出口新模式业务培训暨跨境电商出海论坛（宁海专场）举行

监管，企业已完成环评审批、危废转移、企业地址变更等整改工作。

加强安全生产。制定安全生产检查方案，签订承诺书，加强安全隐患排查，重点加强大型商超、加油站、再生资源、二手车的安全检查，共发现二手车企业超范围经营、集装箱车非法流动加油、报废汽车非法拆解等问题5个，已整改完成。同时开展商务领域企业安全生产大检查行动，出动2组15人对23家企业开展检查。

【商务发展】 制定惠企扶持政策。出台有效应对疫情促进商贸业发展扶持资金管理办法、宁海县2020年促进汽车消费增长补贴办法等；拟定新一轮宁海县电子商务发展专项资金政策、新一轮外经贸补助政策、会展业专项资金使用管理办法、国家外贸转型升级基地专项资金管理办法、菜篮子等重点民生保障项目资金管理办法，落实落细商务领域各项惠企扶持政策。

调研谋划中长期规划。通过调查研究、外出考察等方式，拟订"十四五"电子商务规划、成品油行业专项规划、再生资源回收体系规划、跨境电商五年行动计划、菜市场中长期（2020—2035年）专项规划。

【自身建设】 推进机关党建工作。依托周二夜学、中心组学习、党日活动等载体，开展五四知识竞赛、领导讲党课、参观红色基地、反恐中心等活动20场次，累计夜学30场次、研讨交流6次。实行内部效能"三查一通报"制度，印发3期通报发现问题7个。全面修订完善局机关内部规章制度，形成4大类37项规章制度。开展廉政风险点排查，排查出6个风险领域32个风险点，并逐项落实

10月23—25日，开展周末夜市暨老字号及特色农副产品展示展销

50条防控措施。

推进政务服务工作。依托浙里访、百姓事马上办、"互联网+监管"等平台，落实首问负责制，纵深推进"最多跑一次"改革，全年处理各类平台投诉咨询458件（其中预付卡431件），同比增长60.7%；对外贸易经营者备案登记新批225家，变更142家；开展双随机监管108次、专项执法监管23次，覆盖率和完成率100%，未发生风险预警事件。

推进商务事务工作。开展议提案答复办理，全年共完成13个政协提案、4个人大建议，其中主办占比近六成（10件）。加强信息报送，全年两办信息分创历年新高，其中党委信息录用299分，完成率199.33%；政务信息录用965分，完成率482.50%，均位列全县部门前列；媒体录用43篇。推进省级示范数字档案室创建，完善全宗卷9本、示范化认证材料汇编本、各门类档案共计884卷共16897件。

供销合作

【概况】 县供销联社党委在县委、县政府的正确领导下，始终坚持以习近平新时代中国特色社会主义思想为指导，以打造"重要窗口"模范生团队双优生为目标，牢牢把握为农服务主线，扎实推进品牌强农战略，进一步推进供销社综合改革等各项工作，努力成为县委、县政府关键时期抓得住、用得上、靠得住的一支重要力量。

【为农服务】 "宁海珍鲜"农产品区域公用品牌创建推广工作取得阶段性成效。"宁海珍鲜"品牌商标作为全大市首推全品类"地域+产品特性"农产品区域公用品牌，涵盖蔬、果、渔、畜等全县所有名特优农产品，于11月13日成功通过国家知识产权局商标局商标注册，成为全省继"丽水山耕"后第2个注册成功的该类品牌；全媒体大力

开展“宁海珍鲜”品牌宣传。积极调研“丽水山耕”“安吉白茶”等品牌创建及运营管理经验，结合宁海实际，制定并实施“宁海珍鲜”品牌全媒体宣传方案，通过产品征集、口号征选等方式在报纸、电台、电视、微信公众号等平台全方位、不间断进行信息发布、活动推广，进一步拓展“宁海珍鲜”品牌宣传阵地；扎实推进“宁海珍鲜”产品高质量供给体系建设。根据“宁海珍鲜”9个首批主推介产品分布，在全县近500家“三品一标”认证主体中，筛选52家龙头企业、专业合作社（联合社）、家庭农场等作为首批“宁海珍鲜”产品供应主体和品牌促进会员；成立宁海县农产品区域公用品牌发展协会，整合原有品牌资源推进“宁海珍鲜”主体品牌建设；采集“宁海珍鲜”首批主推介产品防伪溯源所需信息，规范品牌产品供应主体做好农产品防伪溯源体系建设。

深入推进“三位一体”农合联改革，持续提升农合联运作水平。推动现代农业服务中心特色化建设，指导各乡镇级农合联现代农业服务中心，通过加强内部协同、扩大外部协作等方式，因地制宜推出各具特色的为农服务，全年指导兴建1家省级现代农业服务中心（桑洲镇）；推动产业农合联精准化发展，全年牵头新成立水稻、白枇杷两家特色产业农合联，涉及会员100余个，种植基地2万余亩；推动村级综合服务社平台提质增效，建设村级综合服务社，为农村居民提供日用消费品销售、农产品展销、小额取现、快递代收等生产生活综合服务，全年完成10家村级综合服务社改造提升。

发挥供销社传统优势，多渠道助推乡村振兴。不断拓宽农化服务领域，全年助力丰庆农资公司探索开展“农产托管所”服务模式，向宁波市区销售宁海本地水果特产，丰庆公司先后打造白枇杷、甜瓜、葡萄、柑橘等“甬梦”品牌水果产品，累计销售额达10余万元；助力扶贫协作地区农产品展示展销，积极参加脱贫攻坚战，全年组织人员6次赴黔西南州等对口帮扶地区开展展销对接活动，牵线搭桥当地200余种农产品，进入宁波市场销售，与景宁供销联社签订农产品产销战略合作协议，为景宁农产品提供展示、销售平台，全年销售对口扶贫地区农产品约200余万元；着力开展农村人居环境整治。全年回收农药废弃包装物362万只，废铁（包含废铁末）3.7万余吨，废铝铜等有色金属3600余吨，为宁海争创全国文明城市、开展农村人居环境整治等贡献力量。

【抗疫保供】 全力做好粮油、果品稳价保供。依托下属果蔬市场平台，每日安排系统内40多名干部职工，以分组包干、责任到人的方式，保障防疫与开门营业“两不误”。同时，为用于疫情防控和进货运输的6辆货车办理省内通行证，确保粮油、果品运输畅通、价格稳定。据营业统计，2月4日至3月31日，防疫关键攻坚期，果蔬市场销售面粉约820吨、大米约3800吨、水果约1800吨，极大地保障了居民生活必需品的供应。

稳步抓好春耕备耕农资供应。2—4月间，依托宁波大市供销系统渠道及时调入化肥2900余吨、农药110余吨、农膜4余吨，并为用于县外进货的5辆农资货车办理省内通行证，保障农资输入渠道畅通。其间供应化肥4200余吨、农药220余吨、农膜27余吨，占当期全县市场供应额90%以上。有效保障了疫情防控关键期间春耕生产正常开展。

上门开展“即办即开”备案制服务。宁海复工复产伊始，率先组成“复工小分队”，采取上门服务、现场指导、安全评估的方式，为宁海模具城园区内800家模具小微企业上门开展“即办即开”备案服务制，积极帮助模具行业打通产业链，此做法先后两次登上央视新闻报道，并在国内各大媒体全面报

2月13日，县供销联社机关干部在果蔬市场抗疫卡点执勤

道，起到很好的引导示范效果。

【自身建设】 持续优化社有企业监管。委派机关干部兼任社有企业监事会成员，明晰监事会职责，将社有企业监事会工作纳入各企业绩效考核重要内容之一，推动企业日常监督规范化。

围绕企业“三重一大”决策机制、专项资金使用、重大投融资、资产处置、财务管理、内控制度执行情况等重大领域，引进第三方审计机构强化审计力度，启动内部巡查，定期开展纪检检查，加大发现问题的整改督促力度等举措，合力强化对企业的内部监督，同时依托县委巡察、县纪委监察委、县财政局每年常规开展的公务消费、资金管理、房产出租等专项检查，实施内外协同监管，共抓问题整改，共促企业管理优化。

不断推动社有企业克难驱稳。面对金桥广场、再生资源交易市场等项目“去库存”压力大，全系统历史遗留问题多，各企业间互相贷款担保金额高等的严峻形势，县供销联社领导班子集中精力逐项梳理问题清单，细化具体工作方案，积极对接上级部门、县相关部门、各家商业银行等争取政策支持和融资协助，着力清理解决桎梏社有企业发展的历史遗留问题，依法处理债务纠纷，切实帮助企业渡过资金断流的危机。为下属企业解决约10亿元的流动资金，并成功帮助模具城有限公司解封银行户头，全系统企业也已克服最艰难的时刻，正稳步前进向好。

强化企业人事管理体制。调整规范企业内设机构和人员编制标准，印发《县供销联社社有企业内设机构和人员编制工作实施意见》《县供销联社社有企业高级职员管理制度》等制度，进一步规范社有企业管人、用人制度。

2月17日，县供销联社“复工小分队”为宁海模具城园区内800家模具小微企业上门开展“即办即开”备案服务制

国资经营

【概况】 宁海县商贸集团有限公司通过整合重组更名为宁海县国有资产投资控股集团有限公司（以下简称宁海国投集团），并顺利完成AA+评级。因原会展中心管理单位撤销、职能划转，其下属宁海县国际会展中心有限公司通过股权划转由宁海县国投集团接管。

宁海国投集团内设办公室、人力资源部、计划财务部、监察审计部、运营管理部、投资开发部6个职能部门，宁海县国投集团有宁海县国有资产投资开发有限公司、宁海县物业管理有限公司、宁海县维安机动车检测有限公司等18家下属企业；托管市场1家：东门市场。集团参股公司有宁波宁海西店中银富登村镇银行有限责任公司、宁海县食品有限公司、宁海县浙能油气发展有限公司、宁海县天然气有限公司等7家。集团共有正式员工90人，协管员100人，劳务派遣128人，宁波市宁海国际贸易有限公司16人，宁海县维安机动车检测公司60人，宁海县国际会展中心25人，集团共有员工419人。集团设有6个党支部，共产党员81名。2020年集团总资产达241亿元，同比增长7.59%；净资产114.5亿元，国有资产保值增值率11.5%；市场营业收入4358.07万元。

【疫情防控】 全面贯彻落实各级疫情防控工作部署，牢固树立“疫情就是命令，防控就是责任”意识，把人民群众生命安全和身体健康放在第一位，严格落实各项防控措施，防控工作有力、有序、有效。

抓防控保民生。集团12家市场一手抓疫情防控，一手抓保供稳价，为宁海市场供应、稳定物价做出积极努力。

落实惠企政策。减免市场经营户和公房承租户1892户，减租1616.6万元（含税），减免水电费

19.52 万元，得到各级领导高度肯定。

统筹抓好疫情防控和复工复产。积极履行国企社会责任，捐赠口罩 8500 只，党员捐款 19350 元，跃龙市场张祖列被评为宁波市防疫先锋、宁海县优秀共产党员。

8 月 3 日，县委书记林坚（前右二）检查南门邻里中心项目建设情况

【市场运营】 跃龙市场完成“五化”市场的提升创建工作。完成兴宁市场、东门市场“省放心市场”再提升创建和东门市场、兴宁市场、长街市场、西店市场 4 家市场的“三星市场”创建。

排摸全县行政事业单位和国有企业经营性房产，将已托管和未托管房产进行统计建档，制订《宁海县国有经营性房产统一租赁管理方案》，积极开发国有资产大数据管理平台，平台将赋予集团下属 130 处资产每个资产一个“身份号码”，借助云上租赁功能加快资产拍租，并依托物联管理系统实现招退租、报损维修、安全隐患排查等业务一键上报、追踪处理、限期完结。同时，生成资产账表体系，主动接受审计、纪委等部门的监督审查，实现国有资产信息主动公开（该平台将于 2021 年 2 月完成一期产品上线）。

加强公房租赁管理，确保公房租赁高位运营，发布公房招租公告 35 次，招租标的 45 个，成交 35 个，实现成交额 370.47 万元。自有资产和托管资产的出租率分别为 89%和 93%，收费率为 100%，租金总收入 1360 万元。

3 月 9 日，全市重点项目网上签约会成功举办，宁海县双林宁海商贸总部项目和科技研发园孵化器项目 2 个项目参加网上签约，总投资 1.5 亿元

【重点实事项目】 南门邻里中心项目于 11 月 10 日动工建设。该项目位于跃龙街道老城区城隍庙周边，东靠解放路，南临环南中路，占地面积 5795 平方米（约 8.7 亩），总建筑面积 12211.03 平方米，其中地上建筑面积 8383.26 平方米，地下建筑面积 3827.77 平方米，概算总投资约 1.45 亿元，预计 2022 年 5 月竣工。该项目的开发建设，是构建宁海新型居住服务网络的需要，是谋求可持续发展的重要实践。

综合供能服务站项目已完成冠庄、前童、溪南站土地摘牌。城中小学项目完成第一期建设，启动第二、三期建设。

【现代服务产业】 5 月 30 日宁海县机动车检测中心正式运营。作为宁波市机动车检测“一件事”改革 4

家检测站试点改革提升之一，为减少车辆检测耗时、服务差、实现“最多跑一次”。9月宁海县机动车检测中心开始试行“一件事”集成改革，通过推行车主到检测站完成预约签到，再把车开到交车区把钥匙交给工作人员就可以到休息区等候；简化检车流程，车主只需要通过一次叫号到一个窗口完成缴费、签证；原来环保和安检的外观、底盘是分开检测的，需要检测两次，改为只需检测一次，实现数据共享，检测流程优化；对不直接影响行车安全的情形，允许采取“先通过、后整改”的方式，大大推行检验“容缺受理”，减少群众来回跑，实现“最多跑一次”。

县国贸公司全年完成进出口额4584万美元，同比增长9.48%，位列跃龙街道工贸企业排名第1位，宁海进出口企业前100强排名第10位。

县国际会展中心承接各类会议、展览、参观等135场，作为县两会会场之一，会展中心全体工作人员以“零失误、零差错”的标准完成两会服务保障工作。

【**安全综治**】 推进“平安双月”“安全生产月”“食品安全专项整治”等活动，投入安全资金60余万元。组织召开安全会议12次，完善应急预案11套，签订责任书2199份，安全培训近6000人次，实现安全生产零事故，及时掌握社情民意，主动沟通协商，妥善化解矛盾冲突，人大协办1件，浙江省统一政务咨询投诉举报平台33件，百姓事马上办11件。

招商引资

【**概况**】 坚持项目为王，优机制、强统筹，内外并重招强引优，取得明显成效。出台预审实施细则，建立后续管理与服务机制，以项目预审、首谈地负责、成果共享、后续管理服务实现招商项目全生命周期管理。新批外资企业19个，增资项目8个，减资项目1个，实际利用外资1.2088亿美元，完成目标任务的105.11%，完成率全市排名第二；上报浙商回归资金82.6亿元，完成目标任务的137.67%；上报市外内资100.52亿元，完成目标任务的139.61%。

12月16日，副县长应国邦主持召开“招商引资百日攻坚”活动推进情况汇报会

9月23日，2020宁海县招商引才全球推介会举行

【重点项目】 重点项目推进不断提速。谈成风电装备结构技术研发及应用总部基地、十里红妆小镇等27个项目，总投资89.605亿元；开工城隍庙周边商业街区、宁海万洋众创城高端制造产业园等18个项目，总投资64.325亿元；建成长荣光电新建年产1600万套五金件生产线、氢气内燃机发电机组等8个项目，总投资11.9亿元。

“内生型”项目挖潜成效初显。牢固树立留住本地优质企业和项目就是招商成果的理念，成功推进更多“内生型”项目。艾美卫信新型细菌性疫苗产业化项目I期项目、吉德系工贸一体项目等已成功落户，金色慧能年产G瓦级储能变流器（PCS）及集成智慧能源研发与制造项目、雅彩年产5000万件高性能消毒感控产品生产线建设项目等已成功签约。

【招商活动】 2月6日至月底，践行留住本地企业也是招商引资的理念，在为主抓好工业企业复工复产督查期间，推进工业企业复工督查、驻企联企“三服务”和内生型项目跟踪“三结合”，帮扶企业有效防疫、有序复工，排摸企业扩产或新增项目投资计划，了解企业合作伙伴的意向投资项目，并在充分研究最新政策信息的前提下，及时向企业传达，力争本地企业的优质项目留驻本地发展。

综合招商引资体系运转更加顺畅。印发《关于进一步规范招商项目预审工作的通知》，已召开项目“1+N+X”联合预审会议9次，预审研判雅彩生物、巨杰科技、前童国际文化旅游区等9个项目。上线招商管理信息系统，优化动态管理机制，强化项目响应速度。出台《宁海县招商项目落地后续管理与服务机制》，对签约落地项目进行建档跟踪。

举办2020宁海招商引才全球推介会，签约22个项目；参与浙洽会、进博会等上级活动，完成签约项目上报工作。举办全县招商引才工作培训班，提升全县招商队伍的专业化水平。

【自身建设】 驻点招商队伍进一步强化。重新委派上海驻点招商队伍，延续宁波驻点招商工作；新增驻武汉招商点，抢抓疫情稳控后的武汉优质项目及人才团队外流机遇。

招商“十四五”规划扎实推进。委托戴德梁行开展招商“十四五”规划编制，依托其国际化视野和经验，提高站位，抢抓机遇。结合全县“十四五”规划进度，11月完成提纲框架，12月初完成提纲细化版，年底完成初稿。

“百日攻坚”活动深入开展。全力推进23个重点在谈项目，抓实抓细内外资数据到位，为全年工作收好官、2021年工作开好局奠定良好基础。

烟草专卖

【概况】 2020年，县烟草专卖局在县委、县政府的正确领导下，认真贯彻落实省市工作会议精神，紧盯年度各项重点工作，切实加强政治引领，夯实规矩和纪律保障，奋力夺取疫情防控和经营管理的“双胜利”，“十三五”圆满收官。获评省局（公司）安全生产先进集体。

【经济运行与网络建设】 销售结构持续向稳。全年销售卷烟3.4845万箱，同比增长2.29%；实现含税销售额16.7亿元，同比增长3.52%；实现毛利4.74亿元，同比增长4.32%；单箱销售额4.79万元，同比增长1.19%。

五类烟销量均衡发展、格局优化。品牌格局持续向好。销售重点品牌卷烟3.11万箱，占总销量的

6月2日，全县招商引资工作推进会召开

89.22%。省内外烟比重为39.24：60.76，创客、小云端、中支乌镇之恋等品牌培育良好，选出一批“培育之星”优秀客户。终端布局持续向优。完成示范街3条，合作终端改造40家，形成香溢直营店1家、香溢合作店62家、三星现代终端80家、二星现代终端288家、一星现代终端620家的“金字塔形”终端梯次化布局。

互联网+营销持续向广深化，“一钉四香”营销模式扎根落地，提升平台生命力。全年平均钉钉移动拜访覆盖率达115.34%。电话订货全部清零，网上订货和网上结算客户覆盖率达100%，非烟商城订单累计3563笔。安装双屏机738台，实现双屏机覆盖率14.7%，香溢通累计安装1256户，覆盖率达25%。自律互助小组289个，香溢坊激活客户数4826户，覆盖率96.27%。

8月7—8日，参加全国宁海异地商会会长联谊会第四次会议暨高质量发展项目招引上海恳谈会，县投促中心做招商引资专题推介

【规范市场秩序】 坚持外打内管，市场监管更加有力。查获指标有提升。全年查获案件191起，查获各类卷烟26411.9条，同比增长37.7%，其中假私烟563条，同比增长57.04%。查获5万元或5件以上案件32起，同比增长33.3%，其中50万元以上案件3起，市场净化率保持在99%以上，名列全市前茅。

网络案件有收获。查获“4·17”“5·27”两起互联网销售加热不燃烧案件，至年底还在侦办中。前期查获的两起互联网销售加热不燃烧卷烟案件，一起8名犯罪嫌疑人被判处缓刑，案件已上报国家局；另一起3名犯罪嫌疑人被判处缓刑，1名涉外被移送。重点监管有成效。查获违法大户案件81起，大户查处率158.8%，取消违法违规经营资格5户。查获重点籍违法案件34起。加强专销协同，查获省外流入卷烟8461.5条，同比增长329.87%，外流省外275条，同比下降27.6%。

【自身建设】 坚持强基固本，管理基础更加扎实。提升管理质效。针对薄弱环节，开展分层分类对标分析会诊，完善岗位对标评价、激励机制，有效促进问题改进和效益挖潜。1个QC课题和1个创客产品分别获得全市三等奖，深入开展“一县一品”创新实践，在探索合同履约数字化路径上贡献宁海智慧。

加强安全管理。落地落实落细疫情防控措施，实现疫情防控举措常态化部署、日常化监督，确保零疑似、零感染。加大安全检查频次、隐患排查深度、评估整改的力度，切实加强安全风险管控，确保全面安全无事故，获评省局（公司）安全生产先进集体。

引领促动积极团结的氛围，涵养先进文化引领队伍。大力推进先进典型选塑、岗位标兵、“最美甬烟人”评选，一人获得全市系统优秀共产党员。加强企业文化建设，积极参与行业、地方竞赛，获县第三届诗词大会机关组团体二等奖，多人获演讲、书画、征文比赛各类奖项。

积极参与县委“党群同心圆”等社会公益活动，加强社会结对帮扶，强化责任烟草形象。

交通·电信·邮政

交　通

【概况】 锚定打造宁波南部桥头堡和毗邻甬台绍区域重要交通节点的总目标，抓重点、补短板、强弱项，高水平建设交通强县，基本建成“一环八射三纵七连”交通路网，公路总里程达1975公里，道路密度107公里/百平方公里，完成年度投资18.34亿元，“十三五”期间突破100亿元。

6月，撤销宁海县高速公路建设指挥部。

【路网枢纽建设】 宁海通用机场一期开工建设，钓渔礁码头正在前期论证。

杭深线宁海站动车存车场一期正式投入使用。该工程位于宁海站西侧，新设动车组存车场一处，与车站横列式布置，设存车线2条，有效长540米，动车组通过货场牵出线折返进出存车场。即有货场牵出线接长有效长度约75米，满足下行到发线经牵出线调车条件。其中中桥拼宽1座，涵洞接长3座，配套设施4处。宁海站动车存车场的建成，不仅缓解宁波地区动车存车能力不足的压力，也使得宁海站具备多趟动车始发的条件，为今后增加始发动车车次预留空间，并提升宁海县的知名度，方便宁海人民出行，为推动宁海社会经济快速发展，实现铁路与地方经济共赢发展具有十分重要的意义。

11月10日，动车存车场投入使用

全省首条国道公路明挖海底隧道即省重点工程G228宁海西店至桃源段公路工程西店湾海底隧道正式开工建设。项目建成后有利于完善国省道及区域干线公路网络，促进区域交通协调发展，加快实现“南统筹”。

G228旗门港特大桥主桥合龙段顺利完成浇筑，该项目是G228宁海一市至三门园里段公路工程的重要组成部分，建成后从宁海县到三门县滨海新城的车程可比过去缩短近半个小时，对完善浙江省省道主干公路网络以及宁波市和宁海县公路干线交通网络，增强宁波、台州两市交通的联系，促进“环三门湾”区域开发等方面有着重要的意义。

G15沈海高速宁波段拓宽工程正式启动工可报告编制，是浙江省百大百亿工程、省三年行动计划开工项目，为“十四五”近期实施重点项目。其中G15沈海高速宁波段拓宽工程宁海段，起点位于奉化区与宁海县交界处下陈村，终点位于宁海至三门交界处麻岙岭隧道中间，宁海段推荐线路线总长度约50公里，其中新建路段（西店镇江瑶村至前童镇梁皇村段）长度约20公里，其余沿老路拓宽长度约30公里，拟按高速公路双向八车道标准设计。该项目的建设将进一步加强宁波与上海、温州等国家级综合交通枢纽的有机连接，有利于宁波都市圈交通基础设施互联互通，促进长三角地区综合交通网络一体化。

【交通服务】 开行网约巴士。全省首创“网约巴士”，通过“互联网+巴士”技术，提供单人或多人的点对点网约拼车服务，投入微型巴士8辆，高峰期单日订单超500单。

优化出行服务。新建公交站点29个，累计2049个，新增清洁能源公交车8辆，新增、改造微公交线路4条，淘汰老旧营运车295辆。

升级智慧交通。建成县智慧交通系统1个中心（交通大数据中心）、2个平台（综合交通监管平台，决策分析平台），整合交通信

立交通专班，和有关乡镇一起针对政策处理问题定时定人定措施，开展政策处理集中攻坚。攻破 20 余个攻坚难点，除个别线路，其他大部分堵点都已经打通。保障 G228 西店至桃源段公路工程、甬临线岔路桐洲至桑洲麻岙岭段改道工程、甬临线杨梅岭至堤树岭改线工程等重大交通项目得以有力推进。

创新引领，海工混凝土迭代更新。G228 宁海西店至桃源段公路工程在项目建设中，联合中交武汉港湾工程设计研究院，通过研究机制砂细度模数、石粉含量和 MB 值对混凝土性能的影响，成功研究出机制砂混凝土及海工混凝土应用技术和滨海滩涂围垦区大断面高抗渗暗埋隧道机制砂砼裂缝控制技术。并经过大量长期的试验，使机制砂海工混凝土相关工作性、耐久性甚至沥水性能，都优于传统的河沙混凝土。针对滨海地区氯离子对钢筋的腐蚀渗透，研究人员进一步改善技术，使其抗氯离子渗透性能同样优于河沙，这是省内首次实现机制砂在高标号海工混凝土的应用。凭借着技术创新和工艺升级，该工程将打造成平安百年品质工程。

车岙港大桥

胡陈港大桥

力洋港大桥

力洋高速连接线

青山港大桥

10 月 11 日，宁海至亳州列车始发仪式

5000 吨级磨盘山码头

国华电厂 5 万吨级煤炭码头

电　　信

【概况】 坚持以习近平新时代中国特色社会主义与中共十九届二中、三中、四中、五中全会精神为指导，在全力抗击新冠肺炎疫情、推进复工复产的同时，紧紧围绕“价值观管理、强基深耕、提质增效、云改数转”等重点工作，上下一心、不惧困难、动真碰硬，持续推动高质量规模发展，为做出“重要窗口”宁海贡献尽责任、办实事。截至年底，宁海电信局移动网上活跃用户 19.5 万户，其中 5G 用户 4.4 万户、4G 用户 15.1 万户、宽带 10.7 万户、固话 7.3 万户、天翼高清 8.2 万户。

7 月 22 日，购买晴隆县产品进行消费扶贫

【美丽乡村、沿街商铺点亮行动】 以上率下，聚焦码号增收，细耕规模发展“责任田”。聚焦码号级收入“V”形反转，通过百日攻坚、

百团千人大会战，全力推进美丽乡村、沿街商铺点亮行动。在美丽乡村上见实效。动车组牵头走访政府关键人，围绕网络强国、乡村振兴，以天翼看家云监控平台切入，讲三级故事，联动做项目储备；各支局紧密对接村委，做好攻坚前排兵布阵。构建“1+1+1”纵横攻坚体系，有机结合属地支局、特攻队、重火力部队三方力量，一线综合指挥中心全程辅助支撑，党政工团齐参与，确保1天点亮。全年累计开展美丽乡村点亮行动53场，有效推动高套融合新增的同时，一定程度上满足政府基层治理的需求（高套融合新增4389户，100%终端和天翼看家渗透）。其中，大佳何自5月葛家村起，10月石门村终，支局实现量收双提升。在沿街商铺上下功夫。分管副总督战，政企部牵头，支局、特攻队联动，瞄准商客市场蓝海用户，用好“活、精、勤、新、比、快”营销六步法，全年累计开展沿街商铺点亮活动23场，高套融合新增640余户、宽带220余条。

【在政企业务上融合发力】 在物联网上见提升。通过产业化覆盖，由防疫产品带动，以“百日攻坚”为契机进行集中排摸，促进物联网规模发展，位于本地网前列。在表具产业链业务发展的基础上，引进一家外省大型燃气表具客户，采用模组+卡销售模式，净出货192618套。天翼大喇叭作为抗疫拳头产品，疫情期间在黄坛、梅林、桥头胡、大佳何等地获得突破。

在信息化项目上有突破。成功实施的县中小企业云服务平台建设项目、卫生系统区域影像云项目在行业内扩大影响；公共安全智能化三期项目、长街镇“雪亮工程”项目展现电信在公安天网建设工作推进中的重要作用。同时，宁海电信局响应县应急管理局、财政局联合发文的防汛防台“三文件”要求，牵头发展16个乡镇应急避灾点102条专线，助力政府应急避灾指挥调度。

【质态管控促高质量发展】 坚持高质量发展，严把业务质态关。牢把日常管控打持久战，以数据分析、管控、业务整改、业务渗透、活跃率考核等方式为手段，多管齐下，有效落实，提高用户黏性，增强业务真实性，逐步提升发展质态。

紧盯活动管控，打攻坚战。独立的“质检组”加强现场营销发展管控；促销员突出终端辅导，提升用户感知；安装与营销同步推进，锁定成效，保证两天内竣工率85%以上，履约率99%以上。后期跟进全量活动发展业务分析、总结、提升，发展落实月度考核，强化首问责任。

【践行网络强国战略】 全力打造一张覆盖更广、速度更快、成本更低、体验更好的5G精品网络。全县已具备5G基站能力187个，实现宁海本地大型工业园区、城区5G网络基本全覆盖。以助力数字经济发展为目标，全力布局5G发展。

竭力服务县政务数据中心建设，为116个局委办系统提供上云服务，助力政府提升基于数字化的智慧治理能力。与东软集团合作，为县交通局在桃源路上打造5G车联网的应用场景，实现基于5G的V2X车联网应用。与如意公司探索基于5G和视觉分析的液压叉车研发，与蓝宝石合作实现5G在工业生产线的落地。

以用户为中心，专项整治做实事。集中开展网络优化整治行动，着力解决10个弱覆盖农村区域、8个高密集住宅小区、5个大型商场的网络质量覆盖问题。

【构建平安宁海电信】 开展专项整治，筑牢网信安全“防护墙”。组建网信安专项工作小组，深入开展防范打击通信（网络）诈骗专项行动，同时根据“断卡”行动要求，及时接应上级公司对不良信用用户号码进行处置。加强网络信息安全防范工作，落实网信安全管理员，有序进行网站备案、实名制登记、IP地址管理、垃圾短信治理、语音中继、企业内部网络规范管理等网信安全工作。横纵联动，抓好安全生产工作。遵循“横向到边、纵向到底、责任到人、不留死角”的安全生产工作原则，宁海电信局坚持对安全生产工作抓紧、抓早、抓实。通过责任书签订、安全生产大排查大整治、公安反恐防诈骗宣传、打非治违等专项行动开展、反恐暨消防演练开展、员工安全知识培训落实、常态化月安全检查到位，宁海电信局全年无安全责任事故发生。

【精神文明建设】 筑牢思想根基，聚焦整治整改，做好基础党建。坚持党建统领，落实中心组理论学习、“三会一课”、支部大讨论，由班子带头持续深入学习习近平新时代中国特色社会主义思想，学习贯彻中共十九大与十九届二中、三中、四中、五中全会精神。践行“一岗双责”，坚持问题导向，落实“回头看”，深化巡视巡察和主题教育整改成果；立行立改、真改实改，写好2020年省公司巡察后半篇文章。

自我剖析革命，整体把控推进强基深耕，提升队伍效能。按时完成“以我为主”管理模式转变，精简支局，收回承包转个代，落实减员增效，队伍效能显著提升。公众线、政企线、装维线组建多支特攻队，推进与横向的协作；打造一体化战斗堡垒支撑队伍，组建智云护航队伍、建设本地政企客户专属中心，专业化服务支撑能力显著提升。

重人才，抓氛围，提升队伍质量。工会会同专业线组织开展劳动竞赛20多项次，员工技能得到明显提升，工匠意识与作为意识明显增强。其中，张国安带队获得省公司装维技能大赛团体二等奖，应金初、林志焕分别获得个人三等奖；丁晓峰获得市公司无线维护技能比赛二等奖；政企线傅景霞、鲍素娥获得市级来电名片营销能手奖；冯晓代表省公司参与省通管局技能大赛并获二等奖，同时获宁波市首席工人称号。

抓好工、青、妇工作，提升团队向心力。宁海电信局工、青、妇线条组织参与一系列文体活动，健步走、青年座谈、周二夜学、年度团建等，丰富员工们的生活，增强员工们的凝聚力。其中，祝艳艳女儿《电信有爱，病毒无情》素描作品入选省公司的“六一”活动；范莉娜参与省公司微党课比赛获二等奖，参与全国总工会、中央网信办主办，浙江省总工会、浙江省委网信办承办的《网聚职工正能量，争做中国好网民“新时代全国正能量诵读作品征集活动”》获得情景诵读类优秀作品第四名。

【服务社会】 点燃红色引擎，助推扶贫攻坚。宁海电信局企业扶贫、政府扶贫两接应两手抓，结对岔路梅花村，以主题活动、慰问关怀、党建翼联委手段，进行公益扶贫；以网络覆盖优化、提供村级监控为途径，输送信息化服务。同时积极响应上级公司与县政府的扶贫号召，科技贡献15.75万元。

对标中央部署，发挥电信优势，助力疫情防控复工复产。成立应对疫情领导小组，统筹指挥下设的四个专项小组开展防疫工作。组建疫情防控通信保障应急突击队和保障队，为县政府、医院开展防疫工作提供安全可靠的通信保障和信息化工具，累计保障专线电路102条、视频会议27场；为搭建雄风山庄隔离点、深圳观察区等提供快速的支撑服务；支撑县卫健局、疾控中心防控短信群发2902809条。

积极打造翼学云平台，为县学生提供天翼云云课堂远程互动教学服务。响应怡惠社区号召，组织力量参与社区疫情防控执勤。陈晓、陈跃维分别获得市公司抗击疫情优秀党员与先进个人荣誉；张国安获得县抗击疫情优秀党员荣誉。

7月，在力洋海头进行党风廉政警示教育

邮 政

【概况】 宁海分公司全年完成业务收入超1.2亿元，同比增长0.62%；营业利润累计完成871万元，完成年计划的100.17%。

【金融业务】 分公司代理金融业务全年累计完成6689万元，同比增长10.5%，达成确保目标103%。储蓄余额规模44.4亿元，年增4.2亿元；考核余额新增4.3亿元，其中下半年新增2.1亿元，提前一个月达成了下半年劳动竞赛目标。同时，保险业务实现新突破，截至12月31日，分公司累计标保1.52亿元，同比增长3717万元，增幅32%。基金定投新增396户，完成率158%。在“6+4+X”项目中，宁海分公司在退役军人服务卡和线上缴费2个项目为全市首个达成单位。

【寄递业务】 寄递业务收入全年累计完成3592.1万元，完成市公司下达目标71.60%。其中标快业务收入完成538.5万元，同比增长26.10%，完成全年目标80.85%；快递包裹业务收入完成2631.6万元，同比增长19.30%，完成全年目标92.32%；国际业务收入完成414.9万元，同比下降68.9%，完成全年目标27.28%。

寄递业务量全年累计完成1053.94万件，同比增长33.04%。其中传统标快业务量完成46.08万件，同比增长26.35%；快递包裹业务量完成1003.05万件，同比增长38.16%；国际业务量完成4.81万件，同比下降83.80%。

得力新大楼发票寄递项目的成功开发受到省市分公司表扬，全年已收寄得力发票特快专递9.07万余件，产生特快业务收入120.53万元。极速鲜项目累计收寄量2.24万件，收入完成38.39万元，法院专递收寄量4.25万件，完成特快收入47.37万元；供电发票寄递收寄量2.9万件，完成特快收入22.96万元。

【农村电商】 2020年邮掌柜站点建设586家，完成率103%；邮掌柜参与率月均95%以上；优质站点完成率133.9%；邮乐小店分享率

110%；累计完成线上自营商品830万元；在“9·19”电商活动中各项指标均达省市公司考核指标，“6+X”项目各项指标完成。帮扶市公司扶贫对接的总浦塘村销售农产品玉米、西瓜破万单，累计金额120余万元，获得全国万单项目扶贫奖。分销业务：端午粽以及思乡月累计完成260万元，超额完成市公司计划指标，分销利润11.5%，列全市前茅；警医邮：截至年底，累计发生业务17985笔，效益业务1545笔，提前完成市公司指标。

疫情期间，为茶农提供寄递服务

【基础性业务】 集邮业务全年完成业务收入241万元，完成市公司下达计划的90.82%。除了结合日常新邮发行，开展相关营销工作外，还主要开展庚子年生肖贺岁主题营销活动，销售收入109万元；开展首轮十二生肖流通币套装“暴风行动”主题营销活动，共销售305套，销售收入27万元；根据省、市公司部署，开展集邮品计提减值活动，截至年底，减值销售收入24.92万元，集邮成本库存较年初下降68.6万元。函件业务完成业务收入151万元，先后开展2次“车优保”专项营销活动，共销售延保卡120张，销售收入39.6万元；承揽腾讯朋友圈广告3单，实现收入1.6万元；承揽县农商行《草根》内部期刊和电子读物的设计制作，实现收入4.34万元。报刊业务完成业务收入573万元，全年承接5家单位喜马拉雅有声读书墙项目，实现数媒报刊销售收入3万元；分别开展科大讯飞数媒产品专场内购会与品鉴会，销售收入共计19万元；先后开展《习近平在厦门》《习近平在宁德》及《习近平谈治国理政》第三卷等政务图书专项营销活动。

【自身建设】 构建以利润为导向的财务管控体系，推行对各经营部门的净利润考核，降低经营成本，促进企业良性发展。进一步深化企业内控，对14项重点项目进行管控和考核。加强财务基础管理和用户欠费管理。

抓好人力管理、选人用人、薪酬分配、人力巡察整改、成本管控、外包规范等工作，尤其在用人规范化、用工成本化、考核明细化、管理精细化等方面做出努力，以规范化、流程化、标准化来推进人力资源管理。

抓人员素质提升，大专及以上学历稳步提升。网络学习方面，对省公司组织的每一项中邮网院远程教育学习，参学率和合格率都在100%。

通过远程监控和现场检查相结合方式，对各网点营业现场、ATM机、运钞车作业及主要生产场地进行实时监控，进一步强化邮政金融资金及通信生产安全管理。另外，对安全检查情况进行月度通报，并施行奖优罚劣机制。

基础建设方面，对北湖网点、金桥网点进行零星装修，优化服务环境。

提升服务质量，积极开展“压降平信丢失率”和提高同城给据邮件及时率，自活动开展以来，平信测试1095件，做到信筒箱及时开取，无逾期。营业网点平信条码化率做到100%，平常邮件丢失率为零。做好同城时限和省内时限的提升稳定工作，同城给据邮件时限“T+3”及时率从2018年的85%提高到99.5%上，“T+5”及时率达99.7%以上。“11185”全年工单549件，无发生超时工单，申诉处理满率达100%。

“双11”期间，邮政宁海分公司为用户提供高效快捷的服务

财税·金融

财　　政

【概况】　全县财政总收入103.98亿元，下降0.7%，其中一般公共预算收入67.91亿元，同比增长2.9%，占财政总收入的65.3%，占地区生产总值的9.4%。一般公共预算收入中税收收入49.21亿元，占比72.5%。一般公共预算支出86.70亿元，下降4.5%。非税收入73.50亿元，其中纳入一般公共预算管理的非税收入18.70亿元，增长5.8%。全年财政收支平衡。

县城镇住房综合保险加房屋安全动态监测服务项目由于其政府购买服务创新性，入选财政部政府购买服务典型案例。此次典型案例征集在浙江省范围内共入选3例。该项目采用“保险+服务”模式向中国人民财产保险股份有限公司购买创新型城镇住房综合保险项目，将宁海县城镇居民住房保险和相应的房屋安全动态监测工作一并打包委托给保险公司开展，保险公司同时负责房屋安全保险与房屋安全监测，通过保险加服务形式，对城镇房屋的风险进行转移，起到兜底作用。同时，充分弥补政府部门专业技术人员不足的短板。该项目通过创新社会管理方式，构筑保险民生保障网与监测房屋安全动态相结合的新模式，为城区老旧房屋提供了全面的安全保障及专业化的房屋安全动态监测服务，充分彰显“预防为主、保险兜底”的创新优势。

【组织财政收入】　资金筹措上，积极争取债券资金、抗疫特别国债、再融资债券等资金75.21亿元；加大对存量资金的清收力度，收回部门预算结余结转资金9300万元；盘活矿产、海域使用权等国有资产资源，统筹用于“三保”、抗疫、复工复产等领域。全年一般性支出压减10.0%，“三公”经费压减625万元。资金兑现上，共收到中央直达资金6.53亿元，坚持“统筹兼顾、高效直达”的原则，第一时间制定分配方案，实施全过程管理、全流程自查、全周期排摸，全力抓好资金精准高效落地。

【服务经济发展】　坚决兜牢“三保”民生底线，全年民生累计支出64.20亿元，持续保持在超七成水平；统筹财政资金保障人大票决10件民生实事，推进公共服务补短板堵漏洞强弱项。支持企业复工复产，深入实施“五减”专项行动，加大政策对冲，及时落实规模性助企纾困政策，全年兑现惠企政策资金18.66亿元，惠及企业4.2万户次，其中落实产业政策资金4.64亿元。

【推进财政改革】　出台《关于全面落实预算绩效管理的实施意见》《关于加强预算绩效监督办法》等制度，对42个专项绩效项目3.05亿元实施全过程绩效预算管理；69个预算单位249个项目开展自评，基本实现绩效自评预算单位全覆盖。有序扩大自评项目的抽评范围，由往年的3个项目增加到10个。

落实投融资改革，成为全市财政支持深化民营和小微企业金融服务综合改革唯一试点城市，“宁海经验”获财政部通报表扬，成为全国7个试点成效突出城市之一；城镇住房综合保险加房屋安全动态监测服务项目入选财政部政府购买服务典型案例，为各地城镇住房安全管理高效体系的建设提供借鉴意义。

落实数字化管理改革，全面实施财政国库支付电子化改革，推进财政电子票据管理改革，选取卫生系统作为试点，逐步建立“以票管费、电子控收”的财政票据管理体系；全面推广运用“政采云”电子交易系统，对投标、开标、评标等环节实现采购全流程电子化，覆盖率达到100%；同时，实现财信系统与“政采云”系统互通，全县预算安排单位实现从采购预算、计划、支付全流程网上办理。

【强化财政监管】 建立健全专项资金清退机制，全面梳理专项资金管理办法，清理并取消各类政策到期或绩效不高的专项资金31项，督促修订完善资金管理办法项目13个，进一步提高财政资金使用效益。

完善行政事业单位资产管理办法，出台实施国有资产使用、处置、资产管理员等3个制度办法，明确资产管理权责，优化国有资产全流程管理。

强化中介机构优汰竞争管理，设置服务综合质量ABC等级制度，对全县44家造价咨询服务机构开展综合考评，将考核结果作为委托业务量的依据，逐步强化政府投资工程竣工结算委派或采购工作的公平、公开。

强化财务管理规范，高度重视省、市、县各级巡察中发现的财经管理问题，及时进行分类分析，提出针对性举措，加急加紧做好督促和整改落实，同时配合县纪委、县审计局等部门定期开展各项财经纪律专项检查工作，巩固执行成效。

【防范化解风险】 出台实施新一轮乡镇街道财政体制，强化对乡镇的财力保障，着力解决乡镇财力薄弱、基层公共服务落实难等问题。积极推进降本化险措施，成功争取财政部建制县区债务试点，并利用再融资债券偿还存量债务、财政资金竞争性存放等措施，推动债务降本。稳妥推进化债计划，年度化债率100%，22家平台公司全部转型完成。扎实推进晴隆对口支援和东西部扶贫协作，筹措相关扶贫资金2121万元。

【队伍建设】 抗疫行动期间，共派出多个批次30名脱产党员干部、50余名志愿者驰援一线，累计服务700余次时长约3300小时。部分干部获评县级“优秀共产党员”、战“疫”先锋个人，被推选为全市抗击新冠肺炎疫情先进个人。组织“寒窗计划”助学活动，发动全体党员干部为宁海中学3名贫困学子送上4800元助学金。组织开展“情系晴隆、课桌圆梦”结对扶贫行动。荣获全省财政系统先进集体、市级财政综合考评先进单位、“两直”资金管理工作先进单位，全县招商引资工作先进单位、国务院第七次大督查工作先进单位、重大项目建设先进集体、县五星级基层党组织和县优秀党委理论学习中心组等荣誉。

税　　务

【概况】 深入学习贯彻中共十九大和十九届二中、三中、四中全会及十九届中央纪委四次全会精神，认真落实全国、全市税务系统全面从严治党工作会议和宁海县第十四届纪律检查委员会第六次全体（扩大）会议的要求，全面从严治党工作，坚持思想从严，持续深化政治建设；坚持标准从严，巩固拓展主题教育成果；坚持作风从严，持续开展清廉税务建设；坚持监督从严，深入推进内控机制建设和坚持执纪从严，一体推进“三不”五个方面做好2020年全面从严治党工作。从抓好“六个聚焦”入手，加强廉政风险防控，发挥纪律震慑效应，强化履责担当，涵养风清气正政治生态。

9月3日，县委副书记、县长滕安达在县税务局呈送的《4.98亿红包精准落袋 社保降费力度大 中小企业受益多》专报上做出批示：“宁海税务局讲政治顾大局，工作细致深入，贯彻落实中央减费降负政策力度大，效果好，应予肯定！下步希继续努力做好企业服务和税源涵养工作，为宁海经济和社会发

8月24日，在市委组织部和市政务办等单位联合承办的“练兵比武强技能，政务服务树新风”全市政务服务系统比武决赛中，宁海县政务办代表队获团体二等奖

展作为更多更大的贡献!”

由国家广播电视总局和税务总局联合举办的第四届全国税收公益广告大赛中，县局和东钱湖区局一起报送的税收微电影《有时候》获入围奖。在市委组织部和市政务办等单位联合承办的“练兵比武强技能，政务服务树新风”全市政务服务系统比武决赛中，宁海县政务办代表队获团体二等奖，石霞获宁波市政务服务系统“业务骨干”荣誉称号。

国家税务总局宁海县税务局在编干部296人，其中大专以上学历干部比例达到99.66%，本科以上学历干部比例达到86.49%。

12月3日，县税务局开展“税法宣传进校园”活动

【组织收入】 全年组织税费收入122.50亿元，同比下降5.2%，其中税收收入87.34亿元、下降1.8%，社保基金和其他非税收入35.16亿元、下降12.6%。全年办理出口退税23.29亿元，同比下降13.5%。

【政策落实】 深入贯彻落实支持疫情防控和经济社会发展税费优惠政策，充分发挥税收服务疫情防控、助力复工复产的作用，着力减轻企业负担，激发市场主体活力。全年支持防护救治、支持物资供应、鼓励公益捐赠、支持复工复查、稳外贸扩内需等一系列税费优惠政策落地生根。新出台的政策减税降费9.21亿元，其中税收减免1.5亿元、社保降费7.49亿元、非税收入减免0.21亿元。2019年年中出台政策在2020年的翘尾新增减税降费1.88亿元，其中税收减免1.88亿元，非税收入减免25.57万元。

3月13日上午，全县税务工作会议在县税务局六楼会议室召开

【征管工作】 深入落实《税收征管操作规范（2.0版）》、纳税服务、出口退税等工作规范，进一步深化“放管服”改革。重新整合办税服务厅功能分区，优化自助办税区块功能，升级简事快办、承诺事项容缺办的窗口受理模式，推动发票电子化改革落地见效，做好电子专票试点工作。稳妥有序做好社保费征管，完成水土保持有偿费等三项非税收入征管职责划转，推行业务主办制度，制定《破产清算企业欠缴社保费入库操作办法》。

完善核心数据管理，首次应用税收风险防护系统，准确认定企业1.6万户，调整规下工业企业管户信息2300多户，确保涉税信息掌握全面准确。

深入实施监督和整改，建设内部监督县局机关和税务所两张权责清单，开展现金税费征缴专项整治，完成票证管理、收现管理、临聘人员管理等 26 项征管事项的对照整改，对总局巡视发现的 4741 条滞纳金征管问题全部整改到位，税收执法不断规范。

12 月 25 日，在县纪委和县直机关工委联合举办的宁海县首届“清廉机关建设示范案例展示活动”

【纳税服务】 连续第七年开展“便民办税春风行动”，大力推广“非接触式”办税，推行高频业务“网上办”、个性需求“预约办”、发票业务“自助办”，实现办税不见面，服务不打折。

进一步打造自助办税“10 分钟服务圈”，以全县 5 个全职能办税服务厅为中心，在 14 个乡镇（街道）的 16 家银行新设自助办税网点，投入自助办税终端 62 台，构建起“5+N”办税地图。启动办税服务厅升级改造工程，将全县 5 个办税服务厅的 47 个综合服务窗口减至 27 个，推动办税服务由窗口向线上转移，截至年底，常见高频业务网上办理率 90%以上。建立信息共享的跨部门协作机制，在全大市率先实现不动产登记“一窗通办”无差别受理、司法拍卖“零次跑”和股权转让“一件事”。全面上线宁波税务征纳沟通平台，导入纳税人 22180 户，建立税企交流群 64 个，组建跨税种主播团队，推出“税之舟”云课堂，打造智能、高效、丰富的纳税服务新格局。

【疫情防控】 新冠肺炎疫情发生后，县税务局党委第一时间召开专题党委会，明确一手抓防控、一手抓经济。面对疫情防控任务，快速成立“志愿服务团队”，接连派出 9 批次 50 余名脱产党员干部、100 余名志愿者驰援一线参与疫情防控工作，累计服务 500 余次，服务时长超 2500 个小时，积极发动党员干部捐款捐物，共筹集 1.6 万元公益款项；为助力企业复工复产，打造“复工帮扶团队”，选派 35 名业务骨干，“一对一”开展税费政策辅导，同时持续拓展“非接触式”办税，通过网络推送、线上办理、远程辅导、邮寄送达等方式，全方位满足企业涉税服务需求。

宁海县委组织部发布战“疫”先锋榜，通报表扬在疫情一线砥砺初心、践行使命的 8 支机关党组织，县税务局党委荣获“先锋团队”称号。

2 月 26 日，县税务局党委荣获“先锋团队”称号

金　融

【概况】 全县共有银行业金融机构

24家（包括政策性银行1家、大型国有银行6家、股份制商业银行10家、城市商业银行5家、农商行1家、村镇银行1家），银行机构共有网点148个，银行业从业人员2200人左右。保险机构54家，证券公司5家，另有小额贷款公司3家、担保机构5家、典当机构6家、民间借贷登记中心1家。全县金融业税收年收入50091万元，同比增长-6.25%，其中金融业地方税收收入27230万元，同比增长-9.26%。金融业增加值41.25亿元，同比增长6.6%。

年末，全县金融机构本外币各项存款余额875.88亿元，比年初增加69.10亿元，余额同比增长8.56%，增速较2019年同期下降1.44个百分点，其中人民币存款余额845.22亿元，比年初增加55.29亿元，同比增长7.00%。金融机构本外币各项贷款余额1136.48亿元，比年初增加171.05亿元，余额同比增长17.72%，增速较2019年同期上升7.34个百分点，其中人民币贷款余额1127.73亿元，比年初增加170.39亿元，同比增长17.80%。银行业金融机构不良贷款余额3.51亿元，比年初下降0.72亿元，不良贷款率0.31%，比年初下降0.22个百分点。

全年全区保险机构实现保费收入21.05亿元，同比增长33.14%。其中，财产险保费收入7.67亿元，同比增长10.35%；人身险保费收入13.39亿元，同比增长50.97%。全县共54家保险机构，其中财险支公司18家、寿险支公司10家。

全县证券经营机构证券年成交总额1282.27亿元，比2019年同期增加415亿元，同比增长47.90%。12月末证券投资者户数为67908户；月末客户保证金余额3.80亿元。全县共有5家证券营业部，证券从业人员65人。

12月30日，中国人民银行杭州中心支行一行考察宁海县新农村建设示范村——河洪村

【金融服务】 突出“三个坚持”，努力推进辖区经济高质量发展。

坚持目标导向，落实双支柱调控。强化逆周期调节，坚持信贷总量结构并重，促进信贷规模合理增长。截至年末，全县金融机构本外币各项贷款余额1136.48亿元，比年初增加171.05亿元，同比增长17.72%，贷款增速位列宁波各县市区第三。提高政策传导机制效率，引导企业融资成本持续降低，全县普惠小微企业贷款利率较年初下降0.64个百分点。

坚持精准施策，扎实推进金融支持稳企保就工作。构建内外联动机制，对内成立专组，对外依托金融专班，引导银行落实金融支持稳企保就任务。截至年末，制造业、民营、普惠口径小微企业贷款余额分别为341.24亿元、271.28亿元、176.68亿元，同比分别增长19.31%、20.37%、33.12%。分阶段实施3批1.8万亿元再贷款再贴现额度、两项直达政策工具，做好对法人机构的政策微调指导，累计发放抗疫保供专项再贷款3314.5万元，累计向1274户企业和农户发放符合再贷款政策要求的优惠贷款9.89亿元；累计实施贷款本金延期11.93亿元，惠及495家小微企业，发放普惠小微企业信用贷款8.86亿元，惠及863家小微企业。建立“1+N”政银企对接机制，线下借助“百地千行万员”等专项行动，走访企业829家次，落实企业融资368家，发放贷款60.43亿元，线上依托宁波市普惠金融信用信息服务平台帮助505户企业获得融资69.19亿元。

坚持定向支持，提升小微、制造业金融服务质效。结合“三张清单”金融服务机制与“首贷户拓展”“普惠小微企业信用贷款”专项行动，成功建立首贷服务中心，全年新增普惠小微企业“首贷户”1185户（企业+个人），普惠小微信用贷款余额23.71亿元，惠及企业8876户。开展制造业中长期贷款提升专项行动，为制造业高质量发展提供资金支持。截至年末，全县制造业中长期贷款余额28.88亿元，比年初增加9.32亿元。

【实践创新】 强化信贷服务加持。践行乡村振兴战略，探索具有县域特色的村股权质押贷款推广路径，推进村股权质押贷款扩面增量，已为10家村股份经济合作社进行股权质押整村授信5亿元，创新推出“农村产权普惠贷”，解决农户办理村股权质押贷款额度低、受众面不广等问题，贷款余额0.8亿元，惠及农户1703户。

打造移动支付示范县。新拓展智慧菜场3个、“刷脸付”特色应用场景4个、智慧旅游场景3个、移动支付示范镇1个、“一地一特色”重点场景1个，西店镇内公交实现移动支付，对主城区37条街近2000家沿街商铺进行移动支付受理功能改造。

做优做实“为民”工程。加强疫情期间征信权益保护，新增征信查询代理点10个。加快推动应收账款融资服务平台等在辖内的推广应用，实现融资金额15.15亿元。疫情期间开设结算账户服务、国库资金拨付“绿色通道”，及时办理财政抗疫资金拨付清算。认真落实减税降费优惠政策，做好政策性退税办理工作。

推动金融教育和消保工作扩面提质。创新深化“双百双千”“金融普惠 校园启蒙”两项工程宣传长效机制，探索“金融教育+学生社会实践基地”模式，依托“钉钉”“校园110”线上平台打造金融教育“云”课堂，推进金融知识教育基地结对共建，推动宁波市金融消费纠纷人民调解委员会驻宁海县人民银行调解工作室成立。

【优化金融生态环境】 加强风险监测防控。动态掌握全县银行机构金融风险状况，落实较高风险机构化解工作。2020年年末，全县银行业金融机构不良贷款率0.31%，比年初下降0.13个百分点，位于宁波6个县（市、区）较低水平。

严厉打击金融违法行为。积极开展为跨境赌博、电信网络诈骗等违法违规活动提供支付结算服务的风险排查与整治工作，不断加强企业银行账户事后核查、涉案账户及涉案账户的其他账户排查等工作，及时向公安移交涉嫌银行卡买卖和跨境赌博线索。

【涉外金融管理】 强化外汇金融服务。推行外汇业务“网上办、邮寄办、预约办”，截至年末，网上办理行政许可业务占比68.75%。积极举办“诚信兴商宣传月”“跨境电商出海论坛”等外汇政策宣讲会，创新外汇政策线上宣传模式，主动走进企业开展“面对面”政策指导，进一步提升外汇管理服务水平。加强银行指导，召开外汇便利化新政培训会、外汇普惠金融座谈会，开展银行机构“一对一”指导，推动外汇便利化政策落地惠企。

深化外汇金融普惠。依托2020年宁波市“深化外汇普惠金融 稳企业保就业助涉外”活动，引导辖区外汇指定银行向涉外企业提供外汇资金支持，截至年末，辖内银行机构累计办理资本项目外汇收入支付便利化业务145笔，金额928万美元；向涉外企业提供外汇资金支持1700笔，金额4.11亿美元，让利658万美元；企业通过跨境金融区块链服务平台获得融资516笔，金额10.48亿元。

加强外汇日常监管。认真开展非现场、现场核查，加强对企业、

7月16日，国家外汇管理局宁波市分局副科长励晶晶在“跨境电商出口新模式业务培训”暨“跨境电商出海论坛宁海场”政策宣讲会作现场政策宣讲

银行的异常指标跟踪、监测和分析，确保辖区跨境资金真实、合规、有序流动，2020年辖内涉汇主体结售汇顺差26.61亿美元，跨境收支顺差35.62亿美元，同比增长6.56%。严厉打击外汇违法违规行为，立案1起，收缴罚款4.11万元。

【宁海农村商业银行】 年末各项存款余额172.92亿元，存款总量连续4年位居全县金融机构首位；各项贷款余额134.07亿元，贷款增幅与增量均创该行历史新高。县委书记林坚指出，宁海农村商业银行存贷规模再创新高，资产质量持续向好，金融服务实体经济成效明显，在非常时期交出“两手硬、两战赢”满意答卷。作为“宁海人的银行”，要继续发挥地方金融主力军作用，在加快建设“双优”宁海建设中展现新担当、新作为，取得更好成绩。

以农村金融服务“覆盖面更广、可得性更强、满意度更高”为目标，把资金投向“三农”和小微企业等实体经济，全方位普惠金融做深做实。截至年末，涉农贷款余额121.47亿元，小微企业贷款余额71.44亿元。全年上缴税收1.04亿元，地方入库税收位居全县金融机构前列，全年累计各类捐款金额250万元。同时，该行充分发挥乡村振兴“主办银行”作用，高质量打造金融助力乡村振兴宁海样板。2020年，在乡村振兴领域累计新增贷款超20亿元。

不断完善信贷产品体系，加快金融产品和服务模式创新，主动推出特色化、差异化的金融产品和服务。联合县农业农村局，成功探索出“无感授信、有感反馈、按需用信”的农户小额普惠贷款宁海模式，实现全县行政村推广覆盖率100%、农户授信服务覆盖率100%的“双百”目标，为全县近13万户农户提供单户不高于30万元免担保、纯信用的基础贷款预授信。全县有效农户授信金额137.79亿元，贷款余额22.33亿元。围绕宁海文化特色和全域旅游布局，采取“金融+艺术+X”方式，通过金融资源引流和整合，授信5亿元“文旅贷”将金融服务融入艺术产业，为民宿经济、特色小镇旅游经济等特色经济的提振注入强心剂，融入葛家村艺术小镇、葛洪养生小镇、深甽乡根温泉小镇等一系列特色小镇打造。

面对疫情，迅速行动、积极作为、精准施策，树牢与企业共克时艰的责任自觉，迎难而上，坚定扛起了地方金融主力军的责任担当，围绕做好“六稳”工作、落实“六保”任务有关政策要求，全面打造服务小微企业金融新模式，打通金融服务实体经济“最后一公里”。在全域铺开金融“红管家”服务模式，进行地毯式走访，全年累计走访企业1800余家，精准对接企业融资需求，全年共破解融资难题200余个，贷款金额达8.5亿元。

在复工复产的关键阶段，出台“双防双复工作十条意见”“复工复产八条金融举措”，为防疫物资生产企业扩大生产、小微企业全面复工复产、农户商户复商复市等地方经济社会的全面复苏提供金融保障，设立专项帮扶资金，配套专项减费让利政策，出台延迟付息举措，推出“复工贷”“复游贷”“农心贷”等系列帮扶产品，为企业“雪中送炭”，解决融资需求超5亿元，延期还本付息贷款11.34亿元，让利免息249万元。

以心聚侨、以信联侨，宁海农村商业银行与县归国华侨联合会举行金融助侨项目签约仪式，进一步推动金融更好地为侨服务，发挥宁海县归国华侨联合会的组织优势和宁海农村商业银行的行业优势，帮助和服务归国华侨，支持归国华侨创业创新。

本着围绕服务侨胞侨企，宁海农村商业银行针对海归人员“双创”、侨属企业发展等各项融资需求创新推出具有一定范围贷款利率优惠的系列贷款产品；为侨胞推出

11月21日，县金融系统基层工会联合会登山活动获胜团队合影

"专属卡"，配以华侨专属 VIP 权益；同时借助多元化金融服务平台为侨商、侨胞经营、投资、旅游等提供各类汇款、结算、代发工资等金融服务及专属增值服务，旨在更精准、更深入、更富实效地服务全县留学及侨界人员，促进留学人员创新创业，使越来越多的归国华侨人才投身宁波争当"重要窗口"模范生的高质量发展中去。

开展金融助侨服务是宁海农村商业银行深化政银、侨银合作的一种全新的尝试与探索，宁海农村商业银行以此次合作为新契机，与侨联建立健全互信互通的长效沟通机制，共同建立"资源共享、优势互补、联动共赢"的共建机制，共同探索"党建+侨建+金融+"新模式，借力党建引领共建共享，深入推进党员联学、活动联办、阵地联建、服务联抓、结对帮扶等"党建"带"侨建"举措，全面深化为侨胞侨眷、为华侨经济服务职能，真正把各项惠侨举措落到实处，致力为全县华侨、侨商、侨眷、侨团、侨属企业、留学生提供更为优渥的金融服务环境。

为进一步建立富有生机活力的选人用人机制，建设一支数量充足、结构合理、素质优良的管理人才队伍，不断提升干部员工队伍活力、创造力和执行力。宁海农村商业银行开启新一轮干部员工队伍"大检阅"，有效促进转型发展，增强"业务提升年"内生性可持续发展能力。

深入开展人力资源改革，是优化人力资源、激活分配机制、强化用人制度、全方位激发调动员工工作积极性的需要，也是进一步加强员工队伍建设，提升整体管理能力的需要，更是激发全员干事创业的热情，以务实求进的行动推进"业务提升年"高质量发展的需要。通过启动新一轮人力资源改革，全面建立起一整套能上能下、能进能出、人岗相适的用人机制，有效地激发员工竞争意识、危机意识，充分发挥优秀干部员工的领头雁作用，引导干部员工向着"两家一者"目标不断迈进，进一步彰显出宁海农信铁军队伍的竞争优势，营造风清气正的选人用人环境。

经济管理

发展改革

【概况】 2020年，县发改局严格落实县委、县政府的决策部署，全力推进发展改革各项工作实现新突破，为宁海争当“重要窗口”双优模范生展现“排头兵”担当。“十三五”圆满收官并完成“十四五”规划及2035年远景目标编制工作，“十三五”规划确定的主要目标任务基本实现，地区生产总值提前一年完成规划目标，在全省各县中位列第一，跻身全国县域高质量发展百强县第8位。抢抓战略红利，推动宁海县成功入选全国县城新型城镇化建设示范名单和浙江省第三批大花园示范县创建单位。积极申报专项债和中央拨款，争取到各类项目资金约30亿元。投资结构进一步优化，民间项目投资同比增长30.9%，排名全市第二；占比达61%，创历史新高。省市重点建设工程项目超额完成年度目标，5个省、市、县长项目中4个实现开工，9个市重点工程计划新开工项目全部实现开工。

宁海位列县域高质量发展百强县第8，在全省33个县中排名第一；入选全国县城新型城镇化建设示范名单（全市唯一）、浙江省大花园示范县建设单位。《宁海县大花园建设思路研究》《宁海融入长三角一体化发展的对策研究》分别获全市发展改革系统优秀研究成果三等奖、优秀奖。

【统筹谋划】 着力加强经济运行监测分析。研究起草《宁海县关于加快经济全面恢复的若干意见》，助推经济全面恢复。积极向上对接，推动MEI指数从4月的全省第87名提升到6月全省第32名。统筹经济指标监测分析，宁海县实现地区生产总值722.5亿元，按可比价计算增长3.4%，全市排名第四。主要经济指标“双底线”亮灯情况排名全市并列第二。位列全国县域高质量发展百强县第8位，居浙江省33个县首位。

稳步推进“十四五”规划编制。完成“十四五”规划纲要编制并通过县人代会审议。统筹协调“十四五”专项规划编制，制定专项规划目录，印发专项规划资金管理办法。启动编制“十四五”重大项目建设规划，安排重大项目590个，总投资4354.68亿元。

11月24日，宁海县“信用在政府投资项目造价咨询服务行业应用”获选“宁波特色应用信用案例”

服务业指标实现稳步回升。大力开展招商引资工作，引进新增企业已落户 12 家，在谈招商项目 15 个。2020 年宁海县实现服务业增加值 319.6 亿元，同比增长 4.6%，服务业增加值占全县生产总值比重达 44.2%，对全县生产总值的贡献率为 53.7%，拉动生产总值增长 1.9 个百分点，高于全市平均水平，增速列全市第 4 位。

严把节能降耗关口。全年煤炭累计消耗 8.7 万吨，顺利完成省市下达的减煤控制任务。全年规上工业增加值能耗下降 4.2%，排名全市第四。积极开展 2020 年省级资源循环利用示范城市（基地）试点申报工作。

有序推进能源项目建设。综合供能服务站建设进展顺利，3 座投入使用、2 座正在办理经营许可，1 座实现开工建设，1 座完成土地挂牌。建成长街成塘 22 兆瓦渔光互补发电项目和环保能源发电项目，新增分布式光伏发电装机 2.84 万千瓦，新增发电量 3068 万千瓦。

【改革创新】 统筹推进城乡建设。有序开展特色小镇、省小城市等培育工作，指导岔路葛洪养生小镇申报省级培育类特色小镇。编制完成《省小城市（西店镇）第四轮三年行动计划》，出台《关于加大西店镇小城市培育试点政策扶持力度的若干意见》。

纵深推进投融资体制改革。协调东部沿海防洪排涝工程和智能汽车小镇 PPP 项目股权转让工作。加强文化综合体、城市基础设施等 PPP 项目的监管服务。扎实做好世行贷款项目建设管理工作，建成桃源中路、人民路东段和桥头胡公交首末站项目。

重点推进社会信用体系建设。加强信用分级分类监管，稳步推动信用在政府投资项目造价咨询服务方面和先就医后付费方面的重点场景应用。“信用在政府投资项目造价咨询服务行业应用”获评全市信用监管特色应用。

全面推进“标准地”改革。在规定区域出让“标准地”41 宗，面积 692 亩，新增工业用地出让时全部按照“标准地”进行出让。

【保障民生】 严格落实疫情防控措施。面对严峻的防控形势，局党组从年前腊月二十九开始取消假期，在一天内建成 1 号隔离观察点，两天内建成 2 号隔离观察点。正月初三召回全局干部职工，迅速成立 4 个工作组，组织开展疫情防控和物资保障工作。在春运返程高峰期，成立驻动车站、高速路口疫情联防联控工作组，积极配合有关部门开展全天候卡点防疫检查工作。

有序组织复工复产工作。统筹制定复工实施细则及相关管理办法和应急预案。按照“一项一策”的原则，指导项目建设单位做好复工工作。推行投资项目审批“不见面”模式，有效确保防疫期间审批业务办理正常、有序。14 个续建省、市重点工程于 2 月 23 日前全部复工，复工强度位列全市前列。3 月中旬县重点工程续建项目基本实现复工。

保障粮食物资储备。疫情期间定向投放原粮 2000 吨、成品粮近 100 吨；外购成品粮 4400 余吨，加工成品粮 6750 吨。出台年度粮食收储轮换计划，确保年度储备粮油实物库存达到 4.51 万吨。完善《宁海县粮食应急预案》并组织桌面演练，建成集 28 家应急供应点、日加工成品粮 300 吨、日运输 150 吨的应急保障体系。采购防汛物资 8 种 644 件、救灾物资 16 种 5610 件，启用救灾物资储备库。

保障民生价格平稳。疫情初始，第一时间启动价格应急监测工作，重点对菜篮子商品价格及医护防疫用品价格开展监测，累计出动 430 人次，巡查 235 个点。落实企业用水用气优惠价格政策，累计为

5 月 26 日，宁海小麦收购全面开秤

企业节约成本约1亿元。执行非居民水价超定额累计加价制度。出台道路停车收费价格。完成宁波致远外国语学校学费标准核定以及幼儿园收费备案工作。

保障民生合法权益。共办结各类价格认定案件220件，认定总金额达2636.2万元。政策性农村住房保险参保户数达141201户，其中低保户3588户。已决赔案136宗，赔付金额72.7万元。

1月28日，县市场监督管理局工作人员放弃春节假期，开展新冠肺炎疫情防控检查。图为指导药店规范价格行为

市场监督管理

【概况】 全力以赴转作风、树形象，队伍合力进一步凝聚。始终把中共政治建设放在首位。常态化、制度化开展理论中心组学习、红盾夜学，系统学习习近平总书记考察浙江、宁波等重要讲话和中共十九届五中全会等重要会议精神，确保一个声音贯到底，坚决做到“两个维护”。非公有制党建工作成效显著，全市“小个专”党建工作培训会在宁海召开。党风廉政建设持续推进。一主三副“红盾驿站”陆续开站运行，每周组织开展志愿服务活动，成为干部工作之余的“打卡地”，“红盾驿站”还被纳入宁海县党性教育基地。深化“向人民报告、请社会监督”活动，成功入选全县清廉机关建设示范案例，坚持刀刃向内，完成对14个基层所3个下属事业单位内部巡察和整改工作。全局上下形成风更清、气更正、心更齐的良好局面。基层基础更加夯实。开展“基层建设提质”行动，综合所设置、布局重新调整，多处办公场所完成装修工程，综合所规范化创建实现三星级以上全覆盖。64人次和单位先后获评省市县各级先进和优秀。

1月5日，“放心消费”红盾驿站在宁海西子国际成立揭牌

【疫情防控】 面对新冠疫情，在县委、县政府的坚强领导下，全体干部职工闻令而动、向险而行，第一时间下沉防疫一线、复工一线，在“防疫+保供”“防疫+整治”“防疫+服务”“防疫+物防”各个阶段，圆满完成“守小门”、服务复工复产、“两直”纾困资金发放、冷链食品“物防”等各项艰巨任务，同时，高质量完成各项既定目标任务，服务经济社会正常运转，为全县“两战”工作大局做出重要贡献。

【改革创新】 全力以赴优环境、保主体，市场活力进一步释放。办事再“提速”。落实“证照分离”改革全覆盖要求，围绕便捷自主的原则推进经营范围登记规范化改革，“三小”行业实施备案登记制。

推行电子营业执照和电子印章融合应用，企业开办全程一环节、零成本。联合税务部门，全市率先推出“股权转让”一件事改革，创新与法院建立内部“系统共享”协作机制，股权冻结“零跑闪冻”。

宁海与椒江、三门市场监管行政审批事项实现跨市通办，办事效率大幅提升。监管再“加码”。牵头推进全县“互联网+监管”工作，“掌上执法”实现全覆盖，“双随机、一公开”监管成为日常监管的基本方式和重要手段，跨部门联合监管率达到37%。

创新企业开办“双随机”回访制度，整治无照、异地经营企业2573户，清吊“僵尸”企业2857户。实体化运作综合行政执法队，实施“队所协作”新机制，开展知识产权、反不正当竞争、防疫物资产品质量等领域系列专项整治，702.3万元罚没款个案创下新高，全年查办各类经济违法案件740件，罚没款总额达1501.74万元，相关工作经验在全省市场监管综合行政执法会议上做经验交流。

11月11日，省标准化和乡村治理现代化论坛在宁海举行

服务再“升温”。出台“复工复产服务清单25条”，12支服务小队一线集结，持续开展“联企走街破难”行动。向11146户小微企业和个体户发放“纾困”资金6341.4万元，综合运用动产抵押、知识产权质押等职能帮助企业融资11亿元，为企业发展注入“强心剂”。

企业减负动真碰硬，深入实施公平竞争审查，废止、修订妨碍市场统一和公平竞争的文件4件。开展涉企收费专项治理行动，清退多收价款近560万元，切实推动惠企政策落地生根。市场主体在疫情影响下逆势增长13.8%，突破8万户大关，为稳住全县经济基本盘提供强大支撑。

增添治理亮色。创新推出“街长制”管理模式，实现街区经营户自我管理、自我服务、自我教育、自我监督，助推放心消费街区建设，得到省、市局领导充分肯定。全市首设食品安全教学实践基地，源头提升“未来厨师”食品安全水平。“红黑榜”全城覆盖，并向农村家宴、小作坊等多领域拓面，逐步成为消费“风向标”。多方参与、多元共治的基层市场监管治理新格局正在形成。

7月30日，县文明办、县市场监管局、县民个协会联合举办全县个体工商户“文明经营，助力创城”总动员活动仪式

【品牌培育】 全力以赴提质量、促转型，发展动力进一步激发。质量提升行动深入推进。坚持以高质量赋能“产业革新”，帮扶企业持续做高标准、做强品牌、做优质量。推动企业参与制修订国家标准4项，新发布“浙江制造”标准6项，新增“品字标”认证产品8个。文教用品标准化试点项目顺利通过验收，宁海创成全市首个国家级消费品标准化示范区。东方日升

获评市政府质量奖，评选县长质量奖企业3家。叉车比武大赛升格为长三角城市叉车司机职业技能竞赛，一线班组长质量管理能力培训广受企业好评。

知识产权生态不断优化。发布实施全市首个行动计划——《知识产权发展三年行动计划（2020—2022年）》，引入全县首家具有国家资质的专利代理机构，着力补齐知识产权创造、运用、保护等工作短板。全县每万人发明专利拥有量达到17件，新增PCT国际专利申请14件，全市首个全品类农产品区域公用品牌“宁海珍鲜”成功注册。知识产权保护实现新突破，创成省级商业秘密保护示范区1个、示范点3家，专利执法在全大市首次实现“县案县查”。

乡村治理标准化打响品牌。“36条”县地方标准全新发布、全域推广、全面实施，乡村治理满意度达95%以上，举办全省“标准化与乡村治理现代化”论坛，宁海乡村治理标准化工作影响力持续提升。质量服务平台加快建设。率先建成模具质量基础“一站式”公共服务平台，同步链接“质量淘”平台，为产业高质量发展提供有力技术支撑，全市质量基础“一站式”服务平台建设现场会在宁海召开。

【安全监督】 全力以赴守底线、惠民生，治理能力进一步提升。擦亮安全底色。围绕疫情防控，牢牢守住小门、关口，农贸市场“驻场”全天候，进口冷链食品全受控，指导14家企业通过防疫物资生产应急审批，极大缓解防疫保供压力。

细化落实食品药品安全党政同责，调整成立县食药安委，创成省三星级乡镇（街道）食安办5家。发挥监督抽检“利剑”作用，完成食品2691批次、药品267批次、产品328批次监督抽检及后处理。药械集中专业化监管模式经受疫情大考，入选全市系统10大创新案例，全省基层药品专业化机制建设现场会在宁海召开，药械所获评全省药品科学监管突出贡献集体。

特种设备安全监管走在全市前列，率先“吹哨”华润（南京）市政工程有限公司管道安装安全隐患并推动全国相关项目整改处置，企业特种设备双重预防机制建设推进有力，全市现场会在宁海召开，直属二所获评全省特种设备安全保障成绩突出集体。

安全领域系列专项整治行动深入开展，累计查处相关案件151件，移送公安9件。坚守为民本色。用心办好民生实事，新改造提升农贸市场6个，农贸市场星级覆盖率达到100%，改造提升农村家宴放心厨房10个，建成“送药上山进岛”便民服务点4家、24小时“网订店送”药房3家，5家超市创成市级食品安全规范超市，校园“阳光厨房”建设率达100%。民生计量“分厘必较”，完成计量器具检定42814台（件）。放心消费建设扩面提效，培育放心消费示范单位2657家，无理由退货承诺单位824家。及时、妥善处置各类投诉举报5765件，为消费者挽回经济损失296.7万元。

【宁海县二〇二〇年度内资企业市场主体分析】

一、基本情况

新设情况。全年新设内资企业3909户，注册资本（金）1432922万元，分别同比增长11.97%和21.63%。其中新设私营企业3793户，注册资本（金）1240912万元，分别比2019年同期增长11.76%和22.61%。新设个体工商户9921户，资金数额166826万元，分别比2019年同期减少5.14%和增加16.42%。新设农民专业合作社36户，出资总额165万元，分别比2019年同期减少21.74%和97.74%。

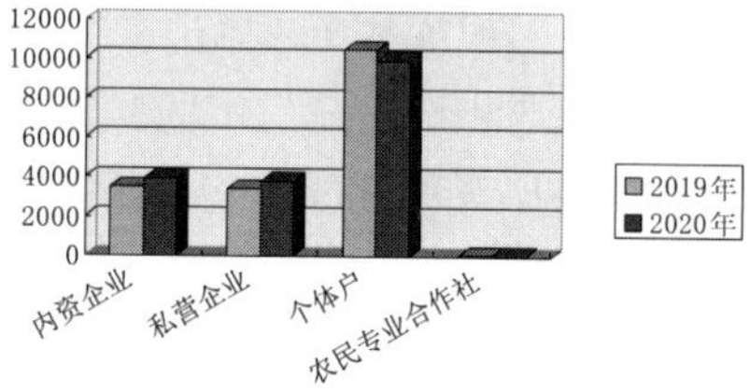

图1　2020年宁海县新设经济主体数量情况示意图

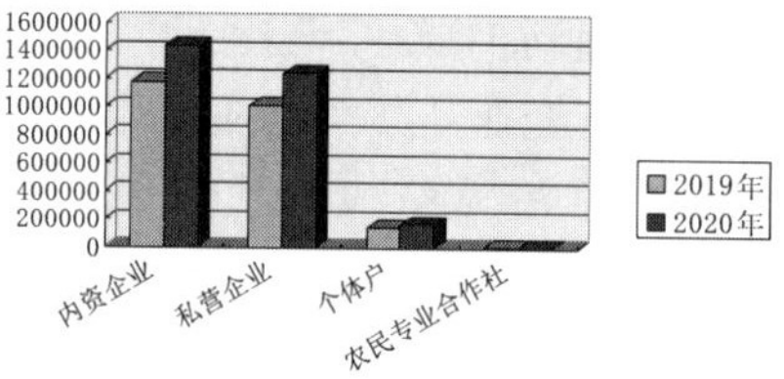

图2　2020年宁海县新设经济主体资金情况示意图

注（吊）销情况。全年注销内资企业1058户，同比·减少37.47%，其中私营企业1020户，同比减少30.71%，注销个体工商户3275户，同比减少50.84%，注销农民专业合作社66户，同比减少16.46%。

累计登记情况。截至年底，全县共有内资企业22654户，注册资本（金）12748580万元，同比增长11.79%和19.32%，其中私营企业21559户，注册资本（金）8533034万元，分别比2019年同期增长25.83%和13.79%。个体工商户57016户，资金数额733485万元，分别比2019年同期增长13.65%和21.64%。农民专业合作社1275户，出资总额127504万元，分别比2019年同期减少9.96%和33.27%。

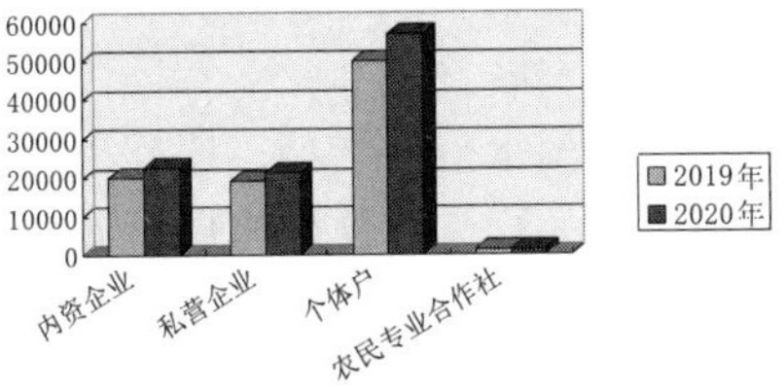

图3 全县经济主体累计数量情况示意图

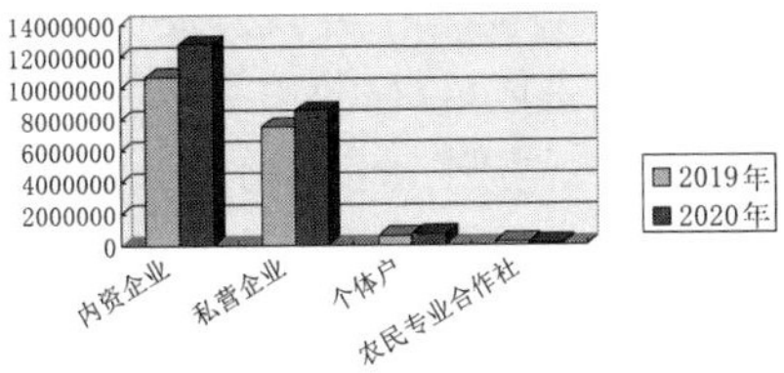

图4 全县经济主体累计资金情况示意图

二、基本特点及分析

市场质量进一步提高。进一步深化商事制度改革，重新调整准入负面清单、扩大告知承诺制事项、开启企业开办“1+0”模式、经营范围规范化、股权变更一件事改革，县市场监管局为对冲疫情，实现多途径保市场主体，进一步优化市场准入环境，激发市场活力，市场退出愈加便捷，让市场主体“进出无碍”。全年新设内资市场主体13830户，同比减少1.31%，较2019年增速回落6.3个百分点，比前两年的高速增长增势有所减缓，累计实有市场主体突破8万元大关。

新增内资企业数量稳健增长。全年新设内资企业3909户，同比增长11.97%，注（吊）销660家，同比减少60.99%。个转企199户，比2019年增长45.3%，说明企业升级意愿强烈，个转企劲头足，企业提质升级效益明显。另一方面，注册资本百万元以上的企业数量不断增加，注册资本100万元以上企业有10829户，比2019年增加1398户，同比增长14.82%。私营企业中实有注册资本100万—500万元的企业7420户，比2019年同期增长15.83%，实有注册资本500万—1000万元的企业1500户，比2019年同期增长10.86%，实有注册资本1000万—10000万元的企业1789户，比2019年同期增长14.02%，实有注册资本亿元以上的企业120户，比2019年同期增长16.5%，全县私营企业注册资本100万元以上的企业占私营企业总数50.23%，较2019年提高1.2个百分点。2020年私营企业的注册资本总额为124.09亿元，同比增长22.61%，比2019年同期提高45.52个百分点。注册资本百万以上企业数量逐年增多，显示出企业发展势头良好，市场活力不断迸发，企业规模与实力不断壮大。

农民专业合作社同比降幅明显。新设农民专业合作社36户，出资总额165万元，分别比2019年同期减少21.74%和97.74%，数据体现出农民专业合作社现在更倾向小规模的发展。与此同时，经营不善的农民专业合作社也纷纷选择注销退出市场，注销农民专业合作社66户，同比减少16.46%，较2019年同期降低30.95个百分点，说明农民专业合作社受监管体制和市场环境影响较为平稳，退出趋向稳定。

产业结构进一步优化。全年新设第一产业企业612户、第二产业企业2480户、第三产业企业10738户，分别占新设市场主体总量的4.43%、17.93%、77.64%，与2019年同期相比，第一产业上升1.81个百分点，第二产业下降2.43个百分点，第三产业上升0.62个百分点。全县累积实有第一产业2762户，第二产业21492户，第三产业55416户，比重分别占全县市场主体总数的3.47%、26.98%、69.56%。与2019年同期相比，第一产业下降1.62个百分点，第二产业下降0.9个百分点，第三产业上升2.53个百分点，从市场主体数看，第三产业始终占市场主体的主导地位，成为推动经济发展的重要力量。

行业发展相对集中。全县新设市场主体户数居前5位的行业分别是批发和零售业5712户，占新设企业总量41.3%；制造业2145户，占总量的15.51%；住宿和餐饮业1752户，占总量的12.67%；居民服务、修理和其他服务业942户，占总量的6.81%；租赁和商务服务业803户，占总量的5.81%。以上5个行业合计占新设市场主体总量的82.1%，基本集中在传统行业，且排位情况与2019年一致，无前后顺序波动。

三、宁海县市场主体发展存在的问题

企业规模普遍较小，难以发挥效应。从宁海县市场主体统计数据可以看出，虽然全县各类市场主体发展较快，但与全市其他地区相比，无论是发展数量还是发展规模仍存在较大的差距。截至年底，全县实有内资企业数量22654户，注册资本（金）为12748580万元，平均每户注册资本（金）为562.75万元，整体规模较小。全县登记在册的各类企业中，小微企业占据大多数，企业规模不大，中小企业结构不尽合理，没有形成大中小企业梯次发展的格局，难以发挥出规模经济效应和辐射效应。

产业结构性矛盾未明显改善。宁海县整体经济结构有所改善，经济发展正向第三产业主导的形态转变。第三产业服务业市场主体数量从前年的51.3%的占比上升至69.56%，注册资本占总数的比例由51.3%上升至60.6%，结构性矛盾依然突出，与发达地区第三产业90%以上占比相比，仍有较大差距。虽然第三产业为宁海县发展最快的产业，但增长明显的仍旧集中在批发零售业、住宿餐饮、居民服务等传统行业，而金融、信息技术等与市场经济联系极为密切的、高附加值的现代服务业发展并不太快，教育、文化、卫生和科研等知识含量高的产业比重仍然偏小。这些行业的相对滞后对于优化资源配置、提高人力资本素质、提高技术水平和社会组织化程度均形成不同程度的障碍。

市场主体存活率偏低。在证照分离改革、企业开办“1+0”等一系列商事制度改革和金融、税收、纾困补助等一揽子惠企政策背景下，全县各类型市场主体实有数量实现平稳增长，但是新登记市场主体数量却呈现疲软态势，并且其存活率不容乐观。截至年底，全县实有各类市场主体81315户，但注销户数4399户，不包括实际已经停业未办理注销手续和已经发布注销公告的市场主体。

农业经济自我调节能力不强。农业经济仍以粗放型农业为主，农民专业合作社的合作意识逐渐减弱，市场退出逐年增加，大部分市场主体如长街、胡陈等农业大镇的农民（农场主）普遍以自产自销产品为主，产品品种趋同，加上年底的大寒潮，使得农作物受损严重。以力洋“红美人”柑橘为例，本身价格偏高，近两年大面积种植，导致产量上升市场饱和，增产不增收成为农业的普遍现象。另外，辖区内从事农产品产业化综合开发的企业少，有实力的大型企业和带动能力强的龙头企业更少，难以发挥规模经济效应和辐射效应，一旦出现农产品滞销，就无法通过加工企业进行消化，宁海县农业经济发展对外抗压、自我调节能力不强。

四、对宁海县市场主体发展的建议

优化营商环境，持续提振市场主体活力。进一步降低准入门槛，破解“准入不准营”难题。围绕企业全生命周期“一件事”改革目标，进一步减事项、减环节、减材料、减次数、减时间、减费用，持续提升整体智治能力和政务服务水平，推动市场主体稳步增长。全面推进证照分离改革2.0版落地见效，扩大实行告知承诺事项，最大程度提升大众创业便利度，营造更加便捷高效的准入环境。

健全监管体系。加强和规范事中事后监管，以公正监管促进公平竞争，强化信用激励和约束手段，建立统一的信用监管体系，进一步优化营商环境，提高市场主体竞争力。强化“互联网+监管”，推进“双随机、一公开”的全面应用，全流程整合，推动市场监管领域日常检查“双随机、一公开”全覆盖，加强跨部门联合监管常态化应用，推进抽查检查信息统一归集和全面公开，进一步提升“智慧化”监管效能。

加快产业转型，大力推动市场主体升级。推进传统制造业向数字化、智能化转型升级。大力发展园区经济，高标准建设特色小镇、现代化工业园区、电商产业园等新旧动能转换平台，充分发挥园区示范优势。推动设计创新、现代物流、跨境电商等现代服务业企业与制造业深度融合，构建以八大万亿产业为核心、生产性服务业协同发展的新型产业集群，充分利用电商产业园的创业孵化作用，不断发挥释放辐射效应，带动全县电商行业的集约化、集成化发展。加快发展新产业新业态新模式，聚焦数字经济、物联网、人工智能等领域，对标先进地区产业发展经验，推动战略性新兴产业发展。

加快淘汰落后产能，抓好市场主体培育工程。持续深化供给侧结构性改革，大力推进腾笼换鸟，淘汰落后产能，依法处置僵尸企业，为新动能健康成长释放土地、空间等资源，促进产业向高端化攀升；实施“个转企、小升规、规改股、股上市”主体培育工程，推动成长性好、创新力强、市场前景大的中小微型企业加快发展，升级为规模以上企业。

强化知识产权工作。加强知识产权培育和保护，使用相关激励政策，深化知识产权服务平台建设，通过知识产权发展三年行动计划，培育一批有影响力的示范企业，以点带面促进知识产权增量提质。

落实惠企政策，释放政策红利。高质量落实好惠企政策。用足用活用好财政金融、减税降费、降租降息、稳岗就业政策，细化、量化政策措施，充分利用报纸、网络、电视、公众号等媒体，多渠道、多形式加大政策宣传力度，提高中小微型企业经济政策知晓度，拓宽政策覆盖面。充分发挥“店小二”精神，大力宣传市场准入的便利政策，为企业提供精准服务，推动各项政策落地、落细、落实。出台鼓励创新创业的人才政策，加大对年轻群体创业的资金扶持力度，激发青年群体创业热潮，按照高端、公益原则，邀请权威专家、知名学者进行专题辅导，培养造就一批具有战略眼光、市场开拓精神、管理创新能力和强烈社会责任感的优秀企业家和职业经理人队伍。

摸清企业需求，完善构筑公共服务体系。以“三服务”为抓手，坚持需求导向，利用乡镇干部、网格员、助企专员以及“8718”线上平台，深入企业摸清了解发展需求及存在困难，精准高效推送相关政策，提升公共服务水平，实现惠企政策与企业发展精准匹配。

安全生产监督管理

【概况】 2020年，全县未发生较大以上生产安全事故，共发生各类生产安全事故12起，死亡8人，同比分别下降33.3%、71.4%，其中道路交通事故7起，死亡4人，同比分别下降57.1%、33.3%；工矿商贸企业事故5起，死亡4人，同比持平，下降40%，其他行业领域未发生生产安全亡人事故，各类事故均未突破市政府下达指标，为全县经济社会的发展提供安全稳定环境。

【安全生产责任体系建设】 认真贯彻《地方党政领导干部安全生产责任制规定》，以落实“三个责任”为重点，细化安全生产目标措施，压实工作责任，按照“党政同责、一岗双责”和“三个必须”原则，强化各级领导责任、部门监管责任、属地管理责任，层层签订安全生产责任书，落实层级管理。完善安委会与专安委会的工作运行机制，严格落实“一票否决”制度、警示约谈制度、述职述安制度。县委、县政府领导班子每季度定期分析、研究、部署安全生产重大问题，听取安全生产情况汇报。春节、“五一”、国庆等重要时段，党政主要负责人亲力亲为，带队检查安全生产工作，县委、县政府主要领导检查安全生产2次以上，各线领导均带队检查安全生产。

优化基层社会治理。县级层面，组建县安全生产和自然灾害突发事件应急管理委员会，实施双首长负责制；乡镇层面，成立应急领导小组和办公室，完善机构职责；村社层面，明确应急管理相关责任，确保上下联动、衔接顺畅。

强化督导检查。运用暗查暗访、挂牌督办措施督促责任落实，“百日攻坚”行动及重大节日期间，县四套班子领导带队赴各地各单位进行安全督导。县纪委、县委督查室、县政府督查室把安全生产督查检查列入年度重点督查内容，对各地各部门重点工作推进、重大隐患整治落实情况等进行实地督查，严格责任追究。县应急管理局班子分组包片深入基层、下沉一线对联系乡镇（街道）进行督查指导。

【安全风险管控能力提升】 强化风险隐患管控。对全县584家涉及危险化学品使用企业、“三场所三企业”和消防重点单位（企业）推广“安责险+服务+科技 ”模式，实现企业安全风险“日管控”精准覆盖。

开展新一轮县域安全风险辨识评估。加快推进安全风险管控体系建设试点工作，完成9家试点企业、10家小微企业园安全风险辨识评估工作。

深化“低散乱”区块整治。主动靠前推进全县工业全域治理工作，积极配合推进梅林南路两侧工业集聚区改造提升工程，切实做到安全提质，基础提升，产业提效，管理提优。

组织开展“两小”企业消防生命通道畅通工程整治和“三违”清剿等专项行动，累计拆除各类影响安全的违法建筑135宗15.14万平方米。

【重点行业领域专项整治】 强化事故防控，积极开展道路交通、危化品、消防、工贸企业、建筑施工、特种设备等重点行业领域专项整治，有效消除一批事故隐患，打击、取缔一批非法违法行为，进一步增强了安全生产执法威慑力。危险化学品：开展危险化学品道路运输“铁拳整治”、危化品全生命周期安全、非法违法小化工等专项整治，全面提升全县危化品领域本质安全水平。

加强对“两重点一重大”企业的生产装置、储存场所的可燃气体和有毒气体泄漏检测报警装置、紧急切断装置的自动化控制系统建设，2家危化品重大危险源企业已全部完成自动化报警控制系统改造。

工贸行业专项整治。开展高温熔融金属作业和有限空间作业安全提升专项整治，强化检查执法力度，加强事故隐患排查治理，淘汰落后装备工艺，推进企业风险体系管控建设。督促有限空间作业企业设置安全防护措施，张贴安全警示标志，配备相应劳动防护用品，坚决遏制重特大事故发生。道路交通：实现危化品运输车辆挂靠清零，进一步强化执法监管，精准打击危运车辆超速、超范围经营等违法行为，完成危化品道路运输路线中的桥梁、高速匝道、长坡陡坡、临水临崖以及穿越人员密集区、重点风景区安全风险评估。

消防安全。全面开展消防安全百日攻坚行动，紧盯大型商业综合体、宾馆、饭店、公共娱乐、学校、医院、劳动密集型企业等重点场所进行全面消防安全检查，重点整治违规使用易燃可燃材料装饰装修、违规动火作业、私拉乱接电线、占堵疏散通道、损坏消防设施等问题，坚决遏制群死群伤和有较大影响火灾事故的发生，全力预防和减少“小火亡人”事故发生。

建筑施工。积极开展在建工地

违规充电问题专项整治，全县工地新安装智能充电桩123处。特种设备：推进特种设备信息化智慧化监管模式，实现液化石油气充装环节“标准化+物联网”全程监管。排查整治企业违规使用特种设备行为，消除及企业内使用锅炉、压力容器、压力管道等特种设备风险隐患。

【安全生产综合治理三年行动】 各责任单位梳理任务清单和责任清单，从公安、住建、交通、应急、消防等单位抽调人员建立专班实体化运作，完善机制，强化督查指导，实行挂图作战，逐一对账销号。2020年专题专项任务189项已按计划完成。整治期间，各有关单位共排查出隐患26167条，整改24821条。组织开展城中村企业消防隐患、沿街商铺、小微企业隐患排查、在建工地充电桩规范整治、老旧小区电瓶车“飞线”充电问题、涉及危化品企业、有限空间及涉爆粉尘企业、烟花爆竹、国有资产出租房、供水设施、配电箱消防隐患等专项整治行动，切实消除一批事故隐患和安全问题。通过专项整治和综合治理，将安全监管责任和主体责任层层传导到各地各部门、企业和从业人员，促进本质安全水平有效提升。

【“利剑”专项执法行动】 自10月以来，按照省市执法要“长牙齿”要求，对重点企业、重大风险和重点环节开展“利剑”专项执法行动。通过高压态势的严格执法，倒逼企业严格落实安全生产主体责任，切实提升企业本质安全水平。共检查企业450家，包括一般工贸企业393家，危化品经营、储存及使用企业16家，其他涉及危险作业企业41家。在重点行业领域中，涉及有限空间企业7家，涉爆粉尘企业79家，高温熔融企业9家，喷涂作业企业7家，船舶制造企业3家，涉氨制冷企业1家。覆盖县域C级企业19家、D级企业115家，重点企业检查完成率、监督检查立案数、行政处罚金额数等方面均位全市前列。同时，加强行政执法和刑事司法衔接，建立完善事故前预防性处罚考核、通报机制和事故查处与责任追究联动机制，追究刑事责任1人次。通过严格执法，充分发挥法律震慑作用，保持严查严管严处高压态势，一改以往安全生产执法“宽软松”弊端。

【数字赋能安全生产监管】 依托省市安全风险治理大数据平台对风险隐患分级分类清单化管控，实现安全生产隐患共治和信息共享，提升安全监管的科学化、智能化、精细化水平。

建立企业动态风险数据库。对全县5.1万余家生产经营单位（其中工业制造企业14033家，规上企业610家，“两小”企业13423家，涉及危险化学品使用单位660家）安全生产相关信息纳入风险管控信息化平台，建立“一企一档”和动态核查机制，实现区域风险和企业风险隐患的动态监测预警，确保闭环治理。

绘制“红橙黄蓝”四色安全风险空间分布图。编制城市安全风险评估报告，建立乡镇（街道）风险管控“一图一指数”（风险图、风险管控指数），从数据分析，宁海县18个乡镇（街道）风险管控指数得到较大提升，4个乡镇（街道）达到高等级，13个达到较高等级，1个达到一般等级。

加强特种作业持证上岗数字化监管。组织开展特种作业人员安全码推广工作，实现特种作业个人、企业、政府监管的全过程数字化，有效解决无证作业、持假证上岗、超期未换证、一证多用等问题，以精准化管理有效应对各类违法违规行为。全县810家企业、4000余名特种作业人员申领“安全码”，持码率94%，在全市县（市）区排名第2位。

【安全生产社会共治】 深入推进社会化规范服务。为切实提升第三方服务质量和水平，通过严格资格审查和专项治理，原有27家中介服务机构符合资格条件的精简为4家。同时，强化诚信管理，规范从业行为，建立对违法违规中介机构限制准入制度和“黑名单”制度，杜绝中介服务机构违法违规行为，引导服务市场健康有序发展。县人民政府与宁波工程学院共建宁海县应急管理研究中心，整合高校学科优势和专业技术资源，培育具有较高应急管理研究和应用能力的专业队伍，组织开展县域风险评估、安全技能培训、课题研究、社会化服务，在全县应急管理工作提供技术支撑方面发挥积极作用。尤其在产业工人安全素养提升中发挥“主力军”作用，高效开展培训工作，累计组织各类培训2.5万余人次。

加大社会监督。建立实施安全生产重大事故隐患和违法行为举报奖励制度，群众对重大隐患和违法行为线索的举报起数增多，对举报事项，安全生产监管相关部门均及时予以立案查处，社会关注度持续提升，企业从业人员主动参与安全管理意识增强，形成安全生产齐抓共管的良好社会氛围。

【安全生产宣传教育】 积极开展安全生产普法宣传。县安委办与县普法办及相关部门联合，利用“法治宣传日”、“安全生产法治宣传周”、

"11·9"消防日等载体，组织开展多种形式的法治宣传活动，普及安全生产相关法律法规知识，增强企业主体责任意识和群众安全素养。

扎实推进安全生产"五进"工作。以安全生产月、安康杯竞赛等为载体，围绕"消除事故隐患，筑牢安全防线"主题，进企业、进农村、进社区、进学校、进家庭弘扬安全文化，着力营造良好安全氛围。

着力推进全民安全素养提升三年行动。加强宣教阵地建设，建成各类安全宣教体验馆 7 个。深入推进产业工人安全和消防技能提升工程，突出建筑施工、道路交通、工业制造等重点行业领域，加强事故企业警示教育和涉危涉化、小微企业的负责人和重点岗位、新进企业人员等安全教育，组织开展多层次培训教育，2020 年度指标 6.2 万人，实际共培训 9 万余人，超额完成指标。

实施全县"应急小喇叭响起来"计划。修复一批农村应急小喇叭，实现全县农村全覆盖，确保突发事件应急处置相关信息的即时传播。

【安全生产应急管理体系建设】 健全县、乡镇（街道）两级应急管理指挥协调体制和分工负责机制。加强基层应急管理队伍建设，以梅林街道为试点打造基层应急管理所建设模板，整合应急管理资源，提升基层应急管理统筹领导、风险防范能力。加强应急救援队伍和能力建设，加快推进消防站所布局、装备配备、设备更新；加强片组协作，就近乡镇（街道）按片区联合组建半专业森林消防队伍；培育支持社会救援力量，完善相关政策，以政府购置救援专业装备提供社会救援组织无偿使用等方式，引导、扶持社会力量积极参与应急救援。

自然灾害防范防治

【概况】 防汛防台方面：2020 年汛期，宁海县未出现自然灾害亡人事故，汛期平均总降雨量 1034.0 毫米，比常年同期 1239.7 毫米减少 16.6%。成功完成"黑格比""海神""美莎克"台风防御工作。完成 40 个避灾安置场所规范化建设和 110 个可视化任务建设。

森林防灭火方面：2020 年全县森林防灭火形势总体平稳，未发生火灾亡人事故，火灾数量较往年呈下降趋势。

【完善防汛防台责任体系】 完成县、乡、村三级应急预案和村级防汛防台形势图修编工作，根据预案调整防指成员。做好基层网格及责任人调整，并在基层防汛综合管理平台上及时更新。建立汛期汛情会商机制，出台《宁海县防汛防台抗旱指挥部工作规则》，进一步完善汛期汛情周报告制度和重要防汛部门定期会商制度。完成镇、村级灾害信息员调整，建立县—乡—村三级灾害信息员体系，确保每个乡镇 2 名、每个村（社区）至少 1 名灾害信息员，全共有 36 名乡级、479 名村级灾害信息员。按照省市信息员师资培训、浙江安全码应用、防汛防台业务工作等要求，全县对各类信息员以视频会议、大讲坛等方式进行集中培训，全年共集中培训 7 次。

【直升机备勤基地建设】 在宁波南部湾滨海新区建成全省直升机应急救援常态化备勤基地。基地停机坪占地面积 572 平方米，配备双发动机的轮式直升机 1 架，可满足 1 个中队编制常驻 7 人的日常保障需求。直升机巡查范围包括宁海县全境及奉化南部林区，总巡查林区面积约 1600 平方公里。

【防汛防台物资和力量配备】 印发《关于做好防汛防台应急物资储备工作的通知》和《关于做好防汛防台应急物资"三大件"配备工作的通知》。全年共配备卫星电话 69 台，应急发电机 128 台，排水泵 259 台。抓基层队伍建设，做好抢险救援队伍的培训演练，扶植培育飞鸽、飞豹、飞狼、海豹、水龙会等民间救援专业队伍，全县共有专业救援队伍 21 支，民间救援队伍 6 支。

2 月 5 日，直升机备勤基地揭牌仪式

【防汛“浙江安全码”赋码】 全面完成重点领域和重点区域转移人员基础信息排查及“浙江安全码”赋码工作，其中地质灾害录入2298人，小流域山洪录入11716人，赋码率达100%。大力开展“浙江安全码”应用的培训，组织各乡镇（街道）相关工作人员参加“安全码”应用的培训，采用“实操演练”方式组织相关责任人进行人员转移演练和培训，并在“黑格比”台风期间，组织相关乡镇进行“浙江安全码”的实战应用。

【森林防灭火体系建设】 全县建立了4支具有专业化水平的森林防灭火队伍，其中岔路和黄坛2支队伍被选为市级的直属队伍，力洋和跃龙2支被选为县级的直属队伍。在队伍建设、装备配备等方面加大投入，总计投入资金40万元。为快速应对森林火灾和扑救工作，全县进行引水向上工程和防火隔离带的建设，自工程开工以来已投入资金300万元，铺设142公里的防火隔离带。全县共建立5个森林防灭火视频监系统，每个视频监控系统范围为5—10公里，投入资金近500万元。

【防灾减灾宣传周】 各单位开展主题活动352场，参与人数115273人，线下场馆接待访客1483人次，组织线上活动348次，悬挂标语（横幅）742条，张贴宣传画3458张，刊出黑板报286期，出动宣传车228台次，举办知识竞赛92场，参观图片展10250人次，发放宣传资料145181份，发送宣传短信202123条，发送微博263条，发送微信7016条，播出公益广告235条，收集征文769篇，组织技能比武30场，开展应急演练354场，排查隐患4862条，整改隐患4862条。县减灾办印发防灾减灾、台风、地震、地质灾害、防汛抗旱等宣传主题的宣传折页2万余份，宣传海报6000余份。

国资管理

【概况】 2020年，县国资管理局在县委、县政府的正确领导下，努力克服疫情影响，积极作为，国有经济稳中趋好，各项主要经济指标全市横向对比，排名靠前。截至年底，宁海县在经营国有企业39家，资产总额1791.81亿元（全市第2），同比增长14.67%；净资产555.08亿元（全市第3），同比增长16.77%；资产负债率69.02%，同比下降0.8个百分点；全年累计实现营业收入44.17亿元（全市第3），同比减少2.69%；利润总额-8.29亿元，同比减亏27.09%。其中，六家县直属企业（国投集团、水务集团、城投集团、交通集团、文旅集团、科创集团）资产总额合计969.63亿元，占全县国有企业总资产的59.53%，资产同比增加108.96亿元，占全县国有企业资产增加额的54.53%。宁海县资产总额在100亿元以上的企业有3家，分别是城投集团510.64亿元，交通集团183.19亿元，科创集团188.46亿元。

【改革举措】 优化布局结构。整合平台公司，成功组建县国投集团和县建投集团。盘活22亿元污水管网资产注入水务集团，盘活4.2亿元海域资产注入各企业，不断做大做强公司资产。

推进国企混改。科创集团引入民企，合资成立宁波市创联物业有限公司和宁波禾创大数据服务有限公司。文旅集团引入日资，合作开发十里红妆文化小镇。港口公司混改、城乡交通混改项目稳步实施。加快市场化运作。国投集团宁海县

10月14日，全县国企管理人员学习贯彻习近平新时代中国特色社会主义思想进修班在县委党校开班

机动车检测中心上线运行。交通集团成立综合能源公司，试水矿产开发业务。公交公司拓展短途包车业务。

坚持“提低、扩中、控高”，深入推进国有企业工资总额预算决定机制改革。完善考核激励机制，严格指标设定，差异化考核从严从紧评价各企业经营实绩。修订完善国企劳动用工管理、中层管理人员选拔聘任等多项人事管理制度。完成年度国企职工统一招聘工作，试点开展2家国企自主招聘工作。

投融资体制改革。强化国企融资监管，2020年3月，县国资中心根据金融市场整体环境变化，重新修订《关于加强宁海县国有企业融资管理工作的意见》，将国有企业融资事项由事后备案制改为事前备案制，明确融资综合成本控制在6%以内。截至年底，宁海县国有企业融资平均综合成本较4月下降0.75%。加强投融资平台建设。整合优质企业资源，统筹安排评级计划，抓好国企主体信用评级，增加国企发展“无形资产”，2019年新组建的国投、建投集团均通过AA+信用评级。至年底，宁海县共有3家AA+级，5家AA级。拓展融资渠道。抢抓政策释放“窗口期”，充分利用市场融资工具，开展中票、短融、企业债、美元债等多渠道低成本融资。同时，督促指导国企置换原高成本融资29笔，融资平均综合成本由原来的6.67%降到5.78%。

【业务提升】 强化监管服务效能。全面梳理中心与部门、企业权责清单，加强国企重大事项清单化管理和事中事后监管。落实机关内部“最多跑一次”，国资监管服务网上办理事项居全市第一。深化人事薪酬改革。

启动国企退休人员社会化管理工作，截至10月底综合移交率94.85%。

加强企业财务管理。规范国有企业银行账户开设和管理，集中开展国企银行账户清理行动，截至10月底16家主要国企共注销和清理银行账户数120个。

实施业务招待费预算化管理，2019年全县国有企业招待费累计支出同比下降21.25万元，降幅12.6%，实现连续6个年度下降。2020年度国企招待费总体核定额度较2019年再降5%。

【党建工作】 压实主体责任促履职。瞄准3项问题清单，研究部署基层党建15次，多次召开国企党建融合发展座谈会，组织3家集团支部工作标准化建设先行试点，实施国企党建绩效考评动态管理。

深化学习教育入常态。班子带头基层授课13堂，蹲点开展国企发展课题调研，搭建“101号学习站”党建特色平台，抓实中心理论学习、“周二夜学”等56次，举办习近平新时代中国特色社会主义思想进修班，培训国企骨干120余名。

紧抓基层建设增活力。新建成四星及以上党组织15个，新培育特色品牌、示范阵地13个。深化“双培”工程，“高知群体”等占新发展党员90%以上。市委督查调研国企党建，宁海县排名第2。

强化能力提升谋发展。坚持党建实干引领，国资国企带头落实减租政策，为中小微企业、个体工商户纾困4300余万元。践行党员先锋引领，带头融入抗疫大局，1人获评市“防疫先锋”。党建助力决胜扶贫攻坚，县国资管理中心作为县内唯一一家单位，荣获市扶贫攻坚社会责任奖。

统　计

【概况】 深入学习贯彻中共十九大及十九届五中全会精神，认真落实上级统计部门和县委、县政府各项工作部署，秉持“用数据说话，为发展服务”的理念，围绕中心、服务大局，坚持依法统计，认真开展统计调查，扎实推进统计服务，着力构建监测型、研究型、参谋型统计，为推动双优宁海建设提供了有力的统计保障。

【疫情防控】 强化统计担当，助力疫情“两战赢”。一手抓疫情防控，一手抓统计调查，在决胜“两战”中彰显统计担当。

当好防疫“守门员”。局领导班子带头，第一时间下沉力量到村、社区，配合做好人员排摸、宣传巡逻、布设关卡、消毒灭菌等各项工作，协助开展地毯式排查，确保防控措施覆盖到户、落实到人。充分展示党员干部冲锋在前、勇挑重担的先锋形象，获得县委组织部的来信感谢。

当好经济分析员。密切跟踪监测主要经济指标运行，加强经济形势预警预判。疫情发生后及时组织各专业开展生产经营情况问卷调查，掌握新冠肺炎疫情对企业的影响和企业复工复产进度情况，在《统计快报》的基础上，2020年新推出《统计专报》将企业反映强烈的税费社保费等减免或延迟缴纳、疏通原材料采购产品销售市场渠道、提供援企稳岗补贴和防疫物资等问题和困难报送县主要领导，为县委、县政府科学决策和出台政策提供参考依据。

当好复产服务员。局领导带领

党员干部组成2支小分队全脱产精准指导梅林街道、桥头胡街道企业复工复产，帮助解决困难，把深化“三服务”与推进复工复产紧密结合起来。以“1+N”模式，选派驻企联企服务员，以问题为导向，以服务为抓手，下沉一线、主动上门，紧紧围绕“宣传疫情防控知识、帮助企业复工复产、打通上下游产业链”三大任务，全力当好联络员、协调员、宣讲员、指导员，把服务更加直接高效地落实到企业急需处。

【统计服务】 优化统计服务，助力“争先创优”专项行动。4月开展“争先创优”专项行动以来，按照县委县政府有关部署要求，参与全县7个专班和总班的数据监测组，协助做好工作推进。

围绕MEI指标评价体系加强动态监测。结合县域实际，对MEI指标体系进行拆解试算，加强对客观指标评价体系、专班推进评价体系和GDP支撑性指标体系的研究解读，动态研判发展趋势并开展合理预测。

围绕高质量发展做好指标解读。结合全县高质量发展与主要经济指标考核实施办法、全县目标管理考核主要经济指标（“双底线”）考核办法要求，抓好各项指标数据的采集、审核、测算、评估、汇总、分析等工作，有针对性调动一线工作积极性，统计服务指导更具针对性。

围绕精准服务强化分析研判。出台统计信息考核办法，鼓励干部加强学习，提升专业分析水平，年度统计信息考核全市第三名（前三季度），《统计快报》《统计专报》等统计产品质量得到提升。

【织密数据防控体系】 强化责任担当，织密数据防控体系。根据国家、省、市有关会议、文件精神，全面部署落实防范和惩治统计造假、弄虚作假工作。

层层传达，贯彻落实批示精神。第一时间汇报，形成防惩统计造假氛围。及时向县委县政府主要领导及分管领导汇报，县委县政府主要领导多次就统计数据质量在会上强调并做出批示。多次组织学习，提升干部责任意识。多次召开党组会议、局务会议专题研究部署抓好统计数据质量，并依托“周二”夜学等，深入传达学习狐疑、文件精神，此外开展《统计法律知识解读》等专题讲座。开展基层系列活动，提高思想意识。结合统计继续教育培训、统计诚信示范单位创建活动，深化推进乡镇（街道）统计基层基础建设工作，全面落实乡镇（街道）统计工作行政主要领导负责制等，确保基层统计机构队伍充分发挥管控源头数据质量的职能作用。

全程管控，严密防控数据造假。聚焦顶层设计，把好事前“源头关”。先后制定《宁海县统计局重大统计执法决定法治审核制度（试行）》《宁海县统计数据质量管控办法》等制度，压实防范和惩治统计造假、弄虚作假第一责任、主体责任和直接责任。紧盯数据节点，把好事中“质量关”。各专业开展全面整改和自查自纠工作，提高发现和纠正统计造假问题的能力，坚持即报即审，有异常数据、修改痕迹、疑似造假的数据，必须核实到每家企业、每个项目，把好数据生产环节的第一道关口。注重责任闭环，把好事后“执法关”。统计执法主要以“双随机”抽查和重点检查形式进行，其中“双随机”抽查40家，重点检查15家，走访调研90余家，对其中5家有统计违法行为的单位进行行政处罚。同时，建立监督执纪与统计执法联动工作机制，以精准监督护航精准统计。

【提升源头数据质量】 “常态化”培训。根据专业特点，不定期举办专业培训会、座谈会，重点解读专业制度、明确取数方法、传授审核要点、交流常见错误、探讨行业走势，通过常态化交流，有利于解决同一专业存在的共性问题以及对行业走势的把握与研判。

“精细化”审核。专业科室加强报表审核，做到“开网即查、随报随审”，并通过钉钉、电话等联系方式与企业沟通，同时强化人工审核力度，着眼报表数据横、纵向的比对，从数据的差异情况入手进行翔实的数据评估，做到基础数据审核与综合数据审核相结合，多举措提高统计数据质量。

“规范化”指导。坚持领导率先、科室互动、专业主动，开展“三服务”暨“五进”调研活动［进企业、进项目、进部门、进乡镇（街道）、进农户］，深入基层掌握实情，不断加大服务企业服务群众服务基层的力度，加强源头数据采集，确保数据真实、可靠，进一步夯实基层统计力量。全年共走访、指导企业200余家次。

“专业化”监测。重点围绕全县发展的重点、热点问题，结合“三服务”活动中捕捉到的新情况、新变化，撰写有深度、有见地的统计信息为领导决策和经济社会发展服务。如撰写《2016—2019年宁海县绿色发展指数简析》，以统计专报呈报县领导，获县长批示：“此事重大，统计分析得较为细致且有指导意义。”编印《统计快报》18期、《统计专报》7期、《内部参阅》9期、《月度资料》9期。各类经济信息被两办录用20余篇，获领导批示3次；统计文化被国家局录用3篇，统计分析被国家局、省局、市局各录用1篇，动态信息被省局录用20余篇、市局录用100余篇。

【人口普查】 坚持多措并举，高效开展第七次全国人口普查。根据国家、省、市第七次全国人口普查工作的总体安排，稳步推进第七次全国人口普查各阶段任务。

县主要领导高度重视，带头自主填报，县人普领导小组多次走村入户指导普查工作。

选优配强“两员”队伍。因地制宜，新老搭配，打好普查团队“组合拳”。

分片包干责任到人。建立组长负责制，全县18个乡镇（街道）分为5组，各组组长指导、监督、落实各片普查任务，县、乡、村三级上下联动，形成全县“一盘棋”的良好格局。

分层分级落实“两员”培训。县人普办录制授课视频择优选定课件，供全县“两员”学习借鉴提升业务水平。同时，采取“巡回式”讲课模式提供乡镇业务培训支持，并以测促学验效果，确保培训质量。

全方位宣传动员。创编快板、编排小品、拍摄宣传片等多形式宣传，突出宁海特色人普氛围，引导广大普查对象“开门迎普”。

大力推广自主填报普查新方式。制作《人口普查自主填报操作视频》走进全县“周二夜学”课堂，号召全县机关干部带头积极支持参与人口普查。

“线上线下”齐抓普查进度。“线上”建立钉钉群“日通报”机制，“线下”实行“周一例会”制度，县人普办主任召集各组业务骨干，研究解决重点难点问题。

10—12月，全县3000多名普查指导员和普查员共同完成45万余条住户短表登记和3万余条住户长表登记工作，涉及个人信息超过100万条。

【国家统计局宁海调查队】 常规统计调查任务。重点做好各项统计调查业务，高质量、高效率监测主要统计调查数据，包括城乡居民收入消费、居民消费价格（CPI）指数等涉及民生的重要数据指标。完成粮食产量调查监测和畜牧业调查工作，监测主要农业生产情况。配合做好劳动力调查数据采集，如实反映全县就业和调查失业率等真实状况。城乡居民收支调查抽选全县30个网点进行日记账调查，全年样本稳定，调查数据质量和效率显著提升。全县共有居民消费价格调查网点近250个，消费规格品类超过1000种，涵盖居民消费各个领域。粮食产量调查监测在全县抽选25个样本村开展，监测全县主要粮食种植面积和产量。畜牧业调查通过对主要畜禽品种进行抽样调查，推算全县畜牧业生产情况。同时按照要求完成农产品生产价格、采购经理、工业生产者价格、新设小微企业跟踪调查等统计调查任务。

民情民意调查工作。组织开展全县营商环境试评价调查、全面从严治党民意调查、社会心态调查、群众企业“一件事”改革民意调查等10余项专项调查工作，真实评价经济社会改革发展中人民群众的获得感、满意度。营商环境调查共抽取全县部门和相关企业开展调查，全面从严治党民意调查和社会心态调查等在全县范围内随机抽选居民。

调查样本轮换工作。根据《国家统计局关于做好2020年住户调查样本轮换工作的通知》，为防止调查样本老化、保证样本代表性、提高住户调查数据质量，2020年完成全县城乡住户调查新一轮样本轮

2月，派出12人组成宁海象山交界处卡点执勤小组，检查来往车辆超2100辆次

控前置。推进“两统筹”工作，以“政策审计+”“经责审计+”“财政审计+”三大平台，推进7个项目统筹实施，同时打通科室壁垒，做到审计成果互用，力争一个年度一个单位最多进点一次，做到不增人员增效率。

【聚力队伍总引擎】 党建铸魂提升站位。学习贯彻习近平新时代中国特色社会主义思想和习近平总书记在浙江、宁波考察时的重要讲话精神，巩固“不忘初心、牢记使命”主题教育成果，不折不扣落实意识形态工作责任制，强化理论武装，共培训干部达3000人次。开展党建项目化、组织流动化、支部特色化、服务优质化、阵地规范化的“五化”工作，强化流动党小组、“一支部一特色”等工作，机关党支部荣膺四星级基层党组织称号。

清廉夯基筑牢堤坝。以责任制、清单制明确年度党风廉政建设和反腐败工作，推进“三书三查两报告”制度落实，构建四级督责机制，明确责任分工，层层压实任务，拉紧责任链条。严格执行“一案双查”，落实“一岗双责”制度，对腐败贪污工作坚决“零容忍”。持之以恒抓作风建设，推进“为民用权型”清廉审计机关建设和“首问负责即问即办”工作，及时办理12件依申请公开事项。

队伍创优打造铁军。严格按照干部选任标准，规范程序，严把关口，营造风清气正的用人氛围。积极做好下属事业单位机构改革工作。推进素质提升工程，开展青蓝结对工程，做到充电蓄能提升素质。开展“三学三比”活动，做到学有标杆、追有目标、干有动力。参加“党群同心圆”418次；积极参与“百家机关村村帮”活动，帮扶困难群众17人，聚力扶贫攻坚战，结对贫困学子2人，全局消费扶贫金额达5.76万元，做到践行初心提升形象，获评县“满意机关”称号。

6月16日，中共宁海县委审计委员会召开第二次会议

海　关

【概况】 紧扣“贯彻新发展理念，推进制度创新和治理能力建设，提升海关治理效能”这一主线，年工作定位为创新突破奋进年，着力实现“三创三优”。在新冠肺炎疫情期间，根据政策，免征部分手册风险担保金共计24笔、金额679.68万元，有效地缓解企业成本压力。

县外贸进出口317.61亿元，同比增长5.04%，其中进口15.12亿元、出口302.49亿元，同比分别下降43.29%和增长9.72%。全年办理进出口报关单228份，征收税款160.98万元，审核设立加工贸易手册221份，核销167份；审批减免税项目备案1个，投资总额1000万美元，审批免表2份，减免税款5.95万元；办理企业注册265家，企业注销73家，企业变更115家，现有注册企业2218家。进出口检验检疫总批次5290批，货值8411万美元，同比分别增长17.3%和17.9%；其中出口5153批，货值7645.7万美元，分别同比上升21.5%和55.5%；进口137批，货值765.0万美元，分别下降48.9%、65.4%。

【监管效能】 建立完善党委中心组理论学习制度。第一时间学习贯彻习近平总书记重要指示批示精神，把做到“两个维护”作为根本政治任务。召开49次中心组（含扩大）学习，迅速学习传达贯彻习近平总书记在中央政治局常委会以及有关重要会议讲话精神。重点学习贯彻习近平总书记关于海关工作重要批示和相关重要讲话精神，学习贯彻习近平总书记在浙考察和关于巡视工作的重要讲话精神。

建立健全党委管理机制。完善党委工作规则、议事规则和决策程序，建立党委全面从严治党主体责任清单，严格落实民主集中制，建立重大决策前风险评估研判机制。着力“制度化治理、机制化推进、项目化落实”，切实提高制度创新和治理能力建设的水平，重点是推进三大治理机制：一是党工团联席会议机制，党工团妇协力推进全关精神文明建设、文化建设、对外共建结对扶弱助困以及志愿服务等事宜。二是综合业务协调机制，牵头拟定推进反走私工作、维护国门安全、稳外贸稳外资、强化综合治税等工作措施，协调业务职责调整，开展业务规范梳理工作，形成《宁海海关业务操作手册 1.0 版》。三是后勤综合保障协调机制，通报后勤推进落实和财务保障情况，研究后勤有关重大事项，听取改善后勤工作的建议措施，对食堂、办公物资及耗材、环境绿化、节能减排等工作统筹管理。

强化风险管理。对标提升属地监管效能，以“2020 业务改革框架方案”为指导，持续推进“查检合一”在基层的推广、应用和探索，不断提升“目的地事中”现场查验针对性和有效性。加强疫情管控业务应急准备，开展风险预判和模拟桌面推演，拟定《非法入境船舶疫情管控应急预案》，与地方相关部门建立联防联控机制。推进反走私综合治理，聚焦非设关地走私新态势，加强与地方配合，深入开展打击走私“国门利剑 2020”行动。

严格进出口把关。强化落实食品安全责任制，落实“四个最严”要求；强化进出口商品安全监管，加强对进出口危险货物及包装、进口旧机电等敏感商品的检验监管。

加强疫情防控。第一时间成立防控新冠肺炎领导小组并下设综合保障、业务应急保障 2 个工作组，明确职责分工。制定疫情防控专项方案及 14 条具体措施、疫情防控物资管理办法、疫情防控工作日志等，建立责任清单，落实专岗专人。做好应急值班安排，确保及时与上级监控指挥中心连线。严格落实“一人一表”登记统计、健康日报、消毒和分餐等措施。主要负责同志靠前指挥、深入一线，尤其是春节期间，确保 24 小时在岗值班时刻保持“战时状态”。做实做细个人防护工作，尤其加强对外勤关员的防护，开展应急演练。

2 月 26 日，宁海海关接受宁海传媒集团“对话·有效防控、有序复产”系列专题专访

加强内控建设。完善内控工作制度，成立内控工作领导小组，开展执法领域和非执法领域内控节点梳理，建立并实施内控节点岗位落实清单和内控计划；发挥科技控权的作用，开展内控工作专题培训，并在新海廉 HLS 系统中赋权。

【促进发展】 用足用好惠企帮企政策。认真落实党中央国务院各项部署，全力落实海关总署、宁波海关相继出台的支持企业防控新冠肺炎疫情复工复产等各项举措，上半年出台通关监管“绿色通道”、全面支持业务线上办理、降低企业运营成本等具体 8 项措施；下半年出台“两保两优一促进”5 个方面 25 条具体措施，助力外贸企业稳增长。开展企业培训与政策宣讲工作，组织规范申报、归类技能、信用认证等培训 4 次。培育区域企业做优做强，做好进口通关“两步申报”“两段准入”的推广工作，引导企业更多采用“提前申报”模式，应用“汇总征税”、税款保证保险等多元担保方式。做好企业信用等级提升，完成 2 家高级认证企业的重新认证，新增 2 家一般认证企业。推荐 9 家企业成为宁波海关重点企业。

畅通防疫物资进口通关渠道。第一时间通过在线方式，指导企业防疫物资进口及慈善捐赠减免税业务，进口捐赠物资 4 批，共计 34.39 万只口罩、2400 个护目镜、1500 件防护服、755 支测温枪。开通“防疫物资绿色专窗”，通过一体化方式快速审结放行3批次防疫物资，共计5.05万只口罩。

多措并举助推企业复工复产。到东方日升、博高、双林集团等36家企业开展“走村入企强服务、深抓细研强落实”工作调研，确保对辖区外贸贡献率较大的企业稳增长。2020年新增加工贸易企业7家，意向建立加工贸易账册企业2家，加工贸易手册完成进出口值1.25亿美元；实行7×24小时预约加班制度。简化注册登记或备案手续和加贸业务延期管理，优化原产地签证流程。专人跟进有复工意向的企业，落实“一企一策”，确保一批货值96.88万欧元的进口锂离子电池片原料及时投入生产，相关工作成效获《国门时报》《宁波日报》等各级媒体报道。接受宁海融媒体的联合专题采访，积极宣贯相关政策，收到较好社会成效。建立“海关工作专报”机制，5次向县委、县政府报送海关重要工作情况或工作建议，3个专报、4次被县委县政府主要负责人批示肯定。

支持新业态发展。协调推进宁海首个公用型保税仓建设工作，7月底完成审批验收，全年保税额5000万元。做好跨境电商B2B出口政策的宣传推广工作，与宁海县商务局等共同承办跨境电商出口新模式业务培训暨跨境电商出海论坛（宁海专场）。对接宁波“225”外贸双万亿行动设立关级课题，获宁波海关部门课题三等奖。

聚合新海关技贸职能。积极推进技贸在法治、统计、风控等领域的研究和实践；深化文具研究评议基地建设，做实做优4个技贸工作实体化平台，推进基地工作在宁海县文体产业创新服务综合体落地。提交技贸通报评议和特别贸易关注各1次，均被总署采纳。

【综合治理】 加强党的建设。深入开展“强基提质工程”，擦亮党建品牌，开展“合格支部”和“四强”支部建设活动。疫情防控期间各级党组织通过微信群、钉钉群、学习强国视频会议等平台，在线开展“三会一课”、主题党日等。发挥党员先锋模范作用，认真落实党团员“四个带头”相关要求，积极开展党团员社会志愿服务活动35人次、党员自愿捐款32人次9300元、无偿献血3人次等，充分发挥基层党组织在疫情防控中“走在前、作表率”的作用，涌现出诸多爱岗敬业、主动靠前的先进典型和感人事迹。

深化准军事化纪律部队建设。深入开展“内务规范强化月”，进一步严明纪律、锤炼作风，把“十六字”要求转化为行动自觉。加强能力提升，按时完成全年培训任务。严格日常监督做到令行禁止，确保中央重大决策部署，海关各项政策措施落实到位。准确把握“四种形态”，积极探索用好第一种形态，抓早抓小。

加强精神文明建设。顺利通过省文明单位更名复评，加强与长街镇连浦村结对共建，加强市级文明窗口建设；继续参与做好天台县坦头镇五百村对口帮扶。加强学习型、服务型、和谐型、满意型机关建设，设立双月制的“海关学苑·道德讲坛”，深化细化培育“宁静致远、海纳百川、关通天下”机关文化理念落地工程，塑造“静美远大”机关文化品质。继续完善廉学、廉谈、廉评“三廉工作法”。

加强法治建设。成立宁海县全面依法治理海关领导小组，坚持党委中心组集体学法制度，邀请外聘法律顾问进行全员专题法治培训，持续推进“一关一品”法治示范点阵地建设。加强执法领域监督检查，规范外勤执法全过程。

城乡建设和管理

城乡建设

【概况】 城乡争优攻坚行动持续推进，完成城乡争优项目投资177.64亿元，全县公共设施投资完成27.57亿元。承建市政项目63个，完成投资约8.8亿元。新开工建设双水路、金竹岭巷等5个重点市政项目，开工率达100%；建成环南中路、民生东路、时代西路等15条市政道路，建成办证中心西侧等18个停车场2335个公共停车位，建成环保能源发电项目、时代大道管线下地工程。

公园绿地建设加快推进，完成天明西路绿化提升、柔石公园改造、时代悦府东侧景观绿化等一批绿化工程，完成绿道建设30.1公里。

按照打造“一镇一品”魅力城镇新要求，编制全县16个乡镇街道“一镇一方案”美丽城镇行动方案，谋划建立美丽城镇三年建设项目库，开工建设210个美丽城镇项目，完成年度投资37.98亿元，2个乡镇通过美丽城镇建设考核，其中，前童镇成为美丽城镇建设省级样板，越溪乡成为美丽城镇建设市级样板。

美丽宜居示范村建设卓有成效，成功创建6个省市级美丽宜居示范村，新启动7个省市级美丽宜居示范村创建。切实加强农房建设指导，全县完成农房建设改造2026套，完成龙潭村农房工业化省级试点项目，启动下畈村农房工业化市级特色试点项目。

【疫情防控】 县住建局积极应对疫情对项目实施的影响，快速组建“1+2+N”工作专班，即1名分管领导、2名技术高工和N个责任人，由分管领导统筹抓总，技术高工提供技术指导分析，责任人负责具体落实，最大程度降低疫情对投资项目前期工作以及后续开工建设的影响。根据年初项目梳理情况，春节后第一时间组织专班人员利用“钉钉”平台召开“云会议”，用好全面复工前期时间“空窗期”。强化项目意识，推行项目领办制，明确工作内容、责任主体，确保人人有份、个个担责。7个重点实事新开工项目、31个子项目均已明确领办专员、工作任务，实现清单式管理、责任化推进。各领班专员挂图作战，深入项目一线，开展前期排摸，结合实际情况和项目重要紧急程度，倒排工作计划，确保“底子清、时间明”。同时加强与发改、自然资源和规划、综合执法等有关部门的协调配合，进一步密切与设计单位的沟通衔接，有效形成工作合力，为重点项目顺利实施抓好立项、批复和设计等工作，及时疏通因疫情造成的堵点、难点。

县住建局接到市安委会和市住建局联合印发的《关于立即开展全市建筑工程安全生产大检查的紧急通知》后，立即与县安委会联合转发了该文件，并组织开展了宁海县建筑工程安全生产大检查。对建筑起重机械、脚手架和模板工程、深基坑、有限空间作业等危险性较大的分部分项工程进行全面排查，重点突出对建筑起重机械安全隐患的排查治理。整治内容包括建筑起重机械保险投保、安全隐患整改落实、使用单位定期检查检测、日期使用维护的履行情况等11大项。3月14日起，3天内检查项目26个，检查起重机械83台（其中塔吊55台、施工升降机27台），发现安全隐患146处，签发建设工程安全整改通知书26份，责令立即停止使用塔吊13台，责令局部停工项目3个，并要求相关单位立即对发现的安全隐患进行整改。接着，住建局按照“全覆盖、零容忍、严执法、重实效”的要求，加大监督检查力度，对完成复工备案和复工安全生产条件承诺的项目落实事后检查，对其中存在超过一定规模危险性较大的分部分项工程的建筑工地和纳入安全管理项目清单的，进行全数覆盖检查，切实消除安全隐患，保障复工复产。

【建筑业】 建筑业支柱地位得到加固。推动建筑业改革措施落实落地，助力企业做大做强，实现建筑业总产值约105亿元，其中省内产值约103亿元，省内产值同比增长约12%。

建筑工业化有序推进，完成装配式建筑面积14万平方米。绿色建筑进一步发展，全县实现绿色建筑全覆盖。建安工程投资完成149.1亿元，同比增长5.6%。

建筑材料产销稳中有升，全县32家建材企业实现产值24亿元。墙材总产销量约为17.25亿标砖，同比增长11.99%；“禁现”工作成效明显，预拌砂浆总产量14.18万吨，同比上升8.49%；预拌混凝土产销282.36万立方米，同比增长11.54%；散装水泥产销419.5万吨，同比增长3.5%。

建筑垃圾资源化利用稳步推进，培育建筑垃圾资源化利用企业3家，年累计处置建筑垃圾45万吨，资源化利益用率达到60%以上。

【房地产业】 房地产市场平稳健康。完成房地产投资73.1亿元，同比下降11.7%；新建商品房销售88.8万平方米，同比增长11.3%。存量房网签面积61.3万平方米，同比下降19.8%。住宅价格基本稳定，商品住房成交均价为12822元/平方米，同比均价上涨2.8%。成交房地产开发地块13宗55.89万平方米。商品房库存为112万平方米，同比增长8.7%，消化周期为13.7个月，比2019年同期降低3.7个月，其中商品住房库存为32.8万平方米，同比下降9%，消化周期为5个月，比2019年同期降低2.4个月。

【住房保障与棚户区改造】 加快推进城乡危旧房治理改造，完成棚户区及城中村改造684户14.63万平方米，货币安置及新建棚户区改造安置用房1212套，其中货币化安置280套。

老旧小区改造同步推进，研究出台《宁海县老旧小区改造三年行动方案》，完成园丁楼、腾达小区、正学公寓3个老旧小区改造，完成豪生公寓等11个小区污水零直排改造，完成朝晖家园4台加装电梯。

建立城乡房屋使用安全隐患排查整治常态化工作机制，认真开展农村房屋安全隐患排查整治工作，全县15户C、D级农村危房全部解危，提前完成年度治理改造目标任务。

基本构建以公共租赁住房为主、实物保障与货币补贴并举的城乡一体化住房保障体系，新增受益住房困难家庭174户，保障覆盖率提升至1.36%。

3月，完成环南中路改造工程

民生东路（拍摄于7月16日）

七星桥（拍摄于6月17日）

房屋征收

【概况】 全年推进48项征收、拆迁项目，完成签约1053户，征迁面积约25.85万平方米，其中旧城区改建完成签约155户，征迁面积约6.67万平方米，城中村改造完成签约700户，征迁面积约14.76万平方米，其他项目完成签约198户，征迁面积约4.42万平方米。

全年完成安置套房589套、排屋146间、商铺11间；接收信访件104件，答复率100%，其中百姓事马上办48件、市长电话网上咨询43件、省信访平台来访来信10件、纪检信访3件。

【政策指引】 出台《宁海县国有土地上房屋征收产权调换（选房）办法》《关于明确低收入住房困难补偿和住房困难补助相关事项的通知》，完善《宁海县国有土地上房屋征收中改变用途房屋给予营业补助的若干意见》，以政策促规范。出台《宁海县城市房屋拆迁有限公司征收资产管理制度（试行）》《宁海县城市房屋拆迁有限公司员工行为规范》，以制度促管理。

【征迁项目】 旧城区改建、城中村改造、其他项目征迁稳步推进。全年做出房屋征收决定项目8个，分别为桥头胡村改造一期地块、环南中路5-1地块、科技园区店前王溪地块、北大街拓宽1号地块、县精神康复中心暨深甽中心卫生院迁建工程、宁波东源液压元件有限公司地块、西店镇区零星中小企业地块（四期）、东大街北3号地块。协助县政府做出补偿决定20件，指导城中村改造实施方案2个。

旧城区改建。启动并完成签约项目3个，分别为：环南中路5-1号地块、北大街拓宽1号地块、宁波东源液压元件有限公司地块。完成遗留项目清零5个，分别为：水角凌6号、水角凌7号、西门7号、山河岭5-2号、科技园区办公楼西地块改造项目，确保城西幼儿园、邻里中心等一批县重点项目顺利落地。东大街北地块、西大街南地块等14个项目处于清零拔钉阶段。

城中村改造。梅林街道九顷区块槐路村、半洋村南北片、跃龙街道双水村3个项目基本完成签约，竹口三村迅捷机械有限公司地块实现清零。

其他征迁项目。完成梅林南路改造提升工程签约项目1个。泉水三村道路房屋拆迁、滨海二期、新城陆域（农拆）、金鱼电器周边地块、竺家十户、溪边安置小区（黄坛14-3地块）、甬临线桐洲至麻岙岭改造工程、前童古镇核心区收储等8个项目正有序开展签约工作。

【改革创新】 创新房屋征收模式。针对以往项目征迁达到90%报名率即可进入签约环节，达到80%签约率即可协议生效，而造成后续签约慢、清零风险高的情况，试水小项目“双百签约”模式，即在项目启动前开展摸底调查，针对签约意向较强且不足50户的项目，设立100%报名率的项目启动触动阀和100%签约率的协议生效触动阀，同时将签约期限从3个月压缩至1个月，明确“30天意愿征询+30天签约期限”，限期内未达到100%的，征迁项目自动终止，从而激发群众积极性。环南中路5-1号、北大街拓宽1号试点地块，从启动意愿征询到完成签约均仅用时45天，较以往常规时间缩短60%以上。

创新房屋拆除方式。全市首推房屋“零费用”拆除工程办法，通过“以废代费”方式，即用好房屋拆除过程中遗留的钢筋、钢结构等残留价值，以物品残值抵扣房屋拆除工程费用，实现拆除“零支出”。全年零费用拆除地块20处，节约资金约300万元。

探索拆后闲置土地利用。聚焦部分已征迁地块“拆而不净”“拆而未用”导致地块闲置、土地侵占等问题，探索拆后闲置地块“单点临用”模式，即根据每个地块不同性质，通过征求周边群众需求及建议，在地块使用前予以临时停车场改造或绿化保护，推动闲置地块“闲有所用”。全年累计改造闲置地块14处，总面积约5.6万平方米。

公共建设管理

【概况】 2020年是高水平全面建成小康社会和“十三五”规划收官之年。县公共建设管理中心以习近平新时代中国特色社会主义思想为指导，坚持新发展理念，紧扣项目建设工作任务，开拓创新、奋勇争先，大力推进“六争攻坚”，优化项目管理模式，全力推进中心各项工作。

【项目建设】 全年建设管理项目21个，其中续建项目14个，前期项目7个，年度计划投资4亿元。在项目建设过程中，根据县委、县政府“四重四比”稳投资专项行动要求，克服项目政策处理不到位、项目处于扫尾投资额增长难的不利影响，全力抓投资进度、抓开工，力争项目建设达到最好成效，实际完成投资约2.5亿元（因项目使用单位设备采购未完成，导致投资目标未实现），节约投资9300万元。续建的14个项目中，除中心幼儿园、大中山商务楼、兴海商务楼维修工程处于扫尾施工阶段，其余的11个项目已竣工交付。县高级职业技术中心学校建设工程二期和城南消防站、县第二医院3个项目已经开工建设；深甽精神病院按时间节点要求正在施工图预算审核；辛岭老茶厂公租房工程完成施工招标的准备工作；除桃源二中因选址未落实未能推进外，其他都较好完成年度建设目标任务。

8月3日，县委书记林坚（右二）对中心承建的老年公寓（残疾人托养中心）工程、第二医院总院提升改造工程两个项目进行专项督查

11月12日，县人大常委会副主任范建军（左二）调研城南消防站工程

【项目管理】 以制度创新为引领，项目管理水平进一步提升。根据县委、县政府深化改革要求，中心继续对项目前期、施工阶段管理工作进行探索，提高项目精细化管理水平。

项目前期工作高效、扎实。强化沟通深化项目前期工作。中心根据年度建设任务，及时与县住建局、县教育局、县总工会、县消防大队等使用单位进行对接，充分发挥中心专业优势，对项目的功能定位、投资估算、设计理念、设计风格提出专业性建议，使项目建设能更好满足使用单位功能需要。强化时间节点意识抓落实。采取工期倒排、工作节点督办等措施，克服政策处理不到位的不利影响。针对每个项目的年度任务目标，分别制定工期倒排表，明确各阶段任务，突出时间节点，千方百计为项目早日实施争取时间。如城南消防站工程，属于2020年宁海县人大票决制项目，中心接手后按项目建设程序做好项目建议书批复、方案设计、规划论证、地质勘查、初步设计论证、可行性研究批复、施工图设计和施工招投标，每个步骤做到环环紧扣、高效推进。但由于该项目农转用手续滞后，供地文件无法办理，导致规划双证以及施工许可证无法办理。为尽快推进项目开工，中心又加强与相关部门沟通协调，在县政府的支持下，项目证件以容缺形式进行办理，实现项目在年底前正式动工建设目标。辛岭老茶厂公租房工程，县住建局于5月底正式将项目委托给公建中心代建时，只初步明确建设地块位置，地块环境评估正在进行中，未办理选址意见书、编制项目建议书、土地性质转换以及供地等手续。中心自6月初开始谋划，多次与县住建局、县资规局、县环保局、县城投集团等单位关于项目前期选址、规模等问题进行对接，并及时做好立项批复、方案设计招标、选址意见书、用地预审、土壤调查报告、设计招投标、方案设计、规划论证、初步设计、地质勘查、可研批复、施工图设计等，把迟滞的进度抢回1个多月。

招标采购管理工作严谨、规范。在工程招标方面，组织召开招标文件讨论，充分听取相关部门及专家意见，严格把好招标文件编制关，努力做到项目招标公平、公正，减少流标和投诉等情况。2020年中心共组织招标文件讨论或认证会17次，招标17次。在政府采购方面，进一步完善由使用单位负责采购项目的管理工作，严格按照县集中采购目录及采购限额标准执行，加强项目资料的收集工作，以提高项目采购的效益。中心全年完成政府采购项目8个，包含空调、电梯、智能化、竣工联合测绘、跟踪审计等，采购金额1078.0219万元，比预算节约资金197.6662万元，资金节约率为15.5%。

项目精细化管理不断深化。以精细化管理为核心，制定《县公建中心工程项目精细化管理手册》，突出现场管理和过程控制，强化细节和标准化管理。将工程项目的质量安全每个环节、每个步骤、每项工作做细、做精。实行项目组负责人机制和分类管理机制，发挥不同项目人员工作特点，对工程现场管理进行资源整合，明确分工，相互配合。弘扬工匠精神，树立精品意识，加强质量控制，高质量高标准高水平推进各项工程建设，致力打造经得起检验的精品工程、优质工程。

4月28日，县公建中心开展工程造价管控学习研讨

项目投资控制工作成效更明显。按项目规模做准估算、概算、预算等工作。按估算控概算，概算控预算的原则，抓投资控制。特别是在方案设计、施工图内审、施工图预算等阶段，充分发挥设计单位、使用单位、中心项目组、预算编制单位、预算审核单位的作用，尽量完善方案，提高施工图设计、预算编制的准确性，减少施工图因前期工作不够精细，技术错误或漏项引起的变更，并尽量减少暂定价和暂估项，以减少后续询价工作量。竣工交付项目中，县妇保院保健大楼项目节约2300万元，老年公寓项目节约2300万元，宁波临床前研究中心节约2000万元。其余项目投资都严格控制在概算范围之内，未出现超概情况。严格执行县工程造价投资管控办法，在工程变更上做到严格把关。所有变更均由主任办公会议集体审议决定，对可变可不变的变更，以不变更为原则，并及时做好反馈，以控制项目造价。强化项目资金管理。定期开展资金需求分析，加强与出资单位的沟通，及时抓好资金到位，化解资金到位不足对项目建设的影响。同时严格资金支付内审，杜绝支付差错。中心全年实际到位资金67097万元，累计支付各类工程款34241万元。

狠抓现场施工管理。严格落实监理周工作例会制度和隐蔽工程旁站制度，强化项目推进和项目管理。每周召开工作例会，项目责任人听取一周项目建设进度、质量、安全等相关情况，协调、督促参建单位落实工作，使项目建设任务更明确，措施更及时。隐蔽工程旁站制度，要求监理人员现场旁站监督，通过影像拍摄、录制等方式固化工程隐蔽部位施工工艺和用材情况，让项目隐蔽部位建设工作可追溯，使工程质量有了保障。落实特殊施工工艺审查。要求对基坑支模、高支模等部分施工危险性较大的环节进行施工方案专家论证，及时完善施工方案，促进施工安全进行。强化安全生产工作落实。组织全中心项目负责人、施工、监理单位负责人开展安全生产知识培训，开展安全生产演练，与各在建工地签订安全生产责任状，落实安全生产例会，进一步牢固树立项目各方人员安全生产意识，层层压实安全工作责任。同时认真贯彻落实县消防安全生产专项行动和日常安全检查等工作。由中心安全生产领导小组带队，对各个在建项目工地进行安全生产检查4次，委托第三方社会化服务检查工地133次，下达整改通知书133份，发现各类安全隐患问题590条。针对检查发现的问题，不定期开展抽查和“回头看”，对整改情况进行严密跟踪，及时做好整改，坚决防范和遏制各类安全事故发生。安全隐患整改率为100 %。

全年竣工的项目中有6个具备跃龙杯参评条件，全部参加评选并获得“跃龙杯”，其中有4个获得市标化工地，占全县8个市标化工地总数的50%，并主动参加“甬江杯”的评选。全年无出现质量安全事故和安全伤亡事故。

7月9日，宁海县副县长杨钻（中）到中心开展公建项目精细化管理调研

【公建铁军建设】 以作风建设为抓手，公建铁军战斗力进一步增强。按照县委县府打造“重要窗口”模范生团队的双优生这一定位，中心以干部作风建设为抓手，切实增强党员干部“争”的意识、“干”的本领、培树“拼”的作风，凝聚合力，全面打造政治过硬、业务精、作风优的公建队伍。

持续开展思想教育，提高干部队伍的政治视野。认真落实周二夜学习制度，抓好平时的政治理论学习。引导党员干部系统地学习了习近平新时代中国特色社会主义思想和中共十九大及十九届二中、三中、四中、五中全会精神。并通过组织中心组学习、干部网上学院、正学大讲堂、“三会一课”、党课、主题教育等形式强化学习，使全体党员领导干部对习近平新时代中国特色社会主义思想有了深刻理解，提高自身干事创业的责任感。同时还邀请专家讲学，为提高学习成效。2020年邀请县委请师团成员金礼斌作中共十九届五中全会精神专题讲座，邀请蔡文宗律师作《中华人民共和国民法典》知识讲座，提高党员干部职工政治素质，拓展政治视野。

9月30日，县公建中心会同县第八纪检监察组对公建新开工项目施工、监理、跟踪审计单位和项目管理人员开展廉政预警谈话

持续深化作风建设，提升干部工作效能。认真传达上级有关文件精神，严格执行中央八项规定及其实施细则精神和省委办法、市委县委具体举措，发挥领导干部“头雁效应”，密切联系群众，认真落实调查研究、结对帮扶等制度。领导做好表率，力戒形式主义、官僚主义，扎实反“四风”转作风，力推说老实话、办老实事、做老实人，坚决杜绝有令不行、有禁不止、随意变通的行为，坚决整治推诿扯皮、效率低下的问题。同时中心与派驻第八纪检监察组紧密配合，围绕工程变更开展调研，促进工程建设管理的规范建设；开展正风肃纪，强化干部职工的纪律管控，全年进行24次的日常性检查。

持续开展“四比四拼”，提升干事创业的锐气。以项目建设工地为主战场，以“四比四拼”（比投资拼效益、比质量拼口碑、比安全拼规范、比进度拼形象）为抓手，明确工期、质量、安全、投资各项考核指标，让干部职工在比拼中见水平，在比拼中见成效，把原先“四比四拼”形成的良好工作氛围继续保持下去。通过在项目管理上的比拼，拼出管理效益、质量、安全和进度。让干部在比拼中思想得到进一步净化，斗志得到更进一步锤炼。进一步增强每位干部的责任意识和荣誉感，激发干部职工克难攻坚的勇气和争创一流的锐气，更好地推动项目建设。

持续开展竣工项目结算、决算攻坚，着力破解遗留问题。竣工财务决算是项目建设管理的最后一个重要环节，通过竣工决算能正确核定项目资产价值，全面反映建设工程经济效益，有效地防止项目资金滞留，提高投资效益。中心聚焦项目竣工未及时完成竣工结算和财务决算这一问题，召开专题会议，针对竣工结算20个项目和财务决算11个项目，制定《县公建中心项目竣工结算、财务决算第二轮攻坚行动工作方案》，明确目标任务、责任分工和完成时限，激励干部职工通力合作，克难攻坚，力争通过阶段性努力，强力推进项目竣工结算、财务决算进程。同时，中心从抓好平时项目竣工结算、决算资料收集规范入手，防止新竣工项目再次出现此类问题。已经完成文教中心、县府办公楼装修、兴海商务楼、星海小学、人力资源北楼装修、人力资源智能化6个项目的财务决算。

坚决打好疫情防控战，助推企业复工复产。面对2020年新冠肺炎防控的严峻形势，中心党组专题召开会议，认真落实各项防控措施，严格抓好各项目工地的防疫工作，做到守土有责、守土尽责。同时按上级要求，下派党员干部职工下沉到基层，协助参加社区、街道的防疫。随着疫情防控重心从防疫到抓好复工复产后，中心派出5名党员干部参加宁波新中创钢铁有限公司、宁海健翔包装材料科技有限公司等7家企业的“三服务”工作。按照“两手抓、两手硬”的相关要求，落实责任，贴心服务。针对围绕外来务工人员如何返岗、防疫物资的保障、惠企政策等内容，及时解决企业提出的问题，为企业提供保姆式的服务，精准助力企业复工复产。在整个防疫工作期间，全体党员干部职工表现度高的组织纪律性，始终坚守抗疫一线，体现公建铁军的良好精神风貌。由于中心党员干部的出色表现，宁海县“党群同心圆”联席会议办公室来信，对林能奎、何磊、娄新民、叶伟宁、林晨、李耿擘、张文杰、丁宇鹏、潘丹、朱协助、黄人军、叶惠娟、叶蕾群、叶汇楚、林鹏飞、吴红霞16人，主动参与村社的联防联控工作表示感谢。娄新民被县委组织部评为县抗疫先锋、县优秀共产党员。

3月25日，县公建中心开展项目复工复产安全大检查

疫情期间，县公建中心中心派出5名党员干部参加宁波新中创钢铁有限公司、宁海健翔包装材料科技有限公司等7家企业的“三服务”工作，助推企业复工复产

【清廉公建打造】 强化组织领导，狠抓主体责任落实。中心领导班子强化使命担当，严守政治纪律和政治规矩，坚持把党风廉政建设作为一项重要政治任务，强化组织领导，统筹谋划。在年初部署党风廉政建设工作、制定党风廉政建设工作计划，及时学习传达中央和省、市、县委党风廉政建设和反腐败工作相关文件精神，召开专题研究部署党风廉政建设和反腐败相关工作班子会议2次，开展政治生态分析1次。并多次对工作中的重难点问题进行及时研究，细化工作举措，明确班子成员的职责范围和具体工作内容，印发《县公建中心2020年党风廉政建设组织领导与责任分工》。党组书记按照“四个亲自”要求，切实履行党风廉政建设“第一责任人”职责；班子成员切实履行“一岗双责”，将党风廉政建设与业务工作同部署、同落实。同时层层签订责任书，形成一级抓一级，层层抓落实的工作格局，确保人人肩头有担子、项项工作有人抓、件件事情有落实，推动中心反腐倡廉各项工作的深入开展。全年发放落实全面从严治党主体责任分工告知书4份，签订落实全面从严治党主体责任工作承诺书4份。

强化制度体系建设，构筑好廉政防控线。注重风险点排查，完善制度。开展对政府采购、暂定价选材、招投标、资金拨付以及重要岗位的廉政风险点和易被问责风险点排查，完善工程变更管理办法，规范工作流程。进一步加强小微权力监管。对小微权力运行监督管理实行动态评估，强化事前、事中、事后监管。全年完成53项工程小微权力事项监管，涉及金额435万元。做好廉政预警谈话。要求主要领导与班子成员，班子成员与中层干部警示约谈做到2次以上。并把廉政预警谈话，把监管延伸到项目工地，对新开工的第二职业中学项目管理责任人、施工、监理单位和跟踪审计单位人员进行谈话，做到未雨绸缪。严格执行信息公开制度。及时做好单位预决算、党务信息、招投标、政府采购等信息的发布，确保权力在阳光下运行。

9月30日，县公建中心会同县第八纪检监察组对公建新开工项目施工、监理、跟踪审计单位和项目管理人员开展廉政预警谈话

强化党建引领，不断深化“清廉机关、模范机关”创建。把中共政治建设摆在首位，旗帜鲜明讲政治。牢固树立“四个意识”、坚定“四个自信”，自觉践行“两个维护”，坚持用习近平新时代中国特色社会主义思想武装头脑，在学思践悟中融会贯通，在考验磨砺中提高觉悟，真正做到思想上真信、政治上坚定、行动上自觉。严明中共政治纪律和政治规矩，坚决纠正有令不行、有禁不止等行为，确保中共路线方针政策和重大决策部署不折不扣地落实。开展支部提升工程建设。根据《宁海县机关党建标准化工作体系》，组织开展支部工作标准化建设，严格执行《关于新形势下党内政治生活的若干准则》，坚持“三会一课”、民主生活会、组织生活会、党员民主评议、主题党日活动等制度，强化党员意识，积极参与党员同心圆活动，进一步夯实清廉机关建设的组织支撑。中心党支部被评为四星党组织，16名党员共参加同心圆活动172次，平均每人参加10.8次，列全县机关党组织第21名。发挥党员先锋模范，持续开展垃圾分类、无烟单位创建。注重对干部文明素养礼仪宣讲，倡导绿色出行，厉行勤俭节约。与接对社区联合开展“源头减量光盘有我公建在行动”活动，积极配合垃圾分类专项工作的落实。制定县公建中心控烟劝阻工作制度和实施方案，积极开展无烟单位创建。通过创建，进一步提升党员干部职工的文明素养。强化清廉公建文化建设。对中心公建文化进行提炼，把打造公建清廉文化长廊，形成清廉公建文化氛围，促成中心清正廉洁价值观的形成。

积极配合巡察审计工作并及时做好整改。在县委第二巡察组进驻期间，县公建中心党组按巡察组要求，统一思想，提高政治站位，把配合县委巡察组工作当前一项重大政治任务来完成。召开整改落实专题会议，研究部署整改工作。针对反馈的三个方面14个问题和2个重点关注问题，逐条讨论，剖析原因，分解责任，研究整改措施，制定整改方案。坚持问题导向，把整改任务融入日常工作之中，把解决具体问题与推进制度建设紧密结合，力争做到解决一个问题、堵塞一个漏洞、形成一套机制。对改不到位的坚持不松手、不销号，完成全部整改。审计中反馈的问题除了第一医院工程变更办理和十里红妆博物馆项目计价结算问题还在办理之外，均及时得到整改。

1月17日，县公建中心召开2019年度工作总结暨党风廉政建设工作部署

【综合管理】 以服务保障为重点，综合管理工作得到进一步加强。

围绕中心工作，加强政务服务工作。全年办公室收到文件2100余件，办理文件270余件，报送材料130余件。参与中办调研12次，被录用2篇，参与国办调研20次，被综合录用8篇，参与省级单位调研20次，被录用7篇，其他信息报送42次，共录用29篇，市委办录用21篇，府办录用6篇，县委办录用2篇，出色完成上级下达的信息报送任务。同时紧盯中心重点工作开展宣传，及时报道中心最新工作动态与成效。上传政府门户网站信息144条，上报部门信息70条，编成《今日宁海》5版（篇）、《公建动态》简报9期。

开展电子化档案建设，进一步规范档案管理。按照档案电子化建设工作要求，中心及时做好档案扫描招标。并主动邀请县档案局相关科室人员进行业务指导，完成电子化档案制作方案的确定，工程建设档案资料的收集、整理已经完成，档案资料的全面扫描工作已经展开。在档案日常管理中，注重档案资料归集、整理、借阅等内容的规范化建设，以进一步发挥综合档案室的作用，为中心的运行提供良好的服务。全年借阅资料310人次，新增文书文件档案380份，归入档案5盒，增加工程档案43份、各类合同237份、照片档案1盒、光盘档案1盒，财务会计凭证分门别类有序订成册并及时归档。

合同管理更加严谨、细致，合同履行监管更加高效。在合同签订上把好关。要求所有对外签订的合同必须按程序进行审议讨论后交中心领导签字确认，未经授权，其他任何人不得对外签订合同。合同文本条款内容设置更加科学规范。加强对设计、监理、施工、采购等5个种类的标准合同示范文本的审议，提高合同执行时因界定不清而产生合同纠纷。提高合同监管效率。树立按合同管理的理念，建立合同资料库，提高合同管理的信息化水平，杜绝因信息不明确导致工程款早付、多付等现象的发生，提高合同履行情况监管透明度。中心全年共签订各类合同237个，合同金额达18389.7万元，合同签约率为100%，有力推进项目的科学化管理。

做好公务接待、公车管理等后勤服务工作。严格按照规定做好公务接待，全年公务招待费比2019年下降33.7%；公车管理严格按中心车辆管理制度执行，做好车辆出车登记、运行维护，为专业技术人员项目管理提供良好乘车服务。

城市管理

【概况】 2020年，深入学习贯彻习近平总书记考察浙江、宁波重要讲话精神，强化“重要窗口”的政治责任，落实“重要窗口”的工作标准，统筹抓好疫情防控、城市精细化管理、文明城市创建和安全生产等工作，队伍建设全面加强，整体工作持续提升。

【政治引领】 思想政治建设不断加强。深入围绕习近平新时代中国特色社会主义思想、中共十九届五中全会精神、《习近平谈治国理政》第三卷等学懂弄通，累计开展集中学习13次，集体研讨发言5次，维护意识形态安全专题学习1次，专题研究意识形态工作1次，班子成员上党课5次。

民主集中制不断完善。坚持把贯彻落实民主集中制作为政治思想建设的重要举措，不断增强领导班子的凝聚力、战斗力。在明确“三重一大”决策事项为决策范围的基础上，严格落实会前准备、会中决策、会后实施三个环节，积极邀请县纪委第六纪检组负责人参加党组会议及其他重要会议。

【整改落实】 巡视问题整改落实落细。针对“整治违建问题不够到位”问题，敢于碰硬，真刀真枪推进“三改一拆”工作。累计改造旧住宅区、城中村、旧厂区建筑面积102.65万平方米，完成全年目标任务的259.54%；累计处置违法建筑面积208.8万平方米，完成全年目标任务的160.61%；累计拆后利用率90.23%，各项工作在全大市综合排名第2。针对“抓环境治理不够持续有力”的问题，完成跃龙街道、前童镇、黄坛镇、深甽镇污水管网建设和岔路镇、力洋镇、西店镇、临港开发区截污纳管工作，对89个已竣工验收未移交行政村的农污处理设施进行全面梳理。县委巡察反馈的3个方面16大类49个问题均已完成整改。

【专项行动】 坚持政策引领，强化工作保障，专项行动有力有效。

新冠疫情管控稳步开展。组建“5号专线”，清运85个居家隔离点生活垃圾。护航返校复学，累计共出动执法队员1254人次，开出校园周边人行道违停罚单100余份，整治流动摊贩及跨门、占道经营120处，立案7起。助力复工复产，强化服务管理，减免相关企业用气、用水、垃圾处理等费用约2627万元。

垃圾分类工作成效显著。全面实施垃圾分类，共完成78个党政机关、30%企事业单位、17个省级高标准小区，35个市级示范小区、15条定时定点收运街创建，成功打造智慧垃圾分类“红枫公寓模式”“大佳何模式”“西店模式”，并获评宁波市2020年度生活垃圾分类工作“优胜区域”。

犬类整治有序推进。着力排摸重点管理区域内犬只情况，加大规范养犬执法力度，截至2019年年底，共出动人员1243人次，排摸小区22个，发放宣传资料3555份，教育整改580起，对未戴犬牌、未系犬链处罚38起，罚款1990元。完成犬类收容留检所建设，有犬舍18间、留检室2间、诊疗室1间，并配备完善收容留检设施，收容流浪犬134只。

【智慧城管】 完善网格构筑城市智联网络。调整75家县智慧城管系统网络单位职责，完成主建成区智慧城管网格全覆盖。精准指导基层平台，完成14个乡镇和梅林、桥头胡街道三级平台建设，16家单位共采集案件19887件，处置数19885件，处置率99.99%。

整合资源打造智慧渣土系统。创新实施“管理+执法+大数据”三元智慧化渣土管理模式，融合7大板块整体数据分析功能及32个子数据分析系统。在25个已施工工地设置动态视频监控摄像头75

个，实现对全县 14 家土石方公司所属 280 辆渣土运输车辆使用状况精准管控。全年办理渣土类案件 131 起、罚款金额 182 万余元。

创新机制助推“最多跑一次”。办理临时占用城市道路、挖掘城市道路等事项审批 1632 件，按时办结率 100%。推行“告知承诺”，全市首推排水许可承诺告知制，为申报单位节约 5 个工作日的材料准备时间。推进“存档零纸件”，率先完成省政务服务 2.0 建设工作。

【市政园林】 加大园林绿化养护管理力度。深化城区绿地网格精细养护管理，完成《宁海县城市绿地系统规划（2019—2035）》编写，移交接园林绿化养护项目 11 个，新增绿地养护面积 10.8 万平方米。完成柔石公园、潘天寿广场水生态治理工程，水质均提升至 II 类水。完成人民大道省级绿化美化示范路，东方君悦省级园林式居住区创建。

提升市政设施养护管理力度。完成各类路面修复共计 1.6 万平方米，接收管养桥梁 55 座。制定《2020 年度城区路灯技改和大修工程的方案》，完成主城区内 11497 杆照明路灯统计编号工作，保持城市亮灯率 99%，设施完好率 98%以上。红枫公寓创成宁海第 1 家省级节水标杆小区。

提升行业日常监管力度。严格监管 6 个水厂出厂水以及管网水水质；与 11 家燃气经营企业签订责任书，开展燃气专项检查 126 次，完成安全隐患整改 227 处；开展各类安全生产宣传 30 余次，发放宣传用品及宣传册 1700 余份，新增和维修城区安全生产公益广告 95 个。

【市容管理】 提升市容市貌管理力度。推行一点通查工作方法，完成 13 条道路 678 个点位信息档案建立。落实市容环境卫生责任区管理制度，完成 18 条道路两侧责任单位落实，签订《宁波市市容环境卫生责任书》1123 份。

大力推进文明城市创建。围绕创城攻坚行动，累计出动执法人员 1.6 万人次，整治流动摊贩 2339 个、跨门经营 1668 处，设置文明主题公益广告 429 处。

加快省市级示范路创建。人民大道创成 2020 宁波市城区“街容示范街”，北斗北路、金水路、万商路等 11 条路创成宁波市容环境卫生责任区管理制度示范路，西子国际、华庭片区创成市容环境卫生责任区管理制度示范街区。

落实便民服务措施。在临时开放区域允许设置临时摊点摊位、重要商圈设置临时卖场，在“三张清单”基础上，提出“一书、三定、三限”管理，推出 51 家“放心早餐点”、10 处疏导点，规范管理城区范围内 16 个区域 73 家夜宵摊点。

【综合执法】 透明执法办案程序。围绕“全员办案”制度，积极推进“互联网+执法”平台建设，打通执法“死胡同”，累计办理一般程序案件 869 件，罚款 338 万元。其中办理噪声、油烟、排水等综合执法类案件 197 件，罚款 247 万元；“非接触性”执法类案 34 件，罚款 38.77 余万元。

扩展违停抄告范围。新增兴工一路、兴工三路、山河路等 11 条路段 59 处人行道违停抄告警示牌。在人民大道、中山路、气象北路、正学路等路段增设人行道机动车停车位共计 144 个，累计抄告违停 20767 起，施划非机动车位 632 平方米。

严格落实首问责任制。将举报热线与“12345”政务服务热线联动，形成“1+N”首问事项协同调处体系，对首问事项，按照“马上办”原则处理，切实提升综合执法和城市管理品牌影响力。共受理热线服务 3599 件，中心服务满意率为 100%。

【党建争强】 坚持党建争强，强化教育考核，队伍素养持续提升。按照“抓责任、全机制、重教育、强监督”的工作总要求，将队伍建设摆在全局工作突出位置。

加强基层执法队伍建设。结合各中队实际，强化文明规范公正基层中队建设力度和“最佳实践”点创建工作，以开展综合执法业务培训、队列训练等方式，狠抓综合执法队伍的政治思想、执法业务、作风纪律和执法保障建设，成功创建文明规范公正基层中队 10 个。

结合“双建”打造清廉机关。成立机关党委，发挥机关党委的先锋堡垒作用，开展支部星级评定，市政管理中心支部评为 4 星级支部。在机关内部打造廉政阵地，打造“清廉长廊”，营造“处处见廉”的浓厚氛围，开展学廉、讲廉、评廉等活动 69 次。

深化日常督查工作成效。每周不定期对开展局内部效能督查，督查结果在《督导通报》上公布，2020 年共组织实施督查 40 余次，刊出《督导通报》10 期。加强辅助人员督查考核，表现优秀奖励 78 人，因违规违纪被扣发考核奖 4 人，书面诫勉处理 4 人，通报批评 8 人。

水务管理

【概况】 截至年底，水务管理集团公司注册资本6000万元，宁海县城投集团有限公司占股83.33%，宁海县净源水处理投资有限公司占股16.67%。各类职工426人，其中正式职工256人、编外170人。供水日设计能力29万吨/日，实际污水日处理能力12.7万吨。

全年完成营业总收入2.64亿元，同比增加9.03%。供水量为6098万吨，同比下降4.63%，自来水销售收入12999万元，同比减少1.9%。各集中式污水处理厂共处理污水约3923.07万吨，日均10.79万吨，较上年同期增加11.45%；COD消减6161.14吨，较上年同期增长5.75%；代收污水处理费5389万元，同比减少0.74%。

【基础设施建设】 完成固定资产投资2.65亿元，全力推进城镇供水、污水处理设施工程等县重点项目及一批民生工程。以水质安全为中心，加大城镇供水管网在农村的覆盖范围，推进城乡供水管网建设，完成一户一表新建及改造6316户、DN100以上供水主管66.2公里。完成雪坡小微园至茶院DN500污水主管全线、前童至下陈污水主管工程、城南污水处理厂（一期）提标改造工程环保验收工作，城北污水厂四期扩建及提标工程项目已完成项目提标部分全部工程，扩容部分工程量的50%。完成宁海县桃源路（人民路—外环路）污水主管非开挖修复服务项目、城南污水处理厂（一期）提标改造工程、宁东污水处理厂绿化用水管道工程、宁东污水处理厂污泥堆置棚改造工程、宁海县甬临线复线（岔路段）污水主管检测修复项目、宁海县污水水质水量管控建设项目。

【业务运维工作】 全力抗疫保供。在做好疫情防控工作的同时，全力以赴做好安全保供工作，确保让全县市民喝上优质水、放心水。全年出厂水水质综合合格率始终保持在100%。疫期攻坚克难、冒雨加班加点，用25个小时就铺设1500多米管道，保障防疫隔离点供水。下调水费支持企业复工复产。对企业用户从2月实施水费下调10%的优惠政策，累计下调5.3万笔水费单，减免水量1265.4万吨，实现水费减免717.95万元。加强检测保障民生用水。水质检测频次增至每天4次，启动全县186所学校供水专项服务活动助力复学；疫期暂停上门抄表，实施“欠费不停供”，免收违约金。科技手段降低管网漏损。推进管网分区计量，动态监控分区流量，全年累计安装远传区域表BN-LOT 92只，有效提高漏损控制工作的针对性和有效性。外聘检漏队伍进行管道漏水点定位、地埋管道漏水查漏，全年查处漏点678处，有效保障供水管网安全、稳定运行。

污水收集处理提质增效。强抓污水管网及泵站运维，提标改造工作全面推进，污水收集率进一步提升。城北污泥水生物脱氮项目顺利通过竣工验收和环保验收，全年累计处理高浓度废水2.9万吨，削减总氮24.33吨，去除率达86.7%。生物脱氮技术在长街中试工作全面启动，已完成关键设备组装工作。

农饮水统管工作有序推进。按照县级统管要求，集团负责对所有乡镇（街道）辖区内的村级供水站进行县级统管工作，具体负责农村水站的制水、水质检测、净化及消毒设备维修养护等工作。集团承担58项农饮水项目建设，其中46项为上级下达任务、自我加压12项。坚持“城乡同质饮水”标准，按照“能延则延、能并则并”的要求，最大程度延伸城乡供水大管网。大水网主管已通至村口有34个村。环境公司已介入运维管理的农村水站32个。

农村污水治理持续加力。持续推进农村生活污水处理终端的接管验收工作，新增服务户数约4.67万户。完成2020年省市108个村的农污设施标准化运维工作及千吨万人饮用水源地标准化创建人物。长街镇三岔村试点“循环生物滤池”工艺运行良好，有效改善农户生活环境。

镇、黄坛镇)、2个街道(跃龙街道和桃源街道)、8个城镇生活小区和4个工业集聚区(黄坛工业区块、深甽工业区块、大佳何工业区块、西店工业园)污水零直排区建设。进一步加大污水处理设施建设，2019年累计新建、改造污水管网12.7公里，超额完成年度计划任务。城北污水处理厂扩建提标工程其中提标改造工程已完成，扩容部分完成50%工程量。提前完成80个农村生活污水处理设施标准化运维试点工作，全县累计达108个，占全县总数(日处理30吨以上的共331个)的32%。加强重点河道治理，出台并实施宁海县颜公河综合治理提升行动计划；开展新一轮入河排污口规范化建设和调查，完成规范化整治37个，完成352家工业企业入河排污口、585个农村污水终端、19个医疗单位的调查及资料收集工作。加强重点行业整治，铝氧化、商品混凝土行业28家企业初期雨水收集系统建设完成15家；开展电镀城文明生产集中整治行动，14家电镀企业厂房外环境、车间内部环境、违章建筑、日常管理制度等得到有效整治。

高要求推进土壤污染防治。出台《无废城市建设方案》。制定《宁海县一般工业固体废物收运体系建设工作方案》，建成一般工业固体废物填埋场初步选址及建设比选方案。建成并运行3个危险废物统一收集转运点。完成29个地块土壤和地下水采样调查。牵头组织交通、市场监管等部门对宁海危险废物经营单位的规范化管理、处置收费、危险废物转运等进行联合执法检查，累计组织14次对2200余家企业开展危险废物规范化管理培训。

【机制创新】 突出机制创新，保障环境治理实效。

创新建立流域生态补偿机制。探索建立县域特色流域生态补偿机制，以改善流域内生态环境质量为目标，以体制机制创新为动力，加快建立成本共担、效益共享、合作共治的流域内上下游横向生态保护补偿机制。印发白溪流域补偿方案。

创新实施乡镇(街道)污水收集和处理考核机制。对乡镇(街道)污水量实行实时监控并按月监测进水浓度，污水量和浓度变化作为体现管网建设、管理成效考核的重要内容。年底，完成9个站点的管道流量计安装并按月开展水质监测，结合原来污水处理厂安装的流量计，已可收集16个乡镇(街道)的污水量和污水浓度，计划制定具体考核细则。

推进建设宁海“智慧环保”平台。以污染源监控为核心，以GIS地图为基础，以智能、分析管理为中心，实现监控预警和应急指挥调度功能。同时开发手机App客户端，让环保执法监管和企业管理人员可随时了解企业环保执行情况，为打好“污染防治攻坚战”提供强力技术保障，年底“智慧环保”项目已完成验收。

加大环境监管力度。《宁海县“三线一单”生态环境分区管控方案》落地实施。全面开展固定污染源排污许可清理整顿和2020年排污许可证登记工作，排污许可名录平台共有7268家企业进行登记，304家企业发证，其中50家重点管理，254家简化管理。不断加强环境执法力度，进一步明确第三方治理模式行政许可和行政处罚主体，积极开展环境状况隐患排查，2019年以来共排查长街、越溪亭港、强蛟临港、桥头胡东园等工业集聚区182家企业环境状况并落实整改；全年共出动执法人员3292人次，检查企业1261家次，做出行政处罚112件，罚款1287.52万元，个案处罚额度11.50万元；行政拘留5人，查封5件。

【提升服务】 不断深化生态环境服务工作。全年累计召开生态环境议事厅7次(聚焦生态环境行政诉讼、工业园区污水零直排、模具行业危险废物规范化管理等)，组织生态环境集市2次、生态环境大讲堂5次，完成绿色供应链3家；全县半数以上乡镇(街道)、园区实现环保管家服务，环保管家累计服务企业1200家次。推进“最多跑一次”改革，推行环保审批和验收中间环节店小二和环评单位代办服务，积极探索“环评云审批”模式，30余家环评单位入驻“网上中介超市”。

不断拓展群众参与渠道。除“12345”热线电话、环保24小时投诉电话外，设立线上线下生态环境“110”有奖举报平台，对垃圾焚烧、固废处置、水源地保护、施工扬尘、“黑臭”水体等环境行为实施群众监督，鼓励公众参与。自8月29日平台投入运行以来，接收群众各类举报65起，其中核实奖励38起。

“云模式”开展生态环境宣传。积极推进生态环保设施公众开放工作，一线生态环境工作者参与生态环境宣传视频拍摄，《群山曲水 生态宁海》《“六五”世界环境日，“云参观”宁海“智慧环保”》两个宣传视频在世界环境日投放，引发本地系列观看热潮，视频阅读量突破4万次，取得一定宣传成效。生态环境保护宣传片《群山曲水 生态宁海》被“学习强国”宁波学习平台《凤凰网宁波综合》转载，《绿水青山，你我共守护》获省生态环境系统普法微视频征集活动三等奖。积极开展“绿水青山就是金山银山”云研讨活动，邀请国家级专业团队点评，宣传推广各地“两山”实践发展典型经验。

【督察整改】 扎实推进第一轮中央、省环保督察整改。第一轮中央环保督察反馈的11个问题已经完成整改销号8个，3个达到序时进度；交办的79件信访件全部完成整改。省环保督察反馈的13个问题完成整改销号10个，3个达到序时进度；交办的46件信访件全部完成整改。

全面落实第二轮中央生态环保督察交办信访件办理。督查组移交的49件信访件已全部办结，43件整改完成，6件达到序时进度。共责令整改企业52家，立案处罚12起，罚款141万元，立案侦查1件，问责5人。

加快推进垃圾填埋场渗滤液外渗问题整改落实。实施日常监测，10月开始委托专业机构开展地下水及截洪沟水质监测。加强渗漏点改造，完成50米垃圾填埋场截洪沟防渗改造，累积排查填埋场库区覆盖膜破损情况3.5万平方米，修复破损10处。委托南京环境科学研究所着手制定整改方案，下一步将按照方案进行整改，并同步启动垃圾填埋场封场前期工作。

1月20日，县自然资源和规划局召开2019年年终会议暨党风廉政建设工作大会

自然资源和规划

【概况】 2020年，县自然资源和规划局在县委、县政府和市局的正确领导下，紧紧围绕宁海经济社会发展和自然资源规划系统中心工作，高效服务，严格监管，积极应对各种困难和压力，正确处理保护资源与保障发展之间的关系，各项工作均取得了新的成效。

【耕地保护】 致力“增数量、提质量”，高标准落实耕保目标。坚持以耕地保护促进经济发展，以经济发展更好地保护耕地资源，实现耕地资源和基本农田数量有增加、质量有提高。自2018年宁海启动实施垦造万亩耕地工程以来，全县共有78个垦造耕地项目完成立项并组织实施，开工建设面积10032.9亩，其中已完工6842亩。深入实施全域土地综合整治与生态修复工程，其中越溪乡项目已成功申报自然资源部试点项目。严格落实耕地保护责任机制，会同县农业农村局，认真组织开展自查，基本摸清

8月10日上午，县自然资源行政执法队正式挂牌成立

耕地“非农化”情况。

【宏观调控】 致力“把闸门、稳市场”，严要求执行宏观调控。坚持高起点定位、高品质规划，构建国土空间规划新体系。根据计划安排，高质量完成现状评估报告编制、生态红线评估调整、县级国土空间规划成果初稿，有序推进专项规划、乡镇总体规划等同步编制。中心城区综合交通规划、中心城区综合管线规划、段空山周边区块概念性城市设计3个项目启动编制。成功申请省级预留指标203亩，有力保障宁海通用航空机场的用地需求；获得省厅核拨地方指标使用额度3025亩，完成19个批次的用地报批工作。

【资源利用】 致力“转方式、促发展”，深层次优化资源利用。坚持向“土地”存量要“发展”增量，通过调查摸排、制定计划、季度上报等方式，千方百计地推进“三未土地”处置进度。2020年，共盘活存量建设用地2269亩，消化批而未供土地6706亩、供而未用土地4585亩，低效用地再开发1183亩。土地出让市场方面，全年出让土地92宗，面积2439亩，出让金总额59.3亿元，创历史新高。

【执法监管】 致力“促有序、求实效”，大力度强化执法监管。启动实施非法采矿专项整治攻坚年，并严格按要求完成“大棚房”、违建别墅等专项整治工作。重点开展农村乱占耕地建房专项整治工作，建立住宅类、产业类和公共管理服务类乱占耕地建房“三类台账”，分类稳妥进行处置。同时，为清理历史遗留违建，参与启动开展“裁而未执”国土资源案件专项整治清理行动，形成强制执行、暂缓执行、补办合法用地手续和已处置“四张清单”，实行清单式销号。

【生态修复】 致力“抓整合、促规范”，宽领域促进生态修复。进一步加强矿产资源开采、加工、运输等环节的环境保护，持续抓好露天矿山和废弃矿山治理任务，均按时序要求落实整改。积极争创“国家森林城市”，规划初稿已编制完成。超额完成省百万亩国土绿化任务，全年共绿化造林20628亩（完成率257.85%），位居全市首位。积极申报蓝色海湾行动，加快推进海域海岛海岸带整治修复。

【维护群众权益】 致力“保民生、谋长久”，全方位维护群众权益。持续深化不动产登记“最多跑一次”和政务服务数字化转型，全市率先实现不动产全业务“一人一窗一平台”一站式办理，司法拍卖不动产登记“零次跑”再升级。全力做好三调统一时点更新，通过国家验收。顺利完成国土调查云变更调查应用试点。地质灾害治理“除险安居”三年行动工作通过省政府验收，并被评为全省成绩突出集体。森林防火工作通过“预防上积极主动、宣传上形式多样、管理上责权利结合”，同样取得较好成绩。

10月10日，全县农村乱占耕地建房问题专项整治工作部署会暨农村宅基地及住房确权登记发证工作推进会召开

12月24日，宁海首批农房确权登记的26本不动产权证全部发放到村民手上

文化·旅游·体育·传媒

文化、旅游

【概况】 以“全域旅游再出发”为引领，深入推进文旅融合发展，各项中心工作取得新进展，获评长三角最佳文旅融合城市、省文旅产业融合试验区、省戏曲之乡。

理论武装不断加强，认真落实意识形态责任制，开展中心组理论学习16次，周二夜学26次，叶全奖先进事迹、“重要窗口”双优模范生等专题讨论，有效激发党员干部干事创业热情。机关党建规范建设，开展“模范机关”创建，2个支部获评四星级基层党组织，马迎春、冯钗获县级优秀共产党员称号，局机关获评市“六争攻坚”先进集体。人才引育成果显著，引进浙江工业大学、浙江传媒大学、日光江户村等文化类创业团队，并入选市“泛3315计划”创业团队。

宁海县文化和广电旅游体育局承担国家级、省级、县级改革项目各2项。启动“全域旅游再出发”专项行动，全域旅游绿色发展经验在全国交流，全省率先开展厅县合作，共建全域旅游高质量发展实验区。推动“文旅资源普查”全国试点，已初步完成标准建立。推动“文旅功能融合”全国试点，前童镇综合文化站以“一站六馆”运行模式入选国家文化和旅游公共服务机构功能融合试点，“前童书驿”动工建设，童衍方艺术馆二期开馆。推动“民宿集聚区助力乡村振兴”省级试点，依托汶溪翠谷民宿集聚区，打造“宁宿·双林”民宿公共品牌。推动“文化基因解码”工程，列入省基因解码重点县。

【疫情防控】 紧守疫情防控关，常态化做好疫情防控工作，暖阳防疫志愿队入选全省文化和旅游系统防疫“二月英雄榜”。精品创作聚能量，平调《众志成城》、歌曲《宁海红》等防疫主题作品凝聚正能量，“云上百姓大舞台”“网上博物馆”“博看微刊”等在线平台满足了市民日常文化需求。精准纾困助复工，出台专项扶持办法，为15家旅行社申退质保金158万元，19家文旅企业共获建行、农商行等新增贷款50650万元，为116家企业争取中央、市、县“纾困”专项资金310余万元。

【重大项目建设】 龙头景区加速打

5月25日，浙江省妇联公布新一批浙江省巾帼文明岗，宁海县图书馆上榜

造，创成全市唯一的AAAA级景区城、AAAAA级景区镇，森林温泉度假区获省级考核优秀，前童古镇创国家AAAAA旅游景区、十里红妆小镇和宁海湾海岛休闲度假项目列入浙东唐诗之路建设重点。

重大项目有序推进，全力推动63个文旅项目，完成实际投资37亿元，建成城市奥特莱斯商业综合体、桥头胡至深甽段慢行系统等8个项目。

招商引资成效明显。十里红妆小镇、汶溪翠谷文旅整体开发、一市大坪山森林度假等10个项目签约，总金额68.6亿元，成功引进上海驴妈妈、日本新日屋株式会社等知名投资商运营商。

乡村旅游提质增效。葛家村、双林村获评全国乡村旅游重点村，创成A级景区村庄46个，其中AAA级8个。建成安茉·心宿等民宿20家，全年民宿营业额1.8亿元，带动农副产品销售6.5亿元。大力培育乡村旅游伴手礼，入围市级大赛作品27件，获得省级大赛奖项4个。

5月19日，“中国旅游日”十周年浙江省主会场活动、第十八届徐霞客开游节暨沿海高速长三角自驾游合作交流季开幕

【文旅市场】 强化办节实效。成功举办第十八届徐霞客开游节暨“中国旅游日”十周年浙江省主会场活动，全域旅游暨“非遗”成果展、文旅招商推介会等10项活动集中展示了城市形象。借助“云游”“云购”，开展“淘宝有好货·县长来直播”等活动，携程梁建章直播销售安岚酒店客房，两小时售出10538间，金额达1991万元。

强化产品包装。突出“疗休养”市场，推出9条精品线路，联合上海、台州等旅行社，引进疗休养团队1017个。突出“美食”旅游，提升“霞客宴”品质，8家餐饮企业成为首批体验店，霞客食府成为全市唯一的“百县千碗”特色美食店。

强化文旅惠民。开展全域旅游春季游、跨省游上海首发团等活动，迅速抢占周边市场。精准投放3000万元惠民消费券，带动文旅消费近6000万元，大观文化园、新华书店列入市级文旅消费合作单位。举办“非遗”购物节等惠民活动14场次，推出坐高铁免费游宁海、山河无恙·宁宿有礼等活动，刺激文旅市场回暖。

12月31日，浙江省文化和旅游厅公布2020年度全省AAAA级以上景区城名单，宁海县成功跻身省AAAA级景区城，系全市唯一。同批公布6家省AAAAA级景区镇（乡、街道），宁海县前童镇获评省AAAAA级景区镇。

【公共文化建设】 文化阵地建设持续强化。前童镇获评全市唯一的省文艺创作采风基地，成功创建市星级图书分馆12家，新建城市书房2家、“书循环”捐赠点和流动图书站36个。

群众文化活动精彩纷呈。全年开展戏曲纳凉晚会500场次、“百姓大舞台”300场次，举办群众文化艺术节、“五王”才艺大赛等大型文化活动；开展正学讲堂等阅读推广活动50余场，受惠3000余人。

文艺精品创作佳作频出。完成省“三地一窗口”主题创作活动。承办全省群众舞蹈大赛，《桥畔人家》获金奖。歌曲《幸福海》、村歌《仙人流连不思乡》、村舞《丝绸之路》分获市十佳歌曲、村歌、村舞。

创新推进艺术普及工作。开展县“一人一艺”艺术普及公益培训216课时，受训达73656人次。新增温泉艺术村等3家“一人一艺”社会联盟机构。

【文博“非遗”工作】 全力抓文物保护工作。争取到国家文物局资金1800万元，并安排559万元用于4个国宝级文物修缮。宁海传统村落保护和活化利用案例入围全国县域优秀案例。

不断发展博物馆事业。得心坊艺术馆获评市二星级博物馆。争取到市非国有博物馆专项扶持资金25万元，支持各馆开展临时展览。出台《宁海县非国有博物馆扶持资金管理办法》。

稳步推动“非遗”传承。完成第六批县级“非遗”项目名录、代表性传承人、传承基地认定工作，分别新增18项、26个、36人。强化“非遗”传承基地建设，新建乱弹艺术、竹木根雕等传承基地。宁海共有国家级“非遗”代表性项目4项、省级8项、市级44项、县级99项。宁海“非遗”工作在全省综合排名第39名。

7月22日，浙江省文化和旅游厅公布第二批浙江省优秀“非遗”旅游商品名单，宁波东方艺术品有限公司的清刀木雕榜上有名

【市场监管】 坚持投诉处理制度化。健全举报投诉“吹哨报到”快速反应机制，全年累计受理投诉举报85起。

坚持市场监管日常化。累计出动执法1196次，检查各类场所2496家次，发现各类违规行为为67次，立案调查29起，办结案件30起。

坚持平安建设网络化。累计出动453人次，检查各类场所1402家次，发现安全隐患102起，现场整改97处，下发责令改正通知书5份，移交相关部门1起。

体　育

【概况】 在县委、县政府的正确领导下，坚持以科学发展观为指导，积极贯彻落实上级部门的指示，紧紧围绕年初制定的目标开展各项工作，在群众体育、竞技体育、体育产业方面取得新的进展，使全县体育事业呈现新的面貌。秉承“体育是提高人民健康水平的重要途径”的理念，坚持优质发展，特色发展，不断提高体育公共服务水平。省“四提升四覆盖”全民健身工程成功创建，体育场馆公共服务能力提升试点工作顺利推进。推动体育产业进一步发展，不断深化体育改革。成功举办宁海越野挑战赛、环中国自行车业余赛等各项赛事，其中宁海越野挑战赛共有3000余名选手参加，该项赛事作为中国越野跑的代表，成功入选2020超级越野跑世界巡回赛，赛事消费带动效应明显。2021年宁海越野挑战赛（浙江）和香港100（香港特别行政区）、熊猫超级山径赛 By UTMB（四川）一起再次入选UTWT（超级越野跑世界巡回赛）。

【群众体育】 完善体育场地设施建设，不断满足人民群众日益增长的对美好生活的需要。体育进公园建设取得良好成效，柔石公园投资400余万元建成1.5公里塑胶跑道成为市民体育锻炼的网红打卡地。

2020宁波市全民健身季“美丽乡村健身行”西店站活动得到当地政府和群众积极支持和赞许，推出“美丽乡村健身行”强蛟站、大佳何站活动，全年开展全民健身系列活动40余次，参与人数达10万余人。千里走宁海活动成为宁海一张亮丽名片，全年参与人数3万人，走步道、爱户外、享生活深入人心。

积极开展“社会化办体育”行动，全力打造体育产业发展平台。开发消费券发放软件，发放消费券25万元，消费专班考核全市第一，通过发放体育消费季惠民体验券，撬动体育消费3000万元。

【体育培训】 坚持科学训练，努力提高训练水平。确保校园足球和重竞技项目优势的同时，积极布局田径、游泳、射击、水上等多金牌项目，力争宁海竞技体育迈上新台阶。通过建立运动员和教练员资料库，完善和确定县少体校功能，完善考核和奖励制度，抓好运动员的跟踪培养，不断探索业训点校的科学管理，做好运动员培养输送工作。

“一人一技”培训成效显著，全民健身培训和大讲堂共开展18次，培训人数2000余人，体育培训进农村文化大礼堂、进百姓健身房活动收效明显，解决了以往农村人群室内健身器材不会用、不敢用问题。疫情期间积极通过网络推广居家健身，Fitnow网络健身受宁波网信办委托，在浙江省范围内推广，健身队伍人数已突破10万人次。

【赛事品牌建设】 将宁海越野挑战赛、环中国自行车业余赛等品牌赛事进一步做大，积极申报宁海越野挑战赛成为省品牌赛事，让这些赛事成为宁海继登山步道之后又一张金名片，同时培育一批新的自主IP赛事，推进体育小镇建设。

传　　媒

【概况】 2020年是决胜全面建成小康社会、决战脱贫攻坚之年和“十三五”规划收官之年，也是宁海县广播电视台（宁海传媒集团）改革推进的关键之年。宁海县广播电视台（宁海传媒集团）积极应对疫情带来的不利影响和严峻的经济形势，加快推进媒体融合，积极向融媒体要影响、向互联网要效益、向大数据要价值，坚持稳中求进，主动担当作为，在新闻宣传、产业发展、深化改革等方面，顺利完成年度预定的各项工作目标。被市委宣传部列为全市深化媒体融合改革示范试点单位。

产业发展平稳有序，宁海县广播电视台（宁海传媒集团）坚定围绕“一体两翼”发展战略目标，按照新的经营管理模式和要求，调结构提效益，抓项目促增收，不断强化自我造血功能。深化改革持续推进，规范完善机构设置，深化融媒队伍建设，改革融媒分配制度。以媒体融合为契机，打通报、台、网技术平台体系，设置全媒体记者、全媒体编辑、内容审核与技术保障团队，建立策、采、编、审、发及效果跟踪的全媒体模式，推动“大小屏互联互通互动”，进一步做强做大全媒矩阵。全媒体采访部荣获市委、市政府颁发的市抗疫先进集体。

体监督类栏目《全媒聚焦 全民问政》《百姓事马上办》《主播

1月16日晚，“宁海之春”2020百姓大舞台春节联欢晚会在宁海县桃源街道唐安李村文化礼堂开演

帮帮帮》，围绕中心工作和民生相关，主动设置议题，回应社会关切，为百姓解决实际困难。聚焦移动优先策略，以互联网思维优化资源配置，把更多优质内容、先进技术、专业人才、项目资金向互联网主阵地汇集、向移动端倾斜，让分散在网下的力量尽快进军网上、深入网上，做大做强网络平台，占领新兴传播阵地。

全县新闻工作者紧跟时代、紧扣中心，深入宣传阐释习近平总书记考察浙江、宁波重要讲话精神，对宁海疫情精密智控、艺术振兴乡村、东西部扶贫、“两山”实践等经验作深度报道，央视用稿44条，央视《新闻联播》13条，为全市最多。网络外宣开始起航，网络外宣阵地覆盖中央、省级主要平台，先后入驻新华社客户端、浙江新闻客户端、天目客户端、浙江卫视“中国蓝”客户端，并运营学习强国宁海账号，省级融媒指数连续三季度位列全市第一，为“双优”宁海建设营造了团结奋进、昂扬向上的浓厚氛围。

【主题宣传】 重点突出，引导有力。围绕县委、县政府中心工作，策划推出“推进四大革新 建设双优宁海”“决战脱贫攻坚 决胜全面小康”“艺术振兴乡村”“宁海‘牛制造’”等主题宣传40余个，报纸、广播、电视、新媒体联动，专版、专栏、专题并举，彰显全媒体整合作战的立体化优势。

在战“疫”报道中，各平台闻“疫”而动，精准发声，《今日宁海》刊发报道1500余篇，《宁海新闻》播发报道900余篇，“看宁海”App等新媒体共发布新闻4800余篇，推出《融媒发布厅——对话·有效防控、有序复产》栏目，成为政府回应社会关切的新平台、公众获取权威信息的新窗口、有效防控有序复产的助推手。

10月12日，文化和旅游部非物质文化遗产司副司长钟建波一行调研前童古镇、十里红妆文化园和东方艺术博物馆

为讲好脱贫攻坚故事，集团精心谋划“宁”心聚“晴”和“村民赋能同走艺术振兴乡村路”等新闻采访行动，组织近30名记者分批深入晴隆县一线采访，推出的近百篇报道视角独特，风格清新，生活气息浓厚，产生较好的社会影响。

在文明城市创建、高质量发展、艺术振兴乡村、垃圾分类等其他重点宣传中，集团各平台精心策划，周密组织，统一运作，采写刊播了大量生动鲜活、有影响、有分量的报道，从不同角度对全县重点工作进行深度追踪和解读，营造推进工作落实的强势舆论氛围。

【民生报道】 注重服务，为民解忧。宁海县广播电视台（宁海传媒集团）充分发挥“百姓马上办”平台民意汇集和疏通的先头兵作用，将所有群众诉求分线流转，一般性诉求流转至相关部门及时回复解决；无法解决的合理诉求由舆论监督小组及时跟进，通过《主播帮帮帮》《全媒聚焦》《记者观察》以及电视问政等栏目予以跟踪报道；农村生产生活类诉求及时流转至《新农家》栏目组，通过《超姐来帮忙》和《农家吆喝》节目对接相应的专家、平台及时解决。全年受理群众诉求8000余件，实际解决群众困难超7000个，推出舆论监督报道98期，向县委、县政府报送民生大数据分析报告9期。同时，在成功举办“2020云上蛏子节”的基础上，全面推出线上“吆喝”、直播“带货”，为胡陈乡水蜜桃、景宁扶贫农产品、定汪绣娘+宁海巧娘手工艺品等直播带货，为乡村振兴贡献传媒力量。

【融合报道】 移动优先，扩大影响。宁海县广播电视台（宁海传媒集团）坚持移动优先，以融媒体指挥中心为核心，集中资源、集中精力，办好新媒体，重点打造覆盖所有网络端口的新媒体矩阵。“看宁海”客户端已升级到3.0版，注册用户18万多人，日发稿量100条以上。“宁海发布”微信公众号粉丝量达到15万多人，全年发布稿件1470条；由“宁海新闻网”和“TV宁海新闻”两个微信公众号合并的“宁海新闻”，粉丝量28万多人，微信公众号保持稳定发展，在全大市排名前列。至年底，“直播宁海”抖音号拥有粉丝12.5万人，获赞279.4万人次，点击量100万次的有8条，其中《援鄂护士手指舞》点击量300多万人次。

突出新闻生产，精耕细作短视频，推出的《援鄂VLOG》《我在晴隆扶贫VLOG》《我为宁海代言》《主播游宁海》《宁海美食》等系列精品原创视频，影响广泛。“慢”游宁海“云”直播等直播活动表现亮眼，开展各类直播30余场，直播带货《胡陈水蜜桃》《景宁农特产品》等不仅促进销量，直播助农，起到良好的宣传效果。

9月17—20日，2020年全国全域旅游培训班暨首届全域旅游发展绿色对话在衢州江山启动，宁海县委副书记、县长滕安达作《诗和远方再融合 全域旅游再出发》的交流发言

【栏目改版】 推陈出新，精彩纷呈。重磅推出大型全媒体少儿节目《太阳花开》，以融媒体思维，精心策划《嘚吧嘚》《秀Time》《你知道吗?》《同手同脚》《一起读书吧》《小脚丫走宁海》等节目板块，打造少儿节目新品牌。第一期节目在“看宁海”客户端推出后，短短两天时间阅读量达到1.6万人次。

《宁海新闻》全新改版，开设《今日要闻》《今日关注》《今日现场》《今日快讯》等栏目，以板块化、碎片化的内容编排，将时政类视频新闻融合传播。

继续做好《全媒聚焦·全民问政》和《主播帮帮帮》等品牌栏目。推出的第三期电视问政节目聚焦文明城市创建，整理拍摄素材900余分钟，问政9个部门单位，回应率100%，助推近40个民生问题得以全部解决。《主播帮帮帮》播出30多期，秉着帮忙不添乱的态度，注重事情的圆满解决，深受百姓喜欢。广播推出首档线上直播健康科普栏目《医生来了》，通过有趣的互动、权威的讲解、直观的证实，为大众传播健康知识，解决健康烦恼，已播出的10多期节目反响较好。

【外宣创优】 再创佳绩，展现形象。外宣工作围绕县委县政府的重点、亮点工作，不断拓展对外宣传渠道，创新方法手段，努力打造全方位、多层次、宽领域的外宣格局，取得喜人的外宣业绩。上送新闻稿在中央电视台播出70条，其中央视《新闻联播》播出13条；浙江卫视播出53条，其中《浙江新闻联播》头条播出2条；宁波电视台播出400余条，位列全市各县市区前茅。

4月29日，央视《新闻联播》以2分15秒的时长单条播出《（一线抗疫群英谱）叶全奖：用生命坚守疫情防控和复工复产第一线》的新闻。5月9日又单条播出《这家企业靠什么稳定了出口订单》，播出时长达2分半钟。

网络外宣新发力，表现突出。新媒体稿件被浙江卫视“蓝媒号”App录用130余条，短视频录用率高达90%以上，位居宁波地区第一；被“学习强国”录用200余条，位居全省前列；省级融媒指数位列全市第一。广播稿件被浙江台录用近50条，被宁波台录用300多条。获2020年度全省广播电视新闻融合传播协作广播新闻协作三等奖、电视新闻协作三等奖、蓝媒联盟新媒体协作二等奖；2020年度浙报集团“共享联盟·最具传播力奖”。

全年59件作品在省、市获奖，其中与宁波电视台合作的电视新闻专题《村里来了艺术家》获浙江省新闻奖一等奖，电视纪录片《葛家村“变形记”》获第四届浙江纪录片丹桂奖和宁波政府奖一等奖；广播作品《人民功臣！特等功！92岁老党员深藏战功70年只字不提》获浙江省新闻奖三等奖；新媒体专题《艺术振兴乡村》获宁波新闻奖一等奖。

【文化产业】 开拓新领域。新组建的传媒文化公司，立足本地特色资源，探索“媒体+产业”“媒体+服务”的运营模式，推动整合营销，从原来单纯卖时段、卖版面的广告经营模式转向全媒体宣传、文化活动策划执行、节庆会务、视频制作、信息技术服务、职业技能培训、户外广告等多元化经营模式。

在职业技能培训、活动策划组织、线上平台运营和户外广告等四个新领域做了新的拓展，成效初显。集团与浙江纺织服装学院校地合作签约，共建“宁海传媒培训中心”，无人机、消防安全、摄影等职业技能培训已陆续开展；策划并执行承办徐霞客古道欢乐跑、庆祝“八一”建军节晚会、全域旅游宁海先行系列活动、大佳何融合设计乡村艺术节等活动，实现社会效益和经济效益双丰收；创新开展2020云上蛏子节、水蜜桃网络直播带货、网上赏樱花抢惠民消费券等活动，借助新媒体和网络传播优势，把节庆搬上互联网，拓展线上平台营销；尝试开展城区主要道路户外广告新领域，业务逐渐步入正轨，并减量升级展现“城市魅力”，提升打造高端媒介载体。文化公司首年营收突破2000万元。

【网络应用】 广电网络公司成立后虽未进行实体化运作，但网络应用产业上的尝试与拓展已有新突破。承接的全县智慧停车项目已完成建设，等待验收。该项目积极搭物联网数据感知接入平台，创新应用IP广播系统，为全县人民提供停车诱导大数据平台，帮助解决城市停车难问题。积极配合美丽乡镇项目建设，以4K超高清信号覆盖，打造乡镇综合业务平台，实现大数据分析。另外还参与公安局的治安要素和乡镇的“雪亮工程”建设、应急广播系统建设、疾控宣教平台等，推出了宾馆酒店“高清电视+宽带上网+视频点播+WiFi全覆盖+监控+酒店个性化页面+酒店自办节目+节目排序”等广电全业务。

11月19日，2020年浙江省群众舞蹈大赛比赛结果揭晓，宁海文化馆原创的群舞《桥畔人家》从全省60件群众舞蹈题材作品中脱颖而出，斩获金奖，为全市唯一；宁海县文化和广电旅游体育局获优秀组织奖

【改革创新】 规范完善机构设置。重新构建融媒体组织管理体系，设置行管会、编委会、经管会三大垂直机构，撤销社教部、通联部、后勤发行部、基层管理部、数字电视办公室等6个传统媒体管理科室；兼并办公室、采访部、网络部等6个职能相同的科室；新组建督查内审室、安全管理部、融媒体指挥中心等7个与融媒体发展和业务经营、管理相适应的科室，整合组建宁海县传媒文化有限公司、宁海县报业传媒文化有限公司和宁海广电网络有限公司等3家下属全资子公司。

深化融媒队伍建设。对所有科室、站中层实行选聘上岗，建立健全优胜劣汰、能上能下的干部管理体系，新任的46名中层干部中有20名是新提拔的，平均年龄41岁（较以往干部平均年龄下降近5岁），本科及以上学历占96%以上。启动宁海“融媒体人才四季培养计划”，深入探索全媒体人才培养新模式，打造新媒“网红”队伍。组织3批学员深入桑洲、强蛟等地开展采风活动。利用“传媒学堂”“周二夜学”“学习强国”等平台，加强学习教育，通过请进来、送出去、轮岗、内部骨干轮流授课、老师带学生等多种培训培养方式，建设人才梯队，储备融媒人才。集团先后获得了“学习强国”浙江学习平台“学习之星”先进组织、中共宁波市委组织部“四星级基层党组织”和2019年度浙江省广播电视主干传输网技术维护先进集体等3项省、市级荣誉称号。

改革融媒分配制度。制订出台《宁海县广播电视台（宁海传媒集团）2020年度科室绩效考核和奖金分配实施方案》《集团下属公司员工岗位薪酬管理制度》《宁海县传媒文化有限公司经营管理办法》等，推行“项目制”运营方式，坚持倾斜融媒业务一线，体现多劳多得，优劳多得，奖优罚劣，奖勤罚懒，并将绩效考核作为评先评优、晋级晋职的重要参考，充分调动员工的工作积极性和创造力。

科技·教育·卫生健康

科　技

【概况】 紧紧围绕中共十九大和十九届四中、五中全会精神，深入贯彻落实市委“六争攻坚、三年攀高”决策部署和县委“双优宁海”建设要求，坚持量质并举、争先创优，聚力实施“科技争投”三年攻坚行动计划，统筹打好“夯实基础、完善培育、加强创新”科技发展组合拳，奋力争做“重要窗口”模范生，持续为县域经济高质量发展提供有力的科技支撑。

主要科技创新指标全面完成预期目标，全年规上工业企业研发费用支出24.6亿元，同比增速7.7%；高新技术产业增加值110.2亿元，比“十二五”末翻一番，占工业增加值比重近50%，目标完成率100.2%；完成高新技术产业投资33.1亿元，同比增速2%；技术交易额实现8.4亿元，同比增速28.9%，完成率119.6%，区县（市）第一；有效高新技术企业239家，比2015年增长202%，实现三年翻番目标，其中规上工业企业中高新技术企业199家，占比32.2%，居区县（市）第一。2019年省科技进步统计监测报告显示，县内每千家企业中高新技术企业数15.68家，居全市首位；规上企业中开展研发活动的企业数占比66.07%，居全省第九、全市第一。宁海再次上榜“中国创新百强县”，位居国内前30、省内前16、市内前3。模具产业创新服务综合体列入省级培育名单，生物产业、文教体育用品产业创新服务综合体分别列入市级创建、培育名单。海产品农业科技园区列入省级农业科技园区创建计划。蛇蟠涂现代渔业被评为国家级星创天地。2020年新获省科技奖5项、市科技奖9项；新推荐省科技奖6项、市科技奖13项；获奖及申报项目数量位居县市区前列。乌中动力的帕诺马廖夫·亚历山大、比罗乌斯·阿纳托利荣获市“茶花友谊证书”和省政府西湖友谊奖。

【高新技术企业培育】 实施高新技术企业和科技型中小企业双倍增行动。不断加大高新技术企业培育力度，组织排摸高新技术苗子企业，建立高新技术企业培育库，加大政策扶持和宣讲力度，充分发挥科技咨询机构作用，提高企业科研活动管理水平。新认定高新技术企业58家，拥有有效高新技术企业数239家。新认定国家科技型中小企业192家、市科技型中小企业202家，累计科技型中小企业有效家数1379家，比“十二五”末增长3倍，2019年科技进步统计监测报告显示，每千家企业中科技型中小企业99.32家，居全市第2位。高新技术产业增加值突破110亿元，比“十二五”末增长2.5倍，年均增长10.7个百分点。高新技术产业增加值占工业增加值比重48%，比2015年度（29.02%）提高近20个百分点。

【重大科技攻关】 围绕新材料、新能源、生物医药等领域，引导县内重点企业联合高等院校科研院所积极承担“科技创新2025”重大专项，力争形成若干条特色技术链条，带动产业竞争力整体跃升。全年9个项目列入市“科技创新2025”重大专项计划，立项数量创年度历史新高。

东方日升与中科院宁波材料所联合承担的≥24%量产型钝化接触晶硅太阳能产业化关键技术及应用示范、越凡医疗与宁波中国科学院信息技术应用研究院联合承担的基于边缘计算的智能可穿戴终端AI芯片研发应用、昱源宁海环保科技股份有限公司与上海大学联合承担的利用垃圾焚烧飞灰协同重金属类污泥制备高性能陶粒关键技术及集成应用示范列入“246”产业集群发展支撑引领计划。

奇精机械与中科院宁波材料联合承担的油电混合变速箱电控系统电磁阀项目、光明橡塑与中科院宁波材料所联合承担的新型环保耐高温自润滑高压护套关键技术及其产业化研究、得力科贝与得力微机电芯片公司联合承担的微量流体精准多色控制技术微机电芯片突破性研制列入关键核心技术应急攻关计划。

如意公司的大行程重载三向堆垛拣选叉车关键技术研究及产业化示范、震裕科技的新能源汽车驱动电机铁芯模内精准胶接关键技术的开发、国琅科技的面向服务机器人的2D/3D视觉传感技术获得第五届中国创新挑战赛“宁波赛区TOP10技术需求奖”。

重大项目的实施带动科技成果产出不断涌现，2020年新获省科技奖5项、市科技奖9项；新推荐省科技奖6项、市科技奖13项；获奖及申报项目数量位居县市区前列。

【省市级创新综合体建设】 模具产业创新服务综合体列入省级培育名单，生物产业、文教体育用品产业创新服务综合体分别列入市级创建、培育名单。

突出“公共服务”功能导向，各级综合体建设顺利推进。模具综合体建成试模中心、智能模具战略合作中心、研发设计、加工检测、展示交易及技术培训中心等公共服务中心，组织八校模具专家宁海行科技合作交流活动，累计引进大院名校10个、服务机构20家，集聚人才团队30个，组织实施关键共性技术20余项。生物产业综合体加快推进生物药研发及生产等五大专业平台建设，与上海甲贝新签订协议共建“生物药中试公共平台”，联合浙江理工大学新成立“海洋药物联合研发中心”，宁波临床前研究中心顺利通过竣工验收，文达医药的BET强效抑制剂1.1类新药NHWD-870获得国家临床试验受理，天皓生物的DHA藻油、宁融生物的纳米脂质体注射剂、仙健海嘉的微乳化浓缩鱼油饮品正式投产上市。

文体用品综合体建成激光打印机检测中心、光刻实验室等服务平台，组织开展文体产业长三角合作交流会，成立江南大学（宁海）文体用品产业协同创新中心、浙大宁波理工学院（宁海）文体产业创新设计中心，累计促成文体中小企业与高校院所签订技术合作合同22项，解决文具产品改性材料升级、智能办公用品关键模块研究、文教配件表面精密成型、精加工等技术难题50余个。

【科技创新平台建设】 不断完善“边建设、边引进、边出成果”良性循环机制，5家产业技术研究院建设不断加快。

弗兰采维奇材料研究所成功研发铜钛合金、超短流程钛铝合金粉末制备、可热锻青铜，填补多项国际空白，与杭汽联合研发的新型阻尼轴承经济效益显著，莫利亚尔院士获评2020年市杰出人才，4个项目入选市“3315计划”。东方日升的24%—25%超高效异质结电池GW级智能产业化制造关键技术列入国家外专局“外专引智”项目。浙工大宁海科学技术研究院何世亮教授团队承担的基于大数据的智慧管网系统和水下穿越管道智能检测系统研发及技术服务项目入选市“泛3315计划”。

浙江万里学院宁海海洋生物种业研究院，成立包振民院士工作站、博士后工作站，获批2项国家自然基金和1项市重大专项。青蟹人工育苗、银鲳室内人工养殖两个科研项目取得阶段性成果。构建“1+4+X”众创平台、多元化创业创新“孵育基地”，已建成众创空间、创业工场10个，拥有软通动力等市级以上众创空间6家，其中国家级1家。

拥有市级以上星创天地5家，其中蛇蟠涂现代渔业被评为国家级星创天地。海产品农业科技园区列入省级农业科技园区创建计划。各级各类产业研究院、众创空间、星创天地服务创业创新团队250余个。

以“循环经济创新实践引领县域经济可持续发展”为主题，积极创建浙江省可持续发展创新示范区，通过省科技厅组织的专家组答辩，成功列入省级可持续发展创新示范区培育名单。

【创新主体研发】 深入实施全社会研发投入专项行动，以规上工业企业“三清零”（研发机构清零、研发经费清零、发明专利申请清零）为抓手，科技创新能力得到持续增强。推荐沃特汽车、永信汽车申报省级企业研究院（累计11家），新申报双宇光伏与LED照明研究院等市级企业研究院2家（累计3家）；新申报博超模具、科瑞特等省级高新技术企业研发中心4家（累计50家），新认定市级工程技术中心18家（累计90家）；拥有国家级企业技术中心3家。

强化财政资金引导作用，对192家创新主体发放研发投入后补助1893.8万元。享受研发费用加计扣除优惠政策企业479家、是2015年的5.1倍，减免税额4.26亿元、是2015年的14.6倍。

不断完善技术转移服务机制，打造科技大市场2.0版，建立科技成果与技术需求双向对接发布机制，成功举办“百日百场”院企对接等产学研科技合作活动25场，推介科技成果100项，促成合作意向30余项，挖掘并解决企业技术

长滕安达先后到柔石中学、潘天寿中学、星海中学，为复学展开调研。4月18日，县委书记林坚一行走访调研梅林第二小学、育才学校和山水小学等学校的复学准备情况，为第二批复学展开调研。

【拍摄抗疫宣传片在宁波四大电视台播出】 2月21日，由宁海县教育局组织拍摄、制作的抗疫宣传片——《疫情下的家园依然希望绽放》在宁波电视台二套、三套、四套、五套4个频道联合播出，宁波电视台官微同步推送。故事讲述越溪乡中心幼儿园一教师一家三口的真实故事，反映在疫情期间，教育系统和广大医务工作人员一起，舍小家，为大家，全力支援武汉抗疫情工作。

【前童镇中心小学“布贴画”走进央视，走出国门】 3月28日，前童镇中心小学“布贴画”在央视少儿频道《看我72变》栏目播出。通过现场的激烈角逐，布贴画战胜来自北京、天津等地的作品，获得冠军。

2月底，学校的布贴画作品被送到日本长冈京市。作为宁波市第一个国际友好城市，长冈京市每年都会举办中小学生美术作品展。宁波市外事办挑选前童镇10幅文化创意画代表宁波市进行参展，其中两幅就是来自前童镇中心小学的布贴画作品。参展作品代表宁波市特色传承文化与日本长冈京市进行美术文化交流，得到日本长冈京市市长中小路健吾赞赏。

【浙江教育报官方微信刊发陈开南署名文章】 4月16日，浙江教育报官方微信刊发县教育局党委书记、局长陈开南署名文章——《坚持“四个创新”，打造新时代教育督导“宁海样板”》。陈开南结合中共中央办公厅、国务院办公厅印发的《关于深化新时代教育督导体制机制改革的意见》精神，宁海督导队伍建设，从创新管理体制，共建共管；创新运行机制，有效有力；创新队伍管理，配优配强；创新保障机制，保质保效等四方面详细阐述宁海教育督导工作开展情况。

【省教育厅党委书记、厅长陈根芳到宁海调研】 7月1日，省教育厅党委书记、厅长陈根芳一行到宁海调研初中教育情况，并看望慰问宁海教育工作者。县委副书记、县长滕安达，副县长励成杰参加。

陈根芳一行先后到星海中学和大佳何中学，实地走访校园各处，查看学校设施设备，了解学校办学理念、教学特色和师资队伍等具体情况，仔细询问学校现阶段办学过程中存在的困难，并提出相应的指导意见。他充分肯定宁海为高考做的各项周密准备，要求宁海做好疫情防控和高考工作“两手抓”，压实各方责任，确保广大考生和考务人员的生命安全和身体健康，确保高考安全平稳有序。

【宁海县人民教育基金会】 7月22日，县人民教育基金会在浙江省社会组织总会召开的2019年度评比先进表彰大会上获参与脱贫攻坚三年行动优秀组织奖。据悉，全省有社会组织7万余家，宁海县人民教育基金会是宁波获得该奖项的唯一一家。

7月22日，颁奖现场

县人民教育基金会已为贵州、新疆等对口扶贫地区提供价值340余万元的教学设备和学生学习、生活用品，不断夯实两地教育设施，为打赢这场脱贫攻坚战做出积极努力。

【成绩高考再创新高】 高考成绩，宁海中学一段线上线率84%，5名学子考分进入全省前100名，其中1名学子考分位列全省第9名。

【2020年得力高考奖学金颁奖仪式】 8月28日，2020年得力高考奖学金颁奖仪式在宁海中学大梁山楼多功能报告厅举行。北京大学、清华大学、上交、复旦等全国一流高校的65名宁海优秀学子获得由得力集团送出的奖学金。县教育局党委书记、局长陈开南，县人民教育基金会理事长陈焕翠，得力集团副总裁尤君伟等参加颁奖典礼。自2006年起，得力集团累计向宁海教育系统捐资2600余万元，有力助推宁海教育事业的发展。

【开展教师节慰问】 9月10日，在第36个教师节之际，县领导林坚、滕安达、赵秀萍、励成杰、童青燕分别走访宁海部分学校，看望慰问全县广大一线教育工作者以及离退休教师代表，向他们致以节日的问候和祝福。

10月15日，宁海县教育系统生活垃圾分类工作推进会会场

【垃圾分类】 9月26日，中央党校（国家行政学院）报刊社副总编辑蒲实等11名相关专家到宁海县调研农村生活垃圾智分类与保洁一体化的运营模式——“宁海模式”。人民日报社、人民网、经济日报社、工人日报社、中国网等9家媒体对此次调研进行全程采访。

10月15日，宁海县教育系统生活垃圾分类工作推进会在宁海县梅林第二小学召开。各中小学校长，直属幼儿园、直属单位负责人，学校党支部书记共400余人参会。县教育局局长陈开南出席并作重要讲话。与会人员实地参观梅林第二小学垃圾分类站建设、环保作品展，观摩师生垃圾分类知识竞答，实小集团城南校区等4所学校分享“垃圾分类”的经验做法。

【宁海教育微信】 10月28日，从浙江省记协教育新闻工作者委员会、浙江省教育厅新闻办公室发文获悉，宁海教育微信登2019年度浙江省教育部门优秀新媒体综合力十强榜。自2017年宁海教育微信开通，县教育局已经两获此项殊荣。宁海教育微信还获得2019年度县、市优秀新媒体称号。

【“送教育、送体育”活动】 11月11日，由市政协副主席张明华率队的宁波市政协一行，联合宁海县政协开展的“六送下乡”活动在茶院乡举行，其中“送教育”“送体育”双下乡活动中，宁波外国语学校、鄞州区华泰小学与茶院中学、茶院乡中心小学分别结对。两所学校分别为茶院中、小学师生带去精彩课堂。同时，市政协一行为茶院乡教育系统捐赠图书、体育器材，共计金额6万元。县政协主席尤玲娟参加。

【城东小学吴盈波参加长三角论坛并发言】 11月28—29日，由教育部中学校长培训中心、江苏省教育厅、江苏省师干训中心主办，浙江省教育行政干部培训中心、安徽省教育管理干部培训指导中心、上海市师资培训中心协办的“第10期长三角中小学名校长高级研究班高峰论坛暨第二届长三角名校长发展大会”在南京举行。教育部中小学校长培训中心、江浙沪皖教师培训中心相关负责人以及中小学校

11月29日，城东小学校长吴盈波在大会上发言

（园）长近300人参加。来自宁海城东小学的吴盈波校长作为浙江省唯一的小学组代表参加本次论坛并发言。

【县职教中心在全国职业院校技能大赛中获一等奖】 11月15日，宁海县职教中心代表宁波市参加2020年全国职业院校技能大赛改革试点赛电子商务技能赛项，该赛事是由教育部主办的学生技能类最高级别的比赛，内容包括网店直播、网店开设装修、网店客户服务、网店推广4个分项。县职教中心代表队最终力克强队，在全国36个代表队中脱颖而出，获得全国一等奖第二名。这是该校摘得的第二枚国赛金牌，也是宁波自参赛以来获得的最好成绩。

【学前教育补短提升工程】 宁海学前教育补短提升工程被列为宁波市政府激励事项，并获200万元奖励资金。

坚持“政府主导、多元并举”的学前教育办学思路，通过全方位保障优质学前资源供给、大手笔推进农村幼儿园补短提升工程、重力度整治城镇小区配套幼儿园、多举措培育幼儿园教师队伍、高要求落实学前教育经费保障机制等措施积极构建“全覆盖、普惠性、高质量”的学前教育公共服务体系，进一步解决了老百姓“入园难”问题。宁海在园幼儿数23057人，学前三年入园率99.9%，小区配套幼儿园整治率100%，全县公办幼儿园招生覆盖率53.9%，等级幼儿园比例100%，普惠性幼儿园招生覆盖率93.6%，相关指标均高于上级各部门要求并名列全市前茅。

【名师培育】 在2020年市第八批名教师和第四届市专业首席教师评选中，宁海共有9位教师上榜，名列全市前茅。县教师进修学校、县名师名校（园）长工作站作为教育系统人才孵化的主阵地，深入实施名师名校（园）长工程，宁海已经成立15个名师（名校长）工作室，充分发挥名特优教师在教师专业成长和教育科研中的示范、引领和指导作用。宁海拥有市级及以上各类名师31人，其中省特级教师5人，宁波市名教师19人，宁波市专业首席教师2人，宁波市名班主任1人，市名校长4人。出版《教育的味道》《让学生有尊严的学习》《高中化学问题链教学探究》等10余本教科研著作。

11月26日，县教育局举办2020年心理辅导骨干教师能力提升培训

【教育科研成果】 在2020宁波市教科优秀成果评比中，宁海有17项获奖，其中前童中心小学的《习技艺 传文化 育传人——竹编“小传承人”的培养实践》等4项成果获一等奖，6项成果获二等奖，7项成果获三等奖。

在宁波市第四届中小学（幼）课程与教学专项个人课题评比中，宁海有16项获奖，其中一等奖3项、二等奖5项、三等奖8项。

在宁波市2020年度“学校德育研究”课题评比中，宁海共有26项课题获奖，其中一等奖2项、二等奖7项、三等奖17项。

【师生心理健康教育】 为打造一支素质过硬、业务精湛的专兼职心理健康教育教师队伍，11月26日，县教育局2020年心理辅导骨干教师能力提升培训举行。此次培训班为期2天，宁海取得心理咨询A或B证的教师和中学政教主任、小学德育工作负责人分别参加受训。县中医院党委书记、院长奚琼霄，宁波市康宁医院副院长、硕士生导师禹海航等专家分别作《学生心理问题的鉴别与诊断》《学生危机识别和处理》专题讲座。同时，县教育局要求全县各校要采取多种形式，同步跟进对学生的心理健康教育。

卫生健康

【概况】 截至年末，全县医疗机构

1月18日，宁海县第一医院创建浙江省三级乙等综合医院动员大会

数472家，其中县级公立医院3家，县急救站1家、中心卫生院8家（包括县第二医院、县第三医院），乡镇卫生院9家；社区卫生服务站31家，村卫生室233家；民营医院9家，卫生所19家，门诊部18家，医务室9家，卫生站3家，个人诊所128家，计生指导站1家。其中，县第一医院为二级甲等综合性医院，县中医医院为二级甲等中医医院，县妇幼保健院为三级乙等妇幼保健院；7家乡镇卫生院为甲等卫生院，10家卫生院是乙等卫生院。81家一体化村卫生室中，10家为甲等卫生室，63家为乙等卫生室。

全县卫生健康系统正式在编人员3338人，其中专业技术人员3287人，占98.5%。卫生专业技术人员中具有高级职称的615人，占18.7%；中级职称1162人，占35.4%。全系统编外用工1319人。县域内注册执业医师（包括助理）2183人，注册执业护士2270人，乡村执业医生169人。

全县总核定床位2886张，实际开放3512张，其中县第一医院核定床位850张，实际开放900张；县妇幼保健院核定床位300张，实际开放288张；县中医医院核定床位300张，实际开放382张；城关医院及分院核定床位196张，实际开放246张；乡镇卫生院628张，民营医院612张。

全年公立医疗机构门急诊总量470.34万人次，同比下降10.12%；其中三家县级公立医院门急诊总量226.68万人次，占48.19%，同比下降9.51%；乡镇卫生院门急诊总量243.66万人次，占51.81%，同比下降10.65%。全县公立医疗机构总收住院6.42万人次，同比下降14.4%；其中三家县级公立医院收住院5.6万人次，占87.23%，同比下降14.76%；乡镇卫生院收住院0.82万人次，占12.77%，同比下降11.83%。

4月23日，迎接宁海县第一批援鄂人员回归家乡

全县出生5407人，同比下降为19.81%，计划生育政策符合率为94.46%，同比下降1.13%，出生人口性别比为118.19，同比上升8.54%。

【疫情防控】 在1月18日全省视频会议后，第一时间汇报上级、组建专班、制订方案，全员第一时间投入一线。率先全员春节不休假，率先实行发热就诊分类分流机制，率先招募社会医务志愿队，选派24名医务人员援汉，3000余名医务人员驻守发热门诊、集中隔离点、社区排查等点位，开展复工复产防疫指导、学校复学防疫指导，全面落实防控措施，切实做到早发现、早报告、早隔离、早治疗。

3月3日前，全县11例确诊病例全部陆续治愈出院，实现病例零死亡、医务人员零感染。县防控办坚持工作专班周一例会，制定《宁海县秋冬季新冠肺炎疫情防控工作方案》《宁海县秋冬季疫情防控应急预案和工作指引》，推进县级医院发热门诊改造提升，乡镇卫生院发热诊室全覆盖，加强核酸采样人员和检测人员队伍建设，组建医疗救治专家团队，开展各类培训、演练130余场次。加强医疗物资储备，可满足120天满负荷运转需要。

【健康宁海建设】 召开健康宁海建设领导小组（扩大）会议，制定《推进健康宁海行动实施方案》，推动各项工作全面深化。

开展卫生创建扩面提质三年行动，新申报创建国家卫生镇3个，加强省卫生乡镇创建指导。开展无烟机关创建活动，扎实推进国家农村儿童早期发展服务试点、省0—3岁婴幼儿照护服务试点，在全省率先开展托育机构备案“一件事”改革并列为全市试点，超额提前完成省市民生实事项目托育机构和托位新增、70岁以上老年人流感疫苗免费接种、重点人群直肠癌免费筛查目标任务，接受国家慢性病综合防治示范县复评验收，新一轮全国计划生育优质服务先进单位创建通过省级评审，不断提升居民健康水平。

【综合医改】 出台《县域医共体及其他医疗机构基本医疗保险支付方式改革实施方案》，建立医保基金节余分享机制，县第一医院医保周转金预拨增加到2000万元。落实《宁海县名医工程建设实施意见》，每年安排资金1200万元补助各类紧缺人才、优秀人才。2020年新引进22名研究生学历紧缺人才，委托高校定向培养医学生25名，评选出宁海县名医系列人才117名。

【县域医共体建设】 制定医共体建设重点任务清单和部门责任清单，上半年完成省定指标41项，12项指标进度达60%以上。

加强公立医院党建，全面推行集团小微权力清单49条制度，持续深化清廉医院建设，推进医疗卫生单位巡察全覆盖。

推动医防融合，以医共体为单位统筹做好疫情防控，全年家庭医生重点人群签约率77.87%。

实施医共体能力提升工程，投入1亿元，在建工程7个、预备类工程8个，84%的公立医疗机构面貌一新。

开展医共体运营发展专题调研，制定《医疗卫生单位绩效考核实施方案》，加强内部运营管理，汇聚更强的内部发展活力。全年县域就诊率90.0%、基层就诊率71.3%。根据医共体建设需要，不断优化完善县域卫生健康信息一体化平台，制定县医共体信息化建设数据标准，建成县域双向转诊平台，实现公立医疗机构电子发票全覆盖，县域影像云采集72万张云胶片，统一规划、统一建设、统一管理、统一运行的“四统一”信息化格局进一步形成。

【医疗服务】 深化合作办医，实施县级医学学科培育行动计划，强化医疗质量管理，支持县第一医院创建三乙医院，县第一医院CMI、RW≥2例数、三四级手术例数及占比等核心数据居全省二级医院前列，县妇保院CMI值居全省三级妇幼保健专科医院前列。推动医疗卫生服务领域“最多跑一次”20条措施向基层延伸，开展后勤服务提质增效专项行动，3家县级医院全面推行智慧停车，县第一医院率先实行智慧点餐服务，县妇保院开设首家院内咖啡吧，不断改善医院综合服务水平。全面创成市生活垃圾分类处理示范单位。

【党建工作】 加强公立医院中共建设，严格基层党组织党内政治生活，依托“医声学堂”平台全面开展“周二夜学”，巩固“不忘初心、牢记使命”主题教育成效，开展清廉机关、清廉医院创建。

成立抗疫临时党支部，各医院党组织团结带领医务人员奋勇作战在一线，24名医务人员第一时间不顾个人安危报名驰援武汉，6个党组织被评为市、县战疫先锋团队，12名党员被评为市、县战疫先锋，10名党员被评为县优秀共产党员，134名医务人员递交入党申请书，32名被吸收为入党积极分子，新发展党员20名。

推行网格化党员管理模式，开展党风廉政教育活动，对19个医疗卫生单位全面进行内部巡察，压紧压实基层党组织主体责任。

加强思想意识形态建设，举办第二个中国医师节庆祝活动，在各级媒体上刊登录用436篇宣传报道，进一步形成浓厚的尊医重卫氛围。

加强法治工作，出台医疗卫生行业综合监管实施方案，卫生执法效能考核居全省第一。院前急救连续8年在全市考核优秀。超额完成无偿献血工作任务，人民路爱心献血屋被评为全国最美献血屋。宣传教育工作开展得有声有色，全面推进安全生产工作，全面创成市生活垃圾分类示范单位，圆满完成东西部健康扶贫任务，信访、保密、档案、政务信息等方面工作取得积极成效。

社会事务

人事与社会保障

【概况】 2020年，县人社局把握“民生为本、人才优先”主线，以“抓热点、造亮点、攻难点、促重点”为核心，奋发有为、精准发力，人力社保工作得到全方位、高质量发展。

【保障就业】 落实就业优先战略，千方百计稳定和扩大就业。开辟“五省八城”劳务协作、拼车定制、共享技师、直播带岗等一系列复工复产组合。3月底，宁海企业员工返岗39.8万人，返岗率达98.3%。推进就业创业工作，全年城镇新增就业人员2.36万人；接收大学生7600余人，增长率达55%，大市第1；城镇登记失业率1.29%；建成省、市高质量就业社区（村）26家；吸纳晴隆籍建档立卡人员稳定就业533人，全市前列；发放创业担保贷款8985万元。推进职业技能提升行动，培训3.2万人次，率先开展无人机操控和短视频制作等技能培训，在全省30项职技大赛中获2项冠军。就业创业和职技培训工作分获省厅信函表扬。

2月，县人社局应对疫情特殊性结合企业复工复产需求，奔赴贵州长顺、江西乐平等外省县市开展企业返岗复工人员协调工作，专车运送复工人员至宁海助力企业复工复产工作。

2月29日，安徽省灵璧县复工返岗人员在宁海县返程复工人员专车前合影

【完善社保体系】 全面提升社会保障服务水平。加强社保扩面，参保率达98%。推进养老保险基金省级统收统支工作，率先在全市完成被征地农民业务调整。减免企业社会保险费8.26亿元（含医保、生育），返还社会保险费4878万元，助力企业轻装上阵、减负赋能。在全市率先开展社保经办事项风险梳理试点，形成宁海特色的社保经办风险地图。率先开展“政保合作”，推进工伤预防试点工作。

以数字人社为引领，跑出“最多跑一次”新速度。全面实现“一窗受理、集成服务”，创新推出人社高频事项“码”上办，推进群众企业眼里一件事、好差评办事评价和短信回访等机制，群众满意率达99.3%。人社服务大厅被评为全县示范型新时代文明实践点。

【人才队伍建设】 紧紧围绕人才强县战略，统筹推进人才队伍建设。运行“智汇宁海”政策体系，人才总量达21.5万人，增幅9.7%。“四方联动”应用型人才培养“宁海模式”获国务院督查组点赞肯定，并被确定为2021年全国第一届人力资源大会重点推介项目。承办市数字模具产业人力资源服务供需对接会、市人力资源管理师创新大赛等赛事。首推“优才贷”，为人才创业创新赋能。谋划推进宁海产业学院，促进技能人才培育。

4月19日，在宁海西子国际大酒店西子厅举办“赋能未来”伯乐汇专题活动暨2019年人力资源协会年会活动。图为县委常委、县委组织部部长方勤（中）颁发宁海县人力资源发展战略顾问聘任状

【人事制度改革】 深入推进人事制度改革，切实做好人事管理工作。做好人员划转、岗位设置等工作，保障事业单位机构改革稳步推进。全面推进事业单位工作人员职业生涯全周期管理“一件事”平台和浙江省事业单位人事工资管理服务平台信息采集运行。有效推进公立医院和国企薪酬制度等改革。

【维护劳动合法权益】 着力维护劳动合法权益，努力构建和谐劳动关系。压实“无欠薪宁海”创建责任，成功创建省“无欠薪”县，并获市政府督查激励项目。开发运用“宁海县工程建设人员服务平台”，获常务副省长冯飞批示肯定。强化劳动仲裁能力，结案率99.0%、调解成功率 88.8%，网络办案率34.6%。

6月24日，宁波市无人机职业技能公益培训班暨宁海航拍“飞手计划”启动仪式在宁海西子国际大酒店举行

11月13日，宁海县产业学院集训基地启用暨汉峘教育第六期大学生实训开班仪式

医疗保障

【概况】 截至年底，全县共有城镇职工医保参保单位13832家，参保人数219505人，城乡居民医保共参保400209人，宁海县户籍参保率99.92%。

全年职工医保基金当期收支结余17724万元，城乡居民医保基金当期收支结余3170万元。

医保监管事项4项，覆盖率100%，现场执法182次，掌上执法率100%，跨部门联合监管2次，占比33.3%，抽查任务按时完成率100%。依申请经办服务事项“网上办”“掌上办”办件比例95.6%。推进跨省异地就医直接结算，有26家医疗机构实现跨省异地就医（含长三角门诊）直接结算。深化推进药品、耗材集中采购，带量采购完成全年任务量的100%以上。

9月14日，2021年度宁海县城乡居民基本医疗保险工作会议第一阶段动员部署会

【疫情防控】 快速落实行动。第一时间成立工作领导小组，在岗带班，落实单位职责；第一时间制定完善防控预案，形成具体措施；第一时间全市最早联合县药品监督管理局对辖区内的58家定点零售药店进行116家次检查，着重对疫情购药进行巡查。

强化实效保障。加大对医疗机构的支付支持。增加拨付第一医院疫情专项周转金400万元。临时调整医保支付政策，将国家卫生健康委《新型冠状病毒感染的肺炎诊疗方案》覆盖的药品和医疗服务项目全部临时纳入医保基金支付范围，启动专项医疗救助，对本县参保人员在异地就医的患者，实行先救治后结算，报销不再执行异地转外就医支付比例调减规定，制定网上云医院报销具体流程办法，减少患者流动带来的传染风险。

便捷经办疏导。放宽慢性病长处方；临时取消代配药备案手续；取消人脸识别率要求；临时取消患者市外就医转诊手续；临时取消2020年度参保人员健康体检；引导和鼓励参保人员通过浙江政务服务网、“浙里办”App等渠道办理医保业务。

助力企业复工复产。抽调单位精干力量组成“驻企指导员”，深入社区企业帮助复工复产。主动问需，落实阶段性减征政策，减征涉及企业12378家，累计减征医保费用1.1亿元，有效缓解因疫情造成的企业负担。

【夯实医改基础】 全面完成职工医保与生育保险的合并。实现参保登记、基金征缴、医疗服务、经办、生育保险待遇“五统一”，确保政策平稳过渡。

配合市级统筹，谋划调整公务员医保政策。做实基本医疗保险全市统一，解决宁波市内人员流动待遇分段享受的矛盾，确保全县公务员补助金划入个人账户比例，待遇政策，补助标准与宁波统一。

完善医疗救助政策，完成医疗救助系统建设。建立健全救助对象精准识别和主动触发机制，提高救助精准性、针对性和便捷性。推行基本医保、大病救助、医疗救助“3+N”的“一站式”结算，实现参保人零跑腿、零等待、零垫付。

【控制基金支出】 抓好总额预算管理。出台《宁海县推进县域医供体及其他医疗机构基本医疗保险支付方式改革实施方案》，建立分级管理体系，合理确定及调整定点医疗机构年度预算总额。

严把基金“入口关”和“续签关”。严格落实新版协议管理办法，完成129家定点医药机构的协议续签，对本年度第二、三季度申请的27家次医药机构开展审查，通过7家。做到程序透明、过程可溯、结果公开。

推进DRGs点数法付费。按照市局统一部署，督促宁海县全部有历史住院数据的医疗机构进行2017—2019年历史病例数据的上报，系统接口改造。

配合做好药品耗材集中采购改革。积极督促辖区内医疗机构及时完成第一批、第二批协议采购量，日前全年协议采购量完成率100%以上。

【加强审核监控】 聚焦“基金监管年”，进一步巩固高压态势。

提高智能化监管水平。按照标本兼治，关口前移的要求，充分利用智能审核监控平台，加大医保支付环节费用审核力度。截至12月底，线上精细化审核近394万件，审核金额14.2亿元。

狠抓专项监管不放松。开展基金监管1号、2号专项行动，推进“三年行动”专项检查工作。完成省市两级部署联合检查工作任务，监管事项覆盖率100%，现场执法的掌上执法率100%，跨部门联合监管占比高于33.33%，抽查任务按时完成率100%，处理医药机构11家。

加强宣传，完善社会监督。开展医保基金监管集中宣传月活动，充分利用主流媒体和线上新媒体平台优势，突出“掌上宣”，曝光欺诈骗保典型案例，发送手机短信60余万条，全年发放宣传册、“一封信”近20万份。

【优化便民服务】 推进政务服务2.0改造。主动学习先进经验，加快系统升级和硬件配置。全面深化“最多跑一次”改革，推行“一窗受理”模式，进一步简化办事流程、提高办事效率，提高群众满意率。多渠道推广医保网上办指南，引导参保人员服务事项网上办、自助办、掌上办。医保服务事项共办理超40万件，网办率由2019年的70%升至95%以上，首问负责办理件实现按期受理率、按期答复率、满意率、回访核实率“四个100%”。

推进长三角医保一体化。积极推进省内和跨省异地就医住院费用“一站式”结算，破解群众异地就医“垫资”和“跑腿”难题。26家定点医疗机构开通长三角异地就医直接结算，跨省异地就医2000余人次，总费用近6000万元。

推广医保电子凭证应用。召开医保电子凭证推广应用会，对接医保电子凭证第三方合作单位，引导参保人激活使用医保电子凭证。定点医药机构全部开通支持使用医保电子凭证。

创新经办模式优化经办流程。前移意外伤害审批窗口，委托医院全程把关意外伤害核实，有效打通服务群众的“最后一公里”。

民　政

【概况】 紧紧围绕县委、县政府决策部署，求真务实、开拓进取，各项工作扎实推进。围绕中心工作，民政服务保障能力有力提升。做好民政高质量发展顶层设计，强化机制保障，出台《中共宁海县委、宁海县人民政府关于加快推进新时代民政事业高质量发展的实施意见》，召开由县四套班子主要领导出席的全县民政会议，为新时代民政工作高质量发展提供机制保障。强化规划先行。抓紧编制养老服务“十四五”规划与殡葬设施布局规划，积极争取社区规划编制经费，确保“十四五”期间民政设施布局更加合理。确保疫情期间民政领域平稳运行。

10月22日上午，县政协就2018年以来县民政局承办的提案办理落实情况进行民主评议

【内设机构与党组织变更】 县民政局内设机构包括5个职能科室：办公室（行政审批科）、计划财务科、社会救助和慈善福利科、基层政权和社区建设科、社会事务和养老服务科。行政编制9名。下属事业单位共有8家，分别为婚姻登记处、水库移民管理服务中心、救助管理站、居民经济状况核对中心、殡葬管理所、殡仪馆、社会综合福利院、社会组织区划地名福利企业管

理指导中心。原民间组织管理中心、区划地名管理指导中心、福利企业管理指导中心合并为社会组织区划地名福利企业管理指导中心。

3月19日，撤销城乡社区服务中心党支部。8月4日，县老龄办党总支及其下设的5个党支部：老龄办党支部、工业、二轻、商业、物资退休干部党支部整建制转移到县卫健局，转移党员组织关系26人。截至12月31日，县民政局共有机关委员会1个，社会组织党委1个，党支部10个。10个党支部分别为：局机关、社会综合福利院、殡管所、殡仪馆、离退休老干部、机关联合党支部、社会组织协同联合党支部、社会组织服务中心党支部、癌症康复会党支部、女性社会组织联合党支部；共有党员85名，其中女党员27名。党员中，大专以上文化程度61名，中专（高中）文化程度15人，初中以下文化程度9名。2020年度党员转正1人。

【疫情防控】 1月23日开始，全省实行疫情防控一级响应，根据上级民政部门以及县疫情防控指挥部部署，对中高风险区以及外省返乡人员实施集中隔离、居家隔离、核酸检测等分级管理措施；机关大院实施扫码、测温、登记制度、尽量减少集聚，出市需要落实审批备案手续；全县养老机构自1月21日起实施封闭式管理；殡仪馆、婚登处、救助站等服务机构也将按照省市要求落实好各项防控措施。全局上下团结一心，严防死守，取得民政领域疫情防控的阶段性胜利。

严防严控，确保民政重点场所安全运营。全县养老机构全部实行封闭式管理并落应急预案，全面关停居家养老服务中心、站点。引导全县各养老机构有效化解封闭式管理期间老人的焦虑情绪，该举措得到省市民政部门肯定并推广。严格按照《防控工作指南》开展救助。为来外来务工人员以及其他原因滞留武汉籍人员落实好定点场所，同时对无固定场所的人员开展相应的临时救助工作。做好人员疏导，进行婚姻登记预约办理，避免人员扎堆；殡仪馆实行馆内丧事简办，每户丧属出殡到馆人员尽量控制在20人以内，车辆不得超过5辆。

做好民政工作对象疫情期间的服务工作。加大主动排摸力度，对符合基本生活救助条件的对象，优化简化审核审批程序，推行容缺机制，实行特殊时期全流程网上办理。开展对困境儿童、特困群体探访服务工作，发现困难及时妥善解决。联合县财政局出台进一步落实激励关爱疫情防控一线社区工作者的十条措施。激励支持社区工作者扎实工作。组建“复工小分队”采取上门服务、现场指导、安全评估的方式，全过程跟踪指导福利企业的防疫措施落实和复工复产。向全县各行业协会商会等社会组织发出倡议书，引导社会组织参与疫情宣传、组织防控、舆情引导、慈善捐赠、保障企业复工复产，相关经验被上级民政部门推广。

【社会救助和慈善福利】 加大救助对象保障力度。贯彻执行低保标准调整机制，2020年7月起，宁海县低保标准从799元/月调整至842元/月。实施低保、低边家庭一年渐退期救助制度，加大对因病致贫对象的救助，将困难家庭重病患者、重度残疾人及成年三、四级精神智力残疾人以单人户形式纳入低保。截至2020年年底，宁海县共有低保对象6764户9612人，其中：收入型低保4522户6351人，支出型低保897户1865人，重病单人户114户116人，重残单人户1231户1280人；低边对象1286户3058人。实施低保、低边渐退期制度的家庭有421户，2020年发放低保金达8079万元。

完善特困人员供养制度。根据居民人均生活消费支出的50%确定特困人员供养标准，2020年4月，宁海县特困人员生活费标准从1481元调整至1635元，集中供养护理补贴分为249元、423元、872元，分散供养护理补贴分为166元、282元、581元。宁海县共有特困人员543户544人，其中：集中供养330人，户院挂钩57人，分散供养157人；完全具备生活自理能力271人，部分丧失生活自理能力156人，基本丧失生活自理能力56人，完全丧失生活自理能力61人。2020年发放特困人员供养资金达1033万元。

综合实施各类救助。实施元旦春节困难群众一次性节日生活补助，2020年对上万户困难家庭发放春节慰问金748万元。落实困难群众基本生活价格补贴制度，执行2020年3—6月物价补贴阶段性提高一倍发放的政策，切实保障疫情期间困难群众的基本生活。2020年对1.4万余名困难群众发放物价补贴资金达3030万元。加大临时救助力度，2020年共下发临时救助金下拨385万元，较大程度缓解群众急难困境，确保困难群众特殊紧急生活需要。

12月22日，“小书桌大世界”公益活动启动仪式

【基层政权和社区建设】 稳妥推进行政村规模优化调整工作。规模优化调整涉及的行政村合计33个，其中合并的14个（含500人以上的村4个），撤村并（建）居的19个（含500人以上的村2个），涉及7个乡镇、街道；2020年8月中旬全面完成。

顺利完成新一届村社组织换届。村社组织换届选举工作全面完成，并实现“一肩挑”100%的目标。

10月30日，全县村（社区）组织换届选举业务培训会

强化社区服务能力。2020年社区基础设施建设进一步优化，桃源街道投资320余万元浦西社区新的社区服务用房投入使用，跃龙街道投资600余万元对杜鹃、滨溪、塔山新的社区服务用房进行装修，功能配套进一步完善，集公共服务，老年服务，青少年、妇女活动、居民协商议事、居民健身一体的综合服务中心，进一步提升居民获得感。壮大专职社区工作者队伍，实行“县级统一招聘、街道归口管理”模式，全年公开招录49名专职社区工作者。专职社区工作者薪酬体系，实行“三岗十八级”绩效薪酬制度，社工待遇进一步提升。

扎实推进特色社区建设。全年完成8个清廉社区建设，以实施“队伍保廉”“制度固廉”“监督促廉”“文化育廉”四大工程为抓手，深入推进清廉社区规范化建设，推动全面从严治党向基层延伸；农村社区建设评估，围绕乡村治理有效，扎实推进农村社区分类指导分层提升，组织开展农村社区建设评估活动，着力打造第三批引领型农村社区5个和完善型农村社区25个，提升农村社区建设水平。

创新社会组织管理机制。在全省创新发布首个“民非”法人治理指引地方标准，进一步规范社会团体内部组织机构设置以及组织机构的运行，得到上级民政部门的肯定和推广。

【社会事务和养老服务】 加快老年公寓运营进程。投资4.5亿元、床位数近1500张的老年公寓全面竣工，老年公寓将采用公建民营方式开展运营。年底完成县老年公寓的第三方运营招标工作，同时明确老年公寓必须设置失智症照护专区、临终关怀专区等功能。

省、市民生项目有序推进。建成9个区域性居家养老服务中心，实现18个乡镇街道居家养老服务中心群覆盖，进一步提升为老服务能力；81户困难老年人家庭适老化改造项目全面完工；9个“爱心车轮”助餐服务项目按期实施。

居家养老服务能力更加全面。继续设施居家养老服务补贴制度。服务对象1.3万余人，推进智慧养老服务平台开发，强化居家养老服务的监督指导和管理；落实老年人意外伤害保险，实现全县80周岁以上高龄老年人参保率100%。

【殡葬管理】 投资2亿元的公墓二期被列为县重点前期类项目，工程用地规模272亩，已完成用地选址红线规划报备。设计招标工作编制《宁海县殡葬设施布局规划（2019—2035）》。创新骨灰跟踪管理长效机制，委托软件公司开发殡葬网格化信息管理系统，实现全县死亡信息与公墓地数据的实时互通比对。

10月22日，县殡葬管理所召开关于组织安葬（放）设施建设经营专项摸排信息模块视频培训

【移民安置】 全县共有水库移民10052人，涉及15个乡镇街道、124个村，县移民办开展相关的移民核减工作，共核定2020年因死亡核减98人，已累计核减人口787人，共计核减资金297.18万元。全年直补资金发放562.92万元，共安排基础类项目22个，涉及移民补助资金676万元，创业致富类项目2个，涉及移民补助资金54.5428万元。西林水库、清溪水库、抽水蓄能电站3个新建水库安置工作进展顺利，按照征地移民验收要求，做好抽水蓄能电站导截流阶段征地移民验收；清溪水库实物调查工作基本完成。

【社会组织】 乡镇街道、城市社区社会组织服务中心已实现全覆盖；农村社区社会组织服务中心已成立341家，达到94%；城市社区已备案社会组织23.5个，农村社区已备案社会组织达11个以上；县民政局发布号召社会组织助力对口帮扶地区挂牌督战县决战决胜脱贫攻坚的倡议书，发动6家社会组织参与晴隆县6个村的结对帮扶工作，落实帮扶资金 20 万元，并与晴隆县民政局签订两地社会组织能力提升结对办法；印发《关于建立宁海县行业协会商会会员单位社会责任评估细则和奖惩机制的意见》，及时建立适合各协会商会的会员单位社会责任评估细则及对应的奖惩机制；制定并发布全省首版县域社会组织法人治理指引；联合组织部、“两新”工委、县直机关党工委印发《关于明确社会组织党建领导机关及具体职责》文件，解决 800 余家社会组织的党建领导机关不明确、隶属不清、部分部门不愿做党建领导机关的问题，也为后续新成立的社会组织明确党建领导机关指明方向。

【婚姻、收养登记】 推进婚姻收养登记规范化服务，全年共办理各类婚姻证件 5491 件，其中：结婚登记 3139 对，补结登记 712 对，补离 94 对，离婚登记 1546 对。办理收养登记申请 30 件，已登记发证 21 件，解除收养登记 1 件，接受收养咨询约 300 人次。

【区划地名】 平安边界建设有序开展。宁海县陆域界线全长 215.24 公里，埋设界桩 15 个，涉及全县 11 个乡镇 47 个行政村。其中地市级界线 2 条，计 108.99 公里，“甬绍线”宁海新昌段 13.3 公里；“甬台线” 95.69 公里，其中宁海天台段 44.25 公里，宁海三门段 51.44 公里。县级界线 2 条，计 106.25 公里，其中“象宁线” 60.16 公里、“奉宁线” 46.09 公里。边界总体情况良好，边界群众生产生活和谐稳定。根据宁波市平安办通知精神和市局要求，制作平安边界微视频《老张浙大——来自甬台线 5 号界桩纪实》，被宁波市平安办选送参加“全国第五届平安中国‘三微’比赛暨优秀政法文化作品征集评选活动”。

地名管理和公共服务工作进展顺利。核准命名住宅小区和建筑物 18 个，道路 32 条；安装弄牌 10 个，编制门牌 1 万多个（包括农村门牌），出具地址证明近 500 个。安装路牌 231 个。

地名文化建设取得初步成效。《宁海县地名志》形成初稿，正在做进一步校对修改。国家地名词典和浙江省标准地名志有关内容均按要求修改并上报。推进地名文体遗产保护，“一善巷”“八士巷”“力行巷”等老地名已预命名于老城区规划道路名。

【福利事业】 全县 27 家福利企业在职职工总数 2020 人，其中安置残疾职工 780 人，完成工业产值 13.6 亿元，实现产品销售收入 13.5 亿元，实现利润 5540 万元，其中并计利润的增值税退还收入 4273 万元，总产值较 2019 年有大幅提升。全县福利企业残疾职工月平均工资为 3200 元，残疾职工月人均投保额 1114 元，同比 2019 年均略有增长。福利企业协会全年开展春节、夏日高温送清凉慰问活动，共发放慰问金、补助金及慰问品等总值 15 万元。

全年销售各类福利彩票 8393.8 万元，为国家筹集福利彩票公益金约 2400 万元。

社会综合福利院接收入院老人 87 人、办理出院老人 131 人，现住老人 335 人；办理送养社会弃婴 18 件。

退役军人事务管理

【概况】 2020 年，坚持以习近平新时代中国特色社会主义思想为指引，以“让军人成为全社会尊崇的职业”为目标，以党建引领，认真履职，强化服务，营造氛围，统筹推进思想建设和权益维护、就业创业、关心关爱、双拥共建等工作。

【思想引领】 激发退役军人使命感。充分调动退役军人参与社会服务，突显身份感荣誉感。在抗疫过程中，全县各级服务站积极组织退役军人参加防疫志愿者活动。西店镇退役军人服务站第一个发出“抗疫”召集令，全县组建退役军人志愿服务队，退役军人积极参与抗击疫情活动，迷彩服汇成一支特有的力量，得到当地群众的一致好评。西店镇退役军人志愿服务队获得“宁波市疫情防控优秀志愿服务组织”荣誉称号。

选树典型，营造尊军崇军氛围。选树最美退役军人，特别突出抗疫中的先进代表，在当地报社、电台，持续系列报道，并在“八一”晚会上发布，晚会在线直播点击量 10.2 万余次，较好地形成宣传气势。慰问驻地部队，帮助部队解决疫情期间的实际困难。组织清明节学校网上祭扫活动。重大节日期间在闹市区 5 个大型电子屏和全县各小区 529 台电梯播放专题片，营造尊军崇军氛围。

【生活关爱】 扎实开展大走访活动。“八一”三级走访全覆盖。春节、10 月进行大走访慰问。

多种形式帮扶解困。通过购买服务的形式，委托岔路阳光公益服务社和桃源阳光家园两个社会组织，每月一次上门为 60 周岁以上孤寡退役老兵及“三属”做订单式服务。岔路阳光公益服务社的“情暖老兵红心项目”荣获浙江省青年新时代文明实践志愿服务大赛铜奖。定期开展退役军人“微心愿”圆梦活动，2020 年共计完成 48 个

“老兵圆梦”系列微心愿。成立“缑城老兵志愿服务分队”，发动退役军人关爱孤寡困难退役军人。

成立“伤残军人互助之家”，让伤残军人在服务他人的同时感受到自身价值。

设立“退役军人慈善关爱基金”，救助特困贫病退役军人。

及时足额发放抚恤补助和医疗补助资金，开展临时救助。

【就业创业】 促进退役军人多层次就业。组织各类对接会、招聘会10余次，达成就业意向。对学历较低、就业相对困难的人员，与公安、法院、综合执法局、银行等“一对一”对接，安排公安协警、法院辅警、综合执法协管人员等岗位。

开展各类培训，如计算机技能培训、消防技能和应急救援培训、SYB创业培训等。搭建政企银互动平台，发放创业贷款。退役军人满意度和获得感进一步提升。

【站点体系建设】 以创建枫桥式示范型服务站点为目标，督促指导乡镇加快服务站建设，加快完善镇村两级服务站功能，到年底已经建成示范型村（社）退役军人服务站38个，下拨村（社）退役军人服务站建设补助资金，西店镇退役军人服务站和长街镇伍山村退役军人服务站申报创建浙江省新时代枫桥式服务站点。

努力提升服务能力和水平。规范服务行为，用好《来人来访登记册》《尚兵日记》《政策法规汇编》等，组织3次乡镇工作人员培训会和1次“专业知识大比武”活动。

做实日常工作。短信推送各镇乡街道服务站咨询电话，低层级处理问题。对18个镇、乡、街道开展优抚款专款监督检查。信息采集、光荣牌悬挂等活动不定期抽查。慰问走访必村级联动。

圆满完成军转干部、转业士官的安置，退役士兵落户，以及适应性培训工作。稳步推进退役士兵保险接续工作。

住房公积金管理

【概况】 在县委、县政府的领导下，在宁波市房委办、市住房公积金管理中心的精心指导下，县房委办、市住房公积金管理中心宁海分中心以习近平新时代中国特色社会主义思想为指引，全面贯彻落实中共十九大及十九届三中、四中、五中全会精神，统筹抓好疫情防控和助力企业复工复产工作，自觉服从服务于经济社会发展大局，努力克服经济下行压力增大等影响，稳增长、惠民生、促发展、防风险，确保“两手抓、两战赢”。

县住房公积金业务完成良好，各项指标持续稳步增长：住房公积金缴存单位1401家，比2019年同期增加209家；参缴人数逐月递增，年末累计参缴人数61315人，比年初净增8157人；当年归集住房公积金111642万元，完成市下达指标的111.64%，同比增长10%；提取住房公积金101725万元，完成年度计划的120%，同比增长16%；住房公积金归集余额为204024万元，比2019年增加9917万元，增长5.11%；发放普通公积金贷款1094户、34965万元，完成年度计划116.56%，贷款余额192961万元，同比增长6%；发放公转商贷款206户、7030万元；普通公积金个贷比率为94.58%，较好控制在合理区间（85%≤个贷率<95%）；贷款逾期率连续9年为0。实现增值收益2733万元，完成年度计划的116.32%。完成596名职工的住房补贴资格审核，涉及住房补贴1671.42万元。

【惠民举措】 深入“三服务”促进“两手抓、两战赢”。积极组织干部赴社区一线开展新冠肺炎疫情防控志愿服务，推进住房公积金业务网上办、掌上办、预约办，落实“守小门”常态化疫情防控。入企开展“三服务”，督导防控措施，助力57家企业复工复产。推出住房公积金“惠民六举措”，对符合条件的单位开通住房公积金缓缴、停缴、降比等业务，为企业纾困解难。累计审批8个单位缓缴住房公积金，缓缴职工445人，缓缴金额181.16万元；调整不做逾期处理的贷款650笔，金额22082.99万元，有效减轻企业和职工压力。

调整缴存基数。积极与县财政、人社等部门磋商对接，根据调研结果编制全县机关事业单位干部职工住房公积金缴存基数调整方案，并于7月进行基数调整。调整后全县月增缴存金额1226万元，月均缴存额突破9500万元，较上年增长13%。

稳步推进住房分配货币化。按照宁海住房分配货币化计划安排，加大攻坚扫尾力度，确保工作平稳有序推进。全年完成596名职工的住房补贴资格审核，涉及住房补贴1671.42万元，其中涉及离休干部1人5.01万元，行政新职工106人282.51万元，全额事业退休和新职工295人792.46万元，差额事业退休和新职工4人10.87万元，自收自支事业单位退休及新老职工30人85.53万元，条条管理单位退休及新老职工160人495.04万元。

【提升服务】 持续推进“最多跑一次”改革。稳妥有序开展住房公积金服务向乡镇延伸工作，实现“业务下沉、服务延伸”，使住房公积金业务覆盖全县18个乡镇街道，让群众办事“少跑路”。

推进政务1.0向政务2.0转换，进一步简化业务手续，增加便民服务事项，实行“降减窗口量、深化网上办”模式，窗口工作人员将服务“送出去”，服务位置由“窗内”走向“窗外”，变“窗口代办”为“引导网办”，提升网上办件率89%。

推进业务办理“好差评”，完善服务评价体系，打造闭环管理。落实首问负责即问即办制度，业务平均办理时长在全县各单位中最短。

提高业务操作安全、便捷。将市住房公积金网上办事大厅关联到浙江政务服务网，改变网上办事大厅建行U盾登录模式，通过“E照通”数字证书开启浙江政务服务网或“浙里办”App，进一步提高业务操作的安全性。实现办事大厅无线网络全覆盖，进一步方便群众“网上办”“掌上办”。

加强政策宣传。分中心主任亲自带领业务骨干赴建新集团、高格卫浴等企业开展“三服务”活动，宣传住房公积金政策，提高企业缴存意识。充分利用市级县级官网、微信公众号、新闻App等渠道宣传住房公积金政策，利用住房公积金宣传月、端午节等，到广场、社区等开展住房公积金宣传，提高群众知晓率，增强建缴积极性和主动性。

及时回应群众诉求。高效办理咨询信访件，积极听取回应群众诉求，着力解决热点难点问题。全年处理百姓事马上办、浙里访等咨询投诉97件；出具房改证明199件，出具拟上市公司合规缴存证明36件。

【防范资金风险】 纵深开展扫黑除恶专项斗争。认真学习传达省、市相关文件精神，结合分中心实际制定《关于开展扫黑除恶专项斗争行业乱象集中整治的行动方案》，以打击住房公积金骗提、骗贷等乱象为重点，维护广大住房公积金缴存人员合法权益，营造风清气正的住房公积金管理生态。

落实问题整改。高度重视全省住房公积金行业2019年度专项监督检查通报、市中心2019年内部稽核报告及县审计报告中指出的问题，及时召开专题会议研究问题整改，明确责任分工，限定整改日期，确保问题整改到位。并坚持问题导向，建立长效机制，堵塞漏洞，加强风险管理。

严控贷款逾期。切实发挥贷款风险防控小组和贷款审查小组职能，严格落实三级审批制度，建立逾期预警机制，关注逾期重点对象，强化部门联动，多措并举开展逾期催讨，通过抓好贷前、贷中、贷后全流程管理，实现公积金贷款连续9年零逾期。

【队伍建设】 强化党建引领。加强党风廉政建设，深入推进“建设清廉机关、创建模范机关”活动，积极争创“先锋支部”。加强党员意识形态教育，认真学习学习中共十九届五中全会精神，学习习近平总书记系列重要讲话，尤其是对浙江、宁波的重要指示精神，开展宁海当好浙江建设“重要窗口”双优模范生大讨论，用理论学习武装头脑、指导实践、推动工作。开展丰富的党日活动，组织参观逐步村台东会议红色教育基地，观看《八佰》《除暴》等影片，唱响红色主旋律，不忘初心跟党走。

选优配强干部队伍。针对县委巡察指出的党组力量不足问题，积极向县委组织部汇报并取得支持，增设领导班子1名、中层副职3名，选优配强班子，完善工作机制，助推廉政建设。贯彻落实新时代中共组织路线，严格选人用人，完成3名副科选聘，强化年轻干部培养，完善干部梯队建设。

规范内部管理。重视档案管理工作，完善档案设施，健全工作机制，推进档案管理工作更加规范化、制度化、科学化，顺利完成档案管理目标省二级复评工作。加强保密管理工作，提高保密意识，配置保密电脑等设备，严格落实保密工作责任制。

争当文明先锋。积极组织党员干部开展慈善慰问、困难群众慰问，参与“课桌圆梦”“未来书架”、晴隆学子结对帮扶等扶贫活动；常态化开展“we志愿”平台的志愿服务活动；发动党员干部参加“党群同心圆”志愿服务活动，人均次数在县内各单位中连续多年保持第一，分中心被评为“党群同心圆”先进党组织。切实巩固市级文明单位、市级青年文明号、市级公共服务窗口文明单位等创建成果，积极推进垃圾分类，使用公勺公筷，开展光盘行动，倡导绿色出行，厉行勤俭节约，创建无烟单位，引领文明新风尚，建设新时代文明实践点，争创省级文明单位。

关心下一代工作

【概况】 2020年，县关工委在县委、县政府的正确领导和上级关工委的具体指导下，坚持以习近平新时代中国特色社会主义思想为统

市关工委主任邵孝杰出席会议并讲话，县人民政府县长滕安达受县委书记林坚委托到会讲话，组织部部长方勤和县人大、县政府、县政协有关领导出席会议，大会还通报命名24个“关工之星”先进集体和23名“最美五老”。本次会议规模之大、氛围之好、影响之深前所未有，受到县内外的一致好评，绍兴等地专门来电讨要材料。省关工委《新星》杂志对宁海县关工委成立三十年来基本成就作整面报道。

【系列服务项目】 青少年健康成长是广大“五老”的使命价值，县关工委始终把立德树人、为党育人作为关心下一代工作的根本任务来抓。

以思想引领为核心，塑育崇德尚法少年。突出爱国主义教育，按照《新时代爱国主义教育实施纲要》，紧扣“开学第一课”、清明节、“六一”、“七一”、“十一”等重要时间节点，充分利用县委组织部创办的33个“红动宁海”开放式党组织生活基地，7个市级红色教育基地和300多家农村文化礼堂等场地，有计划、有步骤地开展爱国主义教育。利用思想政治教育课宣传好英雄人物光辉事迹，着重组织收看就在身边的特等功臣应隆滚英雄事迹视频资料。疫情防控期间，县关工委还联合县退役军人事务局等有关部门组织青少年开展“致敬·2020清明祭英烈”网上祭扫活动，祭扫人数达12余万人次。突出法治宣传教育。全县各级关工委和广大“五老”积极协助有关部门，利用“宪法宣传周”、“6·26”日禁毒日、法治公园（园地）、警示教育基地，积极开展法治教育，先后参与发放《中华人民共和国宪法》《中华人民共和国未成年人保护法》《中华人民共和国妇女儿童权益保护法》《中华人民共和国刑法》等法治宣传手册3265本。跃龙派出所“振宇工作室”还利用“110云课堂”等网络平台授课6次，为学生开展法律法规、金融知识等宣讲，观看学生达10万人次。与此同时，各级关工委为青少年提供法律援助132次，开展法治宣传101场次，受教育人数达5万多人次；配合政法部门，做好社区服刑归正青少年的帮教工作，教育引导他们早日改邪归正、回归社会，有效遏制未成年人犯罪势头，筑牢新时代社会主义核心价值观的法治之基。

以“假日学校”为载体，打造学生七彩暑期。县关工委在市关工委《关于稳慎开办2020年暑期“假日学校”的意见》（甬关工委〔2020〕11号）文件精神指导下，共开办公益性“假日学校”68所，受益学生9600余名，其中“小候鸟”和“留守”儿童820余名。参与“假日学校”的志愿者549名，发布新闻信息69篇。有一个共同主题：塑育童心。少年强则国强。青少年正处于价值观塑造的重要时期，各“假日学校”十分注重对青少年的政治思想引领、爱国主义教育和道德品质培育，充分利用红色基地、红色体验、红色活动等各种各样趣味的方式塑育童心，锻造正确的价值体系。比如岔路镇“假日学校”在山洋革命根据地纪念园开展“初心之旅”青少年红色研学活动，桃源街道湖东社区“假日学校”的“我为祖国唱赞歌”主题活动，力洋镇的知名乡贤叶水夫纪念馆参观活动等，都是十分有意义又深受孩子们喜欢。有一个基本特征：满足童趣。秉持“一所学校一个特色”理念，各所学校紧随孩子需求，精心设计安排了各类独具特色的课程，内容涵盖“非遗”传承、趣味手工、才艺培训、运动训练等多方面。西店镇的汉字棋、桥头胡街道的剪纸、梅林街道的陶艺、跃龙街道的桌上冰壶等都是十分有特色的。西店小学10名学生参加全市汉字棋比赛，7名获得一等奖，3名获得二等奖，而全市获一等奖、二等奖的分别为20名和35名。考虑疫情因素，很多乡镇（街道）还开设网上“假日学校”，比如胡陈、长街的防拐防骗，桑洲、一市的防溺水，强蛟镇的青春课堂等，将安全意识一以贯之。据统计，全县共举办网上假日学校7所，参与学生3200人次。有一个普遍做法：营造童乐。注重以社会实践锤炼青少年，尊重孩子的天性，让孩子们玩中学、学中乐、乐中长。比如茶院、大佳何的户外拓展，力洋的创新科技实践，桃源街道各个社区的小小理财师、眼科小医生、环保小卫士等活动，丰富孩子们的假期生活，开拓孩子们的眼界，符合当下多元化发展的需求。有一个相同追求：守护童梦。为确保假日学校稳慎开展，县关工委严密落实“四个有”，即文件有部署、组织有力度、课程有规划、安全有保障。严格落实人员进出、防护、健康监测、日常消毒、检查报告等各项措施，同时储备防护物资、做好应急准备、明确重大突发事件处置机制并严格执行安全事件报告制度和安全责任追查制度。为减少路途距离，76.7%开办地点为村文化礼堂、社区等场所，确保“假日学校”安全、正常、有效开办。开办过程中，市、县关工委还分别组织慰问活动。

以关爱帮扶为主线，呵护健康快乐童年。关爱不停顿，年底专门安排4.4万元对全县44名困难儿童进行一次集中慰问。各乡镇（街道）关工委通过向社会、企业筹资方法，开展多批次帮困解难活动，受益数百人。县关爱基金及各行政村关爱基金持续发挥作用，本年度全县资助3800人，资助金额40余万元。帮教不止步，对全县因犯罪刑拘被羁押的青少年，联合县委政法委、检察院、司法局等有关部门，着力做好教育挽救工作，其中担任代理监护人13次。通过结对劝导、送教入监、联系就业等措施做好帮教工作，帮助他们早日改掉恶习、回归社会。关爱帮教工作室的“五老”多次奔赴桑洲、越溪等地上门帮教做工作，受教少年表现状况良好，已逐渐步入正轨。据不完全统计，县关爱团队开展各类问题少年帮教139人次。结对不松懈。对全县千余名留守、困难儿童分别实行“一对一”或“几对一”结对帮扶，始终坚持信息联系不中断、上门看望不停顿，让这些儿童感受到温暖。其中，被市列入特别关注的180名留守儿童，长街、胡陈、力洋等15个乡镇（街道）关工委的结对“五老”，不仅能做到常联系、常关照，而且能认真填写《关爱工作手册》，体现较强的规范性和周密性。监管不打烊。为防止未成年人非法上网，99名志愿者对全县60余家网吧进行常态查访，发现违规上网行为的未成年人及时予以劝阻。2019年暑期还组织开展一次集中巡查活动，坚决阻止未成年人入内，筑牢青少年“告别网吧，远离网毒”的“隔火墙”。

以项目运作为抓手，深化“四化型”工作模式。以项目助推服务品质提升。2020年是“青春导航”“情暖童心”“学海慈航”等九大服务项目认购的第2年，各项目均按照计划推进。还积极申领市、县等有关单位推出的项目。其中认购的“甬润童心”项目，结对和帮扶留守困境儿童人数占全市1/3。“寻找七彩童年 儿童行为认知矫正”“助力青少年 圆梦村礼堂”等多个项目均通过验收。据统计，全年通过项目筹集资金20余万元，惠及青少年600余人。

【基层组织建设】 县关工委以增强基层关工委组织力为重点，坚持以党建带关建，统筹推进基层关工委组织建设、队伍建设、制度建设和功能建设，为开创关心下一代工作新局面奠定坚实基础。

组织抓好“五好”关工委及其示范点创建。注重“五好”基层关工委创建，自觉加码推出“五好”+“五有”的“五好”基层关工委示范点创建，通过示范引领、创新引领和党建引领等举措有效地提升创建质量。12月，县关工委根据《关于推选宣传“五好”基层关工委的通知》要求，组成3个工作小组，先后分头到各乡镇（街道）对拟创单位进行走访指导，并分片进行年终考核验收。经过验审，新创“五好”基层关工委40家、“五好”关工委示范点38家基本形成点点相连、连点成线的创建势头。

调整充实基层关工委领导班子。全县县级机关部门、乡镇（街道）及其行政村（社区）学校和企业，从班子配备到队伍建设等都比较到位，没有发现缺岗缺位现象，尤其是下半年村（社）进行换届选举，鉴于村（社）人事变动等原因，为保证县基层关工委组织健全和日常工作有序开展，乡镇（街道）及村（社）党组织都高度重视关工委组织建设，严格按照县关工委要求下发通知精神，及时调整充实各村（社）关工委领导班子及其责任分工。

切实做好校外阵地建设。按照“自建自用、他建我用、共建共用”的原则，县关工委可用青少年校外教育阵地达199个，各阵地功能设施齐全，常年开放，为广大青少年开展各项活动提供有力保障。尤其是农村文化礼堂的利用率普遍提高。在宁波市组织开展的“关爱青少年 圆梦村礼堂”项目活动中，宁海各乡镇（街道）村级文化礼堂申报的活动30余场，数量居全市各县市区之首。村级文化礼堂作为关心下一代工作服务平台已成为一种趋势，全县已涌现出一大批为我所用、为我添彩的文化礼堂，其中最有代表性的是桃源街道下桥村文化礼堂，多批来宁海考察的外县市区关工委和协会都先后分别到该文化礼堂参观取经，给予很高评价。

积极开展舆论宣传和对外交流。面对疫情带来的冲击，全县各级关工委不仅能克服工作困难，而且通过主流媒体、自媒体、“两微一端”等，及时传递工作动态和工作成果、实践经验，先后被《中国火炬》公众号录用71篇，省关工委新星网站录用60篇，市关工委网站和市简报录用107篇。《今日宁海》、“看宁海客户端”等其他主流媒体录用103篇，其中，强蛟、岔路、胡陈、县教育局4家单位录用率较高。对外交流明显加强，海宁市、北仑区、绍兴市等市内外多地关工委班子先后到宁海考察。《中国火炬》杂志举办的全国“家风家训”征文比赛中，宁海2位小朋友分别获得二等奖和三等奖。12月25日，《中国火炬》通联评刊会在京召开，宁海作为全省唯一一个县级单位被邀与会。

完成协会AAA等级考核评估。根据《宁波市民政局关于开展2020年度市级社会组织评估工作的通知》要求，县关协认真按照AAA级标准，完善台账资料达40多本，较系统全面地反映协会自成立以来的运作情况，顺利通过有关部门

AAA 评级等级验收。

残疾人工作

【概况】 2020 年，宁海县有持证残疾人有 17783 人，其中视力 1613 人，占持证总人数 9%；听力 2938 人，占持证总人数 16.8%；言语 162 人，占持证总人数 0.9%；肢体残疾人最多 8010 人，占持证人数的 45%；智力 1739 人，占持证总人数 9.7%；精神 2143 人，占持证总人数 12%；多重 1178 人，占持证总人数 6.6%。重度残疾人（一、二级）为 6242 人，占持证人数的 35.2%。

县残联内设 2 个职能科室：办公室和康复科，下属 2 个事业单位：宁海县残疾人劳动服务所和宁海县残疾人康复中心，共有 11 名正式干部职工。全县 18 个乡镇（街道）残联全部配备专职理事长，村（社区）残疾人事务纳入网格管理员职责范围。

【疫情防控】 建立全天候有人值班制度，及时全面掌握情况，制定残疾人服务机构疫情防控方案。积极开展“两问两送”活动。根据上级部署，积极联合县第二医院、各乡镇（街道）残联、村（社区）等一起开展“两问两送”活动，落实上级关于疫情期间助残纾困惠残政策。同时，深入开展复工复产服务，组成驻企联企服务队，为联系企业和盲人按摩机构、工疗机构等提供驻企联企服务，查看和指导企业、机构复工复产和疫情防控，并通过企业复工工作应急处理机制等方式快速协调解决存在问题，助力企业复工复产。共为企业联系购买紧急防疫物资 500 余件，及时发放各类防疫物资 2000 余件。

【残疾人之家星级提升】 积极依托残疾人之家现有资源，根据每家实际量身定制改造计划，充分利用自身托养护理、教育培训、企业工疗等资源，切实扩大服务对象、服务内容等范围，全面提升自身服务水平，切实改造提升残疾人之家。已完成 6 家残疾人之家的改造升级，完成省级下达任务的 120%。

有序推进精准康复服务。为 2075 名残疾人提供精准康复服务，精准康复服务率 98%以上。新增宁海以琳康教展能中心 1 家市级康复服务定点机构，让在该中心康复训练的残疾儿童及时享受康复政策。

切实夯实残疾人基层组织。相继出台《宁海县残联群团改革方案》《关于印发宁海县加强乡镇（街道）、村（社区）残疾人工作者队伍建设的实施办法的通知》，切实落实“一兼两挂”等举措。

探索保姆式服务，推动无障碍改造落实。积极依托动态更新数据、村网格员工作了解、乡镇理事长入户发现等方式及时了解排摸困难残疾人家庭无障碍改造需求，并在改造工程中依托微信、电话等建立实时沟通服务机制，及时回复诉求、上报需求、解决困难，为无障碍改造残疾人家庭提供保姆式服务，实现无障碍改造全程“零跑”，已完成对 117 户困难残疾人家庭的无障碍改造，完成省级下达任务的 106%。

【残疾人基本生活保障】 一方面推进两项补贴精准施补。通过智慧残联大数据平台，筛选符合条件但未申请补贴的残疾人，并及时书面告知，实现应保尽保。同时比对人社、民政、殡葬等部门数据，及时取消不符合条件的享受资格，共取消困难残疾人生活补贴 382 人，取消重度残疾人护理补贴 291 人。共有 6018 名贫困残疾人纳入困难残疾人生活补贴，8614 名残疾人享受重度残疾人护理补贴，发放补贴 4300 余万元，目标覆盖率 100%。另一方面开展助残日慰问贫困残疾人活动，助残日期间发放慰问金 48 万元，有效解决残疾人基本生活保障问题。

深入做好残疾人“三保障”。一是保障残疾人教育。着力推动残疾儿童少年普遍接受义务教育和特殊教育向两头延伸，积极推动疫情期间残疾学生参与线上教育，对存在的困难及时协助解决，全县残疾儿童少年义务教育和学前教育入学率 100%，累计为 11 名残疾人大学生减免学费住宿费 10 万元。二是保障残疾人医疗。继续为所有参加城乡居民基本医保的残疾人提供补助，为全县所有持证残疾人和 8 家残疾人托养机构购买意外保险，推动残疾人签约家庭医生，对三类重点人群签约家庭医生实施补助，对 1340 名精神残疾人服药、177 名精神残疾人住院实施补助，为 104 名符合条件的残疾人提供大病医疗救助 37.7 万元。

【残疾人就业创业服务】 新增残疾人就业 165 人，其中按比例就业 54 人，电商就业 43 人，均超过上级下达的各项任务指数，并帮扶 6 名应届残疾人大学生实现就业，事业单位计划招录残疾人 1 人。

积极搭建好就业服务平台。结合疫情防控要求，举办一期分时分地送技能送岗位的“两送”活动，“送技能”让 290 人次残疾人获得关于电商基础知识、水果种植等培训，“送岗位”专为残疾人设置岗位 20 个。

进一步发挥残疾人种养业扶贫

基地作用。全县13家扶贫基地安置残疾人81户，辐射残疾人101户。

做好残保金相关工作。加强“宁波市残疾人就业保障金网上抵扣申报系统”运用，切实推动企业申报残保金即征即退一趟也不跑。全年审定128家企业安置残疾人219名。为5家超比例安置残疾人企业发放奖励经费。

【优化残疾人社会环境】 全力创建省无障碍社区，联合相关部门有序推动桃源街道阳光小区创建省级无障碍社区成功。

合力营造社会助残氛围。成立残疾人法律救助站，定期为残疾人提供法律救助，维护残疾人合法权益。同时通过残联微信公众号、今日宁海等载体，加大残疾人事业宣传力度。

协力丰富残疾人文化生活，以开展全国助残日活动、残疾人特殊艺术“六进”、协会活动等方式不断拓宽残疾人文化参与渠道，残疾人文化活动参与率85%。

【东西部扶贫】 继续推进养蜂、公益性岗位、无障碍改造指导三项扶贫项目。同时探索康复结对交流模式，邀请县康复中心负责人和康复专家与晴隆残联进行面对面的沟通交流，为晴隆康复中心运营模式的确定出谋划策，组织康复专家为晴隆当地残疾人进行居家康复指导。

乡镇街道

跃龙街道

【概况】 宁海县人民政府驻地。地处宁海县中部，东接越溪乡，南连一市镇，西南界前童镇，西靠黄坛镇，北邻梅林街道、桃源街道，东北隅抵茶院乡，因境内跃龙山得名。街道办事处驻人民大道75号，面积105平方公里，辖15个社区、27个行政村、20个经济合作社。

城关镇古属广度里。自唐永昌元年（689），宁海县署设于此，向为宁海县治所在（宁、象两县合并初期，县治曾短暂迁至力洋）。自宋代起至民国分属朱开乡和连理乡。起初，城墙围六百步，筑四门，后废。明嘉靖三十一年（1552）重建，城围一千五百四十一丈，高二丈四尺，厚丈八尺，筑五门：东靖海、南迎熏、西登台、北拱辰、西北称小北门，皆有城楼。后增小南门，称小北门为望阙门，小南门为登赢门。民国24年（1935）置缑城镇。1949年9月分立东城、中城、西城三镇，辖区包括城关区及松溪乡、桂峰乡。1950年5月撤销城关区以及东城、中城、西城三镇建制。同年8月，置城关镇。1956年莘岭、双溪乡合并为莘岭乡，水车、双港、桂峰乡合并为水车乡。1958年10月撤城关镇，辖区属五星人民公社、黄坛人民公社。12月辖区改属象山县宁海人民公社。1959年8月重建城关镇，仍属宁海人民公社。1961年分设城郊公社、辛岭公社、水车公社。1962年9月改为县直属镇，1964年裁白峤公社并入城郊公社，1983年改为城郊乡、辛岭乡、水车乡。1989年城郊乡并入城关镇。1992年全市进行撤区扩镇并乡，回浦乡、竹口乡、辛岭乡、水车乡并入城关镇。2001年2月与梅林镇、桥头胡镇三镇合一，称城关镇。2003年10月撤城关镇，建跃龙、桃源、梅林、桥头胡4个街道。2020年，街道下辖15个行政村、32个经济合作社、15个社区。

【经济建设】 经济总量稳步提升。全年街道完成规上工业企业总产值58.9亿元；完成限上服务业营业收入57.2亿元，同比增长3%；完成限上商品销售额70.1亿元，同比增长5.3%；完成出口总额35.5亿元，同比增长10.6%。

招商引资成果丰硕。浙商回归4.4亿元、县外内资9.6亿元；新增规上企业7家，高成长培育计划1家；完成固定资产投资10.4亿元，同比增长65%，其中工业投资2.6亿元。

龙头企业发展强势。全年新增

8月25日，宁波市天普橡胶科技股份有限公司在上海证券交易所上市

上市企业1家，甬交所挂牌2家；农产品龙头企业获得金奖9枚、银奖2枚。

【重点工作】 推进民生实事票决项目。充分发挥人大代表的监督作用，扎实推进2020年居民议事会会商确定的6个民生实事项目。白峤、双溪完成美丽乡村达标村创建，干溪小流域整治工程完工，岙里、云台、大桥李、辛王等村完成文化礼堂新建、改造工程，以琳特殊教育学校一期项目完工。

推进城区重点项目建设。海亮"宁海公学"项目一期项目顺利开工，主体工程顺利结顶；城逐线项目完成全线13个村的土地征收、清表工作，进场施工；坑龙王安置房建设项目完成全部政策处理任务，进场施工；双水村棚户区改造项目完成389户签约、兑付工作。

推进城乡基础设施建设。城南消防站、浙能综合供能服务站、妙宏至下陈段污水主管道的政策处理工作全面完成；跃龙变出线完成所有政策处理工作；白溪治理工程、中心城区防洪排涝工程（世行贷款项目）有序推进。

【社区建设】 配套设施逐步完善。塔山、滨溪、杜鹃等3个社区服务用房已完成改造装修，11个社区办公用房得到全面改造提升，共投入1200多万元，全面提升社区服务设施水平。

宜居建设有力推进。成功创建省级高标准分类示范小区10个，市级示范小区21个；协调推进7个老旧小区的改造工程，园丁楼、腾达小区、正学公寓等3个老旧小区已基本完工。

制度创新持续加强。深化社区民主协商五步工作法议事制度，实行"周末社工制"，深化"街长制"，实现街区无缝隙管理。规范街道社区"大党委"制，认真实施"三张清单"，树立"大融合"理念。

12月，由跃龙街道办事处主办的百姓大舞台"扫黄打非"主题活动专场晚会在雪坡村举行

【生态文明】 白龙潭洋村创建为省市两级"美丽宜居示范村"、市级文明村，白峤、项家等5个村创建为美丽乡村达标村。

人居环境治理有效。全面打赢农村人居环境整治"百日行动"攻坚战，县级四个季度农村卫生和垃圾分类考核排名第一梯队；全面完成农村厕所革命"百日攻坚"专项整治工作，共拆除简易棚厕2084只；完成范家桥头环境整治工作以及市场整治提升专项行动。

文化建设日新月异。新增3家文化礼堂，全面开展活动83次，筹办"百姓大舞台"演出19场；成功创建2个新时代文明实践示范站、8个新时代文明实践点。

【民生保障】 社会保障工作有新落实。完成辖区内低收入农户结对帮扶工作；完成社会帮扶资金指标任务180万元，消费帮扶指标任务200万元；发放重点优抚对象、60周岁退役士兵生活补助共226万元。

社会稳定工作有新局面。网格员队伍成功转型，平均年龄37.8岁，平均学历高中以上；开展疫情防控、消防安全宣传、防电信诈骗等一系列专项拉链，上报专项拉链事件9536条；推动"首问负责"向"即问即办"提升，共处理"百姓事马上办"投诉253件，办结"12345"热线电话480余件。

安全生产工作有新狠劲。对辖区大湾塘地块进行重点整治，共发现隐患165处，当场整改72处。完成街道社会矛盾纠纷调处化解中心建设，成功化解矛盾纠纷1341件，创新建立"流动调解室"，成功化解矛盾纠纷67件。

【自身建设】 组织换届全面完成。紧紧围绕"五好两确保"目标，完成辖区所有村（社）、社区组织集中换届，"一肩挑"实现率100%；同时完成12个行政村撤村并居工作。

干部培育系统高效。选派7名优秀年轻干部深入重大项目一线攻坚，实施年轻干部“导师制”；提任中层正副职干部2人。

廉政建设持续深入。深化“三书三查两报告”制度，强化廉政风险防控；集中组织召开村级小微权力清单“36条”地方标准专题学习会3次，全年开展专项监督4次，纠正违规村（社）务17起，对19个村（社）和主职干部54人次进行通报批评；在县委巡察办的指导下严格按照程序对18个村（社）进行巡察，整改落实问题270个；对县委巡察反馈的3方面38个问题，认真剖析查找问题根源，逐条逐项抓好整改落实。

桃源街道

【概况】 位于宁海新城区中心，是规划中的市级政治、经济、文化中心。东邻茶院乡，东北与桥头胡街道接壤，北和梅林街道毗连，南通跃龙街道。以桃源路得名，办事处驻竹口路189号，距县政府驻地7公里。面积58平方公里，下辖10个社区、43个经济合作社、15个行政村。

桃源街道旧属回浦、山水、竹口乡范围。自宋代起至民国隶属朱开乡，民国时亦称回浦。1951年为回浦、金桥、竹口、钱岙乡。1956年回浦、金桥乡合并为回浦乡，并划入原竹口乡之后丁、溪旁徐等村，竹口、钱岙乡与花山、泉水合并为竹口乡。1958年均属宁海公社。1961年析置回浦公社、竹口公社。1983年改回浦、竹口乡。1992年全市进行撤区扩镇并乡，回浦乡、竹口乡、辛岭乡、水车乡并入城关镇。2001年2月与梅林镇、桥头胡镇三镇合一，称城关镇。2003年10月撤城关镇，于其中设桃源街道。

【工业经济】 坚持辩证长远地看待疫情冲击和经济下行压力，以保促稳、稳中求进、以进谋胜。经济基础更加稳固。2020年实现公共财政收入8亿元，与2019年基本保持持平；实现工业总产值113亿元，同比增长1.2%；实现规上工业产值70.3亿元，同比增长8%；完成固定资产投资12.7亿元，同比增长28.23%。

产业结构不断升级。贯彻“365”工业产业升级计划。29家企业开展技术改造，全年实现工业投资5.27亿元，同比增长24.4%。实施“215”企业梯队培育工程，4家企业被列入县级培育清单，方正模具在深交所顺利新股过会。

发展后劲持续积累。蔚特国际幼儿园、嘉龙广场陆续竣工开业；精超国际研发中心、长青藤汽车用品生产线、世嘉嘉辰、阳超模具、易恒新材料等一批新建项目顺利竣工即将投产；钱岙邻里中心项目成功引进。这些项目的引进落地为桃源经济高质量发展不断注入活力。

【农业经济】 农业供给侧结构性改革有序推进。全年实现农业总产值1.4亿元，实现春播2873亩、夏播1250亩、渔业养殖3400亩。村级集体经济发展成效明显，11个行政村集体经济收入达30万元以上，经营性收入达到10万元以上，集体经济薄弱村全部完成“摘帽”。

【重点项目】 承接新建、续建项目118个，其中县实事工程16个，形成大抓项目，抓大项目的浓厚氛围。科技园区23-1号地块、高新汽配产业园宿舍楼工程、霞客—桃源110千伏线路工程等多个项目完成政策处理，300余穴坟墓完成迁移；桃源二中项目涉及的80余亩土地完成征用；科五路、科六路、竹三路涉及的23户房屋完成拆迁。桃源中心幼儿园、国际幼儿园、浦西社区多功能运动场、中纺城市奥特莱斯商业综合体、得力电商产业园等10余个工程项目完成建设，新城功能进一步完善。加速建设竹口三村城中村改造十期项目，提前部署滞留户司法强拆工作，竹口三村改造进入尾声。堤树庙前丁改造项目超进度推进，至年底基本结顶等待选房分配；冠北区块棚户区改造完成滞留户签约，启动安置小区报批建设工作；冠庄地块改造项目进入修建性详细规划阶段。

【疫情防控】 面对新冠肺炎疫情闻令而动、相机决策、果断处置、全面出战，取得大战大考“双胜利”。坚持“源头查控+硬核隔离+精密智控”，精准落实“一图一码一指数”管理，慎终如始抓好常态化疫情防控。全体党员干部集结一线严守小门，社会各界捐款捐物，群团组织各尽其能，以实际行动彰显大爱。

严格执行县委、县政府正确部署，率先启动复工复产“破冰行动”。全年累计政策补助各类经营单位856，涉及员工人数2468人，累计补助金额119万元。帮助企业迅速重启生产、恢复生机活力。

开展全领域、拉网式安全生产“百日攻坚”，排查生产经营单位5487家，组织培训1.4万余人次，发放安全生产手册5万余册，拆除涉安全生产各类违建4万多平方米，整改隐患2.5万处，行政处罚违规企业9家，停产整顿1家。抓矛盾化解不停歇，力保零失控局面。成功化解县级积案8件。深入开展“月光夜谈”和“4+X”信访工作机制，开展30余次夜谈，收录、办结信访事项30余件。

【环境治理】 不断优化竞争性环境治理模式，科学引入第三方考核，列支180万元专项奖励资金用于激励，城乡环境显著提升。

全面推进生活垃圾分类处置，下桥村探索城中村垃圾分类新路子的相关工作经验被市一级推广。

常态化开展马路市场整治“回头看”行动，不断巩固前期治理成效。

推进农村“厕所革命”，全面清除简易棚厕36个，改建村社公厕10个。

深化污水零直排区建设。开展隔水洋、竹口储、新建污水管网改造工作。完成塘溪、上桥等8个村社的生活污水治理工程。拆除上山尢27间排污措施不到位旧房，通过市级污水零直排检查验收。

将“三改一拆”工作作为新城面貌提升的重要引擎，全年共拆除违建100余处，共计21.5万平方米；完成“三改”任务1万平方米，拆后土地利用总计70.5万平方米。

【社会事业】 基本完成第七次全国人口普查工作；获评浙江省商标品牌示范街道、浙江省三星级食安办、宁波市公共文化示范区；成功在瓦窑头创建红十字示范村，在阳光社区创建市级博爱家园，在竹口、竹东创建省级卫生村。街道慈善总会全年共募集善款250万元，落实东西部扶贫和山海协作社会帮扶资金200万元，消费扶贫200余万元，浦西社区获省示范慈善工作站。

公共服务改革日趋完善。纵深推进“最多跑一次”改革。推出“网上办”“视频办”“邮寄办”，打通公共服务“最后一公里”。

文体事业发展更加协调。人民日报、新华社、中央电视台等13家中央媒体走进桃源开展“走向的小康生活”宣传报道；华庭社区青春健康俱乐部获评“全国青春健康教育示范基地”；下桥文化礼堂被评为五星级文化礼堂。成功组织开展“千里走宁海—桃源街道站”活动、2020全民健身季跑步比赛。

【自身建设】 将基层组织换届工作作为全年的“一号工程”来抓，平稳、高效完成58个村社、9个社区组织换届。11个行政村、9个社区、44个合作社，全部一轮实现“一肩挑”。新一届村社班子成员年龄结构、知识结构、类型结构等得到进一步优化，党员群众参与率、新进班子成员数、党组织书记学历层次和平均年龄实现“三升一降”。

进一步深化村级权力清单36条，在街道58个村社和9个社区全面开展36条自查自纠，查实问题9项，立即纠正9项。街道党工委切实加强自身建设，带头巩固“不忘初心、牢记使命”主题教育成果，增强“四个意识”、坚定“四个自信”、做到“两个维护”；带头落实巡视整改整治责任，对县委巡查反馈问题逐条抓好整改落实，标本兼治推动工作提升。

1月7日，桃源街道2019年度党员代表会议现场

1月17日，桃源街道迎新春文艺晚会

梅林街道

【概况】 位于宁海县北部，东连桥头胡街道，南邻桃源街道，西毗深甽镇，北依西店镇。面积97平方公里，其中耕地面积523公顷。以梅林村得名。街道办事处驻梅深路20号，距县人民政府9公里。下辖22个行政村、2个社区，常住人口25058人，外来人口26000人。

自宋代起至民国隶属朱开乡，1934年隶属梅林区，1947年年底，包括紫文乡、回浦乡。1949年7月，隶属深甽区和桥头胡区。1950年8月，深甽区改称梅林区。（1952年又新建深甽区。）1951年建花山、泉水乡。1956年下河、方前2个乡并入更名梅林乡，花山、泉水乡并入竹口乡。1958年属西垫人民公社、宁海人民公社。1960年析置梅林公社，1961年以原下河乡及方前乡区域，建凤潭公社，花山、泉水区域建山水公社。1963年九顷公社并入，1969年12月梅林、凤潭两公社合并称梅林公社。1972年11月梅林公社又分成梅林、凤潭两个公社，同年12月15日起分开办公。1983年9月实行政社分设，梅林、凤潭两个公社改称梅林乡、凤潭乡。1984年12月28日，梅林乡改为梅林镇，梅林、花园、大陆周、梅林陈4个村为建镇区。1992年全市进行撤区扩镇并乡，撤桥头胡区，将凤潭、山水2个乡并入梅林镇。2001年2月与城关镇、桥头胡镇三镇合一，称城关镇。2003年10月撤城关镇，于其西北部置梅林街道，原梅林镇山水乡所在区域划出。

【工业经济】 面对新冠肺炎疫情与国内经济下行压力加大的严峻形势，街道办事处全面落实“敢担当、要积极、抓具体”工作要求，统筹推进疫情防控和经济社会发展工作，完成规上工业总产值180亿元，主营业务收入190亿元，出口交货值83亿元，固定资产投资9.2亿元，经济社会平稳向好发展，全过程助力“双优宁海”建设。

科技创新再上台阶。鼓励企业加强科技研发，引导企业走数字化、智能化改造路径，宁波圣元汽车模具有限公司、宁波权启科技有限公司、宁波华宝百顺模具制造有限公司、宁波国琅机器人科技有限公司、宁波吉海模具有限公司5家企业获评2020年第一批国家级高新技术企业；东方日升（宁波）新能源有限公司、建新赵氏科技有限公司2家企业获评2020年浙江省数字化车间/智能工厂；东方日升获评市政府质量奖；建新赵氏科技有限公司、宁海建新自动化设备有限公司、宁波世纪东港机械有限公司、宁波斗士油压有限公司、宁波宏科汽车部件有限公司5家企业获评2020年宁波市企业工程（技术）中心。

招商引智再显成效。大力推进招商引资、招才引智工作。招商引资方面注重新能源、橡塑汽配等与本土企业相关联的产业招商。同时为补齐梅林商贸短板，2020年引进大宗商品贸易，在梅林注册落户浙江融大供应链有限公司和浙江海策贸易有限公司两家公司。招才引智方面做好招才、引才、留才三篇文章，补齐人才短缺的短板，在县招商引才大会上签约引进两个人才项目：高磁通动力系统产业化项目和复合智能微丝研发制备项目。

名企培育再添新彩。积极推进“小升规、规改股、股上市”，新增规上企业9家，新产品产值率72%。培育壮大本土企业，大力实施“215”企业培育，加快推进东方日升组件、储能项目、东方日升总部项目开发。全面推进企业上市培育，全力支持建新赵氏科技、双宇电子、高格卫浴、捷豹、斗士油压、华宝智能科技等企业争取资本市场、谋划上市。

【重点工程】 依旧延续重大项目密集开工、遍地建设的良好势头。“对表对账”抓进度，“互比互促”抓落实。

全员比拼抓项目。疫情一稳定就铺开“一线攻坚、比拼奋进”行动，全员上前线、全员解难题、全员促发展。特别是在梅林南路两侧工业集聚区（一期）改造提升工程，在组建专班基础上，全体班子成员齐上阵，第一时间建立12支动迁小分队，由1名县管干部带队1名中层干部、1名政策处理员、1名改造设计员、1名项目全过程管理员、1名消防工程师，“一对一”上门解释政策，摆明政府态度。同时制订“一企一策一方案”，帮助算好安全账、经济账和长远账。

全年攻坚抓项目。贯穿全年开展交通工程、市政工程、棚改项目、农旅项目“大攻坚、大突破、大提速”，G228改建工程加快推进，220千伏新跃龙变顺利完工，仕西工业园区扩容工程完成规划编制，梅林南路两侧工业集聚区（一期）改造提升工程已签订协议企业中有30家企业已启动自主改造，应急管理中心建设全面施工，重大项目扎实有序推进。

全时督导抓项目。充分发挥县“两代表一委员”和街道督查专员作用。协调解决权责交叉、进度滞后等问题8个，甬临线杨梅岭至堤树岭段（支线工程）已全线完成政策处理工作、梅林南路两侧工业集聚区（一期）改造提升工程、宁海县城区防洪工程槐路河整治工程等6个项目明确清障“路径图”。

【农业工程】 抓实农业工程建设，夯实区域发展基础。

冲刺迎接决胜脱贫攻坚成果：积极完成180万元的帮扶资金指标；将200万元的社会消费扶贫指标根据本辖区内企业规模的大小做了明确分配。

“快马加鞭”改造提升用水建设：完成兰丁、外丁、山下刘、五松4个村农民饮用水达标提标改造，建设3个水站，维修1个水站，铺设自来水管网5公里，总投资约200万元。仇家、洪桥、洪家塔3个村大水网建设启动，完成调查摸底和设计工作。

“三驾马车”并驱促土地垦造：完成梅湖村、梅北村、方前3个村土地垦造项目，总垦造耕地235亩，完成总投资800万元。

“四轮驱动”建设水利工程：槐路河（甬临线至高速公路）段城区防洪工程（已完成工程量80%）、店前王溪（独山渠）城区防洪工程（已完成招投标）、上大溪河道整治工程（已完成招投标）、梅林溪支流伍富东岙渠整治工程（已完成招投标）。

“五水共治”构建污水零直排去建设：工业园区（工业集聚区）类、生活小区类和其他类创建，三大类范围内的单位、企业和个人要全部实现截污纳管。已经完成花园、大路周、仕西工业园区污水管网铺设，总投资1800万元，由于梅林南路污水总管还在施工，导致花园和大周工业园区西面企业无法正常纳管，待污水总管完工后可完成园区污水管和总管连通，到时将完成全面截污。生活小区类，完成金色天地和金色华府雨污分流改造。其他类，完成振兴街餐馆截污纳管和隔油池安装，完成小学、中心幼儿园、城管中队、市场监管所、税务所、国土所等改造。宣传方面：街道联合村里组织举办河洪村长寿节之“五水共治”现场宣传活动；以“五水共治”为主题的百姓大舞台进入花园村，现场宣传“五水共治”政策和推广“五水共治”微信公众号并注册绿水币。

12月，梅林街道百姓大舞台“非遗传承”专场文艺演出在梅林陈村文化礼堂举行

【村社建设】 “三改”已完成年度任务（2.12万平方米）。“一拆”已完成17.2219万平方米（任务数为14万平方米）完成率123.01%。

“四边三化”“两路两侧”共下发整治任务点数112处，已完成109处。对仇家村2户困难家庭危房改造，已完成维修加固。完成兰丁、吉利、梅湖、胜建、方前、凤潭、刘三、伍富村石埠8个村共2100户档案材料联审工作，其中暂不符合发证的1400户，剩余700户档案材料正在农户手里进行签字盖章等事宜，80户材料农户已签完做最后的整理提交打证工作，已完成打证22本。

牵头落实改造规划，参与改造方案制订，全部完成37家企业的承诺书签订工作，配合联企领导完成29家企业正式协议签订工作，协调推进企业整改提升工作，各项工作均在稳步推进。已完成花园工业园区、仕西工业园区、上堂路及各部门污水管网工程，岊浦工业集聚区生活污水管网工程竣工验收，完成仕西工业园区污水管网延伸段招标。

【乡村旅游建设】 有效配合落实开展全域旅游再出发工作，积极配合开展文化和旅游资源各项普查工作。持续推进万村景区化工作，成功新增兰丁村为省A级景区村庄。大力推进民宿经济发展，年度新增民宿拾贰忆·康养合院、宁海延寿居民宿2家。新建成游客咨询点、停车场、标识系统等乡村旅游基础设施各1个点位。河洪村的福园和根雕馆2家文创中心点建成投用并成功举办第五届长寿文化节。积极设计研发乡村旅游伴手礼，入选省市伴手礼名录2个。有效配合做好旅游产业名录库登记，完善旅游集聚区相关企业数据。

【社会事业】 在教育、体育工作上，德智体美劳全面优质化、均衡化发展，组织开展学期校园安全大检查工作，完成年度中考安保工作。组织开展校外培训机构安全工作大检查。组织实施幼儿及中小学生暑期防溺水工作，发放宣传品1万份。组织宁波健身季梅林街跳绳比赛与飞镖比赛。承办第七届“千里走宁海”1次。完成机关、学校、村（社区）体育场地设施普查工作。开展垃圾分类“大手牵小手”活动，针对幼儿园、小学、初中等不同年龄段的孩子开展绘画、演讲比赛、发放告知书等形式多样的活动。开展全县教育系统垃圾分类工作推进现场会，全县教育系统各级各类学校（单位）负责人和垃圾分类工作人员共450余人参会。

在环境整治工作上，开展牛皮癣长效化管理整治，阶段性整治共投入18万元整治12条重点路段共计28余公里，共整治牛皮癣5000余处；全年对城市8米以上道路合计约24公里进行“三乱”清理服务外包；通过前期排摸，对辖区内的牛皮癣进行分类梳理，并成立梅林街道整治部门联合QQ平台，及时反馈问题，并准确打击，联合梅林市场监管所处罚九龙门诊和同善门诊两家单位。开展环卫公共设施维护，对各村撤桶并点，制作宣传亭227个；更换配备垃圾桶620个、垃圾车17辆。完成农村厕所革命“百日攻坚”专项活动，整改简易棚厕559处。开展农村公厕大排查大整治，排摸辖区公厕69个，完善制度上墙19个，整改提升3个。完善环境卫生和垃圾分类考核管理办法，包括对各自然数卫生费基数调整、实施改打分考核为整治数量考核、提高奖惩力度、网格化

1月18日晚，梅林街道河洪村迎春纳福过小年篝火晚会在人民公社广场举行

管理。

在医疗卫生工作上，6—10月开展登革热防控工作，发放宣传扇5000份，翻盆倒罐500多处。积极开展严重精神障碍患者管控，完成街道级心理服务指导站和24个村（社）级心理服务咨询室建设。完成两个省市民生实事工程（70岁以上老年人流感疫苗免费接种项目和50—70岁重点人群结直肠癌筛查项目）。开展红十字应急救护培训进文化礼堂9家，普及急救知识500多人，招募到造干志愿者12人，开展红十字志愿服务进村社12次，新建村级基层红十字组织4个。开展一次50人以上献血培训，献血完成量达10.89万毫升以上，超出任务138%以上。

在社会治安、矛调、信访工作上，成立梅林街道社会矛盾纠纷调处化解中心，整合综治、信访、司法、专业法律服务人员等资源职能和人员力量，一站式处理各类矛盾纠纷；落实专职网格员招聘工作，依托网格员打造严密的矛盾纠纷排查体系，实现平台和网格的高效运作；深入开展信访维稳工作，运用法治和人民调解武器，开展集中化解行动，化解信访积案4件；深入推进禁毒宣传，做好社区戒毒和社区康复工资；大力开展公共法律服务体系建设，针对性开展法律服务，促使重大疑难纠纷当事人、信访人依法维权，并将纠纷逐渐引导到司法途径解决；构建大田普法工作室，推动社会化普法。

【民生保障】 坚持关切民生需求，扎实做好“六稳”“六保”工作，浓厚农村文化氛围，提升基层治理能级和村民幸福指数。

社会救助体系和保障体系进一步完善，全年累计发放最低生活保障金230.5万元，惠及205户次，发放高龄津贴123.3万元，惠及798人，养老保险和医疗保险参保率达98%以上。

双拥优抚扎实开展，发放退役军人老年生活补助48.96万元。慈善事业进一步发展，全年募集善款294.3万元，发放慈善救助资金89.4万元，惠及2164人。扶贫工

作进一步深化，落实全街道338名低收入农户帮扶结对工作，解决89户低收入农户就业问题。高质量完成第七次全国人口普查工作，摸清了人口家底，为完善人口发展战略和政策体系奠定坚实基础。家庭医生签约重点人群签约率89.59%，续签率31.5%。

【自身建设】 坚决贯彻中央八项规定，严格落实意识形态“十要十不”工作规范，扎实推进“两学一做”学习教育常态化制度化，强化队伍建设，提高服务水平，打造更有担当、更有作为、更好口碑的基层铁军。

实行“夜学夜商夜访夜巡”。街道机关每周二雷打不动“夜学”，夜学后紧跟“夜商”，不参与“夜商”的干部入户“夜访”，现已持续218周，平均参与率超过95%，走访群众近2万户次，解决疑难问题700个，获县宣传思想文化创新奖。2020年延续了党员干部夜巡执勤，巡防巡逻重点路段、公共场所和背街小巷。疫情防控和复工复产期间，主导成立党员先锋志愿服务队42支，到高速站点、集中隔离点、核酸检测点等艰苦岗位冲锋陷阵、克难攻坚。协助86家企业1450名工顺利返岗复工。

夯实基层组织建设。坚决落实换届组织意图，按照“六个一”思路，严把换届组织程序，街道24个村社全面实现“一肩挑”；选优配强村级组织班子，把能干事、干实事、敢担当的人选纳入村领导班子，实现每村一名“80后”干部；激发村级班子干事动能，狠抓村级党组织班子建设，因村制宜确定村庄发展目标，并纳入村主职干部目标考核管理；发挥“两新”党员模范作用，聚焦“两新”党建精品点建设，牵头实施“两新”党组织联创联建，新建外资企业“两新”支部1个，实现职工80人以上企业党组织全覆盖。全年精准发展企业党员22名扩面延伸党建触角，推选产生党员中心户120户，覆盖所有行政村（社区），形成了“村党支部—党员中心户—党员—群众”的多层次、立体式服务框架体系。

全面铺开“清廉梅林”。搭建“亲清”政商关系服务卡管理平台，明确政企交往正负面清单，通过线上数据整合、线下实地走访，及时跟进监督联企干部服务速度、服务深度和服务温度，着力营造风清气正、廉洁高效的经济发展软环境。组织实施干部调整，新提拔调任中层干部10名，并对他们实行压担培养，挂职梅林南路两侧工业集聚区（一期）改造提升工程项目中磨炼成长。关心年轻干部成长，组织青年干部读书会5期。在监督上，共开展各类党风政风专项督查12次，出动检查人员30人次，检查单位75家，累计查处问题9起，处理人员10人次。对24人次开展第一种形态谈话提醒、批评教育，下发通报批评7份。对较为严重的问题线索立案16件次，其中自办案件5件，结案处分党员13人。通过监督执纪“四种形态”的综合运用，使党员干部时时处处感受到纪律的严格约束。修订完善《梅林街道闭环工作制度》《梅林街道督查工作制度》等工作制度。通过定期督查、定期通报，实现以“制度管人、管事”，切实增强制度执行力、约束力，不断提高工作实效。

表2 梅林街道2020年基本情况表

项　目	单　位	合　计
总面积	公顷	9700
耕地面积	公顷	523
村民委员会	个	22
社区	个	2
常住人口	人	25058
外来人口	人	26000
第一产业产值	万元	7327
第二产业产值	万元	1800477
第三产业产值	万元	1743632
工业销售收入	万元	1817462

续表2

项　目	单　位	合　计
工业利税	万元	90905
固定资产投资	万元	96500
财政收入	万元	63931

表 3　　梅林街道 2020 年规模以上企业基本情况表

单位：万元

序号	单　位	产　值	业务收入
1	东方日升新能源股份有限公司	946378	1081733
2	建新赵氏科技有限公司	209572	267865
3	浙江双宇电子科技有限公司	101644	110347
4	康迪泰克传动系统（宁海）有限公司	31240	41564
5	宁波捷豹振动控制系统有限公司	37850	35992
6	宁波永信钢管有限公司	26238	35058
7	宁波市高格卫浴产品有限公司	29187	24321
8	宁波翰文电器有限公司	26971	23289
9	宁波途兴汽车部件有限公司	21793	22156
10	宁波光明橡塑有限公司	20596	21418
11	宁波华宝智能科技股份有限公司	17311	18290
12	宁波永信汽车部件制造有限公司	18604	17844
13	宁海厚德包装有限公司	14080	15676
14	宁波建新华谊铝业有限公司	12553	12370
15	宁海新电电力开发有限公司	11882	11905
16	宁波市锦泰橡塑有限公司	11821	11734
17	宁波国琅机器人科技有限公司	12885	11510
18	宁海县振业汽车部件有限公司	11375	11500
19	宁波浩柏铝钢有限公司	10415	10267
20	宁波华东旭丰纺织品有限公司	6879	9398
21	宁波南星汽车部件有限公司	9105	9246
22	宁波兴亚橡塑有限公司	5958	9039
23	宁海建新胶管有限公司	7870	9015
24	宁海县梅乐铝业有限公司	8873	8864
25	宁海县东昊铝业有限公司	10264	8619
26	宁波美亚达汽车部件制造有限公司	8494	8135
27	宁波卓凡新材料有限公司	8404	8002

续表3

序号	单　　位	产　　值	业务收入
61	宁波韶华金属制品有限公司	2789	2768
62	宁波正一模塑有限公司	2859	2712
63	宁海县风威工具有限公司	2698	2630
64	宁海县开创机械工具有限公司	2542	2628
65	宁波华宝百顺模具制造有限公司	1992	2232
66	宁波嘉士博文具有限公司	2231	2232
67	宁波圣得雅化妆用具有限公司	2120	2080
68	宁波永泰金属制品有限公司	1522	1557
69	宁波市日安电器有限公司	1648	1373
70	宁波捷豹模具制造有限公司	1221	1169
71	宁波华宝海之创机器人科技有限公司	0	392
72	宁海万兴金属制品有限公司	0	0

桥头胡街道

【概况】 位于县城北部，东濒象山港，界南山、浦岭同强蛟镇接壤，南邻桃源街道，西界梅林街道，西北濒铁江与西店镇隔海相望。街道紧临宁海湾，与2个街道、5个乡镇接壤，是“一湾一区一带”的重要板块。曾获有浙江省体育特色乡镇、海水养殖强镇、省级森林城镇和国家级生态城镇等荣誉称号。区域面积59平方公里，办事处驻中新北街16号，距县人民政府东北11.8公里，距沈海高速公路宁海出口3公里。辖1个社区、18个行政村。户籍人口23346人，外来人口5273人。

自宋代起至民国隶属朱开乡，1934年隶属城区，1947年年底属久安乡。1949年7月，隶属深甽区。1951年建久安、黄墩、涨家溪、建设、龙潭乡。1956年五乡合并黄墩乡。1958年称黄墩管理区，建设、龙潭乡分出成立建设乡。1961年分别置黄墩公社、建设公社，1983年改黄墩乡、建设乡。1984年黄墩改名桥头胡，置桥头胡镇。1992年全市进行撤区扩镇并乡，建设乡并入桥头胡镇。2001年“三镇合一”并入城关镇。2003年10月撤镇建街道，成立桥头胡街道办事处。

2020年是全面建成小康社会和“十三五”规划收官之年，也是桥头胡发展中极不平凡的一年。一年来，在县委、县政府的正确领导下，紧紧围绕打造“醉美汶翠谷·居养桥头胡”的发展战略，全力以赴破解瓶颈难题，凝心聚力谋划发展新篇，锐意进取推动改革创新，取得了一定的成绩，较好地完成了年初制定的各项目标任务。全街道实现生产总值66.25亿元，同比增长3.1%；公共财政总收入1.32亿元，同比增长2.3%。

【疫情防控】 第一时间成立新冠肺炎疫情防控领导小组，由“一把手”挂帅，正月初一即召开街道防疫紧急动员会议，安排部署疫情防控工作并根据街道实际情况，制定详细的疫情防控工作方案，确保防控工作顺利、有效开展。

“阻断式”防输入。疫情期间，全面实施村（社）封闭式管理，落实车辆严管、扫码消毒、体温测量等举措。全街道30个卡点实行24小时轮班值守。村民严格按照持证进出和“每户两天出一人”等要求，在保障民生的同时确保人员安全。

加强重点人群管控。开展群防群治，对高中风险、境外返回等重点人群进行重点管控，注重防控措施落实落细。

【工业经济】 全街道完成工业总产值50.88亿元，同比增长1.31%；其中规上工业完成产值25.58亿元，同比增长1.23%。完成外贸进出口总额1.59亿美元，增长6.06%。大力开展招商引资攻坚行动，引进合同利用外资100万美元，实到外资100万美元，实到内资2.25亿元。做大做强桥头胡制造业，并依托现有优势，大力发展引进跨境电商企业。跨境电商企业宁波亮影科技有限公司投资500万美元的艺术灯项目成功落地并已开始带动桥头胡本地制造业发展，宁波建工宁桥分公司落户桥头胡，同时2020年有7家企业上规，为历年之最。抢抓县委“三凤”工程契机，主动对接多层次资本市场，引导企业开展股份制改造，做好产业转型升级。2020年8月，宁波卡倍亿电气技术股份有限公司在深交所敲钟上市，成为首批深交所创业板注册制上市公司。

【现代农业】 农业生产平稳发展，水利工程全面推进，基本完成槐路河水产城支流段整治工程，城区防洪排涝能力进一步提升。汶溪小流域治理工程完成主体工程量95%，汶溪周海塘除险加固工程完成主体工程量50%，预计2021年均可完工。全力开展农村饮用水提升工作，五联村大水网一户一表给水工程即将竣工，铜岭村饮用水改造提升项目顺利通过验收，有效解决山上片、岙里片村民安全饮水问题。创新实行重点水利工程标准化管理，水利工作再创佳绩，被推荐为全县唯一的宁波市大禹杯先进单位。

【全域旅游】 全力打造“汶溪翠谷”旅游精品线，加速推进AAA级旅游景区创建。同时大力推进文旅项目建设，引进驴妈妈以规建投运一体化模式打造汶溪翠谷，进行文旅运营导向的整体开发，打造高层次的乡村休闲旅游度假区。投资8000万元的诗莉莉和投资1.5亿元的花间堂两个高端艺术精品酒店项目已开工建设，哩呀罗国际乡村旅游度假区项目正式启动，温州小样花园项目顺利完成政策处理工作，即将开工。成功举办“这里有片樱花的海”桥头胡春风惠民游活动和先锋夜市活动，全年累计共接待游客25万人次，实现旅游创收2000万元。

【城乡建设】 城乡改造持续推进。加快旧村改造工作，桥头胡旧村改造一期完成补偿款兑现。发扬连续作战精神，奋战20余天，攻克桥头胡村国拆（一期）签约工作，签约率88.7%。处于签约拆迁户搬迁腾空验收和发放兑现款环节。加快安置小区建设，陆家A地块陆潮云境小区已进场施工，已完成入户大堂及展示区、1#、2#、3#楼地下室承台与地梁挖掘；桥头胡街道核心区D地块工程主体结构已完成并通过验收；龙潭安置小区北侧房屋已基本建成。推进科技园区北扩，征收梅桥26、27、28区块土地，共计526.5亩，已完成95%土地的征收。

乡村振兴全力推进。借力“艺术振兴乡村”东风，筹建“黄墩艺社”创作基地并持续发力，举办6次高规格的艺术展、10多期公益培训，提升桥头胡的艺术文化品位。积极与宁波大学、中国美院等高校开展深度合作，走出一条美学与乡村旅游互促互赢的发展新路。推进艺术乡建工作，打造东吕、双林两个艺术特色村，用艺术的本土化方式，寻找一个乡村旅游、民宿升级的可持续发展模式，同时进一步壮大村级集体经济。全街道17个行政村（社区）经营性年收入全部超过15万元，9个行政村（社区）总收入超过100万元。

城市管理有序推进。紧扣“电视问政”热点难点问题，严抓背街小巷、农贸市场、房前屋后等城市“阴面”整治，重拳整治占道经营、流动摊贩、违章停车等“马路顽疾”。新建停车场2处，新增和规范设置停车位100余个，交通治堵效果显现。持续加大“三改一拆”力度，强势推进违法建筑查处和整治力度，拆除违章建筑16.89万平方米，完成年度目标任务120%，拆后土地利用率达85.6%。维护小城镇环境综合整治省级样板成果，持续深入开展综合整治回头看，做精做细“三改一拆”“五水共治”、环境卫生、垃圾分类等专项行动，成功创建省级污水零直排区，获评全省“五水共治”工作优秀乡镇。

【民生保障】 五大社会保险参保率持续提高，累计办理各类养老保险960人，城乡居民医疗保险11350人；享受低保户230户共计人数378人，年发放低保金326.6万元；多形式开展慈善救助活动，慈善一日捐达180.7万元，共助医、助困496人次，发放慈善救助款150万元。创新成立小额商会资金，为汶溪周残疾小朋友募集爱心善款8万元。社会养老服务体系更加健全。2020年新增涨家溪居家养老中心，为村里老人提供就餐、健身等养老服务。

【社会事业】 强化精神文明建设，创建街道新时代文明实践所和村级新时代文明实践站，并积极开展志愿服务活动。加大弘扬传统文化，新建文化礼堂3家；制定出台《桥头胡街道繁荣群众文化发展奖励扶持办法（试行）》，助力辖区文化事业欣欣向荣。顺利完成第七次人口普查，登记总人口36268人。持续开展“厕所革命”，对标省标准改造公共厕所12个，拆除老旧公共厕所4个，消灭露天粪坑、简易厕所138个。

社会治理全面加强。强势推进扫黑除恶专项斗争，扎实开展平安桥头胡志愿者夜巡活动，实现社会和谐稳定。做优做强矛调中心。借助市级矛调中心创建试点契机，全面整合信访接待大厅和综合指挥室优势资源，实现“来访必登记，登记必办理，办理必反馈”。对于来访群众，街道一律引导其到接访大厅登记，并通过“钉综指”在线办理，实现化解动态可跟踪，办理过程可追溯。矛调中心成立以来，受理群众来信来访396件，流转办结346件，矛盾化解260件。开展消防安全攻坚行动。在全面排查基础上，迅速开展隐患整改。合理设置“硬隔离”，有效隔断经营店铺与居住区，延缓火灾蔓延；严拆影响消防安全的违章搭建，缩小火灾扩张范围。组织拆除影响消防安全通道违章搭建24处，面积2300平方米，消除各类隐患163处。

8月19日，宁波民建乡村振兴实践基地签约仪式在桥头胡街道双林村举行

11月11日，省委组织部调研村社换届选举

表4　　桥头胡街道2020年基本情况表

项　　目	单　　位	合　　计
街道总面积	平方公里	59
种植面积	亩	9633
村民委员会	个	16
居民委员会	个	2
户籍人口	个	23346
外来人口	个	5273
地区生产总值	万元	256142
第三产业增加值	增速	4.5%
工业销售收入	万元	249275
工业利税	万元	21567
工业技术改造投入	万元	8859
固定资产投资	万元	9409

续表4

项　目	单　位	合　计
财税收入	万元	13200
农民人均收入	元	17697

表 5　　桥头胡街道2020年骨干企业基本情况表

单位：万元

序号	企业名称	产值总额	销售收入	利润	税金
1	宁波卡倍亿电气技术股份有限公司	65563	68745	5000	235
2	宁波卡倍亿铜线有限公司	37463	37685	-213	55
3	宁波永和电子有限公司	25171	22759	3907	1046
4	宁波步来特电器有限公司	16989	15819	1258	694
5	宁波卡倍亿新材料科技有限公司	7923	7929	351	56
6	宁海金川混凝土有限公司	6444	6556	179	464
7	宁波远通和道汽车部件有限公司	8333	7585	237	411
8	宁海县奔亿机械有限公司	6771	6637	418	89
9	宁波震洋文化用品有限公司	5866	5367	297	194
10	宁波西尖电子有限公司	5993	5580	182	206
11	宁波彬彬文具有限公司	3960	3721	33	196
12	宁波西杰纺织有限公司	3152	3214	-37	119
13	宁海天辉机械有限公司	3452	3624	98	98
14	宁波春叶金属制品有限公司	4320	4417	-419	102
15	宁波高品文具有限公司	3950	3787	60	122
16	宁海县得胜新型材料有限公司	4142	2323	215	297
17	宁波凯江汽车部件有限公司	4108	3570	24	31
18	宁波金凌中德汽车部件有限公司	3848	2808	8	52
19	宁海县创建建材有限公司	2771	2831	270	189
20	宁波华皓模架有限公司	2174	1607	-27	93
21	宁波金晟模塑有限公司	4149	5041	318	456
22	宁海县电镀厂	3017	2874	12	199

续表5

序号	企业名称	产值总额	销售收入	利润	税金
23	宁海瑞贝特汽车用品有限公司	2323	2121	25	83
24	宁波天雅美术颜料有限公司	2593	2028	155	76
25	宁波九峰电子工具有限公司	2518	2382	258	154
26	宁海力合模塑有限公司	2890	2166	-94	141
27	宁海县金凌模塑有限公司	2651	2265	261	32
28	宁波雷鸣医疗器械有限公司	3001	3054	1212	190
29	宁海日辉照明科技有限公司	2154	2023	50	42

长街镇

【概况】 长街镇是宁海县的工业强镇、农业大镇、商贸重镇、中心城镇。位于宁海县东部，镇人民政府驻长街，距县人民政府东27公里。东临岳井洋与象山县隔洋相望，南濒三门湾，西界胡陈港、力洋镇，北邻胡陈乡、象山县。辖区总面积272.2平方公里，辖42个行政村和1个居委会，户籍人口7.2万余人。全镇河道总长300多公里，占全县总长的1/3；公路总里程230多公里，占全县总里程的1/8。拥有耕地11万余亩，海岸线长28公里。可养殖面积居全省第一位，蛏子、蛤蜊、泥螺等水产品享誉境内外，被誉为“中国蛏子之乡”。

自宋代起至民国初隶属朱开乡。1934年，隶属长亭区。1947年年底，包括长亭镇及湖青乡、水东乡。1949年7月，隶属东区。1951年分设为长亭镇、大湖、城塘、龙浦、新城、岳井、山前、大青、山头、平原、青珠、伍山等乡。1956年长亭镇、大湖、城塘合称长亭乡；龙浦、新城合并龙浦乡；岳井、山前、伍山合并称岳井乡；大青、山头、平原、青珠合并称青珠乡。1958年属长街人民公社。1959年青珠辖区从长街人民公社分出，划归青珠农场。1961年分设长亭、龙浦、岳井、山头、伍山、青珠等公社。1981年因重名，以公社驻地为名改称长街公社。1983年改长街、龙浦、岳井、山头、伍山、青珠等乡。1984年置长街镇，列长街本村及屋基园、石桥头等村为建镇区。1992年全市进行撤区扩镇并乡，前横、青珠、山头乡合并新置明港镇。龙浦、岳井、伍山等乡并入长街镇；2004年8月，将原明港镇的区域以胡陈港中心自然界线划分，分别与原长街镇、力洋镇的区域组建新的长街镇、力洋镇。

2020年，全镇实现地区生产总值61.09亿元，实现财政收入3.73亿元，完成固定资产投资4.51亿元，同比增长50%。

【疫情防控】 面对突如其来的新冠肺炎疫情，第一时间成立镇级防疫指挥部、村级联户党员和村民代表联防队，以宣传巡防、设卡检查、人员劝导三小组开展疫情防控工作，毫不松懈抓好科学防控、精密智控，累计筛选排查重点人员8960人。

稳步开展复工复产，对接专列资源协助500多人顺利返岗，帮助200余名应聘者与21家企业达成求职意向，减免养殖塘、店面租金133万元，79家企业获得政策兑现40万元，创新开发返乡人员登记、企业复工备案、网上招聘等16套系统，实现人员精准“点穴式”管控、防疫物资智能调配、农产品供销渠道有效疏通。

在抗击新冠肺炎疫情的关键时期，社会各界迅速行动、尽己所能，累计收到捐款123万元、口罩3.3万只及各类应急物资。广大党员、人大代表、志愿者患难与共、冲锋在前，为全镇打赢疫情防控阻击战伸出援手、贡献力量，构筑起坚固的防线。

【工贸经济】 工贸经济质效齐升。全镇17家规模以上工业企业实现总产值35.2亿元，同比增长9.7%；进出口总额11.3亿元，同比增长10.7%；开工建设13个工业技改项目，完成投资2.1亿元，位居全县前列；评价疫情以来地方经济综合发展水平的MEI指数，从全县排名第18位跃升至全县第7位。

大力推进招商引资，完成实际利用外资247万美元，引进浙商回归内资6082万元，市外内资7330万元，县外内资19873万元，积极挖掘“内生型项目”4个、完成投资5100万元，成功引进今海科技发展（宁波）有限公司、浙江君锐建设有限公司等实力企业。

狠抓企业高质量发展，深化“亩均论英雄”改革，落实“三服务”，奇精公司跻身2020宁波制造业和宁波竞争力双百强企业，天虹电商异军突起，凯博数控行业龙头彰显，德凯数控高新技术登上中央台，申报县级工业综合实力50强企业4家、拟梯队培育上市企业2家。加快数控机械产业园建设，入驻企业增至50家，产值占全镇工业总产值的88%以上，总投资5000万元的18-6、18-7、18-11地块开工新建厂房，雨污分流管网、道路、绿化、亮化等基础设施更加完善。

【农业经济】 全年实现农业总产值9.7亿元，同比增长4.6%。农田水利不断做强，港中、新塘高标准农田项目、新南小型农田水利工程二期通过初步验收，2017年高标准农田项目、2018年农业综合开发土地治理南部片区项目、新城尖岙渠道整治、浦东二期小农水、隔洋塘生态河道基本完成，龙山小流域治理、下塘水环境整治完成主体工程建设，全年垦造耕地120亩、疏浚河道9.3公里、清淤9.4万立方米。

特色产业不断做优，现代农业服务中心项目完成招投标，“长街味道”注册成为国家农产品区域公用品牌，并成功申报“农村电商服务站示范点”，打造“阿蛏嫂”品牌带动百余名农户参与直播带货，抖音短视频播放量超50万次，蛏子、泥螺、西甜瓜、翠冠梨、香米等特色农产品全年直播带货上万单。

科技兴农不断加快，土地流转面积9.3万亩，通过农业水价综合改革省级验收，获评省级农业绿色发展示范区，引进省供销社系统宁波金惠利农业科技服务有限公司宁海分公司落户长街，创建国家级示范合作社1家、市县级6家、国家级水产健康养殖示范场1家、省级3家，承办全省小麦病害减药防控示范现场会、全市小麦主要病害防控现场观摩会。

【第三产业】 全年实现限上社会消费品零售总额3787万元，完成“个转企”10家，新增各类市场主体158家。生活性服务业更加丰富，高层商业标志建筑、商业街区建设完成规划编制，长街市场通过省级三星级文明规范市场验收。旅游载体更加多元，推进浙江省AAAA级景区镇建设，建成AAA级景区村庄1个，申报AA级景区村庄1个，年俗文化节、云上蛏子节、欢乐佳田光影节顺利举办，镇旅游服务点完成建设。

【村镇建设】 生态环境全面改善。持续开展“五水共治”，省级“污水零直排区”创建回头看工作有效推进，机关事业单位、园区主要企业、生活小区、镇区菜市场完成集聚区雨污分流整治，两个三年生活污水治理改造提升计划顺利实施。常态化落实环境整治，顺利通过省级卫生乡镇复审及国家卫生镇提名，创建省、市、县级卫生村7个，开展环境整治活动200余次，拆除简易棚厕204座，改造农村公厕16座，环境卫生整治考核居全县第一梯队。

积极推进垃圾分类，市场化运作8个厨余垃圾处理中心，实现垃圾分类全覆盖，创建省、市级垃圾分类示范村5个，创成市级垃圾分类示范乡镇。拆违治乱多点突破。

深入开展“三改一拆”，积极推进“无违建乡镇”创建，开展动态巡查300余次，“三改”面积10.6万平方米，拆除违法建筑13.1万平方米，拆、改完成率均居全县前列。

加大环保督察力度，做好中央环保督察整改工作，调处环保信访

8月25日上午，在长街镇九江村的一片稻田上，一架无人机低空匀速地喷洒着农药

案件12起，“六小”行业整治成效显著，整治“低散乱”企业3家，淘汰落后产能1家，关停废塑料加工企业2家，198家企业登记领取排污许可证。

深入实施“一打三整治”，全面落实滩长制，打赢“幼鱼资源保护战”“伏休成果保卫战”“禁用渔具剿灭战”，整治育苗场废水排放3家。

特色文化挖掘更加充分，对岙洞知青馆、总浦塘围塘文化记忆馆相继落成，青珠文旅综合体项目正式启动，西岙与宁波财经学院联合设立影视创作基地，港中与万里学院联合设立大学生科普实习基地。

3月，长街创新启动“2020云上蛏子节”活动

【项目建设】 始终坚持发展为先，城镇品质稳固提升。项目建设持续增强。全力攻坚重大项目，成塘渔光互补发电项目、卫生院新门诊住院综合楼、香花山临时起降点建成投用，长街人民法庭、居家养老服务中心投入运行，人防疏散基地完成主体验收，敬老院迁建工程完工在即，东部沿海防洪排涝工程兑现政策处理1634万元，元昌小区周边地块综合开发项目开工建设，凤凰山矿地综合开发利用项目采矿权出让方案获县级批复，通用机场、奇精总部大厦建设有序推进，1000多亩的伍山盐场塘建设用地保卫战成功打赢。

基础配套持续完善。着力提升路网交通，投资3300万元建设农村联网公路28公里，其中海防联网道路23公里，宁松线至南塘、合宁至长胜、力胡线至后门港等10条道路建成通车，G527岳井洋大桥及接线工程有序推进。

发力改善民生工程，基本完成供电所主体建设，投资3000万元开展供电基础设施建设，新建改造邮电路、东大街等老旧水管网9300米，完成隔洋塘“一户一表”改造，农饮水达标提标行动全面收官。城乡布局持续优化。注重规划先行，借智宁波大学商学院、宁波市发规院高水平谋划规划团队，借力南湾新区和三门湾现代农业园区，深入谋划长街区域“十四五”发展。

提升镇区形象，巩固小城镇环境综合整治成果，实施镇区核心区块景观提升和亮化工程，城雕节点A地块改造完成，仁泽苑、锦望府等楼盘滚动开发，美丽城镇样板创建方案获批省级优秀。加强新村打造，创建省级善治村3个、“一村万树”示范村1个、市级美丽乡村示范村1个、梳理式改造村4个，滨海田园精品线通过验收。

【社会事业】 社会保障不断加强。全力强化社会保障，城乡居民基本养老、基本医疗保险参保率分别达97.8%、99.5%。

大力支持公益和慈善事业，积极开展“慈善一日捐”活动，全年募集资金160万元。努力促进就业创业，开展农民实用技术培训8场，培训人员580人。

聚力发挥劳动监察职能，检查用工企业20家次，调解劳资纠纷、工伤案件67起，涉及金额178万元。

做好人民武装及拥军工作，择优征集兵员，建立全国示范性退役军人服务站7个，镇服务站荣获市退役军人就业创业模范服务站称号。

公共服务更加完善。教育事业持续发展，有序推进第二中心幼儿园前期工作，发起香花山奖教奖学基金，募集资金63万元，中考再创佳绩、状元花落长街镇。

公共卫生扎实开展，“两癌”筛查参检人数全县第一，组织无偿献血1.95万毫升，成功创建慢病综合防控示范乡镇。

全民健身氛围良好，组织开展乒乓球联谊赛，积极参与乡村振兴运动会，新建中心村体育休闲公园2个。

第七次全国人口普查圆满完成，登记人口84120人。个人建房规划审批完成161户，农村宅基地确权及登记工作持续推进。

文化事业全面铺开。加大新闻宣传力度，在国家、省、市、县各类传统新闻媒体刊播新闻400余条，发布微信公众号256条，推出以防疫一线、大美长街、艺术特色乡村为主题的系列宣传报道。

推进文化礼堂建设，新建提升文化礼堂 13 家，创建五星级文化礼堂 2 家，实现文化礼堂全覆盖。

加快乡风文明建设，建立新时代文明实践所（站）44 个，创建省文明镇，并成功入围候选名单，开展新时代文明实践先锋夜市、“的节日”端午、重阳等活动。

精准扶贫扎实开展。发展壮大集体经济项目有序开展，所有村集体经济收入达 30 万元以上、经营性收入达 10 万元以上。“两不愁三保障”落细落地，建立低收入农户“一户一策”帮扶方案，发放各类保障金 1415 万元、临时救助金 35 万元，受益群众达 1157 户。做好东西部扶贫镇镇结对、村企结对工作，派团队赴晴隆县紫马乡走访调研扶贫方案，完成资金、消费扶贫 204 万元。

【自身建设】 行政效能不断强化，依法行政全面推进。加强法治政府建设，自觉接受人大、政协和社会各界监督，办理反馈人大建议 30 件、政协提案 4 件。健全政府法律顾问制度，规范合法性审查，推进政务公开、行政复议等工作，主动公开各类政务信息 459 条。以“整体智治”理念为引领，强化跨部门联动，加强执法人员培训，整治流动摊贩、跨门和占道经营等 1700 余起。

社会治理有效提升。深化“平安长街”建设，打好扫黑除恶专项斗争收官战，治安和刑事案件发案率分别同比下降 54.2%、29.1%，强化流动人口“三点一证”管理，自主研发“长街镇出租房屋管理系统”，“雪亮工程”项目完成招投标、开工建设，创建平安示范村 4 个。

不断优化“一中心四平台一网格”建设，积极推行“村民 e 点通”，聘用专职网格员 70 名。扎实做好信访维稳工作，推进首问负责即问即办工作，开展重点涉稳问题和信访积案化解百日攻坚行动，圆满完成重要时段维稳安保任务。建立矛盾纠纷调处化解中心，实现网上“钉”办流转，调解矛盾纠纷 193 起，涉及金额 635 万元，成功率 100%。深入开展安全生产和消防安全“四大会战”，组织安全培训 3000 余人次，排查、整改安全隐患 3291 处，立案查处企业 5 家，拆除影响消防安全违法建筑 1.5 万平方米。

2 月，大青村全景

加强清廉长街建设，持续落实“两个责任”，严防“四风”抬头。坚持过“紧日子”，厉行节约、反对浪费，“三公”经费下降 10%。深化村级权力清单 36 条，推进“三资”管理和“三务”公开透明化运行。健全完善国资管理、公共交易等制度，全年镇公共交易站累计完成招投标项目 52 个，涉及金额 7030 万元，节约资金 356 万元，综合下浮率 9%。

顺利完成村级组织换届，巩固拓展“不忘初心、牢记使命”主题教育成果，“党群同心圆”志愿服务人均达 12.8 次，排名全县第一。

【一方名人】 汪永琪，长街镇大湖村人，宁波市奇精机械有限公司董事长兼总经理。公司自 1998 年开始连续被评为县“实力型企业”。公司职工近 2100 人，不但解决一大批本地居民的就业问题，同时也吸引众多的外来人才。由于公司规模不断扩大，还同时带动县内长街、梅林、黄坛等地近 10 家下游配套企业的发展。

冯全宏，长街镇连浦村人，浙江围海控股集团有限公司董事长。曾获全国优秀施工企业家、全国优秀水利企业家、浙江省劳动模范、浙江省优秀共产党员、中华人民共和国成立 60 周年 60 位为宁波建设做出突出贡献的先进模范人物、2010 年杰出甬商奖等荣誉称号。

力洋镇

【概况】 地处县境中部偏东，以驻地力洋得名，距县人民政府东18.6公里。东与长街镇、胡陈乡毗邻，东南临胡陈港，与长街镇隔港相望，南向三门湾，与象山县交界。西与茶院乡、桥头胡街道相接，北越茶山与大佳何镇临界。地势北高南低。北部有茶山盘亘，山峦起伏叠嶂。山环水绕，独特的地理环境和湿润性季风气候条件孕育力洋丰富的水资源。力洋溪、西仓溪穿镇而过，另有毛屿港、胡陈港两大河港东西依偎，全镇有大小水库69只。辖区东西最大距离7公里，南北最大距离26.69公里，面积160.31平方公里。辖18个行政村、53个自然村、1个居委会、1个社区。

自宋代起至民国隶属朱开乡，1934年隶属长亭区，1947年年底，属儒雅乡。1949年7月，隶属东区。1951年分属沥洋、西仓、古渡、前横乡，1956年，沥洋、西仓合并称沥洋乡；古渡、前横合并称古渡乡。1958年属沥洋人民公社。1961年分立沥洋公社、古渡公社、前横公社。1962年经省人民政府批准，沥洋改作力洋。1983年改力洋乡、古渡乡、前横乡。1984年置力洋镇。1992年全市进行撤区扩镇并乡，古渡乡并入力洋镇。前横乡与青珠乡、山头乡置明港镇，2004年8月，将原明港镇的区域以胡陈港中心自然界 线划分，分别与原长街镇、力洋镇的区域组建新的长街镇、力洋镇。

全年实现工业总产值18.5亿元，同比增长19.35%，公共财政预算收入可用资金为14286万元，比上年增加17.7%，村级集体经济总收入达1348万元。较好地完成镇十七届人大第五次会议确定的目标任务。

【疫情防控】 紧抓联防联控，将疫情防控工作作为政治任务来抓，建立由镇党政主要领导亲自挂帅的应急指挥机制，织密镇村两级垂直防控网络，确保疫情防控布局横向到边、纵向到底。全镇千余名党员干部自发组建党员先锋队19支，数月连续奋战防疫一线，坚守72个村级卡点，做到24小时不间断防控，确保人员进出严格盘查，突发情况时时应援。

镇党委政府多渠道统筹医用物资和生活必需品保障，共计采购发放口罩10万余只，协调企业复工用口罩4万余只，配备消毒液200千克。

落实常态防控。强化“人防+技防”双重管控，落实“小周期”滚动排摸及“守小门”常态化督察工作机制，累计排摸“小周期”3888人。持续做好集中隔离人员收送任务，镇落实居家隔离人员570户988人，及时移送县级隔离点13人，执行发热病人专车接送期间，累计运送发热病人就医1449人次。组织企业员工开展核酸检测，57家企业1022人次企业员工参加核酸检测。

全力推进复工复产。坚持疫情防控和复工复产两手抓，突出重点、分类施策、精细分工。成立复工复产工作专班，设综合、协调、业务、监督、宣传5个工作小组，理清企业复工条件，绘制复工流程图，全力帮助企业纾难解困，全面落实惠企政策礼包，协助企业快速申报政策补贴，同时抽调精干力量组成5个复工验收工作小组，现场验收指导确保企业尽快复工复产，企业复工率、复产率、电力复工指数均在规定时间完成任务目标。

【工业经济】 镇工业经济多项指标排名全县前列。镇工业年总产值18.5亿元，同比增长19.35%，其中规上企业工业总产值13.1亿元，同比增长31%。卡依之通过罐头产品开发转变为全年生产，宁东混凝土预制件桩基项目初见成效，其他重点企业订单稳定；全年出口总额8.2亿元，同比增长20.6%，其中重点外贸企业好美秋千、晨东运动保健、万利安儿童用品等公司出口额均实现较大幅度增长。

积极推动转型升级，固定投资完成3亿元，其中工业投资1亿元，完成储力叉车年产4万台工业车辆生产线、海格威年产400万件胶管接头生产线等一系列技改项目。

【农业经济】 持续夯实农业基础。坚决守住国家粮食安全底线，完成新增早稻种植面积150亩的指标任务，完成小麦种植1665亩，晚稻种植5782亩；继续推动柑橘品种改良，新增由良面积200亩。

破除农业企业销售难题，通过联系“甬派”开展直播带货、政务微信推送销售等形式帮助振宁禽业消化库存，恢复正常生产；海头村与宁波天一港供应链有限公司签订协议，“海头咏菊”金丝皇菊正式打开电商销路，菊花产业及节庆门票收入超过2019年的3倍。

建立院地合作助农强农，与浙江省农科院蔬菜所签订共建协议，为乡亲浓等农业企业提供科技支持。持续垦造耕地保障要素供给，对力洋村和力洋孔村内园地100余亩开发垦造耕地。

【项目建设】 积极配合做好园区重大项目政策处理工作。全面完成占地约3000亩的二干渠区块征地项目地上附着物复评，其中文正村1145亩、古渡村895亩、东园村660亩土地征收款及地上附着物补偿款全部兑现到户，全部完成土地清表工作，确保二干渠二期工程及滨海小微产业园项目顺利施工。全面完成占地约590亩的百丈塘区块征地项目，土地款及地上附着物补偿款已全部兑现到村并完成清塘工作。完成霞客—桃源110千伏线路工程24个电力铁塔的建设及通线工作，项目全面顺利完成施工。

全力推进以力洋镇为实施主体的县级重点工程项目。占地面积12467平方米的马铁厂地块小区由宁波华新房地产有限公司以每平方米3230元中标，已完成桩基建设，计划于2021年年底前全部完工。前洋四路拓宽改造提升项目已确定初步安置方案，拆迁工作有序推进。古渡塘除险加固工程完成招投标，已进场施工。

【村镇建设】 基础设施建设不断完善。持续巩固“四好农村路”示范乡镇荣誉，盛宁线力洋—胡陈段顺利通车，完成力胡线环境整治提升工程。深入推进农民饮用水达标提标工程，已全面完成6个水站建设及1个大水网接入工程。污水零直排区创建持续推进，所有行政村的污水处理工程已全部通过验收，其中完成移交15个。成功建成凤凰山村、明港社区体育休闲公园和小青村百姓健身房。力洋林屿山公园景观工程完成游步道线路开挖、挡墙及部分绿化种植。完成力洋农贸市场改造工程并通过验收，同步优化农贸市场管理，提升市场服务质量。

农村人居环境持续改善。积极开展植被保护，提升绿化覆盖，成功创建省级森林城镇。持续开展垃圾分类，投入100余万元专项资金，建立健全垃圾分类投放、收集、清运、处理制度，形成垃圾分类处理长效化、常态化运行体系。持续推进拆违工作，累计拆除各类违法建筑8.6万平方米。

10月24日，海头村海头菊花文化节

美丽乡村建设成效显著。力洋孔村扎实开展省级美丽宜居示范村创建。荣获浙江省美丽乡村特色精品村。小青村持续开展村庄环境提升、节点打造、品位升级、旅游元素丰富、旅游功能拓展，通过安装标识标牌，建设旅游厕所、民宿及农家乐，成功创建AAA级景区村庄。岭峧、力洋孔、小青、跳头4个村通过“一村万树”示范村、推进村验收，路下施村成功创建美丽乡村精品村。

【社会事业】 民生保障全面加强。强化社会保障，持续开展扶老、助残、救孤、济困等工作，全年共发放各类救助资金1570余万元；持续做好社保扩面工作，城乡居民基

8月25日，青华科技培训学校开展沥水之阳“两地书信”暑期假日学校活动

本养老、基本医疗保险参保率稳步提升。

“慈善一日捐”卓有成效，疫情期间发动防疫慈善捐款活动，收到防疫捐款15.27万元，慈善捐款31.6万元。陆续收到来自机关单位、行政村（社）、企业等总计86.58万元慈善捐款。

强化双拥共建，发放退役士兵老年生活补助金、重点优抚对象优待金。

提升养老服务品质，完成力洋敬老院新宿舍楼建设工程，探索社会化运营模式，打造区域性居家养老服务中心，成功创建省AAA级区域性居家养老服务中心。

社会治理不断提质。完成矛调中心规范化建设，通过流转处置、统筹协调、日常运行等三大机制来处理具体事件，调处各类矛盾纠纷89起，成功率达100%。精准开展信访维稳，共受理办结各类信访案件276件，全部办理完毕，通过领导包案、周会商等协同机制，特别对《2020年宁海县信访积案化解百日攻坚行动方案》中挂牌的8件积案进行化解，已完成6件，化解率75%。

深化网格队伍建设，对原网格进行整合重组，形成全科网格队伍，进一步提升网格员待遇，有效提高工作积极性。全力推进“四大会战”回头看，全面完成企业安全风险与管控承诺公告制度工作及涉危化企业安评工作。

文化、体育活动丰富。以“百姓大舞台”为载体，为群众送文化、种文化，帮助群众秀文化，组织“百姓大舞台”、送戏下乡等群众文化活动47场，基本满足群众文化需求。成功举办力洋镇第五届菊花文化节和柑橘文化节，通过广播媒体等方式推介我镇乡村旅游资源，吸引上万名游客旅游观光。参与承办叶水夫先生百年诞辰座谈会，成功举办第二届（盖仓山）童诗节等，通过网络直播的方式展示力洋的优秀文化和人文底蕴，线上观看人数超1.89万人。童诗节发起人雪野“让童诗扎根乡村”。相关事迹多次登上新华社、《浙江日报》等各级媒体，成为力洋文化的一块金字招牌，雪野被评为“宁波好人”，进一步推动艺术赋能乡村文化振兴。

【自身建设】 坚持依法行政。强化政务公开透明和规范化运作，依法推行政府信息公开，努力打造阳光型政府。自觉接受人大的工作监督，严格执行镇人大主席团决议，完善政府议事、民主决策等制度，全面落实镇实事工程项目人大代表票决制，认真负责办理人大代表建议15件。

坚持效能建设。在疫情防控、垃圾分类、信访维稳、安全生产等中心工作中通过联片责任制、包干区分工制，协调合作，进一步提升执政效力。注重干部本领提升，开设“青年分享会”，实施“周二夜学”制度，民生事项全面实现“最多跑一次”甚至“零次跑”。换届选举工作规范运行，圆满完成“一肩挑”目标任务。

坚持清正廉洁。政府带头过紧日子，加强预算精细化管理，严控“三公”经费支出，集中财力办好大事实事。主动接受纪委监督和专项审计，定期开展内部效能检查，规范干部请销假制度，践行光盘行动，无纸化办公更加深入人心，实现机关内部资产合理配置与集约化管理，努力建设节约型政府机关。

【一方名人】 雪野笔名雪也，宁海城关人，是儿童文学知名作家、诗人，从事儿童诗教学30余年，在国内20多个省市授课讲座，创作及主编90多本作品集，代表作品有《有礼貌的百足虫》《春天的滋味》等儿童诗集5种及《与莺莺谈儿童诗》（诗论）、《男孩树一的故事》（儿童系列小说），最近出版的主要作品为《早安，晚安——熊爸熊妈和熊娃的故事》，该童诗集成为力洋古村童诗文化村的标志之一。雪野童诗集《风忘了回家的路》入选2020年中国小学生分级阅读书目。

雪野多年来一直躬耕于阅读公益，在八年前参加广东的“担当者行动”公益组织，致力于打造乡村学生精品阅读，覆盖全国乡村学校。雪野老师还是“种太阳儿童阅读基金会”的召集人，该基金会已经捐赠20多万元的书籍，为近百个班级建读书角。

2018年回到故乡力洋，创办儿童诗研究中心。该儿童诗研究中心先后投资120余万元，占地776平方米，建筑面积920平方米，按照高标准设计、高质量修建的理念，分别设置崇文斋、崇文讲堂、现代儿童文学史展厅、雪野工作室、童书角等多个功能区，是集儿童诗研究创作、教育学习、交流探讨、展览展示于一体的全国首个儿童诗研究中心。

雪野近照

表 6　力洋镇 2020 年基本情况表

指标名称	计量单位	数　量
一、基本情况	—	—
行政区域面积	公顷	14740
居民委员会个数	个	2
村民委员会个数	个	18
其中：通公共交通的村个数	个	18
通宽带的村个数	个	18
通有线电视的村个数	个	18
通自来水的村个数	个	18
垃圾集中处理的村个数	个	18
污水集中处理的村个数	个	18
二、人口与就业	—	—
常住户数	户	14142
常住人口	人	37786
户籍人口	户	14142

续表6

指标名称	计量单位	数　量
其中：农业户籍人口	人	34996
第一产业从业人员	人	8645
第二产业从业人员	人	5450
第三产业从业人员	人	1890
外来从业人员数	人	3000
三、财政收支	—	—
公共财政收入	万元	12890
企业实交税金	万元	12890
公共财政支出	万元	13579
年末债务总额	万元	—
四、农业	—	—
耕地面积	公顷	1560. 2
设施农业占地面积	公顷	70
有效灌溉面积	公顷	1015
农作物播种面积	公顷	3471. 2
其中：粮食作物播种面积	公顷	2154. 3
农业技术服务机构个数	个	1
农业技术服务机构从业人员数	人	12
农民合作社个数	个	126
农民合作社成员数	户	800
耕地流转面积	公顷	1020
种植大户数	户	23
畜禽养殖大户数	户	16
五、乡镇机构	—	—
财政供给人数	人	85
1. 公务员	人	37
2. 事业编制	人	32

续表6

指标名称	计量单位	数　量
各种社会福利收养性单位收养人数	人	55
新型农村合作医疗参保人数	人	20146
新型农村社会养老保险参保人数	人	14318
农村居民最低生活保障人数	人	648
十、公用事业	—	—
自来水用水户数	户	14102
燃气用气户数	户	0
金融机构网点数	个	4
公园及休闲健身广场个数	个	61
十一、城镇基本情况	—	—
城镇规划区面积	公顷	290
城镇建成区面积	公顷	290
城镇建成区总户数	户	3321
城镇建成区总人口	人	7389
城镇建成区绿化面积	公顷	24

一 市 镇

【概况】 位于县境南部，镇人民政府驻一市，距县人民政府东南11.1公里。东濒胡陈港，南与旗门港相畔，西连三门县沙柳镇，北邻跃龙街道和越溪乡，西北连前童镇。面积160平方公里。辖1个居委会、21个村委会，有69个自然村。

自宋代起至民国为永康乡，1934年隶属海游区，1947年年底隶属旗门乡。1949年7月，隶属西南区。1951年隶属一市区，辖区分官岭、前岙、岭头、东岙、武岙、金板乡。1956年官岭、前岙、岭头三乡合并称官岭乡，东岙、武岙、金板乡合并称东岙乡。1958年属一市人民公社、旗门人民公社。1961年分出成立官岭公社、东岙公社。1981年，由于东岙与邻县重名改称旗门公社。1983年改官岭乡、旗门乡。1990年撤官岭乡，置一市镇。1992年全市进行撤区扩镇并乡，旗门乡并入一市镇。

全年实现地区生产总值22.81亿元，同比增长7.1%；实现财政一般公共预算收入5100万元；实现农村居民可支配收入38800元。

【经济建设】 聚焦提质增效，产业发展不断向好。工业经济行稳致远。常态化开展“三服务”活动，切实解决企业在指标保障、环评申报、安全生产、招工用工等困难，为企业发展创造良好营商环境。全年实现规上企业工业总产值5.8亿元，同比增长11%；规上企业实现工业增加值1.75亿元，同比增速15 %左右；实现固定资产投资4.45亿元，其中工业投资4.45亿元，均超额完成目标考核任务；引进内资浙商回归资金4.45亿元，市外资金4.45亿元，县外资金4.45亿元；实现进出口总额2.5亿元，同比增长99.6%。

服务本地企业成效明显，工业投资总量近3.8亿元，总投资10亿元的艾美卫信新型细菌性疫苗产业化项目一期建设顺利推进，全年主要经济指标完成情况持续保持全县前列。

农业产业优化发展。依托互联网+农特优产品，全年实现农电商销售额近2亿元，占农产品销售总额52.6%。启动“宁海白”枇杷国家农产品地理标志保护工程项目，系列工程累计投入800万元，助力白枇杷产业升级。与高校科研院所开展产学研合作，依托科技智囊、助力养殖产业发展，新获评省级高品质绿色科技示范基地、省级健康养殖示范场、市级农业龙头企业各1家。投资4000万元全力推进垦造耕地和建设用地复垦工作，新增耕地2000余亩、建设用地25亩。服务经济蓄力发展。努力发展乡村旅游，新建AA级、A级旅游厕所各1座，A级景区村庄2个。“一市青蟹”“宁海白枇杷”在全市民宿伴手礼大赛上获奖，“箬岙饼”获首届“浙宿好礼”乡村民宿伴手礼大赛综合奖。大力开展文旅项目招商引资工作，大坪山项期工作基本完成，计划2021年年初可进行招拍挂；规划编制牛台村文旅小镇项目；稳步推进箬岙村民宿项目。

【城镇建设】 确定镇区规划，美丽城镇加快推进。以“美丽城镇建设”为基础，实施2021—2035年新一轮国土空间总体规划编制，拓展镇区空间。箬岙村入选2021年省级美丽宜居示范村创建，历史文化名村和传统村落保护建设不断扩面提质。

大力推进环境整治“三大革命”百日攻坚行动，全力整治简易厕所783座，整改露天垃圾池20余座，规范43个自然村公共厕所制度管理，创成4个省级卫生村、9个市级卫生村、3个县级卫生村。注重环境整治，美丽乡村提升内涵。

“三改一拆”强势攻坚，“四边三化”行动有力，全年拆除违章建筑5.75万平方米，专项整治乱搭建点位15个。完成新一轮环境保洁服务外包招投标，改进完善生活垃圾清运模式，垃圾分类工作在全县排名有所提升。

全面推进省级“污水零直排区”创建，进一步优化“河长制”，常态化开展“河路两侧”环境卫生整治行动，“五水共治”继续深化。完成西刘、下洋陈、牛台村村庄环境整治提升工程，不断优化村庄环境。

强化基础设施，城镇建设有效提速。完成越沙线美丽走廊（一市穿镇段和东岙段）沥青路面改建，越沙线至山皇岙改造主体工程全面完成通车运行，里岙地质灾害治理工程、西山王至道岸头农村道路工程进场施工。总投资260余万元的一市港防汛（海防）道路工程完成立项，完成5个山塘整治、3条海塘提标加固，推进一市镇区小流域治理工程（1期），投资2500余万元实施高标准农田建设。改造村级水网，下洋陈、岭头、新跳头等9个自然村基本通过农民饮用水达标验收，完成越沙线新跳头方向大水管网建设和外岙、西刘“一户一表”改造工程。

【社会事业】 战疫复产全力以赴。全面落实疫情防控各项措施。对涉武涉鄂人员、境外返来人员等高风险地区来人进行彻查彻排，每天发动志愿者近200人次，设置网格化服务点30余处，严防输入扩散。创新建立以“政府、医院、派出所、村庄”为主体的四方联动机制，全力保障全镇人民健康安全。

坚持疫情防控和经济社会发展“两手抓”，尽快恢复生产生活秩序，全面规范工业企业复工复产，持续做好学校复学防控，严格落实宗教领域、敬老院等特殊场所防控，坚决杜绝“漏管”“失管”现象。

公共服务均衡普惠。积极推进县域医共体建设，实行以慢性病人群为重点的健康管理机制，家庭医生签约普通人群6497人，65周岁老人体检2235人，“两癌”筛查2105人，群众就医得到改善。

计生服务转型优化，全年完成优生检查133人次，新增奖扶72人。

中小学优质运行，发放各类奖教奖学资金18万元，中考再创佳绩，为宁海中学、知恩中学输送优秀学生各5名。

强化社会保障，城乡居民医疗保险参保率达99.33%，社会养老保险扩面参保率达99.45%，加强低保等困难户动态管理，全年发放各类救助资金、低保金、高龄津贴747万元。建成区域性居家养老服务中心，完成5户残疾、困难家庭适老化改造。

文体事业蓬勃发展。开展文明创建，积极培育践行社会主义核心价值观。缆头村、岭头村通过省级文明村复评，新建上陈、东岙、武岙、新跳头、山上方5个文化礼堂。全年开展新时代文明实践活动30余期，举办百姓大舞台21场，戏曲专场6场。县第十七届“宁海之秋”群众文化艺术节闭幕式暨百姓大舞台“一人一艺”成果展演获四枚奖项。创建完成西刘体育公园、牛台小康体育提升工程，组织“千里走宁海”“冬季趣味运动会”等促进群众身体健康。

社会治理和谐稳定。深入推进“平安一市”建设，持续打好安全生产和消防安全攻坚战，坚决遏制重特大安全生产事故发生。全面开展各类安全生产知识培训，牵手企业、村庄、校园联合活动，组织“百万员工大培训”和“八大高危行业”专题培训。加强联合执法检查，深化重点行业领域隐患排查整治，2020年累计开展专项检查5次，联合检查6次，排查隐患128项，整改率100%。

高效运作“一中心四平台一网格”，全面铺开“村民e点通”应用，将安全生产网格与基层社会治理“一张网”有效衔接，隐患排查实现常态化管理。建成运行镇级社会矛盾纠纷调处化解中心，全年累计受理各类信访件233件，办结率达100%。着力夯实基层法治，创建省、市级民主法治示范村各1个。

第七次全国人口普查工作圆满完成，为全镇各类事业发展提供基础数据支撑和决策参考。

12月，一市镇妇联与成人学校联合组织开展迎新年窗花剪纸培训活动

【自身建设】 坚定政治忠诚。持续巩固深化“不忘初心、牢记使命”主题教育成果，不断加强理论学习，进一步树牢“四个意识”，坚定“四个自信”，坚决做到“两个维护”。全面落实党风廉政建设责任制，切实履行“一岗双责”，严格执行中央八项规定。建设法治政府。

深化“最多跑一次”改革，完善便民服务中心设置及网上办事大厅功能。不断强化以法治思维、法治方式解决问题、推进工作，重点体现在合同管理、治危拆违等社会治理中，要求政府习惯在法律框架下开展工作，全年主动公开政府信息508件，受理并办结依申请公开政府信息10例。

严守法纪底线。深入推进政府系统党风廉政建设和反腐败斗争，牢固树立过“紧日子”的思想，将有限的资金用到发展最需要、群众最受益的地方，“三公”经费较上年减少4.9%。

严格践行村级小微权力清单“36条”，严肃查办各类违法违纪案件，加快推进“清廉村居”“清廉一市”建设。

12月，一市镇上陈村的民间老手艺人陈正方（左一）忙着用传统方法制作年糖

【一方名村】 明永乐元年（1403），褚裕卿兄弟自本县牛台迁此，因村处山岙之中，箬竹丛生，故称“箬岙”。箬岙村向为褚氏家族聚居地，褚姓人口占总人口的90%，形成以祠堂、族田和族谱为核心的血缘聚落。

箬岙村距一市镇区约3公里、宁海县约15公里，位于三门湾西岸，三面环山、东临大海，土地肥沃、水利资源充沛，可发展经济农林渔牧航海经商，都有得天独厚的优越条件。明清两朝，箬岙人不仅在外村和一市街开设有田庄、店铺、钱庄，更有数百条商船往来于海上贸易运输，并开始规模化地修建精致的民宅，可谓富甲一方。时逢天下太平，百姓能有养生休息的机遇，而人文优秀善于经营，历经六百年沧桑，已成为“百宝金城”、拥有八百多名人口的殷富古村。

箬岙因海而兴，空间演变与山海相随，早期为抵御海上匪寇侵扰，整体空间格局呈错综复杂、建筑形态呈主屋被厢房围绕的特点，形成独特的海防空间文化；清末至近现代，经历海运、海防文化的落寞与“俯蹴海为田”的自然格局的变迁，至今，其生产生活依然与海息息相关。

一条清溪从山峡穿越而下，环村盘绕，早有祖辈文人赋予“溪山九曲抱深村，潮汐千年朝古庙”之佳句，形成“山—村—溪—塘—海”空间格局，保留着传统的农田景观和以果树为主的林地景观，文山观日、龙潭、犁头潭、棺材潭等均为箬岙村的旅游景点。

12月，箬岙村景之一

12月，箬岙村景之二

表7

一市镇2020年基本情况表

项　目	单　位	数　量
全镇区域总面积	平方公里	106.88
海水养殖面积	平方公里	13.3
耕地种植面积	公顷	866.7
山林面积	公顷	5000
户籍总人口	人	22561
村民委员会	个	18
居民委员会	个	1
村民小组	个	211
地区生产总值	万元	228100
第一产业产值	万元	118000
第二产业产值	万元	58000
镇财政收入	万元	5100
农民人均收入	元	38800

续表7

项　目	单　位	数　量
村集体净资产	万元	19151
村集体可用资金	万元	2297.7

表8　　一市镇2020年规模以上企业基本情况表

单位：万元

企业名称	产　值	营业收入	利　润	税　收
宁海县人和纺织有限公司	2862	2743	-86	86
宁海县赛跃金属制品有限公司	3971	3965	477	58
浙江雅颜生物科技有限公司	20856	20725	3215	704
艾美卫信生物药业（浙江）有限公司	5662	6297	-1089	364
中广核（浙江宁海）风力发电有限公司	5471	5371	2831	71
宁波鼎业预拌砂浆有限公司	6179	5718	331	70
宁波林和电器有限公司	3942	4027	289	161
宁波海神救生设备有限公司	3235	3258	154	47
宁海强鑫五金制品有限公司	4199	4150	384	271
宁波泰虎家居用品有限公司	2401	2408	72	17

岔　路　镇

【概况】 位于县境西南部，镇人民政府驻岔路，以驻地得名。距县人民政府西南18公里。东北与前童镇相接，东南与桑洲镇相连，西南与天台县相邻，北与黄坛镇接壤，面积108.04平方公里，人口2.9万人。辖1个居委会、21个村委会，有109个自然村。

境内地势西北高，东南低。北端之大短柱山，海拔917.9米，为宁海县第四高峰。大红山海拔806米，柴界山海拔665米，大松山海拔655米。西部望海尖海拔868米。源于天台华顶山学堂岗北麓，于庙下坑进入境内的白溪自西北向东横贯全境，溪上建有白溪水库，为宁波市境内最大的水利工程。境内主

2月19日，岔路宁海南出口开通

要支流有混水溪、大松溪、干坑溪。岔路镇为宁波市一小时经济区范围，沈海高速同三线、省道甬临线穿越南北，并在高坦工业园区西侧设有互通立交口。镇道有岔路—白溪—沙田公路，岔路—桑洲岭—王爱—上李坑公路。

自宋代起至民国隶属连理乡、永康乡。1934 年，隶属桑洲区。1947 年年底，包括拱西乡和登台乡。1949 年 7 月，隶属西南区。1951 年包括岔路、拱西、上金、白溪、王爱、冠峰等乡。1956 年岔路、拱西、上金三乡合并为岔路乡；白溪、王爱、冠峰 三乡合并为白溪乡。1958 年除王爱、冠峰属岔路（东风）人民公社。1961 年分出建立岔路公社、白溪公社。1983 年改岔路乡、白溪乡。1992 年全市进行撤区扩镇并乡，置岔路镇，同时白溪乡、王爱乡并入。辖区内有浙东山洋革命根据地纪念园、梅花村会议、上金建党纪念碑等三处市、县级革命传统教育基地。

【经济建设】 全镇工农业总产值 18.62 亿元，财政收入 7856 万元。稳中求进提优工业经济。在外贸形势紧张、经济下行压力下，精准帮扶企业迅速恢复生产，着力营造良好营商环境，结合疫情防控，深化“五帮五问”“三服务”活动，及时落实各类惠企政策，完成惠企直补对象 120 家，累计发放补助 12.5 万元。一年来，全镇实现规上工业总产值 10.71 亿元，高新技术产业产值 3.89 亿元，以拼争抢的姿态，全年实到外资 380 万美元，分别完成浙商回归、市外、县外内资招商 3000 万元、6661 万元和 1.57 亿元。完成固定资产投资 5.4 亿元，同比增长 44.1%，前风振业零土地技改一期工程投入使用、华英伦高科技自动水处理系统项目稳步推进。以湖头园区为突破口，专班推进提质增效专项行动，根据“淘汰关停一批、功能转换一批、改造提升一批”三大改造路径，关停低产能、高风险企业 1 家，整治“低小散”企业 7 家，帮助引导 3 家企业谋划产能升级，产业提升效果明显。

品牌赋能提升精品农业。农业基础设施不断完善，投资 1276 万元完成高标准农田治理 8404 亩，完成农田垦造建设 348 亩并通过省级验收；全速推进小流域治理，白坑竣工验收，后门溪治理工程基本完成，白溪流域水毁项目顺利完工。品牌效应逐渐显现，完成“白溪”“王爱山”等商标注册工作，岔路黑猪省级原种场部分设施完工并投入使用，与上海农科院畜牧兽医研究所签订岔路黑猪保种育种战略协议，年均出栏商品猪达万头以上。积极培育新型农业主体，综合利用土地资源，全镇共流转土林地面积 5768 亩，创办各类家庭农场 26 家，创成省级示范性家庭农场 2 家，有效提升黑茶、山茶油、金桃等特色优质农产品市场竞争力。

融合并进提优文旅消费。旅游档次不断提升，成功创建市级 AAA 景区镇，山洋、下畈创成 AAA 级景区村庄，新增精品民宿 1 家，精心研发黄精系列与缑乡礼品入围市级乡村旅游伴手礼。红色元素不断充实，创成“红色西乡”省级国防教育基地，青少年红色研学路线并入选省级教材，“红色初心”游线累计接待 1500 批次 4.5 万人次。营销模式不断创新，第五届“葛洪文化节”以“云”为媒，发放百万元消费券大礼包，助推镇域餐饮、民宿收入同比增长 50%以上；高塘土味小吃“抱团”直播登上央视，月销售额近 10 万元，王爱旅游知名度持续提升；“天河直通车”加速运营，康养游线各类收入近 800 万元，迎来疫情后文旅消费小高峰。

【城镇建设】 把握市级特色小镇建设的重要机遇，打基础，谋长远，在城镇融合发展中全面发力，加快“葛洪养生小镇”核心区块建设，顺利通过省级中心镇、市级特色小镇考核。

小镇建设步履坚实。全力推进新一轮国土空间规划工作，深度融合岔路“十四五”规划乃至今后长期发展，做好产业、项目、基础配套各类布局。接续深化美丽城镇建设，从设施提升、服务提升、产业提升、品质提升和治理提升五方面着手，44 个项目实施进度超前，为创建工作打下坚实基础。重点项目工程推进蹄疾步稳，上金国际一期主景区累计完成投资 13.38 亿元，景区风貌基本成形，停车场等配套设施有序推进；爱朋思养生住宅区项目投资过半，部分别墅及高层主体结构完成，开盘销售在即；双贝（桐洲）地块商业开发项目完成政策处理，启动土地挂牌前期工作；老粮站地块项目在疫情后期全力追赶进度，主体结构建设均基本完成；江家湾地热资源探矿权顺利出让，为后期招商引资带来更大增长潜力。

美丽乡村亮点纷呈。扎实开展农村人居环境整治，成功创建省级卫生村 3 个、市级卫生村 3 个。全力冲刺农饮水达标提标三年行动，完成白溪片、王爱片两处中心水站及 13 个单村水站建设，高山村民饮水安全问题解决指日可待。以垃圾分类、厕所革命、美丽庭院、家风家训等行动为抓手持续推进美丽宜居建设，梅花村持续推进“梅花绽放”行动，完成水环境整治与精品村建设，开放“红色影院”等景点，建成亲子阅读基地；下畈村厚植文明乡风，“36 条”工作成果入选全国乡村治理典型经验和典型案例，获评“全国文明村”与“全国民主法治示范村”；湖头村深耕葛洪文化底蕴，艺术特色村创建基本完工，抱朴馆项目有序推进，入选省级美丽宜居示范村创建名单；天河村紧跟“两山”理论，筹办“美丽乡村年货节”聚集人气，“民宿经济致富路”登上“学习强国”平台，获千万人围观。

生态活力全面释放。有效落实生态环境保护工作责任，综合施策全域提升生态环境质量，获评省级“森林城镇”称号，全年生态环境公众满意度全县第四，生态环境总体评价超过90分，其中空气质量100分，水环境、饮用水质量均达到95分。“三改一拆”持续发力，完成“三改”5万平方米、“一拆”5.26万平方米，拆后利用率95.12%，名列全县乡镇第一，创成市级“无违建乡镇”。“四边三化”持续推进，完成问题点位整治18处，建立健全卫生保洁、绿化管护长效机制，切实巩固洁化、绿化、美化成果。“五水共治”持续深化，大岩小区雨污分流项目建成并通过验收，农村生活污水处理项目全部完成验收，100%完成企业排污许可登记。

5月25日，岔路镇阳光公益服务社垃圾分类宣传活动

【社会事业】 面对群众日益增长的美好生活需求，重民生、办实事，打好疫情防控阻击战与脱贫攻坚战，不断优化提升群众生活品质。

从严筑牢疫情防线。坚持把人民群众的身体健康和生命安全放在首位，第一时间落实疫情防控各项措施，全面动员各方力量参与人员排查、后勤服务，严守“小门”防输入。累计发动志愿者近2.2万人次，提供居家隔离后勤保障服务400余人次，群众自创“防疫顺口溜”抖音点击率突破1.9亿次，彰显“群防群治”强大力量。创新提出“八聊工作法”助力复工，率先启动“以电促管”精密智控，通过“一企一策”梳理企业档案240余份，助力经济社会迅速走上正常有序轨道。在全社会领域累计开展“疫情防控应急处置演练”180余次，严格落实学校、宗教领域、敬老院等特殊场所常态化防控措施，坚决守住来之不易的疫情防控成果。

从实完成脱贫攻坚。多措并举盘活壮大村级集体经济，全部行政村集体经济收入达30万元以上、经营性收入10万元以上，其中13个村总收入超过100万元，高坦园区13村联建标准厂房项目基本完工。高质量推进扶贫工作，对辖区内480户872人低收入农户实现数字化管理，动态监测、及时调整；发挥民政补助、医疗救助、残疾人两项补贴等政策资金保障作用，落实“两不愁三保障”，全面消除9000元以下重点人群；对3家单位实施扶贫小额信贷贴息贷款项目，补助金额达11.92万元，带动低收入27户农户增收致富。积极开展助力脱贫攻坚行动，广泛动员社会力量完成消费扶贫100万元，对口帮扶阿妹戚托小镇灯光亮化工程正式投入使用，圆满完成东西部扶贫、对口支援、山海协作结对帮扶工作。

从细优化公共服务。教育发展更加均衡，中心幼儿园教学楼扩建工程有序推进，岔路小学创客教育成绩斐然，岔路中学中考成绩名列全县农村学校第二名。卫生健康更加进步，医疗、医保、医药“三医联动”深入推进，全年参保城乡居民医疗保险参保率达到99.52%，重点人群家庭医生签约率超过70%，成功获评“省级卫生镇”。社会保障更加健全，全年发放各类救助资金、低保金、高龄津贴705.7万元，惠及2499人次；广泛宣传城乡居民养老保险的新政策、新要求，居民养老保险参保率达到98.85%；全面深化居家和社区养老服务改革，推进新时代枫桥式退役军人服务站创建，获评“全县民政工作先进单位”。文体事业更加繁荣，岔路镇党群服务中心落成开放，实现21个村新时代文明实践站所全覆盖，承办县级礼堂文化周启动仪式与全县首场“先锋集市”，完成百姓大舞台、文化走亲、送戏下乡等文艺会演45场，公益电影播放200余场次，社会主义核心价值观深入人心。社会团体建设更加有力，总工会推进“职工说事”制度落地生根；“情暖老兵”“阳光义警”等志愿服务项目分获省市级铜奖；慈善总会广泛凝聚社会爱心，“慈善一日捐”活动累计募集154.9万元善款，其中疫情期间募集87.9万元。

【自身建设】 面对日益更新的基层治理体系，强机制、善把控，在社会治理务实创新中完善自我。

着力加强社会治理。以“阳光公约数”为品牌推进全域社会治理，持续深化安全生产“四大会战”回头看，委托第三方滚动式排摸安全隐患，销号式落实整改工作。以网格化管理为基础优化公共安全保障，完善“四个平台”建设，规范“阳光义警”等志愿服务队伍，严厉打击侵害基层群众利益的违法犯罪行为。以“矛调中心建设”为载体推进平安岔路创建，实现矛盾调解“一口受理、一站通办”，严格落实领导包案制度，依法依规、及时就地回应群众合理诉求，全年接待各类群众来访267件，化解县级以上历史积案15件，调处矛盾纠纷168例，平稳过渡村级组织换届选举，未发生因调处不当而造成群众群体性上访等恶性案件。

始终坚持依法行政。坚持以法律为准绳，依法、全面、正确地履行政府职能，加强规范性文件管理，健全合法性审核机制，落实审核工作要求，上报审核规范性文件3件。不断深化政务公开，保障人民群众的知情权、参与权、表达权、监督权，全年累计公开政务信息247条，高质量办理依申请公开3件、“百姓事马上办”49件。加强行政监察、审计监督和财政预算绩效管理，完善定期通报、末位约谈、考评问责等制度，倒逼各项工作高效落实。

对标提效作风建设。严格落实政府系统全面从严治党主体责任，认真贯彻落实中央八项规定及其实施细则，带头过“紧日子”，“三公”经费支出下降25.23%。主动自觉接受镇人大和社会各界监督，支持镇纪委履行监督职能，从改进工作作风、提高工作效能入手，不断完善机关考勤值班制度、请销假制度、财经管理等规章制度，坚持执行重点工作调度，有力开展效能督查，严肃整治侵害群众利益的不正之风和腐败问题，推动政府系统党风廉政建设不断取得新成效。

表9　　岔路镇2020年基本情况表

指标名称	计量单位	数　量
一、基本情况	—	—
行政区域面积	公顷	10800
居民委员会	个	1
村民委员会	个	21
其中：通公共交通的村	个	21
通宽带的村	个	21
通有线电视的村	个	21
通自来水的村	个	21
垃圾集中处理的村	个	21

续表9

指标名称	计量单位	数　量
污水集中处理的村	个	19
二、人口与就业	—	—
常住户数	户	10990
常住人口	人	20522
户籍人口	人	29693
其中：农业户籍人口	人	28265
第一产业从业人员	人	4044
第二产业从业人员	人	5675
第三产业从业人员	人	3640
外来从业人员	人	1457
三、财政收支	—	—
公共财政收入	万元	7856
企业实交税金	万元	7856
公共财政支出	万元	7856
年末债务总额	万元	7000
四、农业	—	—
耕地面积	公顷	679. 3
设施农业占地面积	公顷	4
有效灌溉面积	公顷	392. 4
农作物播种面积	公顷	1365. 4
其中：粮食作物播种面积	公顷	972. 8
农业技术服务机构	个	1
农业技术服务机构从业人员	个	1
农民合作社	个	59
农民合作社成员	户	355

续表9

指标名称	计量单位	数　量
耕地流转面积	公顷	279.93
种植大户	户	2
畜禽养殖大户	户	0
五、乡镇机构	—	—
财政供给人数	人	143
1. 公务员	人	36
2. 事业编制	人	30
3. 其他人员	人	53
财政供给人员全年工资总额	万元	2118
六、工业及建筑业	—	—
工业企业单位	个	186
其中：规模以上工业	个	16
工业总产值	万元	178200
其中：规模以上工业	万元	105483
工业企业从业人员	人	4124
七、贸易及餐饮	—	—
社会消费品零售总额	万元	23689
其中：限额以上社会消费品零售总额	万元	4096
市场	个	1
50平方米以上的超市	个	9
住宿餐饮业企业	个	1
八、教育、文化、卫生	—	—
小学	所	1
小学专任教师	人	64
小学在校学生	人	1030

续表9

指标名称	计量单位	数　量
幼儿园、托儿所	个	1
图书馆、文化站	个	1
剧场、影剧院	家	—
体育场馆	座	—
医疗卫生机构	所	1
医疗卫生机构床位	张	40
执业（助理）医师	人	31
九、社会保障	—	—
各种社会福利收养性单位	个	1
各种社会福利收养性单位床位	张	68
各种社会福利收养性单位收养人数	人	61
新型农村合作医疗参保人数	人	15384
新型农村社会养老保险参保人数	人	9478
农村居民最低生活保障人数	人	592
十、公用事业	—	—
自来水用水户	户	8201
燃气用气户	户	8114
金融机构网点	个	2
公园及休闲健身广场	个	21
十一、城镇基本情况	—	—
城镇规划区面积	公顷	500
城镇建成区面积	公顷	300
城镇建成区总户数	户	2482
城镇建成区总人口	人	6853
城镇建成区绿化面积	公顷	13. 5

前　童　镇

【概况】　位于县境西南部，距县人民政府西南向10公里。东北接跃龙街道，东南连一市镇，西北毗连黄坛镇，西南与岔路镇接壤，南界桑洲镇、三门县。镇人民政府驻前童，以驻地得名。面积68.57平方公里，耕地面积1.2万亩，山林面积6.6万亩，水域面积0.35万亩总，常住人口2.14万人。

自宋代起至民国隶属连理乡，1934年隶属桑洲区。1949年7月，隶属西南区，包括塔林、拱西、团结、竹林乡。1950年，拱西乡分为前童、竹林两乡。1951年隶属岔路区。1958年属岔路（东风）人民公社。1961年分出成立前童公社、竹林公社。1983年改前童乡、竹林乡。1987年置前童镇。1992年全市进行撤区扩镇并乡，竹林乡并入。2006年全县行政村合并，辖1个居委会、17个行政村。

前童镇是国家AAAA级旅游景区、中国第三批历史文化名镇、国家级生态镇、省历史文化保护区、省非物质文化遗产保护景区、省首批旅游风情小镇，先后被评为省旅游城镇、省旅游名镇、省旅游强镇、省体育强镇、省文化强镇等、省卫生镇、省民间文化艺术之乡、美丽城镇建设省级样板、省农村文化礼堂建设示范乡镇、市级全域旅游示范区、市“十佳美丽乡镇”等。

2020年全镇实现工农业总产值24亿元，同比增长3.27%；全社会固定资产投入5.1亿元，同比增长18%；财政收入6219万元。

【工业经济】　全年完成工业总产值22.26亿元，同比增长3%，实现销售产值20.8亿元，同比增长4%。

加快产业延伸升级，全面开展铝压铸行业的整治提升，滚动推进传统优势产业做优做强，规上工业总产值达17.8亿元，实现销售产值16.4亿元，同比分别增长2.6%和3.7%。

增强创业创新创造活力，鼓励企业加大主业投入、技改投入，规上企业研发经费投入达1563万元，工业新产品产值达2.2亿元。

大力培育扶持创新型企业，蓝宝石入选“百家企业成长培育”名录，杰瑞活塞列为县级科技型企业，先平压铸获评县级工程技术中心企业，新增初创型企业5家。

大抓“亲商、安商、富商”氛围，做实做细“三服务”，常态化开展“五问五帮”，有效解决企业融资、用工、用地等问题25个。

聚力推进“金秋招商大会战”，完成浙商回归、市外、县外内资招商8580万元。

1月21日，前童镇在镇食堂召开全体机关干部大会，对疫情防控工作进行周密部署

表 10　　　　前童镇 2020 年规模以上企业基本情况表

单位：万元

单位详细名称	工业总产值	销售产值	利税总额
宁波新成鞋业有限公司	67067	50207	4507
宁波新成包装有限公司	252431	223760	7288
宁波建影电子科技有限公司	44687	44337	773
宁海太升电器有限公司	48669	47022	1799
浙江捷亚能源有限公司	380532	380532	4190
宁海县先平文具压铸有限公司	53726	42651	3218
宁波为富工艺品有限公司	25240	22970	1529
宁波蓓蕾文具制造有限公司	26391	25879	430
宁海县远铭文具有限公司	45536	40079	2699
宁波双德金属管业有限公司	173456	168404	941
宁海县景翔压铸厂	52045	46844	2249
宁海县顺康压铸有限公司	35888	32838	2405
浙江蓝宝石仪表科技有限公司	154541	147369	9169
浙江峰利祥铜业科技有限公司	250616	250612	2629
宁波正伟金属制品有限公司	48236	45777	1351
宁波禾茂服饰有限公司	39748	39748	4334
宁波辰江机电科技有限公司	31298	27181	2611
宁海县正一铝业有限公司	30603	26849	411

【现代农业】 全年实现农业总产值 1.74 亿元，农村居民人均收入 20248 元，同比分别增长 7% 和 13%。脱贫消薄精准发力，落实低收入农户“一户一策一干部”制度，全年共减少低收入农户 152 户；推进双桥经营性商业用房等村集体经济“造血”工程建设，17 个行政村的集体经营性经济收入均 10 万元以上、集体经济总收入 1313.85 万元。

有力推进农业基础设施建设，小流域治理、村庄水环境整治、农民饮用水达标提标、水毁抢险工程、白溪治理第四标段和粮食功能区高标准农田建设等完成投资 4410 万元。

全面落实强农惠农政策，新型农业经营体系加快构建，组建种粮农合联合社，培育无公害基地 1 处，凤源农业专业合作社被评为县级示范合作社、振强家庭农场和乐军家庭农场被评为县级示范家庭农场。

扶贫工作力度持续加大，争取扶贫资金 306 万元，完成机耕路修缮等扶贫项目 6 个。

【现代服务业】 改善优化消费环境，投资 30 余万元打造全县第一家旗舰集士驿站，融合公交驿站、丰收驿站、美团驿站、超市旅游驿站、农产品品牌推广驿站等功能，推动现代服务业发展提速、比重提高、业态提升，全年实现第三产业增加值 2200 万元。

以古镇旅游开发为支撑，新增豆腐人家等主题餐厅和 3 家民宿，引进 2 家度假酒店，进驻旅游特产

自然资源优势，深入创建影视创作基地，先后成为《虎胆巍城》《功勋·屠呦呦》等影视剧的取景地。打造中国人民大学工艺创想基地和前童书驿，被评为全国文化和旅游公共服务机构功能融合试点单位，入选第二批浙江省文艺创作采风基地。深化豆腐文化节等特色民俗文化节庆品牌，相继举办乞巧文化、文创集市等系列活动，央视、《人民日报》、新华社等各级媒体广泛关注和报道，古镇和梁皇山景区的影响力持续提升，全年共接待游客110万人次。

8月30日，前童大郑村古樟树下，村党支部书记与村民齐聚在一起，共话党建引领艺术振兴乡村、艺术赋能村民以及工艺文创助力乡村旅游产业发展等

【社会事业】 以改善民生为出发点，坚持在发展中保障和改善民生，不断增强群众获得感、幸福感、安全感。

社会事业有序开展。积极发展教育事业，累计投入40余万元用于奖教奖学，拥有县级名校长1名、县名师1名、县骨干教师7名；前童中学超额完成宁海中学和知恩中学的招生任务，被评为市AAAAA级平安校园、市示范性资源教室和市劳动教育示范学校；前童小学荣获中国陶行知实验研究会学校称号；前童成校被评为省现代化社区学校，并被确定为市委党校教学科研实践基地。大力推进健康前童建设，前童卫生院与县中医医院组成医疗集团，就医环境得到有效改善，医养结合服务水平进一步提高。探索建立健全公共文化服务体系，累计投资2300余万元实现文化礼堂建设全覆盖，被评为浙江省农村文化礼堂建设示范乡镇。积极开展新时代文明实践活动，全年共开展各类实践活动58场，童松达获评新时代最美诚信人，受到省委书记袁家军的亲切接见，古镇乡韵市级文明线顺利开线。

民生保障长足进步。统筹抓好社会保障机制的落实，医疗保险参保率达99.5%，新增失土农民养老保险64人。高度关注困难群众基本生活，进一步完善社会救助体系，全年累计发放最低生活保障、困难补助等资金363.71万元，惠及5991人次；扶贫助学落实资金29万元，惠及学生100人次；募集慈善资金148.51万元，发放慈善救助金87.17万元，惠及520人次。敬老院管理服务水平全面提升，村级居家养老服务站实现全覆盖。

社会大局平安和谐。畅通群众诉求表达、利益协调、权益保障渠道，高标准建设镇矛盾纠纷调处中心，深化应用“村民e点通”平台，打造专职网格员队伍，建立完善县、镇、村、网格四级矛盾纠纷、信访问题等不稳定因素的排查化解网络，全年共调处各类纠纷246件，成功化解历史积案7起。巩固推进平安前童建设，完成交警派出所一体化改革，全年共办理治安案件106件、刑事案件61件，全镇刑事犯罪率同比下降6%。联动开展交通安全综合整治、消防安全百日攻坚等专项行动，全年未发生特大安全生产事故，社会大局和谐稳定。

【自身建设】 以政治建设引领政府各项工作，增强“四个意识”，坚定“四个自信”，坚决做到“两个维护”，不断提升政府治理能力和水平。

法治思维持续增强。牢固树立法治理念，深化法治政府建设，畅通依法维权和化解纠纷法律渠道。自觉接受人大法律监督、政协民主监督和社会各界舆论监督，认真办理县、镇人大代表建议和意见9件，政协提案1件，办复率达100%。服务水平持续增强。制定出台《关于进一步激励干部担当作为的工作意见》《前童镇实行首问负责即问即办的若干规定（试行）》，深入推进“最多跑一次”改革，责任担当进一步强化，服务意识进一步增强。

扎实开展“双强”主题活动，对市委第一提级巡察、争先创优、疫情防控、复工复产、低收入农户精准帮扶等工作进行专题深研、细抓落实。

作风建设持续增强。把落实全面从严治党贯穿到政府工作的全过程、全领域，深化重点工程廉政风险防控机制建设，修订完善《前童镇公共资源交易、工程建设项目管理和资金补助暂行规定》，制定出台《关于进一步规范村级工程项目管理工作的通知》《关于进一步规范镇级工程项目管理的通知》《关于进一步规范公共资源交易工作的通知》等，强化对镇、村工程的有效监管。进一步规范政府采购，落实部门廉政建设监管责任，做到风清气正、廉洁高效。

1月，前童古镇举办“2020·爱在前童”新年爱之旅活动

表11　　前童镇2020年基本情况表

项　目	单　位	合　计
总面积	平方公里	68.57
耕地面积	公顷	853.13
村民委员会	个	17
居民委员会	个	1
常住人口	万人	2.14
外来人口	万人	0.20
第一产业产值	亿元	1.66
第二产业产值	亿元	23.47
第三产业产值	万元	6610
工业利润	万元	2826
外贸出口交货值	万元	23206
村级集体净资产	万元	11044.45
村可用资金	万元	1760

桑 洲 镇

【概况】 是宁波市的南大门、国家生态镇，位于县境西南部，镇人民政府驻桑洲，以驻地得名。距县人民政府西南 18.2 公里。东南与三门县相邻，西南与天台县接壤，北面连接岔路镇、前童镇。面积 58 平方公里，辖 1 个居委会、23 个村委会，有 83 个自然村。

自宋代起至民国隶属永康乡，1934 年隶属桑洲区，1947 年年底，包括秀屿乡。1949 年 7 月，隶属西南区。1951 年隶属岔路区，包括桑洲、屿南、屿东、麻岙乡。1956 年桑洲、屿南、屿东三乡合并为桑洲乡，并划入原王爱乡之外岗村。1958 年以 1956 年之桑洲、麻岙二乡及白溪乡之一部分成立桑洲人民公社。1961 年分出仍以 1956 年之桑洲乡区域建桑洲公社、麻岙公社。1981 年麻岙更名为麻山公社。1983 年改桑洲乡、麻山乡。1984 年 12 月置桑洲镇。1992 年全市进行撤区扩镇并乡，原麻山乡并入桑洲镇。

2020 年，在县委、县政府和镇党委的正确领导下，桑洲始终围绕“茶香花语、古驿桑洲”发展主线，始终抓好“美丽城镇” “全域旅游”两大重点任务，始终倡导“敢担当、要积极、抓具体”，多项重点工作取得重大进展、多个复杂问题得到妥善解决，较好地完成镇十七届人民代表大会第五次会议上确定的各项目标任务。全年实现辖区生产总值 5.9 亿元，实现一般财政预算收入 2149 万元，完成固定资产投资 7011 万元。

【疫情防控】 全面落实疫情防控各项措施，对高风险地区返回人员进行彻底排查，严防输入扩散，累计隔离观察对象 299 人，境外返回人员 5 人，进京登记备案 35 人，小周期排查 1319 人。发动 400 人次志愿者守好镇门、村门，设置村级卡点和企业网格 60 处，网格化管理织密疫情“防护网”。

疫情平稳后，全面扶持企业复工复产，帮助申请复工复产专项资金，合计惠及企业 25 家，员工 85 人，兑现帮扶资金 9.2 万元。充分发挥“三地共治”联防联治机制，推动茶企、茶农有序复工，强化采茶工户籍所在地源头管控，简化审批程序，保障桑洲早茶如期采摘，春茶销售创历年新高。

【工业经济】 以精准施策对冲疫情影响，深入开展“五问五帮”企业服务活动，全力以赴做好企业疫情防控，累计走访企业 153 人次，3 家规上企业疫情平稳后工业产值全面恢复，累计实现工业增加值 3447 万元，增速达 10%。完成进出口总额 721 万元，限上商品零售额达 3.35 亿元，同比上升 11.54%。安全生产常抓不懈，深入开展四大会战“回头看”、第二轮安全生产综合治理三年行动计划和消防安全百日攻坚行动，累计开展安全生产专项排查 78 次，发现整改安全隐患 109 条，整改率达 100%。

【农业经济】 持续以茶叶作为农业发展主导产业，深化“以茶富农”战略，加强名优茶种植，全年茶叶产值超 6500 万元。全面完成全镇 477 户低收入农户小康攻坚成果核查和巩固，落实一户一策，共计完成帮扶 2883 次。

大力争取涉农项目，全年立项实施各类农业项目 34 个，到位财政资金超过 1000 万元。

抓好农民饮用水达标提标工程，投资 1000 万元完成农村饮用水达标提标工作，全面提升供水站 17 座，标准化改造 12 座。大管网供水工程顺利推进，完成岔路镇东山村至镇区给水主管工程和清溪南侧给水主管工程，清溪北侧给水工程完成 85%。

加快推进慕胡山村、新桥村、外岗村村庄提升工程，美化村庄环境，屿中村、六合村成功获评省级善治示范村。

【全域旅游】 持续推进宁波市全域旅游示范区建设，强化旅游基础设施，成功创建团结村等 5 个景区村庄。多元化运营清溪文史馆，喜获世界建筑新闻网市政建筑金奖，吸引众多游客慕名参观。深入挖掘田洋卢探花文化、麻岙陈家三台建筑文化以及王家扬老先生名人文化，打造卢原质纪念馆以及白岩学堂并成功布展，修缮台式建筑群，加快文化输出，串联“浙东唐诗之路”建设，不断提升桑洲旅游名气。新增 4 家精品民宿，创新推出“寻游卡”，布局集世迈国医馆和草木间·官山项目。举办桑洲旅游推介活动、2020“唐诗之路桑洲行”系列活动、桑洲山顶搬家露营节，以新颖时尚的旅游方式不断收获游客。

【新农村建设】 美丽城镇加速打造。制定《桑洲镇关于高水平推进美丽城镇建设三年行动计划》，以建设“浙东唐诗之路”古驿桑洲特色镇为目标，借力借势甬临线改道和清溪水库工程，完善镇区空间规划，完成宁波南大门“桑洲驿”节点设计，敲定甬临线沿线绿化景观方案和桑洲特色文化街区设计方案，全面推进清溪水库工程，完成清溪水库移民实物调查。谋划启动清溪苑房地产、交通综合体和数字

6月25日，桑洲镇举办旅游推介活动

农业等重点项目，提升镇域业态配置。全力做好甬临线房屋征迁工作，完成14户房屋、36处临时建筑、1处厂房以及1处公共设施用房的征迁工作，为早日贯通甬临线桑洲段奠定坚实基础。

基础设施逐步完善。大力实施农村生活污水治理攻坚计划，累计投入6000余万元，铺设污水管网120公里，完成市级污水零直排区创建任务，全镇17条大小河道水质保持在三类水以上，新建清溪防洪堤坝6.2公里，筑牢汛期安全屏障。重视农村安全建设，南山章村边坡治理和长田头村地质灾害治理工程基本完工。梁书线至犁头山公路工程完成验收，即将通车；木家坑农村道路提升改造、田洋卢危桥改建等多个工程按期完成，有效改善群众出行状况。常态化开展乡村公路养护，全年养护里程达61公里，高水平建设“四好农村公路”示范乡镇，织密便捷高效的农村路网。

环境卫生常态整治。每月开展“抓干净”环境卫生大整治行动，解决乱搭乱建、乱停乱放、乱涂乱画等问题400余个，投入40余万元清理露天粪坑、简易棚厕400处，户厕新建35只，改造屿东村、团结村4个公共厕所。全面开展垃圾分类工作，投入50万余元购置分类垃圾桶800余套，实现垃圾分类全域覆盖。持续改善生态，优化清溪水环境，会同县农业农村局开展2次联合执法，清理地笼网240顶，增殖放流鱼苗30万尾，生态环境总体评价全县第一。加快推进“三改一拆”“两路两侧”工作，全年拆除违建20800平方米，拆后利用率排名全县靠前。加强城镇精细化、科学化管理，完善综合执法整治交通、市场等乱象，不断使城镇更加干净整洁、文明有序。

6月，清溪水库工程攻坚动员会

【社会事业】 民生保障不断完善。织牢织密兜底保障网，城乡居民基本养老、基本医疗保险参保率分别达99.5%、99.64%，全力落实救助保障，共发放最低保障金439.57万元，残疾人两项补贴219.75万元，民政临时救助金16.57万元，惠及1000余人次。共筹慈善款50.52万元，发放救助金56.07万元，500余人受惠。努力补齐民生短板，助推食品安全“两级联创”，开展茶叶、桑洲小吃制作等农民实用技术培训，桑洲豆腐麦饼荣获第四届妈妈的味道特色风味奖。促进就业创业，推进“无欠薪”工作，落实高龄老人生活津贴发放“根本不用跑”。投资230余万元全面改造内饰和外立面，打造服务功能齐全的居家养老服务中心，正式投入运营后开展生活服务、康复护理服务等六大服务，大力提升养老服务水平。成功创建9个AA级村级居家养老服务站，12个A级村级居家养老服务站。成立“清溪缘”奖教基金，筹集爱心捐款500万元，用于奖励桑洲优秀教育工作者和优秀学子，全面促进教育均衡发展。

社会事业蓬勃发展。优先发展教育事业，以“馨”文化优质运行桑洲小学，桑洲中学通过风华书院结对帮扶、市县名师授课等有效措施，中考再创佳绩。有效完成第七次人口普查工作，历经建筑物标绘、编制户主姓名底册、正式入户登记、数据比对复查4个阶段对全镇约8754户，2万人开展入户登记。充分发挥妇联队伍巾帼力量，积极开展“五水共治”、环境整治等活动，助推平安家庭建设。积极发挥红十字志愿队伍力量，完成当年献血总量65175毫升，首次在第一季度超额完成年度考核任务。加快构建卫生服务体系，桑洲卫生院新建工程装修施工完毕，即将正式投入运营，新增省、市卫生村共5个。全面铺开文体事业，新建提升农村文化礼堂5家，田洋卢村文化礼堂被评为三星级文化礼堂，举办“百姓大舞台”20场，聚力乡风文明建设，倡导移风易俗，形成文明殡葬、节俭礼庆等婚丧礼俗新风尚，志愿服务蔚然成风。

社会局面和谐稳定。巩固提升平安建设，在全镇范围内共开展12次矛盾纠纷与安全隐患大排查大整治行动，累计成功化解各类纠纷78件，成功创建“三治融合”示范村1个、市级民主法治示范1个，夯实法治基础。标准化创建基层矛盾调解中心，建立网格员坐班制，以首问责任制要求推动基层矛盾即问即办。优化农村资源配置，调整竹山头村、桑梅村、下章村、平园村4个村规模，全镇21个村社全部高质高效完成“两委”会换届选举，实现“一肩挑”全覆盖。完善信访工作制度，信访调处时间由7天缩短至3天，落实信访工作领导包案，成功化解国家级信访积案1件。圆满完成全国两会、新时代“枫桥经验”绍兴诸暨现场会等重要节点的安保维稳任务。完善风险防范机制，全力消除安全隐患，定期开展安全生产和消防安全检查，整治道路交通安全隐患点10处，整改安全隐患58条。

7月，宁波市委宣传部至桑洲镇田洋卢村考察

7月，浙江省委书记郑栅洁（左二）至桑洲南岭调研

黄 坛 镇

【概况】 黄坛镇是宁海西部重镇，以所辖自然村黄坛命名。镇人民政府驻松坛村，距县人民政府西6.2公里。东连跃龙街道，西与天台、新昌两县交界，南邻岔路、前童两镇，北靠深甽镇、梅林街道，全镇地域面积188平方公里。辖30个行政村60个自然村，常住人口近2.8万人，外来人口5600余人，大多集聚在镇区。

黄坛古称松坛，古代是台甬、台绍故道交汇通衢，卵石古道、黄公桥等都是古代交通要道的有力见证。早在唐朝建中年间（780—783），黄坛就有村民定居，两宋显贵门闾，明清儒商名流，代有人出。宋绍兴元年（1131）进士杨景思，官至朝仪大夫，封临海开国男。黄坛街是元初义军首领杨镇龙之故里，也是清末指画家严源（远轩）故里。自宋代起至民国隶属连理乡，1934年隶属城区，1947年年底，分属松溪乡、双峰乡。1949

年7月，隶属城关区。其中逐步、大陈等21个自然村原为新昌“飞地”，澄深等4个自然村为天台县“飞地”，1949年1月划入双峰乡辖区。1951年为松溪、峰山、双峰、大岩、逐步、西溪、留横、盈坑乡及三岙、峰溪二乡之一部分。1956年合并为黄坛、西溪、双峰等乡。1958年属黄坛、双峰人民公社。1961年为山岙、黄坛公社地及分出，以今之辖区另建双峰公社、西溪公社。1964年山岙公社并入黄坛公社。1983年改黄坛、西溪、双峰等乡。1988年置黄坛镇。1992年全市进行撤区扩镇并乡，西溪乡并入黄坛镇、双峰乡。2004年8月30日，撤双峰乡，并入黄坛镇，组建新的黄坛镇。

省道甬临线贯穿黄坛镇区，甬台温高速飞越黄坛境内。特别是甬临线拓宽、洋溪综合治理等重点工程的完工，进一步改善区位优势。交通较为便捷，历来为宁波联系台州、温州的交通要塞区域，素有宁海“西大门”之称。境内环境秀美，山水资源丰富，山林面积21万亩，占全县山林总面积的1/8，宁海两大水缸西溪水库和黄坛水库、美丽的野鹤湫风景区和双峰国家森林公园均坐落于境内。

2020年，面对复杂严峻的宏观环境、压力叠加的多重挑战、新冠肺炎疫情的巨大冲击，坚持以习近平新时代中国特色社会主义思想为指导，认真学习贯彻中共十九届五中全会精神，在县委、县政府和镇党委的坚强领导下，团结带领全镇广大干部群众围绕县委打造“甬南大门户、山海和美城”的发展目标，扬优势、补短板，盯任务、抓落实，扎实推动“双优”黄坛建设，全镇经济社会发展逆势向上、进中向好。全年完成工农业总产值241亿元，同比增长18.3%。

【疫情防控】 坚持风雨同舟战疫情，全力实现“两手硬、两战赢”。面对新冠肺炎疫情的大战大考，重谋划、精部署、快行动、抓落实，克服疫情影响，统筹疫情防控和经济社会发展取得胜利。最实举措抓细疫情防控。第一时间布置落实，形成镇村联动、区域联防的防控网络；落实“一图一码一指数”精密智控制度，分级分村管控，全镇累计排摸人员7231人，隔离1011人。

在全县率先建立镇级隔离点，完善居家医学观察管控、党员代跑员等机制，隔离不隔心、关爱有温度。

以最快速度推动复工复产。坚持防疫不误复工，专班入企、组团服务，心贴心、实打实帮助企业破题、闯关。协调解决外来员工返岗难、返岗员工进村难、防疫物资匮乏等难题，率先组织包车跨省接回企业员工，为企业保驾护航，复工指数排名全县前列。

以最强力量做好稳企纾困。把稳企业放在突出位置，着力强化趋势研判、政策落实、部门协调。奋力破解企业面临的融资难，全力接洽县农商行推出“复工贷”，授信3000万元。及时落实“纾困”补助政策，配合桃源市监所开展“两直补助”申报，惠及265家小微企业、个体户，累计兑现资金166万元，兑现促进企业复工复产专项资金60余万元。

【工业经济】 全年实现工业总产值240亿元，其中规上工业总产值229.7亿元，同比增长17.6%，增加值总量全县第一，工业强镇地位进一步巩固。

全年完成实到外资350万美元、浙商回归1.59亿元、县外内资5.28亿元，固定资产投资5.31亿元。经济运行总体评价排名乡镇（街道）前列。

着力培育新兴产业，实现战新增加值5667万元，增速位居全县前列。得力打印机入选《党政机关安全可靠应用信息类产品目录》，填补浙江在该领域的空白。培育得力胶粘、思迈工业两家战略性新兴企业。以实施项目技改扩产为突破，引导企业“机器换人”，全年完成技改投资2.5亿元，华成阀门减压稳压阀、鸿祥五金汽车配件等项目相继投产。

全力做强文具、阀门两个优势行业，产业集聚效应由“物理相加”向“化学相融”逐步转变。全速推动得力智能研发展示、华成总部研发中心开工建设，打造“智能制造”引擎。得力集团入选浙江省第二批“雄鹰行动”培育企业名单；华平智控入选国家级专精特新“小巨人”。全面实施“215”工业企业培育战略，深入推进“栽树工程”，培育锦捷电子、灿烨塑业、大雅汽车零部件3家企业跨过上规门槛，规上企业达24家。

12月15日上午，县交通运输局组织人员在黄坛双峰榧大线进行路面除冰扫雪作业

【城镇建设】 科学把握全域发展目标，着力打造“精品宜居、创新宜业、特色宜游”的美丽城镇。城镇规划精心布局。推进多规合一，高水平谋划国土空间规划，生态保护、永久基本农田、城市开发边界红线初步划定，镇域布局全面优化。深入调查排摸本土产业基础、资源禀赋，谋定以工业智造、生态休闲为特色的品质宜居产城建设目标，形成“一核一心、两轴两片”的美丽城镇建设方案，荣获省级优秀乡镇行动建设样板方案。

基础设施不断完善。饮用水提标达标工程稳步推进，其中农民饮用水提标达标工程全面完工；一户一表改造分区域实施，完成总工程量的80%，大洋山、张家山灵山自然村等4个村完工通水，镇区4个标段全部开建。内畅外联的交通路网基本成型，环城西路全线通车，灵源桥改造工程完成建设，盈坑公路拓宽、灵山至大坑里公路等乡村公路工程顺利完工。

热点民生项目全面突破。宁波首个世行贷款水利项目龙眼溪整治工程顺利推进；投入100余万元按四星级标准改造提升的黄坛菜场，通过省放心市场验收；污水主管网工程统筹推动，省级“污水零直排区”创建通过初验；镇临时停车场工程不断优化方案，已进场施工。

城镇能级精准提升。全力拉伸城镇框架，镇域中心板块基本成型，核心区块扎实推进，主体已结顶；溪边安置小区有力推动，落地房区块完成基础建设；下溪安置小区土地划拨到村。文化休闲板块不断充实，黄坛文化公园已完成工程量的90%；洋溪文化活动交流中心方案多次优化，城镇客厅设计更趋精致。

【新农村建设】 坚持统筹协调促发展，乡村振兴扎实推进。按照乡村振兴总要求，着力扮靓美丽乡村、壮大特色农业、建强基层组织，不断激发农业农村发展活力。

美丽乡村建设提质提速。打好“治、建、融”组合拳，持续深化美丽乡村建设。全力推进人居环境整治“百日攻坚”行动，全镇拆除简易厕所977座，常态化开展环境整治，农村环境卫生和垃圾分类年度考核双优，跻身全县第一梯队，顺利完成省级卫生镇创建；深入推动治危拆违，创成市“无违建乡镇”。弘杨村市级美丽乡村项目已完成4个节点打造，特色竹编馆正加快施工；联溪村市级财政奖补项目完成一期道路工程，二期美化工程即将完工。以峰烟古道建设串联双峰片区，融合各村特色，“点上出彩、面上靓丽”的美丽乡村风景线逐步成型，盈坑、上辽岗、王家染三村环境整治提升工程扎实推进，清洁型小流域治理工程加快建设。

特色农业做大做强。下大力气提升品牌成色，“双峰香榧”荣登2020年浙江农博会百个名优畅销农产品榜单，入选“宁海珍鲜”首批9个主推产品。制定《双峰香榧地理标志公用品牌使用与管理办法》，统一设计外包装，规范品牌使用，完善品牌管理。投入1000余万元建设现代农业服务中心，推动形成香榧育苗、种植、炒制、精深加工、包装、销售为一体的全产业链发展体系。建成全省首个乡村物流综合体弘杨集士驿站，12个村驿站建设全面铺开，让农特产品走上出山“快速路”。农业设施稳步完善，持续推进3个山塘水库整治，着力加快高标准农田建设，农业生产保障能力持续增强。

村级组织换届高标高质。紧紧围绕“五好两确保”目标，坚持选优配强导向，早谋划、早部署，全镇动员、全员奋战，稳扎稳打开展村级组织换届选举工作。深入走访党员、村民代表、乡贤，充分研判村情选情、加快化解矛盾纠纷、严格把关换届程序，保障选举工作圆满完成。党员群众参选率、新进班子成员数、党组织书记学历层次和平均年龄实现“三升一降”，基层组织活力不断增强。

【社会事业】 积极回应人民群众对美好生活的新期盼，民生投入持续加大。社会保障水平稳步提高。加强社会保障工作，深入开展低收入农户调研，落实好社会救助政策。实行最低生活保障工作动态管理，全面核查低收入农户501户767人，发放各类保障金990余万元。落实孤儿和困境儿童基本生活保障政策，全年发放资金56余万元。

社会养老服务体系更加健全，投资500余万元建成区域养老服务中心，于2019年11月投入试运行，被《人民日报》报道点赞，社会反响良好。

文体事业发展更加协调。教学质量稳步提升，黄坛中学中考成绩稳居全县前列；黄坛中心小学获“宁波市智慧校园”称号；黄坛中心幼儿园获评宁波市先进教研组和市健康促进学校银牌；黄坛成校年培训规模达2000余人次，成功申报市级教育教学突出成果奖。

卫生事业健康发展，黄坛卫生院获评省级家庭医生签约服务示范点，新建住院楼投入使用。文化阵地建设不断推进，创建文化礼堂9家，实现文化礼堂创建全覆盖，联溪、杨家两村文化礼堂获评四星级，新时代文明实践活动日趋丰富。

社会治理能力不断加强。牢固树立以人民为中心的发展理念，不断完善社会治理体制，着力提升社会治理能力，连续6年无赴省进京访。成立镇社会矛盾纠纷调处化解中心，全链条化解矛盾纠纷。探索创新首问负责即问即办任务“钉办”，获市、县领导肯定。

推行村网格员聘任制，强化网格员队伍管理，织密基层治理网格。顺利完成第七次全国人口普查，普查户籍人口2.9万人，外来人口1万余人，全面厘清人口现状。扎实开展安全生产整治“百日大会战”行动，集中治理消防、交通、群租房、“两小一危”企业等领域安全隐患。

【自身建设】 始终坚持实干勤政、依法行政、从严治政，深入开展作风建设，切实提升政府治理能力和服务水平。服务效能进一步优化。探索周一“八大办”主任碰头会、周二下村清单等机制，推动实现联村工作“事事有回应、件件需闭环”。全年编制下村清单38期，高质量推动工作落地落实，限时对账销号、闭环管理，打通“中梗阻”，全面提升服务效能。

依法行政进一步深化。牢固树立法治观念，不断提高以法治思维和法治方式解决复杂问题的能力，建立法律顾问参与重大事项会商制度，不断健全重大事项决策程序、责任追究和倒查机制。自觉接受人大依法监督，高质量办理人大代表建议和联络站社情民意26件，代表满意率100%。廉洁从政进一步强化。

坚持全面从严治党和重点工作、中心工作、业务工作同部署、共推进、促落实。开展疫情防控、机关效能等督查21次，发现问题32个，全部督促整改到位。

深化农村“三资”管理，切实抓好工程建设等重点领域和招标投标、政府采购、服务外包等重点环节的监管，实施招投标项目37宗，工程造价核减率达8.5%。对五兴、联溪等8个村开展农村巡察，查改问题89个。

大佳何镇

【概况】 位于县境东北部的象山港畔，距县人民政府东北19.5公里。东邻象山县，南依茶山，西南与桥头胡街道接壤，北与强蛟镇隔港相望，是宁海县东北大门。镇人民政府驻大佳何，以驻地得名。背山依海，镇区内群山层峦叠嶂，历史文化底蕴浓厚，生态旅游资源丰富。全镇地域总面积75.62平方公里，辖1个居委会、9个行政村。人口16567人。

自宋代起至民国隶属朱开乡。1947年年底，属孝穑乡。1949年7月，隶属东区。1951年建民主、和平、石门、柴溪四乡，分属梅林区、桥头胡区。1956年合并四乡称民主乡。1957年12月析柴溪、蒋家岙、万金山3村归象山县。1958年并入黄墩人民公社，1961年从黄墩公社分出，以原民主、石门、和平三小乡，析置民主公社，1981年改名大佳何公社，1983年易大佳何乡。1992年全市进行撤区扩镇并乡，1996年12月大佳何乡撤乡建镇。

全年实现工农业总产值27.9亿元，财政收入9147万元，全社会固定资产投资9亿元。

【工业经济】 牢固树立“发展才是硬道理”的思想，优服务、促转型、抓投资、抢项目，对冲新冠疫情和贸易战双重影响，GDP、投资、税收等主要指标由负转正、赶超同期，经济发展呈现稳中有进、进中向好态势。

工业经济企稳回暖。全年实现工业总产值25亿元，同比增长11.1%，其中规上企业完成工业总产值4.4亿元，同比增长23.1%。产业集群化水平持续提升，启动工业园区“五网”改造提升，推动入园企业产值占比超90%。推进“个转企、小升规”，新增规上企业4家、“个转企”6家，小微企业园项目签约超50家。

革新转型步伐持续加快，完成工业技改投入8.4亿元，同比增长67.8%，获得各类专利12项，规模以上工业增加值增速14.7%，高新技术产业增加值增速8%，创新活力进一步释放。

招商引资“内循环”持续发力，成功引进美尔奇家居等限上服务项目，中交海洋局、中国通号两家大型国企项目正在意向洽谈中。全年实到浙商回归资金5.8亿元，市、县外内资8.3亿元，超额完成年度目标任务。

服务品质持续优化，全面落实“五问五帮”企业服务机制，精准帮助企业解决复工复产、市场拓展、招工引才等问题220余个。

“最多跑一次”改革提升项目落地见效，完成4例企业投资项目办理“37天”。

【农业经济】 现代农业巩固提升。全年实现农业总产值2.9亿元，其中海水养殖2.3亿元。农业资源管理持续增效，保护耕地地力5660亩，抚育森林400亩，牢牢守住农村发展的“生命线”。

农业基础建设持续加强，顺利完成宏大塘除险加固、海岸线整治修复、农民饮用水达标提标等6个工程，续建石门溪小流域治理和高湖塘除险加固工程，和平溪、葛家后坑溪水系治理启动，“治水”效益逐步显现。9个行政村的集体经济不断壮大，全部实现“低收摘帽”。

项目建设强势推进。坚持在关键节点上攻坚破难，开展重大项目“清零拔钉”行动。宁海抽水蓄能电站项目纳入长三角一体化发展规划纲要，投资达5.2亿元，项目进度一直领跑于全国11个同批同类项目。小微企业园全面开工建设，一期工程多栋厂房结顶，顺利完成后洋游泳馆、大佳何菜市场、居家养老服务中心等一批省市民生实事项目。

【城镇建设】 践行“两山”理念，围绕“赋能、友好、财富”的艺术振兴理念，高水平高起点打造美丽宜居镇村。镇村建设更具品味。启动美丽城镇建设，全局谋划、全面建设、全域治理，共规划项目25个，已实施项目3个，创成省美丽乡村示范镇、省文明镇、无违建乡镇、省卫生乡镇等。

推进“全域景区化，村庄景观化”建设，创成省AAA级景区镇，新增旅游示范村A级1个、AA级2个，葛家村获评全国旅游重点村、省AAA级景区村，滨海村创成市级美丽乡村示范村。

美丽庭院创建精彩纷呈，成功打造“匠魂”老屋、种福院、胡福相故居等网红节点。人居环境持续改善。不断完善“六位一体”环卫工作体系，农村固废垃圾减量达10%（全县平均约为3%），垃圾“智分类”模式入选第二批全国农村公共服务典型案例，在长三角垃圾分类高层峰会上作经验推广，中央党校专程到我镇召开研讨会，在《学习时报》上整版报道。

纵深推进“三改一拆”，完成拆违3.64万平方米，拆后土地利用完成4.1万平方米，农村风貌进一步改善。

“五水共治”成效明显，大水网主管实现行政村全覆盖，污水纳管实现自然村全覆盖，创成全县首批市级工业园区“污水零直排区”。

“厕所革命”持续推进，“对账销号”拆除、改建简易棚厕331

12月24日，大佳何菜市场开业

个，同时完成5个公厕的改造提升。

艺术振兴出新出彩。高标准实施乡村振兴战略，“艺术振兴”文化深耕入选浙江“乡村振兴十大模式”（宁波唯一），葛家村在全市美丽乡村建设暨乡村产业振兴现场会上作典型发言，受到《人民日报》、新华社、央视等各大重要媒体争相报道百余篇。创新“宁晴携手、共迎未来”同走艺术振兴乡村路结对扶贫模式，入选国家扶贫案例。按照“一线一路一道一溪一核心”理念，启动“乡村艺术谷”建设，着力打造10公里乡村振兴示范带，获评省级艺术谷风景线。“艺术振兴乡村”借助民间平台——宁波打造中外艺术家的国际家园获2020年度对外传播十大优秀案例。创新艺术扶贫模式助力脱贫攻坚获2020年度市宣传思想文化工作创新奖。垃圾智能分类工作入选第二批全国农村公共服务典型案例。

【社会事业】 坚持在发展中保障和改善民生，不断实现人民群众对美好生活的向往，扎实推进各项社会事业发展。慎终如始勇夺“两战赢”。在疫情防控常态化情况下，按照“两手硬、两战赢”的要求，精准施策抓防疫和复工复产。采取最严格的防控措施，压紧压实镇级科室、村集体、企业、个人的“三方责任”，常态化落实村级“小门”，坚持“外防输入、内防扩散”，全镇上下构筑起联防联控、群防群治的强大战疫防线，确保全镇零疑似、零确诊。同时坚持政企抱团共渡难关，更加兼顾抓发展，争分夺秒与时间赛跑、同病毒决战，突出做好复工复产，免费为企业搭建“搜好货”线上销售云平台，开启数字化营销模式，帮助11家企业拓市场、扩销路，努力实现疫情防控和经济社会平稳健康发展“两战赢”的目标。

不遗余力加强民生保障。多措并举提升便民服务质量，利用“浙里办”“浙政钉”“阿拉警察”等App，实现“无证件（证明）办事”，结合“村民e点通”视频工作站，提供“面对面”网上咨询和实时答复。一批民生实事项目得到落实，2项省市、5项镇级票决项目全面完成，39项村级票决项目完成80%左右。

持续推进医疗、养老等惠民政策，城乡医疗、养老保险率分别达97.6%和99.8%。发放高龄津贴、临时救助等各类补贴900余万元。

全面打赢脱贫攻坚战，严格对标“两不愁三保障”，完成300余户低收入农户信息采集，落实“一户一策一干部”连心结对帮扶机制，低收入农户、边缘户医保缴费率达100%。

全力以赴推动社会事业。镇初级中学中考、中心小学升学统考成绩双双位列农村地区第1名，募资43万元成立首个奖教基金。修建中学东侧安全通道，镇卫生院进入主体工程内部装修阶段，“急救神器”AED进驻大佳何市场，新增葛家桂花林健康步道、滨海健康小屋。

积极开展红十字会活动，完成红十字公益性应急救护培训100人次，全年累计献血量达63200毫升、超额完成119.7%。

文明实践站及实践点实现全覆盖，联合各界文化名家完成《正学故里·乡村故事汇》撰写。

坚持不懈抓好平安建设。全面落实安全生产责任，组织开展四大会战“回头看”和消防安全“百日攻坚”行动，共组织检查320组次，引入专业第三方精准排查企业500余家，发现隐患885条，全部整改到位，形成整治“闭环”，全年消防火灾次数下降20%。镇矛调中心实体化运作，“一站式”群众信访接待处理流程更加规范，有效化解省级信访积案3件，案件发生率与上年同期相比明显下降，连续多年未发生群体访和越级访。持续开展扫黑除恶专项斗争，辖区内刑事案件立案数同比下降16%，继续保持交通事故零死亡。及早谋划、科学安排村社组织换届期间的社会稳定工作，确保换届选举稳定有序。

表12　　大佳何镇2020年基本情况表

项　目	单　位	2020年
总面积	平方公里	75.62
居民委员会	个	1
常住人口	人	16567

续表12

项　　目	单　　位	2020年
外来人口	人	3186
工农业生产总值	亿元	27.9
其中：规上企业产值	亿元	4.41
规上企业销售收入	亿元	4.2
规上企业税利	万元	3126.8
第三产业增加值	万元	1922
财税收入	亿元	0.7
工业技术改造投入	亿元	8.4
外贸出口交货值	亿元	3.2
农村人均收入	元	35000

表13　　大佳何镇2020年规模以上企业情况表

编号	企业名称	法人代表	2020年工业产值（万元）
1	宁波金山行五金有限公司	刘冠廷	10825.4
2	宁波海马电子有限公司	林志强	9582
3	宁波泓谊塑胶科技有限公司	葛文兵	5211.2
4	宁波德昂纳机械有限公司	梁海军	4814.7
5	宁波诚若电器有限公司	王丽娜	4710.9
6	宁海县锐新模具有限公司	万夏军	3466.1
7	宁波添也汽车部件有限公司	冯伟能	2909.7
8	宁海县佳宁橡胶制品有限公司	王翔	1494.7
9	宁波佳和物流有限公司	唐云海	1078.2

10月6日，宁海县（大佳何）第二届融合设计乡村艺术节

12月26日，乡建创意馆揭牌仪式

12月26日，宁海县“乡建艺术家”星级评定暨乡建创意艺术节颁奖典礼

强 蛟 镇

【概况】 位于县境北部，距县人民政府东北27.8公里。地处象山港畔，三面环海，东隔黄墩港，与大佳何镇和象山县相望，南接桥头胡街道，西与铁江和西店镇相邻，北与奉化市海域相连。镇人民政府位驻峡山，以长礁码头谐音取名强蛟。镇域面积58.28平方公里，其中海域面积34.58平方公里，陆域面积23.7平方公里。辖1个社区、8个村委会，总人口1.7万人。

自宋代起至民国隶属朱开乡，1943年属久安乡。1949年7月，隶属桥头胡区。1951年建峡山、薛岙、下浦乡。1956年三乡合并为薛岙乡。1958年属黄墩人民公社。1961年分出建峡山公社、薛岙公社。1983年改峡山乡、薛岙乡。1985年置峡山镇。1992年全市进行撤区扩镇并乡，峡山镇与薛岙乡合并成立强蛟镇。2003年强蛟镇设立临港开发区，薛岙、上蒲、下洋、王石岙、胜龙等村大部分土地被征用，耕地面积从8797亩减少到6682亩，2005年改称为宁海湾循环经济开发区，实行区镇合一管理体制。2015年，县委、县政府做出战略调整部署，明确区镇管理体制分离，原宁海湾循环经济开发区职能划归县科技园区管理。

近年来，强蛟镇以发展循环经济产业为主导，民营企业发展蓬勃，综合经济实力强劲，人均收入及财政收入等各项指标均居宁海前列。先后荣获宁波市生态镇、宁波市循环经济示范区、浙江省生态镇、浙江省循环经济试点区、浙江省十大春意小镇、小城镇环境综合整治省级样板镇等荣誉。

强蛟半岛拥有丰富的海洋渔业资源和海洋文化资源，享有“东方普吉岛”“海上千岛湖”的美誉。作为宁海县首个提出湾区经济发展先行镇概念的乡镇，主攻工业发展，积极争创“自在宁海湾”，将旅游观光作为未来发展的重要产业，立足海岛旅游资源，依托传统渔俗文化优势，结合新时代节庆活动，探索“节庆+文化+旅游”深度融合，不断丰富海洋旅游文化内涵，在“两美浙江”建设道路实践上逐渐凸显本地特色。

2020 年，全镇实现生产总值 74.2 亿元，规上工业总产值达 46.45 亿元，其中，镇属 28 家规上工业产值达 18.08 亿元，同比增长 6.8%，高于全县平均水平，为全面建成小康社会打下良好基础。

6 月，强蛟横山岛

【农业经济】 农业基础设施不断完善，产业化进程不断加快，2020 年实现农业总产值 15504 万元，有农民专业合作社 17 个、家庭农场 8 个。已建成海上网箱养殖基地 7 家，大力实施海洋经济升级增效，积极引进新品种新技术，引领种养结构调整优化。

【工业经济】 2020 年完成工业总产值 61.1 亿元，同比增长 6.0%；规上工业增加值 5.12 亿元，同比增长 9.4%；全镇企业出口交货值突破 10 亿元，同比增长 6.5%。固定资产投资 4.8 亿元，累计同比增速达 52%，位居全县前列。多角度、多渠道、多方位打通招商渠道，开展“走出去”招商引资工作 25 次，“请进来”企业考察 50 余次，为强蛟镇高质量发展打下坚实基础。全年利用外资 995 万美元，浙商回归 6.3 亿元，市外内资 3.1 亿元，实到内外资任务完成率连续两年居全县第一，有望再度获得县级招商引资工作年度金奖。积极协助中小企业解决融资难问题，成功申请贷款 2.7 亿元，同比增加 5500 万元。10 个县级重点项目加速推进，光大环保项目顺利点火，海纳节能二期项目、立翔电动工具项目一期、象山港区域海岸线整治修复项目（薛岙北段）等顺利完工，重点项目开工率全县率先达 100%。

11 月，央视中文国际频道（CCTV-4）《远方的家》栏目组直播捕捞大黄鱼

【海岛旅游】 积极谋划推进海岛观光缆车项目、铁沙岛四岛环游项目、王石岙水上乐园项目等 26 个

足球比赛团体二等奖。鼓励青少年积极参与社会志愿活动，上蒲村团支部返乡大学生金佳慧荣获市级“表现突出志愿者”称号。高度重视东西部扶贫和山海协作工作，全额完成80万元定向社会帮扶和120万元消费扶贫任务。

加爵科“国宝”古戏台修缮完工，强蛟群众文体演艺公园建成运营，码头创意文化街区日益繁盛，百姓大舞台演出全年超过10余次，举办文艺培训7场，承办县级活动4场，获得8项县级荣誉。成立强蛟镇民宗所，搭建32个民间信仰场所管理网格，宗教工作运行机制更为健全。基层妇联领头雁培育工程有序推进，妇联“一执委一才艺”文化技能培训制度不断深化，三支巾帼文化技能团队在全县各类文化活动中大放异彩。

严格落实领导信访化解维稳包案制，3件历史积案已销2件。重视做好初信初访，敲实基层党组织、党员干部维稳责任，2020年以来强蛟镇共办理信访件86件，较2019年同期下降14.9%。全年累计调解各类矛盾纠纷46起，调解率达到100%。“老何说和”人民调解工作室品牌逐步打响，“草根”调解员钟福昌被市委、市政府表彰授予“2019年度优秀人民调解员”称号。坚持守牢平安建设底线，累计组织企业（场所）安全检查330家次，整改隐患问题187项，拆除10处影响消防安全的违章建筑，合计面积达2万余平方米。

2020年宁海县旅游歌曲大赛

表14　　强蛟镇2020年基本情况表

指标名称	计量单位	数　量
一、乡镇基本情况	—	—
乡镇政府到本县政府距离	公里	27.8
居民委员会个数	个	1
社区居委会个数	个	1
乡镇行政区域面积	平方公里	6528
年末常用耕地面积	亩	2500

续表14

指标名称	计量单位	数　量
1. 水田	亩	—
2. 旱地	亩	—
年末有效灌溉面积	亩	—
农业机械总动力	千瓦	—
乡镇用电量	万千瓦时	—
二、人口与就业	—	—
乡镇户籍住户数	户	6553
乡镇户籍人口数	人	16670
乡镇常住住户数	户	6069
乡镇常住人口数	人	17349
其中：外来人口	人	6392
乡镇从业人员数	人	10904
其中：外来从业人员	人	—
第一产业	人	1349
第二产业	人	7646
第三产业	人	1909
三、乡镇经济情况	—	—
农业经济总收入	万元	1741
其中：出售产品收入	万元	1219
农民人均所得	元	—
固定资产投资完成额	万元	47808
其中：农业投资	万元	—
四、企业情况	—	—
企业个数	个	421
其中：工业企业	个	323
企业从业人员	人	8532
其中：工业企业	人	8301

续表14

指标名称	计量单位	数　量
企业实交税金总额	万元	10600
五、乡镇机构	—	—
财政供给人数	人	64
1. 公务员	人	26
2. 事业编制	人	25
3. 其他人员	人	13
财政供给人员全年工资总额	万元	1572
六、财政与金融	—	—
财政总收入	万元	10740
一般预算内收入	万元	9748
预算外资金收入	万元	—
基金预算收入	万元	992
上级财政补助收入	万元	4884
财政总支出	万元	10158
其中：农业	万元	1732
科学技术	万元	10
教育	万元	2453
年末资产总额	万元	7947
年末债务总额	万元	7763
其中：当年负债	万元	—
年末居民储蓄存款余额	万元	—
七、乡镇社区环境	—	—
储蓄所	个	2
本乡镇公路里程	公里	—
公园个数	个	5
市场个数	个	3
八、科技、文教、卫生	—	—

续表14

指标名称	计量单位	数　量
农技推广服务机构	个	1
农技推广服务从业人员	人	2
农业专业合作经济组织个数	个	26
农业专业合作经济组织成员	户	183
小学学校总数	个	2
小学在校学生总数	人	598
小学教师总数	人	43
中学学校总数	个	1
中学在校学生总数	人	233
中学教师总数	人	20
幼儿园、托儿所	个	3
图书馆、文化站	个	9
影剧院	个	—
体育场馆	个	2
卫生机构数	个	11
其中：医院、卫生院	个	1
卫生技术人员数	人	39
其中：医生数	人	17
病床数	床	10
九、生活、社会福利	—	—
敬老院、福利院个数	个	1
敬老院、福利院现收养人数	人	未运营
参加农村新型合作医疗人数	人	7755
参加农村社会养老保险人数	人	268
享受居民最低生活保障人数	人	304
十、建制镇镇区情况	—	—

续表14

指标名称	计量单位	数　量
镇区总户数	户	6553
镇区总人数	人	16670
镇区占地面积	平方公里	28.94
镇区公共绿化面积	亩	24000

西　店　镇

【概况】 位于县境北部，镇人民政府驻地西店，以驻地得名，距县人民政府北21.5公里。东濒象山港，西邻深甽镇，西北与奉化交界，南连梅林街道。陆域面积102.3平方公里，海域面积26.64平方公里。34省道、沈海高速（G15）、甬台温铁路贯穿全境，区位优越，交通便捷。

自宋代起至民国隶属新宁乡，1934年隶属梅林区，1947年年底，隶属义溪乡、紫文乡。1949年7月，隶属深甽区。1950年9月建西垫乡，1951年建团堧、西垫、香山、仁合、紫溪、桥棚、凫溪乡，1955年2月团堧、西垫合并称西垫乡，并划入原桥棚乡之邵家村，香山、仁合合并称香山乡，紫溪、桥棚、凫溪乡并称紫溪乡。1956年西店乡同香山乡合并，1958年均属西垫人民公社，1959年12月划属奉化县。1961年12月复归宁海县。同年以原西垫、团堧二小乡区域划并入原属香山乡之皂坑、张家两个大队，建西垫公社，香山公社、紫溪公社。1962年经省人民政府批准，西垫改名西店，称西店人民公社。1983年5月，实行政社分设，称西店乡、香山乡、紫溪乡。1984年10月，经省人民政府批准，西店乡撤乡建镇成立西店镇。1992年全市进行撤区扩镇并乡，把紫溪乡、香山乡、西店镇合并为西店镇。2006年全县开展行政村规模调整。辖1个居委会、22个村委会，有53个自然村。户籍人口4.7万人，常住人口8.5万人。

2020年完成地区生产总值78亿元，同比增长5%；财政总收入超12.23亿元，同比增长2.5%；固定资产投资21亿元，增长6.1%；城镇居民人均可支配收入和农民人均纯收入分别达到6万元、4.3万元。获省级小城市培育试点2019年度考核合格、浙江省十大美丽宜居小城镇、提升农民精神风貌实验乡镇、省级金牌人民调解工作室、浙江省十佳乡镇癌症康复分会等荣誉。西店镇垃圾就地减量资源化模式获省政府、省政协领导批示肯定推广。

【“十三五”成就】 五年来，发展实力愈加增强。各项主要经济指标均达到中高速增长，地区生产总值年均增长9%，规上工业利润总额年均增长13.3%，财政总收入年均增长7.5%，总产值突破百亿，正式跨入百亿乡镇行列。引进企业30余家，引进内资45.9亿元，外资8231万美元，新增科创板1家、新三板上市企业2家。外贸增速连续十多年保持全县前列。五年来，城镇建设不断提档。以项目建设为支撑，全力推进新型城镇化进程，先后实施重点工程近300个，完成固定资产投资112亿元。西店新城建设全面启动，G228西店至桃源公路工程加速推进。开发建设3220亩望海、滨海园区，完成甬临线白改黑等一批基础设施项目建设，镇区主要路道改造提升取得显著成效。五年来，社会事业均衡发展。每年安排10项以上民生实事工程，年均教育事业支出1亿元以上，新建并改造提升学校8所。西店卫生院升格为宁海县第三医院，并与宁波市第一医院开展全面托管合作，医疗服务水平大幅提升。五年来，城乡环境显著改善。打好“三改一拆”“五水共治”等环境治理组合拳，累计拆违154万平方米，建成基本无违建乡镇。全域开展“厕所革命”，累计拆除2458个简易户厕。投资2.3亿元铺设污水管网43.1公里，成功创建污水零直排区。持续开展小城市综合环境整治、市容市貌整治、“六乱”治理等专项行动，成功创建国家级卫生镇。此外，还先后荣获全国生态镇、全国重点镇、国家级特色小镇、国家级森林城镇等一系列荣誉称号。

【工业经济】 2020年全镇119家规上工业企业完成产值112亿元，同比增长2.8%，“百亿强镇”的地位进一步巩固。深入探索多元化招商模式，引进中晟现代服务业等一批实力强劲的优质项目，引进内资10.91亿元，总量位居全县第一。创新驱动持续向好，全年新增高新技术企业9家、省市县级工程技术中心4家、科技型企业3家，震裕科技科创板上市过会，长荣光电成功荣获“浙江制造”品字标认证，兴伟刀具进入国家级高新技术企业名单。园区建设扩容提质，望海、滨海两大园区品质规模逐步提升，入园项目有序开展，吉德、长荣等10家企业投入生产，伟书、寅通等9家企业主体结构完工。

积极发挥产业政策引导作用，兑现稳增促调、技术改造等各类产业扶持政策16项，涉及资金3800余万元，惠及企业百余家。“双创”孵化平台落地见效，7号梦工场“智汇·宁海园区”构建集培训辅导、政策优化、金融扶持、业务帮扶于一体的企业孵化基地，成功主办2020年“创客中国”宁海县中小企业创新创业大赛。人才平台载体建设稳步推进，311名高学历人才、技术类人才、管理型人才纳入规上企业非宁海籍人才库，震裕科技成功创建省级博士后工作站，双林股份入选浙江省首批产教融合性试点企业，校企合作不断加强。

【农业经济】 2020年全镇农林牧渔业总产值达6亿元，再创新高。完成森林抚育300余亩，建设高标准农田2600亩，新增垦造耕地82亩，“一打三整治”工作有序推进。农村工作扎实开展，“三资”管理工作得到全面加强，土地确权登记颁证工作稳步推进。村级集体经济发展日益壮大，樟树金融中心、溪头村小企业安置园、前金蔡家标准厂房等多个村级工程有序推进，村级集体自身“造血”功能不断增强。

【三产经济】 立足区位优势和资源优势，积极培育、发展壮大第三产业，全年完成第三产业增加值26亿元、同比增长9%，实现限上商品销售额23亿元、同比增长11%。康养产业引进成效明显，西店国际康养小镇和香山温泉养生度假村项目成功签订投资框架协议。房地产产业稳步发展，悦香园、山顶名苑顺利开盘，三峰地块完成土地挂牌工作。

【镇村建设】 平台建设进一步加快。充分发挥产业平台集聚效应，新入园9家企业开工建设，9家企业完成主体建设，10家企业建成投用。滨海二期基础设施不断完善，西深线道路工程进入施工阶段，新园一渠、G15高速下穿道路等工程基本完成，工业大道、香园路等配套桥梁工程有效推进，各项计划任务有效落实。园区扩容换挡提速，完成征收土地1000多亩。城市布局进一步优化。坚持规划引领，完成国土空间总体规划初步方案；新城围填海工程有序推进，基本完成海堤、水闸工程等项目建设，三峰地块完成土地挂牌；观澜紫溪特色一条街完成甬临线至紫江桥段水稳铺设，锦海花园项目基本完工，老派出所地块完成土地挂牌工作，山顶名苑项目顺利结顶。基础设施进一步完善。全力以赴推动交通、水利等重大项目建设，G228西店至桃源段整体进度过半，西店北路、五市溪河道、后门溪河道等项目顺利推进；狠抓地下管网整治，有序推进后门坑与尚品苑小区等一批污水改造工程，城市功能持续优化。城乡环境持续优化。深入开展小城镇环境综合整治，纵深推进文明城市创建和美丽城镇创建，获评国家级卫生镇；全面推动垃圾分类工作，王家村、石孔村成功创建市级垃圾分类村；坚持“三改一拆”，全年拆违16.44万平方米，超额完成任务。乡村振兴深入推进。支持和鼓励农民创业就业，完成6个农业产业项目涉农资金扶持工作；大力扶持村级集体经济发展壮大，溪头村小企业安置园、樟树金融中心、前金蔡家标准厂房等一批集体经济项目顺利推进；持续开展艺术振兴乡村行动，着力解决新农村建设中“千村一面”的问题。平安建设稳步提升。从细从实做好信访维稳工作，高度重视初信初访，着力化解历史积案，逐步规范信访秩序。坚持民生导向，全方位推进扫黑除恶专项斗争，大力推进智安小镇建设，全力打造镇域治理新模式。痛下决心全领域拉网式开展安全生产和消防安全“四大会战”，排查生产经营单位2560家，组织培训4万人次，整改隐患8799处，企业安全生产意识和管理水平进一步提高。

【社会事业】 公共服务不断完善。坚持教育优先发展，西店中学望海校区建成投用，观澜小学食宿楼完成改造提升，德翔外国语学校开工建设；社会保障不断深化，城乡居民基本养老保险参保率高达99.3%，70岁以上老年人流感疫苗免费接种项目顺利完成；第三医院住院楼开工建设，耳鼻咽喉专科医院顺利揭牌。“最多跑一次”改革纵深推进。坚持“零距离、零负担、零干扰”服务理念，13家企业实现开工前审批“最多37天”，位列全县第一；望海、岭口“村务厅”创成市级“最多跑一次”改革示范点，各办事窗口全面升级评价系统，“无证明办事之城”平台顺利应用。文化建设深入人心。全年开展百姓大舞台、云舞台30余场，成功举办第一届阆风杯书法艺术双年展，开展市全民健身季活动，岭口村获评全县唯一的省文化示范村；文化阵地提质扩面，香石村文化礼堂提升为四星级文化礼堂，综合文化站及图书馆扩容提质，新增图书4000册，阅读人数突破2000人。

【一方名企】 宁波双林汽车部件股份有限公司

宁波双林汽车部件股份有限公司是双林集团控股子公司，系中国A股上市高新技术企业（代码300100）。

宁波双林汽车部件股份有限公司是一家致力于以自主创新、产品研发、模具开发为基础，实现汽车零部件模块化、平台化供应的国家级高新技术企业。公司拥有国际上最先进的技术与设备，生产最精良、优质的产品。完善的技术创新体制，先进的研发试验设备，拥有120余人组成的专业研发团队，并和国内外多所高校进行合作，成立校企大学，为公司内部培养、输送人才奠定基础。先后被评为：通用五菱优秀供应商；博世全球优选供应商；联合电子优秀供应商；博泽最佳物流供应商；天合十佳供应商；长城汽车内外饰模具优秀供应商等。并建立国家安全标准化二级体系，被评为青年安全生产示范岗企业。

经过近几年快速发展，公司规模进一步扩大，管理更趋规范，品牌及社会影响力得到进一步提升，先后获得国家火炬计划重点高新技术企业、国家级企业技术中心、院士工作站、博士后工作站、浙江省科技进步奖三等奖、浙江省知名商号、宁海县制造业纳税十强、宁海县民营制造业领军企业、优秀一线班组将等多项荣誉，2020年公司获得产教融合型试点企业、浙江省“隐形冠军”培育企业、宁波市制造业单项冠军示范企业等多项荣誉，旗下的分子公司同时获得县长质量奖、高新技术企业等多项荣誉。

宁波吉德电器

宁波吉德电器公司是国内一流的大家电制造商和品牌运营商，总部位于宁海西店滨海工业园区，是中国最具成长力的家电品牌之一。

公司创始于1980年，近40年间，逐步发展成为洗衣机大家电产品研发、制造、销售为一体的现代化企业。公司管理研发团队主要来自洗衣机国际企业资深人才，经过长期的奋斗，形成企业强大的研发、设计和制造优势，使得吉德产品涵盖了全系列多品类洗衣机和干衣机。

2017年，公司斥资在西店建设高端滚筒洗衣机生产基地，并最终形成年产400万台洗衣机的规模，进一步奠定吉德精致大家电品牌和洗衣机行业地位。公司全球合作战略始于1993年，凭借领先的研发、制造和品控能力，与多家跨国企业建立合作模式，成为世界500强之四大家电集团中国区战略合作伙伴。吉德已在全球建成四大研发中心、两大生产基地以及两个自主品牌，全球用户遍布40多个国家和地区。

2020年公司实现销售收入15万元，获得宁海县民营制造业领军企业、宁波市高质量发展百强企业等荣誉，并通过宁波市数字化车间验收。总裁黎辉被评为浙江省优秀企业家。

宁波震裕科技股份有限公司

宁波震裕科技股份有限公司成立于1994年，位于浙江省宁波市宁海县西店镇香山工业区。公司是专业从事精密级进冲压模具及下游精密结构件的研发、设计、生产和销售的高新技术企业。公司以自身设计开发的冲压模具为基础，向客户提供精密结构件产品，广泛应用于家电、新能源锂电池、汽车、工业工控等行业领域，与美的、海尔、松下、西门子等国内外知名厂商建立长期战略合作关系，，企业品牌已具有良好的市场知名度。几年来公司被评为市“创业、创新工业设计示范企业”、“中国模具之都重点培育企业”、“县纳税五十强”、“最具潜力20佳企业”，企业技术中心成为浙江省科学技术厅“省级高新技术企业研究发展中心”的依托单位，省级研究院，是中国模具协会理事，宁波市模具行业副会长事单位，中国电机铁芯模具重点骨干企业。公司作为主起草人之一，起草中华人民共和国机械行业标准——《电机铁芯级进模技术条件》；作为第一起草人，起草中华人民共和国机械行业标准——《电机铁芯级进模零件》第7至第12部分。

作为精密级进冲压模具生产企业，公司在以高效节能为特点的大型三列、多列精密级进模领域具有综合开发技术优势，是国内中高端电机铁芯模具行业的先进制造企业。依托综合开发技术优势，公司在压缩机电机铁芯模具领域打破国外厂商的垄断，逐步在该高端模具市场占据一席之地，成为国内前十大压缩机生产企业电机铁芯模具的主要供应商。作为国内精密结构件生产企业，公司把握住新能源汽车产业发展的契机，于2015年启动动力锂电池精密结构件项目。并于2018年度、2019年度连续被评选为宁德时代十大“优秀供应商”之一。

公司2020年年产值67675万元，企业税金4369万元。公司于2021年2月获得证监会首发注册的批复，2021年3月18日在深圳证券交易所创业板正式挂牌上市。

表 15 西店镇 2020 年主要经济指标情况表

	单位	12 月实绩	全年累计	上年同期累计	比上年同期（%）
一、119 家规模以上工业总产值	万元	139687	1150288	1084635	6.1
规模以上工业新产品产值	万元	43412	374582	401242	-6.6
规模以上工业销售产值	万元	129174	1095375	1043077	5.0
规模以上工业出口交货值	万元	48844	425612	391480	8.7
规模以上工业增加值（生产法）	万元	—	259056	—	7.8
规模以上工业战新产业增加值	万元	—	67267	—	0.2
规模以上工业高新技术产业增加值	万元	—	183667	—	7.6
规模以上工业增加值（收入法）	万元	—	2411342	—	3.6
二、属地固定资产投资（县口径）	万元	18851	211748	198107	6.9
其中：工业投资	万元	11776	71319	69155	3.1
建安投资	万元	13248	141114	140238	0.6
三、税收收入（县口径）	万元	12659	90847	98343	-7.6
四、一般预算公共收入（县口径）	万元	6285	46436	48936	-5.1
五、金融系统人民币存款余额	万元	—	455031	404700	12.4
金融系统人民币贷款余额	万元	—	467199	372560	25.4
五、限上商品销售额	万元	30421	236560	203527	16.2
六、限上社会消费品零售额	万元	854	9563	10218	-6.4
七、利用外资新签项目数（招商项目）	个	—	—	—	—
合同利用外资（季度）	万美元	—	28	—	完成率 1.2
实际利用外资（季度）	万美元	—	552	—	完成率 34.5
八、浙商回归（省外方投资额）	万元	—	62909	—	完成率 260
市外内资（市外方投资额）	万元	—	61294	—	完成率 106.6
县外内资（县外方投资额）	万元	—	109138	—	完成率 158.2
九、进出口总额	万元	—	539159	450458	19.7
其中：出口总额	万元	—	524630	439882	19.3
十、规模以上工业营业收入	万元	—	1135815	1055026	7.7
营业成本	万元	—	936071	861953	8.6

续表15

	单位	12月实绩	全年累计	上年同期累计	比上年同期（%）
税金及附加	万元	—	5460	6687	-18.3
十一、规模以上工业利税总额	万元	—	134327	82327	63.2
其中：利润总额	万元	—	96439	45620	111.4
十二、规模以上工业资产总计	万元	—	1559328	1503524	3.7
十三、规模以上工业负债总计	万元	—	936608	885339	5.8
十四、规模以上工业应交增值税	万元	—	32428	30020	8.0
十五、规模以上工业应付职工薪酬	万元	—	147300	139833	5.3
十六、规模以上工业本年折旧	万元	—	35095	31529	11.3
十七、地区生产总值	万元	—	803671	764647	6.5

深 甽 镇

【概况】 位于县境西北部，距县人民政府西北16公里、宁波市区70公里，省道38线贯穿全镇。东邻西店镇、梅林镇，南连黄坛镇，北界奉化市，西接奉化市、新昌县。镇人民政府驻深甽，以驻地得名。面积174.6平方公里。辖1个居委会、1个林场、22个行政村，总人口33900人。

自宋代起至民国隶属新宁乡，1934年隶属梅林区，1947年年底，隶属三省乡、双峰乡。1950年有长大乡（1951年长大乡分为大蔡、三桥、甽水3个小乡）、五美、胜联、柘溪乡、双湖乡、龙宫乡、蒋坑乡、马岙乡。1956年大蔡、三桥、甽水3个乡合并称长洋乡，五美、胜联、柘溪乡合并建大里乡，双湖乡、龙宫乡、蒋坑乡一部分建双湖乡，马岙乡、蒋坑乡一部分合并建马岙乡。1958年属深甽人民公社。1959年12月划属奉化县。1961年12月复归宁海县。同年建深甽公社、大蔡公社、大里 公社、双湖公社、马岙公社。1983年改深甽乡、大蔡乡、大里乡、双湖乡、马岙乡。1985年 置深甽镇。1992年全市进行撤区扩镇并乡，双湖乡、大蔡乡、大里乡、马岙乡并入深甽镇。

史学家胡三省、当代著名学者张明浩和“世知人”张明养故里，拥有1个中国历史文化名村、2个中国传统村落、4处古戏台被列为国家级重点文物保护单位、5个省级卫生村、2个市级历史文化名村、16个市级卫生村、县级卫生村22个，正在创建省级卫生村2个，市级卫生村1个。

先后获得中国运动杖之乡、国家级生态镇、全国重点镇、中国温泉之乡、省文明镇、省体育强镇、省级卫生镇 、“治水美镇·浙江样本”50强、2016中国最美村镇生态奖、2017中国最美村镇50强、国家标准示范度假社区、浙江省首批AAAA级景区镇等荣誉。温泉景区被评为浙江省避暑气候胜地，宁海温泉乐动小镇成功列入第二批省级运动休闲小镇培育名单。国家级旅游度假区完成省级专家资源评审工作。2020年8月，深甽镇成功列入第四批省级旅游风情小镇创建名单。

深入推进“六争攻坚”行动，认真贯彻落实“双优”宁海建设的总体要求，紧紧围绕国家级旅游度假区的创建目标，坚持“项目为王、实干为王、业绩为王”的工作理念，革新破难，苦干实干，奋力推动各项事业实现新突破。2020年实现工农业总产值36.35亿元，财政总收入1.35亿元、同比增长5.79%，财政总收入1.35亿元。

【疫情防控】 面对新冠肺炎疫情，坚持“两手抓”，夺取“双胜利”。一手抓新冠疫情防控，坚持“源头查控+硬核隔离+精密智控”，精准落实“一图一码一指数”管理，1600余名党员集结一线严守小门，社会各界捐款捐物超过100余万元，共排查出县外重点地区返来人员3805人，落实和解除集中隔离56人、居家隔离805人，落实国内中高风险和境外返来人员健康观察34人。一手抓复工复产，举办“共克时艰·革新求进”高质量发展大会，群策群力，帮助企业共克时艰。

【项目建设】 全域旅游持续加快。全力加快特色创建，开展国家级旅游度假区和省级特色小镇、省级旅游风情小镇、省级运动休闲小镇“一区三镇”创建工作，宁海森林温泉旅游度假区获评省级考核优秀，深甽镇成为创成第四批省级旅游风情小镇。

全力完善工作机制，建立健全重大项目小分队攻坚、重大项目清单、重大项目晨会等机制，通过开展集中清障战役、项目攻坚竞赛等方式借势借力助推项目。

全力推动重大项目建设，燕山君澜温泉度假酒店已完成一期主体建设，大庄温泉乡根小镇项目已完成度假屋、商业街首段等结构封顶，度假区游客集散中心已完成主体工程结顶，丽景花园二期已基本完工，美丽城镇、慢行系统工程深甽段、环城东路改造等工程加快推进建设。

全力扩大知名品牌影响力，宁海安岚酒店自营业以来市场反响强烈，成为华东网红打卡度假酒店，获2020年精品度假酒店、年度目的地奢华酒店等10项荣誉。全力推进茶旅融合发展，农产品品牌化建设成效明显，茶叶、竹笋、高山蔬菜和精品水果四大农业主导产业持续引领。

【工业经济】 2020年实现工业总产值34.8亿元，同比增长5.95%，完成进出口总额6.1亿元。完成浙商回归5.29亿元、市外内资5.29亿元、县外内资5.29亿元，分别同比增长88.9%、29%、29%，完成固定资产投资6.77亿元。

创新能力明显提升，信豪铝业、兴达旅游被评为国家高新技术企业，创新旅游用品公司列入县级科技型企业，爱诺橡塑、飞盛金属、磐晟金属等10家企业列入县级创新型初创企业。规上工业企业投入8500万元科研经费，完成发明专利授权1件、实用新型发明专利20件、外观设计发明专利35件。行业技改加快推进，阿诺丹、五峰机械等企业投入6215万元推进行业技改提升。

五金机械行业作为传统行业，在深甽镇经济所占比重最大，镇五金机械类规上企业实现产值6.64亿元，同比增长12.02%。

汽车零部件行业作为重点行业，近两年由于行业大环境影响，发展势头略微减弱。镇汽车零部件规上企业实现产值5.96亿元，同比增长2.01%。

文教体育用品行业。作为镇特色行业，户外用品及配套产业企业数量庞大，大部分以出口为主，由于疫情影响，上半年该行业订单量整体下降明显，下半年略有回升，规上文教体育用品行业企业实现产值3.78亿元，同比增长-2.52%。

铝型材制品行业。作为工业原材料生产行业，整体仍然处在转型升级阶段，产值高利润低，该行业企业实现产值3.47亿元，同比增长6.27%。

外贸经济。镇户外用品企业众多，市场多以出口为主，一直在全镇工业经济发展中占有重要位置。由于疫情影响，镇服务办积极配合工贸企业做好各类参展工作，配合中信保做好出口信保扩面工作，确保全镇参展企业都能享受到保险保障和相关优惠政策。全镇有自营进出口业务的企业实现进出口额4.7亿元，同比下降0.1%。

三产服务业。为了打造省级森林温泉小镇、创建国家级旅游度假区、国家AAAAA级旅游景区，积极促进推动镇区旅游景区建设与发展民间旅游自主建设相结合模式，极大地推动镇旅游经济的发展。在安岚、十二忆等品牌效应的影响下，带动镇餐饮业、民宿的发展。三产服务业实现营业收入0.92亿元，商品销售额7126万元。

招商引资工作，完成浙商回归2.75亿元，市外内资2.75亿元，县外内资2.75亿元。

创新能力明显提升，信豪铝业、兴达旅游被评为国家高新技术企业，创新旅游用品公司列入县级科技型企业，爱诺橡塑、飞盛金属、磐晟金属等10家企业列入县级创新型初创企业。规上工业企业投入8500万元科研经费，完成发明专利授权1件、实用新型发明专利20件、外观设计发明专利35件。行业技改加快推进，阿诺丹、五峰机械等企业投入6215万元推进行业技改提升。

【农业经济】 扎实推进小流域治理工程。深甽甽水溪小流域治理工程（三省村—镇区段），总投资约4000万。分步实施赤岙村水环境整治工程。

全面铺开山塘水库除险加固整治。总投资180万元的马岙村子由塘，大洋村上雪坑山塘和长洋村百亩坑山塘整治已通过竣工验收。清潭巴吉岙水库清淤加固工程，上湖村燕岭岐山塘全面整治工程已完成招投标，准备进场施工。大蔡村曹坑水库除险加固工程已完成发改初设审批。

农饮水达标提标工程。该项目属于县重点建设的民生事实工程。目标是通过标准化水站建设的全覆盖，净化和消毒设施的进一步完善，实现优质供水，保障用水安全，着力构建起城乡同质共享的一体化、规模化供水新格局。全镇除大管网接入的南溪等3个行政村外，其余各自然村都开展农民饮用水达标提升工程，涉及马岙、长洋等20个行政村及30个水站。该项工程已基本建设完工。

高标准农田建设工程。第一期高标准农田建设项目，涉及大里、大蔡两个片区10个村1万余亩耕地，该工程于2019年9月开工建设。除部分工程设计变更调整外，已基本建设完成。第二期马岙片高标准农田建设项目已完成立项审批和初步设计，总投资约800万元，涉及马岙村和大洋村耕地5000亩。

“五水共治”工作。深入推进河长制工作。根据“五水共治”工作要求，继续深化河湖长制提档升级工作，7个小（2）型水库全部设立湖长并亮牌公示。开展河湖长制信息化管理，完成镇级河湖长制圈设置工作，组织开展公众护水“绿水币”平台注册，深化“河长制”履职电子化考核，签到率及巡河率达到100%。推进工业集聚区污水零直排区创建。在完成省级污水零直排区建创验收的基础上，编制一企一策方案，完成长洋工业集聚区内26家工业企业的雨污分流改造，创建工作已通过市县五水办的实地考核验收。落实农业面源污染治理。做好有机肥推广和农作物秸秆利用，推进“肥药两制”改革试点，加强畜禽养殖巡查监管，对2家不符合条件的畜禽养殖场进行关停退养。

“三防”工作。做好气象灾害预警信息的接收和传播，扎实做好防台抗旱工作。认真开展屋顶山塘、河道、水毁工程、地质灾害点的防汛防台检查与整改，落实“三防”物资储备。完成地质灾害防范区及小流域高危风险区需转移人员的排查登记和录入赋码工作，落实“地质智防”App安装，构建完善镇、村、网格员三级联动防范防御体系。

美丽乡村示范村创建。马岙美丽乡村示范村项目，已全面完成亲水景观工程和旅游集散中心主体工程建设。南溪市级美丽乡村示范村项目，建设内容包括呼水塘桥梁工程及景观河岸工程，其中呼水塘桥梁已完工。景观河岸工程正于9月完成招投标，内容包括河道护、拦水坝及景观绿化，主体工程已基本完工。

精品村创建。白岩精品村项目于2018年启动，建设内容包括郎山公园景观平台步行道、前山精品公寓及村庄外立面修缮改造、郎山公园道路延伸段和村庄绿化等工程，总投资630万元，11月通过验收。

梳理式村庄改造项目。上湖、白岩、柘坑戴3个梳理式村庄改造项目内容包含公园节点改造升，河道整治和道路步道改造提升，已完成建设验收。

农村综合改革试点项目。马岙村财政“一事一议”美丽乡村项目以“千年古村，茶旅新貌”为主题，打造美丽乡村建设项目，计划总投资220万元。投资120万元的赵山村文化活动中心项目，已完成主体工程的60%。

村级集体经济发展项目。大里菜市场改造工程列入2019年度村级集体经济发展补助项目，建设内容包括旧综合楼拆除，新综合楼建设装修，标准化菜场建设及停车场等附属工程。新综合楼总建筑面积3742平方米，地下一层地上5层，综合楼建设及装修工程已全面完工。

现代农业及农旅融合发展。茶叶、竹笋、精品干水果、高山蔬菜四大主导产业持续引领，种植面积近七万亩。完成1个多彩美丽田园项目、1个农林示范基地建设项目，2个特色农机服务体系，1个省级高品质绿色科技示范基地项目的建设验收。农产品牌化及标准化建设成效明显，茶产业以“绿兼红”为主导，加快推进新茶类开发。深甽镇生产的黄茶、大白茶、饼茶、桂花红茶等新茶类已打入市场。太阳山茶场开发的“岳峰山”牌紧压黄茶荣获第五届全国“蒙顶山杯”斗茶大赛金奖，“裕竺”牌黄金芽茶获第十届“中绿杯”名优茶评比金奖，“明雾茶”获得中国茶学会四星级名茶认证，五峰望海茶通过绿色食品认证，3家茶场通过有机食品续证。禾庄果蔬合作社、春三家庭农场等4家合作社、家庭农场分别通过市、县示范性创建验收。农旅融合建设步伐加速推进。积极引导全镇重点特色产业基地利用自身优势，进一步改善基地生产及基础设施，打造农旅一体化，发展壮大农业新业态，提升农业价值链。五峰茶场已投入2000余万元完成茶园彩化、游步道设施、观光凉亭长廊及观光水池，山顶观景平台及生态停车坪、旅游公厕等工程建设，完成“市级林特休闲体验园”创建验收，“五峰天壶”景点成为网红打卡地，吸引游客近20万人。太阳山茶场完成太阳山客栈、清隐轩精品民宿的扩建及装修，餐饮设施及29个房间可投入使用。茶场和安岚酒店合作，为游客提供采茶制茶农事体验、茶艺茶文化讲座及餐饮服务，增加经济收入。

【镇村建设】 着力推进美丽乡村，城镇面貌持续改善。

积极打造“两山”实践创新基地示范点，深甽镇获评2020年度浙江省美丽乡村示范乡镇，温泉养生风景线获评2020年度浙江省美丽乡村风景线。统筹推进中国（宁海）乡愁文化体验带建设，首家温泉民宿南溪·拾贰忆广受好评，太阳山·清隐轩精品民宿、温泉文化艺术村栗子树民宿已正式对外营业。

加快推进古村保护开发项目建设，高效推进景区村庄创建工作，实现度假区范围内景区村庄全覆盖。因地制宜推进示范村庄建设，加快南溪美丽宜居示范村、马岙农村综合改革美丽乡村等项目建设。按照“把资源变为资产，把资产转为资本”的思路，创新拓展村级集体经济发展壮大的有效途径，完成大里菜市场改造等项目。

加快改善农业生产条件，投入1500万元基本完成第一期高标准农田项目建设。注重污水处理设施建设，完成市级工业集聚区“污水零直排区”创建验收工作。投入1500万元完成全镇农民饮用水达标提标工程，投入5000万元开展岬水溪小流域治理工程建设，至年底已完成工程量的60%。

【旅游建设】 推进项目发展。大庄山谷·温泉乡根小镇项目总投资30亿元，占地2105亩，一期建设用地292亩，建筑总面积19.6万平方米。拟建成温泉度假疗养酒店、温泉养生中心、保健中心和商业、休闲、主题式餐饮相配套的综合型项目。引进洲际旗下的英迪格及皇冠假日品牌进行酒店区营运管理。现已完成游客中心、展览馆、商业街前端完成主体建筑结顶，泉眼泵房完成顶板浇筑，11#地块样板房结顶。燕山君澜温泉度假酒店项目总投资11.8亿元，占地约1600亩，其中建设用地80亩，建筑面积约15万平方米。建设度假酒店、大众温泉、水上乐园、户外运动相结合的经营性项目。

提升综合形象。推进国家级旅游度假区景区提升工程项目、建设度假区标识系统、度假区节点改造工程（长洋段）、门户形象及温泉隧道周边形象提升、度假区灯光亮化工程、重要路段立面改造提升（东升路、环城东路）等配套设施。

扩大招商引资。加大3个招商项目的招引力度，风情老街项目已列入2021年计划新开工项目；同时，谋划推进南逸二期、安岚二期、云邑SKY森林度假酒店、盘龙十二湾农旅度假基地等项目，云云邑SKY、盘龙十二湾已完成观念规划方案，准备签订意向投资协议。

推进农旅发展。一是持续加大乡村旅游补助力度，积极推动《2019深岬镇乡村旅游业态追加式补助政策》落到实处，支持鼓励多种业态发展，丰富度假区旅游资源。二是高效推进A级景区村庄创建（清潭村、三省村、上湖村、三坑村），完成度假区范围内景区村庄全覆盖，推进乡村旅游厕所建造等涉农资金项目年内完工（南溪村、清潭村、白岩村等），正有序推进中；组织龙宫村、白岩村成功创建AAA级景区村庄，后续配套设施设备完善中，新完成龙宫村标识系统安装。三是促进民宿经济高品质发展，2020年度计划新增民宿6家（已审批完成3家，艺术村栗子树艺术沙龙民宿、上湖村萱楠雅墅、龙宫村花苑民宿），计划新增床位30个。进一步推动太阳山·清隐轩配套设施完善，提升其知名度。

【社会事业】 强力推进民生实事，群众福祉持续增进。大力发展教育、卫生、计生、文化、体育等事业。加大教育资金投入，发放奖教奖学资金200万元。深岬中学中考平均分居全县农村初中第二名，全镇4所小学毕业班考试荣获A级。

加快民生项目建设，深岬镇中心幼儿园已正式投入使用，县精神康复中心暨深岬中心卫生院迁建工程前期工作扎实推进。

高度重视社会保障工作，发放各类抚恤金350万元、低保金600万元、残疾人补助255万元、临时救助36万元、困境儿童补助76万元、特困老人集中供养补助116万元，基本实现应保尽保、应退尽退。

不断加大综合执法力度，进一步提升城镇管理水平。全面推进垃圾分类工作，深岬镇获评宁波市生活垃圾分类示范乡镇，南溪村获评浙江省高标准农村生活垃圾分类示范村。

全面开展农村简易棚厕清除行动，进一步改善村庄环境面貌。

加强和创新社会治理，积极开展“四个平台”建设、“最多跑一次”、第七次全国人口普查工作。建立专班会商研判、动态推进周报等“六项”工作机制，成功化解一批信访积案。深入开展安全生产“四大会战”回头看工作，立整立改350家932处，限期整改253家623处，拆违1.39万平方米，全方位组织开展企业员工消防安全培训。

【自身建设】 合力推进政府建设，执政能力持续增强。在推动经济社会发展过程中，我们驰而不息加强政府自身建设，继续通过破难攻坚常态化、苦干实干导向化、责任清单制度化、干部关爱全程化等举措，全力打造深岬实干型团队。

精心谋划纪念中国共产党成立99周年暨“抗疫”表彰大会，深岬镇乡贤馆获评2020年宁波市新乡贤工作示范基地，成功举办张明养纪念馆开馆暨民进浙江省会史教育基地授牌仪式。

积极搭建干部实干群、实干论坛等四个平台，持续推进“实干之星”评选。建立工作清单168项、特色工作清单10项、重大项目清单32项，让干部急起来、干起来。

推广应用政务钉钉，加速政府数字化转型。自觉接受镇人大和社会各界监督，加大人大相关建议意见的办理力度，办理建议意见16件，办复率100%。

从严治政全面落实，加强增收节支，促进厉行节约，严格预算执行，强化绩效评估。严格落实党风廉政建设责任制，扎实推进村级小微权力清单36条，进一步完善干部请销假、会议考勤、公务接待及公务用车等有关制度，全面落实“敢担当、要积极、抓具体”的工作导向，大力开展争先创优行动，政府形象和工作效能不断提升。

表16　　深甽镇规模工业企业主要经济指标情况表

单位：万元

单位名称	工业总产值	工业销售产值	出口交货值	营业收入	利润总额	本期税金	平均用工人数（人）
五金机械小计	74474.5	73073.5	16019.5	71253.8	2876.4	2444.4	1536
宁波五峰机械有限公司	13121.5	12688.9	9285.1	12305.6	1129.6	867	322
宁海华晨机械有限公司	2393.1	2125.7	0	2025.7	249	191.3	131
宁海县五峰缝制设备有限公司	3754	3628.4	0	3165.3	259.4	169.5	68
宁波日信机电制造有限公司	2538.9	2527.5	1666.6	2487.1	-84.6	7.3	91
宁海五峰振意机械有限公司	3300.4	3403.5	0	2844.5	-271.1	184.1	80
宁波嘉裕光电科技有限公司	4011.4	3657.4	0	3657.4	528.1	270.1	150
宁波三才五金有限公司	3996.4	3837	0	3740.3	366.1	231.7	113
宁波阿诺丹机械有限公司	37951	37805.4	5067.8	37805.4	605	444.6	518
宁波市旭光机械有限公司	3407.8	3399.7	0	3222.5	94.9	78.8	63
宁波沃特汽车部件有限公司	39024.9	39859.4	0	40144.4	3341.6	1424.5	414
宁海县金马铸造有限公司	3576.1	3501.5	1309.2	3501.5	61.7	96.2	114
宁波东大恒丰汽车零部件有限公司	8942.2	8912.7	0	9108.2	1492.5	449.7	147
宁波志达汽车部件有限公司	2055.2	2055.2	0	1709.8	77.1	96	71
宁海永业汽车零部件有限公司	2687.2	2587.2	0	2577.2	174.6	176.8	70
宁海云大五金有限公司	4509	4342	0	4341.2	-167.2	116.1	54
宁海县深兰精工机械有限公司	2567.5	2565.7	0	2565.7	370.2	133.6	89
宁波欧莱特机械有限公司	2230	2186	2183	2184.8	201	22.9	30
宁波永基机械有限公司	2642.2	2636.2	0	2289.8	73.3	60.2	41
宁海兴达旅游用品有限公司	9512	9495	9008	9375.8	1077.9	301.4	229
宁波利铭金属制品有限公司	9302.8	9002.8	8302.1	9001.6	80.5	403.7	175
宁海县三敏金属制品有限公司	8967.6	8842.2	8604.6	8852.5	52.6	410.2	126
宁波钧强电器有限公司	2780.6	3159.7	2588.2	3075.8	124.5	16.1	80
宁波市东龙五金有限公司	2622.9	2532.1	2077.2	2532.1	65.7	18.3	127
宁波市金波金属制品有限公司	3622.3	3498	0	3498	57.2	58.2	115

业总产值比重80%以上。以现代农业综合体创建为契机，推进农业产业技术化、数字化，联合农业龙头企业开展滩涂贝类工厂化育苗、海洋生物有效成分萃取开发与生产等技术研究，倡导“科学养殖”和农产品精深加工，提高产业附加值。投资6700万元开展山塘、海塘综合整治，清淤33万立方米，五大溪流白溪整治工程越溪段I标段基本完成，增效抗险能力进一步提升。

工业经济提质增量。精准施策对冲疫情影响，政银企协同共克时艰，落实“五减”资金13.46万元。新增规上企业2家，规上工业企业达到9家，实现规上工业总产值3亿元，同比增长16%。持续开展招商引资工作，完成浙商回归投资2748.5万元，引进市外内资19308万元以及县外内资19308万元，新落户越溪企业13家，置信智造谷项目已经引进企业28家。提升物流服务信息化水平，南庄村建成全省首个乡村集士驿站。限上社会消费品零售总额扭负为正，同比增长0.3%。外贸经济负重前行，完成进出口总额13319万元，同比增长22.7%。

全域旅游持续推进。创成浙江省AAAA级景区镇，依托绿色城堡农业合作社，建设集现代农业、休闲旅游、田园社区为一体的田园综合体；串联起沧海桑田、东海日出、千亩果林等景点，形成系统的农旅线路；挖掘观光农业潜力，借助节庆活动吸引客流，如沧海桑田文化节吸引人们在农业景观中进行康体运动，持续推进以王干山为核心的全域乡村旅游。以品牌引领乡村旅游经济发展，助农增收。例如“乡叙·王干山”精品民宿自2017年开业以来，年均营业额130余万元，被省文化和旅游厅评为金宿。“全国最大景观式滩涂与海水养殖基地”（曾获上海大世界吉尼斯纪录）——“沧海桑田”为当地养殖户带来每人每年10余万元的养殖收入，更成就“观东方日出，看沧海桑田”的独特美景。东海半山居、大美亲子乐园即将开工，王干山景区配套旅游道路完成招投标。南庄村获评浙江省AAA级景区村庄，信干山村举办首届宁海越溪信干山文化节，特色旅游村庄建设进展显著。

【镇村建设】 巩固小城镇综合环境整治省级样板成果，坚持“面子里子一把抓、建设和管理两手硬”，全力提升设施、整治环境、优化路网，城镇品质不断提升。

创新长效管理，追求“绿色乡村、蔚蓝海湾”。深化“大物业”理念，统筹推进“五水共治”“四边三化”“三改一拆”“两路两侧”等工作，拆危改建，大吉商业综合楼主体结构基本完成。在市级农村生活垃圾分类处理示范乡的基础上，建设田岙片、梅枝田片、白岩片、七市片4个厨余垃圾回收处理中心，以垃圾智能分类机制建立农村环卫管理一体化，垃圾分类工作实现行政村全覆盖。加速建设美丽乡村，将信干山村建设成为“艺术振兴乡村”示范点，环境整治提升已覆盖全乡11个村，创成国家卫生乡镇，卫生村建设全乡覆盖（省级9个、市级3个、县级3个）。实施“清洁庭院”“美丽庭院”“乡愁庭院”分级创建，已创建美丽庭院村4个。严守生态红线，以海洋生态环境保护为先，推进养殖业可持续发展。

补齐市政基础建设短板。将“海绵城市”“以人为本”“绿色发展”等建设理念融入城镇功能区块改建，集镇区范围内均实现“三线下地”，主道路空中杆线全部下地，提前考虑城镇未来发展趋势，预埋天然气管道1000米，基本消除“空中蛛网”现象，实现乡区“拼机、拼杆、拼路”格局。深化“污水零直排区”创建，乡域范围内杜绝农村黑污水，先后投入2000万元完成15个行政村生活污水治理，全乡污水收集处理率、受益群众覆盖率95%以上，农村生活污水治理、农饮水达标提标受益户数达4448户。

构建农村现代化交通网络。村内主要道路硬化实现全覆盖。优化城乡公交线路，实现所有行政村公交直达、公交站点全覆盖。加快建设“四好农村路”和美丽公路，已完成越白线、越沙线两条乡区主干道的提升改造，西白岚至外塘道路安保工程提升至四级标准，基本完成越大线至淡水塘道路提升工程和越溪至山上应道路提升工程。

【社会事业】 城镇功能日趋完善。深化“最多跑一次”改革向村级延伸，完善各村服务窗口建设和网格化管理服务水平，推进社会事业改革，积极构建涵盖教育、医疗、养老、文化等功能齐全的全方位公共服务体系。

优化教育基础设施。2013年招引宁海县技工学校落户越溪，与本地企业开展产学研合作。投资1200余万元建设新中心幼儿园，已创成“省一级幼儿园”；投资1500万元的越溪中学现代化教学楼改建工程已竣工并投入使用。

提升民生保障能力。占地4000多平方米的越溪乡敬老院于2019年建成投入使用，至2020年有58名老人入住；投资200万元建成设施配套、服务健全、方便快捷的越溪乡居家养老服务中心，开业运营后广受好评。全乡建有8个卫生室，实现村民基本医疗服务全覆盖，城乡居民基本医疗保险扩面提标，参保率98%以上。投资1400万元改造越溪乡卫生院，延请省市级专家入驻中医分馆，带动优质医疗资源下沉。创成3个全国示范型退役军人服务站，提高优抚安置能力。

促进便民服务智慧化。整合便民服务中心服务事项，梳理出177个办理事项，其中6项服务已实现零跑。通过智能化、信息化手段，创新打造“乡村版最多跑一次”，各窗口办结率和审批事项提前办结率均实现100%，在全县首推计生“零跑”“小分队送达”等服务模式，改变群众办事难、跑腿次数多的局面，群众获得感和幸福感日益提高。

【社会治理】 社会治理成效明显。紧紧围绕“和谐、稳定、平安”这个总目标，健全矛盾调处化解机制，不断提升基层治理能力，打造宜居宜业和善和美人居幸福地。

巩固平安建设成果。深入开展扫黑除恶专项行动，依法严厉打击各类刑事犯罪行为，切实保障人民群众生命财产安全。加大信访、矛盾调处工作力度，推动信访积案化解。创新推出“互联网+智慧管理”模式，以越溪乡综合指挥室为平台，辖内网格化管理，以巡逻车为“移动探头”，全乡24小时动态巡逻。同时，依托微信客户端、手机App，对日常巡查中发现的环境污染、违建、矛盾纠纷等不稳定因素，通过互联网实现GPS定位及时上报，形成城镇日常管理长效机制。严格落实安全生产主体责任，加强安全领域监管力度，全年对69家企业开展安全生产培训，574人次参加培训，确保安全生产形势持续稳定向好。

加强社会治安防控体系建设。完善精密智控体系，深化实施农村“雪亮工程”，织密环乡防空网。全乡共建立平安志愿者、社区矫正志愿者、阳光义警、群众义务巡防队等各类群防队伍21支，涉及群众200余名。积极推动各村建设形成布点合理、标准统一、资源共享的全天候视频监控探头系统，实现对公共场所、治保重点单位、城乡居的全覆盖。全力推进兴越小区智慧安防小区建设，配备人脸识别系统、车辆出入识别系统、周界电子防护装置等数字防控系统，实现小区内部重点部位视频监控全覆盖。

夯实社会治理基层基础。建成乡社会矛盾纠纷调处化解中心，当前中心有工作人员7人，与乡级便民服务中心合并办公，实现多中心合一，提升群众“最多跑一地”改革成果。整合应急小分队、阳光义警等执法队伍，整合“110”联动系统、“12345”热线、智慧城管等平台，统一进行受理登记、流转处理，工作效率显著提高，通过“首问责任制”“领导下访接访”“人大代表接访”等制度，实现调解与信访无缝衔接，稳妥处理初信初访，进一步维护辖区和谐稳定。

表17 越溪乡2020年度获得荣誉情况表

荣誉	授予部门
国家卫生乡镇	全国爱国卫生运动委员会
全市征兵工作成绩突出单位	宁波市人民政府 宁波市军分区
中国村歌大赛百佳村歌（好一个王干山）	农业农村部
宁海县越溪省级农业绿色发展示范区	浙江省农业农村厅
浙江省AAAA级景区镇	省级相关部门
浙江美丽城镇达标乡镇	省级相关部门
2019年度耕地保护成效突出乡镇	甬保耕办
农村物流生态联盟第一个示范点（南庄集士驿站）	交通运输部 省交通运输厅
“四好农村路”示范乡镇	市交通运输局
全省民宗现场会（越溪分会场经验介绍）	浙江省民族宗教事务委员会

表 18　　越溪乡 2020 年规模以上企业情况表

单位：万元

单位名称	2020 年工业总产值	2019 年工业总产值	同比
宁海博文燃气表具部件有限公司	1390.2	2160	-35.64%
宁海县光辉灯饰有限公司	4820.5	4981.8	-3.24%
宁波瑞成机械有限公司	2321	2319.2	0.08%
宁海县厚德休闲用品有限公司	3743.2	3718.4	0.67%
宁波超腾照明电器有限公司	4342.3	3545.7	22.47%
宁波嘉润五金有限公司	3040	2324.4	30.79%
宁海县欣明清洗设备有限公司	2549.6	2181.4	16.88%
宁海县宜宜园林工具有限公司	4288.6	5470.9	-21.61%
宁波景杰电器有限公司	3344.2	0	—
合计	29839.6	26701.8	11.75%

茶 院 乡

【概况】 位于县境中部，东临力洋镇，南濒白峤港，西接越溪乡，北靠茶山与桥头胡街道相邻。乡人民政府所在地下王村距县城 22 公里。面积 78.41 平方公里，其中陆域面积 70.57 公里，海岸线长 4.5 公里，西北部为山地，东南部属平原。茶院溪纵贯全乡，清水长年不断。辖茶院、道士桥、许民、杜岙、铜铃脚、下徐、后坑李、柘浦王、庙岭、东腾、东南溪、塘厂、升龙、毛屿 14 个行政村，7794 户 2.6 万余人。

自宋代起至民国初，隶属朱开乡。清雍正六年（1728），在柘浦村设立柘浦乡。清光绪年间曾称茶院镇。1934 年，隶属长亭区柘浦乡。1947 年年底，隶属柘浦乡。1951 年为茶院、杜岙二乡及庙岭乡之一部分。1956 年以茶院、庙岭及杜岙乡、毛屿乡之一部分合并称茶院乡。1958 年 10 月，宁海、象山两县合并，茶院乡改名为茶院、杜岙两大管理区。1961 年 11 月，宁海、象山两县分开，以茶院乡全部、杜岙乡大部及庙岭乡之一部分分立茶院公社；以原毛屿乡及庙岭乡之部分设立毛屿公社。1983 年改茶院乡、毛屿乡。1988 年乡人民政府驻地迁下王村。1992 年全市进行撤区扩镇并乡，毛屿乡并入茶院乡。

西北部为山地，东南部属平原，茶院溪纵贯全乡，清水长年不断。特产丰富，有大梁山啤酒、鹿茸、鹿茸酒、柑橘、杨梅、蜜梨、馨文名茶、宁友牌番薯面及虾、蟹、蛏、蚶、鱼等各类海鲜。1984 年被宁波市划为 15 个贫困乡之一，1996 年脱贫，并被评为宁波市脱贫致富先进单位。获 2017 年度社会治安综合治理工作考核优秀单位，全市中共十九大维稳安保工作先进集体；2018 年获省级卫生乡镇、市五好镇乡关工委、市级平安综治先进单位等荣誉。2018 年、2019 年分别获省、市“美丽乡村示范乡镇”。2019 年成功打造“石里水乡”文明示范线。

2020 年，茶院乡获评浙江省 AAA 级景区镇、省级森林城镇，全年实现工业总产值近 10 亿元，主要经济指标好于预期。

【疫情防控】 严把防控第一关。成立疫情联防联控工作领导小组，统筹指挥疫情防控工作，全县首创“日日清”“三联三访”等工作机制。全乡千余名党员干部群众主动作为，投身一线，确保各项防控举措不折不扣落到实处。全乡民众众志成城，踊跃捐款捐物，累计募集捐款 70 余万元。涌现好支书叶全奖、最美逆行人——后坑李籍援鄂护士李璐等先进典型。

下沉复工第一线。疫情得到基本控制后，茶院乡以“复工复产不复疫”为目标，关口前移、重心下移，做好人才返岗、复工审批、物资保障等工作。对辖区 788 家生产经营单位逐个排摸走访，形成“一企一档案、一人一表格”，全面掌握企业复工复产安排。

吹响达产第一哨。靶向落实“三复行动”，加强企业分类指导，126 家工业企业、89 家第三产业经营户半个月恢复正常生产经营秩序。

【新农村建设】 美丽乡村纵深推进。把握“融入宁海主城、接轨南湾新区”发展定位，完成编制《文旅型美丽城镇建设方案》。积极开展“美丽庭院”分类创建，新增美丽庭院11户。升龙、铜岭脚等6个村通过省级卫生村复评。加快农村公路建设，完成庙岭至龙尾巴公路、竹许公路延伸段、许家危桥等工程。茶院乡获评“浙江省AAA级景区镇”“省级森林城镇”，许民村获评“历史文化（传统）村落保护利用示范村”，庙岭村创成AA级景区村庄并获评“省级传统古村落”。

生态治理持续强化。聚焦生态环境突出问题，深入实施蓝天、碧水、净土、清废四大行动，大力推进“三改一拆”、“五水共治”、污水零直排区建设。启动镇区污水处理提质增效五年行动，对“六小”行业、机关企事业实施雨污水分流、隔油池改造、雨水管改造等提升工程。持续推进“亮剑2020”、“三违”清剿、乱占耕地建房排摸和大棚房拆除工作，做好“四边三化”“两路两侧”环境问题自查自纠，“三改”面积1万平方米，“一拆”面积12.9万平方米，完成率连续多年位居全县首位。

【旅游经济】 区块开发质效明显。按照“全域”理念，基本建成许家山旅游综合体；依托生态资源，扩建房车露营公园；借力品牌效应，安茉心宿、班玛家来野等高端民宿吸引大批游客；推动文旅融合，打造了月香馆、石村瓷坊等一批富有特色的文创项目。承接“中国旅游日”十周年暨第十八届徐霞客开游节分会场活动，举办大梁山美食音乐节。全年接待游客达40万人次。

【重大项目建设】 项目攻坚提速冲刺。围绕“六争攻坚、三年攀高”行动要求，抢抓重大项目建设进度，贯穿全年开展交通工程、市政工程、农旅项目“大攻坚、大突破、大提速”，安茉民宿二期上线运营，缑山湖旅游综合体项目加快推进，荔枝坑隧道3个月内打通关键节点，腾飞路、启航路开工建设，模具产业园二期、宁波天普流体科技有限公司项目建设地块顺利交付，重大项目基本无障碍推进。

内招外引双向发力。积极化解建设用地供需矛盾，有效盘活“三未”土地，为全乡高质量发展提供有效土地要素保障。完成县招商引才推介会项目签约2个，其中宁海县高层次创业创新团队宁波四象海遥卫星遥感项目已完成设计。

【社会事业】 社会保障提质扩面。扎实做好“六稳”工作，全面落实“六保”任务，全年发放低保金、困境儿童补助、物价补贴等466.9万元。社会保险征缴扩面，医疗保险参保率99.5%。巩固拓展脱贫攻坚成果，加强全乡504户低收入农户精准帮扶，实现“宁波市低收入农户综合性保险”全覆盖。农业基础设施全面提升，投资4400余万元，启动茶院乡标准海塘除险加固及提升一期工程。

社会事业持续发展。加快养老服务业培育与发展，建成茶院乡区域性居家养老服务中心，完成茶院乡敬老院“公建民营”改制，引入专业的第三方养老机构统一运营。继续加大对教育、卫生等事业的财政支持力度，保障老年人体检、妇女两癌筛查、家庭医生签约等事关群众健康的“小事”不断推进。顺利完成第七次全国人口普查工作，为后续各项工作提供数据支撑。有序推进农房确权工作，信息测绘入库8268户，完成审核上报2000户，将全县第一批农房不动产权证发放到户。进一步加强东西部扶贫协作，完成30万元定向社会帮扶和100万元消费扶贫。

文体事业巩固提升。杜岙村体育休闲公园、柘浦王村百姓健身房建成投用，许民、东腾等村成功创建县级小康体育村。许民村文化礼堂建设成为省共建乡村振兴先行市典型案例。全县乡村“文化基因”培育工作在茶院乡试点，培育一批群众文化带头人和爱好文艺的普通群众，花艺、刺绣、戏曲等活动常态化开展。文化软实力不断提升，叶君维、柯凯浩分别获评五星级、四星级“乡建艺术家”。

表19　　茶院乡2020年基本情况表

项　目	单　位	合　计
全乡总面积	平方公里	78.41
种植面积	公顷	1349.8
村民委员会	个	14
常住人口	人	26000

续表19

项　　目	单　　位	合　　计
地区生产总值	万元	153397
第一产业产值	万元	16197
第二产业产值	万元	100000
第三产业产值	万元	37200
村集体净资产	万元	16963.63

胡　陈　乡

【概况】 位于县境东部，以原驻地胡陈得名（1998年乡政府驻地由胡陈村迁胡东村），距县人民政府东24公里。南连长街镇，西与力洋镇接壤，东北与象山毗邻，面积106平方公里。辖1个社区、18个行政村，有73个自然村。总人口2.2万人。

自宋代起至民国初，隶属朱开乡。1934年，隶属长亭区。1947年年底，属梦鼎乡。1949年7月，隶属东区。1951年，建胡陈、梅山、西翁、东仓、岙里乡。1956年，梅山并入胡陈乡，西翁乡并入东仓乡；之后，三乡合并为胡陈乡。1958年属胡陈人民公社。1961年，以原胡陈、梅山二乡及西翁部分地区设立胡陈公社，其余分出另立东仓公社。1983年改为东仓乡和胡陈乡。1992年全市进行撤区扩镇并乡，东仓乡并入胡陈乡。

境内山水资源丰富，森林覆盖率达76%，是国家级生态乡、国家卫生乡、省级森林城镇。荣膺中国最美村镇50强、中国美丽乡村创建先进镇、浙江省100个“最美田园”、省首批运动休闲小镇创建单位、第四批浙江省旅游风情小镇培育单位、省农业特色强镇创建单位、省级“平安农机”示范乡镇、省级“机器换人”示范乡镇、休闲农业和乡村旅游精品线路、省级示范性青创农场（青争果园）、宁波市乡村全域旅游示范区、宁波市多彩农业美丽田园示范基地等荣誉。2020年实现工农业总产值25.9亿元，同比增长8%；受疫情和国家

3月，胡陈乡远眺

8月，开展水蜜桃种植管理培训

减税降费政策影响，剔除飞地规下企业划出因素，完成财政一般预算收入5500万元，同比增长4.4%。

【现代农业】 基础建设再发力，累计投入2500余万元，完成12项农田水利项目、28项涉农资金项目创建。投资1802万元，湿地公园、康体步道、休闲景观、运动主题“一带四节点”的中堡溪美丽河湖工程全面完成，并获评省级美丽河湖。大麦塘和车家塘小型农田水利工程、腾达村响岩毛线山塘整治工程等全部竣工。

引新培优再深化，“甬优17”获评2020浙江好稻米金奖，继续开展水蜜桃、胡陈洋芋等主要经济作物的新品种选育工作，推广柑橘更新换代，抹茶种植基地全面完成，农业发展格局得到进一步优化。

生态农业再升级，创成省级水蜜桃特色农业强镇，获评农业绿色发展省级示范区、省级水稻病虫害绿色防控示范区，方后、西翁获评市级农业绿色发展示范区，新增5家县级示范合作社（家庭农场），成功承办全市果蔬速检现场会。

【工业经济】 深入开展“双强”活动，全年实现规上工业总产值6.43亿元，同比增长16.8%。外贸形势逆势上扬，进出口总额6893万元，同比增长668.45%，增速全县第一。

扎实推动企业转型升级，润禾公司荣获2020年度宁波市第二批绿色工厂。加大力度服务企业职工，持续推广“职工说事”制度，新增工作室2个，切实解决各类问题30余个。全年开展送惠活动4场，完成职工医疗互助保障636人。重点工作攻坚推进。

润禾公司全景照

7月，胡陈乡第十三届水蜜桃节活动

【商旅】 商旅工作攻坚推进。改革创新成效初显，完成乡属企业七彩农业公司体制改革工作，实现经营权与所有权分离，既充分发挥政府资源优势，又给予企业市场化经营的广阔空间。完成心宿无尘项目运营权招投标，产权关系愈加明晰，运行机制进一步优化。

创新办节模式，首次以“云上带货”形式销售水蜜桃，创一小时

5月，“千里走宁海”徒步活动走进胡陈乡

内水蜜桃成交量3000千克。

运动小镇雏形初现，宁海县国家登山健身步道（登山）—浙东第一尖·雪山欢乐谷（滑雪）—胡陈户外运动小镇（攀岩）成为全市唯一入选2020年浙江省运动休闲旅游精品线路。

运转盘活优质资源，取得中国登山协会2021年部分户外运动培训承办权，2020胡陈户外运动小镇建设峰会暨长三角户外体育组织负责人研讨会成功举办。民宿经济蓬勃发展，九熹粮仓、维尼民宿分获2020年市级五叶级、三叶级客栈。

12月，中堡溪获评省级美丽河湖

【镇村建设】 致力于完善城镇功能和美丽乡村建设，切实提升宜居宜业宜游品质。

基础建设扎实推进。注重规划引领，全面启动国土空间规划编制，同步优化调整村庄规划，民主形成“十四五”规划项目库，有效赋能未来发展。美丽城镇建设行动方案获评市级优秀。新盛宁线力胡段全线通车，胡陈正式进入县域20分钟交通圈，积极开展永和村、胡陈村等多条道路建设前期工作，城镇空间和交通路网进一步拓展优化。下大决心花大力气，协调整合县水利局和县水务集团两方面资源，累计投入2750万元，基本完成大水管网供水到村工程和农民饮用水提标达标工程，饮用水安全和健康保障得到提升巩固。便民设施不断完善，客运中心站项目完成政策处理，加油站运营项目建设完成进入综合验收阶段，27个城乡公交候车亭改造提升工程全面完成。综合整治愈加深透。紧抓美丽城镇创建契机，下大力气提升镇区整体风貌，铁腕推进治危拆违、“四边三化”，共拆除违法建筑17处，全年完成“三改”任务量4.9万平方米，完成率327%，“一拆”任务量完成4.95万平方米，完成率247%。规范处置矿产资源，完成全县工程性采矿新规出台后首例公开处置，立案查处非法采矿6件。农污水建设进程加快，农村生活污水工程完成国叶村等6个村工程验收和大赖村等7个村移交验收，建成区雨污分流改造项目开工建设。坚持提升水质量，投资2500余万元的岙里王溪小流域治理工程完成招投标，中堡溪方后村生态河道治理工程、国叶村水环境治理工程全面完工。切实关注农民权益，依法审批宅基地15户，农房确权登记发证工作进展顺利。人居环境愈加舒心。美丽村庄接力创建，新增AA级景区村庄2个、A级景区村庄1个，精心培育10户“美丽庭院”和“乡愁庭院”，胡东村、中堡溪村、西翁村梳理式改造项目全面完成，梅山村高质量创成省级美丽宜居示范村，岔路村、胡东村获评宁波市第三批完善型农村社区建设单位。全年环境整治工作获评县一类优秀乡镇。厕所革命卓有成效，新建旅游厕所5座，取缔简易棚厕35座。垃圾革命创新推进，农村生活垃圾分类云管理工程在岔

8月，胡陈乡人大代表视察岔路村农村生活垃圾分类云管理工程

路村试点成功，村民垃圾分类意识和准确率明显提升，垃圾减量化达1/3。

【社会事业】 竭力改善民生保障，幸福指数持续增强

坚持关切民生需求，扎实做好“六稳”“六保”工作，浓厚农村文化氛围，提升基层治理能级和村民幸福指数。公共服务阳光普惠。社会救助体系和保障体系进一步完善，完成省民生实事工程项目“残疾人之家”创建合同签约等前期工作，颐乐居家养老服务中心于年初正式运营，居家养老服务站新增AA级4个、A级3个，完成公墓改扩建和绿化8处。全年累计发放最低生活保障金587.8万元，惠及5614户次，发放高龄津贴110.6万元，养老保险和医疗保险参保率达95%以上。双拥优抚扎实开展，发放退役军人老年生活补助58万元。慈善事业进一步发展，全年募集善款75万元，发放慈善救助资金27万元，惠及173人。扶贫工作进一步深化，落实全乡600余名低收入农户帮扶结对工作，验收完成小额信贷贴息贷款项目7个，涉及贷款总金额330万元，解决35户低收入农户就业问题。全面完成东西部扶贫30万元社会帮扶和60万元消费扶贫任务指标。2个发展村级集体经济项目进展顺利，岔路村扶贫厂房开工建设，腾达村标准厂房基本建成。社会事业稳步提升。高质量完成第七次全国人口普查工作，摸清人口家底，为完善人口发展战略和政策体系奠定坚实基础。全年办结便民事项3453件。健康服务优质发展，新建健康公园1座，家庭医生再签约3464人，新增奖扶对象73人，超额完成“两癌”筛查1100人。教育工作成果显著，胡陈成校“桃农之家”入选2020年浙江省成教品牌项目立项名单，发放奖教金80万元，撤并东仓民办幼儿园，设立胡陈乡中心幼儿园东仓教学点，公办学前教育更加便民惠民。深化“馆校合作”，投入50余万元建成宁海县图书馆胡陈分馆。升学成绩喜获丰收，胡陈乡中心小学与东仓小学小升初成绩首次达到全县A档水平，胡陈中学中考成绩位居农村乡镇学校第四，超额完成宁中、知恩分配名额。文化建设多点开花，胡陈禅养文化体验中心开工建设，叶梦鼎丞相书院顺利结顶，呼吁多年的丞相文化体系建设得到实质性推进。全年实施“送戏下乡”、万场电影进农村19次，创新举办“百姓云舞台”8期，新建文化礼堂4座，改造提升1座，实现文化礼堂行政村全覆盖。联胜村家规祖训馆建成投用，胡东村艺术特色村实施方案设计完成，全乡19个新时代文明实践站所挂牌成立，建成胡东村国防教育文明实践所，中堡溪村获评全国文明村，车家村

11月，胡陈乡居家养老服务中心开业

8月，胡陈乡开展“百姓大舞台”活动

完成省级文明村复评验收，“桃花源里”市级文明示范线通过复评，“非遗”传承——箍桶技艺成功入选宁波市文联2020年“春竹计划”基层文艺社团优秀项目。安全生产提质增效。将安全生产作为重要政治任务抓实抓细，以“一失万无”的忧患意识筑牢安全底线。健全完善应急管理中心实体化运行机制，村级应急管理体系规范化建立。深刻吸取润茵节水喷灌公司“5·14”火灾事故教训，专项攻坚影响消防通道安全拆违工作，新增拆违18674平方米。网格化排查、闭环化管理、清单式消除安全隐患，累计排查生产经营单位135家，发现安全问题379个，已整改367项，累计培训相关从业人员597人。社会秩序和谐稳定。村社换届圆满完成，19个村（社区）全部实现“一肩挑”，基层堡垒进一步夯实。以“平安胡陈”建设为抓手，深入开展社会矛盾纠纷大排查大整治，圆满完成各项重大活动安保任务。乡矛盾调解中心正式成立，规范实施首问责任制即问即办工作，共受理各类事项198件，上报事件4892件，各类事项办件率100%，满意率98.2%。成功化解县领导包案件1件，答复省委巡视组交办案件4件。中堡溪村获评2020年度省级民主法治村。

与此同时，武装、统计、档案、慈善、红十字、妇女儿童、关心下一代等工作，都取得新的进展和成效。

【疫情防控】 面对年初来势汹汹的新冠肺炎疫情，胡陈乡果断采取行动，精准排查、动态管控，疫情有所缓和后，将复工复产复学作为头等大事，扎实打赢疫情防控和复工复产两战。压紧联防联控责任。第一时间建立疫情防控上下联动与每日会商机制，驰而不息筑牢“1+1+19”乡村两级防线，确保疫情防控全覆盖零盲区。全乡1000余名干群同心抗击疫情，自发坚守34个村级卡点，连续数月奋战抗疫一线。做细群防群治工作。牢固树立守土尽责意识，绘制村级疫情防控图，实施风险防控闭环管理，扎实做好设卡守小门、扫码测体温、人员集聚劝导、重点地区返来人员小周期滚动排查、集市关停合并、环境卫生整治、防控知识宣传和舆情应对等各项工作，全乡关停47个宗教场所与民间信仰点、52家文化礼堂，累计隔离观察对象285户449人，非医学观察对象1012人，实现无疑似患者、无确诊病例和社会秩序平稳。落实复工复产举措。抽调精干力量深化“联企包干”，成立工作专班，突出重点，精准施策，暖心服务，尽最大可能为企业纾难解困。协助企业接收县外返工人员207名，核酸检测261人，调剂口罩2.24万只，解决企业防疫物资紧缺难题。组织开展疫情防控演练，增强应急管理能力。及时发放惠企补助31万元，发放小微企业、个体工商户纾困补助68万元，减免国有资产租金11万元，有力助推企业复工复产。

【自身建设】 强化政治建设，深入推进“六争攻坚”，政府工作执行力、组织力进一步提升，争先创优月度经济运行评价体系（MEI指数）综合排名始终位列全县前3，乡政府获评省级森林生态保护突出贡献集体。坚持依法行政。聚焦法治政府建设，严格按照法定权限和程序行使职权，全面实行政府规范性文件和合同法律顾问审查制度。自觉接受人大法律监督和社会舆论监督。认真办理人大代表建议25件，办结满意率达100%。注重政务公开，主动公开政府信息148条。坚持效能建设。注重干部本领提升，开设“双优微讲堂”，实施“周二夜学”制度，派出9名年轻干部深入重大项目一线攻坚。民生事项全面实现“最多跑一次”甚至“零次跑”。坚持清正廉洁。政府带头过紧日子，加强预算精细化管理，严控“三公”经费支出，集中财力办好大事实事。主动接受纪委监督和专项审计，定期开展内部效能检查，规范干部请销假制度，践行光盘行动，取缔一次性纸杯使用，无纸化办公更加深入人心，实现机关内部资产合理配置与集约化管理，努力建设节约型政府机关。完成全乡山林田地和房屋土地资产资源排查，完成固定资产信息核查录入工作，切实依法依规管好“家底家产”。

【一方名村】 胡陈乡中堡溪村荣获全国文明村镇

中堡溪村位于宁波市宁海县胡陈乡中部，行政村调整时由方后村和中堡、东山、河头3个自然村合并而成，全村共有428户、1343人。多年来，该村一直遵循“提高群众道德素养、提升农村文明程度、促进农村社会和谐”的科学发展方针，注重群众道德素质教育，丰富群众文化生活，弘扬良好村风风俗，持续推进全国文明村创建。中堡溪村由原来的路狭屋破、人去楼空、生活困难，变为如今的山青、水秀、村美、民富，还收获“三美乡村”称号。2020年，胡陈乡中堡溪村荣获第六届全国文明村镇。

中堡溪村为加强基础设施建设，提高村民生活质量，2020年先后开展10余次环境整治，投入4万余元资金对农村的“脏、乱、差”进行全面整治。做到道路两侧无垃圾、无杂物、无乱堆乱放、无杂草丛生，卫生户厕普及率达100%。

中堡溪村制定符合村情的《村规民约》，不断规范村民的言行举止；积极组织开展基层党校、东山讲堂、评选“道德模范”等道德教育深化活动，广泛开展社会主义核心价值观传统美德、文化礼仪活动，让村民在学习的过程中学有所思、学有所悟，提高自身素质。

8月，胡陈村远眺

6月，胡陈乡得心坊鲍明沛在创作根雕

表20　　胡陈乡2020年基本情况表

指标名称	计量单位	数　量
一、基本情况	—	—
行政区域面积	公顷	9690
居民委员会（社区）	个	1
村民委员会	个	18
其中：通公共交通的村	个	18
通宽带互联网的村	个	18
通有线电视的村	个	18
通自来水的村	个	18
生活垃圾全部集中处理的村	个	18
生活污水全部集中处理的村	个	17
二、人口	—	—
户籍户数	户	8139
户籍人口	人	21838
三、农业	—	—
耕地面积	公顷	1253.8

续表20

指标名称	计量单位	数　量
耕地灌溉面积	公顷	380
农业技术服务机构	个	1
农业技术服务机构从业人员	人	6
农业企业	个	2
家庭农场	个	133
农民专业合作社	个	56
农民专业合作社成员	户	338
四、财政、经济、贸易	—	—
一般公共预算收入	万元	9040
一般公共预算支出	万元	9040
资产总额	万元	4030
债务总额	万元	5706
工业企业	个	15
其中：规模以上工业企业	个	4
建筑业企业	个	4
住宿餐饮业企业	个	4
商品交易市场	个	3
营业面积50平方米以上的综合商店或超市	个	23
五、教育、文化、卫生	—	—
幼儿园、托儿所	所	2
小学校	所	2
小学专任教师	人	35
小学在校学生	人	488
医疗卫生机构	所	8
医疗卫生机构床位	床	10
执业（助理）医师	人	13
兽医（防疫）技术人员	人	1
六、社会保障	—	—

续表20

指标名称	计量单位	数　量
城乡居民基本养老保险参保人数	人	3769
城乡居民基本医疗保险参保人数	人	13814
城乡居民最低生活保障人数	人	659
七、公用事业	—	—
自来水用户	户	5193
管道燃气用户	户	0
金融机构网点	个	2
公园及休闲健身广场	个	6

表 21　胡陈乡 2020 年规模以上企业情况表

企业名称	企业地址	企业负责人
宁波润禾高新材料科技股份有限公司	浙江省宁波市宁海县宁波南部滨海新区金海中路168号	童时军
宁海县博宇翔鹰汽车部件有限公司	宁海县桃源街道金山三路6号	王恩明
宁海求精门窗有限公司	润禾往南约400米	严望南
宁海县佳能汽车部件有限公司	宁海县梅林街道塔珠路8号	叶元校

纪念人物

【王家扬】 浙江省政协原主席王家扬因病医治无效，于 2020 年 1 月 19 日 8 时 16 分在杭州逝世，享年 102 岁。根据王家扬遗愿及家属意见，丧事从简，不举行遗体送别活动。

第十、十一届王家扬奖教奖学金颁奖仪式分别于 5 月 16 日、12 月 21 日在县教育局举行，为 10 位优秀教师和 12 位品学兼优的学子颁发奖教奖学金 3.2 万元。

【叶水夫】 叶水夫是宁海力洋人，原名叶源朝，是我国著名俄苏文学翻译家、俄苏文学研究的开拓者、翻译事业的推动者、外国文学工作的组织者，中国社会科学院外国文学研究所开创者之一，曾长期担任中国外国文学学会、中国俄罗斯文学研究会、中国翻译工作者协会的领导工作，著作等身，为我国翻译事业做出重大贡献，也为我国新时代外国文学研究的启动与发展发挥巨大作用。

宁海县于 2018 年 10 月开设叶水夫纪念馆，继续讲好水夫故事，传承先生严谨求实的学术作风，弘扬先生爱国爱乡的赤子情怀，为宁海争当浙江建设“重要窗口”模范生团队的双优生贡献更多的社科、文化力量。

10 月 23 日，新时代外国文学翻译与研究学术研讨会暨叶水夫先生百年诞辰座谈会在宁海举行。宁波大学副校长乐传永，中国社会科学院外国文学研究所党委副书记崔唯航，县委常委、宣传部部长叶秀高参加。

座谈会上，专家学者们围绕叶水夫的生平和著作以及俄苏文学史展开讨论。乌克兰教授布鲁克·伊戈尔对一生奉献在中俄翻译工作、为中俄两国友好交往做出巨大贡献的叶水夫表示崇敬。

【张明养】 张明养，深甽镇清潭村人，中共党员、民进会员，著名的国际问题专家、教授、编辑家、政治活动家，曾任民进第四至第七届中央常委兼宣传部部长、中央参议委员会常务副主席，第二至第五届全国政协委员，第六、七届全国政协常委等职。2018 年 8 月宁海启动张明养纪念馆修缮及布展工程，历时两年完成。

12 月 15 日，张明养纪念馆开馆暨民进浙江省会史教育基地授牌仪式在深甽镇清潭村举行。省政协副主席、民进浙江省委会主委蔡秀军，省委统战部副部长王利月，民进浙江省委会副主委张宝珍，市委统战部二级巡视员黄国海，民进浙江省委会副主委、民进宁波市委会主委吴国平，县领导林坚、娄黛敏、赵秀萍、何建春，以及张明养家属代表参加。

县委书记林坚表示，张明养一生致力于民主革命，心系故乡，他的为人学识令人感佩，家国情怀更受人景仰。宁海将进一步挖掘和丰富张明养纪念馆的教育价值，使之成为民进组织和会员接受会史教育的基地、全县广大青少年学生接受革命传统教育和统一战线理论的思想政治教育基地。

开馆仪式上，王利月希望市县两级充分挖掘、利用好史实资料，充实纪念馆的教育内容，增强全省多党合作传统教育资产资源；做到学用结合，健全联动机制，创新学习载体，丰富教育形式，扩大布局影响；充分利用清潭村的丰富资源，让张明养纪念馆能够成为赋能区域经济社会发展的重要抓手。同时，要有计划地组织开展好学习、教育、宣传和管理等各项工作，努力使张明养纪念馆成为更高层次的教育基地，发挥更高水平的功能作用。

宁海县民进全体会员和兄弟党派县民盟、民建代表，深甽镇和清潭村的干部代表参加活动。

【叶全奖】 叶全奖，1963 年 5 月出生，1990 年 4 月加入中国共产党。

第一批市级战“疫”先锋个人

邬培栋　桥头胡街道党工委书记

“我们这是在打仗!”这句话他一直挂在嘴边。他是这样说，也是这样做的——第一时间果断关停日用品市场、管控菜市场，严查卡点、集聚，落实居家硬隔离硬管控“双保险”，通过早管严防有效落实上级各项决策部署。随着复工复产命令的下达，又带领街道全体党员干部当起服务企业的“店小二”，截至2月17日，辖区规上工业企业复工率达79.3%，产能恢复率55%。虽然孩子才刚满月，却留不住他离家的脚步。他带头示范、冲锋在一线，连续20多天走遍街道70多个卡点、近200个隔离点，用实际行动践行着初心和使命。

秦乾大　县公安局党委副书记、副局长

他是县疫情管控组副组长，外防输入、内防扩散是他的职责。接到命令后，迅速组织警力协调设置火车站、高速路口等10个卡点，建立“流水线式”卡点查控、“四查四宣”基础排查等工作机制，指挥调度全县近2000名公安民警及协辅警，累计检查车辆42851辆、人员84421名，守好全县门户。还协调落实“清楼”行动、居家隔离等各项举措，组建追踪密接人员攻坚队、核查工作专班，确保重点对象无一遗漏。既协助领导坐镇指挥，也深入重点区域一路“逆行”，铸起一道让党委、政府放心、让人民群众安心的城市防线。

胡丹标　县疾控中心党总支书记、主任

面对疫情，沉着应对；等待检测结果，却心急如焚。他带领县疾控中心56名职工全员作“战”，成功申报省首批病毒核酸初筛检测单位，累计出动现场流行病学调查处置343人次，追踪管理可疑病例密切接触者770余人次，完成病毒核酸初筛检测327份。虽然做完心脏手术才半年，持续参战“利奇马”灾后防疫、登革热疫情处置、新冠肺炎疫情高强度防控，从未退缩，筑牢全县人民健康“防火墙”。

邬宁崖　跃龙街道党工委委员、兴圃社区党总支书记

走百家门，知百家情，暖百家心。在这场疫情防控阻击战中，她以社区为家，发动党员、业委会、物业、小组长组建9个网格，对4275户居民开展全面排查，落实随查随隔、老旧小区封闭管理等要求，构建严密防控体系。发动居民群防群治，开设“兴圃喇叭”响遍各条小巷，让整个社区建起看不见的防疫网。她以身作则、冲锋一线，帮助筹集爱心物资，自行购买发放口罩300个，全力做好居家隔离群众上门服务，展现小巷“总理”的责任担当。

林海峰　东方日升新能源股份有限公司董事长、党总支书记

“困难永远都是更大胜利的前奏”，坚持复工和防疫两手抓，迅速组建疫情防控领导小组，出台8条疫情防控措施，设立6900平方米集中隔离宿舍，启动24小时应急响应，截至目前企业已恢复70%的产能。带头组建党员志愿服务队，开通疫情防控服务热线，及时开展心理疏导，承诺绝不开除任何一个因受疫情影响而不能及时返岗的员工。在他的提议下，公司定向捐赠资金700万元、净化服500套、口罩2.45万只，积极履行企业社会责任，支持疫情防控工作。

【战“疫”中枢】

葛华文　（县疫情防控办综合协调组）县政府办公室副主任、党组成员

他是卫健系统的一名“老兵”，抗击疫情以来，第一时间应战，充分利用近30年公共卫生工作经历和抗击SRAS经验，为县委、县政府决策当好智囊参谋。第一现场指挥，危急时刻三下武岙黄、三进隔离点察疫情、定方案，作为综合协调组组长，全程协调各方，推动形成综合防控局面。全身心扑在抗“疫”上，连住在医院ICU的父亲也顾不上陪侍，践行着一名共产党员的使命与担当。

应俊斌　（县疫情防控办综合协调组）县卫生健康局办公室主任

人称“拼命三郎”，农历十二月二十八开始就一头扎进指挥部，准备方案、材料、会务是他的日常，忙得忘了吃饭、每晚工作到凌晨、总是最后一个离开成了常态。总是耐心细致地主动与相关部门沟通协调，第一时间做好疫情防控相关文件会审、制发等，落实指挥部各项决策部署，将疫情防控指令及时准确传达到基层一线。

陈益鸣　（县疫情防控办疫情管控工作组）县卫生健康局副局长、党委委员

在这场与疫情的赛跑中，勇挑重担，主动参谋，冲锋在抗疫最前线。谋划在前，在防控早期就推动开展重点疫区返乡人员排查；行动在前，全面落实发热门诊分流机制；应对在前，科学制定企业复工防疫技术规范。夜以继日地征“战”已让他直不起腰，但绑上腰托的他脚步依然坚定。

应国辉　（县疫情防控办疫情管控工作组）县公安局党委委员、交警大队大队长

带领全县交警日夜坚守重点卡口一线，落实24小时执勤防控机制，带队检查9万余辆车辆、15万余人次，把牢县域大门。回应群众关切，联合相关部门指导规范设卡

185处，协调恢复通行，保障企业复工复产道路通畅。以身作则、示范带头，始终在一线指挥、一线巡查，争当战“疫”先锋。

吴先能 （县疫情防控办物资保障组）县发展和改革局副局级干部、党组成员；县通用航空产业基地建设指挥部副总指挥（兼）

他是默默无闻的“勤务兵”，从大年二十九开始，就牵头设立集中医学隔离观察点，努力克服物资缺乏、人手不足等困难，在原定观察点容量告急的情况下，又连续奋战5个昼夜，火速建成2个临时集中隔离点，新增138个房间。“被隔离群众吃什么、住哪里?”这些关键小事就是他每天操心的事，24小时待命，电话不断，尽心尽力协调落实各类重要物资保障。

仇昌兴 （县疫情防控办物资保障组）县经济和信息化局副局长、党委委员

战“疫”当前，化身助企“店小二”，他奔走在物资生产最前沿、恢复生产最前线，大年三十就开始排摸联系，上门服务、驻点指导、全程跟踪，为14家防疫物资配套企业正常生产保驾护航，帮助企业复工筹集口罩60余万只，积极推动复工审批、落地达产，助力复工复产跑出加速度。

陈云松 （县疫情防控办舆情宣传组）县政府新闻办公室副主任

他是防疫战线上的“新闻人”，一直奔走在防疫宣传第一线。谋题布局，主动策划，积极带领团队成功推出有影响力的抗疫典型数十个。统筹调度，积极协调，在县级融媒体刊出相关报道数千条，在《人民日报》、新华社、中央电视台等中媒体刊发防疫报道近百篇，八上央视，全市领先。紧盯社会关切，通过“宁海发布”“看宁海”等媒体及时发布权威信息。

鲍斯邦 （县疫情防控办工作督查组）县纪委县监委第二纪检监察室主任

坚守纪检监察人“严管是厚爱”的初心，坚持一线督查，聚焦防控薄弱点、难点，持续对交通卡口、居家隔离点、复工复产企业等防控重点区域暗访指导，确保疫情防控不留死角。敢于较真碰硬、细致入微，对发现的问题，严格督促并指导整改落实。勇于担当作为，退役不褪色，主动放弃休息时间到社区服务，在战“疫”中彰显军人本色。

徐敏忠 （县企业复工复产指挥部综合一组）县发展和改革局副局长、党组成员

面对疫情，争做最美逆行者，带领干部常驻火车站、高速路口等关键卡口，亲力亲为，排摸疫情信息。面对职责，争做最美值守人，统筹制定分行业、分规模、分时段复工实施细则，稳妥有序推动企业复工复产。面对企业，争做最美贴心人，率先实施“线上+线下”双通道服务企业模式，入企指导、现场勘查一丝不苟，助力提升全县复工率。

顾方强 （县企业复工复产指挥部政策扶企组）县市场监督管理局副局长、党委委员

市场稳，民心安。他带领市监干部下沉一线，全力做好“保价格、保质量、保供应”这道战“疫”必答题。靠前研判，注重问题的收集分析，为疫情防控当好参谋。靠前处置，面对严控形势，带队平稳处理价格等投诉举报308件，确保群众生活必需品的供应。靠前服务，通过“告知承诺制”，协助全县各地推进服务业应复尽复、能复快复。

王挺 （县火车站疫情联防联控工作执行组）深甽镇副镇长（城建）、县交通重点工程建设指挥部副总指挥（兼）

他是火车站的“特派员”，带头吃住在火车站，统筹协调25个单位100多人对1.3万余名旅客细致排摸，并落实分类处置，有效隔绝铁路渠道的疫情输入。牵头开发“宁海外来返工人员信息登记系统”，推行网上登记服务，快捷高效疏导分流旅客，未出现一例滞留情况。牵头落实“点对点”公交专线运送，跟踪确保旅客安全到达。

【白衣“战士”】

好团队

宁海援鄂团队

“医者天职，我自愿出征!”他们割舍心中牵挂，闻令而动、快速集结，整装奔赴武汉前线。他们放下个人安危，强忍闷热饥渴，24小时轮班值守，同时间赛跑、跟病毒搏斗。口罩勒破了脸庞，消毒液侵蚀了双手，24名援鄂医务人员用自己的使命担当和英勇奋战，擦亮宁海援鄂团队的金名片。

县第一医院感染科团队

他们是医护前线的红色堡垒，从非典到新冠肺炎，闻“疫”即动、冲锋在前。“我是党员我先上!”在隔离病房，首批10名队员持续作战20天，冒着被感染的风险近距离采集咽拭子，为患者输液、量血压、测体温，并注重与患者沟通交流，缓解患者紧张情绪。疫情不消、力战不退，他们用医者仁心点燃希望。

县疾控中心党支部

他们是疫情前线的“侦察兵”，夜以继日连续穿梭在危机四伏的隔离区，与患者面对面，找寻感染源。他们是疫情防控的“参谋员”，累计开展流行病学调查129次，进行病毒核酸检测373份。他们是群防群控的“宣教员”，发布科普文

章 60 余篇，印制宣传资料 14.2 万份，接听咨询电话 2100 多个，织严织密疫情防控网。

县中医医院门诊第二党支部

疫情防控集结号吹响后，支部党员带头，全体医护人员舍小家顾大家，他们日夜坚守在发热门诊、预检分诊处，为每一名入院人员测量体温，因为频繁消毒，他们的双手都起了红疹。他们值守在 CT 室、检验科，“火眼金睛”识病毒，日均拍片、检验 500 余人次。他们还开出 2000 份中药防感汤剂、茶饮方，为群众强体质防病毒，用使命和担当发挥着自己的光和热。

县妇幼保健院儿童保健党支部

作为宁海县 14 周岁以下儿童发热门诊就诊点，县妇幼保健院儿童保健党支部发挥主力军作用，组织全体医护人员开设 24 小时儿科发热门诊，同步开通网络、电话义诊红色通道，累计接诊 2600 余名发热患儿，为千余名患儿家长答疑解惑，确保疫情期间发热儿童有序就诊。支部书记王耀东发挥自身专业特长，多次参与新冠肺炎疑似患儿会诊，合力筑牢疫情防控屏障。

好支书

赖祥琴　县第一医院门急诊党支部书记、护士长

她是护士眼中的知心大姐，是患者心中的暖心天使。作为第一医院门急诊党支部书记，身先士卒，带领科室 22 人进驻隔离病房、留观病房直面新冠病毒。不辞辛劳，组织疫情防控培训 300 人次，规范护送发热病人就诊 2000 人次，动员科室党员轮休期间参与抗疫志愿服务 6000 余人次，全身心投入疫情防控阻击战。

沈忠华　县第二医院公共卫生党支部书记、桃源分中心主任

筑牢防疫线，架起连心桥。作为桃源街道隔离管控人员一线监测负责人，迅速组建防疫小分队奔赴一线，排摸监测 3581 人，绝不放过任何一个目标。反复对接街道，细化工作任务，经常排查梳理至深夜。不管多忙多晚都耐心细致地解答群众咨询，帮助联系“120”护送患者就医，时刻在细微处践行着医者仁心。

夏小伟　县第三医院党支部书记、院长

作为西店辖区卫生防疫的负责人，他迅速响应，启动院内发热分诊，开展全域健康宣教，筑起宁海北大门的抗疫防线。率先垂范，从农历十二月二十五日开始，就带头一直坚守岗位，驻守卡口测量体温，走村入户排查监测。积极协调，组建 12 支综合防控团队，创新推行“5+X”联动防控模式，完成 2623 名重点人员上门测体温，排摸 3 万多名预返乡人员。

好党员

罗艺玫　县第一医院感染科护士

年少不惧病毒险，飒爽英姿入前线。1994 年出生的她，已在隔离病房里持续奋战 24 天。虽然外表娇弱，但她以坚定的信念、专业的技术，成为首批进驻隔离病房的女“战士”。在病房里，悉心照护病人身心、认真辅助医生治疗，出色完成护理任务。在换人之际，坚决要求留守：“我最年轻，请组织继续考验我。”

张峰　县疾控中心卫生监测科主任

遇到急难险重的任务，总是冲在最前面。已经 4 个年头未回东北老家的他，2020 年又战斗在疫情防控的第一线。连续 32 天坚守岗位，主动请缨到集中隔离点对隔离人员开展调查研究和医学观察，并对化粪池、公共区域物体表面、楼道、走廊、楼梯扶手等开展日常消毒，以顽强斗志谱写着疾控人的初心和使命。

叶亦松　1 号集中隔离点医疗组组长、县第三医院副院长

接到紧急任务后，当即放下年夜饭，第一时间赶到隔离点集结，一守便是 25 天。为时刻监测好观察对象，一丝不苟做好体温检测、严格规范内部管理、有序协助部门联动，并自制“观察日记”，细心记录下 148 个观察对象的每天每项“特别需求”，做到事事上心、人人关心。一句“你又瘦了”，是观察对象对他最温暖的关怀。

【乡镇“逆行者”】

季增强　长街镇副镇长

他作为长街镇防控办主任，面对来势汹汹的疫情，与疫情赛跑，临近春节即开始“就地扎营”、全程无休，统筹推进防控指令发布、业务指导、返乡人员数据汇总等各项工作，每天工作到凌晨。冲锋在一线，对较高风险的密切接触人员，亲自带队上门做工作，落实集中隔离硬举措。面对镇域面积广、村庄数量多等实际情况，统筹成立数据分析组，建立疫情数据库，确保居家隔离对象一个不漏，有效筑起镇域疫情防控“防火墙”。

胡燕红　胡陈乡党政综合办公室主任

在联村一线，是冲锋陷阵的“先行兵”，挑重担、冲在前，只为守护全村安全防线；在战线后方，是未雨绸缪的“勤务兵”，寻物资、筹口罩，四处奔走，成功筹措 4 万余只口罩、半吨消毒液、1000 余件雨衣等防疫物资。对家庭，却是三过家门而不入的“隐形人”，自接到防疫通知以来，24 小时驻扎在乡，夫妻双方在一线，只能把年仅

5 岁的孩子托付给父母。

叶欢峰　力洋镇人武部副部长

人称“抗疫急先锋”，作为镇应急小分队队长，精准调配队伍力量，积极落实疫情宣传、关卡执勤、区域巡查、人员管控等各项工作，坚决做到哪里有需要、应急力量到哪里。作为联村组长，率先推行联村干部—村干部—党员—房东四级联动防控机制，果断采取道路硬隔离，细化外来租客居住管理办法，有效管控外来人员。面对复工复产新要求，积极当好村企协调员，稳步推进村庄毗邻企业复工、工人复岗。

张锦颖　茶院乡社会事务办公室主任

作为茶院乡疫情防控办副主任，坚持认真细致统筹，协助做好全乡疫情防控的综合协调，把政策及时精准传达，对 240 多个居家隔离对象情况了然于胸。坚持高标准防控，创新推出疫情防控“三联三访”“日日清”等工作制度，日访夜巡 20 余个卡点，走村入户掌握一线情况。注重暖心关爱，发动乡红十字会等社会团体加入战“疫”一线，关爱隔离群众。

郑书斌　一市镇副镇长

一市镇武岙黄村出现确诊病例后，作为联村领导，不惧风险，勇上一线，按要求第一时间落实封村管控各项举措，身先士卒走遍村内每家每户，精准排摸密切接触者情况，落实集中隔离和居家医学观察各项举措，组织县镇村干部连续十余天 24 小时轮流值守，筑起村庄铜墙铁壁。牵头组成“暖心”服务联络组，逐人逐户包干联系，上门劝导安慰，保障生活供应，确保村内安全有序。

胡贵龙　越溪乡党政综合办公室主任

是联村防疫“守门员”，整整20余天，始终带头执守卡口，组织党员干部开展地毯式排查走访，及时做好居家隔离对象物资采购、关怀慰问和心理疏导，让疫情防控有力度更有温度。是全乡后勤“保障员”，积极克服各种困难，筹备防护物资、落实集中隔离点、安排专车接送发热病人等，疫情面前的关键小事，就是他的职责和使命。

谢静思　桑洲镇副镇长

面对疫情，日夜坚守疫情防控第一线，聚焦防疫难题，在全县率先提出启动慢性病治疗“医后付”，通过联村干部送药到村、医生上门服务，降低交叉感染风险。发挥企业和社会组织力量，发动“姊妹护航队”、计生协志愿队伍参与居家隔离点服务，联系医药公司、桑洲籍企业家，募集 5000 余只口罩等防疫物资。

吴善梁　岔路镇副镇长

是防疫工作的“排头兵”，身为镇防控办主任，夜以继日坚守岗位，始终冲锋在一线，发动党员干部、村民代表实行包片包户包人网格化管理，织密镇域防控网。是战“疫”战线的“智多星”，组建随访随测联合工作组，实施“后勤管家”“代跑员”“打卡制”等，因地制宜推出精准防疫服务举措，筑起一线安全屏障。

胡隽晔　前童镇党政综合办公室主任

面对联村任务繁重、外来人口基数较多的实际情况，不怕疫情风险，深入走访每家每户，掌握了解全村 300 余名外来人员基本情况，率先制作发放疫情防控宣传监督卡和暖心服务卡，发动干部群众参与群防群控。尽心保障当好全镇后勤“管家”，筹集口罩、酒精、消毒液、手套等物资上万件，千方百计为一线防控提供坚实支撑。

王家冕　黄坛镇党委副书记

作为黄坛镇防控执行副组长，始终驻守一线、靠前指挥，第一时间布置落实村级防控举措，形成镇村联动、区域联防的镇区防控网络。牵头建立居家医学观察管控、“党员代跑员”等制度，并在全镇推广。坚持防疫不误复工，积极走访企业，协调解决复工后返岗员工“进村难”、防疫物资匮乏等问题，做到疫情防控和复工复产两手抓。

叶天旻　大佳何镇发展服务办公室主任

从大年初一开始，连续 20 多天吃住在镇、坚守岗位，勤当助企服务“店小二”，耐心指导百余家企业制定复工防疫方案，落实防疫举措、指导复工操作，实地踏看复工准备情况，该镇共有 120 家工业企业批准复工，规上企业复工率达 100%。深入一线，走村排查外来及返工人员 169 人，并向村民宣传疫情防控政策，为企业复工创造良好环境。

褚峥嵘　强蛟镇党委委员

靠前研判，提早叫停镇域大型春节文化活动，率先发动村社党员干部设卡严防，把好群防群控第一关。服务暖心，筹物资、代跑腿、送关怀，成立“三服务”先锋队保服务，实施“一卡通”全流程保复工，制定“三色灯”监督制保安全。持续坚守，春节无休、奋战一线，“疫情在前、党员在前，疫情不退、党员不退”是他的战“疫”宣言。

王品富　西店镇副镇长

牵头建立首个镇级集中隔离观察点，为 60 余人提供精准有效服务。联系人口超 6700 人的大村，敢于直面实际困难，带领镇村干部扎实开展“清楼行动”，严格做好卡点检查，精准管控 83 名隔离对象。一手抓防控，一手抓复工，综合研判、主动出击，牵头排查4270家商贸企业，积极承担企业员工居家隔离任务，助力250余家企业复工。

邬建萍　深甽镇党政综合办公室主任

是同事眼中以镇为家的“实干之星”，疫情发生后更是连续作战20余天，经常忙到凌晨，认真做好信息、材料、会务、后勤保障等各项工作，确保单位内部高效有序运转。还是村民口中念念不忘的“小邬”，负责柘坑张、柘坑戴两个村联防联控，有条不紊开展下村排查、设立卡点、宣传防疫、服务村民等工作。“有事找小邬”已成为村民们的一句口头禅。

项　飞　跃龙街道党政综合办公室主任

连续20多天加班加点，对54种4.5万件物资进行分类造册登记，规范出入库管理流程，通过“内购+外联”方式，采购到口罩、手套等防疫物资1.8万件，按照“需求+紧要”双结合原则，发放各类防疫和捐赠物资2.6万件，并构建“食堂+外援”两条线，保障480多名一线工作人员就餐供应。深入一线，主动参与联村防疫，联系服务居家隔离人员，做好村卡点值守和内控工作安排，以最朴实的举动赢得最满意的赞许。

冯楚进　桃源街道社会事务服务管理办公室主任

是街道防疫工作“第一联络员”，负责辖区疫情防控巡查、数据统计及各项协调工作，24小时坚守，牵头排摸2万余人，落实居家隔离3700余人，下发疫情防控宣传资料5万余份。是奋战一线的“逆行人”，面对所联系社区外来人口较多等情况，指导并深入参与疫情防控，关注1100余名外来人员，逐个掌握情况，对20名居家隔离人员全程关心关爱。把疫情防控作为践行初心使命的主战场，在平凡的岗位上书写担当、彰显信仰。

俞　侃　梅林街道党政综合办公室主任

心系群众、勇敢逆行，全月无休冲在防疫一线，不仅联村排查、卡点执勤，更是每天走访一遍联系村居家隔离户，若有需、召必到。落细供给，联系防控物资生产厂商超过百家，采购口罩5万只、消毒液3000瓶、测温仪500个、防护服200套，充分保障一线战斗岗位的物资需求。他急企业之所急，帮跑推动200余家小微企业早复工、早生产。用无畏、坚韧和奉献诠释了广大基层干部的初心使命。

林健松　桥头胡街道办事处副主任

作为街道防控办主任，又经历过17年前的非典疫情，敏锐察觉到此次疫情的严峻性，提前储备防控物资，靠前部署防疫宣传、物资调配、卡点值勤等各项工作。连续战“疫”27天，吃住在镇、坚守在村，关停人员密集场所，劝停婚丧宴席，从严落实居家隔离措施。每天拨打数百个电话，排摸最新动态，部署落实各项防控措施，经常处理核实各类信息到深夜。

【“帮复‘疫’勇军”】

好团队

县商贸集团跃龙市场党支部

当好“守卫者”，护好“菜篮子”。面对疫情，跃龙市场党支部引领党员职工日夜坚守、连续奋战，设置3处临门检查点，劝民戴口罩，帮民测体温，日均检查人数超过3000人次，累计劝返17人。开展员工防疫大比拼，组建6支小分队，推行网格分片管理，日均巡逻、消杀面积超3万平方米。利用好电子屏、宣传展板等媒介强化防疫宣传，近500户经营户参加，形成“人人防疫情、大家共参与”的浓厚氛围。

县水务集团城南营业所党支部

一声令下，快速组建党员突击队，冒雨日夜赶工、连续作战，仅用25个小时就铺设1500多米管道，保障隔离点供水。组织巡检抢修班，30人轮岗、24小时待命，累计巡检供水设施48处，开展管道消毒清洗5万余米，出动抢修81次，消除供水“漏点”41个，确保重点医疗保障单位、服务区域居民用上安全水、喝上放心水。组织5名党员争当社区“守门人”，24小时轮流执勤卡口，累计排查人员400余人次。

县城投集团党支部

召必至，战必胜。他们积极响应县委、县政府号召，第一时间组建5人团队支援一市镇武岙村防疫，选派6名干部职工投入5天半的公交跟车服务，组织发动40余名党员职工分赴13个社区，累计开展卡点执勤、红色代跑、信息排查、甬行码推广等服务260余次。同时，立足本职，全力服务土地招商、融资帮扶，选派精干力量指导建设项目方做好防疫复工准备，助力城隍庙一期项目顺利复工。

县供电公司雁苍山电力建设公司党支部

与时间赛跑，与寒冬角力，与疫情战斗。作为一支久经考验的电力铁军，该公司20多人的党员服务队放弃休假，连续20多天全员备战，第一时间奔赴集中隔离点，完成临时变压器安装、电缆敷设等供电施工，24小时不休高强度攻坚落实送电任务。10余名党员冲锋在社区防控志愿服务一线，排查人员、服务隔离人员200余次。

宁海农村商业银行党委

“把服务挺在疫情前面。”县农

商行党委靠前服务，配套5亿元专项资金额度、2.1亿元贷款利息减免、500万元让利，辖内所有网点开辟线上办贷绿色通道，给企业复工、农户备耕注入“强心剂”。组建党员先锋队，通过电话、微信等方式筛查重点保障企业近1100家，实施“一对一”无缝对接联系。“宁海人自己的银行”坚守初心为民服务，践行“金融主力军”的社会责任。

得力集团党委

对外火线支援，第一时间捐赠现金1000万元，紧急调拨防疫物资，全力支持武汉战“疫”主战场。他们对内聚力抗“疫”，组建集团疫情防控指挥队，制定《复工防疫方案》，统筹落实各项防控工作，发动集团88名党员，组建5个防疫志愿者团队、6个青年应急小组，协助做好返岗员工核酸检测、区域消毒等工作，推动集团成为全县首批复工企业之一。

好支书

陈鹏建 浙江雅颜生物科技有限公司党支部书记

积极履行社会责任，面对防疫物资紧缺问题，果断决定延后交付50万瓶化妆品等出口订单，紧急召集第一批本地员工32名，生产消毒产品，供应本地各大药房，实现从美丽事业到美好担当的“华丽转身”，成为抗“疫”战线上的跨界明星，被多家主流媒体报道。同时，捐赠50万元现金和价值20万元的消毒类产品，协助当地政府防控疫情。

王玉琪 岔路镇阳光公益服务社党支部书记、宁波华英伦科技有限公司党务红领

在企业，她是优秀党务红领，带领党员细心指导企业编制复工手册，建立企业防疫标准，规范园区周边企业3200余名职工健康档案。对社会，她是公益志愿服务的带头人，发动社员夜间巡逻400余次，自行购买发送口罩500只、酒精50瓶支援镇村执勤卡点。服务不停，组织10名党员踊跃参与城区首批公交线路复工志愿活动，发动全部社员开展企业留守人员代跑、送饭等服务50余次，为寒冬战“疫”注入爱心暖流。

王光辉 第一注塑模具有限公司党支部书记

冲锋战“疫”一线，春节无休带领支部党员成立卡点执勤、环境整治、宣传引导等先锋服务队，第一时间筑起疫情防控战线。全力保障复工，协助制定企业复工方案，牵头落实党员防控责任包干制，帮助300余名返厂职工解决通行、隔离等问题50余个，主动为80余名隔离职工提供送餐代购服务100余次，助力公司成为宁海最早复工试点企业之一。

好党员

夏丁辉 海螺水泥有限公司党支部委员

为防控疫情，放弃假期“逆行”返岗，日行3万步，带领20余名留守职工守住公司“安全门”，120个返回员工，30张自驾车通行证，80个不同时间、不同地点的14天隔离员工的测温、隔离、巡查、宣传，不叫停，不喊累。牵头组建外来员工联系群和公司疫情防控群，每天发布防控工作情况，确保各项措施落实落细。毫无畏惧挽袖前往宁波献出血小板，为因疫情而告急的血库注入“红色希望”。

刘琼鲜 宁波科瑞特动物药业有限公司党员

铿锵玫瑰，战地芬芳。她是党龄仅有1年的战“疫”巾帼，带领公司党员重组生产线，24小时赶制消毒用品，组织公司捐献10余吨消毒液、4000只口罩、1000余瓶消毒喷剂。是企业复工的热心大姐，隔离不隔心，暖心接送返厂安置隔离人员，每日三餐送热饭，20余次代跑腿。这个静静等候的春节，和身为医务人员的女儿女婿一样，持续奋战在防疫一线，她说：“我们勠力同心、共同抗疫！”

许伟国 宁波方正汽车模具有限公司党员

四处奔波，从大年三十开始带领同事连续20多天到处扫货，筹集口罩1.7万余只、消毒液8吨，全力备足千余名职工安全复产所需物资。他春节无休，组织专人对入厂人员逐个测温、登记，逐日对车间机器、厂区环境消毒，确保复产安全有序，1042名员工全部返工，产能恢复近90%。他不遗余力，帮助解决42名隔离人员就餐、生活需求，及时提供关心关爱，撑起打赢疫情防控阻击战的坚强后盾。

【村社“守门人”】

先锋团队

胡陈乡永和村党支部

疾风知劲草，危难见忠贞。疫情来袭，他们主动出击、冲锋在前，迅速组建“疫情宣传、卡点执勤、无盲点巡查、个性化服务、居家硬隔离”5个工作组，24小时值守卡点，“一对一”结对居家观察户，累计开展集中巡查58次、入户宣传895户次，并紧急劝停灵峰寺百人集体禅修活动。面对物资匮乏，广泛动员，募集善款近10万元，党群同心汇聚防疫合力。

越溪乡南庄村党支部

众志成城，齐心抗“疫”，快速落实村内各项防控举措，果断取消筹备已久的“村晚”，劝返村民、摊贩1000余人，并依托联户网格，分头安抚好村民情绪。落实专人负

责1500亩海塘巡查，分片精准掌握186名外地养殖人员回程信息，严格做好返回人员隔离管控。发动乡贤、群众捐款捐物，两天内筹款5万余元，落实防疫物资保障。

大佳何镇大佳何村党支部

以“党员中心户+普通党员+村民代表”形式，划分8个志愿者小组，24小时值守村庄卡口，累计检查车辆2700余辆、4900余人，排查登记返乡、外来人员65户145人，并全面做好居家隔离观察户温情代跑代办服务。通过签订责任状、设立文明劝导专员、人员进出登记测温、每日全方位消杀等方式，强化菜市场管理，扎实筑牢镇区疫情防控的“红色防线”。

跃龙街道怡惠社区党总支

迅速集结，统筹协调8家“大党委”成员单位认领开放式小区卡点管理，各业委会及物业公司分别包干，24小时严防死守，当好社区“守门员”。他们组织发动300余名党员、楼道长、志愿者深入8大区域36个网格，精准排查3300余户、常住居民1万余人、外来人员500余人，以网格化精准智控，持续打好疫情防控阻击战。

桃源街道湖东社区党支部

勤谋实干，在党员带头下，建立“社工+物业+志愿者”为架构的“1+1+X”工作机制，划分5大网格，设立宣传引导、卡点执勤、红色代跑、信息排查、巡逻督导等5个志愿服务岗，与7个村社紧密配合开展联防联控，90余名工作人员24小时全天候拉紧疫情防控网。制定“爱心采购”方案，分片专人负责，细心服务居家隔离观察对象136户371人。

先锋个人

尤建兵　长街镇对岙洞村党支部书记

疫情防控阻击战打响后，顾不上腰部骨裂未愈，带着钢钉支架，毅然冲向第一线。带领党员干部多渠道宣传普及防疫知识、坚守卡点检查、夜巡村内街巷，织严织密村庄疫情防控网。在村内倡导设立“无人菜摊”，组织村民分时段有序购买，尽量为村民提供便利。正是他的表率引领，鼓舞着全村党员干部主动靠前、勇战疫情。

张贤安　力洋镇党委委员，平岩村党支部书记

“村有百家姓，抗疫一条心。”针对80%以上村民源自外县且村庄临近甬台温高速复线出入口等实际，迅速组织成立党员“抗疫先锋队”，带头严守6个防疫检查点，开展“地毯式”排摸，详细掌握村民出行信息，反复劝阻村民取消出行计划。开设流动“小喇叭”，循环宣传防疫知识，尽心尽责做好居家隔离观察对象代办服务，凝聚党群力量齐抗“疫”。

叶全奖　茶院乡许民村党支部书记

不顾医生劝诫，迈着因痛风而肿胀的右脚，带领所有在村党员干部坚守700年古村。他第一时间关闭AAA级景区，率队日夜不间断检查外来人员、异地车辆，耐心劝返游客近千人。他带头落实网格联户责任，挨家挨户上门叮嘱少出门、勤洗手。由于长时间劳累，痛风加剧，他每天需要挂2瓶点滴，但他用坚忍的意志，一直鼓舞全村党员群众，以必胜的信念携手阻击疫情。

王式华　桑洲镇麻岙村党支部书记

为精准应对疫情，严格落实网格防控，分片组建党员防控小分队，逐户摸排返乡人员，逐户宣传防疫知识，逐户落实防控措施，做到全村620余户全覆盖。时时心系群众，带头入户统计村民需要的蔬菜、药物和生活物资，累计为500人次采购新鲜食材，为160人次采购310多盒紧急药物。以身作则，主动肩负起麻岙岭卡点通宵执勤任务，用坚守筑起宁海南大门的“红色防疫堡垒”。

童文斌　前童镇塔山村党支部书记

面对疫情，迅速组织镇区五大村抱团作战，组建18支应急小分队，严格落实执勤、巡逻、宣传等举措，并果断执行取消元宵行会的决定，制止人员大规模聚集。做通村民思想工作，让500多名外来务工人员入驻五大村，并妥善做好居家隔离观察，帮助解决企业用工安置难问题。带头发动村民捐款17万元，共同打好古镇保卫战。

胡本波　深甽镇大蔡村党支部书记

在抗击疫情的战斗中，带头组建4支党员先锋队，24小时轮值坚守卡口，地毯式排查走访1400余户、3600余人，坚决做到“不漏一户、不落一人”。架起连心桥，全程与9户38名居家隔离观察对象贴心沟通，及时开展心理疏导，确保隔离户情绪稳定。带头坚守防疫一线，连续28天昼夜奋战，以必胜的信念冲向战胜疫情的终点线。

刘和兵　梅林街道伍富村党支部书记

疫情在前，使命在肩。针对外来租户多、紧靠塔山工业园等实际，带领党员群众设置“村界围栏”“党员驻点”“防控到户”立体式三层关卡，切实筑牢防控屏障。为解决物资紧缺的问题，想方设法购买3000个口罩，全部分发给居民。为有序推进复工复产，他主动与企业互通信息，对3210名

外来租户开展精细化排查，制定《出租户医学观察工作规范》，为企业复工复产打好基础。

【机关“那一抹红”】

先锋团队

县法院党组

充分发挥自身职能，依法及时办理虚假销售口罩诈骗案，特事特办为医疗器械公司做出信用修复决定，在疫情防控和企业复工复产中全力提供司法保障。他们下沉一线，组织94名党员干部奔赴乡镇、社区、企业、高速路口等防疫一线，参加联防联控，合力构筑防控屏障。

县教育局党委

积极响应疫情防控指令，第一时间严禁线下培训、封闭各个校园，对全县近13万名师生流动及接触外来人员情况反复开展8轮排摸，助力摸清底数。因时制宜谋划线上教学，开展“空中课堂”10万余次，对抗疫一线人员子女予以重点关注指导，有序应对延期开学问题。

县科技局党组

闻令而动，迅速组建战疫小分队驰援一市镇武岙村，持续做好卡点值勤、居家观察人员监测、物资采购运输等工作。紧扣中心，组建复工指导组，深入企业指导做好防控预案，督促落实检疫查验、健康防护等制度，鼓励企业攻关科研，为打赢疫情防控阻击战提供科技支撑。

县民政局党委

疫情期间，迅速实行养老服务机构封闭式管理，倡议“平安至上、丧事简办”，做好婚姻登记疏导，杜绝人员集聚。他们引导社会组织积极参与疫情防控，募集捐款880余万元，全部用于一线防疫。组织20余名党员干部深入社区参与联防联控，并为社区送去2200只口罩、280件慰问品。

县自然资源和规划局党委

采取认领包干方式，主动联系社区，安排18名党员干部，全面承担跃龙别墅、上东国际两个小区门岗执勤任务。组织40余名党员干部，前往高速路口、铁路站场、乡镇街道等抗疫一线，参与卡点执勤、“三返”人员防控登记以及助力企业复工等工作，在防控“主战场”上发挥先锋模范作用。

县水利局党委

面对疫情防控，第一时间响应，组织65名党员干部分赴一市镇武岙村、高速路口、社区等参与卡点执勤、巡逻防控。面对复工要求，他们又组织精干力量下沉一线，指导建设项目及时办理复工手续，实时跟踪检查疫情防控措施落实情况，帮助6个水利项目安全有序复工复产。

县审计局党组

热血不用战鼓催，战“疫”只为使命担。面对疫情，全员参战，每日出动80%以上干部参与一线防控工作，其中13人全脱产参与社区联防联控。不惧艰难，迅速组成宁象交界处卡口执勤小分队，12人14天24小时轮流坚守岗位，检查过往车辆2100余辆次。

国家税务总局宁海县税务局党委

迅速集结“先锋服务队”，派出9批次150余名党员干部驰援一线，累计服务500余次。组建“复工帮扶队”，选派35名业务骨干，开展“一对一”政策答疑。成立“抗疫办税队”，拓展“非接触式”办税，通过网络推送、线上办理、邮寄送达等，满足特殊时期企业涉税服务需求。

先锋个人

徐　明　县委办公室政策咨询科科长

先锋集结号吹响后，主动请缨、下沉一线，协助社区科学统筹人员分工、合力调度岗位、分类管理住户，确保志愿服务有序开展。带头冲锋在前，夜间值勤、居家观察人员管理服务等负荷较大、风险较高的工作，总能看到他的身影。

王泽泉　县委党史研究室干部

“哪里有需要就让我顶上。”到社区报到第一天就协助社工对辖区出租房进行“地毯式”排查。作为巡查小组长，每天穿梭在大街小巷，既是居家观察户的“代跑员”，也是卡点执勤员、防疫宣传员。看到社区物资紧张，发动个人关系，为社区筹集25千克酒精、25千克消毒液和100只口罩。

陈岳彬　县财政局税政科科长

疫情防控阻击战打响后，主动投入卡点值勤服务，麻岙岭卡点、火车站两头跑，一岗一天，不论刮风下雨，连续作战20余天。在麻岙岭卡点，累计排查215车次、466人次；在火车站卡点，仔细核对外来人员信息，一丝不苟。

严晓丽　县农业农村局法规与审批科干部

面对疫情，将家中两岁的孩子交给父母照看，第一时间到社区报到，挨家挨户开展防疫宣传，协助上门消杀、代跑服务。连续工作近20天，社区多次安排她轮休，均予以婉拒。面对“三返”高峰，说“能多尽一份力就多尽一份”，坚守仍在继续。

娄新民　县公建中心办公室干部

上阵父子兵，与父亲一道，协助社区干部制作出入证，为社区80余户居家观察户提供志愿服务，全力当好社区防疫“守门员”。在得知公交线路开通后需要志愿者跟车服务，又积极报名，已累计安全护送136批次公交乘客，为公交安全启运保驾护航。

杨添宽　县总工会组织和基层工作部部长

积极响应集结，第一时间报名奔赴社区防控一线，连续6天坚持卡点执勤、测量体温、排查登记、宣传防疫等工作轮流转。又当起“贴心保姆”，连续10余天为200余户居家观察户买菜、送菜，代购日常用品，用无微不至的服务做到隔离不隔爱。

张章科　县应急管理局监察大队大队长、黄坛镇黄坛村“第一书记”

疫情就是命令，第一时间进村到岗，连续坚守23天，带动全村党员干部设卡严查，累计检查车辆800余辆次、人员1000余人次。组织开展重点地区返村人员排查登记，累计排查外来租户500余人。加强科学防疫宣传，劝离违规聚集人员20余次；帮助指导所在村企业复工8家，得到村民一致好评。

胡灵通　县人力社保局财务和社保基金监督科科长、茶院乡毛屿村“第一书记”

接到防疫命令后，即时关闭村内老年协会、庙宇、教堂等人员集聚场所，组织党员、志愿群众一同设卡，落实24小时值守。自掏腰包购置温度计、口罩、消毒水等防疫物资，带动村干部、党员群众募集资金4.7万余元，全部用于疫情防控，有效解决物资紧缺难题。

【第二批市级战“疫”先锋】

先锋团队

县急救站党支部

不管白天黑夜、山高路远，“报警电话”就是他们的指令。承担着全县所有发热、疑似和确诊病例的转运、急救工作，身处高危一线，全员到岗到位，日夜连轴转。疫情期间，累计接警3830次，快速出动急救小组3405人次，转运病人1233例，其中发热病人262例。本就忙碌的他们，工作量双倍攀升，但脚步依然坚定，用共产党员的使命担当谱写急救人风采。

县公路管理局党总支

是保障防控的“急先锋”，也是阻击疫情的“守门人”，靠前谋划，制定公路应急防控预案，设置1200余个水马、示警桩等安全设施，调配24辆应急执法车辆，有效应对各类突发情况。第一时间组建公路铁军抗疫冲锋队及8支小分队，落实24小时执勤防控机制，80余名党员干部奔赴县域内8个市、县际交通卡点，累计检查9万余辆车辆、15万余人次，构筑起防“疫”战线独特风景线。

先锋个人

李乃江　县卫生健康局局长、党委书记，县红十字会党组书记

作为宁海县卫健部门的当家人，更是铁肩担当。敏锐研判，全市率先部署启动疫情防控，主动当好县委县政府决策参谋。靠前指挥，日夜无休奋战在一线，第一时间会商、第一时间研判、第一时间调度，以最快速度换得最优先机。科学防控，实施发热门诊分流机制，招募社会医务志愿者，协同形成联防联控、群防群控，有效把疫情遏制在可控范围。

王宗义　县第一医院感染科主任

扶危渡厄，医者担当。是支部公认的好党员，临危受命，带领10名医务人员首批进驻隔离病房，召集专家会诊200余人次，成功治愈1例确诊病患。是同事心中的好主任，以身作则独自挑起危险系数较高的咽拭子采样工作，连续21天采样120人次，陪护确诊患者检查18人次。16个小时苦战无休，凌晨3点陪护椅上短暂休息成最美睡姿。

张帆　宁海传媒集团全媒体采访部记者

是战“疫”记者，从大年三十开始，一直奔波在抗疫一线。为了挖掘第一手新闻，到过宁海海拔最高的望海岗交通卡口；为了感受最真实现场，不惧风险走进集中隔离观察点；为了准确了解复工情况，带队蹲守动车站、高速口，走近企业主、务工者。始终以党员示范带头自省，连续发回20篇深度报道，68岁“护士奶奶”、外来返工人员复工路等报道在中央、省、市媒体播出。

高翼飞　西店镇樟树村党支部书记

作为拥有5000名本地人口、6000名外地人口村庄的领头雁，带领党员群众落实房东、网格员、村巡逻队“三层”联动管理，张贴红黄绿白“四色”铭牌204张，精准管理返程人员450余名。联同新西店人临时党支部，开展村企结对组建“红色代跑员”，既为隔离人员提供送书上门、送菜到户等暖心服务，又提前做好返岗人员排查登记，帮助6家企业顺利复工。

鲍薇　宁海县第一注塑模具有限公司总经理

疫情面前，是复工复产的先行军，牵头成立公司疫情防控领导小组，制定严密防疫措施，实施错时上班制度，对进厂员工车辆、鞋底严格落实专人消杀，开展分批科学就餐、线上员工每日汇总，带领公司成为宁海最早复工试点企业之一。行业里，是关切社会的帮扶员，多方筹措向民生行业捐赠口罩1.6万只，积极建言献策、派出管理骨干，

帮扶30余家模具产业配套企业制定防疫图，实现快速复工复产。

【金盾卫士】

先锋团队

县公安局道路卡口查控组

12个卡点、300名警力、644个小时日夜坚守，62661车次、121024人次的查控量，用细致的核查和辛勤的汗水为全县群众筑起一道钢铁长城。多少天顶着寒风、冒着冰雨，吃不上一口热饭，有时候睫毛上都蒙上了一层厚厚的冰霜，从未言退，用铁的作风诠释了人民警察的担当。警民鱼水情，群众纷纷自发送棉衣、送开水、送水饺，用无声的语言感激这些守卫在一线的警盾。

县公安局情指联勤中心

是疫情防控的“指挥官”，用电波传递指令、推送情报、指导实战。疫情防控以来，连续奋战34天，累计编写防疫专报28期，推送决策指令213条，下发核查数据238批66799人次，提供技术保障182次，编写经验做法47篇，以“不打烊”的坚持守护着万家灯火。身处幕后，决胜千里，那座尖塔汇聚了来自全县的信号，传递着让人放心入眠的安全。

县公安局小数据核查专班

是疫情防控的“追踪者”，也是精密智控的“代言人”，一双“火眼金睛”精准搜寻密切接触者，以极致、精致、细致的工作作风排除风险、守护安宁。一个小房间、几张小方桌，在这个狭小的空间里，日夜与数据为伴、与时间赛跑，累计核查落地密切接触者692人，牵头查证“甬行码”7000余人次，是奋战在这个没有硝烟的战场上的“幕后英雄”。

县公安局跃龙派出所

在这场战“疫”中，一呼百应、坚守一线，全力开展小周期滚动排查，守住安全“小门”，累计梳理核查流动人口3.8万余人次，劝散棋牌活动等聚集行为300余次。积极参谋、精准服务，打造“宁波全域一码通”的“跃龙样板”，推广“甬行码”10万余人次、制发“甬行证”3.7万余张，为美团骑手、外籍人员等特殊群体上门制证，全力护航企业复工复产，保障群众安全出行。

县公安局桃源派出所

自大年二十九开始，开启“5+2”“白+黑”战时工作机制，全所人均加班超过20个工作日，排摸核查3万余人，推广注册“甬行码”“甬行证”近9万人次，在最短时间内破获全县首例涉疫诈骗案。全所14名民警、辅警被市、县两级公安局战时表彰，涌现日行4万步“暴走”民警周新卫等一批先进典型，以该所抗疫工作为题材的《逆行者》视频短片被新华社、学习强国宣传推送。

县公安局一市派出所

金色盾牌热血铸就，危难时刻彰显担当。新冠肺炎疫情突如其来，全体民辅警迎难而上，连续24个昼夜守护在全县形势最为严峻的防控要地——一市镇武岙黄村。扬起利剑斩断病毒传播链，从落实全封闭措施到接送重点人员，从做好村内集中观察到宣传相关政策，永远冲在疫情最前线，用饱满的激情扬起心中的党旗。

先锋个人

祝敏杰 县公安局党委委员、副局长

是公安战线的一名“老兵”，在这场与“疫魔”赛跑的战斗中，他主动参谋、靠前指挥，带领全体民警、辅警一路“逆行”，坚守防疫检查卡点一线。外防输入、内防扩散，全力推广“宁波全域一码通”、启动“新入宁人员”小周期滚动排查机制，全面强化社会面管控，严守“三道小门”，为全县打赢疫情防控阻击战提供强有力的公安支撑。

仇存明 县公安局副局长、西店派出所所长

战“疫”打响后，听号而动、依令而行，创新工作方法规范卡点运行，带领全所民警、辅警累计核查车辆1.2万余辆、人员2.1万余名，守牢“宁北门户”。协助镇党委政府落实“三色四层”管理机制，全程保障4800余名居家隔离观察人员配合管理。主动上门走访企业了解需求，派遣民警赴陕西安康随专车护航978名工人平安返岗，助力企业有序复工和疫情防控“两不误”。

卢学洋 县公安局治安大队大队长

作为县公安局疫情防控工作领导小组办公室主任，一连20多天都没有停下脚步，统筹、指导、参谋、落实，从制定疫情防控方案到落实防控工作措施，从卡点有序运转到密切接触者追踪，从推广“宁波全域一码通”到9类人员小周期滚动排查，从防疫物资保障到服务企业复工……每一项工作都有他的身影，每一处细节他都善始善终，他和他的战友们全力以赴，不获全胜决不收兵。

应必辉 县公安局刑侦大队副大队长

防疫斗争中，是追踪密切接触者攻坚组执行副组长，在海量数据中寻找蛛丝马迹，抽丝剥茧排查密切接触者，绝不漏掉一名可疑人员。参加战斗以来，带领整个团队核查研判各类数据8万余条，协助全县医务人员追踪确诊病例密切接触者120余人，为指挥部疫情防控

决策提供了坚实的数据支撑。

龚凌波　县公安局大佳何派出所民警

既是警察，也是警嫂。自大年三十开始，便把2岁的儿子交由婆婆照顾，和丈夫双双投入疫情防控工作中。作为单位内勤，每天争分夺秒做好上情下达、后勤保障等工作。为了能让战友轮岗休息，主动请缨走上一线，参与巡逻排查、走访宣传，并默默承担夜间卡点执勤任务，在寒冷的夜晚，一丝不苟地做好检测登记，一待就是8个小时。

叶建飞　县公安局治安大队民警

为做好集中隔离对象管理，主动请缨进驻“前沿阵地”——1号隔离点，一守便是28天。神经高度紧绷，不敢有一丝懈怠，对不理解群众耐心进行法律指引、政策宣讲，说服其服从大局、配合工作。其间，先后负责管理155名集中隔离对象，并安全护送77名解除医学隔离观察对象离开，1号隔离点始终保持着安全平稳的运转状态。

【最美战“疫”雷锋】

最美志愿服务团队

宁海县飞狼志愿服务队

“疫情不退，我不退。”连日驻扎在宁海高速路口，开展交通疏导、对驾乘人员测体温验身份、劝返疫情重点地区人员……沉着冷静地把守着宁海北大门。部分人为了方便参与服务，特意在附近临时租房。在这场没有硝烟的战争中，以自己最真实的行动诠释“逆行者”的风采，携手筑起疫情防控的坚强战线。

宁海县小青柠志愿服务队

第一时间开通24小时防疫咨询热线，招募4名心理咨询专家两班倒为群众提供心理疏导，累计接听来电80余起。积极开展交通秩序维护、体温监测、防疫知识宣传，主动投身关心关爱返乡、隔离人员志愿服务。累计参与志愿服务2000余人次、1.5万余小时。

宁海县萤火虫在线志愿服务队

是宁海成立最早的志愿服务组织之一。在疫情暴发后，踊跃报名奋战一线。在高速路口、火车站筛查外来人员、测量体温；在第二医院，电话跟踪疫情期间返乡人员。牢牢把控着疫情防控防线，以微光点亮胜利。已有31人参与防疫志愿服务，服务时长超2000小时。

宁海县安德阳光家园

主动参与疫情排查工作，连续20多天逐个排摸8000多家工业和服务业企业人员情况。为街道、社区、敬老院捐赠口罩、额温枪，到口罩生产企业做志愿者，开展无偿献血，并联系多家理发机构开展“疫”剪活动，奔走站点30余个，为“战疫”一线人员免费理发3000多人次。

西店退役军人志愿服务队

“若有战，召必回。”铁骨铮铮、勇挑重担，积极响应号召主动报名，集结组成应急布防突击队，连夜到西店高速卡口参与防控引导、秩序维护、体温测量等志愿服务，累计服务时长2300余小时。

宁海建行志愿服务队

坚持线上线下多线协作，持续助力疫情防控和复工复产。已累计发动志愿者56人次参与社区卡点执勤和代跑送菜服务，组织20余名志愿者开展公交乘坐劝导。此外，还向环卫工人赠送方便面等物资，免费提供“战‘役’爱心保险”，并推出客户经理“云工作室”提供线上金融服务百余次。

宁海县山花烂漫公益服务中心

“积小善为大爱，帮助他人，快乐自己”是“中国好人”——宁海县山花烂漫服务中心一贯秉持的理念，抗“疫”期间，积极行动募集资金、物资，为一线志愿者们提供强有力的后勤保障。共捐赠防护面罩110个、一次性口罩1550只、一次性雨衣2010件、一次性手套7110双，募集善款5.2万元。

宁海青创联盟志愿服务队

来自各行各业，是新时代的创业青年。疫情当前，自发组建战“疫”志愿服务队，千方百计筹集物资，开展志愿服务，为抗击疫情贡献青春力量。累计募集方便面、水果、面包等慰问物资120余箱，耳温枪、温度计300余支，医用手套6万只，制作宣传视频3个，并持续向各卡点志愿者送姜茶、送糕点。

宁海好爸好妈故事团

自发录制“抗击新冠肺炎有声绘本系列”，连续半个多月播出。作品以图文并茂的方式，用一个个浅显易懂的故事为孩子们科普病毒的来源和防护知识，帮助他们释放压力，缓解焦虑，受到孩子和家长们的一致好评。共制作抗“疫”有声绘本16期，累计阅读量超20万次。

最美志愿者

王乘红

作为岔路镇阳光公益服务社理事长，积极参与防疫宣传，开展夜间巡逻布控100余次，组织“阳光义警”自创疫情防控方言顺口溜在抖音平台播放量超1.5亿次。组建“疫情关爱先锋队”，为居家医学观察对象提供线下“代跑”、线上咨询等服务；发起社内物资筹集，把200多箱方便面、奶茶以及2800多只口罩送到全镇62个执勤卡点。

娄逢理

“中国好人”、省道德模范娄逢理的事迹在宁海已家喻户晓。当疫情来临，依然奋战在一线，每天在岔路卫生院进行测量体温、检查甬行码、义务导医等志愿服务，晚上还要赶回高塘村参与卡点执勤，尽自己最大努力减轻一线工作人员的压力。还从本就拮据的生活费中拿出2000元捐给县慈善总会，用自己最大的热情和善意践行着最初的诺言：“用余生来回报社会，让爱的火种一直传播下去!”

李叶彩

“哪里需要去哪里。”68岁的退休医护人员李叶彩，面对突如其来的疫情，毅然递交请战书，回到曾扎根近40年的马岙社区卫生服务站，甚至跑到宁海县海拔最高的望海岗驿站参与防疫值勤。面对疫情，挺身而出、敢于担当，用实际行动践行着自己的入党誓言；面对村民，她尽己所能、坚守岗位，用真心守护着山区4000人的健康。

姚腾飞

是顺丰公司的一名外地员工，也是温暖中国人物——徒手托起坠楼幼童生命的“最美快递哥”之一。宁海是他的第二故乡，疫情期间，放弃春节和家人团圆的机会，加入疫情防控“快递小哥”青年突击队，坚持在岗值班，收派防疫物资。主动请缨加入免费口罩公益配送队，常态负责所在网点消毒和人员体温测量。

骆常峰

是双林电子有限公司的模具钳工，自正月初三始便报名参加宁海高速路口志愿服务，协助登记人员信息。熟记登记流程、分类管控最新政策，被喻为专业的“熟练工”。任劳任怨，为了应对“三返”人员激增，嗓子干渴顾不上喝水，到了饭点顾不上吃饭，到了换班交接时间，考虑到能减轻其他人员的负担，仍坚守岗位不肯离开。

卢鑫峰

是济宁医学院的学生，广大医护人员奋战一线的感人事迹给他带来了心灵的震撼，决心不负自身所学，投身抗疫工作。主动报名在超市、商场出入口开展志愿服务，负责出入人员体温检测、甬行码核验、疫情防控知识宣传等。耐心细致，以高度的责任感保护市民健康，为早日战胜疫情贡献着自己的力量。

【第三批市级战“疫”先锋】

先锋团队

县经信局工业复工组

是助企复工的“店小二”，全市率先出台规上企业复工流程，开启“线上+线下”双通道指导模式，组建7支线下小分队，排摸复工复产问题7700余个，梳理解答28方面热点难题，编制发布惠企政策包，争取26家企业列入省、市配套保障企业名单。是物资保障的“服务员”，协办工业企业原材料、货物等应急物资交通通行证，统筹调配口罩360余万只、测温仪3500余只、防护服4600余套等，并通过联系设备采购渠道、协调加速资质审批等，助力企业转产，实现县内口罩日产量破120万个。

宁波方正汽车模具有限公司

作为全县最早复工的3家试点企业之一，“严”字当头抓防控，争做规范防疫的示范表率，快速组建58人小分队，科学制订防控手册，分层分类明确10类人员岗位职责，开展员工线上健康申报，健全“一人一档”，建立应急预案，实施早上进厂、午间部门两级测温制度，及时掌握健康动态。“爱”字为先促复工，免费为返岗员工提供核酸检测、包车接送、餐饮理发等服务，推行盒饭分送，跟进关爱151名隔离员工，帮助1007人安全返岗，产能恢复近98%。

先锋个人

葛仁元　宁海县政府党组成员，办公室主任，县疫情防控办公室常务副主任、企业复工复产指挥部常务副总指挥

是防疫复工的排头兵，统筹工农服建金“五大产业”复工复产，牵头12个专业工作组、18个乡镇(街道)，高效帮企解难题3330余个，创新推行“一个中心研判流转，一套专班研究机制，一个规范化解决机制，一套政策发布体系，一天内完成”的“五一工作法”，被省、市交流推广，助力实现综合复工和复产率分别达到99.62%、98.19%。自1月19日起，每天工作必到凌晨，牵头县防控发文专班和重点人群动态管理清单发布专班，为主审核疫情防控、复工复产所有政策和重要指令，做到严格把关、快速高效，推动重点人群集中管控率快速提升并保持全市前列。

叶伟珍　宁海县第一医院感染科护士长

“我必将用我的行动为转正画上浓墨重彩的一笔”，疫情之初，作为预备党员的她履职尽责、做好表率，带领团队奋战72小时，第一时间开通24小时发热门诊，4小时内完成32名原感染科患者出院转院，高效完成隔离病房改建。毫无畏惧，主动请缨，1月21日首批入驻第一医院隔离病房，精心护理患者，严格规范防护，营造温馨病区。担当奉献，放弃“换防”，连续42天坚守抗“疫”一线，直至全部病人康复出院，隔离病房楼上与楼下女儿“隔空拥抱”，令人动容。

蒋来建　宁海县公安局桃源派出所社区中队指导员兼兴海警务站站长

负责的区域是全县流动人员在

册基数最大、流动指数最高的警务站。自1月23日战“疫”以来，一马当先、率先垂范，一个多月吃住在警务站，引领激励全站队员始终坚守在一线。他兢兢业业、一丝不苟，排摸核查各类人员4.5万余人，成功处置各类指令和矛盾纠纷125起，有效管控居家隔离对象2218人，做到底数清、情况明、管控到位。心系群众、主动服务，为7405名行动不便的老人上门办理甬行证，主动上门对接企业，对近7000名员工落实管控措施，帮助72家企业有序复工复产。

张祖列　宁海县跃龙综合市场有限公司总经理

护好“菜篮子”，打好“保供战”。从县级疫情警报拉响以来，带领职工及时响应，快速启动市场防疫工作，设置3处临门检查点，连续奋战40余天，劝民戴口罩，帮民测体温，日均检查人数超3000人次，累计劝返17人。牵头组建6支小分队，开展员工防疫大比拼，推行网格分片管理，摸实情、查漏洞、盯进度，日均巡逻、消杀面积超3万平方米，并利用电子屏等强化防疫宣传，发动近500户经营户参加，形成“人人防疫情、大家共参与”的浓厚氛围。牵头严格查验市场农产品相关凭证票据，增加农产品抽检批次，紧抓食品安全不放松。

姜燕华　宁海县农业农村局高级农艺师

发挥专业优势，化身茶园守护者，第一时间编制《新冠肺炎疫情影响下宁海县春茶生产应对措施与建议》，研究并推广茶园防霜冻技术，有效延长春茶采摘期，同时提出采茶工“共享”模式，积极与人社等相关部门沟通联系，统筹协调周边地市、县内各乡镇人力资源，为全县种茶大户输送采茶工3000余名，抢回“单芽”茶采摘黄金期，挽回茶农经济损失近200万元。连续30天坚守岗位，走访茶企30余家，协调落实口罩2万余只，协助解决复工复产问题115个，现场指导解决技术难题25个。

【省“战疫群英”优秀个人】

6月，由省慈善联合总会主办的“之江公益沙龙”在杭州举行，宁海县慈善工作者贝跃东、俞伟平，慈善义工任永娣、张咪娜，社会工作者任惠敏、葛丹微6人被评为省“战疫群英”优秀个人。

宁海县抗疫情专项工人先锋号

4月24日，宁海县举行庆祝“五一”国际劳动节暨先进表彰大会，表彰在全县各行各业涌现出来的先进工作者和先进集体。县委副书记李贵军致辞，县领导王兴兵、励成杰、石道伟参加。

大会表彰了市五一劳动奖章、“港城工匠”获得者，第四批“缑城工匠”，县工人先锋号。此外，在新冠肺炎疫情发生以来，宁海县涌现出了一批在疫情防控一线砥砺前行、践行使命的先进典型。为此，宁海县决定授予宁波优和办公文具有限公司疫情防控先锋组等44家单位“宁海县抗疫情专项工人先锋号”。

劳动模范

【全国劳动模范　裘银芳】　11月20日上午，受县委、县政府主要领导委托，县委常委、宣传部部长叶秀高，县人大常委会副主任、县总工会主席王兴兵欢送2020年全国劳模裘银芳赴京受奖。24日，2020年全国劳动模范和先进工作者表彰大会在北京人民大会堂隆重举行，裘银芳荣获全国劳动模范荣誉称号。26日中午，县委书记林坚亲切会见从北京载誉而归的裘银芳。县人大常委会副主任、县总工会主席王兴兵，副县长沈纾丹一同会见。林坚代表县四套班子向裘银芳表示热烈祝贺和崇高敬意。他表示，裘银芳扎根基层、服务“三农”，为宁海的农业发展、对口扶贫等工作付出大量的心血，生动诠释了新时代劳模的风采和作为，是全县人民的骄傲和榜样。

2015年，裘银芳在果蔬市场退休后创办宁海县首家、宁波市最大的农民专业合作社联合社——圣猴果蔬专业合作社联合社，覆盖全县18个乡镇（街道），拥有社员1500余户，带动农户1.2万余人，年销售额1.2亿元，在扶建基地、广拓渠道、建言献策、消费扶贫，促进农民增收、农业增效等方面，做出了较大贡献，被誉为“农民致富贴心人，企业发展领头雁”。裘银芳兼任宁波市农产品经纪人协会会长等多个职务，是浙江省第十二、十三届人大代表，宁波市第十三、十四、十五届人大代表，全国劳动模范是裘银芳继全国十大经纪能人、全国供销系统劳动模范、浙江省优秀共产党员等荣誉又获得的一项殊荣。

5月27日，宁海县举行“牢记总书记嘱托，弘扬新时代精神”劳模工匠座谈会，会上为宁海县圣猴果蔬专业合作社联合社裘银芳创新工作室等十家为县级创新工作室进行授牌。

【全国物流行业先进工作者　薛英汉】　12月29日，全国物流行业先

师5人、高级工10人，团队获得各类科技创新奖和科技成果奖11项。2017年，徐剑中更是积极参与支援西藏那曲电网建设，将技术带入雪域高原。2019年，再次入藏，在西藏那曲创建该地区首家电化教室。

【港城工匠、市五一劳动奖章获得者　潘晓燕】 潘晓燕从创办职业培训学校到，宁海县花姐文化创意有限公司，始终致力于把美与艺术融入生活，同时传承发展传统技艺，为宁海县文化事业发展贡献力量。

作为一名花艺师，潘晓燕还发起成立了插花花艺协会，年培训场次达上千场，覆盖范围包括象山、北仑、镇海等地。潘晓燕说，最初教花艺只是一个谋生的职业，但是在不断成长过程中，她看到很多人因一技之长改变了自己的生活，使命感油然而生。

花姐文创的授课内容已从最初的花艺到现在的几十个工种、上百个类目，学员也从宁海本地扩大到全国。还将很多技能梳理成DIY体验课，并从中筛选出一部分设计成文创产品。压花就是其中一种，她跳出原来比较多的压花相框作品，将压花作品和手包、首饰、花器、茶具等相融合。还开发手工材料包、扎染、手鞠球、传统糕点等产品。

【港城工匠、市五一劳动奖章获得者　薛鹏林】 2014年，薛鹏林进入宁海建新胶管有限公司，负责公司工装治具设计制作、生产线技术改造、生产工艺优化等工作。6年来，成绩卓著，由他牵头主持的大规模技术改造、生产工艺改进及新设计制作工装模具项目多达40余项，创造巨大的经济效益和社会效益，为公司节约成本500多万元。其中，总成车间装配工艺由单工位装配改进为多工位流水装配工艺，生产效率达到最大化，日班产量从800套提升至1600套以上。帮助企业获得国家专利21个，其中工装设备类授权发明专利3个。

以他名字命名的大师工作室有9名成员，平均年龄33岁。在他的带领下，工作室培养高级工6人，技师4人，车间技术骨干10余人。

【市五一劳动奖章获得者　丁红星】 1999年3月，丁红星上任黄坛镇里天河村党支部书记。在他的带领下，村集体经济和农民收入逐年上升。香榧产业成为当地的支柱产业、村民的绿色银行。

黄坛镇成立香榧产业协会，作为浙江省第九批省级农村科技示范户的丁红星出任会长。开展产业补强一系列工作：培育当地土专家，促进香榧产业又好又快发展。

丁红星带领村民开辟“党建+产业”发展平台，将全村16位从事香榧生产的党员组建成一个香榧产业党支部，从育苗、种植到加工、销售，全程服务，抱团发展香榧产业。同时，深度挖掘“香榧文化”，延伸香榧种植经济产业链，开发出育榧苗、种香榧、产香榧、销香榧为主题的农业观光旅游，积极打造“两美”精品特色村。双峰山区的香榧种植规模已经从2012年的6000余亩增长到现在的1.5万余亩，达到翻番增长的目标。

【市五一劳动奖章获得者　王玉琪】 王玉琪是华英伦科技（宁波）有限公司党支部书记、工会主席，带领党员细心指导企业编制复工手册，建立企业防疫标准，规范园区周边企业3200余名职工健康档案。同时，作为公益志愿服务的带头人，他购买口罩、酒精等防疫物资支援镇村执勤卡点，积极参与复工志愿活动。

他总是想方设法通过个人资助、组织募捐等方式，帮助困难职工解决燃眉之急。3月，王玉琪创建“职工说事”工作室和“王玉琪调处”工作室，为职工们进行说事、解惑。接待来电来访职工、群众160余人次，涉及职工维权、困难帮扶、暖心公益、技术创新等方面。其中，化解职工矛盾纠纷56起，协办法律援助10件，调解企业劳资纠纷15起；280多人次受益，调处成功率100%，群众满意度达98%，有效地解决困扰企业和职工的难点、痛点、堵点。在他眼里，员工的事就是他的“家务事”。

王玉琪还是岔路阳光公益服务社的副理事长，在志愿服务中倾情奉献。

【第三批宁波市基层名中医药师和第二批宁波市中青年名中医药师名单】 6月，宁波市卫生健康委和宁波市人力社保局联合发文，公布第三批宁波市基层名中医药师和第二批宁波市中青年名中医药师名单，宁海县中医院集团八位中医药师榜上有名，分别是：王春伟、钱天昱、黄松平获第三批宁波市基层名中医师称号，林朝阳、周琼、吴善栋、郑国江荣第二批宁波市中青年名中医师称号，叶薇群获第二批宁波市中青年名中医药师称号。

【养虾匠】 12月，在江苏省如东县举行的2020中国虾业风云榜颁奖典礼上，宁海县一市镇养殖户李林峰、李来国获2020年度养虾匠称号。

好　人　榜

【中国好人　童松达】 中央文明办

发布2020年12月“中国好人榜”，前童镇鹿分村村民童松达获评诚实守信好人。

童松达家族自清代便开始在前童镇黄洋市路廊义务为过往行人提供免费茶水，到童松达一代已有300余年。“烹茶以济行人”是代代相继的承诺，十代人默默坚守。从年少时，童松达便跟随家人免费为村民义务烧茶，常年坚守。如今，他年迈多病，儿子又不幸离世，儿媳便接过义务烧茶的担子，继续着这份承诺。正是这份善心和善举，童松达还获评2020最美诚信浙江人，前童镇也专门为老人在古镇里设置了爱心茶摊，并发动志愿者帮助老人一起烹茶送水，让爱心茶传递文明乡风。

【最美浙江人　赵鸿伟】 8月20日，在省委宣传部、省残联举行的省第二届“最美浙江人·最美残疾人”发布会上，宁海传媒集团编辑、诗人赵鸿伟（阿门）获提名人物奖。

赵鸿伟自幼双耳失聪，当过工人、宣传员、编辑，在每一个岗位上，他都兢兢业业。业余时间，赵鸿伟找到毕生志向——诗歌写作，笔耕不辍，16岁在省刊发表处女诗作，2008年，作品《中年心迹》获人民文学奖。在《人民文学》《诗刊》《中国作家》等全国各大报刊发表800余首（篇）作品，获省级以上奖项30余次，出版个人诗集7部，其中4部为宁波市文艺创作重点项目，1部获宁波文艺奖并入围参评第七届鲁迅文学奖。

作为宁波市聋协主席，赵鸿伟时常开展形式多样的活动，帮助聋人答疑解难，消除心理障碍，还利用自身长处，发表文章呼吁社会重视、支持残疾人事业。2020年新冠肺炎疫情发生后，他以笔驰援，创作20首诗歌，还积极组织作家进行抗疫主题创作。赵鸿伟表示，他成长过程中，得到过很多无私的帮助，自己会继续努力，“自强到老，奉献到老”。

【宁波市十大慈善之星】 1月，由宁波市慈善总会、宁波市记协和《宁波晚报》联合推出的“2019·感动宁波”十大慈善新闻事件和人物揭晓，“爱心老人”王春文上榜。

9月，浙江省慈善嘉年华暨宁波市“中华慈善日”活动在宁波举行。宁波如意股份有限公司被评为宁波市“十大最具爱心捐赠企业”，爱心老人王春文、东方日升新能源股份有限公司创始人林海峰，以及建新赵氏集团总裁赵肇丰被评为宁波市“十大慈善之星”。

新闻人物

【首批驰援武汉医疗队员】 1月28日，县第一医院副主任医师王平和县中医医院护士顾丽娜，作为宁海派出支援武汉的医护人员，登车出发前往武汉，支援武汉抗击疫情。4月3日，宁海县首批驰援武汉医疗队员王平、顾丽娜结束休整，载誉返回宁海。县委书记林坚，县委常委、组织部部长方勤，副县长励成杰和医疗队员家属、同事一道迎接他们凯旋。

【县优秀基层文化工作表彰】 4月，2019年度全县优秀基层文化工作表彰名单出炉。评选出在全县基层公共文化建设中成绩突出的10个优秀乡镇（街道）综合文化站、45支星级群众文艺团队、50支“宁海之夏”文化纳凉戏曲团队和50名群众文化带头人。

7月17日，宁海县举行2020年基层文化重点工作推进会。会议表彰通报2020年宁海县文化优才以及2019年度宁海县优秀文艺作品。20人获评2020年宁海县文化优才。同时，4件作品获2019年度政府常设性文艺奖、5件作品获柔石文学奖、66件作品获潘天寿艺术奖、25件作品获优秀文艺作品奖。

【叶海峰】 9月，第三届浙江省“优秀网格员”表扬活动在杭州举行，宁海县跃龙街道园丁社区居委会主任、第一网格员叶海峰获省“优秀网格员”称号。

【章光辉】 9月，宁波博物馆举行了一场特殊的捐赠仪式，9件记录着战“疫”时刻的木雕、剪纸、画卷等文艺作品被永久收藏。宁海“非遗”竹木根雕技艺传承人、宁波市工艺美术大师章光辉的作品《出征》也在其中。

【骆武创】 11月，宁波市委宣传部、宁波市委网信办联合举办“温暖的力量”——社区故事征评活动，跃龙街道塔山社区居民理发师傅骆武创因40多年来义务为弱势群体上门理发，自费为杜鹃山开辟登山步道，协助建设凉亭，带领环保队员清理垃圾的感人事迹上榜。

【王琛】 11月，第三届全国（宁波）综合材料绘画双年展复评结果出炉，宁海县画家王琛作品《广夏汗碱》获入会资格，画家胡云泉、章麒、周毅的作品也入选。

【杨维炉、杨启超】 12月，在“中国设计活动日”活动中，宁海竹编传承人杨维炉、杨启超获中国原创设计奖和2020中国非遗文化传承奖。

【陈冬娥】 1月，2019年度浙江乡村振兴带头人“金牛奖”揭晓仪式举行，桃源街道下桥村党支部书记兼村主任陈冬娥荣获“金牛奖”，宁海传媒集团获“优秀组织奖”。

陈冬娥曾荣获全国农村青年致富女能手、浙江省“三八红旗手”等荣誉，担任三届省人大代表。

【胡家艺】 1月，宁海棋手胡家艺获国家一级运动员称号。

胡家艺现就读于潘天寿中学，年仅14岁的她棋龄已达9年，已经获得过全国象棋儿童锦标赛冠军、全国少年锦标赛冠军，7岁时就被授予“一级棋士”称号。

【汪祖军】 1月，桃源街道石家岙村汪祖军家庭入选2019年浙江省“廉洁守法”家庭，全省共有50户家庭获得此项荣誉，全市仅5户。

汪祖军自2008年起任石家岙村党支部书记，他常说：“我是党员，要做好表率，也要把家庭成员教育好。”生活上，汪祖军夫妇以德治家，以俭持家，以廉保家；工作上严格按照规矩办事，实行阳光村务，真正做到让村民事事能参与、件件可监督。汪祖军说，他的家庭之所以能树立较强的廉洁意识、法律意识及自警意识，与近年来桃源街道频繁扎实开展监督执纪问责、深化作风建设等一系列工作密不可分。

【杨君霞】 杨君霞获评2019年度“优秀家庭医生”，力洋中心卫生院彭家孟家庭医生签约团队和岔路中心卫生院家庭医生第一团队获评“优秀家庭医生团队”。

杨君霞是县第二医院城关社区卫生服务中心医生，家庭医生联村第四服务团队的团队长。曾获2019年度宁波市优秀家庭医生工作者称号；力洋中心卫生院彭家孟家庭医生签约团队和岔路中心卫生院家庭医生第一团队分别成立于2016年和2017年，均签约千人以上，居民满意度保持在95%以上。团队通过对居民的健康档案的管理、慢性病患者的管理、重性精神病患者的管理，与居民建立良好的关系，用扎实的医疗技术和热情的服务态度赢得了社区居民的广泛好评。

【李叶彩】 3月8日上午，“护士奶奶”李叶彩的道德模范工作室在深甽镇马岙社区卫生服务站揭牌成立。

李叶彩是深甽镇马岙社区卫生服务站的退休职工，有着47年党龄的她在这次抗击疫情中，到宁波海拔最高的边界防疫卡点去值勤，被大家亲切地称呼为“护士奶奶”。她的事迹被中央电视台、央广网、《浙江日报》、浙江卫视、浙江之声等多家媒体报道，并获评“浙江好人”称号。

“不能让‘护士奶奶’一个人干！李阿姨是我敬佩的老前辈，更是我们年轻一代医护人员学习的榜样。”由县第一医院医疗健康集团深甽分院副院长王亚琴发起的“护彩”志愿服务队，有医护工作者、马岙村干部和村民组成。志愿服务队里既有党员、入党积极分子，也有普通群众，总数有25人。这支志愿服务队将在“护士奶奶”李叶彩道德模范工作室的带领下，从事健康义诊、健康宣教、关爱老弱病患等志愿服务。这也是深甽镇继郭正钊、俞春菲之后的第三家以好人命名的道德模范工作室。

【屠仙绒】 5月，由市文明委在全市开展的推选宁波市文明家庭活动结果揭晓，其中跃龙街道园丁社区居民屠仙绒一家上榜。

“住在一个社区里就是一家人，有什么困难说一声，能帮的我一定会帮。”邻居遇急事需要帮忙，屠仙绒总是尽自己所能提供帮助。她热心公益，爱好跳舞，组建舞蹈队，带领姐妹们健康文明跳舞，锻炼身体，丰富业余生活，并多次代表园丁社区参加各类比赛，取得优异成绩，为社区争光。

屠仙绒的丈夫退休在家，积极配合院内“污水零直排”工程，解决院内污水堵塞问题，得到街坊邻居的一致夸赞。同时，屠仙绒严格要求女儿，在她的教育下女儿成为一名国家公务员，在单位里爱岗敬业，团结同事，待人接物有礼有节，得到各方好评，工作之余还积极主动地参加各类志愿服务活动，如分发蟑螂药饵、参加正学公园夜巡保平安活动、开展垃圾分类指导等。

【秦巧莲】 1月，第十二届全国五好家庭暨家庭工作先进集体、先进个人表彰和2020年全国最美家庭揭晓电视电话会议在北京召开。会议共表彰999户全国五好家庭，200个家庭工作先进集体，200名家庭工作先进个人，揭晓999户全国最美家庭。其中，桃源街道秦巧莲家庭榜上有名。

秦巧莲家庭是一个积极进取、相敬相爱、幸福和美的重组家庭。秦巧莲是宁海县中医院检验科医生，丈夫杨华法是潘天寿中学教师，大儿子杨备全是海军战士，已服役6年，获优秀士兵称号，还有女儿叶泓钰和一对双胞胎儿子秦博今、杨博文。夫妻俩用拳拳爱心筑起和美家园，用“有志、有识、有恒”六字箴言践行家风美德，严于律己争做先锋党员，培育4个子女成长为文明有为的青少年。他们精心设计打造美丽庭院“博雅园”，用一个花园开启一个春天，被评为美丽庭院精品户。他们向善向美，用文明行动引领美丽村庄，带领孩子积极参与清洁家园、美丽庭院、垃圾分类、家风宣传等志愿服务活动，努力把绿色、健康、文明的生活理念传播给朋友及村民们。

该家庭还曾获2018年度浙江省“最美家庭”、2018年第四季度浙江省“最美家庭”、2017年度浙江省绿色家庭、宁波市文明家庭。

【百余位教师获著书立说奖】 为激励全县教师在教育教学过程中改革创新、积累经验、著书立说、成名成家，宁海县举行第五届教师著书立说奖颁奖仪式，全县百余位教师获奖。

此次评选按“报刊档次40%+成果质量60%”的比例打分，评出正式出版的优秀教育教学专著（编著）5部、正式发表的优秀教育叙事6篇、正式发表的优秀教育教学论文52篇，淘汰37项。另外，县委宣传部、县社科联举办的宁海县2020年度“哲学社会科学优秀成果”评比共有46项成果获奖，其中教育系统获奖19项。

【223人获全国无偿献血奉献奖】 国家卫生健康委员会发布《关于表彰2018—2019年度全国无偿献血表彰奖励获奖者的决定》，宁海县有223人荣获全国无偿献血奉献奖，其中73名金奖获得者、47名银奖获得者、103名铜奖获得者和19名星级志愿服务获得者。截至2019年年底，宁海县累计已有683名献血者荣获全国无偿献血奉献奖，73名星级志愿服务获得者。

【一人获浙江省“西湖友谊奖”】 浙江省政府公布2020年“西湖友谊奖”名单，共有50位外国专家被表彰。宁海县中乌高端新材料合作平台引进的外籍专家帕诺玛廖夫·亚历山大和比罗乌斯·阿纳托利获此殊荣。此前，该平台已有2人获中国政府友谊奖，2人获西湖友谊奖，6人获宁波茶花奖。

西湖友谊奖设立于1997年，是浙江省人民政府为表彰外籍专家在浙江省经济建设和社会发展中所做出的突出贡献和奉献精神而设立的最高奖项。此奖项每两年评选一次。

附 录

重要文件目录

表 22　　2020 年中共宁海县委部分文件一览表

序号	文 号	文 件 标 题
1	宁党〔2020〕1 号	关于高质量补齐“三农”领域短板 高水平实现全面小康的若干意见
2	宁党发〔2020〕1 号	关于高水平推进县域治理现代化的决定
3	宁党发〔2020〕18 号	关于加大西店镇小城市培育试点政策扶持力度的若干意见
4	宁党发〔2020〕25 号	关于全面落实预算绩效管理的实施意见
5	宁党发〔2020〕30 号	关于加快推进新时代民政事业高质量发展的实施意见
6	宁党发〔2020〕31 号	关于实施人才和创新“栽树工程”建设高水平创新型强县的决定
7	宁党发〔2020〕35 号	关于印发《宁海县推进长三角洲区域一体化发展行动方案》的通知
8	宁党发〔2020〕38 号	关于建设高水平交通强县的实施意见
9	宁党发〔2020〕52 号	关于印发《宁海县党政领导干部选拔任用分析研判和动议工作办法》《宁海县党政领导干部选拔任用民主推荐工作办法》《宁海县党政领导干部选拔任用考察工作办法》《宁海县党政领导干部选拔任用讨论决定工作办法》《宁海县党政领导干部选拔任用任职工作办法》的通知

表 23　　2020 年宁海县人民政府部分文件一览表

日期	发文文号	文 件 名
12. 21	宁政发〔2020〕25 号	宁海县人民政府关于印发《宁海县工业全域治理实施方案》的通知
12. 18	宁政发〔2020〕26 号	宁海县人民政府关于印发《宁海县“三线一单”生态环境分区管控方案》的通知
12. 90	宁政发〔2020〕24 号	宁海县人民政府关于印发《宁海县城镇污水处理提质增效专项行动方案（2021—2025 年）》的通知
11. 20	宁政发〔2020〕23 号	宁海县人民政府关于印发《推进健康宁海行动实施方案》的通知
11. 20	宁政发〔2020〕22 号	宁海县人民政府关于印发《宁海县城乡公交一体化深化改革实施方案》的通知

续表23

日期	发文文号	文件名
11.13	宁政发〔2020〕21号	宁海县人民政府关于印发《关于促进宁海县与贵州省晴隆县产业合作、消费扶贫和劳务协作实施办法》的通知
8.20	宁政发〔2020〕14号	宁海县人民政府关于加强政府部门与民主党派、工商联和无党派人士对口联系工作的意见
4.22	宁政发〔2020〕3号	宁海县人民政府关于进一步规范土地出让管理工作的通知（以此件为准）
4.22	宁政发〔2020〕2号	宁海县人民政府关于印发《宁海县土地储备管理办法（试行）》的通知
4.3	宁政发〔2020〕4号	宁海县人民政府关于给予宁海县援助武汉应对新冠肺炎疫情医疗组集体嘉奖奖励的决定
2.8	宁政发〔2020〕1号	宁海县人民政府关于打赢疫情防控阻击战帮扶中小企业共渡难关的二十条意见

表24　　2020年中共宁海县委办公室部分文件一览表

序号	文号	文件标题
1	宁党办〔2020〕4号	印发《关于进一步激励干部新时代新担当新作为的工作意见》的通知
2	宁党办〔2020〕5号	印发《关于大力开展新时代乡贤助推乡村振兴工作的实施意见》的通知
3	宁党办〔2020〕6号	印发《关于构建亲清新型政商关系的实施意见》的通知
4	宁党办〔2020〕7号	印发《关于进一步健全完善宁海县应急管理体系的实施意见》的通知
5	宁党办〔2020〕10号	关于高水平推进美丽城镇建设的实施意见
6	宁党办〔2020〕27号	关于印发《实行首问负责即问即办的若干规定（试行）》的通知
7	宁党办〔2020〕28号	关于开展行政村规模优化调整工作的实施意见
8	宁党办〔2020〕30号	关于印发《宁海县推进新时代文明实践中心建设省级试点工作实施方案》的通知
9	宁党办〔2020〕35号	关于印发《宁海县“全域旅游现出发”专项行动实施方案（2020—2025）》的通知
10	宁党办〔2020〕36号	印发《关于规范推进三级社会矛盾纠纷调处化解中心建设的实施方案》的通知
11	宁党办〔2020〕38号	关于全面落实过紧日子要求厉行节约反对浪费的通知
12	宁党办〔2020〕39号	关于印发《宁海县国有企业退休人员社会化管理工作实施方案》的通知
13	宁党办〔2020〕40号	印发《关于贯彻〈2019—2023年全国党员教育培训工作规划〉的实施意见》的通知
14	宁党办〔2020〕43号	印发《关于高质量做好村（社区）组织换届选举工作的实施意见》的通知
15	宁党办〔2020〕46号	关于印发《全面深化改革推进实现食品安全治理现代化的实施意见》的通知

表25　　2020年宁海县人民政府办公室部分文件一览表

日期	文号	文件名
12.29	宁政办发〔2020〕36号	宁海县人民政府办公室印发《关于实施“星耀计划”加快推进生物医药产业发展的实施意见（2020—2025年）》的通知

续表25

日期	文　号	文　件　名
12.25	宁政办发〔2020〕41号	宁海县人民政府办公室关于印发《宁海县节水行动实施方案》的通知
12.24	宁政办发〔2020〕39号	宁海县人民政府办公室关于调整宁海县公务员医疗补助政策的通知
12.23	宁政办发〔2020〕40号	宁海县人民政府办公室关于印发《宁海县自然资源统一确权登记工作方案》的通知
12.18	宁政办发〔2020〕38号	宁海县人民政府办公室关于改革完善医疗卫生行业综合监管制度的实施意见
12.18	宁政办发〔2020〕37号	宁海县人民政府办公室关于印发《宁海县工业集聚点治理实施细则》的通知
12.16	宁政办明电〔2020〕28号	宁海县人民政府办公室关于印发《宁海县管道燃气特许经营评估工作实施方案》的通知
12.11	宁政办发〔2020〕35号	宁海县人民政府办公室关于认真做好2020年由政府安排工作退役士兵接收安置工作的通知
12.40	宁政办明电〔2020〕27号	宁海县人民政府办公室关于印发《宁海县粮食应急预案、宁海县校园突发事件应急预案》的通知
11.30	宁政办明电〔2020〕26号	宁海县人民政府办公室关于印发《宁海县城镇燃气体制改革实施方案》的通知
11.26	宁政办明电〔2020〕25号	宁海县人民政府办公室关于印发《宁海县旅游突发公共事件应急预案、宁海县农作物生物灾害应急预案、宁海县突发动物疫情应急预案》的通知
11.20	宁政办明电〔2020〕23号	宁海县人民政府办公室关于调整宁海县安全生产委员会、宁海县森林防灭火指挥部、宁海县防汛防台抗旱指挥部和宁海县消防安全委员会成员的通知（以此件为准）
10.19	宁政办明电〔2020〕20号	宁海县人民政府办公室关于印发《宁海县突发通信中断事故应急预案》的通知
10.13	宁政办明电〔2020〕21号	宁海县人民政府办公室关于印发《2020年宁海县法治政府建设工作要点》的通知
9.30	宁政办明电〔2020〕18号	宁海县人民政府办公室关于印发《宁海县推进高水平交通强县基础设施建设三年行动计划（2020—2022年）》的通知
9.28	宁政办明电〔2020〕13号	宁海县人民政府办公室关于印发《宁海县大面积停电事件应急预案、宁海县既有房屋使用安全应急预案、宁海县食盐供应应急保障预案、宁海县菜篮子商品应急保障预案》的通知
9.27	宁政办发〔2020〕32号	宁海县人民政府办公室关于印发《宁海县扬尘污染防治暂行管理办法》的通知（以此件为准）
9.24	宁政办明电〔2020〕15号	宁海县人民政府办公室关于印发《宁海县2020—2022年知识产权发展三年行动计划》的通知
8.28	宁政办发〔2020〕30号	宁海县人民政府办公室关于印发《宁海县加快推进企业商业秘密保护工作实施方案》的通知
8.20	宁政办发〔2020〕20号	宁海县人民政府办公室关于印发《2020年政府工作报告重点工作责任分解》的通知
8.16	宁政办发〔2020〕14号	宁海县人民政府办公室关于印发《2020年宁海县政务公开工作要点》的通知
8.12	宁政办发〔2020〕29号	宁海县人民政府办公室关于印发《宁海县防汛防台抗旱应急预案》的通知
7.31	宁政办发〔2020〕28号	宁海县人民政府办公室关于公布2020年度县政府重大行政决策事项目录的通知
7.15	宁政办发〔2020〕26号	宁海县人民政府办公室关于印发《宁海县特种设备事故应急预案》的通知

续表25

日期	文 号	文 件 名
7.10	宁政办发〔2020〕24号	宁海县人民政府办公室关于印发《宁海县促进3岁以下婴幼儿照护服务发展的实施方案》的通知
7.7	宁政办发〔2020〕22号	宁海县人民政府办公室关于印发《宁海县创建浙江省农业主导产业（茶叶）“机器换人”示范县实施方案》的通知
7.3	宁政办发〔2020〕19号	宁海县人民政府办公室关于印发《宁海县城镇老旧小区改造三年行动方案（2020—2022年）》的通知
7.1	宁政办发〔2020〕20号	宁海县人民政府办公室关于印发《2020年政府工作报告重点工作责任分解》的通知
6.23	宁政办发〔2020〕18号	宁海县人民政府办公室关于印发《宁海县突发水事纠纷事件应急预案》的通知
6.19	宁政办明电〔2020〕10号	宁海县人民政府办公室关于印发《宁海县招商项目落地后续管理与服务机制》的通知
6.9	宁政办明电〔2020〕9号	关于印发2020年宁海县流动人口服务管理工作要点的通知
6.5	宁政办明电〔2020〕8号	宁海县人民政府办公室关于建立宁海县房屋征收拆迁工作联席会议制度的通知
5.20	宁政办发〔2020〕11号	宁海县人民政府办公室关于印发《宁海县“千吨万人”以上饮用水水源保护区整治工作方案》的通知（以此件为准）
5.7	宁政办发〔2020〕10号	宁海县人民政府办公室关于印发《宁海县政务督查“项目钉上行”系统工作规程》的通知
4.24	宁政办发〔2020〕9号	宁海县人民政府办公室关于印发《宁海县重污染天气应急预案和宁海县辐射事故应急预案》的通知
4.22	宁政办发〔2020〕6号	宁海县人民政府办公室关于印发《宁海县“四重四比”稳投资专项行动实施方案》的通知
4.20	宁政办发〔2020〕7号	宁海县人民政府办公室关于印发《宁海县清溪水库工程建设征地移民实物调查工作实施方案》的通知
3.24	宁政办发〔2020〕2号	宁海县人民政府办公室关于印发《宁海县政府投资信息化项目管理办法》的通知

2020年度宁海县制造业高质量发展风云榜

2020年，中国经济迈向新时代，高速增长转向高质量发展。在这一重要年份，宁海县从效能变革、亩均效益、科技创新等多维度，挖掘年度制造业发展风云榜单，寻找高质量发展的行业标杆。评选出2020年度宁海县民营制造业企业纳税十强、宁海县“215”工业企业培育工程入围企业、宁海县“215”工业企业培育工程上台阶企业、宁海县“215”工业企业培育工程达标企业、宁海县进出口五强、出口成长型企业、宁海县县长质量奖获奖企业和宁海县制造业“亩均效益”领跑者企业等榜单。

【2020年度宁海县民营制造业企业纳税十强】

得力集团有限公司
东方日升新能源股份有限公司
建新赵氏科技有限公司
宁波如意股份有限公司
奇精机械股份有限公司
宁波方正汽车模具股份有限公司
宁波双林汽车部件股份有限公司
宁波震裕科技股份有限公司
宁波中镕新材料有限公司
宁波海斯曼科技发展有限公司

【2020年宁海县“215”工业企业培育工程入围企业】

头雁：

得力集团有限公司

东方日升新能源股份有限公司

强雁：

浙江国华浙能发电有限公司

建新赵氏科技有限公司

宁波华成阀门有限公司

宁海强蛟海螺水泥有限公司

宁波吉德电器有限公司

奇精机械股份有限公司

浙江双宇电子科技有限公司

宁波卡倍亿电气技术股份有限公司

宁波如意股份有限公司

宁波双林汽车部件股份有限公司

宁波奇亿金属有限公司

宁波方正汽车模具股份有限公司

宁波海斯曼科技发展有限公司

宁波天虹文具有限公司

雏雁：

宁波震裕科技股份有限公司

宁波市天普橡胶科技股份有限公司

宁波润禾高新材料科技股份有限公司

宁波华平智控科技股份有限公司

宁波捷豹振动控制系统有限公司

宁波九隆五金有限公司

宁波和宝盛包装有限公司

宁波沃特汽车部件有限公司

宁波翰文电器有限公司

宁波永信汽车部件制造有限公司

宁波阿诺丹机械有限公司

宁波峰亚电器有限公司

宁波永信钢管有限公司

宁波兴伟刀具科技有限公司

宁波市高格卫浴产品有限公司

宁波无边橡塑有限公司

华英伦科技（宁波）有限公司

宁波中镕新材料有限公司

康迪泰克传动系统（宁海）有限公司

宁波伟书文具有限公司

宁波好孩子儿童用品有限公司

宁海县第一注塑模具有限公司

宁波北新建材有限公司

爱文易成文具有限公司

宁海县集美特电器有限公司

宁波博孚电器有限公司

浙江海格威液压科技有限公司。

储备培育企业：

艾美卫信生物药业（浙江）有限公司

金色慧能（宁波）储能技术有限公司

宁波绿脉汽车有限公司

浙江千钧日用品有限公司

宁波吉宁汽车零部件有限公司

浙江巨杰科技发展集团有限公司

宁波雅彩生物科技有限公司

浙江宁海抽水蓄能有限公司

领为视觉智能科技（宁波）有限公司

宁波乌中远景新材料科技有限公司

【2020年度宁海县“215”工业企业培育工程上台阶企业】

宁波如意股份有限公司

宁波震裕科技股份有限公司

宁海县集美特电器有限公司

2020年度宁海县“215”工业企业培育工程达标企业

得力集团有限公司

宁波海斯曼科技发展有限公司

宁波天虹文具有限公司

宁波震裕科技股份有限公司

宁波阿诺丹机械有限公司

宁波峰亚电器有限公司

宁波中镕新材料有限公司

康迪泰克传动系统（宁海）有限公司

宁波好孩子儿童用品有限公司

宁海县集美特电器有限公司

宁波博孚电器有限公司

2020年度首发上市企业

宁波卡倍亿电气技术股份有限公司

宁波市天普橡胶科技股份有限公司

【2020年度宁海县进出口五强、出口成长型企业】

进出口五强企业：

东方日升新能源股份有限公司

宁波华成阀门有限公司

宁波得力进出口有限公司

宁波峰亚进出口有限公司

宁波如意股份有限公司

出口成长型企业：

宁海县集美特电器有限公司

奇精机械股份有限公司

宁波海斯曼科技发展有限公司

宁波九隆五金有限公司

宁波吉德电器有限公司

【2020年市县质量奖获奖企业】

2020年宁波市人民政府质量奖获奖企业：

东方日升新能源股份有限公司

2020年宁海县县长质量奖获奖企业：

宁波光明橡塑有限公司

山中合金（宁波）有限公司

宁海县第一注塑模具有限公司

【2020年宁海县制造业“亩均效益”领跑者企业】

东方日升新能源股份有限公司

宁波震裕科技股份有限公司

宁波华成阀门有限公司

得力集团有限公司

宁波光明橡塑有限公司

宁波永和电子有限公司

宁波市天普橡胶科技股份有限公司

宁波永成双海汽车部件股份有

限公司

宁波如意股份有限公司

宁波方正汽车模具股份有限公司

【2020年度新认定国家高新技术企业名单】

宁波和宝盛包装有限公司

宁波九隆五金有限公司

宁波嘉瀚环保建材开发有限公司

宁波天天文具有限公司

宁海县集美特电器有限公司

宁海兴达旅游用品有限公司

宁波博孚电器有限公司

浙江兴达文具有限公司

宁波赞扬文具有限公司

宁波多全电器有限公司

宁波琦丰汽车部件有限公司

宁波林立电器有限公司

宁海县吉义电子有限公司

宁波众海电器有限公司

宁波安提西炊具有限公司

宁波赛豹电器有限公司

宁波南星汽车部件有限公司

宁海县博宇翔鹰汽车部件有限公司

宁波市万宝电器有限公司

昱源宁海环保科技股份有限公司

宁波信豪铝业有限公司

宁波蒙恩铝业有限公司

宁波国琅机器人科技有限公司

浙江海格威液压科技有限公司

宁波市宏邦办公用品有限公司

宁海县宜宜园林工具有限公司

宁波贝凯日用品制造有限公司

宁波高立电子科技有限公司

宁波兴富工具有限公司

宁波富海华压力容器制造有限公司

宁波优和办公文具有限公司

宁波世辰汽车部件有限公司

宁波同心阀门管件有限公司

宁波宇升模塑有限公司

宁波立驰塑胶科技有限公司

宁波莱普机械有限公司

宁海县硕火电器有限公司

宁波青山青汽车部件有限公司

宁波华宝百顺模具制造有限公司

宁海力合模塑有限公司

宁波斯穆汽车模具有限公司

宁波华宝金赢达电器科技有限公司

宁波权启科技有限公司

宁波寅通机械有限公司

宁波本祥汽车零部件有限公司

宁海县满益汽配有限公司

宁波银钛电子科技有限公司

博思韦精密工业（宁波）有限公司

宁波为易物联科技有限公司

宁波至茂电子科技有限公司

宁波张力网络股份有限公司

宁波吉海模具有限公司

宁波同盛生物科技有限公司

宁波圣元汽车模具有限公司

宁海县百特户外用品有限责任公司

宁波久翎电子科技有限公司

宁波峰亚电器有限公司

宁波云峰文具有限公司

表26　　2020年度宁海县进出口100强企业一览表

单位：万元

排名	企业名称	进出口额
1	东方日升新能源股份有限公司	602557
2	宁波华成阀门有限公司	127339
3	宁波得力进出口有限公司	118259
4	宁波峰亚进出口有限公司	73350
5	宁波如意股份有限公司	65890
6	宁波双宇电子科技有限公司	46940
7	宁海县集美特电器有限公司	46368
8	奇精机械股份有限公司	41743
9	宁波海斯曼科技发展有限公司	37227
10	宁波市宁海县国际贸易有限公司	31751

续表26

排名	企业名称	进出口额
11	宁波华平智控科技股份有限公司	31006
12	宁波好孩子儿童用品有限公司	29274
13	宁波海斯曼健康科技股份有限公司	26979
14	宁波方正汽车模具股份有限公司	26032
15	宁波九龙五金有限公司	25986
16	宁波翰文电器有限公司	23605
17	宁波博高国际贸易有限公司	22436
18	宁波永和电子有限公司	21053
19	宁波吉德电器有限公司	19174
20	宁波美琪工具有限公司	19116
21	宁波彬彬进出口有限公司	19104
22	宁波长荣光电科技有限公司	18387
23	宁波美韬新材料科技有限公司	18207
24	宁海县亚航电器有限公司	18111
25	宁波博孚电器有限公司	18000
26	宁波中天家居用品有限公司	17333
27	宁波亚达电器有限公司	17194
28	宁波峰亚电器有限公司	16758
29	康迪泰克传动系统（宁海）有限公司	16196
30	建新赵氏科技有限公司	15982
31	宁波格兰家居用品有限公司	13743
32	宁波志岳电子有限公司	13375
33	宁波双林汽车部件股份有限公司	13339
34	宁波太中塑业有限公司	13074
35	宁波华宝智能科技股份有限公司	11824
36	宁波兴伟刀具科技有限公司	11816
37	宁波晨东运动保健用品有限公司	11622
38	宁波奇亿金属有限公司	11345
39	宁波卡培亿电器技术股份有限公司	11210
40	宁波优智达国际贸易有限公司	11102

续表26

排名	企业名称	进出口额
41	宁波伯利恒电器有限公司	11020
42	宁海凯特立电器有限公司	10961
43	宁波日安阀门有限公司	10956
44	华英伦科技（宁波）有限公司	10922
45	宁波威涛电器有限公司	10855
46	宁波创青腾达机械有限公司	10538
47	宁波兴宝华刷业有限公司	10517
48	宁波轩哲贸易发展有限公司	10426
49	宁波天虹文具有限公司	10130
50	宁波按提西炊具有限公司	10076
51	宁海鹰峤电器有限公司	9627
52	浙江雅颜生物科技有限公司	9620
53	宁波步来特电器有限公司	9607
54	宁海县第一注塑模具有限公司	9581
55	宁波前风振业照明电器有限公司	9577
56	宁波雅时进出口有限公司	9306
57	宁波兴达旅游用品有限公司	9264
58	宁波海马电子有限公司	9213
59	宁波金鸣通用设备有限公司	9209
60	宁波利铭金属制品有限公司	9195
61	浙江慧冠休闲用品有限公司	9054
62	宁波杰明景科光电有限公司	8720
63	宁波好美进出口有限公司	8642
64	宁波常长藤日用品有限公司	8590
65	宁波雷鸟新材料科技有限公司	8579
66	爱文易成文具有限公司	8574
67	宁波建新赵氏集团有限公司	8369
68	宁波金山行五金有限公司	8295
69	宁海县三敏金属制品有限公司	8291
70	宁波博通时代贸易有限公司	8118

续表26

排名	企业名称	进出口额
71	宁波派灵实业有限公司	7990
72	贝兹德智能科技有限公司	7856
73	宁波锦泰橡塑有限公司	7553
74	宁波石上天际能源有限公司	7337
75	宁波宏孚进出口有限公司	7308
76	宁波世裕金属制品有限公司	7305
77	宁波和逸文具有限公司	7287
78	浙江兴达文具有限公司	7007
79	宁波中镕新材料有限公司	6990
80	宁波市翔皇进出口有限公司	6920
81	宁波天琪实业有限公司	6850
82	宁波鼎华实业有限公司	6679
83	宁海县百特户外用品有限责任公司	6660
84	宁波振达文具有限公司	6534
85	宁波众海电器有限公司	6363
86	宁波双林电子有限公司	6329
87	宁海金辉模塑有限公司	6271
88	宁海润茵进出口有限公司	6054
89	宁波凯得利电器有限公司	6008
90	宁波赛豹电器有限公司	5956
91	宁波天天文具有限公司	5854
92	宁波伟书文具有限公司	5733
93	宁波昌华铜制品有限公司	5704
94	宁波思科杰特进出口贸易有限公司	5690
95	宁波天林塑胶有限公司	5648
96	宁波太平洋电子有限公司	5595
97	宁波无边橡塑有限公司	5540
98	宁波深海国际贸易有限公司	5498
99	宁波逸群塑业有限公司	5445
100	宁波双海机械制造有限公司	5377

宁海县宏良水产科技开发有限公司 黄松文

宁海县赵陆水产养殖有限公司 赵崇杰

宁波丰年生态农业发展有限公司 许永达

宁波冬益农业科技有限公司 胡宇杰

浙江回浦农业发展有限公司 陈斌

宁海辈辈红食品有限公司 丁志军

2020年新增县示范性家庭农场名单（28家）

1. 宁海县长街穆子家庭农场
2. 宁海县长街镇红巴香家庭农场
3. 宁海县长街鲍云家庭农场
4. 宁海县胡陈鑫荣家庭农场
5. 宁海县胡陈婉娥家庭农场
6. 宁海县胡陈庆叶家庭农场
7. 宁海县田美家庭农场
8. 宁海县张巧云家庭农场
9. 宁海县茶院乾峰家庭农场
10. 宁海县茶院叶畅家庭农场
11. 宁海县一市兴旺家庭农场
12. 宁海县一市龙富家庭农场
13. 宁海县—市林省家庭农场
14. 宁海县越溪二洁家庭农场
15. 宁海县越溪隆丰家庭农场
16. 宁海县桑洲镇明飞家庭农场
17. 宁海县岔路镇娄氏欧贝拉家庭农场
18. 宁海县前童镇振强家庭农场
19. 宁海县前童镇乐军家庭农场
20. 宁海双框家庭农场
21. 宁海县黄坛镇鸣辉家庭农场
22. 宁海县深明春三家庭农场
23. 宁海华力家庭农场
24. 宁海吉嘉家庭农场
25. 宁海佳兴家庭农场
26. 宁海乡野家庭农场
27. 宁海县桥头胡本军家庭农场
28. 宁海县桥头胡吴伟垚家庭农场

2020年新增县示范性农民专业合作社名单（18家）

1. 宁海县长街优农果蔬专业合作社
2. 宁海县胡陈陆彩水果专业合作社
3. 宁海县胡陈塔里门果木专业合作社
4. 宁海县力洋镇嘉嘉果蔬专业合作社
5. 宁海县耀竣果蔬专业合作社
6. 宁海县天序果蔬专业合作社
7. 宁海县茶院沙桥果蔬专业合作社
8. 宁海县荣贵水果专业合作社
9. 宁海县越溪禾顺中药材专业合作社
10. 宁海县梨梗果蔬种植专业合作社
11. 宁海县端丰竹木专业合作社
12. 宁海县前童镇风源农业专业合作社
13. 宁海县永茹果蔬专业合作社
14. 宁海县黄坛镇联峰香榧专业合作社
15. 宁海县深甽镇春晓果蔬专业合作社
16. 宁海县禾庄果蔬专业合作社
17. 宁海县金港果蔬专业合作社
18. 宁海县间风轩农牧专业合作社

说明：

1. 本索引主要采用自然语言的关键词索引法，按关键词第一字的数字顺序、字母顺序或音序排列。

2. 本索引关键词取自类目、分目和条目。

3. 对比较复杂的标目，进行多次截取，获得多个关键词，以适应不同读者的取词习惯，提高查询速度与成功率。

4. 数字为页码。

"1+N"首问事项协同调处体系 258
193战略体系 166
2020年度宁海县民营制造业企业纳税十强 394
2020年度宁海县制造业高质量发展风云榜 394
2020年度首发上市企业 395
2020年度新认定国家高新技术企业名单 396
2020年基层文化重点工作推进会 50，388
2020年宁海县人民政府办公室部分文件一览表 392
2020年宁海县人民政府部分文件一览表 391
2020年宁海县入选宁波市示范性家庭农场、市示范性农业社会化服务组织 400
2020年宁海县制造业"亩均效益"领跑者企业 395
2020年市县质量奖获奖企业 395
2020年新增县示范性家庭农场名单 401
2020年新增县示范性农民专业合作社名单 401
2020年中共宁海县委办公室部分文件一览表 392
2020年中共宁海县委部分文件一览表 391
"215" 13，17，20，30，79，80，87，125，137，195，204，295，297，337
"333"服务业提升工程 13，20，125
"365"产业梯队 79
"365"工业产业升级计划 13，17，20，125，295
"365"工业产业体系 30，31，79，80，137，195
"366"乡村产业振兴行动 13，20，125
5号专线 257
8718企服平台 21
AAAA级综合物流企业 2，13，45，73，125
DRGs点数法付费 282
G15沈海高速宁波段拓宽工程 217
G228 14，36，53，56，126，217-219，297，349，350
we志愿 287
阿诺丹机械 357
艾美卫信生物药业（浙江）有限公司 321
爱文易成文具有限公司 395，398
安全风险管控能力提升 239
安全生产应急管理体系建设 241
安全生产责任体系建设 239
安全生产综合治理三年行动 14，20，126，127，181，240，333
安提西炊具 396
案-件比 168，169
案例举要 166
白岩山村 50
白衣"战士" 374
百余位教师获著书立说奖 390
"帮复'疫'勇军" 377
保障就业 280
鲍斯邦 374
鲍薇 381
北新建材 203
贝凯日用品制造 396
贝跃东 49，385
本祥汽车零部件 396
比罗乌斯·阿纳托利 272，390

殡葬管理　282，284
博孚电器　395-397
博思韦精密工业　396
残疾人工作　291
残疾人基本生活保障　291
残疾人就业创业服务　291
残疾人“三保障”　291
残疾人之家星级提升　291
茶院乡2020年基本情况表　362
岔路镇2020年基本情况表　324
长街法庭　171
长三角论坛　276
陈冬娥　42，389
陈鹏建　378
陈益鸣　373
陈岳彬　380
陈云松　374
城市管理　21，75，134，140，257，258，304
城乡建设　6，92，233，250，251，253，255，257，259，304
惩治违法犯罪　162
仇昌兴　374
仇存明　382
出口成长型企业　79
储备培育企业　395
褚峥嵘　376
传媒　42，48－51，54，70，98，248，264，265，267－271，381，388，389
创新主体研发　273
村经济合作社换届选举工作　188
村社“守门人”　378
打造美丽经济交通走廊　218
大佳何村　379
大佳何镇2020年规模以上企业情况表　341
大佳何镇2020年基本情况表　340
大桥李　50，294
大洋村　48，354，355
大郑村　42，58，94，174，331
大抓“产业革新”暨全县制造业高质量发展大会　45，79
大抓“城市革新”暨争创全国文明城市动员会议　48，84
党管武装　8，176，179
党校工作　110，111
档案工作　113-115
道路交通安全管理　164
得力高考奖学金颁奖仪式　275
得力集团　13，26，30，32，35，45，47，53，56，80，98，125，146，154，155，170，196，275，337，378，386
第八批国防教育基地　46
第二批市级战“疫”先锋　381
第六批宁海县非物质文化遗产名录　48
第三届全国（宁波）综合材料绘画双年展　55，157，388
第三批宁波市基层名中医药师和第二批宁波市中青年名中医药师名单　49，387
第三批市级战“疫”先锋　384
第五届宁海母婴用品博览会　207
电力工业　198
电商发展　208
电网建设　198，387
电子电器　197
电子证明服务系统　218
丁红星　387
东方日升　13，26，30，35，45，51－53，80，125，149，155，195，208，235，249，272，273，297，301，373，388
东南溪村志　42
多全电器　396
“多样+精准”妇儿服务模式　152
法检“两长”同庭履职　171
法治政府建设　15，126，129，159，160，162，173，310，331，367
返程复工人员专车　280
方正汽车模具　46，195，196，378，384
防汛防台物资和力量配备　241
防汛“浙江安全码”赋码　242
防灾减灾宣传周　242
峰亚电器　395-397
冯楚进　377
弗兰采维奇材料研究所　273
富海华压力容器制造　396
港城工匠　47，146，385-387
高立电子科技　396
高新技术企业培育　272
高翼飞　381
葛丹微　49，385
葛华文　70，123，124，373
葛家村　14，19，39，45，52，67，111，125，151，220，229，265，269，339，340
葛仁元　69，384
耕地保护　262，360
公共法律服务　49，56，174，299
公共建设管理　252
公共文化建设　47，266，388
公建铁军建设　254
龚凌波　383
“共享技师”联盟　44
顾方强　374
顾丽娜　42，44，54，388
关工委建立30周年纪念活动　288
关工印象　288
光明橡塑　272，301
广电网络公司　270
规上工业企业“三清零”　273
国家税务总局宁海县税务局党委　380
国家统计局关于做好2020年住户调查样本轮换工作的通知　245
国家统计局宁海调查队　245
国家卫生乡镇　14，19，42，125，330，358-360
国家一级运动员　389
国琅机器人科技　297，301
国资管理　123，194，242，243，310
国资经营　212
“海定波宁 跨境出海”跨境电商出口新模式业务培训　209
海工混凝土　56，219
海斯曼科技发展　394-396

海洋药物联合研发中心　205，273
海洋与渔业　63，184，185
翰文电器　301
杭深线宁海站动车存车场　53，217，218
好孩子儿童用品　395，397
和宝盛包装　395，396
河洪村　45，46，100，151，227，298，299
弘杨村　57，337
胡本波　379
胡陈乡 2020 年规模以上企业情况表　370
胡陈乡 2020 年基本情况表　368
胡陈乡永和村党支部　378
胡丹标　373
胡贵龙　376
胡家艺　389
胡隽晔　376
胡灵通　381
胡燕红　375
胡云泉　55，157，388
湖头村　45，54，151，323
护士奶奶　44，381，389
华宝百顺模具制造　297，303
华宝金赢达电器科技　396
华成阀门　153，155，336
华平智控　51，55，195，337
华英伦科技（宁波）有限公司　42，387
黄松平　49，387
黄坛镇　13，53，57，60，62，63，71，125，257，261，293，321，328，335，336，353，376，381，387
机关“那一抹红”　380
机器换人　35，55，57，79，186，189，336，363
基层政权和社区建设　282，284
吉德电器　13，32，33，35，44，125，351
吉海模具　297，302
吉宁汽车零部件　395
吉义电子　396
级农业绿色发展示范区　57，308，358，360，364
集美特电器　395，396
集士驿站　3，19，47，67，73，218，329，337，360
纪念人物　371
季增强　375
嘉瀚环保建材　396
建新赵氏科技有限公司　297，301
健康宁海建设　19，88，89，279
姜燕华　385
蒋来建　384
教育科研成果　277
结对晴隆　156，190
捷豹振动　301
金盾卫士　382
金融助侨项目　229
金色慧能（宁波）储能技术有限公司　395
进出口 100 强企业　396
九隆五金　34
久翎电子　396
军创企业培训会　178
卡倍亿电气　51，304，306
康迪泰克传动系统　301
科技创新平台建设　273
科技飞地　18，21
科普工作　153
课桌圆梦　107，180，190，224，287
扩展违停抄告范围　258
莱普机械　396
赖祥福　42
赖祥琴　375
兰丁村　50，298
“蓝色护航”青少年暑期溺水巡逻行动　164
李乃江　70，123，381
李叶彩　44，384，389
力洋镇 2020 年基本情况表　314
立驰塑胶　396
“利剑”专项执法行动　240
“廉洁守法”家庭　389
粮食全程机械化生产　186
两城两片一环　7，16，21
“两山”转化“六大模式”　21
林朝阳　49，387
林海峰　53，373，388
林健松　377
林立电器　396
林特业收成　181
岭口村　47，48，100，351
岭徐村　45
凌塘村　50
刘和兵　379
刘琼鲜　378
龙眼溪整治工程　44，337
娄逢理　42，383
娄新民　255，380
卢鑫峰　384
卢学洋　382
路网枢纽建设　217
绿邦环境治理　400
绿脉汽车　395
绿色都市示范区建设　186
罗艺玫　375
骆常峰　384
骆武创　55，388
麻岙村　45，46，379
马岙村　46，354，355，389
梅林街道 2020 年规模以上企业基本情况表　301
梅林街道 2020 年基本情况表　300
梅山村　45，365
美丽交通+科创　218
“美丽交通+”理念　218
美丽交通+旅游　218
美丽乡村创建创新　188
美丽乡村、沿街商铺点亮行动　219，220
蒙恩铝业　396
蒙古国　56
民兵预备役　177
民营经济统战　101，102，154
民主村　48
名师培育　277
纳税服务　225，226
南湾新区　6，18，56，82，91，

200，309，362
南溪村　38，45，356
南星汽车部件　301
南庄村　47，58，359
宁海抽水蓄能电站建设政策处理　200
宁海海洋生物种业研究院　50，52，54，193，194，273
宁海好爸好妈故事团　383
宁海建行志愿服务队　383
宁海教育微信　274，276
宁海经济开发区科技园区　202
宁海快递业末端共配处理中心　218
宁海力合模塑　307
宁海农村商业银行　229，230，377
宁海平调传习剧社　57
宁海平调三部曲——《家国情怀》　156
宁海强蛟海螺水泥　395
宁海青创联盟志愿服务队　383
宁海县2020年度县级农业龙头企业　400
宁海县安德阳光家园　383
宁海县百特户外用品有限责任公司　396，399
宁海县博宇翔鹰汽车部件有限公司　370
宁海县茶院道合家庭农场　400
宁海县岔路黑猪省级原种场　182
宁海县长街柏毅农机专业合作社　400
宁海县大抓“自我革新”暨提升战斗力、决胜关键年动员大会　78
宁海县第三批农村党组织“第一书记”工作总结暨第四批选派工作动员部署会　83
宁海县第十八届人民代表大会第三次会议　120，121
宁海县第一注塑模具有限公司　55，381
宁海县二〇二〇年度内资企业市场主体分析　236
宁海县法治政府建设培训班　161
宁海县飞狼志愿服务队　383
宁海县妇女联合会　150
宁海县工商业联合会　154，155
宁海县关心下一代工作志　29，48，49，288，386
宁海县进出口五强、出口成长型企业　394，395
宁海县抗疫情专项工人先锋号　47，385
宁海县满益汽配有限公司　396
宁海县农村工作志　46
宁海县人民教育基金会　275
宁海县三门湾现代农业开发区建设指挥部　193
宁海县桑洲镇夏小玲家庭农场　400
宁海县山花烂漫公益服务中心　383
宁海县首个公用型保税仓库颁证揭牌仪式暨扩大进口贸易座谈会　208
宁海县硕火电器有限公司　396
宁海县文化优才　50，388
宁海县县长质量奖　129
宁海县小青柠志愿服务队　383
宁海县宜宜园林工具有限公司　361
宁海县萤火虫在线志愿服务队　383
宁海县中心屠宰场迁建（一期）项目　182，183
宁海县总工会　145
宁海兴达旅游用品有限公司　357
宁海援鄂团队　374
宁海源泰兽药有限公司　400
农村电商　17，209，218，221，308
农村经济工作管理　187
农村土地承包经营权有序流转　188
农机服务　186，187，355
农机购置补贴　186
农机合作组织建设　186
农机培训　187
农机市场整治　187
农机宣传　187
农机执法　187
农贸市场“五化”改造　17，21
农民专业合作社规范提升行动　187
农业产业化　185，186，188
农业机械化　186
农业种植业收成　181
帕诺玛廖夫·亚历山大　390
拍摄抗疫宣传片在宁波四大电视台播出　275
潘晓燕　47，387
平安红马甲护航“双优”宁海　159
平安宁海建设　138，167
平安农机建设　187
七色美丽经济　19，21
奇精机械　35，45，55，56，272，310
奇亿金属　57
琦丰汽车部件　396
企业复工复产工作专题会议　76
汽车零部件　22，30，31，59，197，208，302，337，351，354，357
前童镇2020年规模以上企业基本情况表　329
前童镇2020年基本情况表　332
前张村　50
钱天昱　49，387
强化财政监管　224
强蛟镇2020年基本情况表　345
强雁　395
桥头胡街道2020年骨干企业基本情况表　306
桥头胡街道2020年基本情况表　305
亲清家园建设　102，154
秦乾大　373
秦巧莲　56，389
青山青汽车部件　396
青少年身心健康“三航工程”　19，21
清廉村居建设　187
清廉公建打造　255
裘银芳　55，99，146，385
区划地名　282，283，285
权启科技　297
全国关心下一代工作先进工作者　55，288，386

全国劳动模范 55，146，358，385
“全国民主法治示范村（社区）”普法骨干培训班 42，111，162，173
全国水利文明单位 45，191
全国无偿献血奉献奖 390
全国物流行业先进工作者 56，385，386
全国营商环境百强县 42
全国制造业百强县 35，42，59
全国最美家庭 56，389
全县安全生产（消防）工作暨“四大会战”推进会 42，76
全县“不忘初心、牢记使命”主题教育总结大会 42，74
全县创建全国文明城市工作汇报会 74
全县基层党建和人才工作述职评议会 75，97
全县建设平安宁海、政法信访工作暨信访积案化解“百日攻坚”行动动员大会 47，81
全县禁毒工作会议暨“低塘经验”推广会 163
全县经济社会形势分析会 87
全县“两新”工委书记扩大会议暨“两新”“第一书记”选派工作会议 86
全县领导干部会议 1，47，54，82，90
全县农村工作会议 79
全县人民调解员培训班 171
全县夏季社会治安整治百日攻坚行动 164
全县招商引资工作推进会 83，215
全县争先创优专项行动工作动员部署会 47，81
犬类整治 257
犬类治理 164
群众文化带头人 47，362，388
人口普查 14，18，24，25，53，126，245，296，300，304，309，319，335，338，356，362，366
人力资源 21，77，198，212，222，230，255，280，385
人力资源和社会保障 191
人事制度改革 281
认罪认罚从宽制度 167，169
任惠敏 49，385
任永娣 49，385
如意股份 30，46，47，53，386，388
润禾高新材料 31，370
赛豹电器 396，399
赛事品牌建设 267
“三岗十八级”绩效薪酬制度 284
“三个争先”要求 20，21
三号检察建议 167，169
“三位一体”行政执法监督体系 161
三元智慧化渣土管理模式 257
扫黑除恶专项斗争 3，11，20，162，166，167，171，287，304，310，340，350
森林防灭火体系建设 242
山海协作 19，55，79，127-129，189，190，296，323，345
山里向 63，185
山中合金（宁波）有限公司 45，386
商贸服务 207
商务发展 210
上湖村 45，354，356
上蒲村 48，174，344，345
设施农业项目建设 186
社会救助和慈善福利 282，283
社会事务和养老服务 282，284
涉企刑事案件“4S”工作法 167，169
涉外金融管理 228
深甽镇规模工业企业主要经济指标情况表 357
沈忠华 375
生物药 CDMO 中试共享平台 206
圣元汽车模具 297
省高标准农村生活垃圾分类示范村 42，356
省教育厅党委书记、厅长陈根芳到宁海调研 274，275
省美丽乡村示范乡镇 42，355
省农村危房治理改造优秀县 44
省市级创新综合体建设 273
省“优秀网格员” 53，388
师生心理健康教育 277
十四届县委第十轮巡察发现典型问题通报暨第十一轮巡察工作动员会 87
石桥头 48，307
世辰汽车部件 302
市场监督管理 22，63，70，156，234，374
市高格卫浴产品 301
市宏邦办公用品 396
市级战“疫”先锋 372，373
市金融消费纠纷人民调解委员会驻宁海县人民调解工作室 170
市十大慈善之星 388
市首席工人 48，146，221，386
市文明家庭 48，389，390
市五一巾帼标兵 45，386
市五一劳动奖章获得者 387
首例单岛保护和利用规划 50，61
首批驰援武汉医疗队员 388
数字赋能安全生产监管 240
双林村 51，52，58，67，102，164，177，265，305
双林汽车部件 197，351
“双下降”工作 161，173
双拥工作 19，177
水利改革 192
水利管理 191
水利建设 66，191，192
水文水资源 192
水务管理 258
司法行政 173，175
斯穆汽车模具 396
四大革新 5，10，13，64，75，78，87，90-92，125，180，268
“四方联动”产教融合 19，21
“四个一”闭环管理措施 175
“四化”组织管理模式 172
“四统一”信息化格局 39，279

“四治”融合基层治理体系　16，21
“送教育、送体育”活动　276
送药上山进岛便民服务点　44，45
坦坑村　50
特色农机推广　186
特色文艺活动　157
滕安达　13，44，47，48，52，74，76-84，87-92，119-123，126-129，131，136，137，194，202，224，269，274-276，289，372
体育培训　267
天虹文具　53，193
天普橡胶　51，195，197，293
天天文具　396，399
同盛生物科技　205
同心阀门管件　396
童松达　98，100，331，387，388
童文斌　379
统计服务　243，244
统一战线　8，101，371
屠仙绒　48，389
推进财政改革　223
推进基层武装部建设　176
推进新冠肺炎疫情防控和经济社会发展工作部署会议　43，77
退役军人事务工作会议　177
退役军人事务管理　285
外事工作　134
完善防汛防台责任体系　241
完善社保体系　280
万宝电器　396
汪家村　50
汪祖军　389
王琛　55，157，388
王乘红　383
王春伟　49，387
王光辉　378
王家冕　71，376
王家扬　333，371
王品富　376
王平　42，44，54，388
王式华　379
王挺　374
王以位　55，288，386
王玉琪　42，378，387
王元法　386
王泽泉　380
王宗义　381
网约巴士　3，67，73，134，137，217
为易物联科技　396
维护劳动合法权益　281
维护社会政治稳定　163
未来书架　108，148，190，287
伟书文具　196
蔚特公学　14，48，126
文博“非遗”工作　266
文学艺术界联合会　54，156
文艺队伍建设　156
文艺精品创作　19，155，156，266
沃特汽车部件　357
乌中远景新材料科技　34，35
邬建萍　377
邬宁崖　373
邬培栋　71，373
无边橡塑　395，399
吴善栋　49，387
吴善梁　376
吴先能　374
吴盈波　57，276，277
“五好”+“五有”　290
五山林场　58
武岙村　54，288，372，377，380
西岙村　49，99，158
西店退役军人志愿服务队　383
西店镇2020年主要经济指标　352
西林水库　49，66，191，284
溪南刘　50
溪南许村　50
夏丁辉　378
夏小伟　375
县城投集团党支部　377
县城镇住房综合保险加房屋安全动态监测服务项目　223
县大数据中心　127，132
县第一医院感染科团队　374
县第一医院医疗健康集团党委　372
县法院党组　380
县妇幼保健院儿童保健党支部　375
县公安局道路卡口查控组　382
县公安局情指联勤中心　382
县公安局桃源派出所　382，384
县公安局小数据核查专班　382
县公安局一市派出所　382
县公安局跃龙派出所　382
县公路管理局党总支　381
县供电公司雁苍山电力建设公司党支部　377
县关工委成立30周年大会　288
县急救站党支部　381
县疾控中心党支部　374
县交通重点工程建设指挥部　218，374
县教育局党委　69，274，275，380
县经信局工业复工组　384
县科技局党组　380
县民政局党委　69，380
县商贸集团跃龙市场党支部　377
县审计局党组　70，380
县水利局党委　70，380
县水务集团城南营业所党支部　377
县委常委会扩大会议　77，80
县委常委会（扩大）会议暨经济社会形势分析会　54，89
县委改革委2020年第二次全体会议　91
县委教育工作领导小组举行第一次（扩大）会议　274
县委理论学习中心组举行专题学习会　84
县委理论学习中心组专题学习会　80
县委全面深化改革委员会第一次会议　75
县委人才工作领导小组（扩大）会议　82
县委十四届六次全体（扩大）会议　42，73
县委十四届七次全体（扩大）会议　49，85
县消防救援大队　42，57，128，

129，176
县优秀基层文化工作表彰　47，388
县域基层治理　164
县域医共体建设　7，279，318
县政协十届二十次常委会会议暨“请你来协商·县长与委员面对面”打造品质社区专题协商会　144
县政协十届三十八次主席会议　142
县政协十届三十九次主席会议　143
县政协十届十九次常委会会议　144
县政协十届十七次常委会会议　143
县政协十届十五次常委会会议　143
县政协十届四次会议　139，143，144
县政协十届四十六次主席会议　143
县政协十届四十四次主席会议　143
县政协十届四十一次主席会议　143
县政协十届五十次主席会议　144
县政协十届五十二次主席会议　144
县政协十届五十一次主席会议　144
县政协召开十届十八次常委会会议　143
县职教中心在全国职业院校技能大赛中获一等奖　277
县中医医院门诊第二党支部　375
县自然资源和规划局党委　70，380
现代服务产业　213
乡村集士驿站　13，53，125，358，359
乡镇“逆行者”　375
项家村　50
“项目钉”微应用　14，20，126
“小书桌大世界”公益活动　283
校车“三率”　164
谢静思　376
新冠肺炎疫情防控工作领导小组（扩大）会议　88
新闻人物　388
信访专项治理　163
信豪铝业　354，358
兴富工具　396
兴伟刀具　196，350
徐剑中　47，386，387
徐敏忠　374
徐明　380
许民村　45，48，49，100，362，372，379
许伟国　378
薛鹏林　47，387
薛英汉　56，385，386
学前教育补短提升工程　277
雅彩　215
严晓丽　380
杨君霞　48，389
杨启超　388
杨添宽　381
杨维炉　388
养虾匠　57，387
养殖设施建设　185
姚腾飞　384
叶海峰　53，388
叶欢峰　376
叶建飞　383
叶全奖　46，48，49，81，96，98，264，269，361，371，372，379
叶水夫　53，99，289，313，371
叶天旻　376
叶伟珍　384
叶亦松　375
一看、二护、三陪伴　178
一市镇2020年基本情况表　320
“一书、三定、三限”管理　258
医疗保障　124，138，143，281，377
医疗服务　19，39，51，122，127，279，281，349，360
依法行政　20，85，117，160，161，169，173，181，310，313，324，338，367
怡惠社区　57，221
移民安置　200，284
“亿元造血”工程　188
艺术谷　7，19，157，158，340
艺术振兴乡村　2，39，52，54，73，79，97，98，100，151，155－158，181，189，268，270，304，331，340，350，359
疫情防控　2，7，11，13－15，17，39，43，44，47，48，54，64，68，72，76-81，86-90，93，95，98，107，110，112－114，118，125，127－129，131，133，134，136，141，145，147－150，153，155，156，160，163，166，167，170，174，176，178，182，183，191，193，195，200，201，204，205，207，211－213，215，216，218，221，225，226，233，234，236，243，244，246，248－250，255，257，259，264，269，274，275，278，279，281，283，285，286，288，289，291，294，295，297，300，303，307，311，313，318，322，323，328，331，333，336，338，340，353，358，361，367，372-385
银钛电子　396
寅通机械　396
应必辉　382
应国辉　373
应俊斌　373
永成双海　48，146，197，386
永和电子　306
永信钢管　301
永信汽车部件　301
优才贷　67，280
优和办公文具　33，47，385
优秀家庭医生　48，389
尤建兵　379
有效投资“三抢一增”行动　18，21
俞侃　377
俞伟平　49，385
宇升模塑　396
昱源宁海环保科技股份有限公司　272
预防和化解行政争议“3+N+X”机制　20
援助新疆库车　190
“院士之家·青英荟”　14，46，126，153

跃龙街道怡惠社区党总支　379
越溪乡 2020 年度获得荣誉情况　360
越溪乡 2020 年规模以上企业情况表　361
越溪乡南庄村党支部　378
越韵渔耕　57
云峰文具　196
“在宁海·甬抱你”高层次人才云端招聘　44
赞扬文具　396
战“疫”先锋榜　226，372
战“疫”中枢　373
张帆　381
张峰　375
张锦颖　376
张力网络　396
张咪娜　49，385
张明养纪念馆开馆　56，356，371
张贤安　379
张章科　381
张祖列　213，385
章光辉　388
章麒　55，157，388
赵鸿伟　51，388
赵肇丰　53，388
哲学社会科学优秀成果　111，390
柘坑戴村　58
浙江国华浙能发电有限公司　395
浙江海格威液压科技有限公司　395，396
浙江教育报官方微信刊发陈开南署名文章　274，275
浙江金蓝领　47，146，386
浙江巨杰科技发展集团有限公司　395
浙江逆浪救援联盟　177
浙江逆浪水域救援技术论坛　177
浙江宁海抽水蓄能有限公司　395
浙江千钧日用品有限公司　302
浙江省“西湖友谊奖”　202，390
浙江双宇电子科技有限公司　47，301
浙江乡村振兴带头人“金牛奖”　42，389
浙江兴达文具有限公司　47
侦破“8·10”命案积案新闻通报会　162
震裕科技　45，273，350，351
争创全国文明城市“四大会战”百日攻坚行动　21
郑国江　49，387
郑书斌　376
政法委及综治　159
政务服务 168“e”站　20，21
织密数据防控体系　244
直升机备勤基地建设　241
至茂电子　396
智慧城管　133，257，360
智慧数字农业　57
中堡溪　14，40，57，60，66，126，191，364-368
中共宁海县委十四届八次全体（扩大）会议　56，92
中国地质学会宁波（宁海）服务站　153
中国非遗文化传承奖　388
中国好人　14，98，100，126，383，387，388
《中国火炬》创刊 25 周年突出贡献奖　王元法　386
中国绿色技术创新奖　55，97
中国原创设计奖　388
中镕新材料　394，395，399
中瑞园中园　203
中乌新材料平台　202
众海电器　396，399
重大科技攻关　272
周琼　49，387
周毅　55，157，388
主要科技创新指标　272
住房保障与棚户区改造　251
住房公积金管理　286，287
祝敏杰　69，382
自然灾害防范防治　241
自然资源和规划　48，55，88，128，161，250，260-263
综合医改　279
组织财政收入　223
最美逆行者　44，374
最美战“疫”雷锋　383
最美浙江人　37，51，388